镜厅
HALL OF MIRRORS

大萧条、大衰退，
我们做对了什么，又做错了什么

The Great Depression, the Great Recession,
and the Uses——and Misuses——of History

[美] 巴里·埃森格林 ———— 著
（Barry Eichengreen）

何帆 等 ———— 译
何帆 ———— 校

中信出版集团 | 北京

图书在版编目（CIP）数据

镜厅：大萧条、大衰退，我们做对了什么，又做错了什么/（美）巴里·埃森格林著；何帆等译. -- 2版. -- 北京：中信出版社，2025.1. -- ISBN 978-7-5217-6893-0

Ⅰ.F119

中国国家版本馆 CIP 数据核字第 2024H8F123 号

Hall of Mirrors: the Great Depression,the Great Recession,and the Uses—and Misuses—of History
Copyright © Barry Eichengreen 2015
Simplified Chinese eopyright © 2025 by CITIC Press Corporation
All rights reserved
本书仅限中国大陆地区发行销售

镜厅——大萧条、大衰退，我们做对了什么，又做错了什么
著者：　［美］巴里·埃森格林
译者：　何帆　等
校译：　何帆
出版发行：中信出版集团股份有限公司
　　　　（北京市朝阳区东三环北路 27 号嘉铭中心　邮编　100020）
承印者：　三河市中晟雅豪印务有限公司

开本：880mm×1230mm 1/32　　印张：17.5　　字数：468 千字
版次：2025 年 1 月第 2 版　　　　印次：2025 年 1 月第 1 次印刷
京权图字：01-2014-7491　　　　　书号：ISBN 978-7-5217-6893-0
　　　　　　　　　　　　　　　定价：88.00 元

版权所有·侵权必究
如有印刷、装订问题，本公司负责调换。
服务热线：400-600-8099
投稿邮箱：author@citicpub.com

专家推荐

成功是失败之母。我们从金融危机的历史中，只学到了一半经验。未来的金融危机就隐藏在今天的应对政策之中。《镜厅》能够帮助我们更好地防范风险。

——何帆　上海交通大学安泰经济与管理学院教授

经历金融危机并非愉悦的经验，品读描写金融危机历史的学术著作则可能非常惬意，尤其是品味埃森格林对20世纪和21世纪人类两次最重大的金融经济危机的比较分析，肯定是一次令人愉悦、引人深思的知识和智慧之旅。埃森格林是研究国际货币和金融体系历史演变的著名学者，学识渊博，著作等身，对20世纪以来的国际金融货币历史如数家珍。他最负盛名的著作《金色的羁绊》深入系统分析了20世纪30年代大萧条的起源和演变。《镜厅》一书试图通过对比20世纪二三十年代的金融经济危机和2008年以来的金融经济危机，以找到人类可以借鉴的共同历史经验和教训。制度的缺陷、人性的弱点、理论的缺失、政策的失误、利益的冲突、偶发的事件、人事的变迁……金融危机就像一个凶险无比的巨大旋涡，将人类事务的一切因素都席卷其中；又像一个神秘莫测的巨大黑洞，我们至今也无法完全理解其中的奥秘。无论如何，埃森格林的著作都能给我们以深刻启示，或许能够协助我们避开人类金融旅程中下一次必然会面临的旋涡或黑洞。

——向松祚　深圳市大湾区金融研究院所长，《新资本论》《新经济学》作者

一部绝妙的作品。

——保罗·克鲁格曼　诺贝尔经济学奖得主

大萧条是20世纪的标志性经济事件，而我们认为，大衰退会成为21世纪的标志性事件。几乎没有人能像埃森格林一样，细致对比两次危机异同，而且既有对全景的把握，又有引人入胜的细节。阅读《镜厅》是一种享受，它也应该出现在你的书架上。

——艾伦·布林德　美联储前副主席

很多现代经济学都忽视了经济史。巴里·埃森格林的《镜厅》证明了这是一个巨大的错误。这本书结合生动的细节和令人信服的理论性分析，阐述了两次危机成因与政策应对的关键异同。这本书展示了深刻的历史分析对当前政策选择的积极意义，但肤浅的历史类比却能让人误入歧途。我们需要正确的政策来帮助复苏，使经济走出大衰退，并在未来避免重复曾导致灾难的错误，而在这一点上，《镜厅》具有巨大的启发意义。

——阿代尔·特纳　前英国金融服务局主席

《镜厅》注定会改变我们思考大萧条和大衰退的方式。在未来的许多年，它都会是评论家和学者辩论的议题。

——《金融时报》

有调查式的深度，是对有关危机文献的增益，值得信赖又与众不同。

——《华尔街日报》

凭借对银行家和决策者们引人入胜的刻画以及平易近人的理论解释,埃森格林再现了百年内两次最重要的金融危机。对于20世纪30年代那段时间的细节描述很丰富,让那段历史不再神秘。

——《经济学人》

再版序言

《镜厅》讲述的是过去如何影响我们对现在的理解，以及现在的事件如何引导我们重新解读过去。我关注的特定领域是经济政策，背景是西方过去一百年的两次重大经济和金融危机：20 世纪 30 年代的大萧条和 2007—2009 年的大衰退。核心论点是，人们普遍认为经济政策制定者在大萧条中未能采取更有力的经济政策进行干预，从而使 20 世纪 30 年代的危机更加严重；这一看法影响了经济政策制定者，导致他们对 2007—2009 年的大衰退反应过度。历史可以作为一面镜子，帮助我们理解当下，它也可能像一副马眼罩，成为某种限制或偏见，阻碍政治制定者全面观察问题。由于 20 世纪 30 年代的大萧条开始于西方银行体系，于是西方政策制定者在 2007—2009 年关注的是保持银行体系的稳定，而忽视了资产负债表外工具、衍生证券等所谓"影子银行"体系的风险。但 20 世纪 30 年代并不存在"影子银行"，这个情况在 2007—2009 年被忽视了。因此，"影子银行"系统的崩溃最终引发了大衰退。

与此同时，西方政策制定者对 2007—2009 年经济危机的过度反应并没有完全阻止经济衰退（即所谓的"大衰退"）。这提醒人们，宏观经济的调控不仅仅依赖于政策，还受到其他因素的影响，一旦这些因素开始发挥作用，就很难被逆转。这提醒我们，20 世纪 30 年代的大萧条不仅仅是错误的经济政策所致，而且反映了一战所带来的脆弱与失衡。这种观察说明了当下是怎样重塑了我们对过去历史的理解。

为什么中国读者会对这段历史感兴趣？有两个原因。

第一，过去和现在之间的相互作用随着时间的推移而继续展开。因此，西方政府，尤其是美国政府，在2020—2021年应对新冠疫情和经济危机时，采取了更大规模、更持久的财政刺激措施。这反映了这样一种观点：如果应对大衰退的经济政策结束得太快，随后的财政紧缩就会导致经济增长缓慢和随之而来的通货紧缩风险。然而，事实证明，2020—2021年的情况是不同的。由于美国和其他西方经济体在供给侧方面的约束，新冠疫情危机的后果是通货膨胀，而不是通货紧缩。可美国的财政刺激措施在新冠疫情后结束得不是太快，而是结束得太晚。这再次提醒我们，历史可以提供借鉴，但也会误导我们对当下的理解。这也提醒我们在以史为鉴时，不仅要找出过去和现在之间的相似之处，更要找出它们之间的重要差异。

第二，在今天的中国，也可以观察到过去和现在之间类似的"辩证"关系。中国在2008—2009年推出了一揽子计划，以应对西方的大衰退，并在2020—2022年再次出台一揽子政策以应对新冠疫情。我们看到，第一次举措的成功和失败为第二次提供了经验和教训，影响和塑造了第二次尝试时的策略和方法。同样，新冠疫情时期举措的成败最终也将改变我们对中国早期干预的看法。

《镜厅》这本书聚焦西方，它不是关于过去的中国经济政策如何塑造其当前的行为，也不是关于中国当前的政策将如何最终改变我们对其过去的看法，但我也非常希望有人能写这本书。

巴里·埃森格林
加利福尼亚大学伯克利分校
2024年8月

全球经济与中国未来：埃森格林与何帆对谈录

何帆：你这本书的书名是"镜厅"，主题是过去百年里两场主要的经济危机——20世纪30年代的大萧条和2008年的大衰退。你为什么要选标志着一战结束的《凡尔赛和约》签订的地方作为这本书的书名？1929年股市的暴跌以及后来的经济危机与一战有什么关系？这是不是比喻？你想借此表达什么？

埃森格林：我引用签订《凡尔赛和约》的地方作为书名，是因为《凡尔赛和约》不承认全球经济结构发生了很重要的变化，我认为这为20世纪30年代的大萧条埋下了祸根。我们现在正面临同样的问题。正由于人们没有认识到美国霸权的时代已经过去，世界经济结构正在发生变化，所以才有长期的全球经济失衡和金融动荡，以及全球经济领导者的缺位。

书名里的"镜"的确是一个比喻，过去百年里的两场大型金融危机（1929—1933年和2008—2009年）就像互相照镜子一样。应对2008—2009年这场危机的方案，在很大程度上是基于像伯南克这样的决策者所总结的"20世纪30年代的教训"。既然现在我们已经度过了这场危机，那么我们对20世纪20年代和30年代的看法又会有所不同。我在书里就是试图说明这两场危机本质上互为镜像。

何帆：马克·吐温说过："历史不会重演，但总会惊人地相似。"当我们回顾经济史上的繁荣、泡沫以及泡沫的破裂，好像确实如此。为什么决策者和市场参与者不会吸取那些显而易见的历史教训，避免类似的风险？难道是因为心理作祟——人其实并不像经济学教科书里面所讲的那样是理性的？还是政治上的原因使得无法出台有效的政策？

埃森格林：我坚信我们可以从历史中吸取教训，但这并不意味着我们可以防止所有的金融危机。尽管我们不能避免2008—2009年的危机，但我们至少可以减轻后果的严重性，部分原因就在于我们学习了过去的经验。美国2010年的失业率最高达到10%，这虽然并不好，但已经远远低于1933年的25%。这就是进步。

为什么会存在低估危机风险的倾向？正如你所说，部分是心理因素在起作用。我想到的是，人们会持有"持续性偏见"，潜意识里认为未来会与刚刚过去的一样（当事情进展顺利时，人们倾向于认为会继续好下去）。还有一种倾向是，天真地相信教科书所告诉我们的，金融市场是"有效的"。也有政治的原因，如大银行会游说政府进行"轻度监管"。

何帆：你在书里说到，虽然决策者吸取了大萧条的教训，避免了最坏的情况，但他们犯了其他错误，因为他们自认为已经做得很好了。你认为我们已经吸取教训了吗？将来我们能不能做得更好？

埃森格林：我在书里说："成功是失败之母。"我们成功防止了像20世纪30年代那样的银行和金融体系的全盘崩溃，但这给了银行重整旗鼓的时间来游说，使得进行深远金融改革的压力反而减轻了。比起20世纪30年代，我们只进行了非常温和、有限的改革。

我们能做得更好吗？争取金融改革、争取强化金融市场和减少危机风险的措施的努力还在进行中。美联储和证券交易委员会还在继续颁布新规定，其中一些比银行和其他观望者所预期的还要严格。也就是说，一些官员仍然在尝试。其他的声音，包括一些在国会的声音，却想将 2010 年《多德-弗兰克法案》里那些温和的改革都撤销。所以，战斗仍在继续。我这本书是一股温和的力量，对那些正在进行中的改革表示支持。

何帆：经济学家开始意识到历史的重要性。身为经济学家兼经济史学家，你怎么看待历史在经济研究中的作用？你对年青一代的学生有什么建议？

埃森格林：我坚信根植于历史和了解历史的经济学是更好的经济学。有些人认为，经济学家可以像工程师一样对待经济分析和经济政策，这种看法是幼稚的。经济学是一个社会问题，需要从历史的角度来看待。所以，每次我在中国所开设的短期课程，主题都是经济史。每次我都强调：中国的大学需要更多经济史学家。

何帆：房地产泡沫在 20 世纪 20 年代的佛罗里达州是一个大问题，现在已经成为全球性问题。对央行行长和金融监管机构来说，如何应对房地产泡沫一直是令人头痛的问题。关于房地产市场的监控和监管，你有什么建议吗？

埃森格林：审慎的做法是，研究和实施直接针对房地产市场的宏观审慎政策。房地产市场对信贷条件的变化异常敏感，这意味着可以调整购房者的贷款-收入比和贷款-房价比。越来越多的国家在实践这一点。不幸的是，这种做法在政治上过于敏感，不可能在美国实施。

何帆：20 世纪二三十年代，国家之间缺乏协调以及相互依存的紧密关系使经济形势恶化，导致大萧条，令每个人的生活都更痛苦。我们现在有信心能够避免以邻为壑的政策吗？如何加强主要经济体之间的协调与合作？

埃森格林：在没有一个能够组织和领导国际协调的国家这个层面上，我们处在和20世纪30年代一样的困境中。另外，如今决策者有更多机会聚在一起商讨对策，例如在IMF（国际货币基金组织）、G20（二十国集团）、达沃斯论坛等场合。问题在于，讨论之后必须协调行动。说比做要容易得多。

何帆：中国曾经是一个自给自足的封闭经济体，如今已经成为国际经济舞台中心的主要参与者。全球化带来了贸易的好处，推动了国内改革，增加了其他福利，但它也使宏观经济政策的制定工作更加复杂。中国如何（在发展中）取得平衡？有没有一个对外开放的最佳水平？

埃森格林：我不会说这是"对外开放的最佳水平"。"速度"和"顺序"是两个相关的维度。过去中国在"速度"上做得很好，在"摸着石头过河"中进行渐进式的改革。但我的确担心，在推动人民币国际化和人民币加入IMF特别提款权上，中国进展得有点太快了。"顺序"指的是，在对外金融开放之前需要加强国内金融市场和金融机构的建设。我担心中国国内加强得太慢，外部开放得太快。

何帆：中国正在经历从传统的增长模式到一个更加平衡和可持续模式的转换。如何在预防潜在风险的同时推动中国急需的结构性改革？你对中国的决策者有什么建议？

埃森格林：过去，中国的决策者先选择一个增长目标，例如7%，然后试图弄清楚在经济增长不低于这个目标的前提下有多少空间进行结构性改革。这是在往后退。增长目标应该是政策讨论的结果，而不是起点。中国的决策者应该先决定需要哪些结构性改革来实现经济的可持续增长和避免金融危机，然后再确定一个与改革相符的经济增长率。

何帆： 你对未来几年全球经济有什么看法？有哪些风险、哪些潜力？我们需要密切关注的最重要的变化是什么？

埃森格林： 2008年之前的几年里，全球经济经历了20世纪70年代以来最快的增长。我们现在处在全球经济低增长的环境下，而且由于全球贸易放缓、人口增长和其他因素的不利条件，我们将持续面临低增长。这意味着新兴市场不能够依赖出口的快速增长来获得高增长，厂商无法在商品价格走强的基础上快速增长。艰难才刚刚开始。

何帆： 你对人民币国际化做过比较深入的研究。美联储加息之后，人民币贬值，资本从新兴市场出逃，你认为这会增加人民币国际化的风险吗？人民币将来在国际金融体系中的作用是什么？

埃森格林： 中国是世界上最大的经济体，人民币最终应该像美元一样发挥巨大的国际作用，但这里的关键词是"最终"。人民币要在国际商业中成为有吸引力的货币，特别是要吸引开展跨国业务的私人和官方投资者，那么以人民币计价的资产必须有稳定性和流动性。有深度、流动性强并稳定的金融市场不是一天建成的，需要很多年甚至几十年的发展。致力于人民币国际化的决策者任重而道远，他们必须有长远的眼光，认识到需要时间才能浇灌出成果。

（2016年）

目录 | Contents

前　言 V

第一部分　最好的时代
Part I: The Best of Times

第 1 章　新时代的经济学　003

第 2 章　金色环球　023

第 3 章　惨烈的竞争　040

第 4 章　不换法律就换人　056

第 5 章　债由何来　073

第 6 章　西班牙城堡　086

第二部分　最坏的时代
Part II: The Worst of Times

第 7 章　空弹壳　103

第 8 章　再遭重创　116

第 9 章　欧洲的海岸　135

第 10 章　美国也会跌倒吗　151

第 11 章　大体可控　172

第 12 章　证据不足　191

第 13 章　下跌螺旋　213

第 14 章　鱼腥和铜臭　224

第三部分　向更好的时代进发
Part III：Toward Better Times

第 15 章　复古还是维新　237

第 16 章　人人有份　252

第 17 章　高桥是清的反击　268

第 18 章　二次探底　282

第 19 章　防止最坏的情况　299

第 20 章　压力与刺激　312

第 21 章　非常规政策　323

第四部分　避免重演
Part IV：Avoiding the Next Time

第 22 章　华尔街和商业街　337

第 23 章　非正常经济的正常化　349

第 24 章　做到最糟　361

第 25 章　黑衣人　375

第 26 章　欧元生与死　390

结　论　405

出场人物表　417

致　谢　441

注　释　445

参考文献　499

译后记　523

前　言

这是一部探讨金融危机的作品，讲述了引发金融危机的事件。本书将解释政府和市场为何会采取不同的应对金融危机之策，还会阐述这些政策的后果。

我们主要讨论1929—1933年的大萧条和2008—2009年的大衰退，这是我们目前遇到的最严重的两次金融危机。尤其是在政界，很多人都注意到这两段时期有相似之处。很多评论家注意到大萧条的教训对2008—2009年的应对政策有着重要的影响。本轮危机与20世纪30年代的那场危机是如此相像，以至在处理本轮危机的时候，人们自然会想到以史为鉴。关键决策者，从时任美联储主席本·伯南克到美国前总统奥巴马的白宫经济顾问委员会主任克里斯蒂娜·罗默，都恰好在其早期的学术生涯里研究过大萧条，因此那一年代的历史经验在这次金融危机的应对过程中格外被重视。

由于决策者们吸取了大萧条的教训，他们避免了最糟糕的结果。雷曼兄弟破产之后，国际金融体系已经处于崩溃的边缘，决策者们意识到，不能再让更多具有系统重要性的金融机构倒掉，而且他们坚定地信守了这一承诺。他们抵制了以邻为壑政策的诱惑，正是这一政策导致了20世纪30年代国际贸易体系的瘫痪。各国政府开始加大公共支出，降低税收。各国央行将潮水般的流动性源源不断地注入金融市场，并前所未有地团结在一起，互相提供贷款。

这些措施充分说明，决策者没有重蹈前辈的覆辙。20世纪30年代，政府没有抵挡住贸易保护主义的诱惑。受到过时的经济教条的误导，当时的政府在最不应该削减公共支出的时候削减公共支出；在最需要刺激性支出政策的时候忙于重建财政平衡。无论是时任美国总统赫伯特·胡佛，还是时任德国总理海因里希·布吕宁，犯的都是同样的错误。他们使得局势更加恶化，甚至无法重建公众对公共财政的信心。

当时的央行行长们都是真实票据理论的奴仆。他们的信条是，央行只应该提供与经济活动所需相匹配的信贷量。当经济活动处于扩张期时，央行需要提供更多的信贷；当经济活动萎缩时，央行需要减少信贷的供给。这导致繁荣时期出现过热，衰退时期出现危机。央行行长们忽视了维护金融稳定的责任，也没有作为最终贷款人及时干预。结果是汹涌而来的银行倒闭潮；企业缺乏信贷支持，嗷嗷待哺；价格体系崩溃，因而债务变得无法控制。米尔顿·弗里德曼和安娜·J.施瓦茨在他们影响深远的《美国货币史（1867—1960）》一书中，将这一灾难性的后果归咎于央行。两位作者认为，关于20世纪30年代的灾难，与其他任何因素相比，无能的央行政策罪责最大。

在2008年金融危机时期，鉴于上一次危机的教训，决策者们发誓要做得更好。如果说他们前任的失误在于没能降低利率、向金融市场注入充足的流动性，使得市场陷入通缩和萧条，那么这一次，决策者们将转而实施宽松的货币和金融政策；如果说前任们的失误还在于没能抑制银行间的恐慌而使得危机突然爆发，那么这一次，决策者们将更加果断地处理银行问题；如果说平衡预算的做法加剧了20世纪30年代的不景气，那么这一次，决策者们将实施刺激性的财政政策；如果说在20世纪30年代，国际合作机制的坍塌加剧了危机，那么这一次，决策者们将利用私人关系以及多边机构来保证各国之间的政策协调。

这一次的应对政策和20世纪30年代的措施截然不同。2010年，美国的失业率在最高时达到10%。虽然这个数字非常令人不安，但其远低于大萧条时期的25%的失业率。这一次，倒闭的银行数以百计，而非数以千计。金融系统依然存在混乱的情况，但毕竟成功地避免了20世纪30年代那种彻底的崩盘。

这些状况并非美国独有。每个不幸的国家都有自己的不幸，自2008年以来，每个国家的不幸程度也在不断变化。但是，除了一些多灾多难的欧洲国家，各国经济不幸的程度并未达到20世纪30年代的水平。由于应对政策更为得当，产出和就业的下降、社会紊乱和民众痛苦的程度都较上一次大危机时期的更低。

或者说，人们觉得事实如此。

遗憾的是，这一乐观叙述显得太过天真。经济学家们很难回答，为什么他们都没有成功地预测出这次金融危机。英国女王伊丽莎白二世在2008年访问伦敦政治经济学院时，向在场的专家们提了一个问题："为什么没有一个人预见危机？"6个月以后，一些知名经济学家给女王回信，为他们"集体性的缺乏想象力"道歉。

然而，这两次危机的相似之处极多。20世纪20年代，美国的佛罗里达州以及东北部、东中部地区出现了房地产泡沫，21世纪初美国、爱尔兰、西班牙等国的楼市泡沫与之如出一辙。与此同时，这些国家股票市值都出现了飞速上升，这反映了人们对时髦的信息技术公司未来赢利能力的极度乐观的预期：80年前有美国无线电公司，80年后则有苹果和谷歌。信贷刺激导致房地产市场出现爆炸性增长，资产市场一片繁荣。银行和金融体系的一系列行为，即使客气地讲，也是非常可疑的。1925年以后的金本位和1999年以后的欧元体系都放大和传播了负面冲击。

最重要的是，两次危机之前都有一种天真的思潮，认为经济政策已经驯服了经济周期。20世纪20年代，据说世界已经进入经济稳定的"新时代",这得益于美联储（美国联邦储备系统）的建立,而其他国家也建立了独立的央行。与此相似的是,在大衰退来临之前的时期被认为是大稳健,央行改进了货币政策,可以预先熨平经济周期波动。由于人们相信经济活动不会再有剧烈波动,商业银行有更大的胆量增加杠杆,投资者也敢于承担更多的风险。

人们或许以为,任何人只要对大萧条稍有了解,就能发现这些相似之处及其启示。的确,我们听到了一些预警,但我们听到的预警太少,也太不精确。耶鲁大学的罗伯特·席勒教授研究过20世纪20年代的房地产市场,他在本轮危机爆发之前就指出,当时的楼市从各个方面来看都已经是完全暴露的泡沫,但即使是席勒也没有预料到房地产市场崩溃后的灾难性后果。努里埃尔·鲁比尼在哈佛大学读研究生的时候,至少上过一门关于大萧条历史的课程。鲁比尼指出,美国的经常账户赤字不断扩大,美元债务不断累积,这蕴含着极大的风险。但是鲁比尼预言的是美元危机,实际上发生的金融危机并不是他所预测的那种。

值得一提的是,研究大萧条历史和萧条经济学的专家们也没有表现得更好。经济领域的同人们面对即将到来的危机集体沉默。经济学家给我们带来了大稳健的福音。决策者们志得意满,盲目地相信市场会自我强化,面对即将到来的风暴,他们没有做任何准备。

希望经济学家们能够预测金融危机可能要求过高。危机不仅来自信贷膨胀、资产泡沫,以及认为金融市场参与者已经学会安全地管理风险的错误信念,也来自一些无法预测的偶然性因素。没人能预料到1931年德国银行组成的财团对达姆施塔特国民银行的救助以失败告终,也没有人能够预测,在2008年的一个关键时刻,英国金融服务局拒绝了巴克莱银行收购雷曼兄弟的申请。一战的爆发源于一系列极其诡异而草率的决定,当事人在做出这些决策的时候并未考虑到会引起什么深远的影响,但这些决定最终触发了一场世界大战,金融危机的爆发也是如此。金融危机的爆发不仅来自系统性因素,也受人为因素的影响。20

世纪 20 年代的罗杰斯·考德威尔被称为"南方的约翰·P. 摩根",他野心勃勃却优柔寡断;亚当·阿普尔加思是一位花哨又极度自信的年轻银行家,他将一家低调的英国抵押贷款银行——北岩银行——带上了不可持续的扩张路径。他们的决策不仅葬送了自己所在的企业,也动摇了整个金融系统的基石。与之类似,如果能力出众的纽约联邦储备银行行长本杰明·斯特朗没有在 1928 年去世,如果让-克洛德·特里谢没有因法德在 1999 年的博弈而成为欧洲央行行长,后续的货币政策操作可能截然不同。事实上,后来的情况可能会变得更好。

如果说我们的政策较上一次金融危机有很大进步,那么令人困扰的是,为何这次危机之后的对策未能有效地改善金融机构面临的困境,没有阻止失业率高企,也没有支撑起强而有力的复苏?2007 年,美国的次贷市场崩盘,从当年 12 月起,美国开始陷入衰退。但即使在那个时候,仍然几乎没有人预料到金融体系所受到的伤害会有多大。经济学家没有预见到衰退对产出和就业的打击程度。大萧条首先且主要是一场银行业危机和金融危机,但关于那场危机的记忆并不足以帮助决策者们避免另一场银行业与金融危机。

或许正是因为人们相信,导致一场平凡的衰退演化为大萧条的主要原因是银行倒闭,才使得决策者错误地聚焦于商业银行,忽略了所谓的"影子银行"体系:对冲基金、货币市场基金以及商业票据发行机构。《巴塞尔协议》为跨国经营的金融机构制定资本金标准的时候,考虑的只是商业银行;[1] 监管机构也总是只关注商业银行。

而且,存款保险也仅局限于商业银行。20 世纪 30 年代,个人储蓄者的挤兑行为冲击了银行体系,进而促成了美国联邦存款保险公司的成立,由此人们认为存款搬家不会再威胁到银行体系。很多人都看过电影《生活多美好》,大家都相信,现代银行家再也不会陷入男主角乔治·贝利的困境。但是,对于身价上百万美元甚至更多的大企业来说,上限为 10 万美元的存款保险不过是一种冰冷的安慰。存款保险对那些不依赖存款而是向其他银行大量借贷的银行来说，更是于事无补。

存款保险也无法为对冲基金、货币市场基金、特殊目的投资工具提供信心。如果这些金融体系中的创新部门出现了类似20世纪30年代的恐慌，存款保险是无济于事的。由于决策者以大萧条的历史为观察世界的框架，他们会忽视金融体系的深刻变化。以史为鉴，监管者会对一些真实的当前风险格外警惕，但他们也会因此忽视其他风险。

特别需要指出的是，片面吸取大萧条的历史教训，使得决策者轻视了雷曼兄弟破产的后果。雷曼兄弟不是商业银行，不吸收存款。因此，它的破产或许不会引发对其他银行的挤兑，就像1933年亨利·福特的守望者集团中的银行倒闭所引发的风潮。

但这恰恰误解了"影子银行"体系的本质。货币市场基金持有雷曼兄弟的短期票据。当雷曼兄弟破产之后，这些货币基金惨遭惊慌的股东挤兑。这又加速了大型投资者对货币基金的母投行的挤兑。最终，本就岌岌可危的证券化市场轰然倒塌。

亨利·保尔森领衔的财政部的官员会辩解说，他们手中无权，无法贷款给雷曼兄弟这样的濒临破产的机构，也没有一个使其平稳关闭的机制。任由其破产是唯一的选择，但其实雷曼兄弟带来的麻烦并非在意料之外。监管者在6个月之前曾经营救了贝尔斯登——另一个投行界"兄弟会"成员，从那时起，监管者就一直在关注雷曼兄弟。没能及时给财政部和美联储足够的授权去救助陷入困境的非银行金融机构，是本轮危机中最重大的政策失误。1932年，以解决银行问题为成立宗旨的复兴金融公司，就没有向陷入困境的金融机构注入资本金的权力。这个限制直到1933年大萧条来袭，国会通过了《紧急银行法》才算解除。伯南克主席和其他人或许熟知这段历史，但即使如此，也仍然没有改变事情的走向。

决策者以为雷曼兄弟破产的后果可以承受。这种想法一半源自历史的教训，一半受到历史的误导，它在一定程度上导致了上述的政策失误。

这一政策失误也与官员们担心道德风险有关：更多的救助只会导致更多的冒险行为。[2]由于救助了贝尔斯登，决策者们已经被指责纵容了道德风险。让雷曼兄弟破产则是回应指责的最好方式。用胡佛总统时期的财政部部长安德鲁·威廉·梅隆的话来说，清算主义意味着破产是必需的，是"将腐烂部分从系统中剜除"的必要方式。清算主义在20世纪30年代带来了灾难性的后果，因此在当时极其不受欢迎，但在21世纪初这个微妙时刻，却多少会有些影响力。

最后，决策者们清楚地知道，任何赋予财政部和美联储额外权力的做法都会被国会拒绝，因为国会对救助政策已经感到厌倦。肯定会有一位对政府干预抱有敌意的共和党议员站出来反对。最终，只有爆发一场全面的银行业与金融危机才能让政治家们行动起来，就像1933年的大危机那样。

正是在雷曼兄弟破产之后，决策者们才意识到已经到了另一场大萧条的峭壁边缘。发达工业国的首脑们发表共同声明，声称不会再让具有系统重要性的金融机构倒闭。美国国会尽管不情愿，但也通过了TARP（问题资产救助计划）来帮助银行和金融体系。一个接一个，各国政府采取了一系列措施，向处于困境中的金融机构提供资本金和流动性。大量的财政刺激项目陆续出台，各国央行也向金融市场注入了大量流动性。

然而，这些政策远未实现最终的胜利。危机后的美国暮气沉沉，任何措施都难以立竿见影。欧洲的表现甚至更差，不仅处于衰退之中，而且在2010年又经历了新一轮危机，更是雪上加霜。这显然不是那些声称已经以史为鉴的人所许诺的成功的、稳定的以及充满活力的复苏。

有些人辩称：从金融危机的低谷中复苏当然会比从普通的衰退中走出来要慢；[3]经济增长受到金融体系创伤的阻碍；银行急于修复资产负债表，对放贷行为会格外谨慎；家庭和公司积累了大量债务，为了降低债务水平，不得不削减消费。

但政府应该挺身而出。银行不愿借贷，政府可以；政府可以替代家庭和公司消费；政府可以提供流动性而不用担心通货膨胀，因为经济尚处于低迷状态；政府还可以实行财政赤字而不用担心债务问题，因为在一个低迷的经济环境中盛行的是低利率。

政府可以一直这样做，直到家庭、银行、公司愿意重新开展商业活动。1933—1937年，美国的实际GDP（国内生产总值）以年均8%的速度增长，尽管政府的政策不尽如人意。2010—2013年，美国的年均GDP增长率仅有2%。这并不是说2009年以后的增长率应该达到其4倍的水平，能实现多快的复苏，取决于之前跌倒的程度。但即便如此，美国和世界经济本应表现得更好。

没能做到的原因不难理解。自2010年起，美国和欧洲朝着紧缩向右急转。在《美国复苏与再投资法案》下，奥巴马政府的财政刺激政策在2010财年达到顶峰，然后就开始稳步下降。2011年夏，奥巴马政府和国会一致同意削减1.2万亿美元的支出。[4] 2013年，针对最高收入者的布什减税计划到期；针对社会保障信托基金的雇员缴纳部分的削减停止了；自动减支——联邦政府要全面削减8.5%的支出——也停止了。这些等于拿掉了一大块的总需求和经济增长。

欧洲转向紧缩的力度甚至更加猛烈。希腊的支出已经失控，必要的紧缩当然势在必行。但是，在欧盟、欧洲央行、IMF三重监管下的改革方案，无论在范围上还是深度上，都是前所未有的。方案要求希腊政府在三年之内，削减开支和增税的幅度达到其GDP的11%。事实上，这一计划迫使希腊砍掉10%的政府支出。欧元区作为一个整体，在2011年轻度地减少预算赤字，2012年则大幅削减预算赤字，全然不顾欧洲经济已经再次陷入萧条，而企业和居民的支出难以增长的事实。英国拥有独立的货币和自己的央行，这本可以给其带来更大的回旋余地，但英国也实施了野心勃勃的财政整顿计划，准备削减政府支出和增税的规模达到其GDP的5%。

虽然各央行在本轮危机中采取了一系列非常规的政策应对，但一样急于回到正常的轨道。美联储实施了三轮 QE（量化宽松政策），即持续多月地购买国债和住房抵押贷款支持证券，却对是否继续购买犹豫不决，即便美国的通货膨胀率持续低于 2% 的目标，而且美国的经济增长一直让人失望。2013 年春、夏关于逐步退出 QE 的讨论使得美国利率大幅升高。这对于步履蹒跚、增长率勉强只有 2% 的经济体来说，并不是一剂良药。

如果说美联储是不愿意做得更多，那么欧洲央行则是急于做得更少。2010 年，欧洲央行贸然下结论，认为复苏可期，可以逐步退出其非常规政策。2011 年春、夏，欧洲央行更是两次升息。为什么欧洲不仅没能迎来复苏，反而陷入第二次衰退？答案不言自明。

是什么教训，无论来自历史还是它处，导致了这次令人不解的政策转向？央行对通货膨胀的恐惧是根深蒂固的。德国在 1923 年爆发了超级通货膨胀，这使得德国比任何一个国家都害怕通货膨胀。鉴于德意志联邦银行在欧洲央行中的影响力，再加上时任欧洲央行行长的法国人让-克洛德·特里谢急于表现出他和德国人一样，是一个反通货膨胀斗士，德国人的恐惧最终变成了整个欧洲的政策。

美国在 20 世纪 20 年代没有经历超级通货膨胀，其他年代也不曾有过这一经验，但这并不能阻止紧张兮兮的评论员们警告说魏玛共和国的教训已近在眼前。人们忽视了 20 世纪 30 年代的教训，也就是当经济处于萧条状态，利率为零，生产能力过剩的时候，央行可以扩大其资产负债表而不用担心引发通货膨胀。老练的央行行长们——例如伯南克主席和他在联邦公开市场委员会的一些同事——更了解这一点，但他们无疑受到了反对意见的影响。反对声越是声嘶力竭，国会越大声地指责美联储使得货币贬值，美联储官员们也就越担心其独立性。这就使得美联储急于将资产负债表缩减到正常水平，即便经济没有出现任何回归常态的迹象。

非传统的货币政策将央行行长们带到了一个他们从未涉足的新领

域，如住房抵押贷款支持的证券市场。央行越远离其传统领地，批评的声音越激烈。美联储购买这些证券的时间持续到了2014年，不断有评论抱怨，美联储的政策正在催生下一轮房地产泡沫，并将爆发新一轮危机。低利率会鼓励更多的冒险行为，这种恐惧几乎成了反对者的部落图腾。这种杞人之忧与害怕道德风险而不去救助雷曼兄弟的观点如出一辙。

在欧洲央行，对道德风险的担忧集中在政客身上而非市场上。要是央行为刺激经济增长做得太多，就会减轻政府的压力，使得过分的行为继续存在，改革裹足不前，风险逐渐滋生。欧洲央行想坚壁清野、破釜沉舟，就把自己逼到了角落里。欧洲央行想成为财政整顿以及结构改革的推动者，因此它把经济增长视为自己的敌人。

就财政政策而言，持续刺激的论证无法得到足够的支撑，因为财政刺激政策无法兑现所有的承诺。这或许是因为政治家们总是承诺太多，或许是因为经济承受的冲击比当时预料的更为严重。我们经常混淆当时的情况有多差，以及如果没有这些政策，当时的情况原本会有多差；我们也经常混淆到底需要着眼于中期整顿财政，还是需要着眼于短期扩大需求；我们还经常混淆赤字和债务规模不断扩大的国家，如希腊，所需要的财政整顿，以及仍然有回旋余地的国家，如德国和美国，是否需要立即进行财政整顿。如此多的因素纷至沓来。它们来自四面八方，唯一的共同点是错误和失败。

人们或许从约翰·梅纳德·凯恩斯及其他受大萧条影响的学者那里学到了很多有关财政刺激的措施，但同样忘记了很多。凯恩斯主要用文字介绍自己的思想，而后来的经济学家们喜欢用数学来证明其观点。慢慢地，数学模型自成体系。后来的学院派陶醉于有代表性的、有前瞻性的理性人模型，部分原因是出于方便，部分原因是喜欢这一理论的优雅。在理性人模型中，所有人以最大化为目标，只要政府不出错，经济运行就不会出错。这种思维定式认为政府是造成危机以及复苏迟缓的根源。按照这些学者的观点，政府主导的房利美和房地美代表了政府干预，造成了住房抵押市场的过度需求，从而招致了危机；政府的政策游移不定，是复苏缓慢的主要原因。

按照这一理论，财政刺激不过是另一种形式的政府干预，因此也不会带来任何好处。宣扬这种观点的经济学家们试图用模型证明，每个家庭如果预知财政赤字的后果是将来要增加税收，就会在现在相应地减少支出。[5] 这种逻辑试图说明，暂时性的财政刺激的效果可能会大打折扣，而不像凯恩斯学派所宣扬的那样。但即便这些模型也未能证明暂时性的刺激政策一点正面效果也没有。[6] "淡水学派"（由于他们聚集在美国五大湖区附近的城市里）却喜欢一步跨越到"政府干预无效"这个最终的结论。萧伯纳曾有句名言："你可以将所有的经济学家一个一个排在一起，但他们还是无法达成一致。"这句话用到这里再合适不过了。在最基本的原则上都无法达成一致，这个弊端削弱了经济学家提供政策建议的能力。

事实上，在欧洲的大部分地区，凯恩斯主义都未能大行其道。魏玛共和国时期失控的预算以及恶性通货膨胀使得德国经济学家们对赤字财政抱有极大的怀疑。他们强调的是政府应该监督契约的实施以及鼓励竞争。[7] 这一观点要比"淡水学派"所鼓吹的"私人部门好，政府部门不好"更加复杂。但这种观点毕竟难与财政刺激兼容，并导致了紧缩政策提早到来。

如果说从理论上讲，政府干预与危机和复苏之间的关系难以厘清，那么在经验研究中，有关证据也是模棱两可的。两位美国经济学家曾声称，当公共债务达到 GDP 的 90% 之后，增长会放缓。[8] 沉重的债务负担当然会拖累经济增长，但警戒线是不是 90% 还存疑。即便如此，当美国和英国的公共债务接近这一比例，而欧元区的债务与 GDP 之比超过这一比例时，支持紧缩的人们非常喜欢引用这一观点为自己辩护。例如，当负责经济与货币事务的欧盟专员奥利·雷恩为欧盟的政策寻求合理性时，就引用了这一被曲解的"90% 红线"。

两位意大利经济学家则力证，紧缩政策，尤其当它来自削减公共支出而非增税时，会产生与凯恩斯主义相左的扩张效果。[9]这项结果对20世纪八九十年代的意大利来说有些道理，当时意大利债台高筑，利率高企，税收水平太高。在这种情况下，削减公共支出的确能培育信心，鼓励投资。但对意大利适用，不一定对低债务国家有效。这个结果不适用于利率水平为零的环境，也不适用于当一国成为欧元区的一员，无法自主地贬值货币，无法以出口替代内需的情况。该理论同样不适用于当所有的发达国家都处于萧条的情形，因为根本就没有合适的出口对象。

但这没能阻止美国众议院的保罗·瑞恩，这位自诩为赤字问题专家的众议员，将此奉为金科玉律。欧盟各国的财政部部长们也在峰会后的记者招待会和会议公报上引用这个观点。财政紧缩政策会产生经济扩张的观点，鼓励了政治家们将紧缩政策视为只有优点、没有缺点的选择。最终的现实与这一观点南辕北辙，但对于那些顽固分子来说，他们根本不关心紧缩政策的收益与成本，他们只对紧缩政策本身念兹在兹。

在这次政策转向中，最重要的因素恰好是决策者避免了最坏的局面。他们成功地避免了又一次大萧条，这使得他们很有信心地宣告危机已经过去了，因此，他们可以尽快地回归常规政策。具有讽刺意味的是，正是决策者们成功地避免了类似20世纪30年代的经济崩盘，才使得他们没能带来生机勃勃的经济复苏。

这不仅发生在宏观经济上，同样发生在金融改革上。在美国，大萧条催生了《格拉斯-斯蒂格尔法案》，使得商业银行和投行相分离。美国证券交易委员会也建立起来，负责对金融过度的监管。《格拉斯-斯蒂格尔法案》已于1999年废止，曾有呼声建立新的法案，但至今为止，在监管改革方面还未产生像该法案一样影响深远的法案。2010年的《多德-弗兰克法案》包括一些温和的改革措施，包括限制金融机构的投机性交易，同时还建立了消费者金融保护局。但大银行并未被分拆。尽管说了很多，但大而不能倒的问题没有得到任何解决。《格拉斯-斯蒂格尔法案》确立了严格的分业经营，商业银行、证券公司、保险公司各司其职。至今为止，在金融监管方面尚缺乏能够重构金融体系的实质性改革。

大萧条催生了《格拉斯-斯蒂格尔法案》，本轮危机之后却没有类似的措施产生，产生这种差别的最根本的原因还是决策者们成功避免了最坏的局面。20世纪30年代大萧条的影响极为深刻，银行和证券市场的崩溃证明了当时的金融监管体系存在巨大弊端。当前则与之相反，最坏的结局侥幸未能出现。这使得人们相信，现行的金融监管体系并没有致命的弱点，也削弱了敦促彻底金融改革的呼声，改革者们也就失去了趁势的东风。政治家们意见纷纭，争执不休，阻挠了改革。就这样，成功成了失败之母。

就算美国在推动金融监管改革的时候会遭遇党派分歧带来的困扰，但和欧洲比起来，就小巫见大巫了。美国的改革只需要两个党派达成共识，但欧洲需要的是27个国家一致做出决定。每一个欧洲国家都是平等的，但有的国家比别的国家更平等，比如德国。当然，在这个奥威尔式的欧洲里，如果小国不愿意合作，它们也能制造麻烦，比如，芬兰就曾经阻挠了欧盟通过"欧洲稳定机制"救助西班牙。改革还可能需要欧元区内外的国家取得一致，比如，当欧盟计划出台有关限制银行家奖金的措施时，英国把欧盟告上了欧洲法院。

最能突出表现这一弊端的当数有关银行联盟的争论。欧元产生之后，遍及欧洲的大银行联系得更加紧密。但这些银行及其各国的监管者们没有考虑到其行为对邻国及邻国银行的影响。欧洲金融危机的教训就是，如果有单一的货币、单一的金融市场，但有27家各行其是的银行监管者，这个体系就太疯狂了。解决方案是只要一家监管者、一个存款保险制度，以及一个针对问题银行的清算机制。一个紧密团结的银行联盟是重建欧洲机构信心的关键。

2012年夏，正是欧元危机最严重的时候，欧洲的领导人同意建立银行联盟。他们同意创立单一的监管机构来监管银行，但这一过程随后陷入困境。拥有强大银行体系的国家不愿意将监管的权力转移给一个权力集中的机构；有的国家抱怨，在这一体系下，其银行和存款人必须给一个共同的保险基金注资，用他们的钱去救助那些金融体系糟糕的国家；还有的国家认为，向这一共同的清算机制提供资金，会把自家的纳税人绕进一个圈套。这三种反对意见体现得最集中的地方当然是德国。时任德国总理安格拉·默克尔要求重新修订欧盟的条约，并在条约中说清楚，这些新的机制到底该怎么运作，以及该如何为其融资。但是修订欧盟条约恰恰又是其他国家的政府不愿做的，因为这需要议会的批准，有时甚至需要公投。在这个过程中，人们或许会从根本上质疑欧盟。

因此，欧盟的领导人只达成了一半的共识：他们同意创立单一监管机构的原则，但这一监管机构的监管范围仅限于欧洲130家最大的银行。单一存款保险计划以及针对坏银行的单一清算机制则被束之高阁。[10]

这反映了欧盟27国取得共识的难度，但这也说明，欧盟愿意采取的举措仅限于维持其货币联盟。通过紧急贷款、欧洲央行的一些机制购买陷入困境政府的债券，欧盟没有让货币联盟分崩离析，但也仅限于此。这一成功反过来影响了推动银行联盟改革的紧迫性。成功又一次成了失败之母。

欧洲勉勉强强地维持住了货币联盟，欧元也没有重走20世纪30年代金本位的老路，这是危机期间最让人惊讶的事情之一。20世纪20年代后期，金本位被视为经济与金融稳定的基石。1914—1924年，金本位暂时瓦解，那一时期的国际金融体系动荡不宁。因此，一战之后各国争相重建金本位，遗憾的是，重新建立起来的金本位既不能持久，也没有带来稳定。金本位不仅没能阻止1931年的金融危机，还加速了危机的进程。首先，金本位带来一种稳定的幻觉，鼓励了大量资金流入不具备使用贷款的能力的国家。其次，当政府应对金融危机的时候，金本位成了一种桎梏。投资者开始怀疑政府保卫银行和货币的手段，于是出现了银行挤兑和国际收支平衡危机。这些国家最终纷纷退出了金本位，才得以重新控制经济。因为这样一来，各国政策才可以开动印钞机，才可以救助银行体系，也才可以采取其他措施终结大萧条。

欧元的缔造者们熟知这段历史。或许，因为经历过1992—1993年的欧洲汇率机制危机，他们的理解更为深刻。当时，欧洲各国的货币通过钉住汇率制度相互联系在一起，如同一根登山索把一串登山队员连在一起。经历危机之后，欧元的缔造者希望建立一个更为强大的货币联盟。货币联盟基于单一货币，而不是主权国家之间的钉住汇率。不可能再出现某个主权货币的单边贬值，因为欧元区成员国已经没有可以贬值的本国货币。这套欧元体系不再由各个主权国的央行监管，而是由超国家的欧洲央行监管。

更重要的是，货币联盟的条约规定成员国不能退出。在20世纪30年代，单一国家可以采取单边行动退出金本位，这会触发以邻为壑的"货币战"。退出欧元则意味着违反了条约的责任，将极大地损害本国在欧盟其他成员国那里的良好声誉。

欧元的缔造者们尽管避免了金本位的一些弊端，却埋下了其他隐患。欧元体系造成了货币稳定的幻觉，使得大量资本流入南欧国家，尽管这些国家不具备利用这些资本的条件，这和20世纪20年代所发生的故事如出一辙。当资本流动的方向逆转，大量资本外逃的时候，这些国家的央行无法增加货币供给，政府无法借款，这就加剧了萧条，又重蹈了20世纪30年代的覆辙。压力会使人寻求改变，各国政府对货币联盟的支持会逐渐瓦解。一种悲观的预言是：欧元很可能会重走金本位的老路，陷入困境国家的政府会宣布退出欧元。如果它们犹豫不决，那就会被新政府和领导人赶下台。在最坏的情况下，民主也有被取代的危险。

但这是对历史的误读。20世纪30年代，当各国政府放弃金本位时，国际贸易和借贷已经崩溃了。这一次，欧洲国家勉强避免了同样的命运。因此欧元必须得到捍卫，以此保护单一市场和欧盟内部的贸易和支付体系。20世纪30年代，早在危机刚刚酝酿的时候，各国间的团结就已经荡然无存。尽管深陷危机的泥潭，各国政府这次依然团结一致，而且这一次，国际组织的机制更加完善，能够提供的帮助也更多。欧盟中经济和金融形势较好的国家给较弱的成员国提供了贷款，尽管这些贷款的数量本应更多，但与20世纪30年代的相比，已经算很多了。

最终，对民主危机、欧元瓦解的预言没能变为现实。的确出现了示威游行，甚至非常暴力的游行，有的政府下台了。但是，有别于30年代，民主顽强地生存了下来。崩溃论者低估了社会福利和社会安全网的作用，而这恰恰是在大萧条之后应运而生的。哪怕那些欧洲受创最深的国家失业率超过了25%，人们所遭遇的不幸也大大减少了。这就削弱了政治上的反动势力，也减轻了抛弃整个现行体系的压力。

大萧条的经验形成了人们对大衰退的理解和应对措施，这已为世所公认。但是要想理解人们如何应用或误用这段历史，就需要我们不仅研究大萧条本身，也要研究是哪些因素导致大萧条的出现。这就意味着我们要从最初开始，也就是20世纪20年代。

Hall of Mirrors

Part I: The Best of Times

第一部分
最好的时代

第 1 章　新时代的经济学

　　身高约 163 厘米、圆脸的查尔斯·庞兹很难给人留下深刻的印象。他 21 岁的时候从意大利帕尔马来到美国,英语并不标准,完全没有美国金融家的贵族范儿,但这位小个子的庞兹在金融危机史上却是赫赫有名的大人物。"庞氏骗局"是有关金融危机的排名最靠前的词语之一,热门程度甚至超过了"格林斯潘对策"和"雷曼时刻"等词。

　　庞兹因在国际回邮券市场进行套利而声名鹊起。1906 年在意大利召开的万国邮政联盟大会通过协议,发行国际回邮券。寄信人可以将这一票据寄到国外,而收信人则可以用这一票据到当地邮局兑换邮票,寄出回信。

　　1906 年的会议在金本位时代召开,当时的汇率机制是固定汇率制。因此,代表们不可能预测到金本位的暂时解体可能对他们达成的协议产生影响。随着一战爆发,政府禁止黄金出口。过去,黄金低买高卖是使汇率保持稳定的必要机制。随着禁运措施的实施,黄金市场的交易暂时停止,各国货币汇率开始相互浮动。

　　一个意想不到的冲击是对回邮券协议的影响。在战争期间和战后,美国是交战国中唯一一个能够保持货币仍然钉住黄金的国家。欧洲各国需要印刷钞票为军事支出融资,欧洲货币相对美元贬值,只有在签署停战协议之后这一趋势才暂时有所缓解。结果,在美国之外,用欧洲货币买回的国际回邮券要比在美国能买到的更多。1919 年,庞兹敏锐地觉察到了这一机会,他从生意伙伴那里借了钱,再把这些钱寄给自己在意大利的联系人,并指示他们购买国际回邮券,将它们寄到波士顿。

为什么只有庞兹发觉到了这个机会?我们并不清楚。但不出所料,这一巨大商机不过是一场幻觉。庞兹的联系人只能搜集到数量有限的国际回邮券,即使这样,完成这笔交易也需要时间,而在这段时间内,投入其中的资金是被占用的。

庞兹的时间并不充足,因为他已经承诺投资者在 90 天内本金翻番。为了支付这些利息,他不得不借用从新认购者那里获得的资金,也就没有资金用于国际回邮券的套利。为了维持这个游戏,庞兹不得不吸引更多的投资者,所以他注册了一个名字听起来非常有吸引力的证券交易公司,并雇用一大批销售人员。这一计划在 1920 年最终败露。《波士顿邮报》刊发了由威廉·麦克马斯特执笔的一篇揭黑文章,麦克马斯特曾受雇于庞兹为其运作进行宣传。[1]

庞兹做出的投资者本金在 90 天内翻番的许诺,居然没有引起人们的警惕,这说明,在 20 世纪 20 年代如痴如狂的金融氛围里,投资者会一时冲动,盲目轻信。人们很容易联想到,在同样如痴如狂的 21 世纪头 10 年,投资者也没有看穿伯纳德·麦道夫居然声称年复一年都有非凡利润,而且几乎没有波动的骗局。

被控欺诈,庞兹认罪并被判刑,需在联邦监狱服刑三年半。但是,新英格兰地区的投资者并不会轻易罢休。庞兹还在监狱里的时候,就被马萨诸塞州指控犯有 22 项盗窃罪,已经穷困潦倒的他不得不给自己当起了辩护律师。一开始他应付得很好,但是一个又一个审讯,使他疲惫不堪。第一次审判,陪审团判定他无罪;第二次审判陷入僵局;第三次审判,判他有罪。庞兹在保释后,逃到了遥远的佛罗里达州,在那里,他又开始用化名做生意。

1925 年，谁要是在佛罗里达州做生意，肯定做的是房地产交易。庞兹摇身一变，成了杰克逊维尔市附近一块土地的发起人。所谓的"附近"，是指在杰克逊维尔市西边约 100 千米的地方。庞兹在那里开始"开发"一片广阔的灌木丛林地，这片荒芜的土地上长满了美洲蒲葵、野草，偶尔还有橡树。庞兹将土地划分为很多个小块土地，这样投资者就能获得属于他们自己的宅地。庞兹居然将每英亩[①]土地分成了 23 份，这意味着每个投资者只要花 10 美元就能拿到自己的一小块地。

庞兹组建了庞氏土地公司，从投资者那里筹集资金，承诺每投入 10 美元，在 60 天内就能获得 30 美元的回报，这比他早期的国际回邮券投资计划还要诱人。然而，这不过是又一个金字塔骗局，庞兹需要把土地份额重复卖给新的投资者，再用所获得的现金回报早期的投资者。没过多久，这个骗局就被戳穿了，他的身份也暴露了。庞兹因触犯佛罗里达州的信托法而被起诉，并再次被陪审团判定有罪。[2]

庞兹一到佛罗里达州就投身于房地产生意，并非一种巧合。当时，佛罗里达州正在经历美国从未有过的房地产泡沫。

美国之前也经历过房地产泡沫和泡沫的破灭，但过去主要集中在农地。这是美国第一次经历城市，或者更准确地说是郊区的房地产泡沫。这一房地产泡沫和汽车的普及是分不开的。越来越多的美国人可以购买廉价、可靠的汽车，比如福特汽车公司著名的 T 型车，于是，住在郊区变得可行。驾车的游客可以更方便地到达佛罗里达州。这里温暖的气候、廉价的土地对外地人有强烈的诱惑力。1920—1921 年冬，大批北方佬开着简陋的汽车南下佛罗里达州，他们还把汽车当作路上的临时住所。因为他们的交通工具不够优雅，这些北方佬被称为"锡罐观光客"。[3]

---

① 1 英亩 ≈ 4 047 平方米。——编者注

有不少房地产商人同时也是汽车的狂热爱好者,他们很快就捕捉到了其中的关联。卡尔·费雪和他的哥哥成立了 Prest-O-Lite 公司,之后又成立费希博德公司,为刚刚兴起的机动车行业提供乙炔前照灯和车身。1910 年,费雪和他年仅 15 岁的新娘在蜜月游艇旅行中,刚开始看上了后来被称为迈阿密海滩的半岛。费雪最后将 Prest-O-Lite 公司卖给了联合碳化物公司,这时的他有足够的实力在对岸的比斯坎湾购买一个优雅的度假兼退休居所。

但是费雪非常厌烦退休,他只有 30 多岁。1913 年,他开始涉足房地产业,到 1915 年,他已经是这个地区首屈一指的房地产开发商。如果没有足够的土地供开发,费雪就会创造出更多的土地。他把挖掘设备搬到比斯坎湾,挖沙填海。当时著名的幽默作家威尔·罗杰斯写道:"卡尔发现卖房子的广告牌能在沙滩上立住,这对他就足够了。卡尔把一队客户带到沙滩上,让他们挑选一片清澈平静的水面,然后他就承诺在这片水域上给客户造一个私家岛屿,客户就能自己当一个小小的孤岛鲁滨孙了。"[4]

为了加强汽车与佛罗里达州房地产之间的联系,费雪推动了迪克西公路的修筑。这条公路将佛罗里达州和美国中西部的北部连接起来。他还成立了迪克西公路公司。他给报纸提供了很多支持,让这些报纸为这个项目唱赞歌。他还压制了公路沿线城市的互相竞争——这些地方都想让公路从自己这穿过,费雪为此设计了东、西两条支线。为了建成车水马龙的交通干道,一切牺牲都是在所不惜的。

当然,还有一些其他因素促成了佛罗里达州的房地产泡沫。美国经济从战后衰退中走了出来,出现了强劲复苏,人们都相信,经济增长会永久加速。20 世纪 20 年代,工厂结构方面出现了革命,生产过程充分利用电力进行重组。工厂过去一直使用蒸汽机,厂房里到处是高悬的驱动轴和横梁。电气化淘汰了这些装置,并安装了起重机,方便流水线上的组件安装。电气化还允许工人们使用便携式电动工具,并且能在生产线上自由移动。这大大提高了工人的劳动生产率,因为过去的工人们就像蒸汽机一样,被固定在流水线上,无法流动作业。电气化的推广使得雇主可以采取科学化的管理方式。当时最著名的是管理顾问弗雷德里克·温斯洛·泰勒通过对时间和动作的研究,制定的最大化劳动产出的一套管理模式。

新型生产流水线的潜力在亨利·福特位于密歇根州迪尔伯恩的红河联合公司得以充分体现。这个公司成立于1917年,如今可以完全投产。这些变革向人们显示了新的希望,生产力正以前所未有的速度不断增长。1922—1929年,美国的实际GDP每年增长5%,这一速度高于美国历史上任何时期,似乎更支持了人们对经济的乐观看法。

更快的生产力增长速度不仅仅意味着更高的收入,同时也意味着更高的金融资产价格,至少投资者是这样相信的。金融资产价格会上涨,房地产价格也会上涨。20世纪20年代,一些代表了新技术革命的企业被纳入道琼斯工业平均指数,比如美国电话电报公司、西部联盟电报公司、国际收割机公司以及联合化学染料公司。这跟2008—2009年金融危机爆发之前的情形何其相似。在全球金融危机爆发之前,人们同样认为,随着企业学会将新的信息技术商业化,劳动力将加速增长。20世纪20年代发生的通用技术革命是电力,而不是计算机,但是其对投资者心理的影响是一样的。

―――――

货币政策又在火上浇了一勺油。1913年创立的美联储鼓励人们相信,一直以来对国家产生危害的商业周期的不稳定已经被驯服。在之前的几年,利率的波动扰乱了金融市场和经济活动,美联储有责任通过提供《联邦储备法》所谓的"弹性通货",阻止利率的过度波动。如果美联储能够胜任这一使命,投资就会变得更加安全,鲁莽的投资者胆量会更大。20世纪20年代被称为"新时代",意思是说,美国已经进入了一个新时代，不仅有更快的生产力增长，还有更大程度上的经济和金融稳定。这犹如我们所经历的大稳健——我们以为经济周期波动已经被熨平，但事实上它最终导致了2008—2009年的那场危机。

虽然美联储很快就使用了新的政策工具，但其使用的方式和当初的预期大相径庭。美联储的缔造者的本意是，新的央行会根据国内商业需求调整信贷条件。有些意外的是，美联储在调整信贷条件的时候首先考虑的却是国外的经济形势。1924年，美联储将其再贴现率，即其贷款给商业银行时的利率，从4.5%调低至3%，目的是帮助英国回归金本位。[5]美联储在这一时期向经济注入信用的主要方式是对银行和公司持有的本票进行贴现，也就是说，以相对于其面值的一定折扣的价格买进这些票据，这就相当于向商业银行提供了现金，这一货币政策工具被叫作再贴现。英国在世界大战期间经历的通货膨胀要比美国更为严重，这损害了其竞争力。结果，一旦战时的管制取消，英镑没有能力继续钉住黄金，也无法恢复英镑和美元之间的传统汇率。1919年3月，英国因此放弃了英镑与黄金的自由兑换，允许英镑兑美元汇率自由波动。自然，这一变动也为像庞兹这样的投机分子提供了机会。

英国和美国那些"非常严肃认真的人士"将重建战前的金本位视为最优先的任务。代表人物是本杰明·斯特朗，他是纽约联邦储备银行卓有影响力的行长。斯特朗坚定地认为，汇率不稳定以及它带来的不确定性对贸易有毁灭性影响。[6]美国已经取代英国成为最重要的出口国，因此无论是国际贸易还是国内贸易，对美国经济都是至关重要的。1925年，美联储在其年度报告中写道，"平衡的繁荣"需要海外市场有能力吸收"美国过剩的生产力"。这份报告深受斯特朗的影响。[7]这种吸收能力的扩大取决于金融正常化，而这只有回归金本位才能实现。斯特朗历任信孚银行的秘书、副主席、主席，同时他还是约翰·P.摩根的密友，后者在伦敦拥有姊妹组织，斯特朗很重视这些国际联系的重要性。美联储的使命是把纽约建成主要的国际金融中心，作为美联储的创始人之一,斯特朗相信重建稳定的国际金融体系是完成这一目标的前提。

在战前的金本位体系下,英镑是"太阳",其他货币都围绕着英镑旋转。世界贸易的很大一部分都通过英镑融资和结算,伦敦是主要的国际金融中心。虽然在战争年代和 20 世纪 20 年代,国际金融业务在纽约急剧扩张,美元因此也有了一定的国际地位,但人们还是一致认为,只有在英国恢复了金本位后,其他国家才能恢复金本位。英镑兑换黄金的汇率水平,将决定其他国家的货币恢复黄金可兑换后的汇率水平。

美国官方向英国施加压力,要求其迈出这关键的一步。特别是,斯特朗强调,英国不仅要恢复金本位,而且要将英镑兑美元的比率恢复到战前的汇率水平,即 4.86 美元兑换 1 英镑。斯特朗深信,战前的汇率水平对维护英镑的声望以及英格兰银行(英国央行)的信誉极为重要。斯特朗警告说,如果无法恢复金本位,那么,对国际体系带来的不利结果"可怕得难以设想"。[8]

蒙塔古·诺曼从 20 世纪 20 年代开始担任英格兰银行行长,他赞同美国朋友的观点。在给斯特朗的信里,他表达了对重返一战前的金本位体系的渴望。但诺曼的风格不太像一位现代央行行长,他并没有详细解释他的理由。他的公开讲话一向以含混不清著称,这使他的决策让人感到神秘甚至困惑。著名科幻作家赫伯特·乔治·威尔斯在 1933 年大萧条期间出版了一部科幻小说《未来事物的面貌》。在这本书中,诺曼成了威尔斯的攻击目标。威尔斯假设人类已经进入了未来,回头去看历史:"当时的人们还不像我们今天,对经济压力和波动有清晰认识。在各种各样的托词和误读中,奇怪的神秘男人若隐若现。他们操控着价格和汇率。这些奇怪的神秘男人中最杰出代表就是那位蒙塔古·诺曼先生,他在 1920—1935 年担任英格兰银行行长。他是历史上最不可信的人物之一,关于他的传说车载斗量。事实上,他唯一的神秘之处就是他让人感到神秘。"

威尔斯关于很多事情的说法都对了,包括现代央行对透明度和畅通沟通的重视。[9]他唯一算错的是诺曼的退休年龄。事实上,那个"神秘男人"在英格兰银行行长的位置上一直坐到1944年,才正式辞职。

———

不管诺曼是不是故意地含糊其词、前后不一,他都可谓是央行行长中擅长"建设性模糊"者之父。艾伦·格林斯潘在"建设性模糊"方面达到了出神入化的地步,他惯于借此将复杂的事情搁置起来。但是,诺曼在重返战前金本位这件事情上却一直毫不含糊、毫不动摇。要想恢复金本位,英格兰银行必须拥有充足的黄金储备,或者充足的能够兑换为黄金的资产。如果要得到足够的可兑换黄金的外汇储备需要得到美联储的帮助,那正是斯特朗随时准备提供的。

1924年,在斯特朗的支持下,美联储实施了低利率政策,这样做的意图就是帮助英格兰银行得到回归金本位所需的外汇储备。美国的低利率鼓励了大量资金流入伦敦,因为伦敦的利率水平较高。这些资金大都进入了在伦敦的一些大银行,还有一些流入了"银行的银行"。换言之,它们最后进入了英格兰银行的保险柜。

如果市场力量并没能使足够的黄金流入伦敦,美英两国的央行将采取补救措施。纽约联邦储备银行可以通过购买美国国债,将美元资产收益率压低,由此鼓励更多的资金从美国流向大西洋彼岸。[10]

但是这些金融操作本身并不足以保证英国能重返金本位。为了能够维持金本位的稳定,还必须使得美英两国的竞争地位再度保持平衡。虽然在一战爆发后,英国物价比美国升得更高,但是英国的劳动生产率并没有相应提高。如果英镑兑美元的汇率稳定在一战之前的水平,那么英镑的名义汇率就会被高估,英国就会丧失出口竞争力。这会形成长期的贸易赤字,而英格兰银行千辛万苦得到的黄金又会外流。要避免这个结果,就需要降低英国的价格水平或者提高美国的价格水平。根据斯特朗的估计,从一战爆发之时算起,英国的生产成本相对美国已经提高了

10%。其他观察者也得出了相似的结论。凯恩斯在这一问题的专业研究上享有盛誉，他的结论是英国的生产成本相对美国的生产成本已经上升了9%。[11]

斯特朗希望，美联储的低利率政策会鼓励支出，并使得美国价格水平上升，从而有利于缩小两国的竞争力差距。[12]但事实证明，通过利率影响价格水平，要比预期的难得多。从1924年年中到1925年年中，美国的价格水平有所提高，但不足以消除两国的成本差异。当英国在1925年4月恢复金本位之后，竞争力不足的问题依然存在。诺曼在之后的6年时间里一直受此问题困扰。

———

斯特朗的低利率政策并没能重新平衡世界经济，反而使美国经济失去了平衡。最明显的影响就是佛罗里达州的房地产泡沫，泡沫很快就扩散到了芝加哥、底特律和纽约。20世纪20年代后期华尔街经历的大牛市也和这一政策不无干系。

美联储的阿道夫·米勒强烈批评斯特朗要求国内金融稳定以服从国际目标的做法。米勒也是美联储的创始人之一。1887年，米勒毕业于加州大学伯克利分校，而后继续到剑桥、巴黎、慕尼黑求学。之后，他先是在康奈尔大学和芝加哥大学（我们在本书中将更多地讲到这两所大学所发挥的作用）任教，继而又回到加州大学伯克利分校，建立了商学院。米勒最后搬到了华盛顿，当上了内政部部长助理。1914年，他被同样曾是大学教授的伍德罗·威尔逊总统任命为美联储委员会成员。

米勒总是像教授一样喜欢说教，喜欢咬文嚼字。费城联邦储备银行行长乔治·诺里斯曾经谈到，在美联储委员会和公开市场委员会的会议中，米勒总是陶醉于展示自己的口才。[13]米勒用他的口才力挺真实票据理论，这一理论要求央行提供与正常的商业活动所需的一样多的信贷，而且不应该再多。[14]真实票据理论出现于18世纪初期，代表人物是苏格兰货币理论家约翰·劳。约翰·劳指出，该理论应该成为于1694年创立的英格兰银行创造信贷的指导原则。约翰·劳不满足于仅仅在英格兰银行中发挥作用，他又帮助法国创建了一家准央行，即通用银行。在密西西比泡沫以及随后的崩盘中，约翰·劳扮演了不光彩的角色，最后，他在耻辱中退休。但真正重要的是，他的真实票据理论却指导了此后两个多世纪的央行政策。

这个理论对1913年的《联邦储备法》影响深远。该法案谈到了弹性通货，即货币和信贷的供给应根据商业活动的合法需求扩张或收缩。美国在过去提供货币或信贷的时候没有遵循这一原则，时常会导致利率飙升，经常出现金融体系的动荡。1913年成立美联储，就是为了解决这一问题。

作为真实票据理论的支持者，米勒指出，像斯特朗这样的做法是用美联储的政策解决英国的经济问题，而非出于商业活动需求的考虑，这是极度不负责任的。米勒对纽约联邦储备银行行长斯特朗的批评是非常尖锐的。他的批评意见在美联储内部格外招摇，因为美联储委员会的其他成员和其他几家储备银行的行长大多是事务型官员，没有受过严格的货币理论训练，往往只能依靠像米勒这样的学院派。米勒长期经受理论的熏陶，更有资格对技术性问题发表专业性的批评意见。

米勒反对的声音是最大的，但他并非一人在战斗。他的批评意见得到了其他官员的支持。一位是查尔斯·S.哈姆林。哈姆林曾经做过财政部部长助理，在竞选马萨诸塞州州长失利后，他担任了美联储主席。另一位是赫伯特·胡佛。胡佛曾是斯特朗的盟友，做过柯立芝总统的商务秘书，还是米勒在乔治城的邻居。胡佛和斯特朗一样都有国际主义情结，但即使对他而言，斯特朗在1924—1925年的行为也有点过头了。斯特朗对货币政策可能产生的国内影响关注得太少。胡佛总结说，斯特朗已经被他的朋友诺曼诱惑了，纽约联邦储备银行的领导现在仅仅是"欧洲的精神附属"。[15] 斯特朗的政策会刺激通货膨胀，并加剧金融泡沫。胡佛说，如果美联储想要帮助英国重回金本位，那它应该通过其他方式提供帮助，而非通过降低美国利率，这会产生不利的副作用。

米勒和胡佛对真实票据理论的发自内心的支持，证明了历史经验会对官员的观点和行动产生多么巨大的影响。美国自建国以来，就经常遇到利率飙升，导致大批企业身陷困境，甚至在更糟糕的情况下导致金融危机，这已经成了美国独立之后货币和金融领域的一个标志性特征。因此，美联储的大部分创始人都相信，必须根据商业活动的合理需求调整货币和信贷供给，并观察利率水平的变动，判断这些需求是否已经得到满足。要是根据这一观点制止了斯特朗的做法，即人为地降低美国的利率水平以支持其他国家，那将有可能遏制美国房地产市场和股票市场的泡沫。但根据这一理论，当美国的利率水平从1929年的高点跌落之后，美联储也没必要做出反应。利率水平下降，表明美国的商业活动有足够的信贷，经济中的货币供给量恰好合适。

我们从这段历史能够得出的启示是，没有一种货币理论能够在所有的时期通用。这是美联储和美国这个国家付出巨大代价后，最终学到的一课。

———

尽管有各种批评意见，但这些批评意见对斯特朗没有什么太大的影响。斯特朗是美联储内的强势人物。他曾是约翰·P.摩根的得力助手，在1907年金融危机爆发时战斗在一线。尽管缺乏正规的学术训练，但他是金融政策的权威，他代表了实践经验。如果斯特朗更关心伦敦的事情，而不是迈阿密，那就让他这样做吧。

在货币政策对金融泡沫的助长方面，即使美联储有着不可推卸的责任，货币政策也并非唯一起作用的因素。同样推波助澜的是缺乏严格监管的金融系统，而政府也在努力推动房地产业和建筑业的繁荣。在战争期间，房地产开工率受到压抑，到了战后，被压抑的需求终于得以释放。

雄心勃勃的佛罗里达州房地产开发商最喜欢释放被压抑的需求，它们使尽浑身解数，要解放这些被压抑的需求。没人比乔治·梅里克更野心勃勃，他是公理会牧师的后代和葡萄柚种植园园主，还是一名诗歌爱好者。1920年，为了歌颂他在佛罗里达州郊外的土地，他出版了一本名为《南部海风之歌》的诗集。

> 这是我熟知的海岸
> 它让我感受到无比温暖
> 裂榄郁郁葱葱
> 小小的蜥蜴慵懒
> 信风猎猎
> 穿越棕榈丛生的弧线
> 这就是比斯坎湾海岸[16]

梅里克的主要才华都用在了房地产开发上。1915年，他被任命为戴德县县长。梅里克的主要功绩就是修筑了将迈阿密与其未来郊区连接起来的四通八达的公路网。这个公路网还覆盖了他自己规划的科勒尔盖布尔斯社区，那里曾是家庭农场。梅里克诗兴大发，他把科勒尔盖布尔斯描绘成具有西班牙风情的城市，在那里，"你的'西班牙城堡梦'成真了"。他开采石灰石和珊瑚岩用于建造房屋，而挖出的深坑被改造成了有亭台楼榭的威尼斯潟湖。梅里克在全国性杂志和海外报纸上做广告，大部分文案都出自他的手笔。他吸引客户到他尚未完全开发的郊区，免费观看Mabel Cody飞行马戏团的空中秀。买房的客户有机会飞到空中，俯瞰自己所购买的地产。[17]梅里克在纽约和芝加哥开设了豪华的售楼处，还购买了旅游大巴，组织一批批来自纽约、费城和华盛顿特区的游客前去观光。

梅里克还把威廉·詹宁斯·布赖恩请来给自己站台。布赖恩是前总统候选人、国务卿、著名演说家。布赖恩为了让自己患有关节炎的妻子过得舒服些，把家搬到了佛罗里达州。很快，他就成了迈阿密最广为人知的市民。他在1896年竞选总统时的竞选纲领是为小人物而战，强烈反对金本位。现在梅里克付他酬劳让他支持另一种纲领，他的任务是赞美空中楼阁，他演讲的内容不再是金本位，而是金海岸。梅里克每年付给布赖恩10万美元的酬劳，一半以现金支付，另一半以土地支付。

科勒尔盖布尔斯社区从一开始就大获成功。1921年家庭选址的首场拍卖会上，来了5 000多名客户。不到一年，梅里克又开始购置新的土地，扩展他的发展愿景。在1924年11月到1925年3月这一旅游旺季，梅里克的土地销售创下400万美元的纪录。

州政府官员对地产繁荣反响热烈。这并不奇怪，有相当数量的像梅里克这样的房地产开发商，以及为他们提供贷款的银行家，欣然同意担任公职。他们利用地产繁荣时期大幅增加的房地产税，为当地的道路建设和公共服务的扩张进行融资，而这又创造了更大的繁荣。1923年，在如火如荼的房地产浪潮中，佛罗里达州立法机关提出了一个修正案，打算废除州宪法中关于征收所得税和继承税的规定，以便更好地吸引来自北方的移民。[18]感激涕零的选民们以压倒性票数通过了该议案。他们选举了杰克逊维尔市前市长约翰·韦尔伯恩·马丁担任州长，在竞选结束时，马丁许诺会完成一项野心勃勃的全州公路网建设项目。想必，当庞兹在马丁故乡周边的荒凉土地上推销其虚假的开发计划的时候，也会提到马丁州长的许诺。

在发展后期，佛罗里达州的房地产市场日益显示出种种不可持续的迹象。土地所有者雇用了很多"保证书小伙"在烈日下引诱潜在的买家。这些年轻人有不少是网球和高尔夫职业选手，兼职赚点外快。他们穿着白色西装，鼓动潜在购买者为一张收据支付不可退回的总房价10%的定金，这被称为"保证书"。[19]在地产繁荣的顶点，保证书收据像货币一样流通，酒店、夜总会和妓院都接受这些收据。

第1章 新时代的经济学　　015

当满怀信心的购买者把钱存进开发商账户时,"保证书小伙"就会收到一笔固定费用。就像2006—2007年房地产崩盘前夕的抵押贷款经纪人一样,他们对购买者是否理解所签订的合同,以及是否有能力完成这一交易根本不感兴趣。一般来说,只有购买人的首付达到50%,金融机构才会提供抵押贷款。[20] 所以,10%的保证书意味着买房的客户还要再准备支付40%。这对于许多满心期待要挣钱的业主来说,诚非易事。

当然,如果代表对中意地块具有优先权的保证书被卖给了另一个投资者,那么第一位购买者就不需要真的再去筹款了。房地产价格升得越快,保证书的买卖就会越流行。有些干得不错的"保证书小伙"不再把保证书卖给别人,而是自己干起了保证书投机。他们花总房价10%的钱款去购买那个本质上是对未开发荒地期权的东西,打算以更高的价格转手卖出。1925年夏,在地产繁荣的鼎盛时期,保证书一天就可能被转手倒卖8次。[21] 显然,20世纪20年代的佛罗里达州人从2007—2008年次贷危机急剧爆发阶段的房地产投机者身上不能学到什么,反而还能教会他们一些把戏。

———

当然,没有银行的支持,也不可能发生这种狂热行为。在1933年的《美国经济评论》上,佛罗里达州房地产专家赫伯特·辛普森发表了一篇题为《房地产投机和衰退》的文章。在辛普森看来,"现有银行的所有金融资源和金融工具都被充分调动起来,给这一投机行为融资"。他在文章中写道:

> 保险公司购买被认为是选择抵押的贷款,保守的银行对房地产抵押自由放贷,更为激进的银行和金融商行几乎对所有业务均提供贷款。房地产贷款利率主导了很多银行的政策,同时还成立了数千家新银行,并下发特殊目的牌照,以便于给房地产开发提

供信贷便利。占更大比例的是州银行和信托公司，它们很多位于大城市的外围或城郊，更为古老和更成熟的金融机构一般来说还没有占据这些地区。它们往往会把储户的钱或其他资源疯狂投入由它们自己控制或有共同利益的房地产开发项目，它们为此不惜铤而走险，哪怕违犯刑法也在所不辞。[22]

这些贷款人中最严重的违法者是建筑与贷款协会。原则上，这些机构就像互助储蓄银行一样，主要向其成员提供贷款。[23]人们很难不联想到2008—2009年危机时的北岩银行，它同样源于一个建屋互助会，相当于英国的建筑与贷款协会，虽然现在讲这个故事可能有点早了。

建筑与贷款协会只受到一些零星的管制，而负责对其监管的地方政府部门经常睁一只眼闭一只眼。[24]之所以没有对它们实行更严格的监管，在某种程度来说，是因为人们认为自己的资金是安全的。建筑与贷款协会的成员持有不能随意变现的股份，不像银行储户那样持有存款，这避免了出现挤兑问题。贷款都有房地产为抵押，这被认为是应该坚如磐石的。建筑与贷款协会的杠杆率很低，它们并没有发行债券来补充其股东权益。但不幸的是，这些观点忽略了这样的事实：拿到它们贷款的那些人本身杠杆率就已经很高。还忽略了这样一个事实：并不是所有的房地产投资都是坚如磐石的。[25]

建筑和贷款模式在19世纪行之有效，但是现在它被房地产商用来满足他们的野心，并实现其狭隘目的。建筑与贷款协会比存款类金融机构更容易成立，房地产商乐意设立此类机构为其住宅发展项目融资。[26]尽管设立了董事会，但它很少行使监督权利。它们对外的宣传是，建筑与贷款协会只对可靠的借款人提供抵押信贷，得到的收益都归成员。建筑与贷款协会率先实施低首付贷款。借款人先从银行或保险公司获得相当于房产价值50%的抵押贷款，随后，建筑与贷款协会再发放相当于房产价值的30%的第二笔抵押贷款，因此，首付比例实际上降低到了20%。[27]

房地产开发融资的另一个日益重要的来源是证券化。在20世纪20年代,开发商发行了大约100亿美元的房地产债券。大约有1/3的房地产债券以住宅抵押贷款利息为基础,其余的房地产债券则以商业地产项目的未来租赁收入为基础。后者大多数是为个人高层写字楼、公寓、剧院融资的单一产权债券,虽然当时也有被称为"担保抵押贷款参与凭证"的更复杂的金融工具,就是我们现在所说的抵押转手证券。这些更为复杂的债券通过项目和抵押担保公司发行,并由商业地产项目做支持,但其市场交易并不活跃。为了吸引投资者购买,发行人保证债券持有人能够获得5%的利息率。当然,这也就意味着,如果潜在投资的收益不足,该项目或保险公司就承担了很大风险。[28]

在实践中,保险公司不仅对债券进行担保,而且将其纳入自己的投资组合。由于斯特朗出于国际政策考虑实施了低利率政策,国债利率随之走低,房地产债券也就成了一个更有吸引力的选择。在1920—1930年,寿险公司的资产中,由房地产和城市抵押贷款支持的资产份额从35%上升到45%。这些证券也由那些负责发行和推销的债券公司销售给了公众。投资者购买这些债券的时候,信任的是发行者的信誉。他们对这些债券并没有认真研究,从未要求那些资产池的风险更高的债券提供更高的收益率。[29] 于是,大量资金从个人投资者那里被引导到商业和住宅物业发展中。结果,到了20世纪30年代,这些债券,特别是那些在地产繁荣时期发行的债券就出现了问题。

从单一产权债券的市场来看,我们能够发现,除了佛罗里达州的地产热潮之外,以芝加哥、纽约和底特律等城市为中心,也出现了商业地产的繁荣。[30] 20世纪20年代是属于摩天大楼的10年。在这10年破土动工的高楼大厦数量,比20世纪的任何一个10年的都要多。摩天大楼热潮体现了建筑技术的进步,包括更耐用的钢框架结构、改良的电梯,以及应用泰勒式科学管理方法训练出的效率更高的工人,但它也反映了一种新的融资模式:盖一栋楼不仅仅是为了给公司做总部办公室,同时也可作为金融投资，期望着能将工作空间出租。纽约市的标志性建筑——克莱斯勒大厦于 1928 年破土动工，这栋楼不但是克莱斯勒总部所在地，还是泛美航空公司、亚当斯帽子公司等其他各种租户的办公场所。

商业地产市场比住宅地产市场更晚见顶，但它的价格也飞涨到毫无道理可言的程度。当它轰然倒塌时，也引起了极大的混乱。

———————

不管怎样，佛罗里达州房地产市场的泡沫无可匹敌：在迈阿密出现了最疯狂的投机；奥兰多的地产泡沫相对较小；杰克逊维尔一开始泡沫水平较低，但到后来开始暴涨，这可能是庞兹破产的原因之一。1920—1925 年，戴德县的人口翻了三番。迈阿密地产的估价涨得更快，从 1922 年的 6 300 万美元涨到 1926 年的 4.21 亿美元。在最疯狂的时候，在这个仅有 8 万居民的城市中，每 3 个居民中就有 1 个以这样或那样的方式受雇于房地产开发公司。在繁荣的巅峰时期，"房地产经纪人沿着弗拉格勒大街缓缓穿过人群……大声喊出他们的产品，开发商聘请的乐队为其进行音乐伴奏……很多时候，人行道根本无法通行，因为招揽生意的房地产经纪人实在太多了"[31]。人们一下火车，房地产经纪人就会一把抓住这些潜在的投资者。房地产广告几乎占据了报纸的所有版面。1925 年年底，《迈阿密先驱报》的日间版已飙升至 88 页，而此前它最多也不超过 20 页。

尽管建筑工人不断涌入，劳动力还是变得越来越稀缺。很多工人不得不住在帐篷里。乔治·梅里克的推销天赋再次发挥得淋漓尽致，他在其开发区的郊外搭建了有 375 顶帐篷的露营地，并称其为"科勒尔盖布尔斯的帆布酷屋"。比劳动力短缺更严重的是佛罗里达州东海岸铁路决定暂停运输，这加剧了建筑材料的短缺程度。迈阿密铁路站场挤满了 2 200 辆货运汽车，被过度征税的铁路部门打算修建铁路复线的计划也加剧了运力紧张。铁路运输陷入停滞之后，轮船和帆船被征用来运送建筑材料。很快，迈阿密和迈阿密海滩码头都变得拥挤不堪，连卸货都变得困难。1925年9月，轮船公司也与铁路部门一样，开始禁止运输家具、建筑机械和建筑材料。

这一切都是泡沫晚期的征兆。到底是什么原因导致了泡沫破裂，一直很有争议，这是所有泡沫的共性。股市调整是一个可能的触发点：1926年2—5月，标准普尔指数下跌了11%。那年冬天，佛罗里达州异常寒冷，之后的夏天又赤日炎炎，这让购房者对佛罗里达州温和的气候产生了担忧。1925年12月，热带气旋登陆，破坏了该州的原始海滩，这对交易市场造成另一个打击。接踵而至的是4级飓风，美国国家气象局称之为"有史以来袭击美国的最具破坏性的飓风"。这场飓风于1926年9月18日袭击了迈阿密。迈阿密海滩有3名居民在洪水中死亡，迈阿密城区有100多人死亡。[32] 卡尔·费雪的度假小屋屋顶被大风掀掉。在科勒尔盖布尔斯，公理会教堂成了救济中心——这并非梅里克建造教堂的初衷。

对佛罗里达州的担忧并未止于佛罗里达州。佐治亚州萨凡纳市有2万名居民因受到地产繁荣的吸引，搬到了阳光之州（佛罗里达州别称），这引起了当地市政官员的警惕。被佛罗里达州的房地产吸引的投资者，从马萨诸塞州的储蓄银行提现2 000万美元。东北部和中西部的银行家对存款和生息资产的损失越来越焦虑。

其他州的官员们不仅担心人口和资金的流失，还担心居民可能会有财产损失。俄亥俄州的银行家在报纸上刊登广告，警告人们不要与佛罗里达州的房地产开发商做生意。该州商务总管赛勒斯·洛克和证券部门主席诺曼·贝克出于公益，前往佛罗里达州进行第一手的市场调查。为保护小投资者的利益，他们建议，应该阻止那些出售以佛罗里达州房地产为支撑的证券的公司在俄亥俄州做生意。俄亥俄州议会听从这一劝告，通过了禁止交易的"蓝天法"。[33] 反佛罗里达州的宣传还包括该州的肉不好、危险的爬行动物出没于人口密集地区等传言。[34] 美国商业改进局在佛罗里达州进行的调查发现，那里的欺诈行为非常猖獗，并公布了调查结果。庞兹被逮捕和起诉也是佛罗里达州另一起不光彩的新闻事件。

如同房地产泡沫破灭经常会出现的情况一样，佛罗里达州的房地产市场首先出现了交易量下跌，过了一段时间之后，价格随之下跌。当地政府的收入锐减，雄心勃勃的城市发展项目被遗弃。迈阿密的银行结算额减少了2/3。[35] 在佛罗里达州和临近的佐治亚州，有155家银行破产，其中大多数是曼利-安东尼连锁银行的成员。这么说是因为这些有问题的银行都由詹姆斯·R. 安东尼和卫斯理·D. 曼利这两个银行家所拥有或控股。它们深度卷入房地产投机，尤其是投资于梅里克的科勒尔盖布尔斯的"珊瑚墙"开发项目。[36] 储户遭受了3 000万美元的损失。曼利被逮捕，因为他操作自己的剩余财产逃避破产清算，涉嫌欺诈性交易。他的律师为其辩护时，声称曼利精神错乱。

佛罗里达州房地产泡沫破灭的金融影响在地域上局限于佛罗里达州和佐治亚州，但住宅房地产市场上的银行家和购房者都受到了冲击。尽管美国经济并没有出现颓势，但全美住宅数量从1926年的85万套一路下跌至1927年的81万套、1928年的75万套和1929年的50万套。

———

回顾过去，有人认为美联储本应为抑制房地产泡沫做更多的努力。美联储本应限制金融体系的无节制，防止南部银行的毁灭性破产。作为20世纪20年代末开始被感受到的经济下行压力的重要来源，这本可以得到控制。

但盯住一个特定的部门，比如房地产行业，会像钉住英镑兑美元的汇率一样，产生许多两难困境。如果美联储官员将注意力从提供弹性通货这一根本任务中转移，那也会对经济稳定产生不良后果。运用货币政策来抑制金融失衡，最终可能只会打击经济。

第1章　新时代的经济学　021

没过几年，随着华尔街的日益繁荣，同样的困境再次出现。美联储当时面对的问题是，当股市上涨时，是否应提高利率以阻止更严重的金融失衡和潜在风险；或者，它能否继续以货币政策满足实体经济需求，而通过其他手段解决金融不平衡。如果想要做到这一点，美联储需要依靠我们今天所谓的"宏观审慎政策"，或是那个时代的人所谓的"直接压力"，即试图限制银行向金融市场直接放贷。[37]

最终，美联储选择了第一个方案，即提高利率。这一结果将带来深远的影响。

第 2 章　金色环球

金融泡沫很快就从弗拉格勒大街转移到了华尔街。低利率和对快速增长的憧憬不仅刺激了房地产投机，也推动了对股票和债券的投资。对当时那些"新一代信息技术公司"赢利能力的过高预期，进一步催生了对股票的投资热情。就像 20 世纪 90 年代互联网的使用鼓舞了对与互联网有关的公司投资一样，20 世纪 20 年代，广播的使用鼓舞了对广播公司的投资。自其 1924 年上市之日起，RCA（美国无线电公司）就是华尔街交易最为活跃的股票之一。

RCA 和其他高价股得益于像沃尔特·克莱斯勒、创办费希博德公司的费雪兄弟等华尔街内部人士的追捧。这些人大多是汽车行业的老手。他们都受到精明的比利·杜兰特的影响。杜兰特是通用汽车公司的创始人，后来成了投机家。在杜兰特的指挥下，他们组成垄断财团，购买 RCA 股票。他们让 RCA 股价的飞涨上了新闻头条，吸引大批投资散户跟进，进一步哄抬价格。到了这时，垄断财团卖出股票获取利润，而股价也就不再保持之前的涨势。[1]

但是，这些投机者的卖出也没能阻止 RCA 的上涨趋势。1925—1929 年的高峰时期，RCA 经过配股调整之后的股价上涨了 10 倍以上。RCA 成为史上第一只真正的成长股，其市盈率最终超过了 70。但直到

1937年，该公司都没付过红利。

RCA股票不过是当时大盘的缩影。从1926年年初到1929年年中，道琼斯工业平均指数一路上扬，几乎没有遇到任何阻挡。对于到底这算不算是泡沫，到底到什么时候这才算是泡沫，仍存在争议。整个1927年，道琼斯指数的上涨伴随着企业分红的上涨，似乎能够证明股价的上涨反映了企业盈利的改善。但在1928年，股价与股息脱钩。从这时开始，华尔街的繁荣变成华尔街的泡沫。[2]

有多少专家，就有多少种对股价上涨的解释。股评家们相信股息将加速增长，因为电动机和生产流水线日益流行。1920年，杜兰特因高杠杆投机被迫从通用汽车辞职，MIT（麻省理工学院）毕业的工程师阿尔弗雷德·斯隆开始掌权。[3] 在斯隆的指导下，通用汽车成为技术创新的急先锋。1928年，通用汽车公布的利润增长异常强劲，这也鼓励大家深信其他科技进步公司也是如此。然而，投资者忽略了一个重要因素，即亨利·福特在1927年5月关闭了高地公园工厂，并由T型车转产A型车。福特的退出使得顾客不得不购买其竞争对手的产品。如果精明的投资者没有注意到这一点，那很可能是因为斯隆领导下的通用汽车管理层尽力使投资者相信，通用汽车的利润之所以激增，完全是因为通用汽车自己的功劳。斯隆不仅是科学管理的先驱，也是最早懂得改善投资者关系重要性的管理者。[4]

另一个导致股价上涨的重要原因还是美联储的政策。1927年，美联储再次降低政策利率，以减轻英格兰银行的压力。英国仍在艰难地压低居高不下的劳动力成本，这是它1925年回归金本位所带来的重要负担。1926年，英国煤矿工人举行游行，抗议雇主们要求其接受25%的减薪，这使得英国经济雪上加霜。此外，1924年德国一战赔款的道威斯计划[5]有新安排，允许德国通过煤炭出口来支付赔款。德国重返国际煤炭市场，压低了国际煤炭价格，进一步迫使英国要利用一切办法降低生产成本。

煤矿罢工持续了6个星期，这期间的生产和出口严重受阻。结果是，英国国际收支平衡表恶化，英格兰银行黄金加剧外流。煤矿工人并非蒙塔古·诺曼面对的唯一问题，他还要应付德国和法国的央行。德国央行和法国央行先后开始从伦敦提取黄金。它们看到激烈的劳资纠纷，进一步失去了对英国经济的信心。它们有理由相信，黄金比英镑更加可靠。

黄金外流迫使诺曼提高利率，由此导致银根更紧，英国的经济复苏更难站稳脚跟。

为了理解这一切经济难题到底是如何产生的，我们需要退后一步，尝试去理解在一战之后，那些想要重建欧洲贸易和支付体系的货币专家所面临的问题。同本杰明·斯特朗一样，他们认为金本位是唯一可靠的基础，但他们也担心，可能没有足够的黄金来打牢基础。一战期间工资和物价已经急剧上升，但因采矿业的不足，黄金供应没有相应跟上。解决这个难题的传统方式是压低工资和物价水平，但在战争爆发之后，这种做法在政治上根本行不通。拥有选举权的民众更多，政客们无法拒绝给曾经勇敢地在战壕里作战的士兵们选举权。劳工运动越来越激进，英国煤矿工人爆发的大罢工即为此例。

由于这些原因，压低工资和物价的政策很难实现。与此同时，央行行长们也不能凭空想象出，或从地下变魔术般地变出更多的黄金，以增加货币供应，使之与更高的价格水平匹配。唯一的解决办法是找到一个可以用以补充黄金储备的替代品，即央行可将此用于发行货币和增加信贷。最好的补充品是由美国和英国财政部发行的国债，从理论上讲，它们和黄金是等价的。换句话说，一旦国际金本位恢复，这些国债可以随时兑换成黄色金属。

1922年，在热那亚召开的国际会议上，英国代表团满腔热情地将这一想法提上桌面，他们认为央行应该通过持有政府证券（比如英国国债）补充黄金储备。其他欧洲国家对此提议并不热衷，因为它们的国债不可能享受与英美国债同样的特权。那些在20世纪20年代初遭受通货膨胀肆虐的欧洲国家对任何可能放松金本位原则的做法都感到惊惧，对德国来说尤其如此。1923年，德国的恶性通货膨胀达到巅峰状态，这一混乱局面似乎给这个国家的集体意识留下了永久的烙印。德国的恶性通货膨胀发生在金本位暂时中止的时期。如果当时货币存量与黄金供应挂钩，是不会产生如此高的通货膨胀的。法国的通货膨胀率没有达到恶性程度，尽管如此，仍然对社会产生了同样的腐蚀性影响。法国的通货膨胀也发生在金本位暂时中止的时候。随着金本位的恢复，通货膨胀也得到了遏制。德国和法国官员对高通货膨胀率极其厌恶，他们倾向于坚守严格的金本位。由于固守这一信念，德国和法国采取了僵化的政策，这不仅给它们带来了难题，也给英美，以及整个世界制造了麻烦。

通货膨胀率可以说不论何时何地都是一种货币现象，但在德国和法国，它从本质上说是一种政治现象。其根源是两国在战后赔款问题上的分歧，以及两国的资本和劳动阶层在由谁承担赔款压力以及基本社会支出方面的斗争。当《凡尔赛和约》在著名的镜厅签订之后，同盟国赔款委员会将德国的赔款金额定为2 690亿金马克，几乎相当于德国GDP的200%。[6] 凯恩斯作为英国财政部的代表参加了巴黎和会，他的《和约的经济后果》在1919年12月出版，他因此名声大噪。他在书中指出，强加给德国的巨额赔偿金额是不现实的，也是无法实现的。如果战胜国要求德国出口数倍于其进口的商品，以便赚钱支付赔款，会导致德国的贸易条件（出口价格相对于进口价格的比例）逆转，使得德国的出口更加困难，到最后根本无法支付赔款。[7] 从政治上讲，即使再如何淡化，赔款问题也必将加剧国际紧张局势。

同盟国要求的战争赔款不仅数额巨大，而且时间跨度长达42年。让未来一代承担如此沉重的负担，这等于不断提醒人们，继续争执到底是谁发动了战争，又该由谁对失败负责。这又会激发进一步的争论：如今究竟应该由谁承担修复战争创伤所需的成本？社会主义者认为，应该对企业资产征收一次性的税收，或是"没收企业的实际价值"，让企业家来承担责任。1921年春，德国社会民主党经济部部长罗伯特·施密特建议，应该让富人上缴20%的股票和债券，并且支付5%的土地税。商人和土地主都吓坏了。作为替代方案，他们建议提高消费税和货物税，因为这两种税收的负担可以很容易地转嫁给工人。

同样可以预见的是，由于税收收入的很大一部分将被用于支付对外国人的赔款，无论是德国的资方还是劳方，其实都不愿意提高税率。最后的妥协政策是德国提高了消费税和货物税的税率，但由此增加的税收收入远不足以弥补财政缺口。

———

尽管有各种各样的困难，德国政府起初还是选择支付战争赔款。它想方设法满足赔款协议的要求，期待好心有好报，但法国人根本就没有想过要给予德国回报。法国人有他们自己的问题，而且他们将这些问题归咎于德国。特别是，法国右翼认为，对德国在经济和金融上的任何让步都是软弱的行为，只会鼓励德国的民族主义倾向。从1919年起，中间派和右翼联盟在法国掌权，法国决不做出任何让步。

1923年1月，法国毫不含糊地拒绝了德国要求让步的提议。时任法国总理兼外交部部长雷蒙·普恩加莱下令法国军队重新占领德国西部的工业重镇鲁尔区。法国想要用武力获得赔款。德国的铁路和煤矿工人静坐抗议。在政府授意下，德国央行开足马力印刷马克，这些纸币本来是用于企业支付工人工资的。

普恩加莱在这一事件中，以及他在法国随后的通货膨胀和宏观稳定政策中所起的作用，始终是有争议的。普恩加莱在1860年出生于法国东北部的巴勒迪克。还是孩子的时候，他就很谨慎精明。关于他的一个故事是，他上学的时候总是带着伞，不管天气如何。1871年，他11岁生日前一个星期，法兰西帝国的军队战败，普鲁士军队占领了他的家乡洛林。他的卧室被普鲁士军官占领,一家人被迫挤在自家的阁楼上,苦挨了将近三年。

或许,正因如此,当普恩加莱长大成年之后,他才会对德国如此不依不饶,拒绝在赔偿问题上做丝毫让步,并采取军事手段对付德国人。用英国首相戴维·劳合·乔治的话说:"普恩加莱出生在洛林,这个地区多次被日耳曼人蹂躏和掠夺……普恩加莱自己就曾经两次目睹心爱的家乡被德军占领(第二次是在一战时期)……普恩加莱冷漠寡言,矜持严苛,缺少想象力,也不轻易听人指挥,他只知道照章办事。他没有幽默感,更不知道什么是好的幽默。"[8]

劳合·乔治对普恩加莱的评价未免过于苛刻傲慢,这是他的风格,他也经常用这种口气评价他的政治对手。[9]但这一评价有助于我们从一个更广阔的视角去理解法国领导人是如何理解战后赔偿问题的。

法国占领鲁尔区导致魏玛共和国的财政状况雪上加霜。虽然政府购买商品和服务的成本与价格水平同步上升,但税收收入相对滞后。税收是根据前期的收入来定的,工人必须支付10%的工资税,这一税收在他们领工资的时候就已经扣除,但在雇主手中滞留两周之后才支付给政府。当恶性通货膨胀到来,价格每两周就要翻一番,这对公共财政的影响是灾难性的。

3月23日,德国政府决定对延迟纳税者施加额外的惩罚,但这一新措施无济于事。政府的财政状况进一步恶化,不得不继续加印钞票。公司、银行以及个人每天考虑得更多的是如何减轻通货膨胀对个人和企业财务的影响,而在生产活动上投入的精力越来越少。

总要有人让步。最终做出让步的是法国的公共舆论和德国的商业巨头。对德国的煤炭和钢铁巨头而言,鲁尔区工人的消极抵制是个灾难。德国大亨胡戈·斯廷内斯在鲁尔区有大量投资。就像苏格兰裔美国企业家安德鲁·卡耐基一样，斯廷内斯从社会底层一步步拾级而上，爬到了社会顶层，他建立了包括煤炭、钢铁、造船工业在内的庞大的商业帝国，一统江山。由于其商业帝国广袤浩大，煤矿停工的时间越长，他的损失就越惨重。

1923年9月，斯廷内斯和其他一些大企业家答应补缴税款，并直接向法国运输煤炭。柏林同意取消消极抵制。巴黎表示愿意重新考虑赔款安排。重新谈判的结果是在11月底成立了道威斯委员会。

鲁道夫·哈芬施泰因是一名律师和公务员，他自1908年起担任德意志帝国银行行长。他一直不承认其不断向政府和私人提供现金以换取纸币的政策和通货膨胀的产生有什么联系。他把价格的上涨归咎于外国投机者。哈芬施泰因看似是一位铁腕人物，他的德意志帝国银行行长任命是终身制的，但反对他的声音一浪高过一浪。德意志帝国银行董事会不再沉默，董事会成员群起而攻之。德意志帝国银行随后宣布，它将不再为德国企业发行的应急票据提供现金和信用。[10] 为确保德意志帝国银行不会放弃它新建立的严格纪律，政府建立了货币专员办公室，并授权发行一种并行的、希望能够更加稳定的货币，即地产抵押马克。政府任命了一位有着广泛政治联系的著名银行家亚尔马·沙赫特为货币专员。沙赫特于11月13日就任。

这标志着恶性通货膨胀的终结。11月20日，德国货币兑美元汇率趋于稳定，也就在这一天，哈芬施泰因心脏病发突然身故。德国政府让沙赫特同时领导德意志帝国银行。从没有人会拒绝自我宣传，沙赫特自称稳定了德国经济，但事实是，他不过是在通货膨胀问题已经被解决之后，幸运地当上了央行行长。

印钞机的印刷速度逐渐放慢，政府账户也开始慢慢改善。恶性通货膨胀已成为历史，但这不是很快就被遗忘的历史。这个历史背景解释了德国央行为什么会坚信金本位。这也解释了为什么德意志帝国银行的继任者——德意志联邦银行始终在用20世纪20年代的眼光去看世界，不仅在二战之后如此,更令人惊讶的是,即使到了 21 世纪,即使德意志联邦银行已经被并入欧洲央行,它仍然固执己见。

———

法国也遭受了长期的预算赤字。由国民联盟组建的联合政府在 1919—1924 年执政,它们有时候会成功地平衡涉及当期支出的"普通"预算,但没能就如何为战后重建成本的"可补偿"预算达成一致。之所以称之为"可补偿"预算,乃是因为法国人预期,或至少是期待,能够从德国人那里得到补偿。在某种程度上,预算赤字并非完全不可取,因为存在预算赤字才能表明法国无法完全依靠自己的力量为战后重建融资。正如英国财政部专家拉尔夫·乔治·霍特里所说,如果法国政府要平衡可补偿预算,那将是"一种不爱国行为,是对德国完全偿还赔款表达出的一种疑虑"[11]。

暂且不论赔款问题,如果要解决法国的财政问题,最显而易见的解决方案可能是:左派同意增加消费税,而右派同意适度增加财富和收入税。只要双方都做出一点让步,问题就可迎刃而解。但在这种情况下,双方很难让步。这和在德国发生的事情几乎如出一辙,唯一不同的是法国不需要考虑对外赔偿。

法国财政部有一摞账单要付。法国已经无法借长期债。到 1923 年,公共债务占法国 GDP 的比例已经达到 170%。考虑到战争期间法国已经债台高筑,而可补偿预算的赤字又让每年增加了约占 GDP 7% 的债务,投资者只愿意持有短期债券,以便在出现违约或通货膨胀之前就全身而退。因此,财政部只能发行一种被称为"国防债券"的短期票据,并强调发债与一战的关联。每当投资者不愿购买国债的时候,他们就要求法国央行——法兰西银行介入,充当最后的购买者。

短期债务会对金融稳定造成风险。在 20—21 世纪,一系列新兴市场都因此出现了危机。因为短期票据很快就会到期,政府必须能够让债务滚动起来,即发行新的票据来兑付旧票据的利息。如果投资者担心通货膨胀会加速,他们就不愿购买新的债券,那么旧债券的偿还就会出现麻烦,政府就会有资金紧张的危机。政府将被迫向央行筹借现金。央行购买政府新发行的票据,同时就向市场提供了现金,而这些流入市场的现金会增加货币供应量,进而使得通货膨胀更加严重,投资者的担忧果真应验了。因此,与恐慌的储户去银行挤兑会导致自我实现的危机一样,对政府的短期负债也会形成自我实现的挤兑。

由于法国高度依赖短期债务和央行支持,可以预见的是,法国不断爆发通货膨胀,而且一次比一次严重。从外交谋略的角度来看,出现轻微的通货膨胀并非坏事,因为这证明法国在为重建融资方面确实力不从心。但法国民众可不这么想。和所有其他国家的人民一样,他们担心的是钱袋子缩水。到 1924 年第一季度,在法国占领鲁尔区时期,零售价格通货膨胀率一度达到 36% 的警戒值[12]。股价表现糟糕透顶:3 月,法国证券 300 指数大幅下跌。法国占领鲁尔区已经有一年多了,事情再清楚不过了,法国没有办法从德国这块石头里吸出更多的血。

一面是妥协,一面是恶性通货膨胀。仍由普恩加莱的国民联盟主导的法国议会被迫做出选择。他们勉强地选择了妥协,但这只是暂时的妥协。在持续两个月的辩论后,议员同意通过一项被称为"双十进制"的方法,提高 20% 的税收。因为税收的额外增加并非朝夕之功,需要一段时间才能实现,法国政府的主要贷款人——著名银行 J. P. 摩根同意先提供 1 亿美元的贷款,但条件是议会要先通过增税的法案。另一笔 400 万英镑的贷款(按当时汇率换算约为 1 900 万美元)由拉扎德投行提供。

这在当时足以使法郎稳定,[13] 但尚不足以阻止通货膨胀死灰复燃,因为潜在的冲突还没有解决。双十进制是否足以平衡包括重建成本在内的预算尚未可知。其他因素暂且不提,这一政策是否有效取决于纳税人是否愿意缴税。新的税种主要落在了中产阶级身上,他们真的会心甘情愿承担起来吗？谁来承担负担的争论再次升温。法国入侵鲁尔区的失败告诉人们一个真相：不管是谁，到头来承担负担的肯定不是德国人。

———

在1924年5月的选举中，国民联盟失去了在国民议会的多数席位，这是由于中产阶级选民因普恩加莱的征税受损，对国民联盟非常不满，而他们人数众多。在普恩加莱的大量征税中最先受损，这让他们很不痛快。激进分子（本质上是资产阶级主张改革的自由派）得到社会党的支持，组成一个中间偏左的政府，即左翼联盟，激进的政治家爱德华·赫里欧是其领袖。左翼联盟提出要重新考虑财政问题。1924年在财政预算问题上妥协之后，预算平衡问题变得更加扑朔迷离。赫里欧于1922年访问过苏联，他很认同布尔什维克政府的政策。[14] 尽管他并不是共产主义者，但其担任总理的消息还是让右翼非常警觉。由于担心赫里欧政府有可能通过对财产征税以消除赤字，投资者纷纷抛售政府债券。投资者希望提现，想把资金转移到国外，导致法郎在外汇市场上暴跌。通货膨胀再度升温，税收收入无法赶上公共部门支出增长的速度，这和1923年德国遇到的问题一样。政府此时甚至无法在市场上发行短期国债，但又不愿提高利率，因为它们担心这将强化通货膨胀预期，并使财政形势恶化，剩下的最后一根救命稻草就是让法兰西银行购买国债。

法兰西银行左右为难。1920年，为了限制政府通过通货膨胀融资，议会规定了央行能够发行的通货的最高数量。大量购买政府债券可能会突破这些限制。特事特办，法兰西银行最后想出的办法是伪造声明，以隐瞒其违反票据发行的法定上限规定的事实。法兰西银行很"优雅"地制造了这一骗局：它只是简单地将超购的部分放在了央行的资产负债表的"其他"这一列中。

事实上，早在一年之前的3月，这种违规操作就已经开始了，那还是在普恩加莱领导的右翼政府执政时。法兰西银行行长乔治·罗比诺的副手是阿尔伯特·奥佩蒂特，他意志坚定，积极帮助普恩加莱完成其宏观稳定政策。[15]如果不为政府的财政赤字融资，可能会给政府带来资金危机，会使普恩加莱的宏观稳定政策前功尽弃。在奥佩蒂特看来，普恩加莱的宏观稳定政策是整个国家的希望，他急切地希望能够给普恩加莱的政策创造更多的时间。在他看来，违反法律的规定，不过是桩小过错。

普恩加莱的稳定政策初见成效，货币发行量也随之降至法定的最高限之下，但奥佩蒂特继续伪造银行周报，低报货币发行的数量，以此彰显普恩加莱稳定政策卓有成效，试图提振投资者的信心。1929年10月，政府交接，稳定政策失去了掌舵者，货币发行量很快地第二次突破法定上限。在奥佩蒂特的指挥下，法兰西银行再次对公众隐瞒实情。

这时，法兰西银行的官员才告诉赫里欧总理和他的财政部部长艾蒂安·克莱蒙泰尔这件棘手的事情，但他们故意不提在国民联盟政府时期，这种违规就已经出现了。他们这样做是为了让左翼领导以为罪魁祸首就是自己的预算政策。或许，正是因为这种隐瞒，赫里欧总理在知道了这一骗局之后，仍然犹豫不决，掂量不清是否要公之于众。

时间拖得越久，局势越糟糕。法兰西银行公布的资产负债表和实际的货币流通量之间的差距越来越大。差距越大，就越难以隐瞒。1925年年初，在参议院和国民议会的金融委员会里，这已经是公开的秘密。[16]法兰西银行内部也遇到很大的压力，因为法兰西银行董事会的一位重要成员弗朗索瓦·德·文德尔威胁要因此事辞职。

文德尔的威胁使得主张公布实情的那一派力量占了上风。4月9日，法兰西银行伪造资产负债表的真相被公之于众。赫里欧总理将责任推卸给法兰西银行，他坚持认为，他的政府的做法与前任政府的做法并无二致，然而这样的辩解无济于事。赫里欧总理被迫辞职，选民对参议院投了不信任票。

专家们可能会发现，这就是经济学家所称的"财政主导"。[17]财政政策决策者若是由着自己的意见，决定要有财政赤字，央行想不从都难。

央行所能做的只有购买政府债券，并承受比它想要承受的更高的通货膨胀率。若不这样做，结果将是政府违约，并触发金融动荡。法兰西银行不过是做得过分了一点而已。今昔之间，亦有相似之处。欧洲央行的章程规定，欧洲央行不能购买政府新发行的债券。这项规定是为了使欧洲央行免受财政部门的支配，并保护欧洲公众远离通货膨胀。同样和历史相似的是，2012年在面临欧洲债务危机的时候，欧洲央行宣布了直接货币交易计划，开始从二级市场购买政府债券。欧洲央行不得不重新解释这个规定，如果说这还算不上违反规定的话。[18] 有时，即使是央行行长们也不得不承认，还有比温和的通货膨胀更糟糕的事情。

———

法国的问题在于它所经历的通货膨胀一点也不温和。通货膨胀一直持续了将近两年的时间。从1924年6月到1926年7月，法国一共有7任总理，每一任总理都夹在左翼和右翼之间，两翼都不愿意就预算达成妥协。左翼想提议对资本征收特殊税，而富人就会将自己的储蓄转移到国外；右翼想提议新增消费税，而工人们就会走上街头抗议。

持续的通货膨胀给小储户、收租者和退伍军人带来了沉重打击，他们都是难以保护自己的社会成员。1926年7月，超过2万名退伍军人和他们的同情者在国民议会门外抗议。示威者谴责外国人操纵法郎并制造通货膨胀。他们把怒气撒在"巴黎夜车"大巴上，因为这是美国游客最喜欢的交通工具。由于担心社会动荡，法国的富人们不仅将他们的财产转移到国外，连他们全家都移民海外了。

通货膨胀成了毁灭性的力量，有些人已经将之视为对法国的民主制度的最大威胁。7月22日，在万般无奈之下，由左翼主导的国民议会只能同意由普恩加莱重新担任联合政府的领袖。

普恩加莱对德国的态度极其刻薄，但一般来说人们还是觉得他行事小心谨慎。他被称为"稳重之人"，因为在一战期间他维护了法国的财政稳定，1924年一度成功的宏观稳定政策也是由他领导的。在议会选举之前，普恩加莱采取了提高税率的政策，这意味着他把国家的财政看得比政治利益更重，当然，他也为此付出了代价。

普恩加莱的稳重还在于他很难被归类为左翼或右翼，他是国民议会里的温和派。国民联盟的政治立场是中间偏右，但普恩加莱在社会主义者中也有朋友，比如未来的总理安德烈·莱昂·勃鲁姆。作为一个中产阶级家庭的后代，他知道小储户很难保护自己不受通货膨胀的影响，最需要的政策就是中庸之道。在对待德国的时候普恩加莱非常激进，但回到国内经济政策他就变得非常中庸。

普恩加莱受命组建一个新的联合政府，既包括他的中间偏右的国民联盟，又包括一些左翼的成员。各派政治力量形成了一个共识：财政问题的政治化已经搞得过火了。这正是普恩加莱能够上台，以及他能够组建一个联合政府的原因。痛定思痛，各派的政客们终于认识到，解决财政问题需要政治共识，既不能靠东风压倒西风，也不能靠西风压倒东风。

普恩加莱的任务就是巩固这一共识。为了增加财政收入，政府改革了监测收入和征税的程序；政府机构也有所精简，地方法院和一些行政办公室关门了；国家烟草专卖获得的资金被指定用于偿还公共债务。这一做法能够表明政府没有意愿剥夺富人的财富。事实上，联合政府一上台就明确了这一点。此外，普恩加莱建议，将过去成为金融脆弱性主要来源的短期国防债券转化为长期债券。

在熊熊的通货膨胀烈火之中，无论是哪一种企图转移稳定政策负担的愿望——是资本想把负担转嫁给劳动者，还是中产阶级想把负担转嫁给富人——都已经化为灰烬。尽管普恩加莱只采取了一些有限的措施，但这些措施足以使得法国经济在1926年8月之后渐趋稳定。价格不再腾跃，汇率在暴跌之后开始上升。出口商们怨声载道，因为他们刚刚因汇率下降"增加了出口竞争力"。法兰西银行不得不从外汇市场上买入外汇，以避免法郎升值过快。1926年年底，法郎开始钉住英镑和美元。

1928年，法国恢复金本位。

同德国一样，法国也执行严格的金本位。法国禁止央行在市场上购买政府债券（即"公开市场操作"）或者向政府提供直接融资。和德国的情形一样，通货膨胀以及其给法国社会带来的裂痕，留下了一道深深的阴影。

———

先在德国，之后在法国，通货膨胀逐渐得到遏制，外逃的资本也逐渐回归。由于通货膨胀率已经下降，投资者相信他们的投资终将有所收获。为了维持恢复金本位的承诺，政府就得平衡财政预算。投资者有新的理由相信长期赤字和围绕着征税的冲突终于结束了。人们认为，稳定货币的政策或许能够确保政府在财政方面负责任，投资者也不再担心主权债务的风险，然而，最终这将被证明是一种幻觉。当1999年欧元问世之后，人们争相购买南欧国家的债券，这是出于同样的幻觉，也必经受同样的后果。

对于德国和法国而言，外资大量涌入当然是件好事，但这也带来了货币升值的压力。为了防止汇率急速飙升，从而对出口商带来不利影响，德国和法国的央行开始买进外汇，同时向市场投放马克和法郎。但在德国和法国的央行看来，在这样的市场操作中获得的外国证券，尤其是英国的证券，远远比不上黄金，因为黄金是可以自由兑换的。

于是，诺曼又遇到了麻烦。1926年下半年，德国央行开始向英格兰银行兑换其所持有的英镑，从英格兰银行那里拿走黄金。在1927年2月之后的6个月内，英国出口到德国的黄金价值接近6 000万美元，这是一笔相当大的金额。正稳稳地坐在德国央行行长位置上的沙赫特从内心里当然很感激诺曼。诺曼在道威斯计划中发挥了重要作用，道威斯计划不仅削减了德国的赔款，而且给了德国一笔稳定贷款。感激归感激，沙赫特首要的任务还是要保住他的投资组合。他对金本位重要性的坚定信仰不会受到感情的影响。于是，他把在实施稳定政策过程中获得的英镑都交给英格兰银行，要求兑换成黄金。

无论是在1923年，还是在1925年和1926年，当法国央行正在苦苦地与债务危机和货币危机抗争时，诺曼对法国央行并未施以援手。他觉得法国在战争赔偿的谈判中始终是个不讲道理的搅局者。英国和法国的央行在中欧和东欧还是竞争对手，它们都想延揽当地的金融业务。罗比诺的继任者埃米尔·莫罗在1926—1930年担任法国央行行长，他曾把他的英国对手描述为"可爱和迷人的"，但诺曼仍断然拒绝为法国的稳定政策提供任何实在的援助。[19]

现在，风水轮流转，资本从英国流向法国了。法国央行得到的海外资产大多为在伦敦发行的以英镑标价的证券。跟德国央行一样，莫罗也担心潜在的不确定性，他只要拿到英镑资产，第一时间就想把它们兑换成黄金。莫罗心里也很清楚，他要从英格兰银行提取黄金的要求将迫使诺曼提高利率，即英格兰银行利率，这是英格兰银行为其他金融机构提供贴现的利率。这对法国并非坏事。如果英格兰银行收紧银根，而流入法国的短期资本又大多来自伦敦，那岂不是配合了法国的稳定政策？要是这给英格兰银行带来了麻烦，那就由它们去吧。

英国的谈判筹码是法国在一战期间欠了英国的钱。诺曼建议英国财政大臣温斯顿·丘吉尔去对法国说，让它赶紧还钱。这种几乎丝毫不加掩饰的威胁起到了作用，迫使莫罗在1927年6月的谈判中让步。法兰西银行答应，将兑换黄金的英镑限制在3 000万英镑之内。诺曼咄咄逼人的外交政策在短期内看似解决了迫在眉睫的问题，或是把问题推迟了，但这一做法无助于在之后巩固友好合作的货币关系。

斯特朗在纽约监控着英法之间的谈判。他除了1926年年末因肺炎在北卡罗来纳州的巴尔的摩疗养，一直都通过电报和信件与好友诺曼保持着联系。莫罗也知道美联储的意见举足轻重，他也会把和英格兰银行的谈判进展告诉斯特朗，以便让斯特朗能够形成更为公正的判断。

综合各方信息,斯特朗的最终判断是英格兰银行如履薄冰。英镑能否保持稳定,取决于德国和法国的央行能否合作,而这谁也不敢保证。当然,这些当事人都是非常聪明的,他们知道所有人都在一条船上。斯特朗和诺曼、沙赫特以及法国央行官员时常进行友好的双边会谈。而诺曼和斯特朗之间的亲密关系并不止于友好的交谈。早在一战期间,当斯特朗就任纽约联邦储备银行行长后首次出访欧洲时,两人已经会面,并从此成了亲密的朋友。他们互通书信。在20世纪20年代,只要健康条件允许,他们每年还一起外出度假两次。如果诺曼和斯特朗之间能够结下如此莫逆的交情,谁能说其他央行行长们无法在面对面的谈判中形成类似的和谐关系呢?

因此,诺曼建议他和斯特朗一起,同沙赫特和莫罗见面。斯特朗还在肺炎的恢复期间就发出了邀请,他要求会议在美国举行。莫罗不会说英语,尽管这是当时央行行长们的共同语言,于是,他将邀请信转给了他的副手夏尔·利斯特。

1927年7月的第一个星期,斯特朗、诺曼、沙赫特、利斯特在伍德伯里会面,地点是美国财政部副部长奥格登·米尔斯的宅邸。这栋气势恢宏的府邸,是由美国著名建筑师约翰·拉塞尔·波普设计的,这是长岛最豪华的建筑之一,四方美景尽收眼底,中心建筑"有两层楼,意大利风格的屋檐和护墙……侧翼建筑比例匀称,拱卫着中心建筑。回纹状的屋檐沿着一楼的水平线环绕了整栋建筑"[20]。

这栋华美的建筑极其适合举行世界顶级央行行长的会议,但国际货币体系的殿堂能否同样壮观,却值得怀疑。央行行长们协商了5天,就像是要让一群猫排队那么艰难,斯特朗甚至没办法让其他三位央行行长同处一室:诺曼抱怨他的处境极为艰难,英格兰银行的黄金储备已经所剩不多,沙赫特和利斯特则反复强调一定要尽可能严格地遵循金本位的规则。

一轮轮的"淘汰赛"之后,只剩下一家央行采取行动。最后还是斯特朗再次尝试说服美联储下调利率，支持英镑。会议的结果颇具讽刺性：斯特朗之所以召集大家开会，是为了说服欧洲的央行行长们做出调整，结果最终做出调整的反而是他自己。

为了促成此事，斯特朗敦促诺曼、沙赫特和利斯特去华盛顿和纽约，会见美联储董事会的各位成员和纽约联邦储备银行行长丹尼尔·克里斯辛格。这些美联储的官员最终被说服了。到 8 月末，共有 8 家联邦储备银行投票支持降息 0.5 个百分点。阿道夫·米勒很可能会反对，但他当时正在加利福尼亚度假。后来，他对这一决策大加抨击："这一决策使得已经过度膨胀的信贷状况火上浇油，大大增加了潜在的风险，尤其是导致资金大举进入股市交易。"[21]

美联储内部的多数派意见开始弹压那些持异议的联邦储备银行，首当其冲的是芝加哥联邦储备银行。这是历史上美联储董事会第一次将其意志强加给持异议的联邦储备银行。斯特朗当然乐见其成。过去，中西部的联邦储备银行实行比东部更高的利率，使得内陆的银行可以在纽约以较低的利率融资，然后再以更高的利率贷款给自己的客户，这造成纽约联邦储备银行的储备和黄金不断流失。美联储董事会的决定使得美联储进一步统一，单个联邦储备银行不再仅仅关注本地的利益，而是要根据整个国家的经济利益进行跨区域的协调。

然而，这只是迈出的一小步。当 1929 年股灾降临的时候，美联储内部再度群龙无首，莫衷一是。最终的代价是惨痛的。

第 3 章　惨烈的竞争

美联储 1927 年下调利率是为了鼓励黄金流入伦敦,但这一政策也带来了其他影响。一个直接影响就是鼓励投资者寻求海外收益。当美国国债的收益率为 3.5% 的时候,其他国家发行的债券的收益率能达到美国国债的 2~3 倍。金本位恢复之后,投资者相信,不会再有汇率的波动影响投资收益。这让人联想到欧元诞生之后,大量的资金从利率较低的北欧国家流入利率比北欧国家高 2~3 倍的南欧国家。在这两种情况下,结局都没有那么美好。

美国投资者过去并不特别青睐外国债券。在《联邦储备法》通过之前,美国银行被禁止在海外设立分行。它们因此缺乏足够的海外联系,难以延揽大量的外国贷款业务。在 20 世纪到来之前,纽约发行过的外国美元债券有限,以加拿大和墨西哥的借款人发的债居多。1988 年,蒙特利尔在美国发行了 300 万美元债券,就在同一年,汉密尔顿电灯公司和大瀑布电力公司发行了 75 万美元的债券。1898—1899 年,墨西哥哈利斯科州和萨尔提略在纽约发行了 170 万美元的美元债券,主要用于下水道和供水系统建设。

美国人还持有少量以贷款国货币发行的欧洲债券,这些债券首先在伦敦或其他欧洲金融中心发行,然后被转售给美国投资者。投资这些证券需要对金融行情的敏感知觉以及外汇市场知识，但大部分美国人对此并不精通，因此美国人持有的外币债券少之又少。据估算，到1899年年底，美国投资者持有的外币证券仅价值1 500万美元。[1] 与此对比，美国钢铁公司在1901年成立之初，就立即发行了3亿美元债券。

1900—1913年，在纽约完成的外国贷款数量不断上升。美国投资者开始购买伦敦地铁公司发行的债券。他们还大量购进日本发行的债券，这些债券是用于支持日俄战争的。但资产交易的平衡却朝着另一个方向发展。

一战爆发之后，交战双方都想到纽约筹资，美国政界对此反响不一。时任总统伍德罗·威尔逊任命民主党内的红人威廉·詹宁斯·布赖恩担任国务卿。这其实只是个名声显赫的虚职，因为国务院仅有150个工作人员。不过，布赖恩仍可以用这个高高在上的职位和他滔滔不绝的口才推广自己的观点。尽管布赖恩曾经在佛罗里达州房地产泡沫中扮演了不光彩的角色，但他还算有良知，发生在欧洲的悲剧让他大为震惊，他确信美国应该不惜一切代价保持中立。更具体地讲，他反对交战各国到美国推销债券，因为这会和美国的中立态度有冲突。为了避开布赖恩的锋芒，J. P. 摩根等投行声称它们发放的不过是短期贷款，事实上，这些贷款很快就被证券化，并向公众出售。

1915年4月，美国邮轮"卢西塔尼亚"号被德国的U型潜艇击沉，128名美国人丧生。这使得布赖恩的立场岌岌可危。他推测这艘客轮上可能装载了弹药，因此才遭到德国的袭击。直到近一个世纪后，潜水员才在2008年证实了布赖恩是正确的，[2] 但这一猜测在当时并不可能被证实。威尔逊内阁转为反对布赖恩，后者辞去了国务卿一职。

布赖恩辞职之后，泄洪的闸门洞开。从1915年年中到1917年年初，借给外国政府（主要是法国和英国）的美元贷款超过20亿美元。即使是和美国钢铁公司的发债规模相比，这些债券的发行量都是巨大的。美国投资者开始逐渐熟悉外国债券。

1917年4月，美国对德宣战。随后，美国的对外借贷主要通过政府渠道进行，其中大部分是美国政府对其欧洲盟国的贷款。美国的投资者可以购买美国财政部发行的自由债券，这些债券用于投资战争贷款。在19世纪末和20世纪初，能够用于私人购买的美国政府债券一直相对短缺。现在，由于战争，供给反而大于需求。政府展开宣传攻势，试图创造出新的需求。轰轰烈烈的自由贷款运动鼓动大家，买国债就是爱国主义，就是在支持在欧洲战场上的美国男儿。查理·卓别林拍了一部大约10分钟的宣传片《债券》，支持美国国债。短片介绍了6种类型的债券，不仅谈到了它们的财务回报，还讲到了友情、性。900万张海报铺天盖地，宣传自由债券。小储户第一次被诱导投资债券，并从此养成了习惯。其影响是深远的。

————

停战协议签署之后，国际资本流动开始缓慢恢复。战后初期国际局势仍然动荡不宁，投资者难免心有余悸。但从1923年起，外国政府开始从美国大量举债，筹集战后重建和稳定的资金，美国的储户有了更多的投资机会。这些贷款中最主要的是通过国联（国际联盟）的谈判，发放给资金短缺的欧洲政府的贷款。1923年，第一笔贷款给了奥地利，1924年给了匈牙利和希腊。

美国不是国联的成员：美国国会坚守孤立主义立场，拒绝批准加入国联。但这些贷款具有半官方性质，而且和自由债券很相似，因此对美国投资者很有吸引力。正如今天的人们普遍相信，一个国家不会借了IMF的钱不还，当时，人们也觉得，一国不可能借了国联的钱不还。当然，不可否认的是，国联本身并未为贷款提供任何资本保证。但是，即使投资者并不完全相信国联对这些贷款的支持，他们至少看到了，国联贷款提供的利息比美国国债的利息高两倍。

一个里程碑式的事件是1924年在道威斯计划下向德国发放贷款，

美国在其中起主导作用。该贷款并非通过国联谈判达成，而是通过一个特别的专家委员会，每个贷款国有两名代表参加。该委员会由美国银行家查尔斯·盖茨·道威斯担任主席。道威斯出生于美国中东部的一个显赫家族。他父亲创建了道威斯木材公司，生意兴隆。他父亲还曾与年轻的威廉·麦金莱一起在国会工作。在1896年的总统竞选中，麦金莱曾招募道威斯作为筹款官。道威斯能说会道，帮助麦金莱打败了布赖恩。作为嘉奖，麦金莱任命31岁的道威斯为货币监理署署长。道威斯后来成立了伊利诺伊州的中央信托公司，并以创始人身份出任美国预算局第一任局长，后来回归金融业老本行，担任复兴金融公司的第一任总裁。查尔斯利用公共部门和私人部门之间的"旋转门"来去自如。1932年当道威斯的银行濒临破产的时候，这些经历就派上了用场。[3]

美国代表团的"二把手"是干练的欧文·D. 杨格，一位更年轻的银行家。杨格惜字如金，言简意赅，这给他的上司留出了更多的时间夸夸其谈。

1911年，当杨格还是一名年轻律师的时候，他曾经在一场关于土地权利的官司中战胜了通用电气的一家子公司。通用电气认为他是个天才，于是聘请他做首席法律顾问，很快，他又被提升为公司总裁。杨格帮助建立了RCA，该公司是20世纪20年代无线电广播热潮的领头羊。由于他参与过道威斯计划，1929年，杨格领导了第二次德国赔款谈判。1930—1931年，在大萧条期间，杨格曾任纽约联邦储备银行的董事。1932年，他是"老兵补偿金"计划的发起者，这一计划给当时奄奄一息的美国经济提供了有益的刺激。他在1932年救助道威斯的中央共和银行与信托公司中居功甚伟。1933年，他因被控得到了J. P. 摩根的特殊优待，在佩科拉委员会关于金融欺骗和不当行为的听证会上被质询，该委员会负责调查金融危机。杨格几乎就是金融危机历史上的阿甘，在20世纪二三十年代的每一个重大金融事件中，几乎都有他的身影。

道威斯、杨格及其团队在前往法国的途中定下了他们的策略。这艘名为"美国"号的客轮的船长决定将船上的儿童游戏室改为会议室。道威斯后来说："我们并没有忽略这一决定的重要意义。"[4] 代表团工作得非常顺利。杨格不仅是个好的聆听者，而且善于为复杂的问题提供简捷的解决方案。

在杨格的建议下，美国代表团同意向其他国家施加压力，要求减轻德国的赔款压力。考虑到任何减少赔款总金额的提议都会被法国否决，美国代表团转而建议，减少在短期内德国需要支付的赔款，期待随着德国经济的复苏，其赔款支付能力将逐渐增强。[5]

道威斯上岸之后，立刻向欧洲谈判伙伴提出了这一建议，欧洲代表对此提议反应冷淡。道威斯使用拉锯战术，不断地召集他们开会，直到他们精疲力竭，只好妥协。[6] 或许，这才是委员会的最终报告会得到全体一致同意的真实原因，而这又解释了为什么在伦敦开会的各国领导人看到这个报告就马上批准了。

若要稳定德国通货，不仅需要调整赔偿负担，还要安排对德国的紧急贷款，因为德国央行已经没有资金了。这一外国援助的附加条件，即使是同21世纪初希腊得到贷款时的附加条件相比，都是苛刻的。德国政府必须平衡其自身财政预算，而且必须把需要支付的赔款也考虑进去；更甚者，一家有至高权力的外国机构将监督德国执行这些要求；德意志联邦银行不能向州政府贷款；道威斯贷款的投资者有权得到德国铁路收入的首先索取权。

这些措施是为了安抚投资者，主要是美国投资者。法国和英国政府在道威斯计划中承担的对德支持主要来自为此目的征收的税收收入。美国一贯主张市场经济，因此其对德的支持是靠J. P. 摩根向公众出售债券。金融家们担心，购买债券的散户可能会迟疑观望，毕竟他们没有购买外国债券的经验，更何况要买的债券是给一个背负着沉重债务负担，在未来几十年都要还债的国家提供支持。

金融家们多虑了。在发债当天，从开盘到上午 10 点 15 分，J. P. 摩根就收到了两倍于其所要求的购买报盘。美国公众对外国债券的胃口显然不小。[7]

因为这一杰出贡献，1925 年，道威斯被授予诺贝尔和平奖，同他一起获奖的还有英国外交大臣奥斯丁·张伯伦。张伯伦策划了"洛迦诺公约"，当时人们认为这一公约使得欧洲从此不用担心再爆发战争。此时，道威斯已经当选为美国副总统。他是一位非常糟糕的政治家，即使是在副总统这样一个要求不高的位置上。他的才华倒是体现在音乐方面。他的代表作是《A 大调的旋律》，为表示对他的尊敬，各种官方场合都曾演奏过这一曲子。1951 年，该曲由卡尔·西格曼填词，被改编为《一切尽在游戏中》。1957 年，由汤米·爱德华兹演唱的此曲荣登榜首。道威斯是唯一当过美国副总统、得过诺贝尔奖，还上过流行歌曲排行榜的人。

———

就像将诺贝尔和平奖授予奥巴马一样，道威斯之所以获奖，不是因为他的成就，而是因为他带给人们的希望。但这一希望也最终破灭了。虽然德国经济逐渐复苏，但德国的政治家和公众对道威斯计划要求德国支付更多的赔款越来越不满。德国债台高筑，引发了人们对其债务可持续性的担心。[8] 到 1929 年，甚至在大萧条之前，对道威斯计划的支持已经土崩瓦解，道威斯计划被杨格计划取代。杨格从 1924 年起就是道威斯的左膀右臂，杨格计划进一步削减了德国的赔款义务。

但这都是后话了。道威斯计划宣布之初，美国人热捧德国债券。1924 年，美联储为了帮助英国回归金本位降低利率，进一步鼓动美国投资者购买为道威斯计划融资而发行的高收益债券。这又导致美国投资者对所有外国债券的兴趣都提高了。对外国的美元新贷款几乎都是通过在美国发行债券的方式提供的。1921—1923 年，在美国发行的对外国的债券每年约有 6 亿美元。1924 年道威斯计划出台，1925 年美联储降低利率，这两个因素使得美国发行的对外国的债券规模扩大了两倍。1927 年下半年和 1928 年上半年，斯特朗推动了第二次降息，美国发行的对外国的债券进一步大增。[9]

最初，雄踞外国债券市场的只有少数几家投行，最有名的包括 J. P. 摩根和库恩-洛布公司，它们在一战之前就已经涉足这一领域。这些令人敬畏的大型金融机构熟知市场，和国外的客户联系紧密。它们坐等希望融资的客户登门拜访。1924 年之后，风气大为转变，波士顿和纽约的一些老牌金融机构现在落到了年青一代的手中，他们更加野心勃勃，新的金融机构也蜂拥而至。吸收存款的商业银行也加入混战，纷纷成立证券子公司承销债券。

像 J. P. 摩根这样的金融机构会竭力维护自身名誉。如果其承保的债券出现了重大违约风险，可能会令 J. P. 摩根多年来所培育的威望扫地。正是凭借这样的威望，J. P. 摩根才能吸引其他银行加入承销团，而且给投资者提供信心。相比之下，新进入的机构可不在意什么名声。它们关心的是佣金，这些佣金可高达债券总额的 4.5%。只要卖出债券，就能捞回佣金收入，哪怕承销的债券违约了，到手的佣金收入也不会再吐出来。[10]

新的承销商也不像老一代一样，等着借款人上门求助。它们会直接闯入外国政府官员的办公室甚至家里，包括很多从未想过要到美国借钱的官员。麦克斯·温克勒自告奋勇为那个时代立传。他介绍了一个巴伐利亚小镇的案例。这个小镇本想筹集 12.5 万美元用于电厂改造，但美国承销商怂恿小镇借了 300 万美元，这些钱用来建了一个游泳池、一个浴室，还有一个体育馆。[11] 1932 年，参议院金融委员会开展专项调查：为什么这么多的贷款成了坏账。一个证人讲道："曾经有一个时期，仅在哥伦比亚就有 29 家美国金融机构的代表，试图延揽哥伦比亚中央政府、政府的各个部门，以及其他潜在借款人的生意。"[12] 这些上门拜访的金融机构代表争相贿赂潜在的借款人，请他们吃饭、喝酒，还有各种上不得台面的娱乐活动。跟政府官员有联系的人可以因其政治影响收到"牵线费"。参议院被告知，这种支出账户是如何用于"搞定"总统和官员的。老牌银行家，比如 J. P. 摩根的主要合伙人托马斯·拉蒙特警告说："美国银行家和企业为了在海外市场争抢贷款机会，展开了惨烈的竞争。"这种竞争是"不安全和不理智的"[13]。但老派的银行家已是明日黄花，一批更年轻、经验更少，但更加激进的竞争者很快取而代之。

得到借款人的业务之后，承销商还需要吸引散户投资者。有些银行过去成立了债券部，专门推销自由债券，现在可以把它们改造成外国债券的销售部门。它们还成立了证券子公司，以规避禁止跨州交易的法律，在全美范围内推销债券。它们在《哈珀斯》和《大西洋月刊》上推送软文，颂扬这些新的金融工具的优点；它们在办公室前面开店，吸引信步走进来的客户；它们雇用了很多受过高压销售技巧训练的推销员。[14]

最后，这些发行商还设立了投资信托，即共同基金在20世纪早期的前身，出售小额的债券份额给小投资者，否则这些小投资者很难购买包含外国债券的多元化投资组合并获得收益。这些投资信托也开始为小投资者提供专业的管理服务，但到底有多专业就不好说了。这种投资信托的形式是从英国引进的，在20世纪20年代之前就已经有数家开设此业务的公司开业，如今则多如过江之鲫。正如尤金·怀特很客气地指出的，投资信托往往会和设立它们的银行"密切交织在一起"，这就鼓励银行客户通过关联的投资信托进行证券投资。[15] 早期的投资信托往往持有固定的证券组合，但新近成立的投资信托则更积极地管理投资组合，也就是说，它们频繁换手。有的投资信托投资于其他投资信托，从而使客户所需支付的费用成倍地增加。[16]

各种促销手段，加上高利率的诱惑，起到了显著效果。英国高产的财经记者保罗·艾因齐格在1931年写道："在过去约7年的时间里，债券销售公司不遗余力地教育美国投资者理解投资外国债券的优势。它们

第 3 章　惨烈的竞争　　047

通过能用得上的每一种高超的销售艺术,在1923—1928年,成功地向美国公众售出了数量惊人的各种类型的外国债券。"[17]

确实是数量惊人的。1925—1928年,美国投资者包揽了德国公共信贷机构贷款的80%。他们提供了德国地方政府贷款的75%和公司贷款的50%。[18] 美国贷款给奥地利修建水电站,给比利时的贷款则是为了在刚果修建公路和港口。在20世纪20年代,美国对外贷款额的一半流入了欧洲。

美国所发行的外国债券中,有另外的1/4流入了拉丁美洲。美国给阿根廷提供长期贷款,好让阿根廷能够偿还借英国的短期贷款。美元债券流入阿根廷,支持阿根廷政府购买黄金,以便稳定本国货币。美元债券资助了阿根廷基础设施的建设和改造,比如铁路系统,也帮助了阿根廷把短债换成长债。美元债券支持了阿根廷的省级政府,这下它们再也不需要先前的英镑贷款了,而美国人则希望能够从未来的税收收入中获得回报。阿根廷的地方政府从美国借钱修建公路、桥梁、学校、水厂、污水处理系统,以及对阿根廷这样的肉类出口国来说至关重要的冷藏工厂。阿根廷政府借钱建造和改善医院、发电厂、公园和街道。

———

尽管有其合理性,但这些贷款是一桩冒险的生意。随着经济快速增长,美国的储蓄率很高。这很像在21世纪早期的中国,储蓄率同样居高不下。这是因为处于生命周期的储蓄阶段的劳动者比那些处于退休阶段和负储蓄的老年人收入更高。欧洲受到一战摧毁,以及战后混乱局势的干扰,储蓄率很低。战后的欧洲百废待兴,修路建桥、建造工厂都缺乏资金。正是因为这些,欧洲的利率比美国的利率更高,而这刺激了美国的投资者踊跃投资海外证券。

但是否应给拉丁美洲提供贷款就值得商榷了。当然,拉丁美洲国家可以辩称，它们在战争期间扩大了农产品和原材料的生产和出口，增强了赚取外汇的能力，自然还得起贷款。当钱如流水的时候，这样的理由很容易听进去的。

纵使一件事有潜在的逻辑支撑，也有可能过了头。这在金融界并不新鲜。为重修在战争期间被破坏的铁路，或是为修建阿根廷牛肉出口的冷藏库提供贷款是一件事情，贷款修游泳池和浴室则是另一回事。借钱如此容易，政府难免会想增加额外的支出。1926年，沙赫特担心流入德国的资本会鼓励德国的地方政府花钱无节制。[19] 1927年5月，他命令银行减少对股市的贷款，试图抑制股市泡沫。尽管这确实导致股价大幅下跌，但对约束德国市级政府的贷款行为毫无作用。沙赫特的政策推高了德国的利率，使得外国投资者更加趋之若鹜。

S. 帕克·吉尔伯特曾任美国财政部副部长，他被任命为道威斯计划的执行代理人。吉尔伯特对国际资本的洪流忧心忡忡。他警告德国政府已"过度消费和过度借贷"，德国经济正处于"过度刺激和过度扩张"的风险中。或迟或早，人们会怀疑这一过程是否具有可持续性。到那时，国际资本流入会突然停止，并导致"严重的经济衰退"[20]。

当时的情形和这一次的全球金融危机何其相似。从2004年开始，就不断有各种警告的声音，大量资本源源不断地从中国、德国和石油出口国流向美国。这一国际资本洪流使得美国政府能用被人为压低的利率借钱，并肆意挥霍。廉价的外国资金不会无限期地流入，一旦国际资本停止流入，后果不堪设想。最后爆发的不是预警的那种危机，而是另一种危机：2006年和2007年，美国的房地产价格暴跌，次贷市场崩溃。但这些警告仍然有其道理。

20世纪20年代的国际收支失衡和21世纪初的恰好相反，资本从美国流出，而非相反。但在这两次事件中，悲观者的预言最终都实现了，或许正是因为他们的悲观预言为危机埋下了伏笔。1928年，国际资本流入突然停止，德国首先陷入危机，之后是拉丁美洲，最终，世界经济的确进入了"严重的经济衰退"。S. 帕克·吉尔伯特两年前就已经警告过了。

———

虽然国际债券市场存在泡沫,但华尔街的泡沫更为严重。1928年伊始,在纽约证券交易所头7个交易日里,有3天交易的股票单日数量超过了300万,恰好相当于在过去10年里增长了8倍。接下来,交易活跃度一浪高过一浪。

过去,大投资者的资金被比利·杜兰特之流配置在各式资产池中,如今越来越多散户也跻身其中。曾依靠投资信托公司的专业人士管理投资组合的个人投资者,开始自己买卖股票。经纪公司设立了很多分支机构,在客户接待室里配备毛绒地毯和柔软的椅子,为客户营造舒适和安全的氛围。1928年和1929年,有600个新客户办公室开张。[21] 专门为女性投资者准备的接待室也出现了,这是另一个时代标志。[22]

股市之所以有这么大的吸引力是很容易理解的。1927年,股票投资的收益率为38%,这是历史上少有的高回报。1928年,股票投资的收益率继续攀高,达到了44%。任何想要分享这种高回报的投资者都能得到贷款支持。[23] 如同信贷泡沫一样,这是一种自我融资的强化机制:股价升得越高,公司就越不愿意从银行贷款,它们会偏好在股市上扩股增资。这就迫使银行寻找其他贷款机会,那就是贷款给股票投资者。股价随之不断上扬,作为抵押品的证券的价值也随之提高,使得贷款给股票投资者更加有利可图。[24]

来自美联储内外的批评者都指责它在为股市泡沫煽风点火。1927年11月,芝加哥联邦储备银行的詹姆斯·麦克道格尔(正如前文所述,芝加哥联邦储备银行曾经反对斯特朗的降息建议,但反对意见最终被强行压制)同费城联邦储备银行的乔治·诺里斯主张提高利率,从而遏制信贷流入股市。在之前的5个月里,对股票经纪人的贷款增加了3亿美元。在 1927 年 12 月和 1928 年 1 月，对股票经纪人的贷款又增加了 5 亿美元。

在美联储公开市场委员会看来，这已经太过分了。1928 年 1 月，它们决定出售证券，以便回收现金，抽走市场上的流动性。接下来，美联储要让股市上的贷款成本更高，要让通过保证金的杠杆融资投资股票变得更加困难。从 1928 年 1 月 25 日开始，一直到 2 月底，各地的联邦储备银行一家接着一家提高了再贴现率。4 月之后，第二轮加息又开始了。5 月，纽约联邦储备银行第三次上调再贴现率。

———

虽然美联储上调利率是为了给美国的股市降温，但这一政策对欧洲市场造成了极大冲击，到处都能听到关于外国借贷不可持续的警告。美联储上调再贴现率使得美国国内的短期投资收益率提高，但海外债券的发行量随之暴跌。

美国资本出口额从 1928 年第二季度的 5.3 亿美元下降到第三季度的 1.2 亿美元。美国对德国的贷款在 1928 年第二季度超过 1.5 亿美元，而到了第三季度基本上为零。这和 2013 年夏发生的事情颇为相似。当时，美联储正考虑"逐渐减少"购买美国国库券，消息一出，投资者纷纷预期美国利率将提高，过去大量吸引美国资本的新兴市场遭遇了国际资本流动的逆转。这一冲击给新兴市场带来了很多麻烦，但与欧洲、拉丁美洲国家在 1928 年所遭遇的困境相比，远不是什么严重的事情。

沙赫特、吉尔伯特和其他人所警告的"突然停止"终于发生了。德国的工业当时基本上完全依赖于外国资金，如今陷入困境。生产商无法再用借来的资金购买原材料、支付工人的工资，而它们的客户无法再用借来的资金进货。工业生产在供需两端均受到打击。1928 年下半年，德国的工业产量下降了近 10%，德国铁路的货运量下降得更快，失业人数翻了一番。

当经济疲弱的时候，一个正常的央行会降低利息，为实体经济提供更多的信贷支持。但德国央行不是一个正常的央行。德国央行最关注的是维护黄金的可兑换性，这是对抗通货膨胀的法宝。为了避免外汇储备的流失，德国央行一直将利率保持在7%，远远高于其他欧洲金融中心的水平。

1929年1月，沙赫特终于承认德国经济不景气，并将德国央行的政策利率下调半个百分点至6.5%。下调利率的结果是黄金开始流出，于是，沙赫特反向操作，将再贴现率提高了100个基点，达到7.5%。这对已经疲软的经济造成了额外的打击，而且人们对德国经济的信心已经丧失，即使提高利率，也没有办法阻止资本流出德国，无力阻止德国央行的黄金损失。

其他依赖美国资本的欧洲国家同样受到影响。到1928年年底，不只是德国，大部分中欧国家都已陷入经济衰退，只有英国的情况不同。英国经济因1926年的煤矿工人大罢工失去了动力，后来又逐渐复苏，当时仍处于经济周期中的扩张阶段。但从1928年9月开始，同中欧国家一样，英格兰银行的黄金也在流向美国，因为纽约紧缩银根。要不了多久，诺曼就将被迫提高利率。[25] 若果真如此，那么人们就不得不为英国经济的扩张能否持续，或是还能持续多久而担心。

———

从欧洲回流的资金进了美国的银行，美国的银行又把这些钱贷款给股票经纪商和经销商，这让华尔街的股市泡沫加速膨胀。美联储也考虑过进一步提高利率，以遏制这一趋势，但临近收获季节且1928年美国总统竞选在即，进一步加息并不现实。在收获季节到来之后，对信贷资金的需求会大幅飙升。当时，农产品价格本来就很低迷，若再加息，一定会引起南部和中西部地区的抗议。和其他央行一样，美联储也不愿意在竞选时期做出任何刺激公众的事情。

1929年，美联储能够想到的办法是直接限制银行发放贷款给股票经纪商和经销商，这就是所谓的"直接压力"政策。美联储对其成员银行施加压力，限制其为投机目的放贷。纽约联邦储备银行警告给股票经纪商提供贷款的商业银行：谁要是继续这么做，就关闭谁的贴现窗口。美联储企图以外科手术的方式切除资产价格泡沫，同时又不损害经济。支持这一政策的核心人物是饱受非议的阿道夫·米勒。米勒是真实票据理论的忠实信徒，他强调应该将利率水平维持在恰好满足商业活动需要的水平。因此，直接压力可以应对盲目狂热的股市，同时又不必将利率提高到一个和商业活动的需求不符的水平。用米勒的话讲，在股市，"乐观者变得疯狂，而贪婪者已经酩酊"[26]。

以纽约联邦储备银行为首，有几家联邦储备银行赞成进一步提高再贴现率。纽约联邦储备银行的董事们都是金融界的资深人士，他们格外担心疯狂的股市。他们比那些身在华盛顿的同事更清楚，钱是无孔不入的。纽约的银行固然可以减少对股市的贷款，但至少在一定程度上，这一减少又会被其他贷款人，比如其他地区的美联储成员银行、非美联储成员的银行、保险公司、企业的资金部、投资信托公司，甚至是外国银行和个人，所增加的股市贷款抵消。[27]

他们的猜测是对的。一个庞大的"影子银行"体系很快就填补了空缺。1928年第一季度，来自非银行渠道的贷款解决了近一半的经纪商资金需求。1929年上半年，由于处于金融中心的银行贷款受到美联储的约束，来自非银行渠道的贷款份额增加到72%。与此同时，经纪商得到的贷款一直在上升。即便如此，美联储施加的压力还是降低了贷款的增长速度，而且这一贷款增长的速度已经满足不了股市投资者的需求。一个直接的证据就是银行间短期的同业拆借利率持续上升，同时相应地推高了其他短期利率。

利率提高使得企业的日子更加艰难。由于实施了紧缩的货币和信贷政策，美国经济在1929年年中出现减速迹象。建筑活动渐趋于疲软。

第3章　惨烈的竞争　053

由于借贷成本提高，各州和地方政府纷纷推迟建设项目。美国贷款减少导致国外经济疲软，而这反过来又使得美国出口不振。

到底应该采取直接压力政策，还是应该提高利率？关于这一问题始终争执不下。根据最近的经验，我们已经有了明确的答案。我们现在认识到，央行在面临这类困境时，最好的应对策略是根据经济需求安排货币政策，即决定其利率水平的高低，同时使用监管工具来化解金融风险，比如对住房抵押贷款的贷款价值比设置上限，或是对特定部门的贷款进行限制，这些政策现在被称为"宏观审慎政策"。因此，这更符合1929年主张采取直接压力政策的人士的直觉：让利率保持在适合经济形势的水平，并使用其他工具来限制对股市的贷款。

我们现在能更好地理解这一直觉，恰恰是因为美联储和美国政府的其他部门在2005年和2006年忽视了这一点。它们没有及时采取宏观审慎政策阻止贷款流入美国住房市场。2007年和2008年发生的事情改变了我们对1929年的认识。真实票据理论已经被当作过时的理论抛弃，但从这一点来看，阿道夫·米勒当时所主张的宏观审慎政策实际上是更明智和合理的。

1929年的问题出在如何实施政策。当时的央行缺乏有效的宏观审慎政策工具，美联储只能对会员银行施加直接压力，这会导致非会员银行和非银行金融机构取而代之，继续对股市放贷。如今的央行在实施宏观审慎政策的时候也遇到同样的问题：当央行试图限制银行对某个特定的市场，比如房地产市场提供贷款的时候，非银行金融机构就会乘虚而入。[28] 解决方案是，要赋予宏观审慎政策的制定者广泛的监管权力，让他们不仅能够监管银行，而且能监管非银行金融机构，比如保险公司或其他机构。换言之，"监管范围"要尽可能地宽广。

这也是1929年直接压力政策的支持者所遇到的问题。当时，美国的金融监管体系摇摇欲坠：美联储的成员银行由美联储监管，非成员的州立银行由各州监管机构监管，保险公司由州立保险部门和机构监管，外资银行由外国监管机构监管，直接压力政策的支持者们其实也无力回天。资金继续流入股市，美联储的官员们越来越坐立不安。1929 年夏，美联储放弃了直接压力政策，转为提高利率，这一政策的代价是损害美国经济增长的前景。

2002 年，时任美联储理事本·伯南克发表讲话，警告不应使用货币政策来戳破泡沫，他专门讲到了美联储在 1929 年试图这样做的灾难性后果。奇怪的是，他接着指出，20 世纪 20 年代的直接压力政策也是无效的。[29] 在他看来，一个更好的办法是央行不要去对抗泡沫，而应在泡沫破灭的时候向市场注入流动性。我们现在已经看到，仅仅向市场大量注入流动性，或至少向美联储有能力注入的部分市场注入流动性，不足以避免最坏的情况。更好的方式是强化像直接压力这样的政策工具，而不是因为效果微弱就抛弃它们。这是伯南克所掌舵的美联储在付出惨痛代价之后才学到的一个教训。

第 4 章 不换法律就换人

美国国家金融服务公司是房地产泡沫时期发放贷款的核心机构。安吉洛·莫兹罗是该公司的头号人物。他出生在纽约布朗克斯，父辈是第一代意大利裔移民。莫兹罗从 12 岁起就在他父亲的肉铺工作，后来成为曼哈顿一家抵押贷款公司的信差。16 岁时，他的工作发生了翻天覆地的变化，从一个小小的邮差变为信贷员。这一华丽转身或许能够证明他有着远大的抱负，但更能证明在那个抵押贷款遍地开花的年代，人人都能做房地产贷款。

在整个高中和大学期间，莫兹罗一直待在这家公司工作，直到这个公司和洛马克斯房地产证券合并。洛马克斯的老板是业界老兵戴维·洛布。20 世纪 60 年代中期，洛布将莫兹罗派到佛罗里达中部，那里的房地产市场一片繁荣，一如 20 世纪 20 年代的盛况。莫兹罗发现，佛罗里达中部的房地产发展是由大量航空工程师涌入卡纳维拉尔角市推动的，他建议入股布里瓦德县的二级开发项目。天遂人愿，莫兹罗赌赢了这个局，同时他也成为洛布的左膀右臂。

1968 年，洛马克斯被卖掉后，洛布和莫兹罗开始创立他们自己的抵押贷款公司，即国家金融服务公司。这个响亮的名字反映了两个创始人的野心，并不代表公司的经营现实。这个二人组先在加利福尼亚阿纳海姆镇上租了一间办公室,这对东部地区来说几乎是内陆帝国最后的边疆了。洛布是公司的军师,莫兹罗独当一面,负责公司的销售业务。[1]

尽管公司稳步发展,但经营成本大幅上扬,雇用和留住销售人员需要一大笔钱。公司雇员的流动性很高,在某种程度上是因为莫兹罗是一个非常苛刻的老板,他扬扬得意地称自己是"狗娘养的"。洛布建议裁减销售团队规模,直接用广告来吸引借款人。这种方法在抵押贷款行业从未用过。身为销售员,莫兹罗刚开始非常抵触这个建议,但是最终还是同意尝试。

利用广告进行销售意味着要提供更优惠的价格,而这要求必须压缩成本。公司在商业街上开设标准化的销售门面,并规定每个门面的正式员工不能超过两人。这一策略逐渐开始生效。20世纪70年代,公司在加利福尼亚另外开设了4家门面。截至1980年,公司在9个州内已有40家门面。这一成绩殊非易得,因为在这一时期贷款利率高达20%,整个房地产市场和抵押贷款市场都深受其苦。20世纪80年代中期,公司门面由40家增至104家,所覆盖的区域由9个州变成26个州。到1992年,公司已有将近400个门面,成为美国最大的房地产抵押贷款银行,同时也是全世界最大的房地产抵押贷款银行。

公司的核心竞争力在于低成本和标准化,因此被誉为"抵押贷款行业中的麦当劳"。这一绰号反映出,它是如何将住宅抵押贷款变成一种类似汉堡的金融商品,而提供住宅抵押贷款的白领工人就像是汉堡店里挥舞煎铲的店员的。国家金融服务公司很早就开始采用信息技术处理贷款申请。到20世纪90年代,该公司70%的贷款都是通过自动贷款审查系统完成的,根本不需要人力投入。靠着标准化、信息化和大量使用临时工,国家金融服务公司能够在市场繁荣时期壮大规模,而在市场低迷时期迅速瘦身。随后,房地美和房利美两家公司成立了,美国政府允许这两家政府支持的房地产机构购买没有得到政府担保的住房抵押贷款。[2]这两家公司一成立,国家金融服务公司就开始把自己经手的住房抵押贷款转售给房利美和房地美。国家金融服务公司还参与贷款的分散化，它从其他贷款人手中购买抵押贷款的服务权利，以免使自己受到贷款业务上下波动的冲击。如果利率较低，抵押贷款的发行量就会提高，但如果利率较高，人们一般不愿意提前还款，这时坐收贷款利息更有利可图。莫兹罗把这种操作叫作国家金融服务公司的"宏观对冲"。

这些创新并非十全十美。由于大多数贷款申请无须人工处理，这意味着没有一个机制单独审核借款人的收入证明。各分支机构的雇员知道他们在公司干不长久，因此只管多放贷款，并不在意贷款的质量。获得贷款的服务权利并未像莫兹罗所设想的那样，能够完全对冲利率和房地产市场波动的冲击。但这些都是以后才会出现的问题。

到了20世纪90年代，国家金融服务公司已经是抵押贷款行业里的龙头老大，再想有效地扩大市场规模变得越来越困难。这使得莫兹罗最终做出了一个生死攸关的选择：他决定进军低收入人群。1993年，该公司实施了一项野心勃勃的计划，莫兹罗称之为"美国屋"。莫兹罗提出，要让低收入人群和少数族裔也能通过贷款实现自有住房的美国梦。宣传视频中担任解说的是美国著名黑人演员詹姆斯·厄尔·琼斯，他的话与20世纪初美国著名政治家威廉·詹宁斯·布赖恩的一样权威。

在实践操作中，"美国屋"计划使低收入家庭背负了更沉重的还贷负担。国家金融服务公司采用了弹性审核机制，即重新调整了其自动审核体系，以便让缺乏良好就业和信用记录而在正常情况下无法获得贷款的个人和家庭，最终也能获得贷款。弹性审核机制允许更低的首付比例，有时可以低至3%，但借款人必须支付更高的利率。

这并不是次贷的首个案例。这种创新应归功于加州奥兰治县的长滩储蓄信贷银行，这家小银行后来变成了Ameriquest次贷公司。但是，国家金融服务公司这家最大的住房抵押贷款公司全力加入了这一潮流。

国家金融服务公司是"影子银行"体系的代表。所谓的"影子银行",是指那些涉足抵押贷款、资产证券化和其他活动的非银行金融机构,这些活动本来是只有商业银行、储蓄和贷款协会(20世纪20年代建筑与贷款协会的继承者)才能开展的。"影子银行"的发展,又是20世纪70年代以来的金融自由化进程的结果。那时,洛布和莫兹罗刚刚在加州创办自己的小公司。

1929年华尔街大崩盘和之后的银行业危机使得美国经济受到猛烈冲击,这促使美国采取了一种全新的监管框架来修复银行和金融系统。[3]《格拉斯-斯蒂格尔法案》把投行和商业银行业务分开,以防止吸收存款的商业银行涉足证券发行和承销业务。1933年,美联储委员会制定了Q条例,规定银行不得对活期存款(实质上就是支票账户)支付利息,并对储蓄存款和定期存款的利率设定上限。[4]《证券交易法》创立了美国证券交易委员会来监管股票和债权市场,《商品交易法》将监管范围拓展至期货市场。

从长期来看,这些监管改革使得金融体系进入了一个非常稳定的黄金时代,从二战结束到20世纪70年代,银行倒闭鲜有发生。金融机构各司其职,承担不同类别的贷款业务:商业银行主要向企业和消费者提供贷款,储蓄和贷款协会主要从事抵押贷款。每一种机构都由其各自的监管者监管。股市自然还有起伏跌宕,这是非常正常的现象。但即使股市下跌,也不会将金融体系和实体经济拖下水。

随着时势变迁,金融机构变得越来越不安分。关于动荡的20世纪30年代的记忆慢慢褪色。储蓄机构享受了税收与监管的双重优惠,逐步蚕食了银行的市场份额。随后,以"欧洲美元市场"著称的伦敦同业拆借市场,给美国的银行业带来了新的竞争压力。

另一种竞争压力来自货币市场。我们要到2008年才能见识货币市场对金融体系的巨大影响。第一只货币市场基金叫储备基金,它是在

1971年，由两个失败的纽约金融顾问——哈里·布朗和布鲁斯·本特[5]创造的。货币市场基金主要投资短期国库券和商业票据，而不像银行那样主要发放企业、消费者和住房抵押贷款。货币市场基金能够规避Q条例对利率上限的约束，为储户提供一个比银行账户更具吸引力的流动性及收益率组合。但要注意的是，货币市场基金是不受存款保险制度保护的。

当时，银行存款能够获得的收益少得可怜，这一创新被视为向着金融民主迈出了重大的一步。麻省理工学院经济学家、诺贝尔经济学奖得主保罗·萨缪尔森称赞了本特和布朗，认为这项创新足以让他们也获得诺贝尔经济学奖。不过该创新的发明者却以更加谦虚的方式描述了他们的成就。布朗事后曾说："我当然愿意说，这一创新源自我们的才华，但事实上，这一创新的动力是来自饥饿的威胁和纯粹的贪婪。"[6]

货币市场基金不受存款保险制度的保护，而且也没有任何规定要求它们拿出部分准备金应对潜在的风险，之所以如此，据说是因为货币市场基金的经理们只投资安全的资产，并且在为客户管理资产的时候非常保守。在货币市场上投资的1美元总会值1美元，或者至少人们都这么认为。但是，人们没有注意到，由于Q条例的监管逐渐放松，而且越来越激烈的竞争迫使货币市场基金经理不断追求更高的收益率，他们可能会进行风险更大的投资行为。一开始，监管者并没有注意到这一现象。后来，即使他们有所察觉，也不愿意处理，因为来自货币市场基金的游说力量越来越强。人们深信货币市场基金的证券价格永远不会跌破其票面价值，却没有预料到雷曼兄弟的破产。雷曼兄弟大量发行高收益的短期票据，这种票据是货币市场基金经理无法拒绝的品种。

商业银行对存款基础被蚕食极度担忧，它们多年来一直游说撤销Q

条例。在新的竞争压力下，它们的呼声更高。更重要的是，随着通货膨胀率不断上升，对利率的管制使得银行存款的吸引力大大下降。Q 条例最终被废止了。废除 Q 条例的是 1980 年通过的《存款机构放松管制和货币控制法》。这一法案的名称极具讽刺意味，因为通过这一法案，恰恰缘于美联储失去了对货币的控制。

Q 条例的废除，引发了一系列未曾预料的后果。储蓄和贷款协会遇到更大的压力。过去，储蓄和贷款协会被允许提供比其他金融机构更高的存款利率。[7] 为了安抚储蓄和贷款协会，1982 年的《加恩-圣杰曼法案》允许储蓄和贷款协会开展一系列商业银行的业务，比如发放消费贷款。这大大扩大了储蓄和贷款协会的业务范围。过去，它们只能吸收存款，并发放抵押贷款。该法案还有一条规定，允许储蓄和贷款协会扩大可调整利率住房抵押贷款的受用范围。当签订这一法案时，里根总统说，这是迈向"全面的金融放松管制"的第一步。[8] 真是无知者无畏。

《加恩-圣杰曼法案》为 20 世纪 80 年代的储蓄和贷款协会危机埋下了隐患。该法案允许储蓄和贷款协会进行风险更大的投资，但没有任何相应的监管。同样意义深远的是，允许储蓄和贷款协会从事商业银行的业务，给商业银行带来了更大的压力。[9] 商业银行一直因自己无权承销企业债券和政府公债而耿耿于怀。证券市场已经从 20 世纪 30 年代大萧条和二战的打击中慢慢恢复元气，大企业开始更多地发行商业票据和垃圾债券。企业因此找到了新的融资渠道，并减少了其对商业银行的依赖。银行的利润因此大大缩水，[10] 那些传统上和大企业有着紧密联系的大银行更是受害匪浅。

起初，金融中心的大银行在花旗银行（其前身是第 3 章讲到的国民城市银行）的带领下，进入了一个新的领域，即向拉丁美洲和东欧国家发放贷款。这和 20 世纪 20 年代对外国贷款热潮非常相似。可是到了 20 世纪 80 年代早期，这类贷款由于拉美债务危机而成了坏账。对金融监管机构来说，让银行自己承担损失，几乎是银行无法做到的，但要是不这样做，让政府出手救助，又有可能会导致联邦存款保险公司破产。最终，监管者决定通过放松管制，让银行赚得更多的利润，自己把窟窿补上。

1986年12月，美国联邦政府为了回应J. P.摩根、信孚银行和花旗集团（花旗银行的母公司）的联合请愿，创造性地重新解释了《格拉斯-斯蒂格尔法案》，允许商业银行从事投行业务，但投行业务的收入占比不得超过其总收入的5%。商业银行能够从事的投行业务包括发行承销市政债券、商业票据，以及最终致命的以抵押贷款为基础的证券。1987年，出于主张放松金融监管的同事们所施加的压力，即将退休的美联储主席保罗·沃尔克允许多家大型银行进一步扩大其投行业务的规模。如果说"跛脚鸭"地位会损害美联储主席的决策，这就是一个最好的佐证。沃尔克的继任者是倡导金融自由化的艾伦·格林斯潘。在他的领导下，美联储继续放松管制，允许银行控股公司的投行业务收入占比提高至25%。

到了20世纪90年代，《格拉斯-斯蒂格尔法案》已经名存实亡。致命一击来自90年代末投行和经纪业务的兼并潮。1997年，摩根士丹利和添惠公司合并。摩根士丹利是一家投行，添惠公司是券商兼信用卡公司。信孚银行和一家投行兼券商亚历克斯·布朗合并。这些投行、券商和保险公司的兼并，使得商业银行的处境更加艰难，它们更加迫切地要求政府放松对其业务的限制。

如果游说的作用不够，那么，还能用其他方法推动这一进程。1998年，花旗集团收购了旅行者集团。根据《格拉斯-斯蒂格尔法案》的规定，花旗集团应在两年内出售旅行者集团的保险生意。这次合并使得旅行者集团能够向花旗的零售客户推销保险和货币市场基金，同时花旗也有机会扩大投资者和保单客户的商业银行业务。这项并购的最大缺点就是违反了《格拉斯-斯蒂格尔法案》。

合并后的集团董事长约翰·里德和联合 CEO（首席执行官）桑福德·韦尔发起了一次声势浩大的运动，要在给他们规定的两年缓冲期内，废除《格拉斯-斯蒂格尔法案》的讨厌的限制条款。韦尔同美林银行的戴维·科曼斯基、摩根士丹利的菲尔·波塞尔组成联盟一起游说，力求改变。他们的观点得到了很多官员和机构的支持，包括美联储主席格林斯潘、克林顿总统的金融改革顾问吉尼·斯珀林，以及财政部，尤其是在 1999 年下半年劳伦斯·亨利·萨默斯接替罗伯特·鲁宾就任财政部部长之后。[11]（鲁宾正好离职到花旗集团担任顾问，他是当年 10 月开始在花旗上班的。）他们的提议在国会也引起一片叫好声，银行业的游说者们在会上畅所欲言。

主要的反对声音来自参议员菲尔·格雷姆，他抱怨没有大型的银行或者保险公司在得克萨斯州设立总部。韦尔不断游说格雷姆。在其 2006 年的自传中，韦尔爆料，2004 年他在一次晚宴中遇见格雷姆，格雷姆声称"国会犯了个错误，新法案应该被叫作'韦尔-格雷姆-里奇-比利雷法案'"[12]！

《格拉斯-斯蒂格尔法案》最终被《格雷姆-里奇-比利雷法案》（即《金融服务现代化法案》）替代。这一新的法规在 1999 年 11 月废除了对商业银行、投行和保险公司合并的剩余限制。韦尔颇为得意地在办公室的墙上挂了一块约 1.2 米的木匾，上面刻着他自己的画像，以及"《格拉斯-斯蒂格尔法案》毁灭者"这几个字。多年之后，到了 2012 年，在回顾全球金融危机之时，他终于承认，废除《格拉斯-斯蒂格尔法案》是个可怕的错误。[13]

———

《格拉斯-斯蒂格尔法案》的废除终结了美国金融历史的一章，一场波澜壮阔的金融自由化浪潮开始了。1994 年的《里格尔-尼尔州际银行和分行效率法案》废除了跨州设立分行的禁令，超大型银行得以横空出世。2000年的《商品期货现代化法案》废除了联邦政府和州政府对金融衍生品的监管。该法删除了关于CDS（信用违约互换）的发行者必须考虑到自身有可能真的要为CDS的购买者实际支付，因而需要持有风险储备金的条款。CDS的设计目的是为抵押证券的投资者提供一种自我保障机制，以防范抵押贷款资产池中存在违约的风险。然而，越来越多的投资者在购买CDS的同时并没有购买这一产品为之提供保险的相关资产，而只是希望在房地产市场中做空。2000年的这一规定对之后的全球金融危机有深远的影响。

如果金融自由化没有办法通过更改法律来实现，那么就会通过强制来推行。1999年，主张加强对金融衍生品监管的商品期货交易委员会主席布鲁克斯利·伯恩在美联储主席和财政部部长的逼迫下黯然离职。

美国证券交易委员会在哈维·皮特和威廉·唐纳森的领导下，放松了银行经纪部门必须预留风险储备金的要求。

金融自由化浪潮并未局限于美国。多年来，欧洲各国一直对其银行和证券市场实行严格的监管。1986年，以推行私有化和自由化著称的英国首相撒切尔夫人把注意力转向了金融市场。撒切尔夫人之前已经降低了最高税率，推进劳动力市场的自由化改革，低价抛售大量公共住房，如今，她又开始了她"大爆炸"式的金融改革，大幅减少监管限制，旨在强化伦敦作为国际金融中心的地位。

与此同时，欧盟正在推动在商品货物、劳动力服务、金融资本领域建立统一的大市场。当时人们普遍认为，过度监管导致了欧洲的低增长和高失业。建立统一市场就是要向其他国家敞开大门，这样就可以带来竞争，迫使欧洲国家减轻压得人喘不过气的监管重负。人们自然而然地将这一逻辑也用于金融领域。这一理念带来的是祸是福，难以说清。无论如何，能够看到的结局是，为了在1992年建成欧洲统一市场，《单一欧洲法》允许大型欧洲银行向本国外的其他欧洲邻国扩张。

一开始，银行业对此反应迟钝，监管者也不大愿意让银行迅速跨境扩张。然而，1999年欧元问世之后，欧元区成员国之间的汇率风险不复存在，而汇率风险是跨国业务的主要障碍。随着金融服务业竞争的加剧，欧洲的银行也提高了它们的赌注。北欧国家的利率很低，因此，北欧的银行难以抗拒向利率更高的南欧银行提供贷款或是投资南欧国家的债券。南欧国家的银行当然很欢迎廉价的北欧资金，它们用这些流入的资金去投机房地产，或是买本国的国债。

其结果就是爱尔兰和南欧的银行业出现了爆炸式增长。在一些国家，银行系统的资产负债高达其GDP的数倍。在2007—2008年的巅峰时期，爱尔兰银行业的负债是其GDP的4倍，[14] 塞浦路斯银行系统的债务竟然达到其国民收入的8倍。[15]

———

银行和金融服务业之所以会出现去监管化浪潮，不是一个单一的因素所能解释的。人们对20世纪30年代银行如何崩溃的记忆已经慢慢消退。国际竞争压力使得银行要求解除束缚它们和同业竞争的管制。层出不穷的金融创新，从新型的借贷工具到货币市场共同基金的出现，损害了原有监管体制的有效性。

监管者遇到的难题是，究竟应该将原有的监管体系进一步扩大，使之也能监管新兴的金融机构和金融市场，还是放松对银行业，以及其他抱怨自己受到不公平待遇的金融机构的管制。当时，有很多观点更支持后一种立场。银行界指出，科技的进步使商业行为中的信息及产品共享成为可能。电脑技术的发展使得花旗银行和旅行者集团可以共享信息和产品，因此监管者一定要将银行业和保险业隔离开，不仅徒增麻烦，而且也不会见效。[16] 国家金融服务公司较早采用的自动资信评分技术不仅促进银行借贷的程序化，而且促进了抵押贷款的证券化，有人因此提议，贷款人应该也能参与这些证券的发行。商业银行以20世纪90年代的经验为据，那时它们已经在投行业进行了有限的尝试，结果是利润随之提

第4章　不换法律就换人　　065

高,而且也没有出现什么风险。[17]

一些经济学家,比如之前提到的保罗·萨缪尔森,还有芝加哥大学的尤金·法玛、哈佛大学的罗伯特·默顿等,提出了自由放任的金融市场能够有效运转的有效市场理论。他们提出的不过是一种高度抽象的假说,可以作为学术探讨的出发点。他们论证了在哪些条件下,资产价格能够有效地反映市场有效性所需的所有信息。没过多久,研究者们就发现了金融市场上的很多反常现象,难以用有效市场理论解释。有效市场理论的创始人可能很明了其理论的局限性,但决策者和其他想利用该理论支持自己观点的人就没有这么清醒。像格林斯潘这样的人,对有效市场理论深信不疑。

但是,意识形态的作用远不止于一个美联储和它的主席。从1992年起,民主党转为实行和工商界亲善的政策,希望能够获得政治中间派的支持。共和党掌控白宫已经有12年之久,于是,过去一直反对金融自由化和去监管化的民主党,如今也能接受克林顿提出的"第三条道路",即平衡预算、公私合营和金融支持增长。政治学家桑德拉·苏亚雷斯和罗宾·克洛德内指出,左右两派的观念达成共识,是推动金融自由化和去监管化的基础。1992年,当人们认为民主党至少会对政府在金融领域的让步提出保留意见的时候,民主党却在金融自由化问题上刻意保持沉默。[18]《里格尔-尼尔州际银行和分行效率法案》《格雷姆-里奇-比利雷法案》以及《商品期货现代化法案》都经总统签署生效,这个总统所属的党派曾经是反对金融业放松管制的急先锋,同样是这个党,在富兰克林·德拉诺·罗斯福总统带领下,奠定了现代金融监管体制,但如今已沧海桑田,物是人非。

这些政策的变化使得美国的金融机构变得规模越来越大,所设业务越来越复杂,杠杆率越来越高。金融服务业占GDP的比例在20多年内

一直保持稳定，但从20世纪70年代之后突然开始剧增，从20世纪70年代的4%提高至2006年的8.3%。[19] 这一增长部分原因是金融部门在经历了混乱的20世纪30年代和二战的浩劫之后，自然而然地恢复。人们可以讲，这意味着金融体系在复杂的现行经济体系中找到了自己的位置，帮助配置社会资金。但这一快速增长的很大一部分，尤其是在爆发金融危机之前一段时期金融业的急剧膨胀，是无法用标准模型来解释的。金融业的快速壮大，其原因并不是在一个运转良好的市场机制下，具有竞争优势的金融机构在效率上独占鳌头。金融业如此迅速地壮大，不是由于其股本的增加，而是因为债务的扩张。在债务扩张中，主要来源是企业，共同基金，州及市政府、政府机构，以及其他银行按照固定利率提供的短期贷款。大银行尤其是这个所谓的批发货币市场上的主要顾客。[20] 大银行业务多种多样，也花了不少精力加强内部控制，因此它们声称自己最善于管理这种依靠借贷资金而带来的潜在风险。

大银行也最擅长设立SPV（特殊目的公司），从而把其资产负债表上的风险资产转移到表外，以此减少母公司所要筹集的资本金的数量。大银行还有动机进一步降低资本金充足率，并提高它们的杠杆率。因为它们知道，如果它们具有系统性的重要性，就能做到大而不能倒。当出现麻烦的时候，政府就不得不出手救助。这使得大银行进一步提高杠杆率，承担更大的风险。

对美国的银行来说如此，对其他地区，尤其是欧洲的银行亦然。尽管对从事某些特殊业务的中小金融机构，比如专门从事按揭贷款的小型银行会有监管上的优惠和补贴，但总体来说，在每一个国家，总是大银行资产负债表的扩张速度和杠杆率提高的速度最快。

最极端的例子是贝尔斯登和雷曼兄弟，它们的传统业务是代表客户进行证券交易。这些公司的传统做法是保留大量的储备金，并控制其投资组合的风险。现在，在商业银行竞争的压力下，它们由一个极端到了另外一个极端。2007年，美国商业银行的杠杆率大约是1~12

倍不等，这一比例代表了其资产与股东资本之比。令人震惊的是，雷曼兄弟的杠杆率是 30 倍，贝尔斯登是 33 倍。[21] 33 倍的杠杆率意味着，如果贝尔斯登所持有的资产价值缩水 3%，其股东资本就会被耗光，整个公司也将灰飞烟灭，贝尔斯登自己必须承担全部的损失。[22] 之后发生的悲剧告诉我们，不管是哪个金融机构，高杠杆都将使之处于极为危险的境地。

由于之后发生了那么多悲剧，人们不禁产生疑问，这样不同寻常的情况何以出现。这是因为投行业务私人合伙制度式微。过去，纽约证券交易所禁止投行上市，因为潜在风险太大。因此，投资公司一般是通过私人合伙制建立起来的，或者由一些合伙人控制并运营，这些人不会轻易买卖股份及相关权益，合伙人和公司的长远发展休戚与共。传统的投资公司里，合伙人真的围坐在合伙人房间里的桌子旁，互相监督，互相制约。这种同伴压力能够保障公司和合伙人不会承担过高的风险。

随着时间的推移和技术进步，比如采用昂贵的电脑科技处理交易程序，规模效应日益突出，而私人合伙制受到合伙人资本资源的限制，难以施展手脚。不难想到，是谁在 1970 年组织了游说活动，废除了投行不能公开上市的禁令。（答案：投行。）美林在 1971 年成为第一家上市的大型经纪自营公司，接着就是贝尔斯登、摩根士丹利、雷曼兄弟和高盛，它们被称为"华尔街五大巨头"。

上市之后，公司的 CEO 以及那些为他工作的职员，要接受首席风险官的考验，至少理论上如此。公司管理层的利益并不是固定的，也不是长期的。如果他们赌对了，就会获得巨额的奖金。而且，如果今天赌赢了，但今天的赌博导致明天会有巨大的亏损，那么明天也没有人能把今天已经发出去的奖金要回去。只有到了 2008 年之后，监管者才想起来亡羊补牢，希望改变这一规则。

原则上讲，董事会代表的是股东的利益，他们应该反对公司承担过度的风险。但外部董事能够得到的信息有限，他们根本没有能力监督公司的行为。实际上，上市后的投行成了没人看管的商店。

监管者也缺乏有效的办法限制过度冒险和提高杠杆率。它们从银行得到信息，而不是银行从它们那里得到信息。2004年，美国证券交易委员会放宽了对经纪自营商的资本金要求，因为五大巨头进行了游说，说欧盟已经放宽了限制，如果美国再不放宽，美国的金融机构就会失去竞争优势。在过去30年，美国证券经纪商一直被要求遵守净资本原则，该原则要求投行像商业银行一样，把杠杆率保持在12倍以下。美国证券交易委员会在2004年做出的决定允许券商根据内部标准对自身投资风险进行自我评估，它们当然会低估自己的风险，并相应地降低缓冲风险的资本金比例。

五大巨头也是利用SPV把资产转移到资产负债表之外的始作俑者，这样它们就免于资本金要求的限制。这类SPV如同一个空壳，既没有雇员，也没有实际地址。它们存在的唯一目的是帮助将银行的抵押贷款、信用卡到期利息、应收账款等进行证券化，并将之出售给其他投资者。如果相应的资产池出现了违约，SPV无法支付其证券的利息，那么据说，这应该是持有该证券的投资者自己的事。设立SPV的投行在法律上没有义务为出了问题的SPV提供额外的救助。也正因为这个理由，投行声称自己没有必要为SPV的债务提供额外的资本金准备。

但是，人人都清楚谁该为SPV的错误来埋单。错误不在SPV，而在作为母公司的投行。如果母公司不施以援手，将对其声誉造成损害，以后它就不要再想进入资本市场了。[23]当抵押贷款资产池出现违约之后，由于母公司不得不承担责任，原本转移到资产负债表之外的债务就又转到了母公司的资产负债表上。[24]

监管当局何以会允许母公司将抵押贷款的资产池转移给SPV，还降低了对它们的资本金要求，想来真是匪夷所思。[25]

SPV的发展，不过是资产证券化大潮的缩影。银行不再将抵押贷款、助学贷款、汽车贷款以及公司贷款纳入其资产负债表，并为之准备资本金，而是将这些贷款集中变为证券，卖给其他投资者。资产池被划分为不同的等级，优先级拥有资产池未来现金流的第一清偿权。在优先级投资者获得应有利益之后，劣后级投资者才能获得剩余的收益。这样的证券被称为CDO（担保债务凭证）。这一连续获得收益的做法被富有诗意地称为"现金流瀑布"。资产证券化的结构化设计假定除非发生了非同寻常的意外，否则优先级投资一定是安全的。正是由于做了这样的分级，优先级证券才能获得AAA信用评级，即最高级的评级，并能够被出售给养老基金和保险公司。按照规定，养老基金和保险公司只被允许购买信用评级最高的安全资产。

资产证券化并不是一个新事物。我们在第1章就讲过，20世纪20年代曾出现过担保抵押参与凭证：银行或保险公司发行以抵押贷款为基础的证券，并保证购买人一个特定水平的回报。这一做法和21世纪初期的优先级抵押贷款证券如出一辙。但是，资产证券化如今已经发展到了一个前所未有的复杂程度。CDO会被再一次打包，变成"CDO平方"，很快，又出现了"CDO立方"。

起初，CDO的基础是抵押贷款的资产池。后来，又出现了合成CDO，它的未来支付基础不是实际的抵押贷款而是CDS投资组合。CDS是一种信用风险保险契约，当违约发生时，投资者将有权将债券以面值回卖给出售者，从而有效规避信用风险。在实践中，发行CDS的是那些在资产证券化市场上最为活跃的投行。它们的担保机制只有发行者的口头承诺：当违约发生时，发行人将承担相应责任。

据估计，到2005年，CDO的发行总额已经超过1.5万亿美元。[26]但这只是一个估计。事实上，没有人知道总共发行了多少CDO，也没有人知道到底是谁持有这些CDO。这种情形与CDS相似。国际掉期与衍生工具协会所实施的一项调查表明，2005 年 CDS 的余额为 17 万亿美元。但是，没有人知道确切规模。

———

结果是大量资金进入美国的金融市场，尤其是房地产市场。在过去 30 多年里，抵押贷款和无抵押贷款的增长速度几乎完全一致。[27] 从 2000—2001 年开始，无抵押贷款占 GDP 比例相对稳定，但抵押贷款出现了爆发性的增长。2006 年的信贷扩张高峰时，私人抵押贷款几乎占无抵押贷款规模的一半还多。可以肯定的是，在抵押贷款市场和金融市场发生了特别离奇的事情。

与本次金融风暴紧密相关的是房地产价格的飙升。这种疯狂是 20 世纪 20 年代佛罗里达房地产泡沫后再也没有见过的。从 20 世纪 50 年代到 90 年代，美国的房价在扣除通货膨胀因素之后，基本上保持不变。从 1999 年开始，美国房价开始急剧攀升，仅用 7 年时间，美国的实际房价（扣除通货膨胀因素之后）就上涨了 2/3。[28] 和在 20 世纪 20 年代一样，房价在某些地区增长最为疯狂，当年是佛罗里达州，这次是亚利桑那州和加利福尼亚州。[29]

泡沫存在自我强化的机制：买房的人越多，房价就越高，房子作为抵押品的价值越高，于是，银行和非银行机构都愿意以房地产为抵押，增加放贷；贷出去的钱又用来买房，房价进一步上升，于是又有更多的抵押贷款。那些得到次贷的买房者，只有当他们买下的房子价格不断上升，才能从投资中获益，并用这些投资收益偿还贷款。

大量房屋以极低的首付甚至零首付被买下来，再转手销售出去。收入不高的人们还能买得起好几套住房，这是房地产市场变成了投机市场的典型特征，而这样的事例越来越多。Discovery Channel（探索频道）的房产栏目开始播放一个名叫"炒房"的节目，每一集讲的都是个人或某团体用极低的价钱买下一处破旧房产，重新粉刷装修之后，卖了个好价钱。每一集都不会提及贷款手续费、产权保证保险等枯燥的细节，更不会提醒观众，当房价下跌之后，玩弄高杠杆的房地产投机者会有什么样的下场。他们在节目中忽略的这些东西，比那30多分钟电视节目的内容要重要得多。

第 5 章　债由何来

像美国房地产市场的繁荣这样特殊的金融事件，很难用一种原因解释。最值得关注的原因就是从发放贷款到资产证券化的过程中，每一个环节上的动机。在过去，抵押贷款经纪商的牌照是由州政府而非联邦政府发放的，经纪商对借款人的还款能力没有太大的兴趣。和 20 世纪 20 年代的"保证书小伙"一样，它们只为佣金工作。发放抵押贷款的机构赚足了贷款手续费和其他费用后，只要能把这些贷款打包卖给其他投资者，就万事大吉了。

随着贷款标准不断下降，资金大量流入房地产，次贷所占的比例越来越大，这一趋势几乎不可阻挡。在房地产市场繁荣之前的 2002—2005 年，在次贷所占比重较高的社区，抵押贷款的增长速度最快。与此相似，在抵押贷款中最终被证券化或被卖给与贷款人无关的其他投资者的那一部分贷款，在拥有大量次贷的社区增长速度最快。而在贷款快速增长的同时，这些社区的收入几乎毫无提高。[1]

信用评级机构本应是资产证券化的"看门人"，但它们更热衷于向贷款人提供建议，教它们如何设计 CDO 以拿到最高的 AAA 评级。既然它们自己都暗自认可这一做法，当然轻易不会给证券太低的评级。贷款人可以在相互竞争的多家信用评级机构之间，挑选能给自己提供最有利评级服务的信用评级机构。[2]

多年后，到了 2013 年，美国司法部给标准普尔开出了 50 亿美元的大罚单，因后者对住房抵押贷款证券和 CDO 评级过高。起诉书上提到，2007 年年初，标准普尔就已经意识到房地产市场正走向衰退，住房抵押贷款证券的信用风险正在上升，但因为害怕竞争对手抢占其业务，标准普尔对下调信用评级一直犹豫不决。司法部援引标准普尔一位分析师的内部邮件称，当时分析师们拿 Talking Heads 乐队的歌曲 "*Burning Down the House*"（《烧毁房子》）取乐，这说明连在公司生态链底端的分析师们都完全清楚市场情况。[3] 起诉书还讲到，《财富》杂志曾刊登过一篇关于评级机构是否落后于市场的文章，标准普尔对此的反应是聘请了公关公司，而非修改其内部的信用评级模型。[4]

信用评级机构的动机令人怀疑。投资人本不应完全依靠这些所谓的"看门人"，他们本应对市场有更准确的判断，但是资产证券化过于复杂，单个投资人难以对其做出评估。每当市场繁荣之时，投资新手就会一拥而入，投资者中新手的比例不断提高，德国一些懵懂无知的地方银行也加入了投机热潮。在这种混乱之中，信用评级机构的行为很难被人察觉。[5]

或许，有人会认为，银行会因为担心声誉受损而洁身自好，对问题重重的冒险行为退避三舍。但新进入抵押贷款市场的机构大多由各州政府而非联邦政府监管，它们本来就没有什么值得维护的声誉。[6] 和 20 世纪 20 年代海外贷款的情形一样，次贷繁荣以及随后的资产证券化浪潮，也遇到了"声誉赤字"的问题。即使涉及特许权保护，银行本应更加珍惜，但其管理层另有企图。安吉洛·莫兹罗曾出售其持有的国家金融服务公司股票，套利高达 4 亿美元。[7]

同时，经纪人乐于诱导借款人申请更高利率的贷款，以获得收益差价溢价，即经纪人能从高于平均利率的那部分吃银行的回扣。这一做法在次贷市场上更为流行，因为次借款人对金融市场了解更少。2008 年，美国责任贷款中心做了一项研究，发现借款人从次贷市场上的经纪人那里贷款，在其贷款的前 4 年，与直接从银行或其他金融机构贷款相比，平均要多支付 5 222 美元利息。[8]

这并不是说银行一点过错也没有。曾在巴尔的摩的富国银行工作的伊丽莎白·雅各布森在其证词中讲到，银行鼓励信贷员在穷人、黑人社区诱导客户借更高利率的次贷，即使借款人有资格获得较低利率的正常贷款。[9] 信贷员应允客户可以不提供收入证明和支付首付，但这样一来他们的贷款利率就会更高。国家金融服务公司——次贷的行业领袖和自动信用审核体系的创始机构——却在编制自动信用审核体系的时候故意不列出次级借款人的现金储备，这导致这些借款人无法获得较低利率的贷款。[10] 国家金融服务公司一般的抵押贷款只能获得 1%~2% 的利润率，而次贷的利润率却高达 15%。[11] 这些利率更高的贷款一般来说会在最初阶段用极低的利率做诱饵，但一段时间之后，贷款利率将重新设定，而且提前还款需要支付高昂的罚金，这使得借款人几乎不可能再融资。即使这样做可能导致违约率上升，那也是别人需要操心的事，因为抵押品已经进入一个资产池，被证券化、分级，然后转卖给其他投资者了。

2009 年，作为亡羊补牢的政策举措，美联储规定，禁止抵押贷款经纪人和贷款机构按照借款人的利率水平提取任何收益。美国司法部指控富国银行对 3 万名借款人过度收费。[12] 2012 年，富国银行和司法部达成协议，富国银行同意支付 1.25 亿美元的补偿金，并捐赠 5 000 万美元建立一个协助个人支付首付和改善家园的项目。

―――――

在金融危机的争论中，没有比房地美和房利美这两个政府支持的抵押贷款机构更有争议的角色了。房利美的全称是联邦国民抵押贷款协会，该协会成立于 1938 年，主要从银行手中购买抵押贷款，以便使银行能有更多的资金发放更多的抵押贷款。房地美的全称是联邦住宅贷款抵押公司，成立于 1970 年，目的是和房利美竞争。房地美与储蓄和贷款协会的合作更紧密，房利美则和抵押贷款银行的合作更紧密。[13]

20世纪80年代早期，正当储蓄贷款机构爆发危机之时，房利美和房地美的业务开始扩张。它们采取了与国家金融服务公司相似的抵押贷款审批和采购自动化系统。它们将住房抵押贷款证券化，为其最终的产品提供担保，再转卖给其他投资人。它们还从其他金融机构手中购买住房抵押贷款证券，并将这些证券纳入与住房抵押贷款相关的投资组合。

在20世纪70年代，由房利美和房地美证券化之后出售的抵押贷款，或是仍保留在其资产负债表上的抵押贷款，大约占整个抵押贷款市场份额的10%。但从20世纪80年代之后，抵押贷款证券的发展速度犹如火箭升空。到了20世纪90年代，房利美和房地美在抵押贷款市场上的份额已经大体稳定地停留在40%左右。

就其本身而言，这一快速增长并不能说明什么问题。房利美和房地美大量购入抵押贷款，并将之证券化之后出售，主要集中于1981—1994年。换言之，这大大超前于房地产泡沫。但是，批评者指出，即使是在20世纪90年代后期房地产市场逐渐失控之后，这两家政府支持的机构仍然轻率地发放更多的抵押贷款。房地美一开始就是私人公司；房利美原本是混合所有制，部分股份由联邦政府持有，但在1968年改制成了一家私人公司。不过，尽管它们都是私人公司，但背后有政府的支持。由于这两个机构承担了公共职能，如果房利美和房地美遇到了麻烦，国会仍然会出手相救。

由于背后有政府的援手，房利美和房地美被允许持有比传统金融机构更低的资本金。它们不需要向美国证券交易委员会登记。这更显示出政府对房利美和房地美的支持力度，这样的待遇只有公共机构才能享受得到。政府的支持使得房利美和房地美的融资成本更低，于是它们就能轻松地发放更多的抵押贷款。

1992年，在一场激烈的总统竞选前夕，老布什总统签署了《住房和社区发展法》，这一法案更改了房利美和房地美的章程，要求它们

"为'买得起的住房'提供金融支持"。房利美和房地美收购或提供担保的抵押贷款中,应有30%来自"中低收入社区"的家庭。1999年,克林顿总统在其第二个任期快要结束时,鼓励房利美购买城市中心已经破败的社区里的中低收入家庭的住房贷款。就在2000年11月的大选前一个星期,30%的比例又被提高到50%。

"买得起的住房"这一理念恰好激发了房利美新任CEO富兰克林·德拉诺·雷恩斯的雄心壮志。雷恩斯出身贫寒,他们家的房子是他父亲亲手建造的。雷恩斯毕业于哈佛大学,又以罗德学者身份考入哈佛大学法学院。他先后于尼克松和卡特时期在白宫工作,并曾在白宫管理和预算办公室任职。后来,他弃政从商,成了拉扎德公司的普通合伙人。作为房利美的CEO,他也是第一位担任《财富》世界500强公司领导的非裔美国人。雷恩斯渴望一鸣惊人,于是他为房利美设定了5年利润翻番的目标。发行住房抵押贷款证券能够获得的利润已经像纸一样薄,雷恩斯要想实现自己野心勃勃的计划,就只能利用较低的资金成本优势,大量买入抵押贷款。

1995—2003年,房利美和房地美在抵押贷款市场的份额进一步提升,二者贷款总额所占比重由不到40%上升至50%。像国家金融服务公司这样善于把握时机的企业,成立了专门向房利美和房地美兜售抵押贷款的子公司。截至2003年,房利美购买了国家金融服务公司70%以上的抵押贷款。当华尔街的其他金融机构开始购买国家金融服务公司的次贷及其他不符合房利美和房地美承保标准的抵押贷款时,房利美的对策是下调标准,以保住其市场份额。正如金融危机调查委员会主席菲尔·安吉利德斯后来所总结的,房利美和房地美是华尔街金融机构的追随者,而非引领者。[14] 但房利美和房地美的影响举足轻重,因为正是这两家政府支持的企业催生了抵押贷款市场的繁荣。

但是,似乎有一些其他证据并不支持这样的指控。2003—2006年,房地美和房利美购买的抵押贷款的份额已经从50%下降到了30%。[15]

2003年，房地美被曝出谎报了近50亿美元的利润。房利美随后也有类似的会计问题被曝光。2004年12月，雷恩斯被迫辞职。[16]在丑闻的冲击下，监管当局加大了对房利美和房地美购买抵押贷款行为的限制。但其他金融机构乘虚而入，在2003年之后的三年之内，房利美和房地美之外的其他金融机构所持有的资产抵押证券的份额翻了两番。在房地产贷款市场繁荣的最后阶段，房利美和房地美已经出局，是其他金融机构推动了房地产泡沫。

整个市场的变化大抵如此，次贷市场的变化则更剧烈。房地美和房利美以外的其他金融机构发行的以次贷和类次贷为基础的证券的规模翻了两番。2004—2006年，房利美和房地美在次贷证券化产品市场的市场份额从近一半跌至不到1/4。换句话说，在房地产市场繁荣的鼎盛时期，在抵押贷款市场上，尤其是在次贷市场上，主要是其他金融机构，比如对冲基金、投行和外国银行在大量购进与这些抵押贷款相关的CDO。

如果要将房地产泡沫归咎于房利美和房地美，需要找到更加迂回的影响机制。或许，是由于房利美和房地美挤占了私人机构的市场份额，这些机构才会转向风险更大的抵押贷款；或许，正是由于房利美和房地美的投资组合膨胀到了如此巨大的规模，以至它们一旦倒闭可能会动摇整个房地产市场甚至实体经济。即使小布什政府自称主张自由市场，也不会愿意见到这种情况。美联储作为政府机构，肯定会出手相救以防房价暴跌。这些预期都鼓励了投资者奋不顾身地冲向抵押贷款证券化这个深渊。

但是，如果市场参与者幻想格林斯潘对策和伯南克对策能够同时为股市和房地产市场托底，那他们就大错特错了。

———

即使要求放宽贷款标准的呼声很高，但发放贷款总是需要资金的。这时候美联储的政策就有了用武之地。

美联储对这场泡沫的"贡献"最早可追溯到 2000 年网络泡沫的破灭,以及纽约世贸中心双子大楼被撞毁的"9·11"事件。由于担心这些事件会对人们的信心造成打击,并导致美国经济走向衰退,美联储的联邦公开市场委员会将联邦基金利率(即银行间市场同业拆借利率,美联储将其作为基准利率)从超过 6% 下调到不到 2%。[17]

更有甚者,由于通货膨胀率已经很低,联邦公开市场委员会的成员担心,美国经济如果进一步下滑,可能会陷入日本曾经遇到的通货紧缩,而一旦陷入通货紧缩,就很难再抽身。2002 年 6 月,美联储的研究人员发表了一篇关于日本如何陷入通货紧缩的工作论文,提到了日本央行货币政策的不作为。当时,伯南克刚刚当选为美联储理事,他发表了一次备受关注的演讲,阐述了通货紧缩的危险。伯南克曾经在普林斯顿大学任经济学教授,他发表过一系列论文,批评日本央行没有采取有力措施防范通货紧缩。[18] 伯南克引用了美联储的研究报告,并指出:"当通货膨胀率已经很低,经济基本面突然恶化的时候,央行应该先发制人,采取比正常时期更大胆的降息措施。"[19] 伯南克在联邦公开市场委员会会议上建议采取先发制人的政策,并得到了时任美联储主席格林斯潘的支持。格林斯潘警告委员会,美联储要面对的是"潜在的通缩经济"。格林斯潘还提醒同事:"经济前景十分糟糕,我们一定要尽量避免出现这种局面。"[20]

当时美联储的政策利率已经处于相对较低的 2%。为了积极响应伯南克"先发制人"的建议,就要继续降低利率,并将其维持在一个较低水平,直到通货紧缩的风险过去。因此,在 2004 年 5 月之前,美联储联邦基金利率一直维持在每月平均不足 1% 的水平上。

最终,作为研究经济周期的权威机构,美国国家经济研究局指出,那一轮经济周期早在 2001 年 11 月就已经到达谷底。[21] 公平地说,国家经济研究局会慎重地等待各种重要指标都发布后再做判断,美联储却需要在第一时间做出反应。事后来看,我们可以讲,美联储在当时高估了通货紧缩的风险，政策反应有些过度。伯南克长期研究日本经济和大萧条，他当时在判断通货紧缩风险的时候可能过于敏感。历史经验可能有助于提醒决策者如何应对某些特定的风险，但是也可能造成对其他风险的高估。（美联储的经济史学家如果研究了20世纪30年代的真实票据理论的政策经历，本应对此有更好的理解。）

数据失真可能也导致了美联储对通货紧缩的过度担忧。根据当时的数据，扣除了波动性较大的食品和燃料价格后的个人消费支出平减指数在2003年已经跌至不到1%，确实有接近负值的危险。但之后修正过的数据显示，实际上通货膨胀率在达到1.5%之后就开始触底反弹，而且一直稳步上升。[22] 事实上，真正的通货紧缩风险在数年之后，即在2009年房地产泡沫破灭之后才出现。伯南克对通货紧缩的警惕，到那时候才派上了用场。

———

直到2004年下半年，对通货紧缩的恐惧才平息下来。联邦公开市场委员会的利率政策也开始渐趋正常。但到底加息的节奏要多快才不会使得经济复苏突然终止，仍然在争论之中。不幸的是，2004年又到了竞选年，哪怕是可能对经济复苏稍有不利影响的加息政策，都会变成政治上很敏感的事情。

结果是，2004—2005年，利率水平明显低于美联储应该正常锚定的基准利率水平。具体来讲，这是指利率水平显著低于根据泰勒法则所确定的结果。这一法则是斯坦福大学经济学家约翰·泰勒发现的。它梳理了美联储的历史经验，分析了美联储的政策目标、联邦基金利率与通货膨胀率、潜在产出缺口的关系，较好地符合了美联储过去的决策模式，并经常被用来指导美联储制定下一步政策。经泰勒法则推算，2004年年初的联邦基金利率比正常利率水平低了三个百分点，美联储又花了两年多的时间才将利率提高到应有的正常水平。[23]

1925—1927 年，美国的利率水平也非同寻常地低，但这两次的不同之处在于，影响美联储决策的是国内因素而非国际因素。美联储降低利率是为了防范通货紧缩，而不是为了帮助其他国家应对国际收支平衡问题。尽管动机有所不同，但政策的影响是一样的。低利率导致美国国债和其他短期投资品的收益率极低，于是投资者到处寻找高收益的产品。他们开始购买长期证券，其中不只是长期国债，也包括以住房抵押贷款为基础的证券，这压低了长期利率及其包括的抵押贷款利率。房地产价格和新开工住宅对利率极其敏感，因此在全球金融危机爆发之后，很多人回头去看，认为美联储应该为建筑业的急剧扩张和房地产泡沫负重要责任。[24]

决策者认为他们成功地避免了一场通货紧缩危机，但是这对房地产市场的影响是微弱的。美联储的研究人员认为低利率对房地产市场的影响非常有限。相比之下，对房价的影响更显著的是美联储的研究人员所说的"住房特有冲击"，其实就是房价变动中很难由其他因素解释的那一部分。[25] 从表面上看，购房家庭要面对长达 30 年的还款义务，投资者要面对购买以抵押贷款为基础的证券的潜在风险，而这些行为在很大程度上是难以仅仅用利率的历史变化、增长率或通货膨胀率来解释的。

按照美联储原副主席唐纳德·科恩在全球金融危机之后的解释，美联储的利率水平不能说是过低，因为这一政策使得美国经济变得更加稳定，收入更容易预测。[26] 这一事实，或者说这一信念，使得人们愿意承担更多风险：购房家庭觉得自己的收入变得更加稳定，因此他们会更安心地举债；投资者感到经济更加稳定，因此更愿意购买高收益资产。这和 20 世纪 20 年代的情况有神似之处。当时，人们也认为经济周期已经被驯服，经济进入了长期繁荣。如果人们愿意以史为鉴，他们会更加清醒。

统计学家认为，所谓的"大稳健时期"，即经济周期的波动性大为降低的时期，是从 20 世纪 80 年代末开始的。恰好在这一时期，美联储的政策框架有所调整，更加强调以较低且较为稳定的通货膨胀率为政策目标，于是有人就认为，正是央行货币政策操作的改进使得经济的稳定性提高。我们再次看到了历史的相似之处。在20世纪20年代，人们也相信经济变得更加稳定了，而且人们也曾认为，经济变得更加稳定的原因是刚刚成立了美国央行，即美联储。

美联储对其自身政策框架的调整，到底在多大程度上促成了大稳健，仍存在争议。有些学者认为作用很大，有些学者则不以为然。有些学者认为，之所以出现了大稳健，纯粹是因为在这段时期遇到了好运气，没有出现像石油价格暴涨那样的外部冲击。[27] 如果有人说，大稳健埋下了金融危机的伏笔，那美联储就会赶紧把功劳推得一干二净。

————

如果我们承认长期利率偏低是导致泡沫的原因之一，那么长期利率之所以这么低，并不是仅仅用美联储降息就能解释的。2005年2月，格林斯潘在国会做证的时候提到了债券市场"难题"，之后他多次提及这一问题。尽管从2004年中期到2005年中期，美联储一直在提高短期利率，但在这一时期，10年期国债收益率并未上涨，反而下降了——从4.7%跌到了4.0%。[28] 常规的抵押贷款利率水平亦跟随长期国债收益率下降而下降。[29]

格林斯潘把这种现象归因于中国和其他发展中国家从计划经济到市场经济的"结构性转型"[30]。由于劳动力的收入比以前的更高，他们能够把更多的钱存起来，而高增长国家的储蓄率也会更高。对中国来说，居民部门的高储蓄并不是唯一的问题（当然过度节俭会是一个问题），除此之外，国有企业留存了较多收入，这也推高了储蓄率。一些国有企业可以在国内市场上享受到一定的优惠政策，加上政府并未强制这些国有企业上缴利润，于是，国有企业保留了大量的利润，而其管理者们热衷于扩大企业规模。在2006年的顶峰时期，居民部门的储蓄占GDP的25%，企业部门的储蓄也占GDP的25%，加起来，中国的储蓄率高达 GDP 的 50%。

对暴富者而言，明智投资诚非易事。其他经历过经济高速增长奇迹的国家，比如韩国和泰国，就曾经有过这样的教训，它们的大量投资最终都没有得到回报。在 20 世纪 90 年代中期的经济繁荣时期，这些国家的银行部门大量贷款给房地产开发商或企业财阀，最终，这一泡沫在 1997—1998 年的亚洲金融危机中灰飞烟灭。这一危机的教训是，要适度减少投资，专注于高质量的投资项目。即使这样做意味着经济速度会放慢，那也是值得的。尤其是，如果这样的调整能够避免最终向 IMF 卑躬屈膝地求援，那就更值当了。

如果减少项目投资，那么总要为亚洲的高储蓄寻找一条出路。能够想到的一条出路就是买政府债券。但亚洲地区没有多少政府债券。亚洲国家政府大多有财政盈余，没有财政赤字。在市场上发行的有限的政府债券全部被养老金和保险公司买走了，而且这些公司会一直持有至到期，因此亚洲的债券市场缺乏必要的流动性。

美国的国债市场则恰恰相反。美国拥有世界上最大且流动性最强的国债市场。美国联邦政府在 2001 年经济衰退之后就已经入不敷出，之后又因小布什总统的减税、伊拉克和阿富汗战争，赤字规模越来越大，不得不大举借债。如果美国联邦政府发行的国债不够，那么还有房利美和房地美发行的高收益债券。

于是，亚洲国家争相进入美国的国债市场，同时也购买了大量房利美和房地美发行的证券。购买美国国债有助于推高美元汇率，压低本币汇率，这对亚洲的出口经济体而言是件好事。尤其对中国而言，这一做法支持了中国的出口，而出口是中国经济增长的发动机。[31]

伯南克将这一现象称为"全球储蓄过剩"。据估计，全球储蓄过剩对于长期利率的影响高达两个百分点。[32] 如果能够将长期利率水平压低两个百分点，就已经足够对房地产市场产生直接的实质性影响了。这便是格林斯潘和伯南克的辩护词：是中国，而不是美联储，引发了冲击美

第 5 章 债由何来

国房地产市场的信贷海啸。如果中国和其他经济体的储蓄大于投资,那么就需要有另一些经济体的投资大于储蓄。那自然就是美国了,而美国多出来的这些投资都去了房地产市场。

美联储或许能够采取加息政策对冲这一影响,但它又始终担心美国经济复苏不能持续。2003年,当美国的央行官员和其他人士注意到中国购买美国国债的影响时,美国经济的增速已降至3%以下,这样的增速难以推动美国经济走出衰退,实现复苏。在这一背景下,美国政府乐意看到住宅建设热潮。尽管房价的腾跃可能蕴含潜在的风险,但美联储的货币政策反应甚为迟钝。美联储尤其担心加息会导致失业率上升,触发通货紧缩。1929年,美联储以提高利率的方式戳破资产价格泡沫,并最终引发经济危机,这仍被美联储视为殷鉴。

对市场的盲目相信深植于美国的意识形态之中,这也是美联储袖手旁观的原因。人们相信市场经济对每个人都有利。借助充足的外国资本,美国能够更廉价地为其财政赤字融资,住宅建设也有了资金支持。美国国内的低储蓄率不再是制约其赤字规模和住宅建设的因素。有人认为,如果美国居民增加支出,是因为美国有独具优势的信息技术,互联网带来了劳动生产率的提高,于是美国的居民收入也随之提高。这一切恍如回到了20世纪20年代。当时,人们也相信,电气化和生产流水线将推动生产力和收入稳步增长,但事实并非如此。对中国而言,这一分工使得中国能够继续出口,直到升级为高收入国家。与此同时,中国的储蓄还找到了一个流动性较高的投资渠道。美国进口中国制造的产品,同时向中国提供安全的流动资产,而中国则向美国出口,同时用赚来的钱购买美国国债。两全其美,各得其所。

少数几位观察家曾经质疑这一模式是否具有可持续性。他们警告说,中国不可能源源不断地向美国提供贷款,再让美国用这笔钱购买中国产品。迟早会有一天,中国会不再热衷于制造,而转向提高消费,到那时,流入美国的资金就会枯竭。

但是，没有人知道什么时候才会发生这种事。怀疑者认为，美国能够提供安全资产的能力是有限的。如果美国提供的安全资产太多，这些安全资产就不那么安全了，而中国就会警觉，停止购买美国国债。借用曾任花旗集团董事会主席兼 CEO 的查尔斯·普林斯的话，"音乐终有停止时"。

遗憾的是，几乎所有关注中国储蓄率和美国利率水平之间关系的人都聚焦于何时中国会突然停止向美国输出资本，就像 1928 年美国突然停止为德国财政赤字提供贷款。如此一来，美国的利率就会突然飙升。如果失去了廉价的外国资本，美国的经常账户赤字就要被强制平衡。失去了外国资本的追捧，美元将在外汇市场上急剧贬值。

从之后发生的事情来看，这些怀疑者的担心是有道理的。但是，他们错误地盯着汇率和国际收支失衡。持续累积的严重失衡，最终是在房地产和资产证券化市场上，而非在外汇市场上引爆危机的。但是，那些怀疑可持续性的人，几乎都没有预见到这一点。

第6章 西班牙城堡

在世纪之交,并非只有美国出现了房地产泡沫,爱尔兰和西班牙也在房地产热潮中勇往直前。1997—2006年,美国的住宅房地产价格增长了125%,但这和西班牙相比简直是小儿科,西班牙的房价同期增长了175%,而爱尔兰的房价同期增长了260%。[1] 爱尔兰只有450万居民,但在2005年之前的10年内,总共建造了55万套住宅。爱尔兰诗人叶芝深情描绘的那个田园牧歌式的生活,被彻底毁掉了。

结局是相同的,但原因各不同。不论在西班牙还是爱尔兰,都没有出现大规模的住房抵押贷款证券化现象。[2] 在西班牙和爱尔兰都没有像房利美和房地美这样的由政府支持的企业。在爱尔兰,房地产泡沫是经济增长奇迹的意想不到的副产品。直到20世纪80年代末,爱尔兰还一直被视为"欧洲病夫":生产率低下,增长乏力。从1986年起,爱尔兰政府实施了平衡预算和货币贬值政策,提高了其出口竞争力。外国企业都愿意将制造业和服务转移到这个母语是英语的国家,更何况爱尔兰的税收优惠政策也极具吸引力。由于外资大举进入,爱尔兰在20世纪90年代实现了经济起飞,收入大幅增长。但收入的增长是否足以应对后来发生的大规模的住房需求,则需另当别论。

西班牙房地产泡沫的部分原因是北欧居民南下购买阳光明媚地区的

度假房，这和 20 世纪 20 年代美国新英格兰地区居民到佛罗里达买房的情况相似。但这无法解释为何会在西班牙的大城市郊区大兴土木，为本国人修建宽敞的多单元住宅。房地产泡沫破灭后，这些郊区，如马德里北部的瓦德鲁兹镇，都变成了鬼城。西班牙银行，尤其是地区性储蓄银行，为房地产商提供了大量贷款，被认为是导致房地产泡沫的元凶。

爱尔兰、西班牙和美国的房地产泡沫有一个共同之处，即都有大量的廉价资金源源不断地流入房地产市场。所不同的是资金的来源。在美国，信贷泡沫主要是由金融监管放松和资产证券化导致的，美联储的政策和国际收支失衡因素亦起到了推波助澜的作用。在爱尔兰和西班牙，包括在整个南欧地区，欧元的出现是信贷泡沫的起因。

————

欧元会对房地产市场，尤其是对欧洲外围国家的房地产市场造成这么大的影响，这完全出乎欧元创始者的意料。和欧洲一体化的其他宏大计划一样，欧元关注的焦点始终是德法之间的关系。对法国来说，促成欧洲经济一体化是为了束缚德国。二战之后，这始终是法国领导人最关注的目标。两德统一之后，法国对此更为在意。两德统一使得德国的力量大增，德法之间的力量平衡再次被打破。

法国领导人知道，只要能够鼓励欧洲内部的贸易，就能让德国的企业在和平共处大业中起到更积极的作用。他们认为，在欧洲的层面上建立经济治理机制，能够将德国的政治置于国际监督之下。[3] 他们很快选中了欧元，希望以此作为推动欧洲经济一体化的重要举措。一旦有了统一的货币，欧洲经济一体化就难以再走回头路。雅克·吕夫晚年曾任戴高乐总统的经济顾问，用他的话说，"靠货币就能统一欧洲，不靠货币就没有欧洲"。1992 年和 1993 年，在讨论建立欧洲货币联盟的时候，时任法国总统密特朗也说过类似的话："没有一个共同货币体系，就没有欧洲。"[4]

时移世易，如今这些断言听起来多少有些讽刺。人们开始怀疑货币联盟是否真的不可逆转。货币联盟的初衷是强制欧洲国家，尤其是德国，加入更深层次的经济合作，但最终导致了欧洲大陆几乎分崩离析。但至少在当时而言，人们还意识不到这些。法国领导人推动欧洲经济和货币一体化的动机是非常真诚的，因为这一决定基于一个多世纪以来德法之争的切肤之痛。

　　对德国政治家而言，如果能够让渡部分主权，德国或许可以在实现其外交野心的同时不让邻国感到不安。如果拥有一种欧洲的外交政策、一个欧洲的外交部部长、一支欧洲的军队，那么德国就可以以此为外衣，实现自己的外交政策目标。这是二战之后，联邦德国领导人康拉德·阿登纳提出的总纲领：先获得国家主权，然后寻找德国在全球舞台上的地位。在20世纪60年代，足智多谋的联邦德国总理维利·勃兰特向法国提出了在整个欧洲经济一体化的方案里加入货币联盟的提议，以此换得法国对德国外交政策的支持。有了这样的铺垫，到了赫尔穆特·科尔当总理的时候，德国提出用货币联盟倡议换得法国对两德统一的支持，就顺理成章了。科尔是二战之后担任联邦德国和德国总理时间最长的政治家，亦是阿登纳的弟子。

　　像欧洲一体化这样复杂的历史事件，仅仅如此简要地概述，难免挂一漏万。简言之，法国想要经济一体化，德国想要政治一体化，这是双方能够达成协议的基础。尽管德国和法国都有不同的意见：德国央行强烈反对在欧洲实现政治一体化之前实现货币一体化；法国的一些技术官僚既支持经济一体化，也主张政治一体化，但欧洲一体化已经奠基。法国人的行动更为迅速，他们推动了1957年欧洲经济共同体的建立、1992年欧洲统一大市场的建立和1999年欧元的问世。德国的行动速度稍微迟缓，但对欧洲一体化的目标始终矢志不渝。

　　德国的政治家们当然知道，参与经济一体化比打造政治联盟更为容易。无论是自由贸易区、统一市场，还是统一货币，都由技术官僚们去谈判。如果有各国非常敏感的问题，就会在协议中补充保护条款。为避免激怒特殊利益集团，当欧洲自贸区建立的时候，法国和德国的农民获得了特别的优待。尽管统一的欧洲市场需要一个强有力的监管者，并实施统一的竞争政策，但比较敏感的部门，比如银行，仍归各国政府自行监管。为了说服德国相信欧洲央行不会成为制造通货膨胀的机器，在联邦德国总理科尔的要求下，各国政府同意仿照德国央行，给予其各自的央行更高的独立性。

政治一体化是块更难啃的骨头。尽管德国是建立政治联盟的主要倡导者，但即使是德国，要想把部分主权让渡给欧盟，也不是件容易的事情。在20世纪下半叶，民族主义在德国虽失去了市场，但也没有完全消亡。法国领导人只有在确保自己能够身居高位并发号施令之后，才有兴趣推动建立政治联盟。每个人都知道，建立政治联盟并非朝夕之功。从1992年签署《马斯特里赫特条约》到1999年欧元问世，用了7个年头，而建立政治联盟的日子更是遥遥无期。

问题在于，如果没有政治联盟，德国就不会同意签署建立经济和货币联盟的协议。如果在政治上存在障碍，经济上也会存在障碍。如果想要货币联盟成功运作，就需要有一个超越各个成员国的统一的税收制度，以及一个从中央到地方的转移支付制度。美国各州和联邦政府之间就存在这样的制度。一个统一的货币、一个统一的金融市场，需要有一个统一的监管者、一个共同的存款保险制度和一个涉及不良银行的破产清算基金，这就是后来人们提出的"银行联盟"。[5] 但如果在欧盟的层面上制定财政政策，就需要有欧盟议会，而且这一议会必须有足够的发言权和制衡权，以保证决策者的行为是负责任的。如果要向落难的成员国进行财政转移支付，就需要有一套严格的财政细则，同时还得有相应的监督机制，以保证各个成员国都能遵守这些细则。如果要建立银行联盟，就必须有一个政治机构，以保证这个超越国家层面的银行监管者的行为是负责任的。

欧洲的领导人认为，通过创造欧元，可以迫使各国加快合作的步伐。一旦有了统一的货币，哪怕是那些有民族主义倾向的政客也不得不承认，只有建立政治联盟，才能让统一的货币运转良好。1999年，德国绿党领袖，曾任副总理兼外交部部长的约施卡·菲舍尔在欧盟议会的发言中讲道："欧元问世之后，一部分重要的经济主权，更确切地说是货币主权，将让渡给欧洲的统一机构。欧元的建立不仅是经济行为，而且涉及主权，说到底是政治行为。从今天起，政治联盟就是我们的北极星，从经济联盟、货币联盟再到政治联盟，这是一个合乎逻辑的次序。"[6]

这不仅是德国政治家的立场。当欧元问世时，时任欧洲委员会主席、意大利政治家罗马诺·普罗迪在接受《金融时报》采访时毫不含糊地说："我的真正目的是在欧元诞生的基础上创建一个政治欧洲。"出生在法国的比利时前首相让-吕克·德阿纳说得更直接："货币联盟是政治联盟的发动机。"

要是发动机过早地开动，可能会出现回火。欧洲的政治家们对欧元的盲目崇拜，令人想起在20世纪20年代，欧洲人对金本位的崇拜。只要货币制度到位，政治改革就会随之而来。这就是经济学家们的机能主义观点，他们将此观点兜售给欧洲的政治家们，而这些政治家居然全盘接受了。

研究欧洲政治的学者，或许是对政治现实更为了解，因此对这种机能主义的逻辑非常怀疑。仅仅因为特定的经济制度需要特定的政治安排为其做保障，并不意味着这些政治安排就会自动出现。[7]政治并不总唯经济马首是瞻，政治有自己的逻辑。

欧元的缔造者们认为，欧洲大约要用几十年的时间才能完成银行、财政和政治上的统一。但是，欧元区的脚手架还没有完全搭建起来，就受到了全球金融危机和大衰退的冲击。认为货币联盟可以先于政治联盟建立起来的观点，存在致命的错误。

爱尔兰、西班牙，还有其他一些南欧国家居然也是欧元创始国，这也是一件奇怪的事情。无数研究证明，在更加发达和稳定的北欧国家，即欧盟的核心国家，包括德国、法国、比利时、荷兰、卢森堡，或许还有丹麦，更适合一个整齐划一的货币政策。爱尔兰、西班牙、葡萄牙、意大利和希腊等欧盟的非核心国家情况则较为特殊，它们可能会对统一的货币政策感到更加不适。按照这一逻辑，欧元区的范围应该局限在更为发达和稳定的欧盟核心区。

但爱尔兰正在从外围向核心靠拢。1990—1998 年，爱尔兰的年均经济增长速度为 6.5%，爱尔兰的人均收入已经接近欧洲最高水平。西班牙的经济增长速度只有爱尔兰的一半，因此当西班牙也说，它做好了迎接欧元的准备时，不免令人顿生疑窦。[8]

在欧元诞生的过程中，程序高于谨慎。和欧盟的其他决定一样，建立货币联盟也要全体同意。那么把西班牙这样的国家拒之门外，肯定会招致它们的反对，欧元的诞生也会因此胎死腹中。从程序上讲，只有把它们都捎上，才能继续前行。[9]

希腊的情况更糟糕。希腊的财政赤字巨大，难以达到《马斯特里赫特条约》的要求。但就算是希腊，也得到了欧盟的豁免。欧盟答应，只要希腊在几年之后，财政状况略有改善，即可加入欧元区。希腊政府得到了高盛的帮助：高盛给予希腊一笔资金，这样希腊政府就不用再发国债，但需要用未来的收入，首先是国家彩票的收入，其次是机场收取的土地使用费来偿还。这样做的好处是从账面上看，希腊的政府债务没有那么高了。在做账的时候，这被算作货币交易，而非贷款。于是，希腊的债务就被掩盖起来了，至少是在欧盟面前掩盖起来了。[10]

于是，欧盟的非核心国家也加入了欧元区。加入欧元区之后，这些非核心国家的利率明显降低，这刺激了房地产业的发展。购房者的负担减轻了，建筑公司和开发商的借贷成本降低了，这促使大家借更多的钱来房地产市场投机。在20世纪90年代，西班牙、葡萄牙和意大利发行10年期国债时，要付的利率比德国等北欧国家高一倍。[11] 以前借钱要付10%以上的利息，在加入欧元区之后就没有这个烦恼了。投资者认为，南欧国家不能再像过去那样通过制造通货膨胀来减轻自己的债务，毕竟，现在大家用的是欧元这种硬货币，而且后面还有像德国央行一样强硬的欧洲央行负责欧元的发行量。现在每个成员国的央行不再能用印钞票的办法为本国的财政赤字融资，欧盟定的规则将迫使成员国遵守严格的财政细则。只要宏观经济能够保持稳定，经济增长就能上去，各国的人均收入将最终趋同。只要经济快速增长，财政预算更加严格，公共债务就能保持其可持续性。[12] 正是出于这样的想法，投资者纷纷买入南欧国家的政府债券，他们预期这些国家的政府债券收益率会下降，因而价格会上涨。跟其他时髦的投资策略一样，这一策略也有了自己的名字，叫作"趋同表演"[13]。

结果，从欧洲乃至世界上其他地方，大批资金源源不断地流入西班牙、葡萄牙、希腊和爱尔兰的债券市场和银行体系。[14] 2004—2007年，流入这些国家的外国资本占其GDP的比例已经远远超过了IMF设定的4%的危险警戒线。但IMF并没有发出任何警告，这也反映出，大家都认为欧洲的情况特殊。货币联盟板上钉钉，而且不可逆转。人们不会担心美国的50个州之间的经常账户失衡或跨境资本流动，因此也没有必要担心欧盟成员国之间的经常账户失衡和跨境资本流动。流入南欧国家的资本是为了给私人部门融资，不是为了弥补政府的财政亏空（希腊的情况是个例外）。私人部门的投资将提高这些国家的生产力，使它们有能力偿还所借的外债。

于是，人们认为，资本从像德国这样的富国流入像西班牙、葡萄牙和希腊这样收入水平较低的国家，未尝不是一件好事。收入较低的国家增长潜力更大，投资机会更多。随着欧元的问世，人们相信以前始终掉队的南欧国家终于可以迎头赶上了。和中国的资本流入美国一样，北欧的资本流入南欧也是双赢的。各得所需，皆大欢喜。

———

相形之下，德国在加入欧元区的时候，情形更为狼狈：要解决民主德国遗留的问题；失业率居高不下，尤其是在原民主德国地区；劳动力市场缺乏灵活性。这更坚定了人们的信心：要投资就到欧盟非核心小国投资，不要在暮气沉沉的德国投资。

很快，由社会民主党和绿党联合执政的德国政府，在施罗德总理的带领下，推出了《2010议程》。施罗德似乎并非推动激进的劳动力市场改革的最佳人选。施罗德的父亲在二战的东部战线阵亡，他14岁就承担了养家糊口的责任。他当过建筑工人，支持工友们斗志昂扬的亲工会政治活动。后来，他上夜大并修完了法律专业，获得律师资格。他曾经是青年社会主义者联合会的积极分子，还当过霍尔斯特·马勒的辩护律师。马勒是臭名昭著的巴德尔–迈因霍夫（又名"红军派"）的创始人之一，该组织是激进的反资本主义学生组织和恐怖组织。当选为联邦议院议员之后，施罗德为了显示自己的亲民本色，故意不穿西装，而是身穿毛衣。

渐渐地，施罗德的政治观点趋于中庸。想要登上最高的政治舞台，政治家们大都会这样选择。1998年，他当选德国总理之后，德国大众已经经受了多年的高失业率，民心求变。施罗德不再热衷于阶级斗争，他摇身变成了一位保守的现代化旗手，与克林顿和布莱尔一样，他希望能够兼顾社会正义和经济效率。正如在美国，只有右派总统尼克松才能说服大众，他是出于国家利益才和中国建交的一样，在德国，也只有工人出身的施罗德才能说服德国的工会，工资改革、分散的协商谈判机制，以及福利国家改革是为了大家好。从政治策略上讲，向中间靠拢也是有利可图的：施罗德的社会民主党在政治光谱的左边没有遇到极"左"政治力量的挑战，所以，为了赢得竞选，他们就要向中间靠拢，与更为保守的基督教民主联盟和自由民主党竞争。

但在欧元刚刚问世的时候,施罗德还没有时间实施其改革计划,更不用说看到改革的成效了。[15]南欧的生产率增长速度超过德国,而德国经济仍然沉疴不起。这使得人们更加相信南欧和北欧将会趋同的故事,显然,南欧才是更有希望的投资天堂。

尽管这一背景使投资者感到更为放心,但有三重不稳定的因素不容忽视。[16]首先,尽管外国资本不断流入南欧,但南欧国家的储蓄率在下降。很显然,这一地区越来越依赖于外国资本。这和中国以及其他高速增长的亚洲国家的情况恰好相反:亚洲国家的储蓄率不仅很高,而且越来越高。依赖外国资本的问题在于,外国资本随时可能停止流入,由外国资本支持的投资也就会随之停止。

其次,南欧国家的出口竞争力不断下降。2003年后,由于施罗德政府推动的改革,德国制造业的单位劳动力成本不再上涨,这主要是因为生产率大幅提升,工会也接受了工资改革。在西班牙等南欧国家,工资的上涨速度却大大超过生产率的增速。西班牙的工会运动家被告知,加入欧元区之后增长速度将更快,工人的工资也会进一步提高。既然以后的工资会进一步提高,那么南欧的工会更愿意马上就把未来的收入提现。但现实情况是,强劲的经济增长并未出现。1999—2008年,与德国相比,西班牙的制造业单位劳动力成本剧增40%。西班牙企业根本无法和德国企业竞争。

希腊、葡萄牙和意大利的情况也好不到哪里去。德国实施了《2010议程》,生产成本随之下降,这些南欧国家的生产成本却在上涨。要是在以前,如果德国的成本竞争力提高,德国马克就会升值,这会在一定程度上抵消德国已经取得的优势,但现在不一样了,德国用的是欧元,而不再是马克。

而且竞争不仅仅来自德国,还有中国。中国的服装,包括运动装以及其他产品的出口商开始不断提升其竞争力,这影响了希腊、葡萄牙和意大利企业的海外市场份额。[17]当欧洲的政治家们设计欧元的时候,他们怎么能够想到来自中国的竞争呢?中国进军欧洲市场,完全出乎欧元缔造者的意料。

最后,流入南欧国家的外国资本并未支持固定资本投资,而是大部分流入了居民住房市场。[18]居民住房市场对提高竞争力并没有太大的帮助。突然到来的建筑业热潮是一个危险的信号。

———

和美国一样,银行主导着欧洲的资本流动。美国的银行业杠杆率已经很高了,但欧洲的银行业杠杆率更高。按照资产占资本金[19]的比例来算,美国银行业的杠杆率大约为12倍,而欧洲银行业的杠杆率可以达到20倍。[20]这意味着,欧洲的银行业仅仅留出了5%的缓冲资本以对付可能出现的亏损。而这20倍的杠杆率不过是行业平均水平。欧洲的一些大银行,比如德国的德意志银行,杠杆率高达40倍。

这意味着欧洲银行业的扩张已经远远超出了仅仅依靠吸收零售存款所能支撑的水平。欧洲银行比美国银行更依赖于到货币市场上融资。它们发行短期债券,向其他银行和非银行金融机构拆借资金,每天都要借新钱还旧钱。2007年第一季度,欧洲银行的贷款-存款比例高达175%,远远高于美国银行。这在欧洲是一个普遍的现象,也就是说,并不只是南欧的银行向北欧的银行借钱。欧洲银行作为一个整体,也在向其他国家,包括美国借钱,再把借来的钱拿来投机。

这带来了几个重要的影响。首先,银行支持的对房地产的投资流动性较差,因此更容易遭受流动性危机。活期存款的流动性较强。顾名思义,活期存款有更大的灵活性。但事实上,个人储户轻易不会提取现金。在货币市场上,一家银行给另一家银行的贷款就不一样了,这些贷款不受存款保险制度的保护。如果出现了对一家银行不利的消息,它就很可能无法继续在金融市场上拆借资金。即使消息可能有不实之处,即使银行并未真的资不抵债,银行仍然可能遇到流动性危机。在这种情况下,除了紧急出售资产,唯一的选择就是向政府求助。

其次,银行业的规模不断膨胀,单个银行的规模膨胀得更快。2007年,当金融海啸刚刚波及欧洲时,法国巴黎银行和德国德意志银行的负债各自占本国 GDP 的比例超过了 80%。比利时和卢森堡的德克夏银行、荷兰的富通银行的债务都已经远远超过了其所在国的 GDP。当然,这些银行在随后到来的欧洲金融危机中扮演了最重要的角色。

最后,欧洲银行业资产负债表的急剧扩张使得更多的资金流入了欧元区外围国家本已高烧不退的房地产市场。房价继续上涨,房屋建造继续开工。这使得西班牙的地区性银行在房地产市场陷得更深。有些胃口更大的银行毫不餍足,它们开始购买美国的以抵押贷款为基础的证券。这就出现了一种怪异的现象:欧洲的银行从美国的金融机构那里借钱,然后用借来的钱去购买这家美国金融机构发行的、在其资产负债表之外的衍生品。这好比是贪吃蛇回头反噬自己。[21]

在金融危机爆发之前,美国的官员,比如美联储主席伯南克,只关注一国的贸易赤字和预算赤字之间的关系。他们仅仅看到了一个问题:来自中国、中东地区等储蓄过剩经济体的资金流入美国,为美国的贸易赤字和财政赤字提供了融资,但如果出于某种原因,这些储蓄过剩经济体不再愿意向美国提供资金,那么美国的"双赤字"该如何收场?他们只顾关心贸易赤字和财政赤字的关系,以及国际资本流动的动向,却忽视了更为重要的问题,即欧洲的资金开始流入美国,而且购买的是美国的抵押贷款证券。美国和欧洲之间的国际资本流动净值为零,美国和欧洲的双边贸易基本上是平衡的。欧洲的大量资金流入美国购买抵押贷款证券,与此同时,美国的银行大量贷款给欧洲的银行,这两种国际资本流动正好互相抵消。

最重要的因素是"银行过剩"[22],而非伯南克念兹在兹的"储蓄过剩"。之后爆发的全球金融危机的导火索是房地产市场,而非财政赤字。

由于美国历史上总会出现贸易赤字和财政赤字，因此人们会非常关注这些问题。但是像在世纪之交出现的房地产泡沫，美国却很少经历过，更没有见过这种为房地产市场融资的方式。正是美国自身的历史经验决定了哪些风险是决策者能够看得到的，哪些是他们看不到的。

———

这种史无前例的金融现象是如何发生的？为什么在金融体系急剧膨胀的时候，那些精明的观察者却都对潜在的风险熟视无睹？

要想回答这些问题，我们首先要了解，欧洲的金融体系和美国不同。欧洲的金融体系是以银行为主导的。在美国，银行大约提供了30%的抵押贷款、30%的企业贷款。而在欧洲，银行大约提供了80%的抵押贷款和90%的企业贷款。如果在欧洲出现了金融体系的膨胀，那肯定是银行业的膨胀。银行在欧洲的金融体系中起主导作用，它们事事赶在最前面。

而且，欧洲的大银行都是全能银行。欧洲不存在像《格拉斯-斯蒂格尔法案》这样的监管要求，欧洲的大银行能够为客户提供各种服务，因此它们自称"全能"。过去，监管者将银行的投资按风险大小装进不同的筐，并规定每一种投资的杠杆率，然后由监管者计算出每一个筐里的资产的数量，最后加权得出金融机构的杠杆率上限。1988年，巴塞尔银行监管委员会讨论通过的关于资本金充足率的规定，采取的就是这种办法。

但欧洲的大银行抱怨说，这种依靠经验的法则没有考虑到它们的业务已经多元化的现实。如果一个筐里的资产出现了亏损，而另一个筐里的资产实现了盈利，这对银行总的资产组合来说没有任何影响。在经济衰退期间，利率和公司利润都会下降，因此银行对公司的贷款可能会出现损失，但银行所持有的政府债券能够获得更多的资本收益（当利率下降的时候，债券价格上扬）。因此欧洲的那些大银行、全能银行主张，它们应该留出更少的资本金，作为对潜在风险的缓冲。它们可以通过自己的内部模型计算出资产组合的风险程度，然后监管者可以根据这一结论规定对资本金的要求。

2004年，巴塞尔银行监管委员会在修订其资本协定的时候，采纳了这些建议，于是有了《巴塞尔协议Ⅱ》。2005年欧洲议会通过决议，接受了《巴塞尔协议Ⅱ》。2007年，欧洲的金融监管者开始执行《巴塞尔协议Ⅱ》。美国的监管者行动更为迟缓，但事后来看，美国更为谨慎。

一般来说，欧洲的金融监管者毫不掩饰它们的自豪，它们自信拥有世界上最复杂的金融监管措施。西班牙政府夸耀其拥有的动态监管的制度，即要求银行在繁荣时期留出更多的储备金，以防在衰退时期可能会出现更大的亏损。[23] 但事实上，这种动态监管制度根本没能制止房地产泡沫，危机到来之后也无法弥补出现的亏空。这一制度给了政府和银行家一种盲目的安全感。就银行监管而论，更复杂并不意味着更安全。

但最深层次的原因还是欧元。由于货币风险没有了，银行觉得可以自由地到国外借贷。跨国间的竞争日趋激烈，之前碌碌无为的地区性银行，在这种竞争的挤压下，不得不铤而走险。德国工业银行本是一家半官方的金融机构，由于意识到在工业和基础设施领域投资的机会不多，因此也转为购买美国发行的高收益的CDO。它们知道德国政府尽管嘴上讲的是欧洲统一市场，大家一视同仁，但心里想的还是要保住本国的冠军位置。它们清楚要是自己冒风险出了问题，政府肯定会救助的。想到这一点，它们就放心地掷出了骰子。

在美国，2007—2008年的金融危机起源于"影子银行"体系：对冲基金、SPV、衍生品市场，虽然这些机构和市场都在金融监管者的视野之外，但最终风险还是传到了银行体系。在欧洲，则恰恰相反，出问题的金融机构都在金融监管者的眼皮底下。欧洲的金融危机从一开始就是银行业危机。

这一次金融脆弱性的出现和 20 世纪 20 年代发生的事情有很多相似之处：都是在金融监管放松之后，出现了信贷的急剧膨胀。美国的信贷扩张和欧洲的信贷扩张是一对难兄难弟。银行和非银行金融机构的竞争日益激烈，各类金融机构在激烈的竞争里险中求生。贷款链条越来越长，房地产经纪、银行、证券承销商、外国金融机构都混迹其中，从而导致了更多的机会主义行为。

在美国，信贷泡沫的起因是宽松的货币政策，这和 20 世纪 20 年代有异曲同工之处。之后，美国和中国之间长期积累的国际收支失衡加剧了资本流动。欧洲内部也存在国际收支失衡：大量资金从北欧流入南欧。20 世纪 20 年代，回归金本位，导致天真的投资者盲目相信货币风险已经是历史陈迹，而如今，欧元的诞生使得决策者们相信，不仅仅是货币风险，就连信贷风险都消失了。这是完全不符合逻辑的。投资者不仅吞下了诱饵，连钓鱼的线和浮标都吞了下去。

和 20 世纪 20 年代的情况一样，信贷扩张之后，房地产市场是最大的受益者。但是，20 世纪 20 年代的房地产泡沫仅仅出现在人烟稀少的佛罗里达，而这一次，房地产泡沫不仅出现在美国各地，而且波及西班牙、爱尔兰和其他欧洲国家。其结果是，房地产泡沫的破灭不仅影响了个别金融机构，而且动摇了整个金融体系。和 80 多年前不一样的是，如今的金融机构杠杆率更高，资本金更少，所以遇到的麻烦更大。

如果反思 20 世纪 20 年代的教训，本应令人察觉其中的相似之处。但即使有所察觉，也没有人会想到之后突然到来的一切。

Hall of Mirrors

Part II: The Worst of Times

第二部分
最坏的时代

第 7 章　空弹壳

1929 年春，美联储提高了利率，政府开始直接对市场施压，股市开始动摇。借款人虽然还能从经纪人那里获得贷款，但需要付出更高的价格。与大多数人相比，比利·杜兰特更清楚廉价信贷对华尔街的重要性。他对此高度警觉，并开始到高层活动。4 月初的某个晚上，杜兰特在晚饭后去了趟白宫。为了避免引起注意，他并没有乘坐自己的豪华轿车，而是叫了辆出租车。在跟胡佛总统谈话时，他说："美联储收紧贷款的做法是想要杀死能下金蛋的母鸡。"[1] 但胡佛一直批评美联储的低利率政策鼓励了投机，此次也仍然不为所动。

既然没有说服总统，杜兰特决定绕过白宫，直接影响民意。他在 CBS（哥伦比亚广播公司）购买了 15 分钟的播放时间，发表演讲，警告美联储的"独裁者"不要插手市场。[2] 虽然广播引起了轰动，但这对美联储的政策并没有什么影响。

影响央行也不成，杜兰特便悄悄撤离市场。但究竟有多少投资者会跟随他呢？在那个夏天，愿意撤出市场的投资者寥寥无几。1929 年 6—8 月，道琼斯指数进一步上涨了 16%。股市的狂热从华尔街蔓延到了商业街。各大报纸把股市报道从商业版移到了头版。

9 月 5 日，留着山羊胡子的投资大师、业余的商业周期理论家兼著名禁酒主义者罗杰·巴布森在全美商务会议上发表了他的年度演讲,演讲中有一句名言:"经济迟早要崩盘,后果将很严重。"巴布森是艾萨克·牛顿爵士的忠实拥趸。他的妻子格雷斯去伦敦旅行的时候,曾经将牛顿旧宅中的一座会客厅拆除,并运到巴布森学院重新组建。巴布森学院是罗杰在马萨诸塞州韦尔斯利创办的商学院。巴布森认为牛顿第三定律适用于金融市场:每一个作用力都有反作用力,上升的东西必然下跌。自从1927年股市开涨,巴布森就一直预测股价会下跌。他并非第一次毫不讳言自己的悲观预测。在9月5日的演讲中他一开始就讲道:"我要重复我在去年和前年的这个时候说过的话。"即使是停摆的时钟每天也会对两次,巴布森的预言快要应验了。

耶鲁大学经济学家欧文·费雪和巴布森一样,也是坚定的禁酒主义者,也留着一小撮山羊胡子。但在巴布森还在物理系读书时,费雪已经是一位经济学大师了。他在瑞士旅行期间看到瀑布飞流而下,落到山间池塘里,受到启发,打算将液压原理应用于经济理论。虽然杜兰特已经对未来发出了警告,但市场上的流动性仍然很充裕,这使得费雪在10月17日,也就是在股市暴跌前夕,发表了一个臭名昭著的预言:"股价已达到一个永久的高峰。"到了股市崩盘之后的周一,即10月21日,费雪仍然嘴硬,坚持认为任何价格修正都只是在"把极端分子淘汰出局"。

―――――

道琼斯指数在9月3日见顶,接下来的25年里,股市都未再达到这一高度。9月4日,股市温和回落,随后在9月5日急剧下跌。9月5日是个星期四,恰好在这一天,巴布森发表了他的讲话。他在讲话中将华尔街泡沫与佛罗里达的房地产泡沫联系起来,并且预测了最坏的结果。当天股市下跌了5%,这被称为"巴布森时刻"。由此可见,巴布森的偶像牛顿说的是对的:上升的东西必然下跌。

接下来的7个星期内,股价逐步下行。有几天出现了小幅反弹,但也出现了大幅抛售,比如 10 月 3 日,这天又是一个星期四,道琼斯指数下跌了 4.5%。用保证金买股票的交易员损失惨重。《纽约时报》在随后的周末报道中说:"交易所的投机账户大面积爆仓。很多在星期一账上还有 6 位数进项的账户到了星期五晚上已经全军覆没。"[3]

尽管如此,投资者在面对接下来的市场时还是措手不及。10 月 24 日史称"黑色星期四",一开盘,道琼斯指数就暴跌 11%。在开盘 30 分钟内就有 160 万股易手,这比平日全天的成交量都高。股票报价机和横贯美国东西部的电缆系统都不堪重负。

股市已经风声鹤唳,草木皆兵,自然不能听之任之。J. P. 摩根的主要合伙人托马斯·拉蒙特效仿 J. P. 摩根当年的做法,迅速召集美国国民城市银行董事长查尔斯·米切尔、大通银行董事长阿尔伯特·威金、纽约担保信托公司总裁威廉·波特和美国信孚银行总裁斯沃德·普罗塞尔商量对策。杰克·摩根本人正在欧洲,他更担心欧洲的局势。这次午间会议持续了 20 分钟,拉蒙特会后向一批被召集起来的财经媒体发表了演讲。他说,经济和金融的"基本面很稳定",并借用刚刚流行的航空术语说,市场不过是突然产生了颠簸。

或许是因为拉蒙特的言论,或许是市场相信各位银行家会用行动支持拉蒙特的言论,总之,当日午后股价逐渐企稳。但是一波来自西岸公司的抛售再次重击了股市,这家公司直到此刻才听说上午市场崩盘的消息。当天有将近 1 300 万股的交易量,比此前的日内高点多一倍。闭市后,工作人员用了三个小时,才完成了全天的交易备案。

星期五,股价起起落落。星期六,受到一些银行家会在拉蒙特组织下入市干预的传言鼓舞,股价尚能支撑,短暂的交易时间里,股价仍在横盘整理,交易量仍然巨大。星期日的华尔街往常总是冷冷清清,但这一天,簿记员忙着计算亏损了多少,交易员焦急地传递着信息。观光客"从街头捡起一片散落的股价报价条,就像在战场上收集空弹壳作为纪念品"[4]。

由于期待中的银行家救市落空了，在随后的"黑色星期一"——10月28日，道琼斯指数又下跌了12%。第二天被称为"黑色星期二"，股价再度下跌9%。星期二的换手量达1600万股，这一纪录在之后的40年里从未被打破。交易员和簿记员们再次忙得不可开交。由于众多会员缺席，华尔街保龄球联盟不得不宣布推迟比赛。

靠保证金的交易商已经失去了一切，"新时代"已经结束了。《纽约时报》在10月30日的封面报道中写道："希望已经破灭，在沉默中焦虑不安，甚至像是在麻木中被催眠，这就是现在的华尔街。"然而，对10月24日从纽约朝西部飞去的著名幽默作家威尔·罗杰斯来说，这些喧哗躁动都不重要。

坐在飞机上朝下看，可以看到一片美丽的土地和繁荣的城镇，然后，你读到那些关于华尔街股灾的耸人听闻的报道。这有什么意义？毫无意义。为什么？因为如果有一天，我们国家的奶牛生病卧倒，挤不出奶，这会比摩根和拉蒙特没有开成会更令人恐慌。为什么？因为更多人得以生存是靠老母猪产仔，而不是靠钢铁公司和通用汽车公司的股票。为什么？因为我们这1.2亿人的生计更依赖于咯咯叫的母鸡，如果股票交易所哪天改成了夜总会，也与我们毫无关系。[5]

虽然不是所有人都能这么云淡风轻地看风景，但是仍然有不少人同意罗杰斯的看法。零售商正在为即将到来的圣诞购物旺季举办盛大的促销活动。能够透露出一丝蛛丝马迹的是一位华尔街金融家的报告。他和他的送奶工一起坐在酒吧里。金融家说："牛奶业一定是少数能够在股市崩盘中毫发无损的行业之一。"送奶工反驳说："谁家不受损失？你知道吗，过去三个星期光取消和减少的奶油订单，就让我每个月少挣了400美元。人们还是照订牛奶，但他们已经准备过没有奶油的生活了。"[6]

凡是股市崩盘，往往少不了杠杆率的作用。当价格下跌时，给投资者提供融资的券商会要求客户追加保证金，这就迫使客户在股价下跌的市场行情下还要继续卖出，而卖得越多，股价就下跌得越快，形势便进一步恶化。一部金融发展史充满了保证金账户"酩酊大醉"和投资者血本无归的故事。这不是股市第一次因为高杠杆和市场波动的组合崩盘，也不会是最后一次。

另一个问题是消息不灵通。就像东海岸和西海岸之间有时差一样，股票行情报价也会出现延迟。在最糟糕的日子里，就连在交易大厅中，都无法得到准确报价。莫里·克莱因在对"黑色星期四"的经典描述中曾提及，当经纪人向一个电话业务员询问报价的时候，这个惊恐的电话业务员绝望地喊道："我不知道，我什么信息也不知道，这个鬼地方完蛋了。"[7] 混乱加剧了恐慌。一旦价格变成投机的价格，投资者将根据其他投资者的行为推断价格。当他们听到别的投资者说"卖出"的时候，他们会觉得唯一保险的做法就是跟着卖出。于是在这一时刻，人群一哄而散，仓皇而逃。

投资者的情绪波动当然有自我强化的因素，但在一定的事实依据时，市场的波动更大。当时疲软的经济形势能够更全面地解释投资者的反应。根据美国国家经济研究局后来的计算，此轮商业周期在 8 月左右见顶。商务部和财政部的官员可能仍然摸不着头脑，但是企业经理已经知道市场在萎缩。汽车产量从 4 月和 5 月的 60 万辆下降至 8 月的 50 万辆。[8] 基于当时可用的数据，美国国家经济研究局的阿瑟·伯恩斯和韦斯利·米切尔估计钢铁、木材、机械等行业的就业高峰将出现在 8 月。[9] 建筑许可证和施工合同的数量大幅减少。虽然其中有夏天淡季的影响，但这一下降幅度与往年同期相比仍要大得多。

"新时代"的观念认为经济衰退已不会再对企业赢利能力构成威胁，对股市估值的影响也很限，但现实对这些观念提出了疑问，美联储所

第 7 章 空弹壳

采取的措施雪上加霜。建立美联储是为了有弹性地供应货币，以彻底避免这种衰退。但事实上，恰恰是美联储自身，尤其是坐落于曼哈顿下城的纽约联邦储备银行，在股灾爆发之后限制信贷供应。8月9日，为了遏制股价上涨，纽约联邦储备银行把再贴现率从5%上调至6%。纽约联邦储备银行采取这一措施，等于承认了之前实施的直接施压政策效果不佳。尽管6%的利率仍低于短期拆借利率，但银行再不能有一点闪失了。1928年本杰明·斯特朗去世后，乔治·哈里森出任纽约联邦储备银行行长。哈里森毕业于哈佛大学法学院，长年在美联储工作。他称这次加息是为了"对信贷过度扩张提出警告"[10]。这让人联想起2008年4月，尽管经济和金融风暴已经逼近，但欧洲央行毫无察觉，反而上调了政策利率。

纽约的信贷一收紧，国外的信贷也随之收紧。欧洲各国的央行发现本国的投资者都加入了华尔街的狂欢，本国的货币贬值，黄金储备减少，于是，它们不得不采取和美联储针锋相对的政策。意大利、荷兰、德国、奥地利和匈牙利的央行都在1929年上半年提高了政策利率，尽管当时这些国家经济增长正在放缓，个别国家已经陷入衰退。为了应对纽约联邦储备银行的加息，丹麦、瑞典和挪威在8月也收紧了信贷。

———

英格兰银行在2月提高了再贴现率，奇怪的是，此后直到1929年夏再贴现率再无变动。6—9月中旬，英格兰银行的黄金储备减少了1.33亿美元，但诺曼对此无动于衷。英国经济依然疲软，提高利率只会加剧本已艰难的经济状况。[11]诺曼深知英国新当选的工党政府不欢迎加息。而且海牙会议正在讨论德国战后赔款，通过这一会议最后制订了杨格计划。当时正在谈判的节骨眼上，诺曼也不希望加息导致法国的黄金外流，引起法国人的抗议。

诺曼很快就不得不疲于应付哈特立丑闻。克拉伦斯·哈特立是一位奇人，他对英国货币政策的演变产生了深远影响。哈特立的父亲是一位商人，专门提供制作绅士帽所需要的丝绸和天鹅绒。哈特立身材矮小，这一点和他同时代的查尔斯·庞兹很像。他与庞兹一样有某种创业精神，尤其擅长为虚假项目筹款。而且，像庞兹一样，他能够神奇地在事业失败之后迅速东山再起。

1910 年，22 岁的哈特立从他的母亲那里继承了家族的丝绸公司。短短几个月之后，他就把企业搞垮了。哈特立还以个人信用借了 8 000 英镑购买原料，于是连他自己也不得不宣布破产。但他并不轻易气馁，转而又投身保险业务。他主要向打算借道利物浦前往美国的奥地利移民卖保险。他成立了奥地利移民保险业协会，保险条款承诺如果持有人被拒绝进入美国，可以得到回程的旅费和再安家补助费。他把保单再倒卖给大的保险公司，一方面转移风险，另一方面赚取移民支付的保险费用和他支付的再保险费用之间的差价。

一战的爆发阻断了中欧移民去美国的通道，这一商机也因此结束，但与此同时又出现了新的商机。1914 年，哈特立凭借他从奥地利移民保险赚得的微薄利润，加上借来的 3 万英镑，购买了一个叫作"城市公正"的再保险公司。在当时和现在，再保险行业一直由德国和奥地利的公司主导，不过战争创造了新机会。哈特立趁此机会重组了城市公正公司，并在 6 个月内以 25 万英镑的价格卖给了浮夸的英国金融家杰拉德·李·贝文和他的助手彼得·黑格-托马斯。[12] 贝文的祖先是巴克莱银行的创始人，他们的后代杰拉德被人们称为"杰里"，他是一个生活奢华的股票经纪人，喜欢女人和中国瓷器。城市公正公司后来被曝光资产负债表造假，贝文低报了与他的其他公司有关的关联贷款，掩盖了公司的一些投机交易，也没有报告其部分资产已经被用作贷款的抵押品。贝文一手遮天，把他精心挑选的董事会成员都蒙在鼓里。他逃往法国，然后逃到维也纳，在那里隐姓埋名，但最终还是被发现并逮捕。贝文被引渡到英国，并因欺诈罪被判处 7 年有期徒刑，被送往沃姆伍德-斯克拉比斯监狱服刑。[13]

哈特立用出售城市公正公司的钱收购了伦敦商业银行，然后利用这家银行为他的进一步兼并收购融资。他最后成立了联合工业集团，这是一个涵盖造船、棉纺、煤炭、钢铁和生猪养殖的商业帝国。哈特立的公司过度资本化，其股票发行量超过了所需。哈特立主要用这些额外的资金进行其他收购。正因如此，早期的投资者无法获得丰厚的回报。生猪养殖是这个商业帝国里最赚钱的项目，但造船、棉纺、煤炭和钢铁等行业在20世纪20年代都存在产能过剩问题，价格持续低迷。战争爆发后不久，哈特立抛售了集团的大部分业务，以防出现最糟糕的结果。

哈特立随后将伦敦商业银行更名为商业公司，以展现他在银行业之外的野心。他收购了玻璃和黄麻企业。在一战期间，这两种产品的需求一直非常旺盛：玻璃有各种战时用途，而黄麻纤维做的沙袋也是壕沟战所必备的。黄麻市场主要由苏格兰邓迪市的7家家族企业控制，这7家企业的产量占总产量的90%。生产黄麻需要用鲸油软化纤维，而邓迪市一直是主要的捕鲸中心。后来，由于对粗麻布的战时需求下降，该行业出现了产能过剩。哈特立将这7家企业兼并，削减过剩产能，包装之后上市，以此使创始家族收回他们的原始资本。不幸的是，在20世纪20年代，黄麻和玻璃的需求一直很疲软。1923年这家公司再度破产。正如清算师所说，哈特立和他的董事们"没有看出战后的繁荣不过是人为的结果"，也没有预见到"随后经济状况会如何恶劣"。[14]

哈特立不会轻言放弃。他在1926年再度出山，成立了企业和通用证券公司。他如何重新获得投资者的信任，一直是一个谜。他似乎通过努力而偿还了早期债权人的债。哈特立头脑机灵、充满魅力，依然过着一个成功企业家的奢靡生活。他拥有养赛马的马厩、英国最大的游艇和两套豪宅。他的第一套豪宅曾是英国著名经济学家大卫·李嘉图的故居，哈特立在屋顶建了一个游泳池，专门在那里举办各种奢华派对。[15] 另一套豪宅位于著名的上流社区梅菲尔，地下室里有一个鸡尾酒酒吧，二楼也有一个游泳池。

企业和通用证券公司为中等规模的企业和市政府做债券承销，它通过价格战从其他的老牌企业那里抢生意。哈特立使用和安吉洛·莫兹罗的美国国家金融服务公司一样的直销方式，直接吸引客户。企业和通用证券公司的股东里开始出现像亨利·波利特（第16代温彻斯特侯爵）一样的显赫人物。哈特立也开始持有企业和通用证券公司之外的其他公司的股份，主要是一些被承销公司的股份，比如致力于兼并百货公司的垂佩里信托和在火车站、游乐园安装投币摄影机的 Photomaton 公司等。

1929年，哈特立的眼光更高了，他打算收购联合钢铁公司，该公司价值700万英镑。1917年，哈利·斯蒂尔领导几家钢铁企业合并成立了联合钢铁公司。到1929年，联合钢铁公司已经负债累累，一旦市场需求疲软就有可能破产。整个20世纪20年代市场需求都很疲软，因此当哈特立提出要收购的时候，斯蒂尔非常高兴。哈特立的计划是借钱收购，然后卖掉多余的资产，并在伦敦证券交易所上市。当他收购和重组黄麻企业的时候，采用的是同样的策略。如今，像贝恩资本这样的私人股权投资公司的商业模式亦与之类似。

问题在于，去哪里借这800万英镑。2月，英格兰银行行长诺曼提高了利率，这使得哈特立筹集资金、启动收购的难度超出了他的预期。银行要求有抵押品，虽然哈特立生活奢侈，但他手里并没有充足的抵押品。

哈特立发现自己在临近交易完成时仍然缺90万英镑，不得不孤注一掷。企业和通用证券公司承销过市政贷款，因此仍然持有一些城市债券。他给格洛斯特郡、斯温顿郡和韦克菲尔德市印发了未经授权的贷款证书，以此追加贷款。他告诉发行债券的城市政府，只有一部分债券找到了买家，而事实上所有的债券都已经发售，这中间的差额就被他截流了。此外，哈特立伪造了自己旗下的联合自动机械公司发行的债券，由其旗下的另一家公司奥斯汀修道士信托持有。他用股票凭证作为抵押，从巴克莱银行获得固定预付款，然后用同一批股票凭证，从帕森斯公司获得贷款，接着还是用这一批股票凭证，又从劳埃德银行获得贷款。[16]

人在绝境中更容易肆意妄为。哈特立甚至在同一家银行的不同分行用同一批股票凭证贷款。劳埃德总行以 10 万股联合自动机械公司的股票作抵押品发行贷款，劳埃德银行的圣詹姆斯分行收到了同一批股票，被要求将其作为抵押品申请另一笔贷款。没过多久，劳埃德银行的一位员工就发现了问题。劳埃德银行专门聘请了注册会计师吉尔伯特·格塞调查此事。没过多久，格塞正在调查哈特立的消息就被传出去了，哈特立公司的股价随之大跌。

在此期间，哈特立借了更多的钱，购入自己公司股票，以避免破产，同时争取时间做最后一搏，但这样做只是让他自己的财务状况进一步恶化。在危机恶化的时候经常会出现这种做法：在监管宽松的环境下，个人或机构为所欲为，最后出现了财务问题，他们就开始购买自己企业的股票，以掩盖其资不抵债的真相，并争取时间下注赎回，但这么做只会给他们自己和社会带来更大的损失。1929 年，当其他投资者因为担忧其偿付能力抛售股票时，合众国银行用过这一招。1930 年，艾伯特·乌斯特里克也采取过同样的办法试图解救即将破产的亚当银行。2008 年，冰岛银行的管理层进一步将这一伎俩"发扬光大"。[17]

1929 年 9 月 20 日，温彻斯特侯爵发表声明，承认对哈特立的调查正在进行中。诺曼一直对哈特立这个浮夸的金融家心存怀疑，于是他将这一消息转告伦敦证券交易所。伦敦证券交易所在当天上午暂停了哈特立所有公司的股票交易。收盘时，哈特立被逮捕入狱。他很快被起诉，并在新年后不久受审。诉讼律师认为，把哈特立拉下马的不是他自己，而是他的意大利同事约翰·西奥迪尼，后者应该承担责任。西奥迪尼曾威胁说，如果联合钢铁公司收购告吹，就要杀了哈特立。出事之后，西奥迪尼潜逃出境。不管怎样，哈特立最终被定罪并被判处 14 年徒刑，这是"白领犯人"能获得的最长刑期。[18] 西奥迪尼后来也被逮捕，在米兰被判有罪，被判 5 年 10 个月的监禁。看到对他们的判刑，令人不能不感慨在 2008—2009 年金融危机之后，"白领犯人"所受的处罚更严格。

哈特立的股东自然血本无归。公司被停牌后，大约 1 250 万美元的无担保贷款也被冻结。[19] 许多伦敦股票经纪人失业破产，包括巴克莱银行在内的多家银行宣布它们的利润将受创严重。[20] 讽刺的是，联合钢铁公司成了这一风波为数不多的受益者之一。因为破产之后，它之前的债务被一笔勾销，经过重组，财务状况反而更为健康。[21]

哈特立丑闻导致伦敦证券交易所的股价大幅下跌，英格兰银行也因此损失了不少黄金。9 月 26 日，诺曼不得不向现实认输，宣布上调再贴现率一个百分点。

加息的结果是信贷成本上涨，这让本已苦苦挣扎的英国经济日子更为难过。但捍卫英镑与黄金的平价是最迫切的任务。无论是什么原因导致的黄金流失，哈特立丑闻也好，别的原因也好，这一趋势都必须尽快得到遏制。1931 年 9 月后，英镑与黄金脱钩，英格兰银行才不再需要维护金本位。这和 2008—2009 年全球金融危机的情况也不一样。由于不受汇率稳定承诺的约束，英格兰银行、美联储等央行可以大胆地把利率降至最低。但在当时，守住英镑汇率是英格兰银行的首要任务。因此诺曼不得不拧紧螺丝。

———

和英格兰银行不同，美联储仍然有充足的黄金储备。不过，尽管能够自由行动，它必须使自己的意图为众人所知。在 10 月 28 日，即在动荡的"黑色星期一"之后，纽约联邦储备银行赶来救场。哈里森召集董事会成员在凌晨 3 点开会。第二天早上，在没有获得美联储总部事先批准的情况下，他宣布纽约联邦储备银行将购买 1 亿美元的短期国债。购买国债的钱从纽约联邦储备银行自己的账户上支出，与美联储公开市场委员会的账户相互独立。

纽约联邦储备银行随后又购买了1.5亿美元的政府债券。如哈里森所说，它保持了"贴现窗口敞开"，银行可以用商业票据到纽约联邦储备银行换取现金（商业票据是指记录有支付信息的承兑汇票，银行凭此可最终从企业客户那里收取资金）。[22] 这些措施避免了像以前一样，金融危机一爆发，利率就随之飙升。防范这一情况是1914年建立美联储的初衷之一。通过缓解经纪人和交易商的困难，纽约联邦储备银行避免了更为严重的经济崩溃。《纽约时报》称赞它"在投机市场快要触礁的时候，稳住了经济航船"[23]。

即使跟伯南克相比，纽约联邦储备银行的这一反应都可以称得上迅速。但纽约联邦储备银行也许只能做这么多。米尔顿·弗里德曼和安娜·J.施瓦茨在他们的《美国货币史（1867—1960）》中指责美联储应该为大萧条的影响如此深重、持续如此之久负责。他们认为，美联储之所以表现得如此无能，是因为美联储系统中起主导作用的、最了解如何应对危机的人——本杰明·斯特朗去世了。10月发生的事情提供了一个更微妙细致的解释。纽约联邦储备银行此前可能没意识到收紧信贷会导致一场浩劫。然而一旦灾难爆发，哈里森和他的同事们便迅速采取了行动。受真实票据理论影响，他们知道如何应对信贷紧缩和危机。哈里森特别了解这样做的紧迫性。他有能力制订应对方案并得到董事会其他成员的支持。他既能做出决定，又能马上付诸行动。

人们或许会认为，既然美联储总部也同样信奉真实票据理论，就应该为纽约联邦储备银行能及时出手感到欣慰。然而事实恰恰相反。美联储的官员们关心的是政治而不是政策。他们因为纽约联邦储备银行没有事先请示就擅自行动而大为光火。以阿道夫·米勒为首，美联储委员会采取措施限制哈里森采用此种应对政策。1927年，美联储就曾经迫使芝加哥联邦储备银行调整再贴现率。现在委员会控制了纽约联邦储备银行，迫使纽约联邦储备银行的董事一致答应，以后再购买政府债券必须先报请美联储总部审批。这些官员这才答应了哈里森的请求，降低利率以帮助陷入困境的银行和经纪公司。弗里德曼和施瓦茨认为，问题出在哈里森身上。如果换作本杰明·斯特朗，他会克服来自委员会的反对。但是在 1927 年后，美联储委员会和各个地区的联邦储备银行之间的关系就已经改变了。问题不在于个人风格的差异，而在于制度安排的变化。

但是，哈里森和他的同事们只知道有必要迅速应对股市暴跌引起的金融危机，却不知道该如何应对后续的事件。只要问题是金融市场出现资金紧张，他们就明白应该提供紧急流动性援助，如今我们称之为"货币供给弹性"。纽约联邦储备银行的董事们知道，股市大跌将增加纽约银行业的风险。

但是，一旦问题变成通货紧缩和经济萧条，美联储的官员们就莫衷一是。美联储设立的初衷是防止在危机时利率急剧攀升。美联储的官员们知道在金融动荡导致信贷稀缺时该如何行动，但如果价格水平持续下跌，到底该怎么做，他们并没有现成的经验。在 19 世纪 70 年代、80 年代，以及一战后，美国也出现过价格水平下降，但都没有引发全面的金融危机。对美联储而言，它从历史经验中学到的是，价格水平下跌好像并不是一个严重的问题。

金融市场的资金紧张状况逐渐缓解，利率恢复正常，因此美联储不觉得有必要采取进一步措施。哈里森和他的董事会成员现在和美联储委员会的意见完全一致。纽约联邦储备银行不再抵制华盛顿的指示，相反，它完全愿意停止公开市场购买。[24] 很快，美国经济将为此付出惨痛的代价。

第 8 章　再遭重创

股市崩盘之后，经济收缩加剧。1929 年第四季度，石油、生铁和钢的产量均出现了下跌，汽车的生产下跌幅度更大。从 1929 年 10 月到当年年底，工业产量下跌了 9%，按年率折算，下跌幅度将近 30%。[1] 在 2008 年雷曼兄弟破产之后的三个月内，美国工业产值的下跌幅度只有 1929 年的 2/3。

坏消息越来越多，但大萧条仍未到来。这很像 2007 年次贷危机爆发后的情况，最糟糕的结果只出现在美国，而且人们似乎有理由相信，最糟糕的情况很快就会过去。美国之外的其他国家股市并未暴跌，也没有像美国那样突然出现信心崩溃的情况，因此在 1929 年第四季度没有出现工业产值的急剧下降。加拿大虽然和美国比邻而居，但在 1929 年 12 月之前，其工业产值并未下跌。虽然法国的宏观稳定和经济复苏来得比其他国家更晚，但其经济还在继续上行。

拉丁美洲和其他一些向美国出口初级产品的国家受到的冲击最为严重。美国的企业减少了咖啡、可可、橡胶和丝绸的订单。由于消费需求和工业需求疲弱，美国的企业不愿意再增加供给。受到金融危机的影响，美国的企业也更难得到贸易信贷的支持。[2] 不管是哪种原因，总之，美国的进口减少了。

但初级产品的生产有其自身的规律,播种和收获都是很久之前计划好的。受到冲击的不是产量,而是价格。在 1929 年第四季度,咖啡价格下跌了 30%,玉米价格下跌了 15%。[3] 在 20 世纪 20 年代的大部分时期,初级产品的价格都很疲软,但这一次是"在患慢性病的同时来了一次突然发作"[4]。到那时为止,初级产品价格的下跌还没有引发拉丁美洲的大规模债务违约,但这些国家在 20 世纪 20 年代大量贷款,如今已经负债累累。但这些终归是要还的。

到 1929 年年底,人们或许仍然有理由相信股灾带来的影响是有限的。正如 2007 年,政府官员们也曾声称,后果是"可控的"。美联储切断了股灾对银行体系的破坏,至少还未出现连锁性的银行破产。当股灾发生的时候,确实有几家小银行破产了,但在 20 世纪 20 年代,小银行破产早已屡见不鲜。

到了 1930 年年初,经济继续恶化的迹象已非常明显。1929 年的圣诞节商品销售不如人意,到了 1930 年第一季度,百货商店销售量的下跌幅度按年率折算达到了 10%。毫无疑问,经济衰退已经到来。

美联储很快就行动起来。公开市场委员会授权纽约联邦储备银行在 1930 年 2 月和 3 月两次下调利率 0.5 个百分点。[5] 英格兰银行和德意志帝国银行出于同情,也下调了利率。法兰西银行坐拥大量储备金,而且轻易不调整政策,但在 1 月底也将再贴现率下调了 0.5 个百分点,这是其两年来第一次下调利率。

起初,金融市场对美联储的措施反应积极。1930 年前 4 个月,纽约股市的股价上扬了 16%。1—3 月,美国市场上充斥着超过 1 亿美元的外国债券。当然,这实在无法与 1927—1928 年的水平相匹敌,但这一数字已经高于 1929 年每个季度的水平。1930 年第一季度,美国、加拿大和欧洲主要国家的工业产量逐渐平稳。

但即使企业还在生产,价格仍继续下跌,这反映出需求并未回升。到了 5 月,在美国、英国和德国,失业率攀升对居民消费支出的影响已非常明显。法国工业产品的需求非常"匮乏",比利时的经济状况"令人失望",日本的商业活动"不活跃"。[6]

到了此时,工业产值开始加速下跌。1929年12月到1930年12月,美国的工业产值下跌了21%,德国的工业产值下跌了23%,[7]其他国家的情况也不容乐观。

———

于是,一场司空见惯的经济衰退演变成了更可怕的事情。著名经济学家查尔斯·P. 金德尔伯格在其关于大萧条的经典研究中,讲到了导致局势恶化的4个原因:一是美国的货币政策应对失误,二是各国实行了贸易保护主义政策,三是初级产品价格始终低迷,四是国际局势多变。[8]我们将逐一讨论这些因素。

就货币政策而言,很难指责美联储无所作为。1930年5月和6月,美联储委员会两次批准纽约联邦储备银行下调再贴现率。到1930年年中,纽约联邦储备银行的再贴现率相较1929年8月的6%的水平已经下降了一半。这至少是朝着正确方向迈出的一步,但美联储觉得这就做完了该做的事情。鉴于信贷成本已经降低,美联储的理事们认为,信贷可得性不会成为经济稳定和复苏的障碍。

但实际情况是,信贷成本并不低。尽管利率已经下降,但价格也一路下跌,这使得偿债的成本(经济学家称之为"实际利率")反而更高。到了1930年6月,批发价格与1929年年底的水平相比已经下降了7%。[9]

或许,很少有人会料到,价格下跌的速度会如此之快。要不然,人们在贷款之前一定会更为迟疑。1930年上半年,代表未来价格水平变动的商品期货价格比现货价格还高,这也证明了人们当时并未预料到价格水平会下跌。但尽管商品期货价格比现货价格高,两者也都在一路下跌。詹姆斯·汉密尔顿分析了商品期货价格和整体价格水平之间的关系,得出了市场预期价格在1930年年初和年中会下跌的结论,但他没有预料到下跌幅度会如此之大。[10]

到了 1930 年年中，3—6 个月的国债收益率已经跌破 2%，但长期利率仍然居高不下。对于固定投资，投资者考虑的首先是长期利率。[11] 美联储还应该再做些什么呢？首先，美联储本应将贷款利率进一步降低。当时的再贴现率为 2.5%，仍然有进一步降低的空间。在 20 世纪 30 年代，这是有可能的。到了 20 世纪 30 年代末，纽约联邦储备银行已经将再贴现率调至 1% 以下。在 21 世纪，美联储应该做同样的抉择，这就是为什么在 2008—2009 年的危机期间，时任美联储主席伯南克将联邦基准利率一直下调到了 0.25%。

但当时的货币理论认为，在金融危机期间，金融机构只能把央行作为最终贷款人，而且央行在发放贷款的时候必须采用惩罚性的利率，否则金融机构将把廉价的资金用于投机活动，从而导致企业过度生产。以史为鉴，美联储的理事们当时也是这样认为的。虽然金融机构在过去确实出现过狂热行为，但在 20 世纪 30 年代，需要担心的不是金融机构的狂热。泡沫已经破灭，投资者心灰意冷。现实已经改变，美联储委员会却迟迟不肯承认现实。

有些美联储理事，如其中最有影响力的米勒，相信降低利率没有效果，这好比你只能拉绳子，却没有办法推绳子。不知你是否还记得，米勒是真实票据理论的信徒。按照这一理论，如果企业做生意需要资金，央行可以在背后提供信贷；但如果企业处于收缩之中，不需要资金，那么央行就没有理由出手。如果经济处于上升阶段，货币政策能够"刺激资金流入可用领域"；但如果经济不景气，企业处于收缩，宽松的货币政策就没有办法鼓励贷款和经济活动。[12] 按照这一理论，唯一可以依赖的就是市场经济的自我调节和自发均衡。用时任费城联邦储备银行行长乔治·诺里斯的话来讲，经济稳定只能通过"减少产量，减少存货，逐渐减少消费信贷，结算证券贷款，勒紧腰带增加储蓄"这一过程才能实现。诺里斯曾担任费城码头渡轮局局长，后来当上了费城联邦储备银行行长。

第 8 章 再遭重创　　119

1930年3月，公开市场委员会通过了一笔仅有5 000万美元的证券购买提案，然后就不愿意继续购买了。[13]1930年6月，公开市场政策委员会（公开市场委员会重组后的名字）允许纽约联邦储备银行在两周内购买2 500万美元的政府债券。但这一决策主要出于技术上的考虑，并不代表政策方向发生了改变。在投票的时候，支持和反对票几乎对半开，说明类似的政策很难再有。两个星期之后，哈里森建议延长这一政策，但决策委员会以4∶1的投票否决了他的提议。哈里森本来可以坚持一个更为激进的方案，他本可以像之前那样，坚持用纽约联邦储备银行自己的钱来购买政府债券。要是本杰明·斯特朗还在，他可能会更加大胆、更加果断。但我们永远也不会知道如果真是这样的话，历史会如何演变。

———

经济学教科书告诉我们，1930年发生的另一件历史大事是《斯姆特-霍利关税法》的颁布。经济学教科书告诉我们，这个贸易保护主义法案给世界经济带来了极大冲击。但是，经济学教科书讲的是错的。

《斯姆特-霍利关税法》是在1928年总统竞选期间通过的。共和党主张贸易保护主义，胡佛在竞选中为了争取中西部的选票，许诺要对进口的初级产品征税。1929年1月7日，在选举过去两个月零一天之后，众议院筹款委员会举行听证会。会议由威利斯·霍利主持，他长期担任俄勒冈州众议员。霍利出生于农家，一路奋斗，从私立学校校长到历史和经济学教授，再到威拉姆特大学校长，然后才开始从政。霍利对贸易保护主义的支持并未取得成功。他在国会一直工作了13届，但在1932年，他并未获得本党提名。[14]里德·斯姆特在参议院工作了3届，在1932年谋求连任的时候，被民主党候选人埃尔伯特·托马斯击败，和霍利一样，也被迫卸任。

以斯姆特和霍利之名命名的这一法案经过国会的重重审议，又过了一年半的时间，直到1930年6月17日，才被胡佛总统批准。在签署法案的时候，胡佛总统特意用了 6 支纯金水笔。《斯姆特-霍利关税法》将可征税的进口品的税率从 38% 提高到 45%。[15] 要想在国会形成统一战线，就需要找到更多的盟友，比如美国东部的制造业集团。最后出台的法规是个大杂烩，为制造业提供的保护甚至比为农业提供的还要多。

问题在于，这一法案的效果究竟如何。提高进口关税，会让美国的消费者更多地购买本国生产的替代品，这对美国的生产者是有利的，但提高进口关税，也意味着消费者的购买力降低了。综合这些因素，道格拉斯·欧文的研究结果是，《斯姆特-霍利关税法》使美国 1929 年的 GDP 最多减少了 1.16 亿美元，或相当于当年美国 GDP 的 0.1%，这和大萧条带来的冲击相比，不过是沧海一粟。[16]

有人批评提高关税带来了更多的不确定性，因此影响了投资。2009 年，当奥巴马提出刺激方案和医疗改革的时候，也有人说，这一政策带来了更多的不确定性，会影响企业投资。1929 年 11 月，美国全国制造商协会主席约翰·埃杰顿抱怨，工商业"在很多情况下不知所措，很多开发项目要么观望等待，要么被迫放弃，党派政治、集团政治、个人政治却还在大行其道，谋取个人利益，攻击别人的过错，羞辱政治对手"[17]。

即使埃杰顿说的是对的，这一情况到 1930 年年中也已经有所改善。罗伯特·阿奇博尔德和戴维·费尔德曼检验了所谓的"不确定假说"。他们检查了 15 个行业的投资数据，以及其涉及对外贸易的程度。[18] 他们发现，1929 年的投资比预期更疲弱，当时国会讨论的结果尚不清晰。但 1930 年仍未发现明显的规律，当年上半年《斯姆特-霍利关税法》已经渐露雏形，而到了年中的时候不确定性已被消除。即使存在由不确定性带来的负面影响，这一影响也是微弱而短暂的。

如果《斯姆特-霍利关税法》对美国经济的影响不大，那它也不可能对其他国家造成较大的影响。当然，有些特定商品的制造商的确受到了冲击：意大利因其草帽和橄榄油对美出口的关税被提高而抗议，瑞士的手表制造商愤愤不平，西班牙对美国的葡萄、柑橘、洋葱出口均受到影响。拉丁美洲国家抱怨美国给予本国农户的贸易保护。在拉丁美洲和其他地区，初级产品的价格本来就已经疲软，美国的贸易保护主义政策更是雪上加霜。《斯姆特-霍利关税法》使得初级产品的制造者更难赚取美元，因此更难偿还债务。

但到底带来了多大的困难呢？凯文·凯里研究了美国的关税法案对初级产品出口国的国债价格的影响。1930年6月，《斯姆特-霍利关税法》正式签署。[19] 如果关税确实对初级产品出口国带来了较大冲击，使得其债务违约的概率提高，那么它们的国债价格就会下降。他的研究确实能发现一些证据，但影响并不大。

《斯姆特-霍利关税法》带来的真正恶果是破坏了国际社会的合作氛围。美国的贸易保护政策引发了其他国家的贸易保护政策。用J. P. 摩根合伙人托马斯·拉蒙特的说法，它"刺激了全世界的民族主义情绪"[20]。它引发了其他国家的报复，并导致国联举办的一次关税削减会议破产。大萧条是世界性的事件，应对大萧条需要各国通力协作。当各个国家围绕着《斯姆特-霍利关税法》互相指责的时候，指望它们能够合作，不管是一起降低利率、延期支付债务，还是发放紧急贷款，都变得更加困难。

因此，教科书里关于《斯姆特-霍利关税法》使得美国深陷大萧条的说法是错误的，但有助于保障正确的政策。尽管没有证据表明提高关税对美国经济产生了明显的负面作用，但这一反复提及的教训，使得各国的决策者在2009年抵制住了贸易保护主义的诱惑，而这又使得其他国际政策协调变得更加容易。

———

在关于大萧条的描述中，胡佛总统始终是一位有争议的人物。在1928年的总统选举中，他大获全胜。人们称赞他诚实、勤奋、自强不息。他的奋斗经历也很励志。胡佛总统出身小户人家，靠自己的努力进入了斯坦福大学，以其矿业工程师的才能和企业家的天赋实现了财务自由，在一战期间领导比利时救济委员会，赢得了人道主义者的赞颂。后来他曾任美国食品管理局局长，在当选总统之前，他是一位成功的商务部部长。

4年之后，他是彻头彻尾的失败者，或者更准确地讲，他是一个彻头彻尾的败北的总统候选人，一个愁肠满腹的人。他因为总被指责要为大萧条负责而耿耿于怀。大萧条的祸根早在其前任柯立芝总统的任期内就已种下。胡佛自己则将大萧条归咎于其他人，比如本杰明·斯特朗。他为自己未能力挽狂澜而沮丧不已。这一失败反映出胡佛总统的世界观，及其与在20世纪30年代那个与众不同的时代所需要的对策之间的巨大反差。胡佛是传统的货币财政理论的忠实信徒，但20世纪30年代需要的恰恰不是这种传统理论。胡佛总统是贵格会教徒，他相信自助和结社主义，相信政府的作用是有限的，但危机的到来使得人们难以自助，而且需要政府的干预。胡佛总统不是那种光彩照人的领导人，他性格淡漠，对批评和指责非常敏感，这和富兰克林·罗斯福总统形成了鲜明的对比。

胡佛想要通过保持工资水平来提振人们对经济的信心。《纽约时报》曾经总结胡佛的想法，他相信维持工资水平不变能够保证劳工和平。这样做有人道主义的理由，避免降低工资也有助于保持"国家的消费力"。[21]胡佛召见了很多商界领袖，包括亨利·福特和欧文·D.杨格，杨格当时任通用电气的总裁和董事长。工会领袖也答应不号召工人罢工，不要求涨工资，以此作为交换条件。

在一战期间，最迫切的要求就是不惜一切代价保持生产进度。威尔逊总统采取了劳资合作的政策。他一方面要求企业给工人提高工资，另一方面要求工会保证劳工和平。胡佛曾在威尔逊总统的政府里担任食品管理局局长，当时他积极倡导奉献和合作。如今，胡佛本能地采取了威尔逊的方式来应对危机。

但在战争期间管用的劳资合作，在经济下行期间就不是那么适用了。由于经济低迷，工人罢工的威胁大为下降。胡佛总统的这一政策对支出的影响并不明朗。尽管工人不再担心工资下降之后有可能会增加消费，但企业不得不付更高的工资，利润会相应下降，这会使得企业解雇更多的工人，或强制工人工作更长时间。胡佛总统的政策防止了需求快速下降，但与此同时，这一政策也阻碍了必要的成本调整，压制了供给。由于对供给和需求的影响方向恰好相反，最后的净效应相当有限。

———

政策无所作为，工业产出继续加速下跌。1930年12月，濒临破产的非金融类企业的负债已经达到创纪录的8 400万美元。其他一些幸免于破产的企业也发现自己越来越难以偿还债务。20世纪20年代，农村地区不断有小银行被迫破产。1930年，美国遭遇了一次罕见的大旱。从大西洋西岸的中部地区，到俄亥俄、密西西比河谷，一共有15个州的降水量只有正常时期的57%。[22] 农业收入下降了一半。破产银行的存款额从每月2 000万美元的水平，到11月已飙升至1.8亿美元，到12月已经升至3.7亿美元。

按照弗里德曼和施瓦茨的说法，这是美联储政策失误所导致的金融危机，但也有学者认为1930年的形势尚不足以被视为金融危机。他们指出，破产银行的存款总额中，至少有一半来自两处：一是合众国银行，二是由考德威尔公司控制的一系列的南方银行。[23]

罗杰斯·考德威尔的父亲是一位古板的田纳西州纳什维尔银行家，但罗杰斯·考德威尔却穷奢极欲（我们很快会发现，古板父亲有个纨绔儿子，似乎已经成了规律）。1910年，年轻的考德威尔从范德堡大学辍学，开始打理父亲的保险业务。在同一年，我们在第7章讲到的英国投机者哈特立也开始经营父母的生意，而且也是从保险业干起的，这只是个巧合。而他们两个都养赛马，这有可能和性格有关。

考德威尔从卖一般保险开始，后转为销售建筑项目的担保债券。担保债券和今天的 CDS 很像，其主要作用是担保建筑项目能够还债。考德威尔先是销售担保债券，后来又转为自己发行这些债券。和哈特立的生意一样，考德威尔的这些担保债券也大多为市政府、地方政府机构所投资的建筑项目而发行，他和这些地方官员过往甚密。考德威尔尤其喜欢为排水项目发债，这些项目先要挖沟、修坝，然后才征税还债。到了 20 世纪 20 年代末，考德威尔又开始为酒店、医院、办公楼等建筑项目发债。1929 年商业地产的繁荣崩溃之后，这些建筑项目也陷入了危机。

1919 年，在哈特立兼并了伦敦商业银行 4 年之后，考德威尔创立了田纳西银行，主要是为了把他销售债券的收入都囤积起来。发债筹资后，考德威尔并没有马上把钱交给排水公司和酒店业主，而是挪作他用。[24]考德威尔收购了保险公司、纺织工厂、沥青工厂、牛奶厂、洗衣店、几家连锁百货商店，还有一家职业小联盟棒球队。即使和哈特立的商业帝国相比，考德威尔的业务也可以称得上多元化。考德威尔收购了很多做项目的公司，再让这些公司到保险公司申请发债。要是保险公司发的债券在市场上卖不掉，还可以在商业帝国中通过关联交易卖给被收购的保险人。在考德威尔的商业帝国中，还有一家肯塔基岩石与混凝土公司，专门为高速公路建设项目提供沥青，而考德威尔发债支持的很多建筑项目恰好需要用到沥青。

考德威尔商业帝国的核心是一系列银行。这些银行各自独立，但又为同一个财团所拥有，形成了连锁银行。（1926 年佛罗里达房地产泡沫破灭的时候，出问题的也是连锁银行，那是曼利-安东尼集团控股的连锁银行。[25]）美国当时限制跨州设立分行，而连锁银行的优势在于允许控股者在多个州开展业务，但这带来的问题是各州的银行监管者可能无法知道连锁银行中一家银行对另一家银行的负债。各州的银行监管者之间缺乏畅通的信息交流。

考德威尔钻的正是这个空子。他的连锁银行从田纳西州开到肯塔基州、阿肯色州和北卡罗来纳州。1930年，在他收购了肯塔基州路易斯维尔市的肯塔基银行公司（即肯塔基州国民银行）之后，他的商业帝国中的各家银行共拥有2.25亿美元存款，各家保险公司共拥有2.16亿美元资产。当其如日中天的时候，考德威尔公司是这一地区最大的投行。考德威尔为自己建造了一座奢华的住宅，仿照他心目中的英雄——曾任美国总统的安德鲁·杰克逊的故居"庵室"，并从欧洲运来了镜子和火炉做装饰。更准确地说，这栋房子是田纳西银行帮他盖的。建造这栋房子一共花了田纳西银行35万美元，建成之后这栋房子被列为田纳西银行的资产，但在1930年6月1日，这栋房子突然被秘密地转到考德威尔的名下。

此时，考德威尔商业帝国的很多投资项目已出现败局。考德威尔公司发行的房地产债券业绩惨淡，在经济下滑期间，其工业投资项目都已出现亏损。为了保命，考德威尔公司越来越依赖于把替排水公司和地方政府发债筹集到的资金存入田纳西银行。考德威尔公司还加紧从没有警觉的家庭、企业，甚至田纳西州政府那里拉存款。最后，在20世纪30年代中期收购的肯塔基银行公司使得考德威尔公司能够从这一新的下属银行贷款240万美元，这一举措暂时缓解了局势。

1930年11月7日，田纳西银行破产，考德威尔公司的真相随之曝光。早前，州里的监管者告诫田纳西银行其资本金不足，需要再补缴400万美元来保护储户，但它们发现田纳西银行拿来了很多劣质证券充数，最后州监管机构不得不关闭田纳西银行。

选择在这一时间关闭田纳西银行，反映出了考德威尔和当地政界的紧密联系。11月7日是田纳西州竞选结束后的第一个星期五。在这次选举中，亨利·霍利斯·霍顿再次当选两年一任的州长。霍顿原本是田纳西州的发言人。1927年，前任州长奥斯汀·皮伊死于任上，霍顿接替他担任州长。1928年霍顿第一次竞选州长，当时就有人指责霍顿和考德威尔的肯塔基岩与混凝土公司关系过密，肯塔基岩石与混凝土公司在没有招标竞争对手的情况下就获得了很多州政府项目的合同。考德威尔应感谢田纳西州的另一位政治掮客——新闻出版人和房地产商卢克·李上校。[26] 李支持霍顿州长，他旗下的《纳什维尔田纳西人报》和《诺克斯维尔日报》，不遗余力地为州长歌功颂德。李上校其实也是考德威尔的商业伙伴，他们两人合伙购买了位于诺克斯维尔的豪斯顿联合国民银行。李上校恰好又是分辖田纳西州的亚特兰大联邦储备银行的理事。

1930年，有传言说李上校鼓励霍顿州长给考德威尔更多的州政府建筑项目，以便考德威尔供应更多的沥青。不管这一指控是否属实，但至少由此能够清楚地看到李上校、考德威尔以及州长沆瀣一气的事实。

因此，选择在州长竞选之后才关闭考德威尔的田纳西银行，并非偶然（为了减少恐慌，给储户足够的时间冷静思考，监管者已经学会了到周末才关闭银行的技巧）。关闭田纳西银行的消息自然会让人们担心，过了周末，豪斯顿联合国民银行也会步其后尘。市场上有传言说，豪斯顿联合国民银行大量贷款给考德威尔公司，而这些钱又是从其他银行拆借来的。星期一一大早，储户们就排起了长队，等着从银行提走自己的存款。

鉴于田纳西银行经营不善，豪斯顿联合国民银行和考德威尔公司有牵连，投资者有理由担心诺克斯维尔银行的经营状况。除此之外，其他银行在多大程度上会受到牵连也令人担忧。出于稳妥考虑，在诺克斯维尔和邻近的几个城市，各家银行的储户都开始争相提取存款。一场声势浩大的金融危机拉开了序幕。

————

负责监管田纳西州金融机构的亚特兰大联邦储备银行身处风暴的中心。亚特兰大联邦储备银行的官员似乎对央行如何发挥最终贷款人的职能非常清晰。11月15日，李上校辞去了理事职位，对外宣称自己无法出席会议。在美联储的各个分行里，亚特兰大联邦储备银行一向是最为活跃的。[27] 早在一战刚刚结束之际，由于这一地区的棉花市场由盛转衰，亚特兰大联邦储备银行已经预先演练了如何应对金融困境。通过其在佛罗里达州的杰克逊维尔支行，亚特兰大联邦储备银行还负责古巴的货币流通。美西战争之后，古巴改用美元作为官方货币。1926年，有传言说在古巴的一家加拿大银行资不抵债，从而引起了恐慌和流动性危机。亚特兰大联邦储备银行用船运送了42袋钞票到哈瓦那，这使得其他银行有充足的现金兑付储户，最终平息了一场危机。[28]

由于有了这些经验，亚特兰大联邦储备银行和纽约联邦储备银行一样，深知全额兑付挤兑的储户对稳定信心的重要意义。它立刻决定运送数百万美元现钞到诺克斯维尔。到了星期二，即11月11日，这一天恰好是阵亡将士纪念日，银行放假不营业，这为运送现金提供了更充足的时间。

星期三，豪斯顿联合国民银行无法开门营业。在诺克斯维尔的另两家银行——东田纳西国民银行和国民城市银行，也遭遇了恐慌性的挤兑。尽管这几家银行和考德威尔-李上校的商业帝国没有业务联系，但人们已经顾不上这些了。截至下午两点，储户共支取了100多万美元。幸运的是，亚特兰大联邦储备银行的"大批现金"已经顺利送达，足以兑付储户，这一消息让"最胆小怕事的人也放心了"。[29] 到了星期四下班的时候，大多数在前一天提走存款的储户又把钱存进了银行。时任诺克斯维尔清算协会（负责当地银行支票和其他相互支付手段的清算）主席的A. P. 弗赖尔森宣称："储户们的紧张情绪……终于平复了。"[30]

但这并没有阻止田纳西州的恐慌传染邻近的几个州，以及和考德威尔-李上校的商业集团没有业务联系的其他银行。当然，考德威尔系金融机构损失最为惨重。在田纳西州，有10家考德威尔公司的银行倒闭；阿肯色州有45家；肯塔基州有15家；北卡罗来纳州有15家。

在这些倒闭的金融机构中，美国交易信托公司是阿肯色州最大的银行。美国交易信托公司不仅给考德威尔公司发放了大量贷款，而且，考德威尔与其合伙人 A. B. 银行公司共拥有美国交易信托公司 70% 的股权。该公司有 1/3 的贷款是发给其内部管理层及理事的,从这一点就能看出这家银行的诡异之处。11 月 16 日,针对该公司的提现要求已经高达 400 万美元,美国交易信托公司不得不停止兑付。[31] 第二天,美国货币审计署关闭了肯塔基国民银行。

田纳西州在田纳西银行和豪斯顿联合国民银行共有 500 万美元的高速公路项目存款,考德威尔以个人名义为州政府的存款担保。政府拍卖了考德威尔马厩里的 64 匹纯种马和 1 匹种马。但遗憾的是,拍卖所得仅有 8.5 万美元,这不过是考德威尔所担保的债券总额的九牛一毛。政府希望继续拍卖考德威尔的地产布伦特伍德厅,但这一地产已经被转移到考德威尔个人名下,因此考德威尔可以申请宅地豁免。

霍顿州长因丑闻身败名裂。1932 年,他已无心再次参加竞选,不久后就撒手人寰。考德威尔、李上校,以及豪斯顿联合国民银行、豪斯顿信托公司的总裁 J. 巴泽·拉姆齐被指控挪用政府的高速公路专款。李上校 1934 年入狱,1936 年假释出狱。考德威尔的运气更好,对他的审判被田纳西州最高法院驳回,而且此后他也没有再次被诉。直到 1954 年,州政府才将他赶出布伦特伍德厅。

1930 年的银行业危机主要集中在田纳西州、阿肯色州、肯塔基州和北卡罗来纳州。导致银行业危机爆发的主要原因在于几个不择手段的冒险家。危机几乎局限在美国南部,而且主要涉及考德威尔系银行。很多金融历史学家都在努力还原 1930 年银行业危机的这一真相。

事实上,这次银行业危机之所以没有蔓延到考德威尔系之外的金融机构,也没有在更大的范围内扩散,主要归功于亚特兰大联邦储备银行的快速反应。亚特兰大联邦储备银行使得少数几家银行的破产没有引发恐慌和流动性危机,因此避免了整个银行体系被拖下水。尽管 1930 年银行业危机没有酿成系统性风险,但这并不是说,当时的问题不足以引发一场大的危机,但这一事件恰恰可以证明一个有力的央行是有能力避免最坏结局的。

这一切说明，美联储的官员，至少是一部分官员，知道应该如何应对恐慌。问题在于，当下一次危机到来的时候，他们是否会同样果断出手。

————

考验美联储的时候到了。1930年，合众国银行出事了。这不是美利坚合众国银行，美利坚合众国银行是存在于1791—1836年的美国央行的雏形。但起"合众国银行"这个名字并非出于巧合，而是为了提高声誉。1926年的一项立法规定，银行在起名的时候不能再用"联邦""合众国""储备"等，但已经用了这些名字的不予追究。合众国银行是一位名叫约瑟夫·马库斯的制衣厂老板在1913年创建的，这一名字就此沿用了下来。

马库斯于1928年去世，合众国银行由其儿子伯纳德继承，伯纳德成为当时全美最年轻的银行行长之一。马库斯父子都急于扩张业务，儿子尤其激进。他们将银行的资本金提高到了2 500万美元，有61家分行，顾客多达40万，在当时的银行界首屈一指。他们还设立子公司，负责发行和交易证券，并建立了投资信托公司销售证券。后来人们才察觉，他们卖得最多的证券是自己银行的股份。

他们也为商业地产项目提供贷款，包括曼哈顿几个主要街区的公寓楼项目。对于纽约市的银行，与房地产有关的贷款平均占其贷款总额的12%，但合众国银行与房地产有关的贷款占其贷款总额的40%。合众国银行采取了佛罗里达州银行的做法，提供第二次、第三次抵押。合众国银行像考德威尔公司一样，一方面给地产商提供贷款，另一方面又投资地产债券。合众国银行还有一个子公司，这个公司直接购买土地，开发建造公寓楼。

其他投资者已经感觉到这不是投资商业房地产的最佳时机。1929

年4月，尽管股市总体处于牛市，其他银行股仍然上涨，合众国银行的股价已开始下跌。伯纳德和公司的执行副总裁索尔·辛格合伙通过其他关联公司，购买自己银行的股票来抬升股价。这和哈特立用借来的钱购买自己股票的做法如出一辙。马库斯和辛格还教唆分行行长们把股份卖给尚未察觉的储户。[32]

信息灵通的投资者知道的那些消息，监管者最终也能知晓。1929年夏，美联储和州银行监察官指出，伯纳德和辛格在"草率经营银行"。[33] 合众国银行的风险管理漏洞百出，银行资产过度集中于流动性较差的房地产投资。监管者要求合众国银行尽快出台补救措施。

纽约州银行监察官约瑟夫·A. 布罗德里克在1929年夏忙着给合众国银行找一个有实力的兼并方。[34] 一个看来很有希望的合作者是私人银行J. & W. 塞利格曼。连合并之后的企业董事会主席都找好了，就是国民城市银行的副总裁S. 斯隆·柯尔特。10月下旬，在快要达成最后协议的时候，股灾使兼并计划泡了汤。

布罗德里克继续寻找有望收购合众国银行的潜在买家。1930年年初，欧文信托公司有兴趣收购合众国银行，但消息泄露之后，合众国银行的股价上扬，使得收购的成本过于昂贵。毕竟，合众国银行的房地产贷款质量到底如何，着实令人怀疑，只有财大气粗的买主才敢出手。

于是，布罗德里克找到了制造业信托公司，这是纽约最大的银行之一。遗憾的是，制造业信托公司也存在和合众国银行一样的问题——向房地产业贷款过度。辛格甚至让兼并计划节外生枝：他要求制造业信托公司为自己的儿子提供一个职位，就像马库斯父子一样，想让儿子子承父业。谈判进展缓慢，但市场上都知道两家有合作计划。

1930年12月8日，兼并计划宣告失败，这一消息导致了挤兑。接下来的两天，2 500名惊慌的储户从合众国银行提走了200多万美元的存款。储户们排了好几个小时的队，等待把他们的账户清空。大批警察赶来维持治安。

这可能会成为美国历史上最大的银行破产案。纽约联邦储备银行召开紧急会议,商讨对策。会议地点在位于自由街33号的纽约联邦储备银行的大楼里。这栋大楼始建于1924年。2008年9月12日拯救雷曼兄弟的紧急会议也是在这里召开的。不知道两次会议是不是都在一楼的会议厅召开,但楼是同一栋楼。1930年12月10日的通宵会议聚集了当时金融界的头面人物:纽约联邦储备银行行长哈里森、J. P. 摩根合伙人托马斯·拉蒙特、纽约联邦储备银行理事欧文·D. 杨格,以及纽约州副州长赫伯特·雷曼。

既然无法劝说制造业信托公司回心转意,紧急会议集中讨论的是如何再找到一个称心如意的"郎君"(读者当然会想到,当美国银行和雷曼兄弟的合并告吹之后,政府官员是如何急于撮合巴克莱银行收购雷曼兄弟的[35])。但在"拉郎配"不是那么容易的时期,培养感情不是朝夕之功。与此同时,还必须说服负责银行间清算、结算的纽约银行清算协会为出了问题的金融机构的存款和其他负债提供担保。

12月11日凌晨4点,在通宵会议快结束的时候,纽约银行清算协会拒绝为合众国银行提供担保。有一种说法是,因为合众国银行是犹太人开的,所以纽约金融界的反犹情绪或许是其拒绝为合众国银行提供担保的原因之一。[36] 纽约银行清算协会也不知道需要自己出面担保的债务规模到底有多大。合众国银行庞大而复杂,摸清它的底细并不容易。这和雷曼兄弟的情况也很类似。美国银行和巴克莱银行在与雷曼兄弟商讨兼并收购的时候,最发怵的也是弄不清雷曼兄弟的账本。[37] 通宵会议没有拿出任何解决方案。星期四早晨,合众国银行被迫关门。

———

纽约联邦储备银行不肯出手救助合众国银行,可能是因为它觉得合众国银行已经资不抵债(不救助雷曼兄弟也是出于同样的担心)。但纽约联邦储备银行非常清楚地知道,危机很可能会蔓延到其他金融机构,比如同样大量贷款给房地产商的制造业信托公司。储户不了解自己的银行是否健康，自然会考虑把账户里的钱取出来。如果银行没有办法支付现金，消息就会扩散，引起更大的恐慌。为了防止这种情况出现，纽约联邦储备银行立刻采取措施，向纽约市的其他银行提供现金和流动资产。它们在接下来的三天之内，从纽约市的各家银行手中购买了 4 000 万美元政府证券。在之后的一个星期之内，纽约联邦储备银行通过贴现和购买票据，提供了 1 亿美元的资金，成功地阻止了一家主要银行的破产可能引发的恐慌性挤兑和流动性危机。

合众国银行最后由纽约州银行局接管。纽约银行清算协会同意以其存单为抵押，向合众国银行的储户提供不超过其存款额 50% 的贷款。协会迅速决定接纳制造业信托公司为其成员，其决策速度堪比 2008 年在一个周末就把高盛和摩根士丹利从投行变为银行持股公司的速度。[38]

如今，我们知道当时已经是大萧条的序幕。事后来看，美联储在当时的作用要比很多人认为的更复杂。主流观点认为，美联储不了解央行作为最终贷款人和提供流动性支持的重要性，但美联储确实是知道的。1929 年股灾爆发的时候，美联储曾经为市场提供流动性支持，只要有合法的抵押品就无限贷款。1930 年，它们押送大批现金和其他流通货币，以应对考德威尔公司破产可能带来的扩散，并同意只要有合法的抵押品就无限贷款，以防止合众国银行破产给其他银行带来流动性危机。这些快速反应使得 1929 年股灾并未立刻引发更大的金融灾难，而 1930 年银行业危机并不严重。

但其中也有运气的因素，1930 年银行业危机集中在纳什维尔、诺克斯维尔和纽约。纽约联邦储备银行位于美国金融系统的中心；亚特兰大联邦储备银行因其地理位置的原因，被指定负责指导古巴金融体系的运作，因而都有应对金融危机的经验。如果 1930 年银行业危机发生在其他地区，当地的美联储分支机构是否有同等的经验和信息，是否能够做出同样理智的决策，就不得而知了。

第 8 章 再遭重创

1930年，美联储尚有足够的政策空间。它有大量的黄金储备，因而不必担心保持黄金可兑换性和提供紧急流动性支持这两个政策目标间的冲突。工商业活动要到几个月之后才会急剧减少，此时金融体系中尚有大量高质量的商业票据，可以拿到美联储贴现。1930年的局势和1931年的，尤其和1933年的，不可同日而语。

尽管在亚特兰大和纽约的美联储官员知道应如何应对金融危机，但他们似乎并不理解名义利率和实际利率（名义利率减去通货膨胀率）的区别。他们还不理解，利率很低说明对信贷的需求，以及对货币的需求非常疲弱，而不是说信贷市场上供应充足，央行可以袖手旁观。由于奉真实票据理论为圭臬，美联储不愿意承担调节货币和信贷的数量以避免价格水平、支出水平和经济活动出现灾难性下跌的责任。如果经济活动下滑，美联储的黄金储备也会缩水，因为投资者会担心美元的未来价值，而且能够在央行贴现的合法的商业票据会越来越少。

因此，在之后的岁月里，金融危机将卷土重来，而美联储将面临更为不利的局面。

第 9 章　欧洲的海岸

美国爆发次贷危机之后，过了一年多，金融海啸登陆了欧洲的海岸。1929 年华尔街股灾之后，也是用了一年多的时间波及欧洲。欧洲本已受到美国资本流入突然停止和美国的制造品进口订单突然减少的冲击，这一双重打击使得欧洲各国央行的黄金储备锐减。为了应对黄金储备的流失，欧洲各国的央行不得不提高利率。利率的提高或许有助于鼓励投资者将资金留在欧洲，但对企业的投资和居民的消费都造成了不利影响。1930 年 12 月，合众国银行破产之后，纽约联邦储备银行将再贴现率下调至 2%，但英格兰银行不得不保持 3% 的再贴现率，而德国央行的再贴现率更是高达 5%。

在欧洲各国，只有法兰西银行跟随了美联储的步伐。1931 年年初，法兰西银行也将再贴现率下调至 2%。法国经济复苏来得更晚，法国也不是主要的借款国，对外资的依赖程度较低。20 世纪 20 年代初期，法郎贬值，因此法国的出口仍然较具价格竞争力。1930 年，法国的工业产量大体稳定，美国股灾仅使得法国的奢侈品贸易略受影响（银行家订购的红酒减少了）。

法国仅有一家银行破产，即位于加莱的亚当银行。该银行受其主要股东阿尔伯特·乌斯特里克投资失败的影响而陷入困境。乌斯特里克和哈特立、考德威尔一样，都是乱世枭雄。他早年在卡尔卡松的咖啡店当侍者，之后进入一家法国军火企业工作，在一战期间逐级晋升。乌斯特里克曾帮助有政治后台的意大利金融家李嘉图·瓜利诺，使后者旗下的斯尼亚·维斯科萨纺织公司在巴黎证券交易所上市，从中赚到了第一桶金。维斯科萨公司原是贸易公司，1922年重组之后开始生产人造纤维，这和收音机一样都是在20世纪20年代出现的新兴产品。那时，人们觉得人造纤维比黄麻时髦多了。1925年，维斯科萨公司的人造纤维产量已经占意大利人造纤维总产量的60%，该公司成为世界第二大人造纤维生产企业。瓜利诺在企业发展的过程中得到了墨索里尼和意大利银行的支持，直到后来和墨索里尼交恶。1926年，瓜利诺给墨索里尼写了一封信，抗议意大利里拉汇率稳定之后估值过高。瓜利诺对货币升值非常敏感，因为他80%的产品都出口，但是他没有敏锐地预料到墨索里尼的反应。对墨索里尼而言，更稳定、更强势的意大利里拉代表国家的尊严、领袖的成就。在大萧条期间，瓜利诺的工业帝国负债累累，最终破产。瓜利诺被捕入狱，监禁5年，因为他"对国民经济造成了严重的损失"。

　　乌斯特里克抓紧时机，用他赚来的钱兼并其他企业。他收购了生产靴子和鞋子的企业，生产丝绸、羊毛和皮革的企业，生产缝纫机的企业等——和哈特立的商业帝国一样多元化。乌斯特里克在管理这些企业的时候，大量超发股票，这也和哈特立的做法一样。这使得这些企业的财务负担更重，但乌斯特里克能从中得到更多的现金，收购更多的企业。

　　和哈特立一样，在乌斯特里克的商业计划中，非常关键的一步是收购一家金融机构为己所用。他创建了乌斯特里克银行，并将其资本金从6 000万法郎扩大到1亿法郎。瓜利诺持有该银行1/4的股份。乌斯特里克后来收购了加莱海峡区的亚当银行，该银行成立于1784年。

　　虽然英格兰银行行长蒙塔古·诺曼对哈特立一直心存怀疑，但法兰西银行的官员似乎对乌斯特里克格外支持。瓜利诺和墨索里尼交恶之后，乌斯特里克持有的维斯科萨公司的股票价值暴跌，1929年又遇到股灾，乌斯特里克的商业模式难以为继。乌斯特里克从亚当银行借钱购买本公司股票，企图拉升股价，这也和哈特立的做法一样，但乌斯特里克侥幸过关。随着乌斯特里克其他投资的失败，亚当银行也受到牵连，陷入财务困境。乌斯特里克被逮捕，并被指控犯有欺诈、挪用资金以及与亚当银行有关的金融诈骗等罪行。他被判处 38 个月的监禁，并被处以 31 000 法郎罚金。[1]

法国政坛上的左翼分子和右翼分子都抓住此事大做文章。右翼分子指出，法国前驻意大利大使雷内·贝纳德参与了维斯科萨公司的交易。左翼分子则揭露，有几位现任及前任部长都曾收到乌斯特里克的酬劳。拉乌尔·特里特在担任法国财政部部长期间，批准了维斯科萨公司在巴黎证券交易所上市，并随后摇身成为乌斯特里克的法律顾问。这些政治丑闻使得安德烈·塔尔迪厄领导的中右翼政府不得不引咎解散。

加莱这家银行的倒闭所带来的政治风暴是猛烈的，但其直接经济冲击不过是布洛涅的渔队没法得到足够资金支持，无法出海。不管渔民的损失多大，这一影响都没法跟其他欧洲国家所遭受的经济冲击相提并论。法兰西银行仍然有很多黄金储备，如果这还不够，那么它还能把在普恩加莱总理采取经济稳定政策时期所积累的英镑卖掉。乌斯特里克事件的问题在于，当经济和金融局势恶化的时候，法国政府有没有意愿，而不是有没有资源出手救助。

———

黄金不断流入法国，但与此同时，其他欧洲国家央行的黄金则不断流出，它们不得不提高利率。法兰西银行仍不断把英镑兑换成黄金，这给英格兰银行带来了更大的压力。英国的经济学家指责法兰西银行不顾其决策对其他国家带来的冲击。[2] 由于法国经济形势相对较好，法国政府感受不到英国人的压力。这令人联想到，当欧元危机爆发的时候，德国经济一枝独秀，德国也不关心其他欧洲国家，这被称为"德国的冷漠"。如果法国的国际收支更强,而英国的国际收支更弱,那只是因为法国人努力巩固了本国经济,而英国人没有调控好本国的经济;如果法国存在经常账户顺差,那是因为法国人天生勤俭,更喜欢存钱而不是花钱。美国作家威尔·罗杰斯一针见血地说,法国经济看起来不错,是因为法国的国民特性,以及对"勤劳工作,点滴不弃"的热爱。[3]如果英国没有办法满足法国的要求,把法国的英镑换成黄金,那是英国人自己的问题。我们再一次发现了欧元危机和大萧条的相似性。在欧元危机爆发之后,德国也一直在批评挥霍无度的南欧国家。德国人始终没有想清楚,一个国家的贸易顺差必然对应另一个国家的贸易逆差。

就算法兰西银行愿意采取措施(当然,它毫无兴趣),也没有太大的政策空间。法国曾经经历过动荡的通货膨胀时期,因此其实行的是一种非常严苛的金本位。在20世纪20年代,法兰西银行曾经为政府赤字融资,如今,它不能再购买国内证券。法兰西银行不能通过公开市场操作,即在市场上买卖证券,影响金融市场,并以此影响黄金的流动方向。欧洲央行章程中的第123条款规定,禁止欧洲央行购买新发行的政府债券。因此,在2011—2012年的欧洲债务危机中,欧洲央行很难干预并稳定债务市场。聪明的欧洲央行最终想出了办法绕过这一禁令。如果法兰西银行想采取措施的话,它本来也能找到变通的办法。[4]比如,法兰西银行可以找到漏洞,购买法国债务管理机构的债券;它也可以在外汇市场上购买美元或英镑,以此向市场注入法郎。

法兰西银行的理事们不愿如此行事,因此在做决策的时候,他们没有受到太多外国意见的影响。法兰西银行继续囤积黄金,加剧了其他国家的负担。不久,其他国家,最终也包括法国,就不得不承担后果。

———

德国到了生死关头。德国比其他国家更依赖外资流入,一旦外资停止流入,德国首当其冲。德国人对恶性通货膨胀记忆犹新,民众和政府都认为保持黄金可兑换性是最重要的事情。因此，德国需要考虑的问题是，黄金可兑换性能否守住，如果守不住，会有什么后果？

1930年，工作勤奋、野心勃勃的汉斯·路德取代沙赫特，成为德国央行行长。路德一生从政，先后担任过马格德堡市议员、埃森市市长，后来还曾于1925—1926年短暂出任过魏玛共和国总理。在恶性通货膨胀时期，路德任食品和农业部部长。他提出让餐厅把每份菜的分量减少，以避免涨价。如今，价格和产出水平均在下跌，路德的对策更令人不敢恭维。

但路德至少明白一个道理：如果到了不得不干预银行，才能维持金融体系稳定的地步，德国央行将无退路。出现这一局面的可能性并不小。德国的大银行对工商业有大量贷款，当经济下行的时候，它们将受到很大冲击。1922—1923年的恶性通货膨胀消耗了银行的资本金，银行必须大量补充资本金。当时，资本金和储备占德国银行资产总额的比例不足7%，这只有以前水平的1/3。[5] 2009—2010年德国大银行的杠杆率更高，资本金比例不足2.5%。但按两次世界大战期间的标准来看，德国大银行的杠杆率已经非常高了。

德国储户在恶性通货膨胀期间受损严重，仍未恢复元气。为了继续运转，德国的银行不得不通过高息吸收国外的存款。在国际上有名的大银行更容易吸引国外储户。到1929年，德国大银行40%的存款来自国外账户。这和2008年冰岛的三家大银行颇为相似。和冰岛的情况一样，如果外国储户撤走资金，德国的大银行很容易遇到流动性问题。祸不单行，大银行的利润正在下降，遇到流动性紧张将更难应对。[6]

考虑到金融体系的脆弱性，如果财政政策进一步紧缩，不说完全错误，至少也是值得商榷的。财政紧缩导致支出减少，这会使得银行的状况进一步恶化，经济陷入螺旋下降的恶性循环。

但政府坚信财政平衡是必做之事。正如帕克·吉伯特曾经警告过的，州政府和市政府过度依赖廉价贷款，导致债台高筑，最终地方政府和联

第9章　欧洲的海岸

邦政府都难以继续借款。[7]德国的债主——法国尤甚——又无意与德国商讨债务延期。德国经历过恶性通货膨胀，不可能放弃金本位。由于没有其他选择，唯一可做的就是维持财政平衡。

但维持财政平衡是更为复杂的一件事情。德国社会民主党反对削减失业救济，巴伐利亚人民党则因对啤酒征税而起来抗议。"大联合政府"是德国民主的最后尝试，但因为无法达成共识，于1930年宣告失败。

"大联合政府"解散之后，海因里希·布吕宁迅速组阁。布吕宁出生于明斯特，明斯特是文化斗争运动的中心。据说，文化斗争运动结束之后，明斯特的天主教居民都变得比路德派更像路德派。布吕宁从1924年开始担任德国国会议员，并很快在政界树立了金融专家的形象，好比美国共和党的政治新星保罗·瑞恩。布吕宁力主不惜一切手段实施财政平衡。由于德国国会里没有一个团结的多数派，布吕宁不得不借助魏玛宪法第48条巩固自己的权力。这一条款并未给予总理无节制的权力，布吕宁在事后还得向德国国会提交申请，获得国会的批准，但国会同意布吕宁自主编制财政预算。

布吕宁认为失业救济存在巨大的赤字，因此他不得不颁布法令，提高获得失业救济的标准，同时减少发放的救济金额。他削减了公务员的工资，并减少了对州政府和地方政府的财政转移支付。他还提出了很多新的税种，比如用对矿泉水征税取代对啤酒征税。

但在经济低迷时期，私人消费已经萎缩，又要减少政府支出，一定会加剧经济下滑。另一个可以预期的后果就是政府失去了政治支持。社会民主党和纳粹党之间结成了畸形的联盟，反对总理的政策。

布吕宁不会轻易改变自己的想法。他解散了德国国会，要求重新选举。出乎他的意料，选民们根本不买他的账。政府成员在新国会中所占席位不超过1/3。共产党、国家社会主义党和其他极端政党的影响力大增，纳粹党的席位一下子增加了9倍。在历史上，这不是财政紧缩和经济衰退第一次酿成政治极端主义，也不会是最后一次。

按照托马斯·弗格森和彼得·特敏的研究，这次政治倒退是德国危机的导火索。[8] 布吕宁一意孤行地实施财政平衡，使得经济进一步滑向衰退，政治更趋极端。投资者更加恐慌，大家不知道接下来会发生什么，于是越来越多的资金撤离德国。

1930年9月，随着大选临近，德国央行的储备急剧流失；10月，储备继续流失。德国央行被迫将再贴现率提高一个百分点，以维持金本位。但这无助于解决政治危机，投资者并没有因此而安心。资本继续外逃，银行存款大幅下降。在这一情况下，令人感到奇怪的不是会发生危机，而是为什么只出现了银行业危机，却没有出现整个金融体系的崩溃。

2010年的南欧国家遇到了同样的问题。除此之外，还有哪些政策选择？如果财政紧缩政策不那么苛刻，后果是否会好一些？德国历史学家克努特·博尔夏特认为，由于之前过度借贷，德国已经无法回到资本市场，除了紧缩政策，别无他法。[9] 弗格森和特敏的结论与此不同，他们认为，如果德国没有采取如此严苛的紧缩政策，政治中间力量或许能够占上风，经济衰退的程度会更为和缓，改革或许能继续推进。政府将能够再次进入资本市场，为赤字融资。

这一看法或许过于天真。德国经受政治冲突，背负沉重的债务压力，旁边又是充满敌意的法国，通过资本市场融资从来就不是德国的选择。为财政赤字融资的唯一办法是实施汇率管制，迫使银行购买政府增发的债券。希特勒在1933年就是这样做的。

———

经济萧条、政治瘫痪、财政疲弱、央行无能，危机随时可能爆发。其导火索是奥地利最大的银行——奥地利信贷银行的破产。

奥地利信贷银行的全称是奥地利工商业信贷机构，是由罗斯柴尔德家族在19世纪60年代创立的。奥地利大多数工商企业都和这家银行有业务联系。奥地利信贷银行占该国银行资产的50%，资产负债表相当于该国 GDP 的 10%。[10] 1929 年，奥地利信贷银行兼并了其唯一的主要竞争对手——波登信贷银行，后者和纺织业联系紧密。

在经济萧条期间，这样的业务结构很难运转良好。奥地利信贷银行并没有多少能力吸收潜在的亏损，管理层又挥霍无度。和德国的大银行一样，奥地利信贷银行的资本金在一战之后的通货膨胀时期也已消耗殆尽。[11]

和德国的大银行一样，奥地利信贷银行也高度依赖外国资金。该银行勉力提供高利息，外国居民和机构贡献了大约 35%~40% 的存款和其他信贷。一旦出现风吹草动，这批资金会在第一时间撤出该银行，撤离奥地利。

奥地利政府坚持要奥地利信贷银行收购波登信贷银行，因为政府非常担心纺织业，以及波登信贷银行的状况。奥地利信贷银行的管理层认为既然他们已经听从了政府的要求，政府自然会在困难的时候提供支持。[12] 当该行的资产负债表不断恶化的时候，管理层决定全力一搏，意欲东山再起。于是，他们继续给奄奄一息的纺织企业提供贷款。如果没有贷款支持，这些企业都将消失。2008 年，雷曼兄弟也处于这样的绝境之中，资本金严重不足，大量投资岌岌可危，但雷曼兄弟还是想铤而走险，并指望失败之后能得到政府的救助。

1931 年 5 月 11 日，奥地利信贷银行公布了其 1930 年的资产负债表，其财务困境终于大白于天下。两天之后，奥地利信贷银行就流失了 16% 的存款，在之后的两星期之内，30% 的存款都不见了。[13]

奥地利政府当然知道奥地利信贷银行已经大到不能不救，但不幸的是，这家银行也大到了救不了的地步，仅是该行欠外国人的钱，就已经比奥地利国民银行（奥地利央行）的黄金、外汇储备还多。要是所有的外国人都要把钱提走，那么就算奥地利国民银行把所有的黄金都给他们，也还是不够。奥地利国民银行更没有办法偿还其他银行欠外国人的钱：奥地利信贷银行的消息一传出，其他银行的外国储户也开始出现恐慌性的提现。

只有依靠一个黄金储备充足的国家的支持，奥地利才能渡过难关。这就是法国。但奥地利刚刚在和德国商议，要建立一个关税同盟。这个提议违反了《凡尔赛和约》的规定，但这是德国外交部提出来的，德国希望能够用这样一个激进的外交政策，转移德国大众对经济困难的关注。对像奥地利这样一个身处德国翼护的小国来说，这样的提议是无法拒绝的。[14]

尽管奥地利政府认为奥地利信贷银行出现的是流动性问题，但实际问题远比这更严重。危机的本质是，奥地利国民银行没有足够的黄金和外汇偿还对外债务。奥地利信贷银行已经资不抵债，其工商业贷款出现了巨额亏损。尽管政府不承认，但很快就能看出，这家银行需要的不仅仅是短期的流动性支持，它还需要补充新的资本金。

奥地利政府也知道这家银行对本国经济的重要性，奥地利总理奥托·恩得同意注资1亿先令（约合1 400万美元），购买该行33%的股份。[15]但问题在于，政府到哪里去找这笔钱呢？经济萧条已经使得税收收入锐减，失业救济支出剧增。政府没有金融储备，也无法借款。当给银行注资的消息一公布，奥地利的国债价格应声而落。2010年在希腊、西班牙和爱尔兰也曾经出现过这样的"恶魔循环"：银行问题引发财政问题，财政问题进一步导致银行业危机加剧。

1931年3月，奥地利政府花费几个星期的时间，经过艰难的谈判，终于达成了一项从11个国家贷款1亿先令的协议。贷款渠道是刚刚组建的国际清算银行。国际清算银行是为了处理战后赔款转移问题而建立的，刚建立就派上了用场。但奥地利政府仅仅得到了所需贷款的一半。这些钱足够用来给奥地利信贷银行注资，但要是再有亏损，就不够填补窟窿了。

与此同时，奥地利国民银行的储备不断流失。焦虑的投资者纷纷抛售先令，逃离奥地利。贷款最后又流走了。给奥地利信贷银行的注资，

第9章　欧洲的海岸　　143

先是用来偿还外国储户,再用来兑付国内储户,而国内储户拿到先令,就到央行,要求把先令换成黄金。[16]

奥地利政府唯一能够想出来的办法就是再去贷款。贷款人吃一堑,长一智。这一次,它们要求奥地利信贷银行的债权人,不管是在柏林、巴黎,还是在伦敦、纽约,都要承诺将其资金保留在维也纳,以免注入的资金很快再度流失。贷款人的进一步要求是,奥地利政府要为这笔贷款提供担保。第一批贷款从技术上讲,是贷款给央行,而非奥地利政府的。让奥地利政府难以接受的是,法国政府要求奥地利取消和德国的关税同盟,将其财务交由国联管理,并放弃"任何可能改变奥地利现存的政治经济关系的行动"。

这是让奥地利交出国家主权。奥地利国民银行计划于6月17日星期三公布其外汇储备的新数据。法国在数据公布的前一天提出如此要求,显然是认为身处困境的奥地利别无选择。

法国的要求超出了恩得政府能够承受的限度。6月16日,当接到法国的要求之后,恩得选择辞职。英格兰银行来当和事佬,答应提供一笔临时贷款,但这时已经太晚了。到了这一时刻,如果不想关闭奥地利信贷银行,唯一能做的就是和其外国债权人协商,让他们不要继续撤资。这一代价也非常大。奥地利信贷银行的外国债权人已经在英国成立了奥地利信贷银行国际委员会。如果要他们答应在两年之内不撤资,奥地利信贷银行国际委员会要求继任的奥地利政府为该银行的债务提供全部担保。恩得下台之后,继任的是卡尔·布雷施。布雷施接手的奥地利联邦政府只有18亿先令(约合2.5亿美元)的预算,却要承担12亿先令的银行债务。[17]这简直就是2008年的爱尔兰。

即使奥地利政府提供了担保,也无法提振市场的信心。"恶魔循环"再次降临。暂缓提款的协定意味着外国银行在奥地利的资产被冻结了,这将使其日子更加艰难。要是决策者的目的是把危机扩散到其他国家,那没有比这更有效的办法了。

德国投资者在奥地利的资产被冻结,他们争相寻求流动性,于是不得不将在其他银行的存款取出,或清算其他投资。金融记者哈利·霍德森这样写道:"一家银行、一个国家的银行体系,或是整个世界,都需要保持流动性,否则就会毁灭。如果其中某项资产,过去被认为是流动的,如今难以在一时之间变现,那么必须变现其他资产,以改善流动性状况。"[18]这也是雷曼兄弟的问题所在。就这样,危机扩散到了德国。

德国的第三大银行达姆施塔特银行在很多方面酷似奥地利信贷银行。和奥地利信贷银行一样,达姆施塔特银行也大量贷款给工商业。在很多人眼里,其主要合伙人雅各布·哥德施密特是个冒险家。沙赫特在其回忆录里说,哥德施密特以"冷酷无情"著称,当然,他的描述可能带有对犹太人的种族偏见。[19]沙赫特说,哥德施密特的冒进行为使他并不好相处。

哥德施密特最热衷的事情就是鼓动过剩产能行业的企业互相兼并。这和哈特立的策略是一样的。达姆施塔特银行为纺织行业提供了大量的贷款。达姆施塔特的一个客户——不来梅的诺德维尔,居然令人费解地赌羊毛价格会上涨,结果深陷困境。

5月11日,正是奥地利信贷银行的坏消息公之于众的那一天,哥德施密特知道了诺德维尔的消息。这一消息很快广为人知。当知道诺德维尔的投机是由一家荷兰公司奥超迈尔操作之后,人们更为惊慌。即使是诺德维尔的外部理事,也没有几个人知道奥超迈尔这家公司。诺德维尔公司的外部董事中有几位是银行家。诺德维尔的联席CEO卡尔和海因茨·拉胡森不断加注,还向达姆施塔特银行及其他金融机构大量举债。投资者很快就开始担心,达姆施塔特银行存在的问题是否在其他银行也会存在,因为别的银行也为工商业提供了大量贷款。

这不是德国的银行体系遇到的唯一的问题。如果仅仅是对工业的贷款出现了问题,那么德国国内的储户应该是最早撤资的。国内居民应该对德国工业以及银行业的状况更为了解。事实上,最早逃跑的是外国资金。流通中的现金并没有显著增加,也就是说,居民并没有将存款换为现金。但在5月的最后一个星期,德国央行的黄金和外汇储备却急剧减少。6月上旬,德国央行的黄金和外汇储备继续流失,说明外国资金正在快速流出。

布吕宁总理暗示要延期偿付战争赔款,这让外国投资者更加惊慌。[20] 大萧条的到来,使得战争赔款压力越发沉重。布吕宁越是在经济问题上失去民心,就越想在对外政策上咄咄逼人。他违反《凡尔赛和约》的规定,重整军备,建造小型战列舰。1931年3月,他启动了命运多舛的德国-奥地利关税同盟。6月6日,他开始第二轮下调公务员工资、削减失业福利。布吕宁说,德国经济已经到了破产边缘。他的话中之意是,如果局势进一步恶化,就不得不延期偿付战争赔款。

延期偿付战争赔款,预示着私人债务迟早也会暂停支付。意识到这一点,外国投资者急忙把自己的剩余资金撤出德国。6月13日,德国央行出乎意料地将再贴现率一下子提高了200个基点。但即使如此,也无法安抚外国投资者,他们担心会失去自己在德国的所有存款。看空德国经济的人变得更加悲观。

———

并不是只有布吕宁一个人在考虑延期偿付战争赔款。胡佛总统对美国经济忧心忡忡,而且距离总统竞选只有18个月了,这次竞选将决定他能否连任。从5月开始,胡佛总统就开始考虑让德国延期偿付战争赔款。[21] 从6月起,他开始寻求财政部部长梅隆、纽约联邦储备银行行长哈里森和美联储主席尤金·迈耶的支持。迈耶来自加利福尼亚,他野心勃勃、言语粗鄙,曾经就读于加利福尼亚大学伯克利分校和耶鲁大学。他挣的第一桶金是炒铁路股票,本金是他的100美元"禁烟基金",是他父亲对他在18岁之前没有抽烟的奖励。要是他答应在21岁之前也不抽烟，就能再得到500美元。在一战时，迈耶加入了战时金融公司，该公司主要支持对战争至关重要的银行、铁路等行业的恢复运营。之后，他又主政复兴金融公司，这个公司就是战时金融公司的翻版。后来，他收购了《华盛顿邮报》，还曾担任世界银行行长。[22] 迈耶后来说，是他而不是胡佛总统想到了延期偿付战争赔款的主意。但在自传里，胡佛总统把功劳都归于自己。迈耶对此大为光火，他曾经说，胡佛总统的自传应以"孤身在华盛顿"为名。[23]

6月20日，胡佛倡议让德国延期一年偿付战争赔款。美国国务院没有提前通知法国，法国对这一倡议非常恼火。时任法国总理皮埃尔·赖伐尔召见了美国驻法大使，抗议美国总统的"休克策略"。胡佛也很不高兴，他觉得法国人趾高气扬。他在一份报告里讲道："我们的法国朋友应对大萧条有更清醒的认识。"但和1923年不一样，这一次，法国已经没有办法再派出军队。[24]

跟巴黎的政客们不一样，投资者对延期偿付战争赔款的倡议反应积极。股市和初级商品市场出现了反弹。遗憾的是，拖了三个星期才最终达成协议，这一拖延中和了信心提振的作用。投资者意识到，延期偿付战争赔款本身尚不足以缓解德国央行的压力，因为德国央行的黄金储备已经跌至法定的最低水平。路德和央行的董事会可以通过限制信贷保卫金本位，也可以通过无限贴现支持银行，但他们无法同时实现这两个目标，至少在没有外国贷款的援助的情况下不行。

就在胡佛宣布同意德国延期偿付的同一天，路德从英格兰银行、法兰西银行、美联储和国际清算银行拿到了一笔1亿美元的贷款。这笔钱仅够装点门面，让德国央行的黄金储备看起来比较充足，远不足以提振市场信心。数天后，德国央行的黄金储备继续流失。6月22日，为了防止黄金储备跌至法定水平之下，路德不得不限制对私人票据的贴现。德国央行开始限制信贷，这使得德国的工业产出继续下跌。

7月2日，报摊上全都是诺德维尔和达姆施塔特银行出事的报道。

第9章 欧洲的海岸   147

德国央行宣布将救助达姆施塔特银行，但其自身储备根本不够用。7月5日，德国央行的黄金储备比例已经低于法定的40%，它只好放弃对达姆施塔特银行的救助。路德为这一政策辩解的时候说，无法救助的原因是达姆施塔特银行的抵押品不足。70多年之后，美联储在为救助雷曼兄弟失败自我辩解的时候，用的还是这一套说辞。

7月9日星期四，绝望的路德飞到伦敦、巴黎和巴塞尔求助。巴塞尔是国际清算银行的所在地。路德在很多方面受人诟病，比如他在恶性通货膨胀期间无所作为，后来又曾支持希特勒，他可称得上是穿梭外交的先驱。但即便如此也无济于事。路德和诺曼在伦敦的维多利亚车站见面时，诺曼正要坐火车去多佛。他们的会谈气氛紧张。诺曼和沙赫特关系较为亲密，但对路德就不客气了。抛开对个人性格的好恶，诺曼担心借给德国央行的钱根本收不回来。如果德国政府无法提供担保，法国政府不参与，英国就不会借钱给德国。

但法国正对德国建造小型战列舰、组建德国-奥地利关税同盟耿耿于怀。法国要求德国放弃关税同盟，承诺全额偿付战争赔款，并停止重整军备，这是法国提供贷款的前提条件。布吕宁已经将政治生命押在激进的对外政策上，这些条件对他来说是不可接受的。[25] 他说路德的出访是"彻底的失败"。筋疲力尽的路德无功而返，两手空空。

当路德不在国内的时候，德国主要金融机构的领导人聚集在德国最大的银行——德意志银行的办公室里开会。德国政府把大家召集起来，希望各家银行能够为达姆施塔特银行注资，注资者可以获得该银行的剩余资产。但银行家们不会这么轻易上套。达姆施塔特银行的账目乱得一塌糊涂。和合众国银行的情况一样，根本无法在几天内把账目理清楚。再说了，银行家们有理由相信，达姆施塔特银行的实际亏损要比它自己报告的多很多。和合众国银行一样，达姆施塔特银行的员工都是犹太人，这使得其同行更不愿意出手救助。

路德给纽约联邦储备银行行长哈里森发电报，请求贷款支持。尽管哈里森对此表示同情，但没有英国和法国的参与，美国不会单独行动。2008年，美联储曾经向欧洲央行和瑞典国民银行提供美元贷款。当时的做法是通过货币互换，即美国向欧洲提供美元，并以等额的欧洲货币为交换，这就使得欧洲的央行能够向其银行和企业提供美元，用以偿还债务。伯南克任主席期间，美联储曾经向墨西哥、巴西、韩国和新加坡提供300亿美元的贷款。如果纽约联邦储备银行在当时也如此行事，1931年金融危机的结果很可能会大为不同。但德国央行最终能否还款是很难说的。在1924年和1927年，斯特朗考虑国际经济因素出台货币政策，使美联储受到了众人的抨击，哈里森对此记忆犹新。此时，哈里森能否得到美联储的全力支持，也是值得怀疑的。在这种情况下，哈里森的稳妥办法自然是和英格兰银行、法兰西银行同进退。责任分担说起来容易，做起来难。

直到周末，在德国央行召开的紧急会议仍是一筹莫展。星期一凌晨3点，路德就早早起床赶往机场，为了飞到巴塞尔和英格兰银行行长诺曼、法兰西银行行长克莱门特·莫雷开早餐会议。到9点，三位行长还无法达成一致意见。达姆施塔特银行被迫关门。

德国其他银行马上也遭遇了挤兑风潮。星期一早晨，由于无计可施，德国央行只好宣布银行暂时歇业两天。德国政府再次要求其他银行为达姆施塔特银行的债务提供担保，但银行家们还是不同意。最后只好由政府提供担保，这只使得市场反过来担心政府的财务状况。"恶魔循环"再度出现：由于政府为银行债务提供担保，政府的财政状况将进一步恶化，这反过来使得政府的担保备受怀疑。[26]

星期四，达姆施塔特银行重新开业，储户最多只能取出账户里的一半存款，或是不超过1万马克（相当于约2 350美元）的存款，以两者中的更低者为准。资金可以在德国的银行间转移，但是不准转移到国外。德国央行规定，外汇兑换只能用于"十分必要的情况"，至于什么是"十分必要的情况"，要由德国央行来决定。[27]投资者最担心的事情——

第9章 欧洲的海岸　　149

他们原本在德国的资金，因政府的干预而化为泡影——终于发生了。德国央行既不能说服银行家们提供联合担保，也不能从其他央行那里得到贷款支持。由于相互之间都不信任，德国政府和银行如同梦游一般，不知不觉走向了灾难。

第 10 章　美国也会跌倒吗

1931年5月和6月，德国坚称，自己不是奥地利。如今，英国和美国坚称，自己不是德国。这样的辩解抵挡不住经济危机的迅速扩散。经济危机先是跨越了英吉利海峡，然后又跨越了大西洋。德国的危机从酝酿到爆发，花了大约两年的时间，而危机扩散到英国只花了数星期，几天后又扩散到了美国。

哈里森已经有过处理合众国银行的经验，他深知只有给德国提供支持，才能避免危机扩散。诺曼并没有亲自处理大型金融机构破产的经验，他的态度更为强硬。事后看来，诺曼或许应该更为担心，因为英国的银行体系为德国的出口商提供了大量贷款，而且英格兰银行的外汇储备更经不起折腾。诺曼此时长期承受压力，健康状况江河日下。7月28日，他一病不起，在床上待了一个星期。8月15日，他在其姐姐艾格尼丝·查默斯夫人的陪同下，乘坐班轮前往加拿大。9月的大部分时间，他都待在加拿大，和伦敦只有数次电报往来。[1]

诺曼的病情或许能够解释，为什么英格兰银行在外汇储备不断流失的时候还犹豫不决。[2]由于诺曼不在，一切决策都由委员会决定，而委员会的决策要慢得多。同时，英格兰银行和德国央行遇到同样的两难选择，即到底是保卫汇率还是支持经济。由于英国之前没有遭受恶性通货膨胀的肆虐，英格兰银行选择支持经济。失业局势正在恶化，享受失业保险的工人中有22%失业。1929年，主张充分就业的工党上台。如果英格兰银行提高利率，将激怒政府，并影响公众对央行的支持。英国财政部的经济学家拉尔夫·乔治·霍特里说："如果享受失业保险的工人的失业率已经达到22%，提高利率就纯属添乱。如果在1848年还能说，保持货币可兑换性的代价是劳动力失业率继续提高，那么，现在这一观点已经站不住脚了。"[3]

银行的形势也很糟糕。伦敦的私人持股银行（或称商业银行，因为它们主要为海外贸易商提供贷款）为德国的出口商提供票据担保。一旦票据得到了银行担保，就能卖给其他投资者。正常情况下，这钱赚得容易，银行可以收取佣金，而且真正需要银行提供担保的时候并不多。从某种程度上讲，这很像80多年后银行作为保险发行的CDS。

但1931年的局势并不正常。外汇市场动荡不宁，英国的银行很难把德国企业的票据卖掉，只好保存在自己的资产负债表上。到了夏天，当奥地利信贷银行和达姆施塔特银行出事之后，奥地利和德国企业向其国外债权人的还款被冻结。麦克米伦委员会注意到，银行已出现流动性短缺。麦克米伦委员会组建于1929年，其成员包括银行家和经济学家，凯恩斯也是其成员之一，该委员会的任务是调查贸易和产业之间的联系。[4] 在有些情况下，问题并不仅是缺乏流动性。伦敦最大的三家投行——克莱沃特银行、施罗德集团和汉布罗斯银行，对德国进出口商的贷款总额已经超过了其实收资本或合伙人的资本，而这些资本是唯一能够用来吸收损失的保障。如果奥地利和德国的客户无法还款，这些银行最终都要破产。[5]

诺曼曾经在商业银行工作过。他曾经协助管理布朗·希普利公司，其外祖父是这家银行的合伙人。英格兰银行的其他一些理事也有在商业银行工作的经验。这些人了解商业银行的困境。他们也知道，股份制银行（在美国被称为商业银行，在英国被称为清算银行）向缺乏流动性的商业银行提供了大量短期贷款。他们知道,如果不解决这些问题,英国的整个金融体系都将面临冲击。

银行业面临的困难,或许能解释为什么在 7 月之后,即使黄金储备继续流失,英格兰银行还是没有提高再贴现率。英格兰银行采取了一项不同常规的做法,过去必须有黄金作为抵押才能得到英格兰银行的贷款,如今,如果有被冻结的德国债务作为抵押,私人票据也能拿到英格兰银行的贴现。[6] 2008 年,美联储和欧洲央行一样放松了对抵押品的要求,支持金融体系。但在当时,央行的这一做法和维护黄金储备的传统策略大为不同。

这为货币投机者提供了一个绝好的机会。他们借入英镑,到英格兰银行兑换成黄金。英格兰银行如果提高利率,就可以提高借贷成本。但英格兰银行稍一犹豫,更多的投机者就会蜂拥而至。英格兰银行可能不得不暂停兑换,并允许英镑对黄金或其他货币贬值。于是,投机者就能用比先前卖出价更低的价格买入英镑。[7]

由于银行业和整体经济形势很糟,英格兰银行不敢提高再贴现率,它唯一能做的事情就是卖出法郎和美元,让那些做对手交易的投机者遭受损失。如果这些投机者借英镑以买入法郎和美元,那么英格兰银行的做法将推高英镑汇率,压低法郎和美元的汇率,这些投机者就会遭受损失,借钱给他们的机构就会要求他们追加保证金,或要求他们提前还钱。英格兰银行希望以此把做空者挤出市场。

20 世纪 20 年代,当法郎遇到做空力量的时候,法兰西银行曾经采用同样的策略,而且小有斩获。但当时利率很高,借贷成本也很高,借钱在外汇市场上投机的人必须马上赚钱。如今,利率很低,投机者能够很容易地为自身头寸融资。如果他们的债主要求增加现金,他们也能做到。所以,他们很耐心地等待央行铩羽而归。

英格兰银行卖出法郎和美元,使得其外汇储备的流失速度更快。7 月 13 日,就在达姆施塔特银行破产的那一天,英格兰银行第一次公

第 10 章 美国也会跌倒吗　　153

布了其黄金储备的损失。在两个半星期内，英格兰银行损失了3 000万英镑的储备，相当于其剩余储备的25%。

————

和西班牙在2007年的情况相似，英国在出现金融危机的时候，财政并没有赤字。工党希望树立其信守财政纪律的声誉，因此一直采取谨慎的财政政策。但随着经济衰退的程度加深，财政收入急剧下降，失业补贴不断提高，已有债务的偿债成本非常高昂。1931年，英国的债务与GDP的比例高达200%。一方面，这是由于在一战期间积累了债务负担；另一方面，20世纪20年代的通货紧缩也推高了债务负担水平。

尽管政府的债务负担沉重，但还没有到失控的地步，这与21世纪初日本的情况类似。如果全球低利率有助于降低债务成本，如果国民收入增长速度较快，那么债务与GDP的比例能够保持在一个可持续的水平。但由于英镑的汇率过高、金融政策较紧，GDP的增长前景甚为黯淡。

在这一背景下，英国政府认为，实行紧缩性财政政策是终止恶性循环、提振对政府财政和经济前景的信心的唯一选择。英国政府组建了6人"超级委员会"，委员会主席是刚刚退休的保诚保险公司秘书乔治·梅爵士。他是英国最好的精算师之一，所以推选他担任这一职务再合适不过了。这一委员会的两名保守党成员和两名自由党成员都认同，保持财政平衡是恢复信心的关键。他们认为，由于税收负担"异常沉重"，那么维持财政平衡的唯一办法是削减公共支出。

他们的结论并不出人意料。下议院的保守党提议设立这一委员会，就是为了"立即实施所有可行的、合法的支出削减"。委员会的主要建议集中于如何减少失业福利及警察、教师和军人的工资。委员会的两名工党成员表示反对，但他们也提不出具体的建议。

工党内阁无法接受委员会的多数派的报告，但他们也无法就其他政策达成一致意见。8月24日，工党内阁解散，成立了一个由保守党主导的国民政府。但令人尴尬的是，首相却是来自工党的拉姆齐·麦克唐纳。（工党对此非常不满，将麦克唐纳开除党籍。）新政府同意削减预算，作为对此的奖励，它得到了由J. P. 摩根为首的国际银团提供的一笔8 000万英镑的贷款。

9月10日，新政府推出了削减支出的政策，却无法恢复市场信心，也无法阻止英格兰银行的黄金流失。事实证明，财政预算平衡并非最重要的问题。问题的关键在于英国的银行业岌岌可危，经济增长疲弱，使得英格兰银行无法优先保卫英镑平价。这一问题不是平衡财政预算就能解决的。恰恰相反，财政紧缩使得问题更加糟糕。

政府按照超级委员会的建议削减军人的工资，引起了各级军官的抗议。9月15日，驻扎在苏格兰因弗戈登附近克罗默蒂湾的皇家海军大西洋舰队的水兵罢工，4艘舰船无法离港。这只是消极抵抗，和公海上的哗变不可同日而语，但头条编辑并没有仔细区分。投资者很快就联想到可能出现其他抗议行动。部长们在议会提问时间表示，愿意与"叛变者"达成妥协，但这样一来，他们就不再能说服投资者相信，政府会信守预算平衡的承诺。

这一切都不可避免地引发了对英镑的挤兑。英国的经济政策存在内在的矛盾，在一场前所未有的经济衰退中，英国却要追求财政平衡，这种结果是意料之中的。

经历了夏天的高潮之后，最后的乐章突然低落。9月20日晚上，黄金储备已经降到法定最低水平，英格兰银行宣布暂停英镑兑换黄金。星期一，议会通过了《金本位（修改）法》，承认了这一既定事实。灾难并未随之发生。投资者，甚至是英国社会，都为此松了一口气。英镑对美元的汇率下跌了20%，随后渐趋稳定。对伦敦来说，结局居然出人意料的平静。

纽约的情况与此迥异。英国暂停英镑的可兑换性,让投资者不再相信会有安全天堂。如果全球两大金融中心之一突然放弃货币可兑换性,那么,另一个也放弃可兑换性,也不是不可能的。当时的作家劳伦斯·沙利文在描述这段历史的时候写道:"在所有的地方,人们都在问,美国也会跌倒吗?"[8]

没有人知道答案,但货币投机者开始把目光投向美元。其他国家的央行也急着想把其在纽约的存款提现。英格兰银行曾经信誓旦旦地向其他央行保证,英镑不会贬值。在英镑暂停兑换黄金及贬值的两天前,荷兰央行行长杰拉德·卫斯林曾打探过他的英国同行们的口风,英国人打了包票。得到朋友们的保证之后,卫斯林觉得万事大吉,没有调整其持有的英镑头寸。两天之后,英镑突然贬值,荷兰央行损失惨重,卫斯林被迫引咎辞职。

央行被骗了一次,不愿受骗第二次。纽约联邦储备银行在描述黄金外逃时说:"这是我国,甚至可能是所有国家经历过的最迅猛的黄金外流。"[9] 兑换黄金最为凶猛的是拥有外汇储备最多的法兰西银行。胡佛总统大为恼怒,他认为这是法国对自己提出暂停德国偿付战争赔款的报复。10月,当胡佛总统在白宫为法国总理赖伐尔举行欢迎晚宴的时候,他几乎无法控制自己的怒火。据胡佛的国务卿亨利·史汀生说,胡佛认为法国总理本人是幕后指使者。在两国因暂停德国偿付战争赔款一事发生争执之后,赖伐尔的幽默感就没有用了。

和英国不同,美国在一战期间和战后都没有放弃金本位,现在也无意放弃。10月8日,纽约联邦储备银行委员会投票决定,将再贴现率从1.5%提高到2.5%;一个星期之后,纽约联邦储备银行再次将再贴现率提高到3.5%。美联储的其他分行也很快跟进。[10] 这样做是为了让借钱投机美元的成本更高,但由于高利率推高了信贷成本,银行业的日子更加难过。

芝加哥的局势最为紧张。[11] 在此之前的 10 年内，芝加哥的郊区出现了一片繁荣的新建筑，被称为"平房区"。这些地区面积广阔，带车库的低层建筑如雨后春笋般涌现。和佛罗里达一样，芝加哥的房地产泡沫也受到了廉价信贷和汽车普及的影响。但和佛罗里达不一样的是，伊利诺伊的法律禁止银行设立分行。很多年前，在 1843 年，伊利诺伊曾经历过一次严重的危机，伊利诺伊州银行及其 6 家分行都破产了。从那之后，伊利诺伊立法禁止银行设立分行。新城镇主要依靠新兴的银行提供融资服务。很多新兴的银行是房地产商开办的，它们一边兴建新区，一边为这些新区提供贷款服务。它们为住宅地产提供大量贷款，而且，正如在 20 世纪 20 年代时兴的那样，它们再把这些贷款重新打包，作为抵押证券出售。

在芝加哥市中心的老银行感受到了竞争压力，它们的对策是为商业地产提供贷款，并发行单一住宅债券。而且，和合众国银行的做法一样，如果投资者不满意，它们还负责回购债券。由于抵押贷款的违约率上升，越来越多的债券投资者要求银行兑现回购承诺。1931 年 6 月，几家银行宣布，由于出现了未能预料的变化，它们无法兑现回购承诺。这一宣告引起了极大的骚动，很快就出现了对这几家银行的挤兑。6 月 8 日，出现了对佛曼银行集团的挤兑。（尽管伊利诺伊的法律禁止银行设立分行，但和田纳西一样，并不禁止开办银行集团或连锁银行。）挤兑风潮很快波及市中心和郊区的其他银行。有关的新闻报道传到托莱多及其他地区，也引发了对当地的银行挤兑。

在这一背景下，英国放弃金本位和美联储提高再贴现率引发了金融风波。不仅在芝加哥，在费城、匹兹堡、扬斯敦及其他城市，都出现了银行倒闭的现象。除了表示已经准备好贴现合法的私人票据，美联储在费城、芝加哥和克里夫兰的分行都没有对受困的金融机构及时伸出援手。在美联储系统中，唯一一个力主采取更有力措施救助银行的是纽约联邦储备银行的理事欧文·D. 杨格。[12]

美国企业本来就濒临破产，金融动荡又给了它们当头一棒。信誉较好的企业大多依靠发行商业票据为自己融资，如今，优质商业票据的利率已经上涨了2%。AAA级债券和Baa级债券的利差，即风险更高的企业为了融资必须多付的代价，扩大得更快。7—12月，批发价格继续下跌了5%。由于无法贷款，企业和居民只好勒紧裤带。1931年下半年，工业产量下跌了10%。这和1930年下半年的局势相似，不同的是，这时的美国经济更加脆弱。

1930年，最严重的危机局限在美国和德国，到了1931年年底，几乎世界各地都感受到了压力。无论在哪里，物价水平都在下跌。不仅在美国出现了系统性的大银行破产案例，在中欧和东欧，甚至欧洲经济最为强劲的法国，也出现了大银行破产的情况。

政府必须行动起来，做什么都行。和英国联系更为紧密的英联邦国家、斯堪的纳维亚国家紧随英国，放弃了金本位。由于不再需要将汇率稳定在特定的水平，这些国家的央行可以腾出手来，通过降低利率的措施拯救苦苦挣扎的经济。

这一新增加的灵活性也使央行能够更有效地应对银行业危机。在1931年放弃金本位的20多个国家里，只有瑞典出现了银行业危机。瑞典之所以例外，原因很可能在于具有传奇色彩的工业大亨伊瓦尔·克鲁格的突然离世（很可能是自杀），导致其金融帝国分崩离析。克鲁格的主要贷款人——斯堪的纳维亚银行随之破产。但即使如此，也没有引发更广泛的恐慌，因为瑞典政府有足够的资源厘清这一团乱麻。[13]

东欧国家效仿德国和奥地利。它们也宣布暂停债务偿付，并实行资本管制。拉丁美洲国家不知道应该以谁为榜样，它们一边放弃金本位，一边暂停债务偿付。

然而，在美国，平衡预算的理念和对金本位的信仰仍然占上风。安德鲁·威廉·梅隆比其他人都更坚持银行家的信念，他当时已成为胡佛总统的资深官员。梅隆坚持认为，信守财政和金融操守，减少政府干预，就能稳固市场信心。胡佛总统采取了这些主张，却仍然无法打破支出减少和银行业危机之间的"恶魔循环"。正是由于应对经济下滑不力，胡佛才越来越被人们视为无能。

尽管后人对胡佛总统冷嘲热讽，但胡佛并非对问题的实质毫无了解。一方面，他知道，如果银行不能发放贷款，农民将无法种田，企业将无法投资，家庭将无法消费。换言之，如果不能恢复民众对银行的信心，经济复苏无从谈起。

不幸的是，当1931年银行业危机到来之际，美联储却束手无策。很多出了问题的银行并非美联储的成员，很多银行没有足够的合法票据到美联储贴现。所以，美联储12家储备银行的大多数理事并不觉得解决银行业危机是自己的责任。

另一方面，即使胡佛知道应该干什么，也不代表他希望政府出面。他更希望企业自助，而不是靠美联储，或其他政府机构援助。身为贵格派教徒，胡佛相信人人自助、邻里互助。他相信，像美国制造商协会、美国银行家协会这样的组织才是应对危机的主力军。股灾到来的时候，胡佛就曾劝说工商业机构维持工资水平，工会放弃罢工。这次他也想如法炮制。

胡佛应对银行业危机的办法是号召大家自愿贡献，组建一家国家信贷公司。参加这一机构的银行需要将相当于其存款总额2%的资金贡献出来，以获得在危机时得到救援的资格。这一机构的贷款发放不是由政府决定，而是由银行家组成的委员会决定。流动性更多的银行支持流动性更少的同行，流动性更少的银行就能重新获得贷款能力。

1907年金融危机出现的时候，在本杰明·斯特朗的支持下，约翰·P.摩根带领同行们集体自救。当时,Knickerbocker信托公司的破产,动摇了人们对其他纽约银行的信心。外地的银行为了方便,在纽约的银行都有存款,现在它们开始撤资。资不抵债的Knickerbocker信托公司最终破产了,但更健康的纽约的银行将大家的资源汇集起来,帮助相对较弱但资产仍然大于负债的同行。同时,它们发行清算证明,即相互承诺接受对方的票据,这样就可以增加资产大于负债的银行的流动性。[14] 1907年的金融危机很快就风平浪静。事实上,这并非历史上第一次尝试用此方法解决银行业危机。在1913年美联储成立之前,这种同行间的合作很常见。胡佛总统也注意到了这一点。[15]

10月9日星期五,胡佛总统召开会议,讨论他的提议。为了避免引发市场上对银行状况的进一步恐慌,这次会议没有在白宫召开,而是在财政部部长梅隆的宅邸。参加会议的还是那些熟悉的人物:J. P. 摩根合伙人托马斯·拉蒙特、大通国民银行的阿尔伯特·威金、国民城市银行的查尔斯·米切尔,以及胡佛总统、梅隆、财政部副部长奥格登·米尔斯。

银行家们对此提案并不感兴趣。实力较弱的银行根本拿不出2%的资产,贡献给一个共同的资产池;实力较强的银行只能给实力较弱的银行补贴。换言之,这不仅仅是流动性危机,很多银行事实上已资不抵债。让实力较强的银行给实力较弱的银行提供贷款,贷出去的钱最后只会打水漂。有实力提供贷款的银行希望借款者有抵押品,但实力较弱的银行根本就拿不出抵押品。[16] 事实上,只有政府才有抵押品。10月7日,哈里森已经提醒了胡佛总统,但胡佛坚信自助理念,一点儿也听不进去。

弗里德曼和施瓦茨认为,银行不愿意互助的根本原因是美联储。美联储成立后,银行觉得不再需要互助,只要美联储出面救援就行。但我们的分析表明,事实并非如此。1931年出现的问题,其性质和程度都迥异于1914年之前出现的银行业危机。1931年出现的是资不抵债危机,因此外部救援是必需的,自愿的互助无法解决根本问题。

直到1931年年底，胡佛总统的国家信贷公司仅仅筹集了1 000万美元。实力较弱的银行没有抵押，实力较强的银行无意给问题更大的小银行提供援助。2009年，在全球金融危机时期，美国政府曾经出台了处理不良资产的公共-私人合作投资计划，试图邀请私人投资者购买银行资产负债表上的有毒资产，私人投资者同样没有太大的兴趣。[17]

———

到了这个地步，就算是胡佛总统，也不得不承认政府干预是必需的。距离总统竞选还有不到一年的时间了。即使是一位笃信自愿自助的在任总统，也不敢一意孤行、坚持己见。

1918年，美国国会曾经建立了战时金融公司，为在战争期间无法获得资金的工业企业和银行提供贷款。1920—1921年，战时金融公司再度出马，为在经济衰退中的银行、工业企业、地区性的信贷机构提供贷款。尽管战时金融公司已在1929年解散，但很多人主张重建这一公司。

最积极的倡导者是尤金·迈耶。迈耶本人恰好曾主持过战时金融公司的工作，后来在胡佛的暂停偿付战争赔款计划中出谋划策，曾任美联储主席。迈耶是一位特立独行的央行行长，他亲自设计了设立一家新机构的方案。按照他的方案，新机构不仅要为银行提供贷款，还要为铁路和农民提供贷款。为铁路提供贷款是因为，在银行的资产中，铁路股票占很大比重；为农民提供贷款是因为，农民天天在国会山请愿。迈耶自己通过买卖铁路股票赚了大钱，这或许能够解释为什么铁路行业在他的计划中受到青睐。

12月7日，组建复兴金融公司的提案交到了国会，1932年1月22日立法通过。2月2日，复兴金融公司召集了一批战时金融公司的老员工，开始运转。财政部提供了5亿美元资本金，并准备以复兴金融公司的名义再发行15亿美元的债券。[18]

胡佛任命迈耶为复兴金融公司的董事会主席，查尔斯·盖茨·道威斯（道威斯计划的倡导者）为总裁。这是道威斯再一次经过政商之间的旋转门。此前不久，出乎大家的意料，道威斯辞去了美国驻英国大使的职位。(接任道威斯的是安德鲁·威廉·梅隆，梅隆得以用这样的方式体面地退场。)人们盛传，道威斯可能会和胡佛竞争共和党候选人提名。对胡佛来说，任命道威斯为复兴金融公司的总裁，既是让一位重要的银行家和政治家身居要津，又是控制潜在竞争对手的策略。道威斯自己心中另有打算，他也很担心自己家族在芝加哥的金融帝国的状况。对道威斯来说，复兴金融公司总裁的位置可以让他更好地了解美国金融业的情报，同时建立广泛的政治联系。胡佛总统对此毫无察觉。

和无疾而终的国家信贷公司不同，复兴金融公司发放了大批贷款。大银行和小银行之间的冲突对其没有造成什么影响。但和全国信贷公司一样，复兴金融公司也需要好的抵押品。因此，复兴金融公司也没有解决资不抵债的问题。

―――――

如果银行和经济整体需要得到足够的支持，那么总要有人提供这种支持。只有美联储能够担此重任。美国国会给予美联储更多的行动空间。美联储在发放贷款的时候，总是受到缺乏合法的证券，即良好抵押品的限制。《联邦储备法》规定，美联储必须持有抵押品，在发行货币的时候必须有黄金或在商业交易中产生的商业票据的支持。这是按照真实票据理论制定的规则。部分原因是美联储应对失当，经济下行已经持续了两年多，经济活动能够创造的商业票据不足以支持美联储的货币发行。这将导致美联储被迫减少货币发行量，甚至不得不放弃金本位。

1932年2月，接替梅隆担任财政部部长的奥格登·米尔斯警告胡佛总统，由于缺乏合法的证券，或许在数周之内，美国就不得不放弃金本位。胡佛召开了一次紧急会议，哈里森、迈耶和道威斯都参与了讨论，大家一致认为主要的问题在于法律的约束。于是，胡佛总统邀请参众两院银行委员会主席——参议员卡特·格拉斯和众议员亨利·斯蒂格尔，共同起草一项新的法规。他们的新法规修改了神圣不可侵犯的金本位，允许美联储为更广范围的证券提供贴现。2月27日，这一法规在没有经过讨论的情况下就直接通过了。[19] 金融危机的一个好处是让大家集中精力。

美联储现在得到了授权，可以采取更积极的办法使发放信贷更容易。不这样做也不行了。俄克拉何马州的民主党参议员埃尔默·托马斯提议，让美联储多印24亿美元钞票。按照托马斯议员的计划，美国政府将出售24亿美元的国债给美联储，美联储再以此为基础，发行等额的货币。托马斯是威廉·詹宁斯·布赖恩的学生，他追随布赖恩参加了1896年的总统竞选。和布赖恩一样，托马斯也担心，农民和牧场工人会被钉在"黄金十字架"上。托马斯的主张是，美国需要"稳定""诚实"的美元。他和另一批国会议员结成了联盟。这批国会议员主要关心如何给一战老兵支付原本已经允诺他们的退休金。如果增发货币，就能用这部分钱来给老兵发退休金。政治博弈影响货币政策，这已不是第一次了。

尽管国内政治如此复杂，美联储还是担心，如此激进的货币政策会在国际上引起争议。尤其是法国人，一旦他们意识到通货膨胀和美元—法郎汇率的稳定不可兼得，将加快兑换其美元账户。哈里森提醒他的同事们注意这一风险。哈里森建议不要招惹法国，最好借《格拉斯-斯蒂格尔法案》的东风，采取一种温和的货币政策，这样也好向国会交代。采取温和的货币政策，既可以缓解托马斯关心的问题，又不会激怒法国。

美联储开始照此行动。在纽约联邦储备银行的带领下，美联储在公开市场上购买国债，先是每星期购买2 500万美元，从4月起，每星期购买1亿美元，向市场注入相应的流动性。如果不是遇到黄金流失的问题，美联储还能做得更多。美联储的各个分行都有自己的黄金储备，每个分行在自己的委员会指挥下进行公开市场操作。但当外国人需要黄金的时候，他们只会找纽约联邦储备银行。纽约联邦储备银行的黄金覆盖率（金库中的黄金占其流通中的票据和其他债务的比例）在6月已经跌至50%。在哈里森和他的同事看来，这一比例已经离《联邦储备法》所规定的40%太近了。因此，纽约联邦储备银行的理事们不得不压缩购买国债的力度。

直到初夏，国债的购买一直按照这种温和的速度进行。8月，参众两院进入暑期休会，秋天将举行总统竞选。美联储的政治压力减轻了。公开市场操作暂时停止。在之前的数月里，公开市场操作并非无效：价格逐渐趋稳，有些行业，比如汽车的产量开始上升。如今，价格和产量又开始下跌。银行业危机再度反扑。

———

芝加哥联邦储备银行还有不少黄金储备。如果芝加哥联邦储备银行将过剩的黄金转移给纽约联邦储备银行，纽约联邦储备银行和美联储就能加大购买国债的力度。但芝加哥联邦储备银行行长詹姆斯·麦克道格尔一直反对纽约联邦储备银行的激进作风。早在1927年，麦克道格尔就曾反对斯特朗出于国际经济的考虑做出的降息决定。他拒绝将自己的黄金储备运到纽约。美联储委员会本可以强制他这样做的，但麦克道格尔自己也有麻烦。1932年6月，在大芝加哥区域一共有三四十家银行遇到了挤兑。大多数遇到挤兑的银行和1931年一样，是来自平房区的郊区银行，但有一家出问题的大银行来自市中心，这家叫中央共和信托的银行是查尔斯·盖茨·道威斯的产业。

在中央共和信托的问题曝光数天之前，道威斯已经递交了辞去复兴金融公司职位的辞呈。他很清楚，自家的银行遇到大麻烦了，而且肯定需要帮助。道威斯曾任政府公职，因此他本人持有的银行股份并不多，但他的家族企业——道威斯兄弟公司是该银行最大的股东。中央共和信托被人们称为"道威斯银行"。该银行除了投资房地产，还大量贷款给塞缪尔·英萨尔控制的一批公司，英萨尔控制了大芝加哥地区的居民用电、用气及地铁和制造企业。英萨尔早年担任托马斯·爱迪生在伦敦的经纪人，后来任爱迪生在纽约的私人秘书。在 19 世纪 80 年代，当英萨尔还只是个 20 多岁的小伙子的时候，他就已经协助处理爱迪生革命性的电力供应项目的融资。1889 年通用电气公司成立，英萨尔成为副总裁之一，在 1892 年晋升为第二副总裁，不久又出任芝加哥爱迪生公司的总裁。当时，芝加哥爱迪生公司还是个小公司，但发展前景广阔，因为大芝加哥地区的居民大部分还没有用上电。

英萨尔在芝加哥爱迪生公司工作了 20 多年，然后建立了中西部电力公司，收购邻近各州和城镇的小电厂。20 世纪 20 年代，工厂的生产方式和城市的生活方式都受到电力这种新能源的革命性影响，中西部电力公司是电力繁荣的主要受益者之一。当时较低的利率和宽松的信贷有助于英萨尔收购其他企业。截至 1932 年，中西部电力公司已经控制了为 5 000 个城镇提供电力服务的 100 多家公司。英萨尔在收购的时候发放过一些债券，但主要靠银行借贷融资，尤其是银行短期贷款。为英萨尔提供贷款的主要银行就包括道威斯家族控股的中央共和信托，它们也致力于推动芝加哥地区的发展。道威斯和英萨尔关系很好，英萨尔曾为道威斯推荐的共和党政客提供竞选资金。[20]

大萧条使得英萨尔高度杠杆化的商业运作难以持续。社会对电力的需求下降，电力公司的盈利也随之减少。1932 年 4 月，英萨尔的公司提出破产申请，为其贷款的银行也跟着遭殃。英萨尔没有把收购的公司合并为一，而是保持了松散的企业联盟。按照州银行监管规定，银行对单一企业的贷款不能超过其股权资本（所有人承诺为银行经营提供的资金）的 15%。[21] 英萨尔的这种商业模式能让银行规避监管规定。当英萨尔的公司提出破产申请的时候，中央共和信托对其贷款总额为 1 200 万美元，占其股权资本的比例超过了 50%。[22] 要么因为中央共和信托的管理漏洞百出，要么因为和英萨尔集团的联系过于紧密，该银行才会甘冒风险。

起初，破产接管人认为，英萨尔公司的资产仍然能够偿还欠银行的债务。因为英萨尔公司拥有实实在在的电厂，实实在在地在发电，有实实在在的用户。但破产接管人随后发现了一系列怪异之处,显然,英萨尔公司拥有的资产要远远少于其债务。6月初,英萨尔逃往巴黎避难。6月22日,当人们从新闻上得知此事之后,平房区的银行纷纷出事,最终酿成了对中央共和信托的挤兑。[23]

———

1932年6月24日星期五,道威斯召集银行家朋友们在中央共和信托的芝加哥总部办公室开会。他告诉大家,如果没有援助,到下星期一,他的银行就要被迫关门。只有一家公司能够施以援手,那就是复兴金融公司。不便之处在于,在此之前,道威斯一直是复兴金融公司的总裁。于是,他请在芝加哥银行界的朋友——芝加哥第一国民银行的总裁梅尔文·特雷勒代为说项。

特雷勒仪表堂堂。他出生在一个小木屋中,即使在成为第一国民银行总裁后,他仍然住在林肯公园附近的一栋普通住宅里。特雷勒的银行也大量投资于英萨尔集团,所以他也不可能置身事外。他与芝加哥市市长安东·瑟马克关系很好,在华盛顿政界也有很多朋友。国际清算银行创建的时候,他是美国代表团成员之一。因此,即使道威斯把谈判任务交给了特雷勒,国会里有些议员仍然不满地高喊这是"裙带主义"。

周末召开的最高层紧急会议决定立刻救援。胡佛总统亲自主持会议。复兴金融公司的理事们有的在度假,有的在参加民主党全国大会。对胡佛总统来说,没有比这更难堪的事情了。一位在任总统被人们指责激起了一场危机,而这场危机恰恰发生在芝加哥——其竞争对手召开全国大会的地方。2008年,当政府救助贝尔斯登的时候,不仅纽约联邦储备银行行长出面,而且连美国财政部部长都参与了谈判。[24]而为救助中央共和信托,搬出了美国总统,这本应比2008年的场面更为引人注目。

救助中央共和信托与救助贝尔斯登还有其他相似之处。救助贝尔斯登的理由是,贝尔斯登太大、影响太广,如果听任其破产,将引发全美范围内的恐慌。救助中央共和信托花费了 9 000 万美元，这是空前的。这不仅是复兴金融公司发放的最大一笔贷款，而且相当于 1932 年联邦政府为了救济失业者和无家可归者而向州政府发放的贷款的总额的三倍。和救助贝尔斯登一样，必要的程序能省略就省略，中央共和信托的经理们甚至不用填写贷款申请表。

和救助贝尔斯登一样，也有人质疑对中央共和信托的救助已经超越了授权范围。复兴金融公司的使命是救助资产大于负债的企业，其发放的贷款最终应该是能够收回的。复兴金融公司的审查官对给中央共和信托的贷款能否收回表示怀疑，正如 2008 年检察官对贝尔斯登疑虑重重一样。经过特雷勒和一位有影响力的复兴金融公司理事耶西·琼斯的游说，复兴金融公司才通过了对中央共和信托的援助提议。琼斯是民主党全国大会的代表，他出面说服了胡佛总统和复兴金融公司理事会。

复兴金融公司"火箭炮式"的援助安抚了储户。尽管有 26 家小银行在救援中央共和信托那个星期遇到了挤兑，但总体来说，银行业危机的蔓延势头已被遏制。遇到挤兑的小银行大多和一位名叫约翰·贝恩的当地开发商有业务往来。在之后的几个月，陆续又有一些银行破产，但主要集中在爱达荷州和内华达州。尽管这些消息令人不安，但破产的都是小银行，不足以带来系统性危机。正如 1930 年在纽约和诺克斯维尔一样，政府的及时救助阻止了危机的蔓延。这一次，提供救助的不是美联储，而是复兴金融公司。由于大选临近，胡佛更愿意采取行动。复兴金融公司反应迅速，相比之下，即使芝加哥联邦储备银行作壁上观，对大势亦无妨碍。

但这次援助招致了很多批评，反对者认为这是对有政治后台的资本家大佬的救援。财政部部长米尔斯，大通国民银行的温斯洛普·奥尔德里奇，以及参议院负责监督复兴金融公司的委员会主席、密歇根州参议员詹姆斯·卡曾斯都质疑复兴金融公司超出了其职能范围，救助一家资不抵债的银行是否过于鲁莽。由于人们怀疑复兴金融公司给予特权人物

第 10 章 美国也会跌倒吗　　167

优惠待遇，国会要求复兴金融公司从 1932 年 8 月起，把所有接受援助的银行的名字公之于众。结果，银行再不愿意接受复兴金融公司的援助，因为一旦被公众知晓，它们的财务状况就会遭受质疑。[25]从 9 月开始，向复兴金融公司的借款急剧下降。10 月，美国的工业产量再度下跌。

政府官员被指责搞裙带主义，他们想要寻找机会洗清污点。他们需要找一个出了问题的银行，显示其强硬态度。2008 年，在救助贝尔斯登之后，美国政府对雷曼兄弟极其强硬。1932 年，在救助了中央共和信托之后，美国政府遇到了守望者集团。

―――――

民主党全国大会之后，人们议论的焦点是胡佛和罗斯福谁能赢得总统竞选。正如 2008 年的事件所表明的那样，在总统竞选期间，政策最不明朗，危机最容易爆发。

罗斯福的意图尚不清晰。从他在竞选期间的发言，无法推断他是否想要放弃金本位。但他的进步主义决心，以及他要和胡佛划清界限这一立场是众所周知的。11 月，罗斯福赢得了总统竞选，随后是 4 个月的过渡期。投资者担心金本位可能要被废除。罗斯福曾经会见过金本位的怀疑者，比如康奈尔大学的乔治·沃伦。金融界大佬，比如芝加哥第一国民银行的特雷勒、大通国民银行的奥尔德里奇，以及美国财政部副部长阿瑟·巴兰坦，都劝告他不要改革货币制度，但罗斯福是不会受人摆布的。

罗斯福当选，使得市场上出现了单向的赌博。如果投机者卖美元、买黄金，那么，要是美国政府让美元贬值，他们的黄金就增值了；如果新任总统坚持金本位，他们可以重新买回美元，不会有任何损失。1931 年，投机者同样不相信英格兰银行的承诺，英国最终放弃金本位。

美国遇到的情形是一样的，黄金源源不断地流出美联储，流出美国。流失了黄金储备的央行在遇到金融危机的时候还能不能有所作为，谁也不知道。

1933年2月中旬，距离罗斯福就任不到两个星期，密歇根州爆发了银行业危机。危机的主角是守望者集团的各家银行，其中的一家银行——联合守望者信托公司，是由亨利·福特及其儿子埃德赛尔·福特控股的。正如中央共和信托被称为道威斯银行，守望者集团也被视为福特集团。守望者集团的很多做法令人起疑，比如盖一栋金碧辉煌的办公楼，借钱给公司高管炒股票。守望者集团有大量的房地产贷款，由于汽车行业不景气，很多汽车工人失去了工作，守望者集团给这些工人的贷款成了坏账。如果其所有者或政府不尽快注入资金，这些银行坚持不了太久。

2月8日星期三，埃德赛尔通知了财政部部长米尔斯和复兴金融公司总裁查尔斯·米勒。守望者集团的第九代表团到国会山向密歇根州的两位参议员汇报。这两位参议员是詹姆斯·卡曾斯和阿瑟·范登堡。当晚，这两位参议员在白宫参加了紧急会议，其他会议代表包括米尔斯、财政部副部长巴兰坦、商务部部长罗伊·蔡平，以及复兴金融公司的米勒。

密歇根代表明确表示，需要政府紧急救援。不到48个小时，巴兰坦和蔡平就赶到了底特律，试图组织一次贷款援助。巴兰坦是即将下台的胡佛总统的手下，但他和新晋总统同样关系亲密。他在哈佛大学读本科的时候是哈佛学生报纸《哈佛深红报》的主编，罗斯福是编辑部成员。巴兰坦其实也不是局外人。福特的主要竞争对手克莱斯勒兼并道奇兄弟的时候，他是当事律师。巴兰坦是密歇根人，曾经担任哈德逊汽车公司的主席，该公司是美国汽车公司的前身。他也是联合守望者信托公司的创始董事之一。或许，这并不是一种偶然，这多少跟2008年的情况有些相似：当时，高盛前CEO当上了财政部部长，然后在任上帮助高盛转变为银行持股公司。

福特的守望者集团和道威斯的中央共和信托一样具有系统重要性。复兴金融公司在1932年6月救助了中央共和信托。但由于对前一次救援的诟病太多，巴兰坦和蔡平要求福特为守望者集团注入400万美元，而且必须承诺不取出福特汽车公司在银行的750万美元存款。他们解释说，复兴金融公司只能为资产大于负债的银行提供救援。守望者集团要想达到这一条件，就要满足注资400万美元和不撤资的要求。[26] 什么叫资不抵债，什么叫资产大于负债，界限并不是非常清晰。但在复兴金融公司救助中央共和信托之后，众说纷纭，政府承受巨大的压力，不得不反复强调这一界限。

福特拒绝合作。他知道复兴金融公司已经救助了中央共和信托，也不相信政府会对守望者集团的倒闭袖手旁观。他知道复兴金融公司救助中央共和信托的时候并没有严格遵循规定。他认为胡佛总统一定也清楚，密歇根的银行如果倒闭了，对摇摇欲坠的美国经济将是致命的打击。他追加了一笔赌注，声称还要从另一家已经遇到挤兑的银行，即底特律的第一国民银行，抽走福特汽车公司的2 500万美元存款。[27] 他相信自己的银行绝对会是大而不能倒的。

巴兰坦和蔡平当然知道守望者集团倒闭将带来什么样的恶果，但他们也知道国会对复兴金融公司回护大资本家颇有怨言。这次要救助的是商业大亨福特，这会比救助道威斯更让国会愤怒。密歇根州参议员卡曾斯曾是福特的合伙人和竞争对手，他现在又正好负责参议院调查复兴金融公司的委员会，这更加重了瓜田李下的嫌疑。卡曾斯做出任何让步都会带来争议，尤其是，如果复兴金融公司贷款给守望者集团，而福特又不承诺保留存款资金，一定会引起轩然大波。[28]

查尔斯·柯林神父不会放过任何人。柯林是一位争议颇大的天主教神父，也是一个富有激情的广播明星。在柯林神父看来，资本家要为美国的经济疲软和大萧条负责。他住在密歇根州的皇家橡树镇，在他眼里，没有人比福特更能代表资本家。柯林神父以前就批评过福特，他谴责福特把拖拉机生产订单给了苏联，支持共产主义，剥夺美国工人的工作机会。在全美广播网里，柯林神父指责福特和他的银行家们酿成了这场银行业危机，到头来还让纳税人花钱救他们。

复兴金融公司曾经支持过守望者集团。早在1932年5月，复兴金融公司就曾给守望者集团的附属银行提供过贷款。但福特不愿意承诺保留存款，这让复兴金融公司无法再施援手。胡佛总统担心守望者集团的破产会是个灾难。耶西·琼斯提出了一个给守望者集团贷款的方案，但被复兴金融公司董事会否决了。正如2008年9月，美国政府让雷曼兄弟破产，以便能够在政治上表态，纠正之前因救助贝尔斯登而产生的道德风险问题，1933年，复兴金融公司决定让守望者集团倒闭。[29]

守望者集团未能获救，导致在2月13日星期一出现了恐慌性的银行挤兑。次日凌晨1点32分，履新仅几个星期的密歇根州州长威廉·康斯托克宣布全州银行暂时歇业。汽车公司取消了所有的广告宣传活动。福特汽车公司裁去一半员工。仿佛为了显示美国的制造业中心，尤其是底特律附近的汽车工业已经转移到中西部，金融危机很快波及全国。密歇根州的银行歇业了，因此密歇根州的企业焦急地跑到附近各州银行提现。密歇根州的银行歇业触发了俄亥俄州、印第安纳州和伊利诺伊州的银行挤兑。1933年2月25日，马里兰州宣布银行歇业。3月1日，又有5个州宣布银行歇业，3月2日又有6个州，3月3日又有5个州。外国投资者急忙把美元兑换成黄金。美联储的黄金流失犹如大出血般凶猛。

3月3日，纽约联邦储备银行请求还有黄金储备的芝加哥联邦储备银行购买或为其4亿美元的证券提供贴现。芝加哥联邦储备银行再次拒绝。但愿芝加哥联邦储备银行的理事们是真心觉得，他们要把钱留到更糟糕的时候才花。

判断失误和冷酷傲慢引发了这场浩劫。1933年2月，美国的工业产量已经跌至1929年的53%，物价水平一泻千里，失业率攀升至25%。由于政府错误地优先考虑道德风险，导致整个银行体系分崩离析。在这个过程中，一位在任总统颜面扫尽，另一位魅力十足但尚未经过检验的新总统要到3月4日才能正式上任。

新船长能够拯救这条正在下沉的船吗？2009年1月，奥巴马就任时，人们怀有同样的疑虑。

第10章 美国也会跌倒吗　　171

第 11 章　大体可控

2005年年底到2006年年初，美国房价达到峰值。在过去10年的绝大部分时间里，房价一直在上涨。房价在2005年第四季度下降了1%，在2006年第一季度下降了3.3%。2005年年底1%的下跌可能被当作意外而不予理会。由于很难确定可比销售额，房地产价格指数不够精确。但价格连续两个季度下降，而且累计跌幅超过4%，说明这是一个不容忽视的苗头。[1]

逆势投资者开始押注房地产市场的进一步下跌。约翰·保尔森是一个以举办奢华派对闻名的并购套利专家，他开始购买CDS。在次贷市场发生违约的情况下，他就能得到赔付。杰夫·格林是一个失败的洛杉矶房地产投机者，当他得知保尔森的策略后，就复制了其交易。安德鲁·兰德是一名自由职业的对冲基金交易员，过去曾在南加利福尼亚的海边拾荒，他也采取了类似策略，只不过规模较小。迈克尔·巴里是一个小基金经理，学医出身，他也在圣何塞采取了同样的行动。[2]

这些逆势投资者都是局外人。他们中的很多人并非在华尔街而是在加利福尼亚工作，这一点令人深思。他们并非"华尔街机器"的一部分，他们不会因那些从证券化业务中拿到高薪酬的同事影响自己的判断。

但也正因为他们是局外人，人们很容易忽视他们恼人的观点。投行界的主导策略仍然是承受更大的与抵押贷款相关的风险，因为其他机构也在承受更大风险。2006年，雷曼兄弟、贝尔斯登、花旗集团和美林证券都继续增加与抵押贷款相关的敞口，因为它们看到竞争对手也在进行同样的操作。这时集体意识趋同，并步向癫狂，持异见者会被赶出内部圣地。这恰是玛德琳·安东尼奇的遭遇。她曾是雷曼兄弟的首席风险官，2005年时，还曾被风险管理行业的半官方机构《风险杂志》评为"年度风险管理者"。[3]

只有少数头脑开放、没有沉重顾虑的个人和机构，才能在两边都玩得转。高盛继续发行由抵押贷款支持的CDO，并赚取了可观的收入。不过，它在市场上销售这些证券的同时，却在交易中进行做空操作。高盛并非直接用自身的头寸购买这些证券，而是借入然后卖出，而且高盛预期这些证券的价格会下跌。显然，高盛并不相信这些CDO的优先级资产能够获得AAA评级。但即便真是这样，高盛并不觉得作为投资顾问，自己有责任向客户发出警告，无论客户是德国工业银行、澳大利亚对冲基金Basis Yield Alpha Fund（Master），还是贝尔斯登。高盛辩称，这些投资者是"成熟的投资者"，它们自己知道该怎么做。同时，像高盛这样真正成熟的投资者正在减少与抵押贷款风险相关的敞口。[4]

———

截至2007年第四季度，房价累计下跌9%。[5]大量贷款发放给了那些预期房价会上涨的家庭。他们的贷款价值比畸高，而且采用的利率过了债务宽限期就要重新设定。很多人买了他们根本买不起的房子，却指望房价会继续上涨，在利率重新设定之前把房子出手，还能赚一笔。[6]房价下跌之后，这一策略不再可行，贷款违约率激增。

发行新的抵押贷款越来越难，经纪人承受着巨大压力。2005年，曾经最大的次贷公司Ameriquest关闭了除4个零售分支机构之外的所有分店，并削减了4 000个工作岗位。2007年1月，欧文尼特抵押贷款解决方案公司成为第一个按照《美国破产法》第 11 章申请破产的次贷机构。美国自由抵押贷款公司、美国住房抵押贷款公司,以及新世纪金融公司随后也提出了破产申请。

显而易见,房地产行业正处于艰难调整的风口浪尖。尚不明确的是,这将对经济产生多大的负面影响。每个人都明白,房价已经停止上涨,但对更大范围的后果的认识尚不清晰。专家们很轻松地断言,这些影响将仅限于住宅市场,特别是次贷市场,对经济、金融体系和劳动力市场的影响将十分有限。当讲到房价下跌的影响时,时任美联储主席伯南克和时任财政部部长亨利·保尔森用的也是这套说辞。2007 年 3 月,伯南克在国会做证时说:"次贷市场的问题对经济和金融市场的影响看来已经得到了遏制。"[7] 一个月后,在面向众多工商界人士的一次演讲中,保尔森向他的听众保证:"很显然,房地产市场要经历一次很大的调整……但我不认为(次贷市场的问题)会产生严重的后果。我认为它大体上是可控的。"[8]

官员们将安抚人心视作己任,但在 2007 年上半年,几乎没有为扭转经济下行出台政策,这说明,决策者真的相信他们自己说的话。[9]

———

之所以没有人预测到事态的发展,是因为多重因素叠加。首先,人们无法预测房价的下跌会多么迅速和严重。或许,就像 1926 年在佛罗里达发生的那样,在某些地区,比如在南加利福尼亚的内陆,会出现房价急剧下跌的情况,但不可能会出现全美范围内房价下跌的现象。伯南克曾说:"从来没有出现过房价在全美范围内下跌的情况。我认为更可能的情况是,房价下跌会减速,或逐渐趋稳,也许会对消费支出有一定的负面影响。但我认为它不会促使经济远离充分就业的路径。"[10] 当房价真的开始在全美范围内下跌时,保尔森很快得出结论,说房价正"处于或接近底部"。他说这种全美范围的下跌是一个反常现象,最多是一次性调整，而不是持续的趋势。[11] 这些说辞并不只是为了迎合公众，它们也是官方的共识。例如，在 2007 年 3 月联邦公开市场委员会的会议记录中写道："越来越多的数据表明，房屋需求正趋于稳定。"[12]

认为房价不会在全美范围内下跌的观点是一种错误，像伯南克这样研究过大萧条的学者本来应该用历史经验来纠正这种错误。房屋的名义价格在 1929—1933 年下降了 25%，与 1925 年的峰值相比下降了 30%。房价确实曾出现过全美范围的下跌。作为研究大萧条的专家，伯南克肯定知道这一事实。

从伯南克坚称"从来没有出现过房价在全美范围内下跌的情况"，或许可以推测，早期的房屋价格下跌和整体物价水平下降一样，可能只是因为刚成立不久的央行忽视了自身的责任。现在，货币政策决策者已有丰富的经验，已不太可能再犯同样的错误。这一推测反映了米尔顿·弗里德曼和安娜·J.施瓦茨对大萧条的解释所产生的深远影响。根据他们的观点，大萧条期间的产出和价格下跌主要是因为美联储犯了错误。现代的央行行长认同弗里德曼和施瓦茨的分析。再没有什么能比伯南克发表的言论更好地表达这一点了。2002 年，他在弗里德曼教授 90 岁生日宴上致辞时说："关于大萧条，你是对的。我们犯了错误，我们很抱歉。但多亏了你，我们不会再犯同样的错误了。"[13]

当然，这不过是决策者对大缓和的一种集体幻觉。央行行长们已经吸取了历史教训，他们会避免再像在大萧条时期一样，造成房价和全国物价水平大幅下降，他们将采取积极措施以确保房价在早期下跌时就得到控制。如果整体价格水平和经济活动稳定，任何全国性的房价下跌都会是有限度的。

其次，到了 2007 年，虽然全美房价的下跌趋势已经非常明显，但人们还能辩称，金融系统不会受到牵连。当 1926 年房价下跌时，只有少数几家银行出现挤兑和破产，房价下跌对金融体系的影响是有限的、温和的。这和 1933 年的情况不同，当时不良抵押贷款拖垮了守望者集团并引起了全面恐慌。但今时不同往日。当时，储户担心自己的积蓄，一有蛛丝马迹就会立刻到银行挤兑。如今，联邦存款保险公司能够保护每笔不超过10万美元的个人存款。过去，比如1930年在考德威尔公司旗下银行，1932年在道威斯的中央共和信托，以及1933年在福特的守望者集团发生的银行挤兑，都不可能再发生了。或者，至少是人们以为如此。

截至1933年年初，经济下行已经持续了三年多，失业率超过20%，抵押贷款违约威胁到每一个对房地产市场有风险敞口的金融机构的稳定。相比之下，2007年经济仍在继续增长，失业率低于5%。只要经济持续增长，大多数借款者的状况会大体良好，而大多数金融机构的状况也会大体良好。甚至在经济扩张结束的时候——因为经济扩张总会结束的，经验丰富的央行还能防止事态失控。

此外，1933年之后，金融体系已经有了长足的发展。银行的业务管理改善了。它们有丰富的工具对冲和分散风险。2005年10月，时任美联储主席艾伦·格林斯潘高度赞扬金融创新。他在一次演讲中讲道，所有的经济扩张都会结束，目前的经济扩张也一样，但他向听众保证，美国和世界经济，以及全球金融体系，比以往任何时候都更富有弹性。[14]

这种观点如今看起来过于狭隘，它没有考虑到房地产金融市场的变化。由于贷款结构变化，如今即使房价出现了有限下跌，也仍然可能影响整个抵押贷款市场。一旦抵押贷款市场出了问题，监管不力所导致的杠杆率提高、"影子银行"体系膨胀，将对整个金融体系产生深刻影响。受害者包括储藏了大批CDO并企图卖掉它们的银行；不顾风险，大量购买投机性抵押债券的SPV；发债机构、专门出售CDS的机构，如AIG（美国国际集团）。如果CDO和CDS市场出了问题，次贷抵押乃至正常的贷款市场都会突然枯竭，进而影响房地产市场。房地产市场的问题会进一步影响商业票据市场、货币市场共同基金，最后打击银行体系乃至整个经济体系。

不幸的是，CDO、SPV 和 CDS，这些复杂的金融衍生品代名词，不是伯南克之类的经济学教授们的主要研究内容，美联储的经济模型里也没有考虑到这些复杂的金融衍生品。美联储的工作人员大多毕业于经济系，而非来自投行的交易大厅，没有几个人听说过 CDO。因此，他们没有发出响亮的警告，这并不让人感到意外。

———

如同 1929 年一样，这次冲击也来自银行体系之外。2007 年 6 月，贝尔斯登宣布暂停两只大量投资于 CDO 的对冲基金的赎回。到 5 月底，这两只基金里管理更为激进、名字特别拗口的高级结构信贷策略增强杠杆基金，已有一半投资者要求赎回。该基金根本无法满足这些要求，因为它们找不到出售这些资产的市场，也没法用别的办法筹集资金。贝尔斯登在营销宣传的时候声称，这两只基金是投资 AA 和 AAA 证券的低风险投资基金。帮助设计这些结构化债券的评级机构顺从贝尔斯登的意愿给予相关债券 AA 和 AAA 评级。[15] 因此，这两只基金暂停赎回，不仅震惊了这两只基金的投资者，而且震惊了其他一些基金的投资者，他们原本以为自己买的是优质、低风险的基金，但事实上并非如此。

和 1929 年的情况一样，杠杆化也是重要的影响因素之一。贝尔斯登的两只基金利用它们的抵押品和母公司的好名声从其他金融机构借款。尽管贝尔斯登借款成本与 AA 级和 AAA 级证券的收益率的差异很小，但如果能利用杠杆率成倍放大，仍能保证获益颇丰。在其投资策略中，杠杆化是很有吸引力、到最后根本离不开的重要策略之一。

但如果投资的产品出了问题，杠杆化也可能导致全军覆没。如果像美林和高盛这样的主要贷款人拒绝对贷款展期，那借款人就不知道还能向谁求助了。如果这些公司随后争抢借款人所提供的抵押品，那么很快就会发现，这些基金的抵押品并不充足。大家会争相哄抢其剩余资产，借款人将被推至破产边缘，并给贷款人造成重大损失。更好的办法是，逐渐减少贝尔斯登的两只基金的赎回压力。有序地出售它们的资产，才能最大限度地提高回收率。如果在市场上火线抛售，价格只会暴跌。[16]

这样做需要耐心，但市场恰恰缺乏这一点。此外，让人不快的是，以精明强悍著称的贝尔斯登，在1998年华尔街集体救助长期资本管理公司的时候冷酷地拒绝参与。因此，贝尔斯登现在并没有得到金融界多少同情。

6月20日，美林也遇到了麻烦，它抢占了贝尔斯登8.5亿美元的抵押品。知晓美林的行动，雷曼兄弟立即跟进。贝尔斯登为这两只基金提供了16亿美元的救援资金，但很快就明白这是个无底洞。[17] 7月31日，贝尔斯登为其陷入困境的基金申请破产保护。贝尔斯登耗光了16亿美元，这引发了投资者的疑虑：其高管人员是否真的像大家想象的那样冷静、精明？

这是一个清晰的警告。存款保险制度或能阻止零售储户对商业银行的挤兑，但是不能阻止"影子银行"体系中批发贷款人的挤兑行为。贝尔斯登的两只基金就是"影子银行"体系中的一部分。到最后，存款保险制度也无法阻止对其母公司的挤兑行为。

―――――

就像在20世纪20年代一样，产生于美国的冲击迅速波及其他国家。在20世纪20年代，美国银行向欧洲银行和政府放贷，这些贷款被投资于低流动性资产，比如公共游泳池。当美国的贷款枯竭后，欧洲的借款者无法继续为这些项目融资，也还不上原来借的钱。这一次，欧洲银行再次向它们的美国同行借入美元，投资非流动性资产。美国银行在与房地产相关的投资上蒙受损失后，流入欧洲的贷款枯竭，欧洲借款者再次陷入和20世纪20年代一样的困境。

这还没完。在20世纪20年代，欧洲的借款人转过身来，反而将其美元投入摇摇欲坠的美国股市。这一次，欧洲银行再次将它们借来的资金投资于美国，包括投资于美国银行发行的 CDO。

美国的金融机构，比如高盛，在 2006 年就对次贷 CDO 市场有所保留，但总部位于杜塞尔多夫的德国工业银行或法国巴黎银行并不知情。德国工业银行始建于 1924 年，其作用是给在恶性通货膨胀后缺少现金的德国企业提供资金。除了贷款给中小型企业，德国工业银行还涉足了房地产贷款领域。[18]

这家银行本是给德国企业提供贷款的，为什么它会认为自己有经验投资美国次贷所支持的证券，确实令人费解。更让人搞不明白的是，为什么它会投资风险最高的证券。或许，在雄心勃勃的该行 CEO 斯特凡·欧塞芬看来，这样做是为了把一家专注于向中型企业发放贷款的中型银行改造成一家全球性银行。为此，欧塞芬创建了一家资产负债表外的公司——莱茵兰基金，并在监管宽松的爱尔兰上市。作为一家 SPV，在进行投资的时候，莱茵兰基金不需要预留资本金。这就方便了德国工业银行以杠杆化手段提高赌注。这是一个典型的 21 世纪初的金融游戏，如今，它开始反扑并蚕食银行。

最沉重的一击来自名为 Abacus（意为"算盘"）的 CDO 的交易，它最终成为美国国会听证和司法部调查的对象。[19] 这要从约翰·保尔森说起。2006 年年底，保尔森决定把大量赌注押在房地产市场上。他曾在贝尔斯登负责并购业务，随后创立了一只对冲基金，专门针对陷入困境的公司的债务。他不是房地产专家，这使得他更容易背离潮流。而且，他也不需要复杂的证据来证明自己的结论：他看到了自己在纽约州长岛南安普敦附近的房子价格上涨。他的一位分析师搜集了 1975 年以来的房屋价格数据，发现经过通货膨胀调整后的房屋价格在 2000 年后的上涨速度超过了以前的趋势。保尔森喜出望外。

这似乎是把千钧系于一发，但保尔森下定决心豪赌一把。他押宝房价将下跌，因此打算借入以次贷为基础的证券并将之卖掉，不久的将来，当房价下跌之后，他再用低价回购这些证券。

第 11 章　大体可控

之所以说这是一场豪赌，有个证据是保尔森想借这些有毒资产的时候，居然凑不齐他想要的数量。或许更简单的办法是自己创造出证券。如果自己创造出来的证券能够卖掉，那保尔森就能从买家手里借入这些证券再转手卖掉，坐等房价下跌。

他把高盛也拉了进来。在高盛的帮助下，保尔森开始挑选与其自创的CDO关联的次贷证券。他拒绝了来自知名银行，比如富国银行的抵押贷款，反而中意那些可疑的机构，比如加利福尼亚州的第一富兰克林银行。第一富兰克林银行发放的抵押贷款，首付比例平均不足7%，37%的抵押贷款是只付息贷款：业主最初几年只需要支付利息，但一段时间后要支付巨额尾款。许多贷款的贷款价值比超过100%，这意味着贷款额超过了房地产本身的价格。

这些是已经被市场拒绝的有风险的抵押贷款，因此，它们所支撑的CDO的价格很可能会下降。保尔森对房地产市场的前景看空，所以这正是他最想要借入和卖出的证券。

保尔森向高盛支付了1 500万美元，好让自己所创造的CDO能够挂上高盛的名字。高盛允许保尔森自创的CDO列入Abacus项目，一并发行。Abacus是高盛于2004年发起的第一个CDO项目，德国工业银行已投资了该产品。当然，顾名思义，算盘（abacus）是为了帮助人们做加减运算的。事实证明，德国工业银行就连这种简单的计算也需要帮助。

德国工业银行似乎已经意识到了利益冲突的可能性。它告诉高盛，只有安排第三方共同管理交易，它才会购买额外的抵押贷款相关的CDO。高盛引入了一家专业的CDO机构——ACA管理公司，来核查保尔森的算法。之所以选中ACA也别有深意。ACA的母公司，即ACA财务担保公司，仅得到标准普尔的A评级，因此，ACA的债券保险产品毫无竞争力。它极度渴望获得业务，高盛的邀请正中下怀。[20]

2007年1月，ACA与保尔森对冲基金和高盛副总裁法布里斯·托尔雷会面。分析师批准了保尔森提交的123个一篮子抵押贷款中的55

个，收取费用并为其提供担保。但显然，ACA没能理解保尔森的想法，也不知道保尔森是要押宝房价下跌。ACA用自己的钱购买了4 200万美元的Abacus，并发行CDS对近10亿美元的优先级债券进行担保。[21]

2007年4月，在所谓的Abacus 2007-ACI基金要封闭的时候，德国工业银行投资了1.5亿美元。正如保尔森对冲基金的一个雇员在一封内部邮件中所写的，德国工业银行"既没有必要的分析工具，又没有制度框架"来深入研究这个特殊的资产池。[22]随着次贷违约的上升，这一时机的选择糟糕至极。[23]到2008年年初，Abacus 2007-ACI资产池中的债券100%被降级，使其成为有史以来表现最差的与抵押贷款有关的集合交易。被降级的证券不可能高于100%，因此这一纪录将永载史册。在两年内，资产池中的50万份按揭贷款有一半违约或丧失抵押品赎回权。这证明保尔森选择抵押贷款池时确实有眼光。他公司出清的150亿美元更有利地证明了这一点。

到了7月30日，在Abacus 2007-ACI关闭仅仅三个月后，德国工业银行被迫重新说明其财务状况。德国工业银行过去是通过发行其他资产支持商业票据来为其投资融资的。这一模式需要持续周转，但如今，德国工业银行已经无法再进入这个市场，最终不得不接受其债权人和德国政府的救助。其他两个地方银行——位于萨克森州的萨克森银行和北莱茵-威斯特伐利亚的西德意志州立银行，随之倒闭。具有讽刺意味的是，德国工业银行最终被以"地板价"出售给了美国的私募公司孤星基金。

———

就在10天前，德国工业银行发布其季度财务报表时还信誓旦旦地说，美国抵押贷款的损失不会使其受损。如今真相大白，人们不得不怀疑，类似的问题是否潜伏在其他银行的资产负债表中。金融危机中有很多错误的言论，但没有比标准普尔对德国工业银行声明的反应更错的。德国工业银行重申其财务状况的当天，标准普尔的欧洲银行首席分析师斯特凡·贝斯特对记者说，没有必要担心其他金融机构。贝斯特说："到目前为止，银行业的状况还是很好的。距离银行业遭受真正的打击还远着呢。"[24]

当法国银行巨头法国巴黎银行透露，它也在与次贷相关的投资上遭受重大损失时，那些倾向于接受贝斯特判断的人才幡然醒悟。8月9日星期四，就在开市之前，法国巴黎银行宣布将暂停三只对冲基金的赎回，这些基金因为持有美国抵押贷款证券而出现了亏损。人们惊讶地获知，这三只一直被看作投资欧洲货币市场的基金，实际上在美国次贷市场上大量建仓。法国巴黎银行试图安抚客户。该行称，这都是因为市场上突然出现了流动性紧张，一旦金融市场恢复平静，它们就能摆脱困境。时任法国巴黎银行CEO博杜安·普罗特说，这三只基金所持有的证券有90%以上被评为AAA或AA评级。贝尔斯登在暂停其两只基金时，也是这么说的。[25]

并非所有的金融危机都有一个明确的开始日期，但显然这一次有。2007年的危机爆发于8月9日，即法国巴黎银行发布公告之日。如果法国巴黎银行的资产负债表里面隐藏着地雷，那么其他银行同样可能会有。出于这种担心，银行同业市场突然停止了互相拆借资金。银行同业市场是银行间的隔夜拆借市场，这个市场首先在欧洲冻结。银行间同业拆借利率本是跟着银行从央行借款时支付的利率，因为在正常情况下，央行贷款和同业贷款是紧密关联的相互替代品。[26]但现在情况有所不同。8月9日，银行间同业拆借利率飙升，远远高于欧洲央行的目标利率。

欧洲各银行的门口虽然还没有惊慌失措的储户排队，但同业市场的崩溃仍预示了危机。欧洲银行的杠杆率比它们的美国同行更高。它们较少依赖零售存款，较多依赖来自其他银行的借款。这是一场直接、严重的灾难。

这最终足以唤醒沉睡的欧洲央行。早在7月3日，尽管流动性短缺的风险已经迫在眉睫，欧洲央行反而提高了利率。在法兰克福的欧洲央行官员错误地认为，流动性短缺不过是美国的问题。法国巴黎银行事件至少对打破这种幻觉产生了有益的影响。8月9日，欧洲中部时间上午10点26分，在交易开始不到90分钟时，欧洲央行宣布准备采取行动。两个小时后，欧洲央行发表声明，将提供流动性，而且是无限制地提供流动性。[27] 在1929年股灾之后，美联储曾为经纪人和交易商提供了流动性支持，但即使是美联储，也从来没有做出无限提供流动性的承诺。显然，在法兰克福，人们也读过弗里德曼和施瓦茨。

———

这正是美联储主席伯南克在其学术生涯中一直研究的金融危机。8月9日，美联储宣布向金融市场注入240亿美元。在第二天发布的新闻稿中，美联储公开宣布已经准备好为市场提供充足的流动性："美联储将通过公开市场操作提供必要的储备。贴现窗口仍一如既往，可作为资金来源。"8月10日，美联储又额外提供了380亿美元。欧洲央行、日本银行、加拿大储备银行、澳大利亚储备银行和中国香港金融管理局采取了类似的行动。

可以说，这正是弗里德曼和施瓦茨建议的应对措施。唯一的问题是，这已经不是上一代人所经历的银行业危机，也不是弗里德曼和施瓦茨所描述的银行业危机。央行确实开始向商业银行提供流动性贷款。但这场危机不同于1930—1933年的危机，它不是以商业银行为中心的。至少在目前看来，金融危机的核心是由对冲基金、货币市场共同基金、商业票据发行者组成的"影子银行"体系，这些都不是美联储的常规交易对手。反过来这又意味着，央行的干预措施不会如预期的那样有效。

首先受到冲击的是对冲基金。那些被人们认为在美国抵押贷款市场有大量风险的基金遭遇大量的赎回，而且通常是被其他基金赎回。它们无法得到信贷支持，因为不管美联储有没有给银行提供流动性支持，银行都拒绝贷款。基金经理只好抛售抵押贷款证券，这又牵连了其他基金。

无论是存款保险制度,还是央行向商业银行提供贷款,都不足以解决这些问题。

紧接着受到冲击的是资产支持商业票据市场。发放学生贷款、汽车贷款、信用卡和有应收账款的大型公司通常会将它们捆绑起来,并以此作为抵押获得90~180天的借款。如果卖掉这些资产支持商业票据,可以使这些公司立刻获得所需资金,不必等到收回这些基础资产之后。对美国的大公司和大银行来说,商业票据市场是不可忽视的主要资金来源。截至2007年8月,未偿付的资产支持商业票据价值1.2万亿美元。这一数字超过了所有未支付的美国国债总额。[28]

资产支持商业票据的存量在过去的18个月内几乎翻了一番。对风险敏感的投资者很快就意识到,供应量如此迅速的增长是以信贷质量下降为代价的。他们发现,在新增的票据中,以抵押贷款和抵押贷款相关的衍生品为资产支持的比例出奇之高。当然,这本不是什么新奇的事情。像国家金融服务公司这样的专业抵押贷款发放者一直都是主要的票据发行人。[29]

发行资产支持商业票据的银行一直在发行流动性较好的短期债务来为流动性较差的项目融资。因此,当票据市场出问题时,出现的是仿佛慢镜头般的银行挤兑。2007年7月,在未偿还的商业票据到期后,仅有5%的发行者无法展期;到8月底,这一比例已经上升至25%;到10月,该比例已经达到40%。[30] 与对冲基金市场一样,当商业票据市场出现挤兑时,联邦存款保险制度不可能有所帮助。[31]

商业票据市场的崩溃引发的流动性危机迅速蔓延到企业和金融部门。国家金融服务公司作为美国最大的抵押贷款机构,端着这杯"毒酒",只能通过向银团申请115亿美元的贷款才免遭破产。Ameriquest曾经是美国最大的次贷公司,也被迫暂停营业。

———

下一张倒下的多米诺骨牌是英国北岩银行。北岩银行喜欢被称作

"岩石",以表示自己坚固稳健。北岩银行由纽卡斯尔市的两家历史悠久的建屋互助会合并而成,它们分别是北城永久建屋互助会和岩石建屋互助会,都成立于19世纪。英国的建屋互助会相当于美国的信用社,是由其成员拥有并经营的合作金融机构。之所以被称为"建屋互助会",是因为最早是由建筑行业工人创建的。建屋互助会一般专门从事抵押贷款业务。北岩银行一直是这一行业中较大、较成功的典范之一。

但北岩银行的管理层急于快速扩张,仅仅靠会员捐款可满足不了他们的胃口。随后,北岩银行开始尝试兼并其他建屋互助会,而且逐渐放弃了集体企业的性质。利用撒切尔夫人的大爆炸式金融改革的良机,北岩银行效仿其他建屋互助会,比如阿比国民银行和哈利法克斯银行,转制成为一家银行,并在伦敦证券交易所上市。

由于无须回应会员们的监督,由亚当·阿普尔加思所领导的管理团队开足马力,推动银行的扩张。阿普尔加思生于英格兰东北部的桑德兰,毕业于英国杜伦大学。他一毕业就加入了北岩银行,并迅速升迁。2001年,38岁的阿普尔加思被任命为CEO。阿普尔加思野心勃勃、酷爱体育、酒品甚好,深受同事喜爱。他最突出的特点是十分自信并敢于冒险。阿普尔加思所领导的北岩银行采取了21世纪几乎所有的激进的抵押放贷方式。北岩银行不仅通过吸引存款,而且通过向其他金融机构借款来融资,它比别的英国金融机构更依赖于批发融资;它通过放宽对借款人的首付要求来增加自身的市场份额,它的招牌产品"共贷宝"允许房主的抵押借款高达其房屋价值的125%;[32] 它跟国家金融服务公司一样,在购物中心开设分支机构;它通过高利率吸引网上存款;它将抵押贷款外包给独立的经纪人;为了进一步筹集资金,它在有税收优惠政策的泽西岛成立了名为"花岗岩"的SPV,将其贷款证券化并出售。

北岩银行在将近20年的时间里,以20%的年均增长率急剧扩张。人们在看到这样的快速扩张时,本应注意到这一过程中所积累的脆弱性。当美国次贷市场的问题暴露时,北岩银行发现它无法再将其贷款证券化之后出售。[33] 在 8 月 9 日法国巴黎银行发表声明之后，批发货币市场已经崩溃。实际上，北岩银行所依赖的两个主要筹资渠道——一个是向投资者出售住房抵押贷款证券，另一个是向其他银行借款——同时失效。

8 月 10 日，阿普尔加思与其董事会主席马特·里德利匆匆会面。里德利曾经是一名记者和自由主义哲学家，后成为畅销书作家。他是古老的诺森伯兰家族的名人。他的成名作是《红皇后效应》，红皇后是刘易斯·卡罗尔所著图书《爱丽丝梦游仙境》中的角色，《红皇后效应》这本书则主要介绍性繁殖理论。大众科学自有其用处，但在董事会会议室里却无用武之地。即使里德利是位饱学之士，他也没有足够的资格为如何处理流动性危机提供中肯的建议。阿普尔加思在其他地方也得不到好的建议。除了里德利，北岩银行的董事都是当地名流，比如安德鲁·芬威克，他是当地一家百货公司的家族成员。这些人给银行带来了名望，但没有一个人能控制一个野心勃勃的 CEO，更别说控制资金危机了。

———

为了获得流动性，阿普尔加思被迫出售任何能够变现的资产。但过去曾是高流动性的证券，现在的价格已经跌至谷底，阿普尔加思变卖家产也得不到足够的资金。阿普尔加思除了求助英格兰银行，已别无选择。他从 8 月中旬就开始寻求英格兰银行的支持。经过一个月的游说，到 9 月 13 日星期四，他终于获得了苦苦寻求的"流动性支持安排"。这一计划本来准备在下个星期一宣布，留出周末来准备安抚公众的宣传。不幸的是，这一计划在星期四晚上泄露，根本没有时间进行准备。雪上加霜的是，时任英国财政大臣阿利斯泰尔·达林和时任英格兰银行行长默文·金在星期五将前往葡萄牙参加欧盟官员的定期会议。取消行程会加剧恐慌，但是在达林和金双双缺席的情况下，政府救援群龙无首。

英国有限的存款保险制度规定，低于 2 000 英镑的存款可以得到全额赔付，超过 2 000 英镑、低于 35 000 英镑的存款可以得到部分赔付，

35 000英镑以上的存款没有任何赔付。这一存款保险制度也于事无补。但英国在过去的150年来从未遭受过一次银行挤兑，即使在大萧条时期也没有过。当时，英国已经放弃了金本位，因此英格兰银行可以下调利率，为金融机构和市场提供流动性支持。有鉴于此，一个阻止挤兑发生的全面的存款保险制度似乎是多余的。

过去150年从未发生，并不能保证在2007年就不会发生。英国的储户很快意识到，本国的存款保险制度无法提供太多的保护。星期五早晨，恐慌的储户纷纷登录北岩银行的网站请求提款，由此导致服务器崩溃。储户担心这是银行故意不处理他们的要求，于是，他们在北岩银行的分行门口排起了长队，这一现象吸引来了媒体。不知所措的出纳员们躲在银行办公室里。身在波尔多的达林和金，在电视上看到了这一幕。

就在这一天，恐慌的储户提取了超过10亿英镑的存款，相当于北岩银行存款额的5%。次日早晨，储户再次在北岩银行位于谢菲尔德和伦敦北部的分行排起了长队，警察不得不出动维持秩序。星期日是银行休假日，但挤兑风潮在星期一继续出现。当天晚上，由于担心恐慌蔓延到其他银行，达林不得不在电视上发表声明，宣布为北岩银行的存款提供财政担保。

在这场危机中，没有人赢得好名声。作为主要的金融监管者，英国金融服务管理局显然监管不力。英国金融服务管理局没有阻止北岩银行采取高风险的商业模式，它只是照本宣科地检查北岩银行是否满足了《巴塞尔协议Ⅱ》所规定的资本充足率要求，却忽视了其高速扩张和高风险融资。英国金融服务管理局的压力测试未能预测出北岩银行在2007年可能遇到的这种流动性问题。对英国金融服务管理局的指责声四起，它为此付出了巨大的代价，被褫夺了其最重要的监管权限，2013年被废除。

金执掌的英格兰银行同样低估了威胁的严重性。北岩银行早在8月中旬就向英格兰银行寻求支持,但被拒绝了。英格兰银行的官员明确表示,北岩银行应该在市场上自找出路。9月12日,在央行官员认为他们除提供特别的流动性支持之外别无选择的几天前,金还向下议院写信强调他的看法,他认为包括北岩银行在内的银行体系是能够处理好自己的问题的。如果北岩银行无法增加资本,获得流动性支持,那就让一家更有竞争力的对手把它收购算了。[34]

这是一个错误的看法。北岩银行的资产负债表极不透明,不会有其他银行愿意收购。2008年,当雷曼兄弟面对生存危机时,美国的决策者本应学到这一经验。即使有金融机构愿意收购北岩银行,它们肯定也会要求英格兰银行提供保障,但这正是金所不愿意提供的。[35] 认为北岩银行可以重新进入货币市场的这种观点,也是不切实际的。北岩银行的管理层对此心知肚明。在英格兰银行吃了闭门羹之后,北岩银行试图利用其在爱尔兰的唯一一家分行,寻求欧洲央行的支持,但最后发现,这在法律上是不可行的。

英格兰银行官员的态度有些令人难以理解。一种可能的解释或许是,金从未亲身经历过银行挤兑事件。的确,自1866年以来,英国从未经历过一次全面的银行挤兑。当1931年的德国银行业危机蔓延至伦敦时,由于没有亲历银行业危机,当时的英格兰银行行长蒙塔古·诺曼并没有像他的美国同行乔治·哈里森一样有尽快提供流动性支持的紧迫感。如果说在1931年英国对银行挤兑的记忆太过遥远,那么在2008年,这一记忆更加遥远。

另一个可能的原因是,金和英格兰银行的其他官员并未全面了解北岩银行的实情。英格兰银行在1997年摆脱了财政部的控制,获得独立的同时,也失去了很多重要的监管职能。英格兰银行的独立性能够保证货币政策非政治化。当时刚刚组阁的托尼·布莱尔政府为了显示其诚意,支持英格兰银行独立。但英格兰银行如果想要独立,那么就需要削减规模。因此,监管和规范的责任被移交给英国金融服务管理局。从官方的角度来说，英国金融服务管理局、英格兰银行和财政部需要相互协调合作。但在官僚机构里，信息就是权力，从政府部门间的合作来看，原则和实践之间存在巨大落差。

因此，英格兰银行的官员们并不能确认自己是否掌握银行完整、最新的情况。这使他们更加不愿介入单个金融机构的问题。不管怎样，现在防范金融风险已经是别人的事情了。英格兰银行主动去为陷入困境的金融机构提供支持，只会导致其他监管机构，比如英国金融服务管理局，更加疏失。

这就引出了影响英格兰银行行为的最重要的因素，即金和同事们对道德风险的关注。对 8 月 9 日欧洲央行针对法国巴黎银行两只基金暂停赎回而向市场提供无限制流动性的决定，他持批评态度。金在 9 月 12 日给下议院写的信里警告说，按照更广泛的抵押品向银行提供流动性，会鼓励银行过度冒险。36 花旗集团 CEO 查尔斯·普林斯曾说，像在抢椅子游戏里一样，当音乐响起，游戏者就要站起来跳舞。金针锋相对地说："提供大量的流动性支持，对那些没有参加抢椅子游戏的金融机构来说，是一种惩罚。"这会"鼓励羊群行为，并增加未来危机的强度"。金的意思是说，只能在没有其他选择之后提供流动性，而且必须采用惩罚性的高利率。

这种对道德风险的强硬路线完全不同于伯南克执掌下的美联储采取的那种"先借再查"的做法。值得一提的是，需要再次声明，英国在过去的 150 年里从未经历过全面的银行恐慌，因此，即使弗里德曼和施瓦茨曾经讲过，央行的首要职责是阻止恐慌，在这之后，才能有足够的时间来处理道德风险，这一精神并没有被英格兰银行充分领会。

金想要给金融世界中的"亚当·阿普尔加思"们上一课，这一做法付出了高昂的代价。工党政府一边犯错误，一边补救。英国政府被迫开出空白支票，为北岩银行的存款提供担保，但其实并没有明确的法定授权允许它这么做。英格兰银行一开始采取强硬立场，但后来不得不开闸

第 11 章　大体可控　　189

放水，提供流动性支持。阿普尔加思于11月辞职，里德利被免去主席职务，其他董事会成员也被扫地出门。由于未能找到买家，政府在次年2月将北岩银行国有化。北岩银行在5个月内动荡不宁，亏损不断增加。最终，在2012年，该行剩余部分以8.2亿英镑的价格卖给了维珍理财公司，英国纳税人的损失超过20亿英镑。这是政府官员们反应迟缓、决策不一致带来的沉重代价。

英国经历了150年以来的第一次银行挤兑，这一事实让人们无法信任金融体系的状况和政府的能力。

第 12 章　证据不足

到了 2007 年 9 月下旬，诸多迹象表明局势已经失控。英国北岩银行和其他银行的资产甩卖引发资产价格的螺旋下行，给投资者带来了更大的损失。之前，这些问题仅存在于那些投资次贷证券的对冲基金和过度依赖抵押贷款市场的建屋互助会，而现在，所有的投资者都遇到了困难。

受灾最重的是在美国货币市场上的共同基金。我们在第 4 章讲过，货币市场基金在 20 世纪 70 年代就已经诞生，但直到最近，它们才转向商业票据业务。随着另类投资工具的发展，货币市场基金越来越难吸引和留住客户。我们在第 4 章中也提过，一个显而易见的解决途径就是提供更高的收益率。因此，货币市场基金将投资组合中的国债，逐渐替换成具有更高收益率的商业票据。

以美国老牌货币市场基金——储备基金为例。多年来，其投资者最关注流动性和风险，因此储备基金的经理一直坚持保守的投资策略，其收益回报略低于优质的短期公司债券的回报。但看到客户逐渐被其他高收益率投资项目吸引走，储备基金开始转向，增加资产支持商业票据的投资。刚开始的时候只是少量增持，2007 年之后则大量加仓。[1]

美国证券交易委员会并非没有注意到这种收益率角逐的情况。因此，美国证券交易委员会规定,货币市场基金只能持有AAA或AA评级的商业票据。[2] 之所以有这种古怪的规定,是因为在很久以前,市场上很少出现优质商业票据违约。美国证券交易委员会又一次落后于市场体系的变迁。

美联储向银行系统注入流动性也没有缓解货币基金的困境。在资产支持商业票据突然失去流动性之后,银行拒绝购买或以商业票据为抵押贷款,所以美联储的救市措施并未缓解商业票据市场的压力。如果商业票据市场仍然形势紧张,货币市场基金也不可能摆脱困境。

过去,投资者相信,货币市场基金账户中的一美元,就像存在银行的一美元一样,价值永远都是一美元。当这些投资者在新闻报道中看到,某只货币市场基金遭受重创,不能完全兑付投资额时,他们就会夺路而逃。货币市场基金出问题时投资者的恐慌程度,甚至比银行出问题时的更严重。银行存款受到存款保险制度的保护,但货币市场基金没有;银行有资本金,可以缓冲损失,但货币市场基金没有。

唯一能够救助货币市场基金的办法就是由其母公司,不管是商业银行还是基金家族提供援助。2007年下半年,有43家货币市场基金悄悄地通过这种方式得到了救助。这种自救方式主要靠母公司充实货币市场基金的资产负债表。投资者的挤兑势头暂时得到了遏制。但这种救援也带来了一种盲目的信心,即发生投资者挤兑的可能性不大。人们错误地认为,即使一些货币市场基金打破了"一美元就是一美元"的信条,也不会酿成巨大的风险。[3] 一年之后,一次更剧烈的冲击到来,将母银行和基金家族推向风口浪尖,盲目自信让投资者和决策者再次尝到苦果。

对冲基金出现挤兑风潮,资产支持商业票据市场崩溃,货币市场基金陷入困境,这足够提醒决策者形势有多么险恶。在法国巴黎银行发表

声明后 8 天，也就是 2007 年 8 月 17 日，美联储将再贴现率下调 50 个基点；同时，为了让投资者相信流动性是充足的，美联储将拆借期限延长为 30 天，而不再采用传统的隔夜拆借。随后，美联储于 9 月中旬再一次把再贴现率下调 50 个基点。为了保持银行间市场正常运行，美联储从一级交易商处购买了价值 470 亿美元的证券，这些一级交易商都是经常与美联储进行交易往来的大型银行。12 月 11 日，美联储又一次将政策利率（包括再贴现率和联邦基金利率）下调 25 个基点。12 月 12 日，美联储宣布了一种新型工具——定期拍卖工具。有了定期拍卖工具，美联储不仅可以贷款给一级交易商，还可以贷款给所有存款机构。这一做法引发了争议。2008 年 1 月 22 日，在两次常规联邦公开市场委员会会议间隙，美联储不同寻常地宣布将联邦基金利率下调 75 个基点。8 天后，在常规的联邦公开市场委员会会议上，美联储又将联邦基金利率下调了 50 个基点。

这种快速反应令人印象深刻，这表明美联储已经完全明白如何应对金融萧条。这并不是一个新问题。正如我们在第 7 章中讲过的，乔治·哈里森和他的同事同样知道如何应对 1929 年经济崩溃所造成的金融萧条。历史教训已经得到了更加充分的总结，伯南克带领的美联储的政策回应更加强劲有力。

此外，伯南克及其同事避免了 1931 年的错误。1931 年哈里森对是否援助欧洲银行犹豫不决，导致危机波及其他国家。[4] 缺乏国际合作将导致局势大范围恶化，这是大萧条的另一个深刻教训。[5] 痛定思痛，各国央行加强合作，共渡难关，比如将国际清算银行从处理战争赔款的机构改造为各国金融官员日常交流的平台，国际合作的范围越来越广泛。

其中一个例子就是，美联储于 12 月 12 日与欧洲央行、瑞士央行达成货币互换协议，以缓解欧洲急需美元的困境。美元和欧元、法郎的互换交易让欧洲央行、瑞士央行能够提供足够的美元流动性给相关银行。[6] 但这些互换协议招致美国自由意志主义议员、多次参加总统竞选的罗恩·保罗的批评。保罗议员指责这样的举动给美联储资产负债表带来了很大的风险,但事实上是由欧洲央行与瑞士银行,而不是由美联储承担欧洲银行无法偿付借款的风险。

此外,美联储通过贴现窗口向欧洲商业银行提供美元流动性,也就是说直接接收它们的贴现票据。8月20日,德国商业银行的美国子公司向美联储借了3.5亿美元;德意志银行于11月8日借了24亿美元;法国农业信贷银行旗下负责公司银行业务的法国东方汇理银行,借了20亿美元。

作为外国银行的子公司,这些实体无须持有资本以支撑其运作,因为它们有欧洲母公司的支撑。由于缺乏储备,当法国东方汇理银行、德意志银行美国子公司以及德国商业银行子公司需要美元流动性时,它们主要依靠发行资产支持商业票据,但现在资产支持商业票据市场被"冻结",它们的母公司美元有限,因此不得不向美联储求助。尽管这三家外国银行子公司为其借款提供了抵押物,但这想必也不能取悦保罗议员,如果他知晓此事,一定会叫嚷着说,出钱解救外国金融机构就是对美联储的血腥屠杀。[7]而如果被人知道这些机构从贴现窗口借贷,就会被视为经营不善,这也能解释为什么这些交易是悄悄进行的。

按照美国政治的标准,财政政策的反应也算迅速。国会和白宫从2008年1月就开始紧密磋商。民主党控制的国会与共和党控制的政府无法就财政刺激政策的具体内容达成一致意见:民主党主张增加食品券和失业救济,而共和党支持减税。但两党很快达成了一个折中方案。不到一个月的时间,美国就推出了自己的财政刺激方案,这一方案总计1 500亿美元,约占GDP的1%,其中包括1 000亿美元的减税和500亿美元的额外支出。两党达成共识,不再推行小布什风格的税收政策,即两党同意这将是暂时性而非永久性的减税。民主党派人士同意对企业征税时有更多的投资抵扣。4月,第一张退税支票签出。这是一次令人印象深刻的两党合作,在今后的岁月中很难再一次达到如此和谐。

这使我们不得不问：为什么这些措施没能避免随后的大衰退？

第一个答案是，尽管政策反应非常迅速，但危机的传导带来了巨大的负面冲击，这些政策反应尚不到位。2007年年底，美国经济已经处于衰退，然而很少人意识到经济状况的快速变化。在2007年年底及2008年年初采取一系列政策措施后，美国政府就开始袖手旁观。当美国经济在2008年春夏一步步走向衰退的时候，美联储和国会都没有采取有效的政策措施。

先说美联储。2007年10月的联邦公开市场委员会会议仅承认经济温和下行，而房地产市场的调整可能拖累整体经济的说法"证据不足"。2008年夏末，有关数据仍预测经济将继续增长。2008年年中的预测大多认为下半年经济增长会延续。[8] 2008年8月，在召开联邦公开市场委员会会议的时候，里士满联邦储备银行行长杰弗里·拉克尔还在说，他不相信"信贷市场可能会引起消费和投资支出下滑"[9]。在2008年9月中旬的联邦公开市场委员会会议上，大部分成员仍然预测下半年经济将缓慢增长。[10]

甚至在雷曼兄弟破产之后，人们仍然没有意识到金融系统会把房地产市场的冲击成倍放大。人们不了解危机对经济全局的影响。美联储为缓解经济增速下行，在2007年8月至2008年1月大幅下调政策利率。在2008年3月和4月贝尔斯登陷入危机时，美联储又多次下调利率，但降息的幅度有所减小。就像在1929年一样，这一次，美联储也认为它已经尽了职责。然而，实际上远非如此。

之后，美联储进一步下调政策利率，一路降至零利率，但为时已晚。美联储随后不得不采取非常规QE（大规模购买国债和住房抵押贷款证券）以支撑经济增长，还不得不使用各种激进方法激活金融市场。事后来看，如果美联储行动更早、力度更大，比如在2008年年初就采取这些措施，将更加有效，但只有非常态的经济下滑，才能促使政府采取非常态的对策。可惜,人们在当时看不到这种迫切的压力。

伯南克是专门研究大萧条的学者,与他的同事们相比,尤其是与那些身为联邦公开市场委员会成员的地区联邦储备银行的行长相比,他更加忧心忡忡。伯南克认为金融问题不断累积,即将造成严重的衰退。[11]这些美联储决策委员会的成员在决策的时候,参照的历史经验不是20世纪30年代的大萧条,而是20世纪70年代之后的美国经济。20世纪70年代,美国经历了较高的通货膨胀,美联储几乎偏离了轨道。从那之后,美联储一直把关注的焦点放在控制通货膨胀,而不是防范金融危机上。即使到了2008年,当美国经济面临80年来从未有过的最严重危机时,美联储的官员们还在担忧通货膨胀。

美联储的这些官员担心,美联储在2007年8月至2008年1月大幅下调利率,如果不能及时收回其注入市场中的流动性,就会导致通货膨胀。由于中国的需求旺盛,食物和石油价格上涨,这似乎印证了人们对通货膨胀的担心。2008年4月,费城联邦储备银行行长查尔斯·普罗索在联邦公开市场委员会会议上说,如果能源和大宗商品价格继续上涨,成本上升,生产商将提高其他产品的价格,即整体通货膨胀率将传导至剔除了食品和石油价格之后的核心通货膨胀率。里士满联邦储备银行行长拉克尔警告:"持续升高的整体通货膨胀率会干扰家庭和企业决策。"堪萨斯联邦储备银行的托马斯·霍恩称"商品价格,尤其是进口商品价格面临着巨大的通货膨胀压力"。[12]伯南克回击称,这些人观察到的是相对价格变化,即食物和石油价格上涨较快,而其他商品和服务的价格上涨缓慢。但美联储的决策是按照一致同意的原则制定的。对共识影响最大的是关于20世纪70年代通货膨胀的记忆,而非关于20世纪30年代的经济危机。

在9月雷曼兄弟破产之前,对通货膨胀的担心使得美联储的决策逡巡不前。即使在雷曼兄弟破产之后,还有一些委员会成员难以转变观念。伯南克主席或许更为明智,但是政策的制定并不是由主席一个人决定的，而是要经委员会投票通过。伯南克主导的联邦公开市场委员会比其他大多数委员会更加倾向于采取一致同意的决策方式。尽管在伯南克之前，有些美联储主席非常强势，不顾同事的反对，但这不是伯南克的风格。最后的结果是美联储没有采取进一步的行动。随着私人部门的贷款收缩，美联储实质上采取了紧缩政策，经济中的货币供给相对不足。

同样，仅为 GDP 1% 的财政刺激政策远远不够。银行、企业和家庭都在疯狂地去杠杆。财政刺激政策主要采取退税的方式，估计只有一半的人在退税之后增加了消费。[13] 美国政府在一年后采取的财政刺激政策的规模是第一次的 5 倍。饶是如此，还有人觉得规模太小。事后来看，如果在 2008 年年初能实施更多的财政刺激政策，那么 2009 年可能就不会需要那么大的动作。2008 年，若进一步实施扩张性的财政政策，就能抵消家庭、企业的支出紧缩，经济衰退的速度会放缓，坏账会更少，金融机构会更加健康。这样做是否就能彻底避免大衰退呢？事已至此，我们可能永远都不会知道答案。

无论答案是什么，但如果要想让美联储在 2008 年年初就采取行动，必须让人们意识到经济正在快速恶化。遗憾的是，当时人们没有这样的意识。在 2008 年 10 月通过 8 000 亿美元的 TARP，及在 2009 年通过奥巴马政府的 7 870 亿美元的刺激政策之前，美国国会本应察觉经济危机的到来。

这段插曲能够说明，当经济和金融环境变化没有充分显露时，政策很难有效应对。当时并没有充分的证据能说服相关官员相信经济环境正在快速恶化，尽管他们比前辈们更清楚如何处理这类经济危机，但是单凭这一条并不能保证充分的政策反应。美联储在 1929 年没有进一步采取措施，其中一个原因是在经济即将崩溃之际，人们却相信经济在继续扩张。[14] 美联储在 2007 年同样没有进一步采取措施，也是因为尽管经济增速已放缓，但官员们仍相信经济还在扩张。有了这样的一段亲身经历，我们在评论 20 世纪 20 年代的决策者时会平添几分同情，因为在经济危机的早期阶段，经济前景扑朔迷离，难以看清方向。

美国历史协会前主席 H. 莫尔斯·史蒂芬斯在 1916 年说过一句名言："每一代人都在创造自己的历史。"套用此话，我们也能说，每一代人都只能记住自己的历史。[15] 在 2008 年，对联邦公开市场委员会的许多成员来说，印象最深的是他们亲身经历过的 30 年前的高通货膨胀，而不是更为遥远的大萧条时代；对国会议员来说，印象最深的是过去数年持续增加的财政赤字，而不是遥远的大萧条时代。他们似乎已经忘记了大萧条的历史经验：增加政府支出可能是解决问题的办法，而不是需要解决的问题。

大萧条和大衰退有很多相似之处。20 世纪 30 年代，美联储官员从历史经验中得知，利率急剧上升，是金融系统出现问题的信号。所以，在 1929 年股灾之后，利率逐渐下降，美联储官员就觉得问题已经过去了，不需要再采取其他措施。对历史经验的滥用使得美联储官员先入为主地把利率下行视为政策调节的结果，而不是信贷需求消失的结果。这种误读导致支持经济增长的政策力度不够，造成灾难性的结果。

2008 年，美联储官员仍然沉湎于 20 世纪 70 年代的经验，把整体通货膨胀率的上升视为刺激过量的结果，认为再加码会导致严重的负面效应。对通货膨胀历史经验的滥用使得美联储官员先入为主地对食物和石油价格的上涨产生了误读，实际上，价格上涨是由于中国需求的拉动，而不是美联储政策的推动。这种误读再一次导致支持经济增长的政策力度不够，再一次造成灾难性的结果。

政策未能避免形势恶化的最后一个原因是，许多政策都针对银行，但最棘手的困难在于"影子银行"体系。无论是通过贴现窗口还是使用定期拍卖工具为银行提供流动性，都不能缓解抵押贷款证券化机构、商业票据发行人、货币市场共同基金等"影子银行"的压力，因为银行不愿贷款给"影子银行"体系中的交易对手。

最终，美联储不得不通过直接购买证券化抵押贷款、资产支持商业票据和其他相关资产来解决这一问题。但它并没有在2007年及时出手，而是一直等到局势不可收拾的时候才仓促上阵。20世纪30年代的危机集中在银行体系。受这段历史的影响，美联储关注的焦点是银行体系。美联储最擅长的就是给银行贷款，只有在出现极其特殊的情况时，才有可能摒弃常规政策。2007年下半年，美联储还没有下定决心。后来，美联储决定创造定期拍卖工具，通过这一机制借款给一级交易商之外的交易对手。但即使是这一政策，也在美联储内部遇到了很多阻力，有些官员担心这会引发道德风险。在美联储之外的阻力更大，比如保罗议员和其他人都反对，在经济衰退"证据不足"的时候，美联储更多地采取非常规政策，比如购买住房抵押贷款证券。

因为缺乏强有力的刺激政策，美国工业生产总值在2008年1月、2月、3月连续下降。[16] 道琼斯指数持续下滑，累计跌幅达到了20%。[17] 即使如此，市场仍然没有预料到即将发生的危机：贝尔斯登破产。贝尔斯登的破产标志着这场危机进入了一个新的阶段。这不是一只对冲基金、货币市场基金，或是一个资产支持商业票据发行人，这是一家与5 000多家金融机构和非金融机构有业务往来的银行。[18] 贝尔斯登的破产表明，美国遇到的危机已经不仅仅是"影子银行"危机，还是处于金融体系中心的银行业危机。

贝尔斯登走向破产并不是巧合。它是美国五大投行中最小的一个。2007年夏，贝尔斯登旗下已有两只对冲基金倒闭，备受市场关注。詹姆斯·凯恩是贝尔斯登前CEO和董事会现主席，市场人士都知道，与公司命运相比，他更喜欢高尔夫和桥牌。

贝尔斯登的杠杆率很高。由于其自身资本很少，为了履行应尽的义务，它必须依靠债主的善意和宽容。贝尔斯登曾经试图筹集额外资本，但是没有成功。贝尔斯登大量投资于Alt-A贷款，这种贷款的信用评级几乎和次贷一样差。接替凯恩成为CEO的是艾伦·施瓦茨。他曾是一位职业棒球投手,后来成为投行家。施瓦茨是从基层一步步干上去的,与凯恩相反,施瓦茨脾气随和,待人客气。可惜的是,应付复杂的衍生证券不是他的强项。

施瓦茨在了解到公司的衍生品头寸之后,意识到如果没有注资,贝尔斯登将很难维持下去。公司试图将其持有的衍生品出售给黑石集团、太平洋投资管理公司和其他实力更强的金融玩家,以补充自身的资本金。但在经济危机不断恶化的背景下,即使赔本清仓,也没有人敢买这些证券。大量出售证券的消息很快会在业界流传开来,大家会觉得,之所以急于出售,肯定是因为公司遭遇了致命的打击。

3月10日星期一,穆迪下调了贝尔斯登旗下另一只基金持仓的住房抵押贷款证券的评级,这一消息使得人们不得不担忧其母公司贝尔斯登的经营状况。谁也不知道贝尔斯登的证券投资组合的价值是否足以兑现承诺,市场已经瘫痪,没有买家愿意报价。或许,贝尔斯登的资产仍然大于负债,只要有一家更为强大、资金更为雄厚的同行为贝尔斯登注入资金,或兼并贝尔斯登,就能化解危机。但是,贝尔斯登的抵押贷款证券的价值已经暴跌,这家投行也许已经资不抵债,在这种情况下,债权人尽早离场是最明智的选择。没有人知道真相到底是什么。

接踵而至的是,向贝尔斯登提供流动资金的其他大型金融机构纷纷挤兑贝尔斯登。这些金融机构拒绝接受贝尔斯登提供的抵押品,坚持要求用现金支付。那个星期刚开始,贝尔斯登的账上还有180亿美元的现金和流动性证券,但到星期四晚上,其现金余额已降至不到20亿美元。

显而易见,如果贝尔斯登在星期五继续开门营业,一定会耗尽所有的现金,走向破产。星期四晚上,施瓦茨打电话给纽约联邦储备银行行长蒂莫西·弗朗兹·盖特纳,向他报告了这个坏消息。美联储必须在几个小时内迅速组织对贝尔斯登的救援,让其度过星期五,这样周末才能有时间找到一个更加持久的解决方案。

施瓦茨打电话给盖特纳很能说明问题。按照金融监管者之间的分工，贝尔斯登作为证券交易商并不受美联储监管，而是受美国证券交易委员会监管。设立美国证券交易委员会，是为了监管证券经纪商，但它总想扩大监管范围。它认为贝尔斯登是一家证券交易商，但实际上，贝尔斯登是一家有着复杂的资产负债表的银行。2007 年，美国证券交易委员会的审计官大笔一挥，就在贝尔斯登的财务报表上签了字。美国证券交易委员会主席克里斯托夫·考克斯得知施瓦茨要向政府求助，他自信地向财政部部长亨利·保尔森保证：贝尔斯登状况良好，在几个星期内就能找到买家。[19]

尽管美联储没有监管投行和给投行贷款的职能，但只有美联储有撒手锏——只有美联储能够开动印钞机，只有美联储能够在一夜之间变出来大笔的资金。2008 年 3 月 14 日星期五上午 8 点，在交易开始前的一个小时，解决方案最终达成：美联储贷款 129 亿美元给摩根大通。摩根大通受美联储监管，且在贝尔斯登赖以短期融资的金融市场上占据主导地位。[20] 就这样，美联储贷款给摩根大通，摩根大通再把钱贷给贝尔斯登，这被称为"背对背交易"。

值得注意的是，美联储给摩根大通的贷款没有追索权。尽管贝尔斯登拿出了号称价值 140 亿美元的资产作为抵押，但如果这些资产其实一文不值，那么将由美联储，而不是摩根大通承担损失。美联储需向财政部上缴利润。换言之，这给美联储，以及间接地给纳税人带来了风险。国会意识到这点后自然大加指责。国会担心可能还有更多的债务隐藏其中，并会给纳税人带来压力。这将影响公众对进一步实施政府干预的支持。金融体系在贝尔斯登危机中渡过了难关，但美联储遭遇的信任危机才刚刚开始。

为了使其向非商业银行贷款的做法合法化，美联储官员引用了《联邦储备法》中一条语焉不详的条款，该条款允许央行在"异常和紧急情况下"向成员银行以外的个人和公司放款。[21] 这一规定是大萧条的另一

第 12 章 证据不足

遗产。当时，工商业抱怨金融危机已经影响银行对工商业的贷款，民粹主义者则指责美联储更偏向金融业而非工商业。在此背景下，国会在1932年的《联邦储备法》中添加了13节（b）。13节（b）允许美联储在异常和紧急情况下贷款给私营企业，借款人需从事农业、工业和商业等活动。

这项条款很少被援用，但一直保留在《联邦储备法》中。1991年，在高盛的游说下，该条款被加以拓展，加入条款13节（3），即允许美联储在紧急情况下直接贷款给证券公司。现在，这一条款终于派上了用场，贝尔斯登的状况完全符合条款规定。

———

摩根大通居然是这次交易的中间人，这充满了讽刺性。1907年，约翰·P. 摩根组织实施了对金融危机的救援。正是由于这一事件，人们担心，由私人机构来主导金融危机救援，难免会有假公济私之嫌。这一担忧在一定程度上促成了美联储的成立。1930年，J. P. 摩根合伙人托马斯·拉蒙特配合纽约联邦储备银行和纽约州银行业委员会，为救助合众国银行立下了汗马功劳。摩根大通CEO杰米·戴蒙曾是花旗银行总裁桑迪·威尔的得力助手，桑迪·威尔策划了花旗银行和旅行者集团的合并案，这一合并案终结了《格拉斯-斯蒂格尔法案》。后来，戴蒙曾经管理过芝加哥第一国民银行，并有过收购贝尔斯登的打算，但最终未果。如今，美联储居然邀请摩根大通帮助贝尔斯登渡过难关。

像欧文·D. 杨格一样，戴蒙曾任纽约联邦储备银行的理事。他毕业于哈佛大学，是家族中的第三代金融家。贝尔斯登危机给戴蒙提供了一个机会，扮演约翰·P. 摩根在1907年金融危机中的角色。3月14日星期五上午，盖特纳、伯南克、保尔森和其他政府官员在考虑是否提供129亿美元的贷款时，戴蒙被接进了会议电话，他说自己要代表整个金融界警告政府，贝尔斯登破产造成的后果将是灾难性的。当天上午，政策官员和其他银行高管又开了一个会,在会议上,主要是戴蒙,而不是盖特纳、保尔森和伯南克,在回答大家的提问。[22]

最主要的问题是到哪里找一个能收购贝尔斯登的银行。这就像在1930年要给合众国银行找到一个如意郎君一样。很显然,摩根大通是最合适的追求者。摩根大通的规模足够大,而且它是贝尔斯登的清算银行,对贝尔斯登的头寸更为了解。

戴蒙带领员工清查贝尔斯登的账目,发现贝尔斯登的非流动证券越查越多。为了保命,贝尔斯登早已把流动性较好的证券都卖掉了。戴蒙知道政府着急找一个收购人,并没有太多讨价还价的余地。星期日上午,戴蒙发表声明,称只有政府处置掉贝尔斯登300亿美元的非流动性住房抵押贷款证券,摩根大通才会收购贝尔斯登。

没有时间让国会通过议案了,美联储再次挺身而出。但是,即使在异常和紧急情况下,美联储也不能直接购买贝尔斯登的证券,美联储只能向这些机构发放贷款。因此,美联储想出了一种可以绕开该限制条款的办法。美联储设立了一个叫梅登巷有限责任公司的SPV,这个名字来自纽约联邦储备银行附近的一条街道。美联储给梅登巷有限责任公司发放贷款,梅登巷有限责任公司再从贝尔斯登手里购买证券。

几天之前,美联储刚通过摩根大通向贝尔斯登发放贷款129亿美元,这次救助规模更大、期限更长。财政部部长保尔森向伯南克和盖特纳承诺,如果梅登巷有限责任公司在此次交易中发生亏损,财政部将尽力补偿美联储的损失。[23]

摩根大通上上下下都对这笔交易十分满意。这使戴蒙继约翰·P.摩根之后,成为美国金融体系的救世主。这一兼并给摩根大通带来了大量的机构经纪业务,特别是向对冲基金提供贷款,此前摩根大通并没有这项业务。戴蒙起初的报价是每股4美元,在保尔森的建议下,他改为每股2美元。保尔森之所以这样做,是因为他想让贝尔斯登知道,要得到政府救助就要付出惨痛代价。最终,摩根大通将收购价上调到每股10

美元，因为贝尔斯登的顶尖人才也买了本公司的股票，戴蒙不想让这些精英流失。[24]

摩根大通收购贝尔斯登总共花了15亿美元。2007年2月，贝尔斯登的总价值高达200亿美元，仅其在纽约麦迪逊大道383号的总部大楼就价值14亿美元。[25] 戴蒙在2009年3月致股东的信件中称，并购贝尔斯登将给公司带来每年10亿美元的收益。[26] 15亿美元的投资，能够产生如此多的收益，要是这不叫划算，什么才叫划算？

很久以后，戴蒙在2012年声称，摩根大通购买贝尔斯登是为了帮助政府。他在外交关系协会说："我帮了它（政府），是它让我们收购贝尔斯登的，为此我们冒了极大的风险。"[27] 当然，风险对于银行家们来说并不陌生，摩根大通并没有如愿以偿地每年赚到10亿美元，而是接收了贝尔斯登的资产亏损和并购产生的诉讼。戴蒙的这种说法中还隐藏着一股怨气。纽约州总检察官曾向摩根大通提出民事诉讼，指控贝尔斯登在2006年的住房抵押贷款证券交易中欺骗投资者，但财政部和美联储并没有为摩根大通出面辩护。最后，美国司法部追查到，摩根大通自己及其兼并的贝尔斯登在向房地美和房利美出售证券时进行了误导，为此，摩根大通支付了130亿美元并达成和解。戴蒙在第一次承认收购贝尔斯登的损失时说："是的，我知道，这是一笔不公平的交易。"

戴蒙并不是唯一后悔的人。很多人批评美联储越权，它被指控鼓励其他公司冒更大的风险，因为这些公司在出现问题后，同样期望得到政府的帮助。事实上，2012年，在梅登巷有限责任公司持有的证券到期并成功卖出之后，美联储连本带息收回了全部贷款。事后来看，这证明盖特纳、保尔森及其同事的判断是对的：贝尔斯登的问题是遇到了流动性紧张，解决方案是提供紧急贷款。但对美联储的批评并没有平息，这让美联储感到了极大压力，并使其后来在遇到同样问题的时候畏首畏尾，不敢行动。

这一形势和1993年的有相似之处：决策者都受到人性本能的影响。

复兴金融公司在救助查尔斯·盖茨·道威斯的中央共和银行与信托公司时大刀阔斧，但在轮到救助亨利·福特的守望者集团时却袖手旁观。[28]这是所有的金融危机的根源。人们或许会觉得，历史经验让现在的决策者更加明智，但在身临其境的时候，历史经验没有起到任何作用。

———

7月11日星期五，联邦存款保险公司接管了一家储蓄信贷机构——印地麦克银行，该银行创造的抵押贷款数额排名第七。一份来自雷曼兄弟的分析报告发出警告，称政府支持的房地产公司房地美和房利美将成为下一个破产者。

尽管房地美、房利美的亏损众人皆知，但雷曼兄弟的报告加剧了市场恐慌。中国政府作为房地美、房利美最大的债权人，尤其担心房地美和房利美破产。尽管远在海外，中国政府一直密切关注投行的分析报告以及评级机构给出的评级。由于中国政府减少了对"两房"债券的购买，房地美和房利美的股价下跌。越来越多的人怀疑，这两家政府支持性机构在未来是否能通过发债实现融资。

7月12—13日，正值周末，美联储再次行动，动用异常和紧急情况条款，将房地美和房利美添加进贴现窗口的名单。财政部部长保尔森要求白宫、众议院和参议院批准财政部为这两家机构注资。经过两个星期的政治争论，国会同意了该要求。政府在9月出手，接管了房利美和房地美，并为其债务提供担保。这两家住房抵押贷款巨头被彻底国有化了。

尽管自由市场主义者很希望房地美和房利美破产，但是政府是不可能这样做的。房地美和房利美持有5万亿美元的住房抵押贷款支持证券，规模远大于贝尔斯登。次贷市场崩盘后，房地美和房利美购买和担保了市场上新发行的大约2/3的抵押贷款。房地产市场已经摇摇欲坠，如果房地美和房利美破产，后果将不可想象。

然而，这并不代表国会和评论家们认为这是件值得高兴的事情。保尔森费尽全力想要促成立法，但他所在的党派否决了这一法案。国会中的共和党人对救助这两家政府支持性机构感到十分愤怒，在他们看来，这是对自由市场原则的玷污。美联储在之前通过摩根大通救助贝尔斯登时，就已经遭到指责，但这些指责根本比不上此次救助房地美和房利美遇到的批评。这种批评的声音必然会影响未来对危机应对措施的看法。

8个星期之后，雷曼兄弟危机爆发。财政部和美联储急于做出声明。距离美国大选结束只剩两个月（这再次印证了政治竞选和危机之间的关系），财政部和美联储想向大家证明，它们也对救助政策深恶痛绝。

结果，尽管事后来看救助政策本是不可避免的，但政府并没有做好准备。贝尔斯登的倒闭引发了对投行模式的质疑，而雷曼兄弟正是这种投行模式的典型代表。当贝尔斯登遇到困境时，雷曼兄弟的CDS成本就开始飙升，摩根士丹利的CDS成本同样上涨，但是涨幅没有雷曼兄弟的那么大，这表明了市场也明白孰重孰轻。从3月救助贝尔斯登到9月雷曼兄弟破产，保尔森平均每个月给雷曼兄弟CEO迪克·富尔德打9次电话。保尔森让雷曼兄弟加快筹集资本，富尔德则向保尔森抱怨筹集资金有多么困难。富尔德明白无误地跟保尔森摊牌，如果雷曼兄弟想要在9月季度财务报表公布时顺利过关，就必须找到一个像摩根大通这样的战略投资者。

与此同时，人们觉得，既然雷曼兄弟的问题已经众所周知，那么让它破产似乎并不会导致整个金融体系的崩溃。投资者有充分的时间进行风险对冲，或做好其他准备。很多人相信这一点，尤其是伯南克主席。他之后在众议院金融服务委员会上做证时说道："雷曼兄弟如果破产当然会有风险，但市场上已经对雷曼兄弟的问题有了充分了解，这从雷曼兄弟在CDS市场中债务担保的成本上升就可以看出。投资者显然已经预见到雷曼兄弟可能会破产。因此，我们判断，投资者和雷曼兄弟的交易对手有充分时间采取预防措施。"[29]

问题在于，有些风险太大，不能完全对冲。比如，AIG 发行了大量针对雷曼兄弟破产的保险，但是某些投资者自作聪明，认为在现在这种情况下最明智的选择是节省购买保险的费用，因为大家普遍认为雷曼兄弟会像贝尔斯登一样得到救助。

———

但雷曼兄弟的问题更多，它有更多不良贷款，有比贝尔斯登多6 600 亿美元的债务。

更糟糕的是，雷曼兄弟的管理更加混乱。詹姆斯·凯恩的弱点是打扑克，而迪克·富尔德的致命弱点是不计成本地扩张银行的业务。作为雷曼兄弟主要客户之一的孙子，富尔德在 1969 年成为雷曼兄弟的实习生。他精力充沛、斗志旺盛、言语粗鲁，迅速成为一名成功的债券交易员，后来被提升为固定收益部门的负责人。1994 年，在美国运通剥离雷曼兄弟之后，富尔德成为 CEO。富尔德知道，他的公司不如摩根大通规模庞大，也不如高盛声望在外。对一个亢奋好斗的 CEO 来说，为了改变这种令人无法接受的局面，没有什么战略是过分激进的。和凯恩不一样的是，即使在这些战略失败之后，富尔德仍然不愿意放弃权力。

一般来说，历史学家不太愿意把改变世界的事件归因于某个人的个性，当然，弗里德曼和施瓦茨将大萧条归因于本杰明的过早离世是个例外。但是，富尔德的性格毫无疑问地部分解释了为什么当其他投行已经感到房地产市场状况不妙之后，雷曼兄弟仍然继续积极投身房地产。他的性格也决定了，为什么在 2008 年夏，他拒绝接受韩国发展银行的收购。[30]

如果不是富尔德个性使然，恐怕很难解释，为什么他会自信地认为，9 月 10 日，当他在一次电话会议上宣布雷曼兄弟第三季度的亏损高达 39 亿美元时，只要大家看到他的减持商业和住宅地产的计划，就会安心。富尔德的减持计划不过是要将这些资产转移到一个表外的 SPV，他将这一机构叫作"分拆公司"。鬼知道谁会为这家 SPV 投资，连雷曼兄弟自己都不会。投资者很快就看出，分拆公司真的不过是编造出来的。

也许是运气不好，也许是计划不周，富尔德的电话会议是在星期二而不是在周末召开的。会议召开的消息传出，雷曼兄弟的股票狂跌不止。摩根大通要求雷曼兄弟追加 50 亿美元现金，以便维持其信用额度。这是富尔德能够凑齐的全部现金。当然，雷曼兄弟还可以通过回购市场暂时补充流动性。居然还有人敢信任雷曼兄弟的抵押品，这颇值得关注，因为它证明人们相信美国财政部和美联储总会为雷曼兄弟找到出路。

随之而来的是和救助贝尔斯登的那个周末一样的故事，不同的是，美国银行的 CEO 肯尼斯·刘易斯扮演了杰米·戴蒙的角色。美国银行在 2008 年 1 月已经收购了美国国家金融服务公司，这在当时是刘易斯的得意之作，如今却成了美国银行手中的烫手山芋。（4 年之后，用北卡罗来纳州立大学教授托尼·普拉思的话说，美国银行收购美国国家金融服务公司是"美国金融历史上最糟糕的交易"。很多人都赞成他的这一说法。[31]）如今，要是刘易斯还能再收购其他公司，他更愿意收购美林证券，美林有 16 000 名经纪人（或用美林自己的称呼，他们是"被信任的美林金融顾问"）和 300 万个经纪账户。后来，到了 9 月 14 日，刘易斯最终收购了美林。[32] 雷曼兄弟的不良房地产投资比贝尔斯登多，而且住房和抵押市场还在继续恶化。摩根大通曾成功地让美国政府接收了贝尔斯登 300 亿美元的资产。刘易斯在星期五表示，美国政府应该接收雷曼兄弟 400 亿美元的资产。第二天，他说这一数字应该是 700 亿美元。

如果财政部采取行动，那就需要纽约联邦储备银行再次以间接的方式购买 700 亿美元的雷曼兄弟资产。但是保尔森拒绝提供援助。保尔森此前的救助遭遇了严厉的批评，他不想再背黑锅。他发过的誓仍记录在案：保尔森曾经说，贝尔斯登是一个特例，"没有什么理由让我们再这样做"[33]。说出去的话如同板上钉钉，他可不能轻易食言。[34]

当时，美国财政部没有自由购买抵押贷款资产的权力。只有在 10 月国会通过 TARP 之后，财政部才有权这样做。虽然马上出售在春天收购的贝尔斯登的 300 亿美元的资产不切实际，因为当时的市场流动性不足，但是有理由相信，这些资产到最后总会物有所值（到最后，美国政府的确在出售贝尔斯登资产的时候赚了钱）。相比之下，如果购买雷曼兄弟的资产，美国政府只能将这笔账一笔勾销。保尔森后来辩称，他没有权力拿纳税人的钱做这样的冒险。

或许，这就是保尔森决定让雷曼兄弟破产的最主要原因。这是 2008 年最大的政策失误。从 3 月救助贝尔斯登开始，监管机构就一直密切关注雷曼兄弟。[35] 它们知道雷曼兄弟有关的抵押贷款的损失在不断增加，它们也知道雷曼兄弟很可能面临无法在市场上融资的风险。[36] 它们知道自己没有权力给一家资不抵债的机构发放贷款，而它们同样理解，让雷曼兄弟破产将带来灾难性的后果，因为其资产在此过程中将会被冻结。然而，在贝尔斯登和雷曼兄弟两个机构破产之间的 6 个月内，美国财政部没有就应对雷曼兄弟的风险做出任何的安排。

在某种程度上，这是因为缺乏想象力。美国政府不愿意相信一个比贝尔斯登庞大数倍的机构会破产。在某种程度上，这还是一个政治问题。鉴于民粹主义反对救助大型金融公司，国会不愿意给财政部额外权力。直到 10 月，看到不这样做会导致美国经济坠下悬崖，美国国会才改弦更张。1932 年，复兴金融公司同样缺乏向资不抵债的金融机构注资的权力，这限制了其防范和遏制危机蔓延的能力。1933 年，美国遭遇了历史上最严重的金融危机，国会才通过《紧急银行法》，放松这一约束。即便像伯南克这样的研究过大萧条的学者知道历史教训，他们的观点也没有改变事态的发展。

给不给财政部和美联储为一家资不抵债的投行大量注资的权力，只能由美国国会决定。和过去的例子一样，政治激情而非对经济和历史的理性判断影响了决策。财政部已经十分幸运地获得了国会给予的救助房地美和房利美的权力,所以,国会极其不愿再考虑另一个同样的请求。2008年又是一个选举年,这导致局势更加扑朔迷离。在这种背景下,美国政府没有太大的动力向国会请求额外权力。[37]

剩下的唯一一个选择就是组建一个银团(银行财团),让这个银团接手雷曼兄弟的不良资产。纽约联邦储备银行的工作人员和官员在"雷曼时刻"到来之前的几天废寝忘食地制订出了必要的计划。但是,考虑到雷曼兄弟的巨额不良资产,其他银行是否愿意参与这一计划,谁也不知道。1998年,纽约联邦储备银行成功地组建了一个金融机构财团,为陷入困境的长期资本管理公司提供紧急流动性支持。当时,贝尔斯登就曾拒绝参与。或许,这一经验仍然能够提供一个应对危机的选择。

但是,长期资本管理公司和贝尔斯登相似:它们有很好的抵押品,只是缺乏流动性。雷曼兄弟却不同。美国政府之所以会考虑私营部门的解决方案,一种解释是,保尔森和他的同事们相信,拯救破产机构不是政府的职能所在,他们的真实想法就是让雷曼兄弟最终破产。另一个更可信的解释是,在"雷曼时刻"到来之前,包括刘易斯、保尔森以及美国证券交易委员会等在内,没有一个人知道雷曼兄弟的资产负债表是多么糟糕。直到"雷曼时刻"到来,他们才恍然大悟,明白私营部门解决方案根本就不可行。这就像胡佛总统在1931年尝试通过私营部门解决危机,但他不知道许多银行面临的是偿付能力问题,而并不是简单的流动性问题。

如果这一解释是对的,那么雷曼兄弟破产的真正原因是缺乏尽职调查,不管是雷曼兄弟自己、监管机构,还是其交易对手,都没有察觉事态已失控。财政部、美联储和国会都犯了大错,它们并没有为最坏的情况做好准备。这是一个系统性的失败。

在最后一次努力中,保尔森和他的同事试图说服英国巴克莱银行收购雷曼兄弟。巴克莱银行曾经表达了对这次交易的兴趣,但是,想要在一个周末就拿出完善的方案，几乎是不可能的。如果按美国的标准，雷曼兄弟是一家大型金融机构，那么按英国的标准，它更是一个庞然大物。潜在的买家一定会三思而后行。巴克莱银行历史悠久，其起源可以追溯到17世纪的金匠银行。它能够在300多年里屹立不倒，可不是因为总在黑暗中冒进。巴克莱银行及其监管机构——英国金融服务管理局需要时间细查交易环节。如果巴克莱银行要收购雷曼兄弟，就像摩根大通收购贝尔斯登的情况一样，它必须在股东会投票表决之前，就保证要收购雷曼兄弟，只有这样才能保证摇摇欲坠的雷曼兄弟不至于突然覆灭。巴克莱银行也了解到，另一个潜在的买家美国银行最后选择了放弃收购。

星期日，英国金融服务管理局明确表示，无意促成巴克莱银行与雷曼兄弟的联姻。雷曼兄弟的命运板上钉钉了。美国政府会考虑让巴克莱银行收购雷曼兄弟，这足以显示美国的决策者是何等绝望。[38]

市场都知道美国财政部和美联储正在为雷曼兄弟努力寻找买家。有了贝尔斯登这个先例，大家相信雷曼兄弟也会成功。因此，雷曼兄弟的破产出乎市场意料。这导致了一场大混乱。由于当局的否决，雷曼兄弟的破产申请推迟到星期一凌晨1点45分。亚洲一开市，市场就迅速做出反应：新加坡股市下跌了2.9%，中国台湾股市下跌了4.1%，印度股市下跌了5.4%。[39]

12个小时后，保尔森终于在白宫新闻发布会上现身，他宣称这不是世界末日，然而他的听众并不买账。背负了6 130亿美元的债务，雷曼兄弟的破产成为美国历史上最大的破产案。道琼斯指数应声下跌504点，跌幅近5%（2001年9月11日之后的最大跌幅）。2008年9月15日星期一，标准普尔金融股经历了有史以来最糟糕的一天，收盘下跌超过10%。[40]

如果客户在雷曼兄弟的账户是不安全的，那么谁能说在高盛和摩根士丹利不是同样的情况？对冲基金、共同基金、保险公司和大学捐赠基金都会急忙从这些曾经坚不可摧的公司取出自己资金。没人知道谁将是下一个雷曼兄弟，没人愿意贷款。商业票据市场和银行间同业隔夜市场随即瘫痪。

这是一次"影子银行"体系的大崩溃。10万美元的存款保险只适用于商业银行，与一级经纪商无关。信心决定一切。美国政府和国外政府传递出的信号阴晴不定，市场信心已经荡然无存。

第 13 章　下跌螺旋

很难想象，局势还会更加糟糕。但 AIG 出事之后，形势变得更加严峻。

在我们的不平凡的故事中，AIG 的故事更加不平凡。AIG 的前身为美亚保险公司，由北加利福尼亚人科尼利厄斯·范德·施德于 1919 年成立。他以卖冰激凌和情报（给美国政府）为生。施德曾在太平洋邮轮公司工作，对亚洲市场独具心得。在 27 岁的时候，他就成为首位向上海居民销售保险的西方人，并在此开辟了一片新市场。（这就像在 1914 年之前，克拉伦斯·哈特立将保险卖给奥地利移民一样。）施德为在现今印度尼西亚海岸周边遭受海盗抢劫的中国船舶公司提供保险。他还为菲律宾和中国的工厂提供再保险。

在二战期间，美国战略情报局局长威廉·J. 多诺万利用施德的员工搜集有关远东敌人的资产的情报。自 1942 年美国卷入战争之后，施德亲自主持这一秘密任务。他帮助多诺万用美亚的商业财产保险资料来识别潜在的轰炸目标。随后，施德成立了两个位于前线的公司：都市汽车海外服务公司和上海《大美晚报》，其员工都为美国战略情报局工作。[1]

日本侵华战争爆发后，施德把公司总部搬到纽约。在他的继任者——意志坚强的莫里斯·格林伯格的领导下，公司重新命名为 AIG，并成长为世界上最大的商业和工业保险的承销商。它向 1/10 的美国家庭提供旅行及人寿保险，并管理他们的退休基金。雷曼兄弟有 6 000 亿美元的债务，而 AIG 有超过 1 万亿美元的债务。

AIG 想当然地认为，有了商业和工业保险的成功经验，就一定能够涉足 CDO 领域，即为信用违约提供保险。在 20 世纪 90 年代，AIG 的交易部门——AIG 金融产品公司成为首批提供 CDO 专业保险的机构之一。为 CDO 提供保险的产品叫 CDS，是摩根大通发明的。摩根大通和 AIG 金融产品公司有广泛的业务合作。[2] 不像创造了怪人的弗兰肯斯坦博士，摩根大通的专家们似乎明白他们的创造可能导致混乱，而且他们在设计 CDO 和 CDS 的时候也设置了一些限制。但 AIG 金融产品公司却并没有如此谨慎，它不仅发行针对高等级证券的保险产品，还针对以次贷为基础资产的 CDO 发行保险产品。到 2008 年年中，AIG 金融产品公司发行的保险产品的总额高达 5 000 亿美元，足以将其母公司拖下水。

AIG 金融产品公司是由约瑟夫·卡萨诺创立的，他曾供职于德崇证券，后者是垃圾债券业务的先驱。卡萨诺麾下的 400 多名员工的年平均薪酬超过 100 万美元[3]，工资和奖金规模相当于公司总收入的 1/3。AIG 在商业、工业和人寿保险的主导地位，使得其获得了很高的信用评级，相应地，它在发行 CDO 保险产品时，就不需要提供抵押品。其他金融机构由于不像 AIG 有 AAA 评级，需要更多抵押品，也就需要收取更高的保险费用。AIG 金融产品公司成为信用保险这个市场上最重要的参与者。

实际上，AIG 金融产品公司借助很高的杠杆率持有对美国房地产市场的多头头寸，但它的母公司以及监管机构对市场的看法却与它相反。究其原因，一种解释是，董事会成员认为，CDS 和 AIG 销售的其他产品一样，不过是一种保险产品，虽然产品的内在机制大相径庭。莫里斯·格林伯格一向对风险极其厌恶，以至人们说他"反社会"，他很可能能够理解此中的差异，但格林伯格已经因会计丑闻于 2005 年被迫辞职。[4] 在他之后，上台的多是一些任期短暂、平庸无奇的 CEO。AIG 金融产品公司监管失控的另一个解释是，AIG金融产品公司是一个重要的利润中心，母公司不愿质疑其做法。还有一种解释可能是，卡萨诺拒绝与他的上司分享承销活动信息——靠着他出了名的坏脾气和为公司赚取的高额利润，他居然能够做到这一点。

AIG金融产品公司总部设在伦敦，在纽约州保险部门的监督权限之外（纽约州保险部门监管了AIG的保险业务），也不受美联储和美国金融体系监管。它通过一家法国银行进行交易，出售衍生品保险给涉足次贷相关产品的欧洲银行。欧洲银行持有次贷等相关投资，但是一旦持有CDS后就可以减少资本金要求。这样，银行可以扩大其资产负债表，并承担额外的风险。2009年，格林伯格的接班人爱德华·李迪在美国众议院金融服务委员会就资本市场做证时，形象地称其为"资产负债表租赁"。[5]

从欧洲的角度来看，AIG金融产品公司看上去更像一个高度杠杆化的银行而不是保险公司，这当然是准确的。欧洲官员亦将其作为类银行机构进行监管。不幸的是，欧洲监管者并没有明确由谁或在哪里监管AIG金融产品公司。[6] AIG金融产品公司购买了一家储蓄贷款机构，即美国通用银行，这样就把其监管机构变成了美国储蓄机构管理局。

美国储蓄机构管理局创建于1989年，是应对储贷危机的产物。储蓄机构发放普通抵押贷款并接受美国储蓄机构管理局的监管，但美国储蓄机构管理局在衍生品方面没有多少经验。从职能上讲，美国储蓄机构管理局只能监管AIG的储蓄机构，因此它们觉得AIG金融产品公司所做的事情和其基层的储蓄机构所做的是一样的。监管当局的现场检查仅仅是到位于康涅狄格州的AIG金融产品公司的基层机构走马观花。事实上，2006年，美国储蓄机构管理局在审计时发现，在短短的一年内，AIG金融产品公司信贷相关的收入增长了4倍，但这一异常数字并没有引来实质性的质询，更不用说采取什么纠正行动了。如果说什么事情能够预言美国的监管体制即将崩溃，这一案例最有说服力。

第13章　下跌螺旋

AIG 金融产品公司在房地产市场的暴跌中损失惨重。如果 AIG 的信用被降级为 A，AIG 就不得不为 AIG 金融产品公司提供额外的抵押品。由于卡萨诺的操作秘而不宣，他卖出去的保险合同即使在公司内部都鲜为人知。9 月 15 日，就在雷曼兄弟破产后，总是后知后觉的穆迪和标准普尔降低了 AIG 的信用评级。水落石出。

———

第二天传来的消息更加令人震惊。美国最古老的货币市场基金——储备基金在其投资组合中持有 7.85 亿美元的雷曼兄弟的票据，该基金曾在 7 月的财务报表中自豪地宣扬这点。该基金的创始人兼总经理布鲁斯·本特年逾古稀，当时他正在意大利度假，和妻子庆祝金婚。在机场的报刊亭里，他在报纸的头条看到了雷曼兄弟破产的消息。

在雷曼兄弟破产后的 24 个小时之内，布鲁斯·本特的近一半股东已提出要求，要赎回他们的股份。在如此低迷的市场行情下，基金公司很难通过出售其他资产获得足够的流动性以满足赎回需求。2007 年，一些陷入困境的货币基金被它们的基金公司或投行的母公司"保释"了，[7] 资产规模为 620 亿美元的储备基金却找不到一家财力如此雄厚的投行来救它。储备基金在美国市场上的地位是难以替代的。布鲁斯·本特知道大事不妙，他让自己的儿子布鲁斯二世无论如何要联系上纽约联邦储备银行行长盖特纳。因为当时盖特纳正在忙于其他事务，布鲁斯二世给盖特纳留了言。

本特父子先是尝试从和他们做交易的银行那里筹集 1 亿美元，但没有成功。然后他们试图为基金的问题资产寻找买主，但同样徒劳无功。剩下的唯一选择就是停止赎回，允许股票打折售出。[8] 储备基金最终宣布，其 1 美元面值的股票折为 97 美分。仅仅过了 7 天，它又宣布将考虑对赎回增加附加条件。

就在几个月前，布鲁斯曾警告他的股东："不幸的是，一些选择储备基金的货币基金和投资者,已经失去了对货币基金投资目标和简单规则的理解,这导致他们为了几个基点的额外收益就采取鲁莽的行为。委托给货币基金的资金就是你后备的资金资源,无论发生什么,应该保障其安全性。"[9]储户对新闻的反应不理性,他们争相赎回基金。由于摩根士丹利、高盛与雷曼兄弟有千丝万缕的联系,在赎回风波中它们成为首当其冲的受害者。由于货币基金已经成为大型企业的资产支持商业票据的主要买家,商业票据市场生机的最后一簇火苗熄灭了。

共同基金业的辩护人认为,这是反应过度。雷曼兄弟的票据仅占储备基金投资组合的1%,而该基金股东最终收回了超过99%的投资。但是,股东们怀疑储备基金的问题资产中并不只有雷曼兄弟的票据这一种,货币基金中也不只有储备基金一家持有雷曼兄弟的资产。储备基金的困境提醒投资者:货币市场基金没有资本金,也不受存款保险制度的保护。后来发现,近30只货币市场共同基金的损失大到足以迫使它们同样跌破净值,但最后都幸免于难,因为母公司伸出了援手。储备基金倒霉就倒霉在它背后没有一家更大的母公司。[10]

早在20世纪70年代,货币市场基金作为一种银行账户的替代产品发展迅速,因为银行存款利率受到了1933年Q条例的管制。[11]20世纪80年代中期,在Q条例解除之后,它们失去了生存基础。但是,这并不意味着它们会消失在黑夜之中。美国证券交易委员会没有要求它们持有与银行相似的资本金,这对它们而言是一种潜在的补偿,可以让它们活得更久、更潇洒,却不能防止它们引发灾难性后果。

9月的第三个星期,危机到达最危险的时刻。个人投资者从货币市场基金溃逃,机构投资者对其投行母公司的抛售,摧垮了整个"影子银行"体系。由于担忧交易对手存在风险,银行拒绝贷款。即使是最有信誉的公司,如通用电气,也无法借到钱。

第13章 下跌螺旋 217

特别时刻需有特别之策。美国财政部宣布将为货币市场基金的负债提供临时担保。有担保肯定是好的,但必须拿出可信的担保手段。保尔森授权使用外汇稳定基金,这是大萧条遗留下来的另一个危机应对机制。外汇稳定基金创立于 1934 年,这是美国在摆脱金本位之后,以稳定美元为目标建立的。现在,政府用这 500 亿美元来安抚货币市场基金的投资者,从而让他们相信不会有更多的基金跌破净值。如果货币市场基金无法给投资者兑现 1 美元面值,外汇稳定基金将这么兑现。[12]

担保机制看起来很美,但事实上,对规模高达 3 万亿美元的货币市场而言,500 亿美元只是沧海一粟。这再一次证明,只有美联储才有足够的钱解决问题。但即使动用异常和紧急情况条款,央行也没有权力直接从货币市场基金手中购买资产支持商业票据,直接向市场提供流动性。解决这个问题的方法很复杂,连政策工具的名字叫起来都那么拗口:AMLF(资产支持商业票据货币市场共同基金流动性工具)。美联储借钱给道富银行和摩根大通,货币基金向这两家机构投资并通过它们做交易;作为回报,这两家机构从共同基金购买商业票据,为它们提供应对赎回所需的现金。最后,美联储通过从这两家银行和一些较小机构购买商业票据,提供的融资规模超过了 2 000 亿美元。

稳定货币市场的措施,以及联邦存款保险公司随后将存款保险的上限从 10 万美元提高到 25 万美元的措施,受到市场的欢迎。联邦存款保险公司声称,它主要关心小储户的利益保护。相比之下,另一些使大型金融机构获益的措施就更具争议。最后,就连 AMLF 也受到指责。原因在于:其一,这项政策使美联储越界直接干预证券市场;其二,道富银行和摩根大通在这一运作中最终赚得了可观的利润。[13]

9 月 16 日星期二,在危机关口,美联储出面救助 AIG。最初,美联储拒绝救助保险公司,因为它没有监管保险机构的权力。在异常和紧急情况条款下,美联储可以贷款给投行,但是贷款给保险公司,怎么也说不过去。9 月 13 日星期六上午,美联储官员在电话里把这个意思告知了 AIG 的 CEO、花旗集团前 CEO 罗伯特·维尔伦斯坦德，以及 AIG 首席财务官史蒂芬·本辛格。纽约联邦储备银行行长盖特纳和财政部部长保尔森毫不含糊告诉维尔伦斯坦德，政府不可能通融为 AIG 提供任何一种形式的援助。与英格兰银行官员对北岩银行说的一样，他们敦促该公司找到一个私营部门以解决问题。[14]

跟北岩银行的案例一样，这是对形势的彻底误读。官员高估了私营部门解决方法的容易程度，而维尔伦斯坦德等人则低估了救援的成本。AIG 试图将其保险公司卖给沃伦·巴菲特的伯克希尔·哈撒韦公司，后来又想把优先股出售给私募股权公司弗劳尔斯投资公司。但巴菲特对此不感兴趣，AIG 则觉得弗劳尔斯投资公司的价格不合理。几天后，巴菲特转而给高盛投了 50 亿美元。最终，AIG 为了寻求援助，不得不付出更多。

美联储官员设法争取高盛（AIG 的主要衍生品贸易伙伴）与摩根大通（美联储现在惯用的私营部门伙伴）联手提供信用支持。它们将组织一个银团，在 AIG 出售其保险公司之前发放过桥贷款，以便筹集足够的资金满足相关要求。那些曾参与救助长期资本管理公司的官员建议，当年长期资本管理公司的交易对手曾经联手为其提供流动性支持。[15]但是，1998 年的流动性问题仅仅出现在长期资本管理公司这一家企业，当时其他金融机构的资金都很充裕。现在每家机构都存在流动性短缺，各银行都希望别的银行为 AIG 提供紧急救助，同时保住自己的流动性。要是各家银行能够统一合作，它们的处境会更好一些，但集体行动总是困难重重。而在时间的限制下，银行的集体行动更加困难，在短时间内组建一个银团来援助 AIG 是不可能的。

但是，如果 AIG 破产，可能给其重要交易对手带来巨大的麻烦，甚至包括高盛。美联储和财政部压倒了各种疑虑，也不顾自己刚表示不提供援助，再次宣布出现了异常和紧急的情况，并通过纽约联邦储备银行向 AIG 提供 850 亿美元的注资，获得了 AIG 的 79.9% 的股权。[16]

模仿救助贝尔斯登这一先例，贷款是通过一系列 SPV——第二梅登巷有限责任公司和第三梅登巷有限责任公司运作的。政府注资夺走了 AIG 股东的 3/4 的股份，CEO 维尔伦斯坦德立刻辞职。

尽管条件苛刻，但是政策仍然不受欢迎。[17]国会人士问，如果可以让雷曼兄弟破产，为什么要救 AIG？对美联储和财政部官员来说，答案是明确的。雷曼兄弟的破产已经对金融市场造成巨大破坏，AIG 的资产负债表比雷曼兄弟大许多倍。更重要的是，AIG 有巨额零售商业保险业务，它为家庭和公司部门提供保险，它的破产对市场信心更具破坏性。救助 AIG 是不舒服的，但任由其失控破产会更糟。[18]美联储和财政部都羞于承认，在实施救助之前的几天，它们还坚持在任何情况下都不会救助 AIG。

---

9 月 21 日星期日，又有出人意料的消息传来。美联储宣布，危机中两家还没有倒闭的投行，即高盛和摩根士丹利，将转型为银行控股公司。作为银行控股公司，高盛和摩根士丹利可以随时从美联储获得资金支持。作为条件，这两家机构需要筹集额外的资本，以满足资本金要求。不过，这一政策未经过审议就突然出台，引发了争议，人们指责这两家大机构获得了特殊的优待。同时，这也显示危机远未结束。

保尔森和伯南克都明确表示，他们对这些临时举措感到不舒服。利用外汇平准基金、设立第二梅登巷有限责任公司和第三梅登巷有限责任公司、利用道富银行和摩根大通购买大量的资产支持商业票据，并在一夜之间让高盛和摩根士丹利成为银行控股公司，这些都非寻常步骤。它们或许得到了白宫的默许，但未经国会授权。距离选举只剩不到一个月了，共和党的总统候选人、亚利桑那州参议员约翰·麦凯恩对这些前所未有的干预表示强烈反对。

市场上还担心，AIG 可能只是冰山一角。如果危机蔓延到摩根士丹利、美国银行和高盛,那么可能需要一项规模更大的干预措施。美联储有着规模巨大的资产负债表,同时又能凭空印制钞票,自然有能力把银行手中的有毒资产接管过来。但是,伯南克主席缺乏政治手腕,而财政部部长保尔森又缺乏相应的权力。

9月19日,在这个历史性的周五,睡眠不足的保尔森连同伯南克主席和美国证券交易委员会主席克里斯托夫·考克斯,在玫瑰园拜见了美国总统小布什。总统宣称,他正在为财政部请求稳定金融体系的额外权力。但如何运用这些权力又是模糊的。这几位官员告诉总统,应该从金融机构手中购买抵押贷款支持证券,但具体如何操作,官员们没有提供任何细节。媒体称这些权力是"一网打尽"或"无所不包"。

保尔森之所以强调购买资产,是因为他认为美国遇到的危机是流动性危机。美国正经历一场流动性危机,危机的源头是抵押贷款支持证券,后来波及资产支持商业票据,目前已经威胁到银行业。如果财政部能够以合理价格购买这些证券,就能恢复市场的流动性。银行又能为其资产合理定价,它们又能开始买卖。金融系统的管道疏通之后,就能重新有序运转。

但疑虑犹在。如果财政部购买银行的有毒资产,它们怎么能够比市场参与者更准确地判断什么才是合理的价格水平呢?如果出价太低,银行可能不卖;如果出价太高,银行将从纳税人那里大发一笔横财。

也有人怀疑,美国遇到的问题并非仅是流动性。银行在与次贷相关的投资中损失巨大,它们需要筹集更多的资本金来确保常规业务的开展。没有资本金,它们根本没有办法缓冲损失。在没有损失缓冲机制的情况下,它们当然会拒绝发放贷款。

但是,在危机时筹集资本金是不容易做到的。政府虽然有钱,但像许多共和党人一样,财政部部长保尔森反对用纳税人的钱为银行注资。他私下里把这种做法称为"国有化"。[19] 为次贷资产支付过高的价格是一种隐蔽的给银行注资的办法。但这样一来,公共资金无法获得控制权。

政府救助 AIG 的时候坚持要获得控制权。隐蔽的注资缺乏必要的合法性，必然会引起更大的政治反弹。

财政部拿出一份仅仅有三页纸的计划，就要求获得 7 000 亿美元的授权，用以购买抵押资产支持证券。这一购买计划不足以打消质疑者的疑虑。这本来只是讨论的开始，却被笨拙地当作立法的初稿。在这个计划中，对于对纳税人的保护或国会的监督都避而不谈。如果美联储想动用异常和紧急情况条款，伯南克主席至少需要获得美联储委员会的其他 4 名成员的同意。[20] 在财政部提出的救助计划中，财政部部长将享有几乎不受约束的权力。

TARP 刚刚问世就已经遍体鳞伤。几天之内，共和党的反对声音此起彼伏，他们不愿给予财政部部长更多的权力，还反对所有进一步的政府干预。9 月 29 日，财政部的 7 000 亿美元资产购买计划在众议院以 228∶205 被否决了。超过 2/3 的共和党议员反对这个提案，这让政府，尤其是保尔森深感尴尬。在这个消息披露之后，道琼斯指数下跌 778 点，即 7%。

但如果国会能发言，公众也可以表态。1929 年，只有 8% 的美国人参与证券买卖。到如今，由于 1978 年之后出现了 401（k）条款下的养老金账户，一般居民普遍拥有股票。当这些账户的持有者感觉到覆巢之下安有完卵的危机时，他们的政治诉求就会被点燃，并迅速得到了国会议员的关注。10 月 3 日星期五，在 TARP 的第二次投票中，众议院终于以 263∶171 通过该计划。参议院此前已经采取了行动支持 TARP。小布什总统迅速签署了该法案。

国会仍然担心授予财政部的权力太大，因此最初只拿出了一半的资金。这笔资金是否够财政部修复金融体系，尚不得而知；财政部是否有一个完备的计划使用这些资金，也不得而知。在 TARP 投票的那一天，道琼斯指数先下跌了 800 多点，然后才出现反弹。10 月 6 日星期一，道琼斯指数又下跌了 370 点，即 4%。这可不是对政府的信任票。

美联储不得不承担起火线救护的任务。10月7日星期二，美联储宣布扩大定期拍卖工具的规模，同时，为了满足银行体系在年底的资金需求，美联储将额外贷款3 000亿美元。翌日，美联储宣布了一项更为激进的政策，即商业票据融资工具，美联储将直接向企业和非银行金融机构提供融资。在其于1983年发表的关于大萧条的最有影响力的研究中，伯南克论及20世纪30年代商业票据市场的崩溃是如何导致企业部门资金枯竭的。商业票据融资工具就是用以防止悲剧重演的。美联储还是通过SPV，即第一、第二、第三梅登巷有限责任公司，操作这一政策的。学者们从大萧条中总结出了历史经验，决策者在应对的时候注意到了历史的教训。只不过在美联储的这次行动中，历史学者和决策者恰好是同一个人。至于这一对策是否足以避免一场新的大萧条，只有时间才能告诉我们。

第 14 章　鱼腥和铜臭

到这个时候，一个奇怪的现象是，世界上其他地方居然没有出现金融危机。欧洲领导人坚持认为，雷曼兄弟破产后的危机与 2007 年的次贷危机一样，不过是一场美国的危机，美国人得自己想办法解决。但这次危机之后的平静能否持久，不由得令人怀疑。首先，欧洲的银行业岌岌可危。它们的杠杆率比美国银行业的还要高。[1] 欧洲的银行业大量依靠美元融资，一旦出了问题，欧洲央行和英格兰银行可无法给它们提供美元。[2] 一些银行，比如德国工业银行，主要投资与次贷相关的证券产品，而其他一些银行则大量投资当地的房地产市场或南欧地区政府的高收益债券。

富通银行的总部设在比利时，业务主要集中在卢森堡和荷兰。这家银行成为雷曼兄弟破产后风险暴露的典型。富通是比利时最大的银行，也是该国员工最多的企业：一半以上的比利时家庭在富通拥有账户，它在世界范围内有 85 000 名员工。按收入来算，富通在世界各国银行中排名第 20 位。换句话说，它是一个典型的大而不能倒的案例。

莫里斯·利本斯从 20 世纪 90 年代就开始担任富通的董事会主席。他的祖父曾经是比利时参议院议长，其后又担任过比属刚果总督。他就像热衷殖民扩张的利奥波德二世国王一样，致力于通过一个个雄心勃勃的收购计划博取盛名。富通的第一个收购对象是荷兰万贝银行——一家有300年历史的荷兰私人银行,并借此获得了投行牌照。然后,富通并购了美国银行家保险集团,进军美国市场。为了能将业务扩展到新兴市场,富通购买了波兰和土耳其的银行。在2007年这个最糟糕的时刻,它却出高价收购了荷兰银行的零售业务。以资产规模排名,荷兰银行是欧洲第八大银行。然而吃进去容易,消化掉很难。[3]

富通大量投资于CDO,买入大批次贷相关证券,放在自己的资产负债表上,一直持有到这些证券化资产到期。这是一种风险极大的交易,后来变得臭名昭著的"提姆博沃夫Ⅱ"足以证明这一点。提姆博沃夫资产管理公司在2007年次贷危机爆发前夕倒闭了。它是高盛和格雷沃夫资产管理公司在纽约成立的一家合资公司,由高盛的前员工组建。贝尔斯登的那两只遭遇赎回压力的对冲基金不幸大量投资了提姆博沃夫,提姆博沃夫在短短的5个月内就损失了80%的价值。提姆博沃夫之所以出名,是因为密歇根州参议员卡尔·莱文后来在一次关于美国参议院常设调查委员会对金融部门的利益冲突调查的听证会上说,提姆博沃夫的交易"像狗屎一样臭"(莱文其实是引用了高盛某高管在一封电子邮件里的话)。

在格雷沃夫资产管理公司提出成立提姆博沃夫Ⅱ的时候,高盛已经察觉,次贷衍生证券的风险极大,此项交易并不安全,不能再盲目推进。于是,格雷沃夫资产管理公司找到了一个不爱抱怨的合作伙伴——富通。富通为了创办提姆博沃夫Ⅱ,囤积了大量证券,因此损失了4亿美元。而提姆博沃夫Ⅱ胎死腹中,从未成立。[4]正因为这一案例,欧洲官员反复唠叨,美国银行业应该为发行过多的CDO负责。

业内人士对从事次级抵押衍生证券的风险都有所了解,雷曼兄弟的破产又为衍生品市场带来了额外的冲击。富通股价在9月26日前一个星期下跌了35%,市值减少了120亿欧元,相当于它收购荷兰银行所支付金额的一半。富通的临时CEO赫尔曼·维埃威斯特未经周密考虑就对投资者保证"不会破产",结果反而导致客户大规模流失。说错了话的赫尔曼·维埃威斯特很快被解雇,但是损失已经无法挽回了。在随后的那个周末,比利时、荷兰和卢森堡三国政府联手干预,为富通注资110亿欧元,维持其生存。作为条件,富通董事会主席利本斯必须辞职。出于民族荣誉,荷兰政府进一步要求富通卖出原来属于荷兰银行的股票。

在接下来的星期一,更多的坏消息传来。爱尔兰6个大银行股价下跌幅度超过1/3。爱尔兰当局将存款保险的额度从一星期前的2万欧元提升到10万欧元。但是,这无法帮助这6家银行重新进入银行间货币市场。对商业银行而言,10万欧元的存款保险没有什么意义。[5]

更坏的消息来自布鲁塞尔。富通最大的竞争对手——法国-比利时合资银行德克夏银行的股价也下跌了1/3。德克夏银行的诞生可以追溯到19世纪60年代,源头是比利时信用合作银行。当时成立这家银行是为了给市政府融资的(似乎历史越悠久、声誉越彪炳的金融机构,在这次金融危机中越容易出事,越容易引起人们的恐慌)。经过一个多世纪的安稳经营,比利时信用合作银行和它的法国伙伴,即法国公用银行于1996年合并。公司更名后,收购了美国金融证券保险公司。美国金融证券保险公司的主要业务是提供信用增级,即通过发放保险的方式推进市政债券的发行。当地方政府大量发行市政债券的时候,美国金融证券保险公司迅速成为德克夏银行旗下最赚钱的公司。

德克夏银行具有那个时代的金融体系的所有典型特征。它的资产是其核心资本的40倍,只有15%的负债是通过零售银行网络获得的客户存款。它发行的美国市政债券和资产证券化产品的规模高达4 000亿美元,并向戴普发银行发放大量贷款。戴普发银行是一家总部设在都柏林的德国银行,它承保了大量的美国市政债券,并签署了AIG式的合约:要是价格下跌就承诺回购。德克夏银行大量投资衍生品,这使它在投资组合价值下跌时要提供额外的抵押品。美国金融证券保险公司宣布,2008年第二季度净亏损3.31亿美元,第三季度的业绩很可能会更加糟糕。

在比利时、荷兰以及卢森堡政府对富通采取干预措施的第二个星期,德克夏银行的股价大跌,它已经被逐出货币市场。星期二,法国和比利时政府决定向德克夏银行注入64亿欧元的紧急资金,同时解雇了德克夏银行的管理层。

―――――

最后,也是最非同寻常的,是冰岛。这个孤悬大西洋的小岛国,渔业远远比金融业更加有名。在很多投资者的视野中,根本找不到这个小国的影子。冰岛储蓄银行是冰岛第二大银行——冰岛国民银行旗下从事离岸业务的机构,它因为在英国和荷兰给互联网储蓄账户提供高额利息而受到关注。克伊普辛银行是冰岛最大的银行,通过其海外的分支机构在从卢森堡到马恩岛的欧洲地区为其客户提供互联网账户服务,被称为"克伊普辛端账户"。[6]投资者此前隐隐约约地意识到冰岛的这三家大银行已经开始了并购狂潮,但只有当事情已经无药可救的时候,人们才普遍意识到冰岛究竟发生了什么。

有些人将冰岛经济的金融化趋势归因于冰岛民族性格的某种特质。[7] 2005年,长期担任冰岛总统的奥拉维尔·拉格纳·格里姆松在伦敦演讲时指出,冰岛的金融家和企业家拥有无畏的胆识,因为冰岛人是维京人的后裔。20年前,冰岛还是一个农渔业主导的社会。"冰岛人必须在入港时处理鱼,再在天气适宜的时候将鱼入库",冰岛人由此形成了一种强烈的工作伦理。[8] 格里姆松说:"冰岛人是勇于承担风险的。"一个成功的渔船船长自信积极,并时刻准备承担风险,这也是一个成功的债券交易员应有的特质。

据说,冰岛发展成为金融中心的过程其实很简单:政府先是把渔场私有化,给予每一位渔民一定的配额,并建立可以交易配额指标的市场。好斗的冰岛人在买卖捕鱼配额的过程中发现,很显然,他们拥有买卖金

第14章 鱼腥和铜臭

融债权的天赋。冰岛的金融服务很快爆炸式增长。2008年，冰岛银行的资产几乎是冰岛GDP的10倍。这也预示着最严重的后果迟早会到来。

但稍微反思一下就会发现，这个解释失之粗陋。渔业的私有化大约发生在20世纪70年代，配额交易是在20世纪80年代出现的。但直到2003年，冰岛银行资产占GDP的比重只比美国的略高。[9]

2004—2008年中期，冰岛三大银行的资产负债表累计扩张了8倍。实际上，并不是这个民族的性格导致了金融业的快速繁荣，而是政策变化所致，其中最重要的是银行私有化和监管放松。1994年，为了加强其在渔业捕捞权的谈判筹码，冰岛加入了欧洲自由贸易区。作为自由贸易区的成员，冰岛不得不放松对资本流动的控制。因此，冰岛已不可能再让银行存款利率低于国外通行的利率。这迫使银行放松对利率的管制，反过来又使放松管制更为普遍。

同时，意识形态也起到了一定的作用。20世纪90年代崛起的新一代自由主义政治家，反对冰岛的国有经济，主张激进的自由化方案。他们中的领军人物是来自保守的独立党的戴维·奥德森。他在1991—2004年担任总理，2004—2005年改任外交部部长，在2005—2009年改任冰岛央行行长。另一位领军人物是冰岛大学政治学教授和哈耶克派学者汉斯·赫慕斯坦·吉瑟罗森。他之前发表的研究成果都是关于渔业管理的，在1992年突然出版了一本讲述冰岛如何成为全球金融中心的书。如果冰岛真的有一种独特的民族特性，那么这种特性就是，冰岛的主流政治意识形态居然可以如此迅速地从极端的国家主义转向自由主义，在全球金融危机之后又如此迅速地从自由主义转回国家主义。

支持这些年青造反派的自由主义观点的基础是，冰岛政府与企业之间存在过于紧密的联系，国有企业中盛行任人唯亲的裙带主义。冰岛人认为这种现象已经十分猖獗，令人难以容忍，解决的办法就是让政府远离企业。其方案的核心是三大国有银行私有化：冰岛国民银行、后来更名为格利特尼尔银行的冰岛银行，以及后来因被一家小银行收购而出名的克伊普辛银行。不幸的是,私有化和自由化本身并未减少政府的干预,也没有自动地将冰岛转变为世界金融中心。在这个人口30多万的国家里,政治精英和企业管理者之间有着千丝万缕的联系。私有化方案出台之后,他们之间不仅没有停止内幕交易,能够让他们沆瀣一气的机会反而更多了。

尽管如此,在自由主义观念指引下,冰岛开始放松金融监管,希望能够照抄英国和美国的模式。在暴风骤雨般的私有化方案完成之后,原来一直属于国有的金融机构换了一批管理人员,但他们根本就不了解这些企业,不知道事情可能会变得多么糟糕。监管机构的人手严重不足,这和美国证券交易委员会遇到的问题一样。

由于可以自由地在国际金融市场上借款,冰岛三大银行大肆融资。它们利用国外资金,在北欧国家和英国掀起了一波收购浪潮。仅就此而言,冰岛和其他欧洲国家并无二致。欧洲其他国家的银行,比如德国的银行,也大量依靠批发资金进行收购。[10] 让冰岛显得与众不同且更为危险的是另外两个特别的因素。

首先,冰岛银行业的资产负债表快速膨胀。由于疯狂追求境外存款和诸如冰岛储蓄银行、克伊普辛端账户的急速发展,如果把那些离岸存款和批发资金放在一起,那么冰岛的银行业规模已经远远大于这个小国的经济规模。结果只有两种:要么是政治家实现了建成国际金融中心的冰岛梦,要么是一场噩梦。

其次,克伊普辛银行、冰岛国民银行以及格利特尼尔银行这三大银行超过70%的负债是以外币计价的,即存在着严重的货币错配。三大银行都声称它们将通过用外币给企业和家庭贷款的方式,来管理借来的美元、英镑和欧元的风险。显然,这忽视了冰岛克朗可能走弱的情况。如果冰岛克朗贬值,收入以克朗计算的企业和家庭可能无法偿还因汇率变化增加的外币债务。

有一点毫无疑问,在不牺牲质量的前提下,贷款不可能增长得这么快。冰岛的银行以住房和股票为抵押品，大量发放贷款，而房价从2003年开始已经上涨了3倍，公司股价上涨了5倍。涨势如此迅猛的资产价格，就算不是泡沫，至少也是不可持续的。冰岛的银行持有的有效资本缓冲非常有限。银行的许多贷款都给了内部人士，他们利用这些资金购买自己银行的股票或者为其他并购融资。

人们不禁要问：一个偏居欧洲西北角的多风小岛，银行系统的资产怎么可能达到其GDP的8倍？在全球经济下滑的时候，它的资产负债表还能以如此惊人的速度增长吗？市场上的疑虑不断增加，冰岛的银行股开始面临下跌压力。这些银行能够做的，和当年克拉伦斯·哈特立、伯纳德·马库斯以及艾伯特·乌斯特里克做过的一样，不过是通过购买自己的股票，抬高股价，苟延残喘。从2007年年中开始，一旦股价下挫，克伊普辛银行就会购买自己的股票。纸包不住火，这一做法很快引起了市场的注意。克伊普辛银行借钱给卡塔尔的谢赫·穆罕默德·本·哈马德·本·哈利法·阿勒萨尼，让他购买克伊普辛银行5%的股份，并且保证他的投资不会遭受损失。格利特尼尔银行贷款给自己的主要股东Baugur集团，让其增持格利特尼尔银行的股份。[11] 2013年，克伊普辛银行的4名高管，包括CEO和董事会主席，由于与卡塔尔投资者的交易而被判欺诈罪，锒铛入狱。克伊普辛银行的其他关联交易，以及另两家冰岛银行的关联交易，仍然在接受调查。不管调查结果如何，从这些交易能够看出，银行的所有者和管理者在绝望中不惜铤而走险，为这场生死博弈争取时间。[12]

早在2006年，就有多家投行的研究报告对冰岛的金融系统提出警告，指出冰岛银行与它们的大股东之间日益复杂的交叉持股是一种令人担忧的模式。2007年，巴克莱资本组织了投资经理代表团前往雷克雅未克。当他们飞离冰岛的时候，每个人都对这个小国高杠杆的金融体系深感担心。消息不胫而走，位于加利福尼亚曼哈顿海滩的德罗布尼全球咨询公司随即组织了一个由50只宏观对冲基金组成的团队，开始做空冰岛克朗和冰岛的金融体系。2008年4月,惠誉又一次后知后觉,将冰岛的大银行列入了负面观察的名单。

————

因此,随之而来的事情并不出人意料。2008年9月25日星期四,在美国和欧洲金融动荡的背景下,冰岛三大银行里最小的银行——格利特尼尔银行告知冰岛央行,它将无法履行10月15日到期的贷款支付。具有讽刺意味的是,格利特尼尔银行是以北欧公正之神凡赛堤的金碧辉煌的大厅命名的。由于资产价格暴跌,格利特尼尔银行的资产负债表急剧恶化,也无法进入银行间市场获得批发性融资。格利特尼尔银行的一个主要客户——德国的一家大型州立银行巴伐利亚州银行拒绝向其提供15亿欧元的贷款展期,而格利特尼尔银行已不能从其他任何地方借到钱了。[13] 在接下来的周末,冰岛央行考虑是否对格利特尼尔银行增加6亿欧元的贷款,在评估后又觉得其抵押担保严重不足。格利特尼尔银行已经资不抵债了。为了防止格利特尼尔银行崩塌,冰岛政府决定通过央行向其注入6亿欧元的新股本,事实上已将其变成国有银行。[14]

对冰岛这样的蕞尔小国而言,6亿欧元是一个天文数字。政府从哪里拿出这么多钱呢?按照同样的比例,要是在美国,这相当于总规模为7 000亿美元的TARP。然而,在冰岛,这只是给一个银行的救命钱,而且并不是最大的那家银行。更麻烦的是,如果冰岛央行帮助格利特尼尔银行处理即将到期的外币债务,那么将耗尽央行的外汇储备。

如果说投资者之前没有质疑冰岛的银行体系,那现在他们已经成为惊弓之鸟。9月30日星期二,惠誉下调冰岛三大银行的信用评级,理由是这三家银行过度依赖批发融资,在海外市场扩张过快,以及冰岛经济可能出现硬着陆。[15] 由于怀疑国家难以提供充足的主权担保,储户们不仅从格利特尼尔银行撤回他们的资金,也从克伊普辛银行和冰岛国民银行提走现金。

第14章 鱼腥和铜臭

冰岛国民银行曾经给格利特尼尔银行的股东提供贷款，让他们购买已经深陷破产困境的格利特尼尔银行的股票，然而，这样做无济于事。格利特尼尔银行陷入困境的消息传出，冰岛克朗大幅贬值，并引发了市场对克伊普辛银行和冰岛国民银行的账户安全的广泛担忧。欧洲央行曾经向冰岛这三家银行的卢森堡子公司发放贷款，由于担保品以冰岛克朗计价，欧洲央行现在要求追加额外的担保品。[16]英国金融服务管理局指示克伊普辛银行的英国子公司，要求它保持在伦敦的流动资金至少要等于其克伊普辛端账户负债的95%，这样一来，克伊普辛银行的子公司就无法为母公司提供流动性支持。这成为压垮克伊普辛银行的最后一根稻草。

仅在数日之内，冰岛三大银行土崩瓦解。如果人们曾经怀疑冰岛政府是否有实力为格利特尼尔银行注资，那么现在大家更不清楚，它该怎么同时拯救这三家冰岛最大的银行，这三家银行的负债总规模是冰岛国民收入的8倍。让央行印钞票也无济于事，因为这三大银行的负债主要是美元、欧元和英镑。

最后，只能由银行的债权人承担损失。10月6日，冰岛国民银行破产的前一天，冰岛议会开会讨论如何保证居民存款账户的安全。[17]但是，他们没有说明其他债权人该怎么办。那些持有三大银行债券的投资机构，以及持有冰岛储蓄银行和克伊普辛端账户的荷兰和英国家庭并不在保护名单上。政府将冰岛国民银行一分为二，一个是新的国有机构，以其之前通过海外融资所获得的资产对冰岛居民的负债实现风险全覆盖；另一个是老银行，其资产只是负债规模的一小部分。真相已经大白。

三大银行的倒闭对冰岛的形象产生了巨大的冲击。受影响最大的是银行债权人。冰岛歌星波比·蒙森斯受到的影响最为显著。蒙森斯被称为"冰岛的布鲁斯·普林斯汀"，他在冰岛的名气仅次于冰岛女歌手比约克。蒙森斯的一个乐队的名字叫"资本论"，他效仿大卫·鲍伊，将其歌曲版税证券化。不走运的是，蒙森斯找到了格利特尼尔银行帮忙，而且把收到的钱都投资于格利特尼尔银行。把歌曲版税交给一个高杠杆的银行去做证券化，而且丝毫不考虑对冲，这个案例生动地说明了冰岛人当时的理念：要想发财就要靠金融。当格利特尼尔银行被国有化之后，蒙森斯的股票贬值了85%。格利特尼尔银行最终破产之后，他的财富化为乌有。蒙森斯举办了一系列免费的音乐会，向人们倾诉银行债权人所遭受的困苦。他的歌声哀怨动人。

———

从表面上看，按照欧洲经济区的要求，冰岛的银行，包括冰岛国民银行的冰岛储蓄银行账户和克伊普辛端账户，在欧洲其他国家经营时，应以存款保险基金保证存款的安全性。每个银行的每个客户应得到最多为20 877欧元的存款保险。[18]但在冰岛的案例中，这种规定只是"冰冷的安慰"。冰岛的存款保险基金根本没有足够的资金。存款保险基金的缴纳规模是以上一年年末存款规模为基础的，当存款规模呈指数化增长的趋势之时，存款保险基金难免捉襟见肘。更何况，存款保险基金的制度设计者压根儿就没有预见到整个金融体系会全面崩溃。

英国家庭对这些细节浑然无觉，但英格兰银行和英国金融服务管理局却非如此。10月3日星期五，英国金融服务管理局控制了冰岛国民银行和克伊普辛银行在英国的子公司，将其资金转入英格兰银行的一个单独账户，并责成其在冰岛的母公司提供更多资金。在随后的星期二早上，冰岛财政部部长奥尔尼·马蒂森告知英国财政大臣达林，冰岛政府作为这两家银行的实际所有者，拿不出这么多资金。

马蒂森的回复并不出人意料。英国家庭在冰岛银行共有50亿美元的存款，这相当于冰岛GDP的50%。时任冰岛央行行长奥德森认为，让冰岛人承受这么大的压力，无异于让子孙"因为别人的过错而被奴役"[19]。在奥德森看来，错不在他本人，而所谓的"别人"指的是冰岛的银行家、无法抗拒高利息诱惑的英国储户和没有及时出面制止的英国监管机构。

冰岛国民银行在英国的网站已经被挤爆。10月7日,冰岛国民银行破产,其在英国的网站也随之关闭。这导致英国做出了一件很不光彩的事情。英国政府为了保护本国储户,不惜动用《英国反恐怖主义、犯罪及国家安全法案》,冻结了冰岛国民银行在英国的资产。这一法案是在"9·11"事件之后,为了帮助英国安全部门追捕涉及暴力犯罪的外国人而通过的。英国国会议员们在通过这一法案的时候,万万没有想到,该法案会被用于保护网络银行账户。为了安抚公众,英国首相戈登·布朗只好出此下策。

英国政府将冰岛与"基地"组织、塔利班等相提并论,冻结了冰岛银行与其他国家之间的交易。冰岛的股市和外汇市场被迫关闭,冰岛央行只有在确实急需的情况下才能提供外汇。对愤怒的冰岛人而言,他们似乎感觉到历史正在重演,这一切让他们想到了20世纪六七十年代,冰岛与英国因为捕鱼权而引发的"鳕鱼战争"。大约20%的冰岛人在网上签署请愿书,谴责英国政府的行为。成千上万的冰岛人在网上贴出了自己的照片——每一个人都举着一个手工制作的牌子,上面写着:"布朗先生,我不是恐怖分子。"[20]

2009年,在英国主办G20峰会的时候,布朗首相称自己是国际合作的协调者。国际上需要他来协调的事情看来不少。

Hall of Mirrors

Part III: Toward Better Times

第三部分
向更好的时代进发

第 15 章　复古还是维新

1933 年 3 月 4 日，春寒料峭，狂风不止，富兰克林·德拉诺·罗斯福宣布就任美国第 32 任总统。局势异常紧张，从白宫到国会山，沿途部署了自动武器。就在三个星期前，罗斯福差点儿被一名失业工人暗杀。罗斯福躲过一劫，但他身边有 5 人受伤，其中芝加哥市市长安东·瑟马克身受重伤。当时，新当选总统的罗斯福刚刚结束与文森·阿斯特的游艇之旅，在迈阿密的海湾公园聚会上发表演讲。瑟马克一路赶来，向罗斯福总统道歉，因为此前他曾反对提名罗斯福为候选人。瑟马克还要试图游说复兴金融公司，让它为芝加哥的银行提供援助。枪手朱塞佩·赞加拉在供词中说："我会先杀掉国王和总统，再杀掉所有的资本家。"[1]

在联邦大楼入口设置的机枪不是为了保护总统，而是为了保护政府的办公楼不被失业大军占领。就算联邦大厦不一定会在总统就职日被袭击，1932 年发生的一切仍然令人倍感担忧。游行示威工人要求政府提供援助，他们不希望被房东赶出家门。他们中的有些人深受共产主义组织的失业者联盟影响。瑟马克市长被迫取消了裁减市政救济的计划。[2] 到了 12 月，大约 3 000 名失业者在华盛顿安营扎寨，他们计划在宾夕法尼亚大街发动全国饥饿大游行。

在大选结束和总统就职典礼之间的几个月内，美国的经济状况进一步恶化。截至 3 月 4 日，已经有 37 个州出现了银行关门或州政府限制储户取款的情况。[3] 恐慌的家庭不敢消费，绝望的企业无法融资，工业生产相比于 1925—1929 年的均值下跌了 1/3，货车运量下降了 56%，汽车产量只有 1929 年产量的 1/4。在总统就职典礼当天的凌晨 2 点半，接替罗斯福担任纽约州州长的赫伯特·雷曼关闭了纽约的银行。股票交易所也关门了，这是历史上第三次休市。此前两次分别是在遭遇另一场金融危机的 1873 年，以及一战爆发之后。也许有人会说，这才是华尔街的第一个"雷曼时刻"。

———

这就是新总统面临的状况。胡佛总统和其他人指责罗斯福一手造成了这一困境。胡佛总统曾向罗斯福寻求帮助，旨在稳定银行系统，但遭到拒绝。这给胡佛总统泼了一盆冷水，使他威信全无，在离职之前心灰意冷。

胡佛深觉罗斯福不愿恢复金本位，这加剧了信任危机。随后发生的事件与胡佛的观点并不相符。罗斯福虽用了长达 6 个星期的时间来解释他对金本位的看法，但只用了几天就恢复了银行信心。胡佛深信，必须在是否实行金本位上有明确的表态，不能模棱两可。他试图让新当选的总统表态支持金本位。[4] 罗斯福拒绝妥协。也许他并没有决定放弃金本位，但他想保留自主选择的权力。

此外，罗斯福和他的智囊们其实知道，关于银行歇业的具体问题，一定得听胡佛和他的下属的意见。他们也很清楚，在 3 月 4 日之前，罗斯福和他的领导班子没有实权，不可能实施自己的想法。一种更像政治权谋的解释是，3 月 4 日之前情况越糟，胡佛就会受到越多的指责，继任者的方案就越容易获得支持。

在就职演说中，罗斯福宣称，这一天并不仅仅是新政府的开张，而且是一个充满着希望和行动的新时代的开篇。但到底采取什么行动，他并没有说清楚，因为这取决于谁能说服罗斯福。关于经济问题，罗斯福有三个主意各不相同的顾问团队。[5]第一个团队是以哈佛大学法学教授费利克斯·法兰克福特为首的进步主义者。法兰克福特教授从罗斯福刚进入政坛起，就开始为他出谋划策。他们之间的交情可以追溯到一战期间，当时罗斯福担任海军助理部长，而法兰克福特则是战时劳工政策委员会的领导。法兰克福特和他的学生是最高法院大法官路易斯·布兰代斯的经济和政治哲学理论的支持者。布兰代斯关心如何限制强盗大亨们的经济和政治权力。随着自动装配线和类似福特、通用汽车这样的大企业的发展，这一问题变得日益突出。[6]布兰代斯主义者否认大企业有效率优势。他们是律师而非经济学家，所以尽可以这样说。他们怀念一种被美化的小家族企业经济模式，犹如杰斐逊式民主的城市版。他们试图通过加强对大企业的监管，重新回到过去。

相较经济复苏，布兰代斯主义者更关心改革。他们认为大萧条提供了推动改革议程的绝佳时机。罗斯福新政针对大企业实施了许多监管政策，引起工商界的激烈抗议，这些监管政策主要是拜法兰克福特和他的同人们之所赐。[7]1933年12月，英国经济学家凯恩斯发表了一封公开信，批评罗斯福政府将经济复苏置于改革之后。无论凯恩斯是否知道真实的情况，他事实上是在批评布兰代斯的追随者，抱怨罗斯福听从了他们的建议。[8]

第二个顾问团队由哥伦比亚大学的几位教授组成，其中包括制度经济学家雷克斯福德·特格韦尔、公司法专家阿道夫·伯利和政治学家雷蒙德·莫利。作为智囊团的创始成员，他们在竞选期间就为罗斯福出谋划策。不同于法兰克福特的团队，他们认为大企业必不可少，但需要"大政府"与之配套。[9]这个小组的成员相信，政府应该在经济活动中发挥更大的作用。他们指出，市场经常是靠不住的。在当时的情况下，这一观点令人信服。

智囊团中更温和的成员认为市场只是暂时失灵，呼吁政府临时介入。

另外一些人，比如特格韦尔，却认为危机是由更深层次的问题导致的，政府应在计划经济方面发挥更重要的作用。鉴于当时经济萧条的严重程度，这个结论并非不合逻辑。他们认为，结构性改革和经济复苏一样迫切，并提出了调节工资和物价，减少耕地面积等主张。《全国工业复兴法》和《农业调整法》主要是第二个顾问团队的成果。

第三个顾问团队是刺激通货膨胀的支持者，由美国康奈尔大学农业经济学家乔治·沃伦领衔，他得到了罗斯福的邻居、农场主小亨利·摩根索的支持。摩根索曾是《美国农学家》杂志的出版人，他的农场主要种植圣诞树。罗斯福总统最初指定的财政部部长人选是威廉·哈特曼·伍丁。伍丁因为健康原因被迫辞职之后，摩根索继任财政部部长。[10] 1929年，罗斯福在担任纽约州州长不久，建立了一个农业咨询委员会，摩根索是委员会主席，沃伦是成员之一。沃伦的专长是农业经济，他发现农产品在20世纪20年代就已经出现明显的供应过剩，在1929—1933年农产品价格下跌得尤其厉害。沃伦等人试图把农业部门的经验运用到整个经济中，他们认为推高物价和工资可以减轻沉重的债务负担，如果为了实现这一目标不得不放弃金本位，那就放弃金本位好了。

沃伦的农本主义思想获得了耶鲁大学货币经济学家詹姆斯·哈维·罗杰斯和欧文·费雪的认同。罗杰斯是研究金本位问题的专家，他深知金本位可能会带来的通货紧缩效应。费雪则因为在1929年关于股市"永久的高峰"的言论而名声受损，更不用说他还曾倡导优生，支持《禁酒令》，这样的人物不适合担任罗斯福的顾问。但1933年，费雪在关于债务通缩的文章中指出，工资和收入下降会加重债务负担，进一步损害经济，这为沃伦支持通货膨胀的观点提供了理论支持。[11]

————

首要任务是解决银行业危机。布兰代斯主义者与今天的进步经济学家保罗·克鲁格曼和约翰·斯蒂格利茨一样，主张银行国有化。[12] 同为进步主义者的新墨西哥州参议员布朗森·卡廷和威斯康星州参议员小罗伯特·拉福莱特也持相同看法，但和2009年的奥巴马总统一样，罗斯福在当时也犹豫不决。取得银行的控制权并交由政府官员管理，需要相当长的准备时间，但留给罗斯福总统的时间并不多。罗斯福总统笃信财政平衡，认为用公共资金为银行注资和平衡预算会有冲突。从个人感情的角度来说，罗斯福与著名投资者、金融家文森·阿斯特，摩根大通合伙人托马斯·拉蒙特等私交甚密。多年以前，拉蒙特曾把12街的联排别墅租给罗斯福。尽管新总统也发表过民粹主义的言论，要把银行家从"我们的文明圣殿的宝座上"拉下来，但他更愿意跟银行合作，而不是对抗。[13]

因此，罗斯福解决银行业危机的做法与胡佛并没有实质区别。在就职前的星期五晚上，即将离任的财政部部长米尔斯会见了莫利教授和财政部部长候选人伍丁。[14] 两人毫无头绪，但向当选总统承诺几天之内提出一套银行重整计划，事实上他们只是照搬了前任的方案。新政措施中有很多试验性举措，但这次的银行重整计划并无新意。

3月5日星期日，罗斯福上任第一日，援引《敌国贸易法》，暂停黄金交易，并宣布实行为期4天的银行假日。2008年，戈登·布朗也援引了英国的《英国反恐怖主义、犯罪及国家安全法案》，历史再一次重演。其实胡佛也考虑过这个方案，这位即将离任的总统甚至在3月3日的白宫会议上建议罗斯福启动《敌国贸易法》。[15]

罗斯福要求国会召开紧急会议，并下令他的团队在三天内完成计划。交由参众两院审议的《紧急银行法》几乎不比2008年9月财政部部长保尔森提交的三页备忘录长多少。[16] 由于只有一份复印件，这份提案在众议院讨论的时候是当众宣读的。罗斯福的提案和保尔森的提案在国会的命运有所不同。众议院只用了40分钟就口头表决，批准了罗斯福的提案，没有做任何修改；参议院讨论了三个小时，并以73∶3的压倒性优势通过了这份提案。当晚，总统批准该法案生效。

第15章 复古还是维新

法案第一条规定银行假日是合法的，司法部也曾向胡佛提出过这一方案，它对使用《敌国贸易法》感到不安。[17]法案第二条规定财政部部长有权决定让运行状况良好的机构重新营业，同时将财务状况有问题的机构置于监管保护之下。[18]胡佛也曾计划授予货币监理署类似的权力。第三条规定财政部有权要求复兴金融公司为金融机构注资，换取优先股。此前规定只能借钱给缺乏流动性的金融机构，但不能注资。因此救助亨利·福特的守望者集团的努力遭遇了许多障碍，而新法案消除了这一限制。关于这一点，众议院银行和货币委员会的前共和党成员富兰克林·福尔也曾向胡佛总统建议过。法案的第四条修正了《联邦储备法》，放宽了借钱给流动性不足的银行的抵押品要求。它还允许美联储发行特别联邦储备银行券，抵押品是"根据该法案规定获得的任何票据、汇票或银行承兑汇票"，换句话说，就是任何形式的抵押品都可以。

最终的法案虽然原创性不足，但已足够全面。至于效果如何，不久后就会见分晓。

———

总统在周末的第一次炉边谈话时简单地阐述了这个计划。星期一，在联邦储备银行所在的12个城市里，银行重新开门营业，这场危机已经结束。《纽约时报》评论："过去，人们'急着'挤兑；从昨天起，人们开始'急着'把钱存回银行。银行收到的存款数额要大于提款。我们在各个地方听到的消息均是如此。"[19]星期二，其他城市的银行也重新开业，客户竟然抱怨银行大厅的储户太多、太拥挤。雷蒙德·莫利不动声色地评论："挽救资本主义只用了8天。"[20]

这一切发生在复兴金融公司对银行注资之前。罗斯福还来不及把自己的亲信耶西·琼斯安排到公司总裁的位置上，对银行的信心就迅速恢复了。[21]这告诉我们，1933年的金融危机的本质是什么？在相当大的程度上，金融危机是由恐慌带来的。正如恐慌可以自我实现，恐慌同样也能被迅速地扑灭。只要果断地采取暂停措施，再配合安抚人心的炉边谈话，就能平息这场风波。正如历史学家查尔斯·比尔德和乔治·史密斯所说的，这样做就好比是"给失去理智、歇斯底里的人一记耳光，帮助他清醒"[22]。

炉边谈话之所以能重塑信心，也是因为新总统和民众仍然在蜜月期。这反过来证明，罗斯福拒绝与胡佛合作是明智的。如果由丧失民众信任的胡佛总统推出类似的计划，结果不会如此。只有在蜜月期的总统可以推动国会在几个小时之内通过这样一项影响深远的法案。

《紧急银行法》要求对所有银行进行全面审查，大部分历史学家也是这样说的。但事实上政府并未对银行进行全面的审查，在两个星期之内清查所有的银行账户几乎是不可能的。费城联邦储备银行行长乔治·诺里斯回顾了他的经历。3月10日，他收到财政部部长伍丁的指令，要求其通过会员银行的重新开张申请。随后，他简直"被遍布各区的银行家的来访和电话包围，而我无法拒绝与他们中的任何一个交谈"。诺里斯立刻意识到不可能"在这么短的时间内认真研究七八百个银行的条件，而且我不可能仅凭这一次审查，就决定这些银行的生死存亡"。他命令他的董事会主席、全国性银行首席审查员和考核部门的负责人希尔先生，组成一个三人委员会，在接下来的周末承担这一重任。"这样的差事不好干——任务繁重，事关重大，而且要在这么有限的时间里做出决定。"可怜的希尔先生因此精神崩溃。[23]

如果说全面审计不过是烟幕弹，美联储得到的新权力却是实实在在的，而且产生了非常重要的效果。《紧急银行法》授权美联储酌情贴现票据、汇票及承兑汇票，确保银行可以满足储户的流动性需要。当时还没有存款保险制度，但这种隐性担保产生了同样的效果。[24] 美联储将出面提供应急流动性的承诺平息了投资者的恐慌，为之后数月之内更系统地评估银行风险，以及为随后复兴金融公司和私人投资者对银行注资，提供了更充分的时间。

第 15 章　复古还是维新

这些教训在2012年也发挥了作用。面对欧洲主权债务引发的市场恐慌，欧洲央行通过OMT（直接货币交易）平息了市场的恐慌。[25]和1933年美联储承诺提供紧急流动性一样，OMT不一定真正用得到，它的设立本身就足以安抚市场，至少可以争取时间进行额外的压力测试和银行资本重组。

最后，市场信心之所以能够迅速恢复，是因为整个计划包括了各种政策，从接管破产银行、承诺提供紧急流动性，到在必要时紧急注资，这些政策使得该计划的说服力更大。其实在罗斯福上任前，这些重要的政策建议都已经被提出来了，但关键在于执行。1933年的经验表明，化解银行业危机不需要什么高精尖科学。

———

旨在解决银行业危机的国会特别会议开得非常成功。罗斯福乘胜追击，迅速地把目标从一个"B"扩大到三个"B"。第一个"B"指的是银行（Bank），第二个"B"指的是啤酒（Beer）。罗斯福提出让酒精含量为3.2%的啤酒合法化，这让他在政治蜜月期更得人心。

第三个"B"的影响最为深远，它指的是预算（Budget）。罗斯福总统试图兑现他的诺言，通过平衡预算塑造保守形象。很多罗斯福的批评者说，在他的第一个任期内，联邦支出增长过快。罗斯福执政时的赤字是美国历史上除战争时期之外最高的，公共债务上升速度比胡佛在位时更快。雄心勃勃的公共工程项目，比如大古力水电站和拉瓜迪亚机场，都是罗斯福政府出资建造的。另有一些人则认为，赤字支出是新总统用来结束大萧条的关键措施。他们认为，通过挑战现行的政策教条，罗斯福有意彻底改革政策模式。[26]

这是一个典型的例子，我们看到，经济学家在解读历史的时候总是一厢情愿。事实上，罗斯福非但不打算挑战现行的政策教条，还想坚持它们。他信奉平衡预算的信条。那是当时的正统理论，罗斯福和胡佛一样，对此坚信不疑。

罗斯福总统的目标是立即、彻底地平衡预算。他宣布完实行银行假日后，给国会的第一个信号就是要关注政府的财务状况。他庄严地说："整整三年了，联邦政府正在走向通往破产的道路。"[27]财政赤字带来了不确定性，并引发了银行业危机。由于信心丧失，失业大军人数暴涨。罗斯福指定亚利桑那州参议员刘易斯·道格拉斯担任他的预算负责人，道格拉斯是众议院里最活跃的平衡预算支持者。道格拉斯不止一次地警告过财政预算失衡将带来的严重后果。他的言辞或许会让21世纪的平衡预算的鼓吹手彼得·彼得森感到欣慰。[28]道格拉斯警告说，预算得不到平衡，"整个世界将陷入黑暗的深渊"[29]。

根据道格拉斯的计划，预算平衡将完全通过削减支出实现。[30]国防开支的预算金额需要削减8%。[31]当时，日本已经入侵中国，希特勒迅速称霸。罗斯福在这个时候削减国防开支，可见平衡预算对他来说有多重要。联邦政府职员的工资和薪金不仅被冻结，而且被削减了；军职人员的工资被削减了2 000万美元；民事职员的工资被削减了1.05亿美元。节省的最大一笔支出是军事养老金。如果退伍军人的残疾不是因为服役造成的，他们就没法领到养老金。

这个提案出人意料，因为残疾的退伍军人是在大萧条中受到冲击最大的群体。如果他们在1932年投了票，一定是投给了罗斯福。胡佛反倒不敢削减他们的养老金，这主要因为退伍老兵已经和胡佛总统结下了梁子。胡佛曾让道格拉斯·麦克阿瑟在巴顿和艾森豪威尔的支持下，驱散驻扎在阿纳卡斯蒂亚的由一战老兵组成的"补偿金大军"，这一决定引发了一场风波。[32]包括密歇根州的詹姆斯·卡曾斯在内的12位民主党参议员，反对削减支出，但该法案最终以压倒性的优势通过了。

不清楚的是，罗斯福将如何协调平衡预算的承诺，也不清楚他的其他政策野心。有媒体认为，他会更好地利用现有的资源，例如通过征兵吸纳部分失业者，或者利用已有的政府项目，比如位于亚拉巴马州马斯尔肖尔斯市的水电站大坝和硝酸盐工厂扩大公共工程。有人质疑罗斯福能否真正兑现平衡预算的承诺。他们声称，罗斯福已经计划设立两个预算账户，一个是常规预算，另一个是负责通过贷款融资的紧急账户，这样一来，预算看起来就实现平衡了。

事实是罗斯福面临两难。他真诚地相信应该平衡预算。不过，当他发现削减预算让失业者背负了重担，而经济形势又没有起色时，他就不打算继续一意孤行了。于是，新政项目一个个上马，紧急预算也不断膨胀。[33]

不过，这一切并没有动摇罗斯福在平衡预算上的信念。他在1935年的预算报告中坚持认为，"联邦政府必须且应当退出救济"，否则"羊毛还是出在羊身上"。[34] 1936年，国会愿意为一战老兵支付补偿金，但罗斯福总统仍在呼吁平衡预算。[35]

如果罗斯福总统的财政政策的立场的确发生了转变，那么这一变化也要等到二战爆发之后。此前的赤字并非他有意而为。正如凯恩斯在1933年12月的信中所警告的，赤字规模太小，因此作用甚微。[36]

———

发生重大改变的是货币政策。3月4日，罗斯福总统下令禁运黄金，禁止银行对外支付金币、金条和权证，出口黄金必须获得财政部部长伍丁的许可。除了实施禁运，罗斯福别无他法。换作胡佛总统，如果他还能采取行动，他也会这样做。纽约联邦储备银行的黄金储备已经告罄。如果有外国人要将黄金转移至外国，银行压根儿没法兑换。

很多人认为禁运持续不了多久，就像银行假日一样，不过是临时性措施。美国之前也曾在特殊时期，比如内战期间，暂停黄金兑换，随后又恢复了。其他国家也曾经在一战期间暂停黄金兑付，后来也恢复了。财政部部长伍丁刚上任就安抚民众说，美国没有放弃金本位。他信誓旦旦地说："认为我们已经放弃了金本位的说法是荒谬和具误导性的。黄金储备短缺问题在几天之后就会解决。"伍丁并不是在装腔作势，他支持传统的货币政策，而且真心相信自己说的话。[37]

罗斯福花了6个星期反复权衡。在这段时间里，他逐渐意识到：虽然银行体系开始正常营业，而且即使平衡预算的举措能够恢复信心，但都不足以支持复苏。经济状况在3月、4月间有所改善，但那只是因为危机爆发的时候，形势已经差到了不能再差的地步。不仅是银行，商店和工厂都关闭了。由于囊中羞涩，人们不敢买东西。美国各地的街上都冷冷清清、萧瑟荒凉。在俄亥俄州的阿克伦，"橡胶店铺关门了，电车只跑半天，煤炭企业停业。萧条仍在继续，成千上万的工人虽然没有被彻底解雇，却以'暂时下岗'的名义被送回家"[38]。虽然4月比3月情况要好一点，但与全美银行歇业前的1月相比还是差很多。4月的工业生产水平不及1月，实际就业从1月起仅三个月就下降了2.3%。[39]

显然，还必须采取更多的措施。罗斯福的第一步措施是宣布黄金出口禁令将无限期持续下去。这使得其他一些推动价格上涨的措施得以实施，比如参议员埃尔默·托马斯提出的政府出面购买白银的建议。托马斯在1932年就有此动议，希望美联储率先采取扩张政策。[40] 4月19日，罗斯福在和托马斯会见之后，他将采取何种措施变得日益清晰。两人达成妥协，推出了最后的《农业调整法》。修订后的托马斯修正案并没有设定购买白银的目标，但授予总统权限将美元的含金量下调50%，这等于推高了黄金的美元价格。

道琼斯指数闻讯上涨9%。直至今日，1933年4月19日仍然在单日涨幅最大的20天之列。由此看来，放弃金本位会摧毁市场信心的看法并不准确。《纽约时报》的报道写道："在经历了多年的通货紧缩之后，整个金融市场满怀热情地拥抱通货膨胀预期。"[41]

第二步措施是传递明确的信号：这种变化是永久性的。政府无意为了服从金本位的需要而牺牲价格稳定。为了表明立场，罗斯福通知世界经济货币会议，物价稳定是他的首选目标。6月10日，世界经济货币会议在伦敦召开。三个星期内,与会者草拟了一个宣言,呼吁回归国际黄金本位。[42] 虽然声明允许各国自行选择执行时间和方式,但毫无疑问将向各国施压,支持它们把汇率调整到此前的正常水平。

美国代表团内部能够达成共识实属不易。罗斯福总统派出的代表包括美国国务卿、自由贸易的支持者科德尔·赫尔,以及威廉·詹宁斯·布赖恩的助手凯·皮特曼。皮特曼是来自白银产区内华达州的参议员,他也曾任外交关系委员会主席。他在1932年的民主党大会上就提议召开国际货币会议,当然,他没有透露自己的真实动机是要支持白银铸币。到了伦敦,皮特曼将自己的计划和盘托出。他滔滔不绝地谈论应该如何支持白银价格。德国的首席代表亚尔马·沙赫特对皮特曼的长篇大论忍无可忍,不得不挥手制止皮特曼继续演讲。关于皮特曼在伦敦的逸事还有很多,包括他用左轮手枪射击路灯,还曾在克拉里奇酒店厨房的水槽里洗澡。[43]

美国代表团的另一位重要成员是参议员威廉·卡曾斯,他曾是亨利·福特的合作伙伴。正是由于他的影响,复兴金融公司当年最终拒绝救助福特旗下的守望者集团。[44] 罗斯福选择卡曾斯可能是因为他持贸易保护主义的观点,可以和国务卿赫尔的立场中和。如果真是这样的话,卡曾斯没有让罗斯福总统失望。他多次和赫尔发生冲突,公然反对削减关税。赫尔要求美国代表的所有公开声明必须经过他的批准,但卡曾斯对此置若罔闻。罗斯福还派了詹姆斯·考克斯,俄亥俄州前州长和报纸出版人,他支持硬货币,正好和皮特曼的观点有所中和。余下的两名代表是田纳西州的代表塞缪尔·麦克雷诺德和得克萨斯州的富豪拉尔夫·莫里森。这六个代表中,没有一个人有参加国际会议的经验。

罗斯福可能会感到惊讶,在美国人如此混乱的领导下,会议竟然取得了进展。7月3日,一份从华盛顿发给伦敦的电报带来了爆炸性的消息:罗斯福总统拒绝承认大会宣言,他声称首要问题是采取政策稳定货币购买力。他驳斥了回归金本位的提议,将金本位称为"全世界的银行家们的过时信条",这一说法同时得罪了各国的银行家和领导人。罗斯福抛出如此具有煽动性的言论,是为了让所有人,无论是在伦敦的代表还是美国公众,都能明白无误地知道他的首要目标。历史学家不停地追问,到底是什么说服了投资者相信政府正致力于推高价格。最有说服力的是,罗斯福总统能够破釜沉舟,不惜激怒他的盟友,承担会议失败的责任,让自己的代表团下不来台。

有批评意见说,罗斯福的行动彻底毁灭了国际合作的希望。2008—2009年,有人重提往事,把罗斯福的这一举动视为应该避免的应对大萧条的民粹主义政策。[45] 据说,压低美元汇率削弱了其他国家的竞争力。罗斯福总统搅黄了这次会议,也就彻底摧毁了国际合作的最后机会。

但这一所谓的历史教训是一种误读。民粹主义的货币政策的替代方案并不是协调一致的政策,因为各国政府在采取何种政策上莫衷一是。欧洲各国政府认为稳定汇率,而非稳定价格水平,才是优先目标。由于欧洲各国在20世纪20年代经历过恶性通货膨胀,它们一直认为通货膨胀才是最主要、最迫切的危险。欧洲各国没有经历过像美国那样深重的经济危机,因此它们觉得保持货币的可兑换性比经济复苏更重要。它们觉得,只有让投机者遭受重创,才能避免新一轮的生产过剩和大萧条。罗斯福总统肯定对这样的观点不敢苟同。

国际经济协调可以休矣。各国官员对经济危机的成因无法达成共识,因此开出的药方也各异。直到4月19日,罗斯福总统还抱有国际合作的想法,他谈到,只要各国一起实施宽松的货币政策,汇率是可以稳住的。但是在与其他国家的领导人交流之后,尤其是见过法国前总理、法国国会下议院外交事务委员会主席爱德华·赫里欧之后,他才不得不承认这是不可能实现的。[46] 推动再通货膨胀的政策只能由一国自主实施,因此他才发出了那份具有轰动性的电报。[47]

2008—2009年,各国政策协调有更多空间,因为各国对危机的起因有了共同的理解。有观点认为1933年的世界经济会议失败是件憾事,应该避免再度发生。正如教科书里对《斯姆特–霍利关税法》的解释——有的时候,对历史的错误解读反而会推动正确的政策选择。

———

罗斯福的第三步措施是推高黄金和其他商品的价格。10月22日,他宣布授权复兴金融公司购买新开采的黄金。在此时采取行动是因为受到了西部各州要求推动农产品价格上涨的压力。因为对事态进展速度不满意,参议员托马斯宣布将于10月24日召开农场和工业领导者大会,甚至威胁要在华盛顿组织一场百万人的游行。

罗斯福试图避免这一运动发生。每天早晨,他不仅要来一份有橙汁和鸡蛋的早餐,早餐结束后还要与小亨利·摩根索和耶西·琼斯一起商量如何提高复兴金融公司的黄金报价。有时候他会把报价提高几分钱,有时候提高得更多。正如琼斯后来解释的,这样做的用意是要让投机者猜不透政府的心思。[48]

罗斯福的目标非常明确,他希望通过推高黄金这一特殊商品的价格,进而推高其他大宗商品的价格。虽然逻辑很清楚,但是操作起来并不透明。没有人知道总统每天会将金价推高多少。批评者抱怨说,政府的反复无常的做法阻碍了投资。11月,一群来自美联储委员会的顾问团体——联邦咨询委员会的银行家向美联储表示,不确定性打压了债券市场。只有消除这种不确定性,商业活动才有可能复苏。

凯恩斯在12月给总统的公开信中表达了相同的看法。凯恩斯说:"在我看来,美元近期的波动更像是失控的金本位,而不是理想的货币管理体系。"罗斯福对货币投机者们虚张声势的做法制造了更多的混乱。把黄金价格稳定在较高水平,比如35美元一盎司,可以减少这种不确定性,但这样做可能与总统推高大宗商品价格的目标不一致。凯恩斯总结说,更好的方法是宣布货币政策的目标是瞄准一个价格水平,并公布达到这一目标的政策措施。他建议财政部干预外汇市场,让美元汇率在一个稳定的区间内上下浮动，以此保持价格水平稳定。[49]

凯恩斯这一次的建议，和他以往的很多建议一样很有道理。罗斯福在1934年1月决定，以每盎司黄金35美元的价格重新钉住黄金，这本来可能会带来一场灾难——黄金可能外流，导致货币供应萎缩；通货紧缩可能卷土重来，市场信心再度受挫。[50]

但事实上，欧洲的经济问题和政治局势不断恶化，导致黄金流入美国，而非流出美国。以法国为中心的金本位捍卫者深陷通货紧缩陷阱，投资者意欲寻找出路。二战黑云压城，因此欧洲投资者转向了美元，美元成为避风港。于是，美国的货币信贷供应不降反增，物价水平趋于稳定。[51]罗斯福的货币政策远非完美，但幸运的是，欧洲的货币政策更加糟糕。

读者或许已经意识到，这就是美元作为世界上唯一的货币安全港的"嚣张的特权"[52]。这一地位的起源可以追溯到1934年。自那时起，一旦面临危机，投资者纷纷转向美元。这给美国提供了一种自动保险，即每逢局势恶化，美元反而走强。2008年雷曼兄弟破产之后，这一保险机制发挥了有效的作用。

第16章 人人有份

新政不只涉及货币政策和财政政策的调整。罗斯福总统和他的智囊团很快意识到，他们可以利用国会特别会议，趁着紧迫感还未消失，趁热打铁推行其他措施。罗斯福总统采取的其他措施包括组建平民保育团，这是具有环保意识的罗斯福个人偏爱的一个项目。他在担任纽约州州长的时候，就曾经安排1万名失业工人参与植树造林项目。还有设立田纳西河流域管理局，这是一项旨在改善水利灌溉和防洪，并且供应廉价电力的项目。联邦紧急救援署为了救助穷人和失业者，向各州政府拨款5亿美元。

最重要的是新政的标志性政策——《农业调整法》和《全国工业复兴法》。乔治·沃伦和雷克斯福德·特格韦尔虽然来自不同的派系，但他们都关心农业。他们都认为，农业问题的根源是生产过剩和价格低迷。不仅在美国，而且在其他一些国家，农业产量不断增长。在一战期间和战后，加拿大、阿根廷和澳大利亚的种植面积都在扩大。农产品价格持续走低也是事实。正如我们上面所说，《斯姆特–霍利关税法》对此也束手无策。

这些都是罗斯福首要考虑的问题。他的第一次成功的竞选活动是在纽约州的农村地区达奇斯县，当地的主要选民是农民。由雷蒙德·莫利领导的罗斯福顾问团队指出，许多银行倒闭发生在受到低迷农产品价格影响的地区，因此莫利认为解决农场问题有助于解决银行业危机。

但由联邦政府补贴农民，使其限产的计划并不理想。农民必须签订合同减少种植面积，以此获得相应补偿。所需资金来自面粉厂以及其他大宗商品加工厂上缴的税收，这样给人的印象是，补贴并不是由纳税人埋单的。

更好的办法是，通过补贴让农民采用新技术，使农民削减成本，从而渡过生产过剩的难关。农业信贷管理局在这方面有所行动，它通过为农民提供低息贷款支持其购买原材料。但是政府并没有沿着这条路继续走，这一项目的失败尤其是在罗斯福任命亨利·A. 华莱士为农业部部长之后，更令人费解。华莱士拥有畜牧业的学位，还创立了一家公开发售高产杂交种子的公司。这家公司随后改名为先锋种子公司，被卖给了美国杜邦公司。华莱士在1940年接替加纳成为罗斯福的副总统。卸任副总统之后，他继续担任商务部部长，从而成为唯一继续在内阁任职的前副总统。1948年，华莱士又作为进步党候选人参加总统竞选，主张结束冷战和取消种族隔离制度。

作为杂交种子商业化的先驱，华莱士知道新技术可以削减生产成本。但即使是思想超前的华莱士也支持减耕。虽然对农民来说，购买新设备和优良种子从长远来看更有效，却不会立刻减轻农民的直接负担。由于越来越多的农场已经发生暴力抗议活动，救助农民已迫在眉睫。政府还担心来自农场利益团体的压力可能迫使其采取民粹主义的货币政策，这一问题十分迫切。[1]

———

尽管在农业领域，生产过剩导致价格低迷已经成为定论，但这并不适用于工业。生产技术变革降低了成本，比如电气化和装配生产线，都在20世纪20年代迅速发展。[2] 企业利润状况良好。和农业截然不同，制造业供给的增加并未大大超过需求的增加，工业生产并没有出现供大于求的现象，这种情况一直持续到20世纪30年代。直到20世纪30年代需求急剧下跌之后，供大于求的现象才开始显露。

尽管如此，罗斯福身边的经济学家还是把对农业问题的诊断推广到了其他经济部门。如果价格很低，这就反映了供给过剩和恶性竞争。如果问题是恶性竞争，解决的办法就是限制产出，提高价格。在向国会提交的设立美国工业复兴总署的提案中，罗斯福表示，他的目标是"防止不正当竞争和恶性生产过剩"。[3]《全国工业复兴法》3（a）部分设定了公平竞争的规则，依照此规定，企业需限制生产，提高价格。为了消除企业合作的法律障碍，《反托拉斯法》暂停实施。倘若企业合作并没有达到预期的效果，4（b）部分将赋予总统进行干预的权力，以防止工资和价格恶性下跌。

如果过度竞争导致低价是产品市场的问题，那么劳动力市场会不会也存在这一问题？《全国工业复兴法》保护工人组织权利的相关规定就是为了解决劳动力市场上的问题。如果只鼓励生产者采取集体行动，却不让工人这样做，毫无疑问，这在政治上是不平衡的。如果雇主打算享有较高的价格和利润，他们必须与员工分享。为确保这些利益得以广泛分配，现有的工作机会将通过限制劳动时间的方式分给更多人。

这可能是我们能够为《全国工业复兴法》找到的最好的逻辑。罗斯福和他的顾问们，如乔治·沃伦和华莱士，试图把农业领域的经验推广到整个经济体系。这些政策的灵感部分来自通用电气公司总裁杰拉德·斯沃普在1931年提出的一项计划，在这一计划中他建议停止《反托拉斯法》，使企业能够通力合作，限制生产过剩和抬高价格，与此同时提高薪水和福利，与员工共享财富。这样的想法得到了智囊团的创始成员之一阿道夫·伯利的认可。伯利的研究认为，小家族企业的时代已经过去，政府要确保大型企业为公共利益服务。[4]

或者，我们也可以老老实实地承认，《全国工业复兴法》就是一个大杂烩，没有统一、严密的逻辑。新总统和国会要向公众表明立场，为了让经济走出泥沼，必须做一些事情。《全国工业复兴法》给所有人提供了各自需要的东西：计划主义者认为需要加强政府干预，工团主义者主张生产者联合行动，进步主义者鼓吹雇主和工人合作，劳工领袖努力争取组织工会的权利，亚拉巴马州民主党参议员雨果·布莱克和他的追随者主张分享工作，社会改革者竭力禁止使用童工。罗斯福任命了几组顾问起草法案，修改后再把各方观点糅在一起。这说明，他想要的政策就是要人人有份。

1933年6月，一系列游行和群体事件导致200万个雇主签订了临时法规。签订者同意支付最低工资，并把每周工作时间压缩至35个或40个小时。临时条款随后被超过500多条行业条款取代，这些条款设置了最低价格，并允许工人进行集体谈判。政府批准这些行业条款，同时暂停实施《反托拉斯法》，守法企业可以获得蓝鹰标志。

从宏观经济学的角度来看，这是一个彻头彻尾的错误。正如凯恩斯在他的公开信中所说的那样，这是一个以牺牲经济复苏为代价而实施改革的经典案例。该法案没有任何刺激需求的举措。[5] 由于推高了价格，实际上限制了供给（当然，政府本来就想限制供给）。7—9月，每小时工资上涨了22%，扣除物价上涨因素，实际上涨了19%。当失业率处于两位数时，这一上涨简直无法解释。成本上升，产出自然减少。1933年上半年，工业产值随着价格水平上升而下降。临时条款生效后，价格持续上涨，工业产值急剧下降。[6]

经济学家们一致认为《全国工业复兴法》让刺激经济复苏的努力成了徒劳。根据凯恩斯主义经济学家迈克尔·温斯坦估计，这项法案的通过推高了成本，使产出降低了8%。货币主义的领导人物弗里德曼和施瓦茨的结论是，利润收缩大幅抑制了投资。哈罗德·科尔和李·瓦尼安信奉新古典主义理论和真实经济周期理论,他们认为,这项法案导致失业人数增加了1/4。[7]谁说经济学家无法达成共识?

《全国工业复兴法》不仅直接提高了成本,还带来了更多的不确定性。不同行业制定了不同的法规,执法也有很大的随意性。截至1935年年初,负责监督执法的州政府官员收到了三万多条投诉,只有一小部分受到了认真对待。其中一些批评不过是商业界历来对政府干预的反对。这些问题可能被媒体夸大了,因为新闻界对《全国工业复兴法》中针对报纸行业的法规非常不满。[8]抱怨不确定性和政府的繁文缛节不是没有根据,但不能夸大这一点。威廉·安德森的有关股价波动的研究表明,《全国工业复兴法》并没有减少企业面临的风险,但也没有显著增加风险。[9]

最终的不确定性来自最高法院是否会判定《全国工业复兴法》违宪。因为按照宪法,这些权力应该交给国会而非行政部门。1935年,纽约布鲁克林区的谢克特家禽公司提出上诉,这公司因为跨州销售病鸡,被摘掉了蓝鹰标志。这一案件被称为"病鸡案"。最高法院裁定,《全国工业复兴法》违反了宪法规定的分权原则。另外,美国政府将此法规用在谢克特家禽公司身上,亦超出了《商业法》的授权范围,因为谢克特家禽公司只是从其他州买鸡,他们在纽约宰杀的鸡仅在本州销售。

在法院的压力下,罗斯福撤回了400多项据称违规的法规。周末,他决定乘坐总统游艇度假。正如《芝加哥论坛报》所说的那样:"神圣的鹅惊醒了罗马人,使他们免于蛮族的践踏;谢克特家禽公司的母鸡提醒了美国人,使他们免于新政的暴虐。"[10]

法院接下来判定《铁路养老金法案》无效,理由是该法案通过覆盖150万铁路工人的退休金计划给铁路公司增加了不合理的负担。[11]随后法院又推翻了农业调整署针对食品加工商征收税款的做法。

经过这一挫折,罗斯福将《全国工业复兴法》中一些容易引起争议的条款换成了更为小心谨慎的措施。国家劳工委员会改名为国家劳工关系委员会。在《全国工业复兴法》中有关最低工资和童工的规定，改为在《公平劳动标准法》中做进一步的说明。第二版《农业调整法》修正了上一版的一些缺陷：用财政收入支付农民补贴，而不是通过对食品加工商征税。

此外，罗斯福还推动各种项目以换取公众对新政的支持，如联邦养老金（社会保障）和福利项目（比如早年已经创立，如今进一步扩大了的公共事业振兴署）。最引起人们关注的措施是，他曾试图提名新政的支持者担任最高法院大法官。虽然这一举措在政治上不无代价，但成功削弱了最高法院反对政府干预的立场。面对这种压力，大法官们也拓展了对商业法规的解释。[12]

效果显著。国家劳工关系委员会提出的法律框架和理论在多方面塑造了随后的《国家劳动关系法》。第一部《农业调整法》为第二部奠定了基础。虽然一些新政项目，比如平民保育团和公共事业振兴署，都是昙花一现，但有关社会保障、福利、失业保险、最低工资、童工法律、工人结社权利的措施都成为美国社会不可磨灭的一部分。

———

观察一下大萧条时代的新政，人们不免会诘问，为什么在2008年大衰退之后，会缺乏重要的改革措施。在社会事业方面，只有一项医疗改革，但单这一项改革已经是一场苦战。在共和党的压力下，原有的社会政策不仅没有扩大，反而遭到压缩，比如削减了食品券的发放。这和大萧条之后社会保障的扩张形成了鲜明对比。

金融监管方面的情况也是如此。1933年6月的《格拉斯-斯蒂格尔法案》不仅迫使商业银行剥离自己的证券子公司，还建立了存款保险制度和联邦存款保险公司。联邦存款保险公司是一个致力于解决银行资不抵债问题的政府机构。[13]《格拉斯-斯蒂格尔法案》改革的意义深远，而2010年的银行业改革则逊色得多。

第16章　人人有份

是什么因素造成这种反差？在20世纪30年代，银行和商业游说团体并非一盘散沙。美国银行家协会一方面强烈反对关于设立银行分支机构的更为自由的法律，因为这将让成员银行面对更大的竞争压力；另一方面也反对额外的监管负担，比如存款保险制度。密苏里州银行家协会派代表团到华盛顿向国会施加压力，表示反对。美国银行家协会极力反对存款保险制度。协会主席弗朗西斯·西森认为，建立存款保险制度是在逼迫谨慎经营的银行为不负责的对手的失误埋单，这是"不健全、不合理、不公正且危险的"。该协会在最后一刻还给白宫发电报，试图说服罗斯福总统否决《格拉斯-斯蒂格尔法案》。[14]

也不是因为银行的公众形象在大萧条之后更为负面。参议院银行和货币委员会在1933年举行的听证会轰动一时。委员会由费迪南德·佩科拉领衔，他是一位正直廉洁的前纽约助理检察官，嘴里经常叼着雪茄。[15]但佩科拉在金融方面经验有限，他更擅长揭露个别银行的不法行为，而不是金融体系的结构性缺陷。他只把注意力集中于少数害群之马，这反映出他对华尔街运作了解有限，这样一来，听证会之后系统性改革反而变得不是很迫切了（相对于惩罚个别金融机构而言）。总而言之，很难说当时公众对银行家的愤怒比2010年公众对华尔街巨头们的愤怒更为强烈。

在《格拉斯-斯蒂格尔法案》之前，佩科拉其实只调查了一家商业银行，即国民城市银行。10天的听证会的讨论焦点集中在银行董事长查尔斯·米切尔的证词上，虽然穷追不舍，但主要关注的是米切尔的个人问题，而非系统性的弊端。米切尔总是喜气洋洋的样子，人们称他"阳光查理"。他和安吉洛·莫兹罗一样，有着古铜色的皮肤，这是在巴哈马休假时晒出来的。米切尔和莫兹罗一样是从做推销员发迹的，不过他销售的是自由债券。他大大咧咧，满不在乎，在听证的时候这种态度对他不利。他被揭露出的最主要的不法行为是将18 000股银行股份卖给他的妻子，再回购，以此逃避缴税。米切尔被迫辞去董事长职务，成为新政金融改革的第一个牺牲品。但是，这就是佩科拉在《格拉斯-斯蒂格尔法案》出台之前对商业银行的全部调查。

5月23日，佩科拉将注意力转向投行，比如J. P. 摩根。这一案例披露出来的令人震惊的内幕是，公司在上市的时候为一些重要的人士提供了优惠条件，包括新任命的财政部部长威廉·哈特曼·伍丁、复兴金融公司和道威斯银行的后台查尔斯·盖茨·道威斯，以及欧文·D. 杨格。同样，这些丑闻并不涉及最关键的问题，比如投行和商业银行业务分离，是否能够设立分支机构，以及建立存款保险制度的必要性。这些丑闻虽然很让人愤怒，但和全球金融危机期间的丑闻相比，也不算过分尴尬。当年，高盛曾帮助约翰·保尔森建立有毒资产组合，做空房地产市场，国家金融服务公司也曾为"安吉洛的朋友"提供优惠的按揭贷款，受益人包括房利美CEO富兰克林·雷恩斯和参议院银行委员会成员克里斯多夫·多德。[16]

从某种意义上说，金融改革者不过是推开了一扇已经打开的门。3月7日，在《格拉斯-斯蒂格尔法案》通过之前，国民城市银行已经宣布清算其证券子公司。第二天，大通国民银行宣布效仿此举。这是大通国民银行董事长温斯洛普·奥尔德里奇的胜利，他战胜了前董事长阿尔伯特·威金。威金和吉米·凯恩一样喜欢扑克，也痴迷于将大通国民银行发展成为一个庞大的金融混业集团。[17] 1932年12月，威金辞去了银行董事长职位，不久之后，佩科拉委员会就发现，他一边用银行的资金稳定股价，一边悄悄地卖掉自己持有的大通国民银行的股份。美国证券交易委员会后来通过了一项禁止卖空的规定，这被业内人士称为"反威金条例"。

由于股票的新发行量急剧萎缩，银行已经准备好放弃证券业务。证券市场元气大伤，银行不相信它还会复苏。《格拉斯-斯蒂格尔法案》要求商业银行和投行业务分离，不过是对已经发生的变化的追认。[18] 2008年后，证券市场也一片混乱，但美联储和其他机构的干预避免了

20世纪30年代式的崩盘。银行预期承销和交易活动会迅速复苏。事实上,在2008年危机中的证券化市场的各种臭名昭著的做法,不过5年就卷土重来。大银行不仅寻求维持业务规模,其中一些还在进一步扩张。这一切都引发了业界对自营交易监管的反对。

关于20世纪30年代改革成功的另一种解释是,美国国会议员们在问题根源上达成了共识。参议员格拉斯多年来一直寻求更广泛的分支机构监管法规,以及更集权的银行和金融系统监管。在之前的50年里,有超过100项关于建立联邦存款保险制度的提案被送呈国会讨论。1932年4月,众议员亨利·斯蒂格尔参与推动的一项方案获得了众议院多数支持,但还未获得参议院通过。但是,斯蒂格尔反对集权监管和更宽泛的分支银行监管法规,而格拉斯反对存款保险制度。他们的追随者也同样意见对立。

差异也不在于立法的过程。国会在其他问题上迁就了罗斯福,"以对待首相而不是传统的美国总统的方式"对待罗斯福总统。[19] 3月的《紧急银行法》和4月的《全国工业复兴法》几乎没有修改就在国会通过。但是,围绕银行的改革在两院争议很大。罗斯福本人对存款保险制度亦持怀疑态度。作为前州长,他清楚地了解早些时候各州实行存款保险制度的曲折历史。从总统签署银行法案建立联邦存款保险公司的照片上可以看出,他对此一点也不高兴。财政部部长伍丁本是一位铁路货运车厢制造商,后来才半路出家成为金融家,他同样看不出加强对银行的特殊监管有何意义。不仅联邦政府犹豫不决,美联储也同样顾虑重重:美联储的官员也反对存款保险制度。[20]

之所以能够推行范围如此之大的改革,是因为危机深重,这场危机让整个金融和经济系统崩溃。银行失去了保留证券业务的任何兴趣。它强化了重大改革,比如存款保险制度的支持力量。支持改革的力量足以

粉碎反对改革的既得利益集团。数百万美国人一生的积蓄因为银行业危机化为泡影。这一教训带来了对存款保险制度,以及其他重大金融改革的强力支持。[21] 这不仅影响了改革的方案,也带来了政治选票。

不仅是金融方面,其他方面也是如此。大萧条的严重程度以及之后的困境成为推动社会改革的根本动力。

相比之下,2008年后,决策者成功避免了最坏情况,却减弱了改革的动力。20世纪30年代有9 000多家银行倒闭,2008年倒闭的银行则少于1 000家。1929—1933年,道琼斯指数下跌了近90%,但在2007年10月之后的17个月内,标准普尔500指数仅下跌了56%。这下跌幅度也不算小,但与20世纪30年代相比仍相对温和。

在2008年和2009年,决策者只用了几个月的时间就出台了应对危机的货币和财政政策,而在20世纪30年代则拖延了数年。2009年,美国的失业率虽高达10%,但这比1933年25%的失业率低得多。失业者仍然会遭遇贫穷、饥饿和苦难,但他们的处境要好于20世纪30年代在"胡佛村"和"尘暴区"时的情况。

2008年危机之后,尽管商业活动无法恢复昔日胜景,但维持正常运转还是没问题的。21世纪的决策者们成功地阻止了危机演变为另一场大萧条,但这减弱了对大刀阔斧改革的支持。奥巴马总统可能并非有意让自己的举措和罗斯福的正好相反——将复苏置于改革之前,但事实的确如此。

———

证券市场的监管改革较为独特,监管者几乎是在一张白纸上重新谋划。在1933年《证券法》出台之前,美国联邦政府几乎没有对资本市场的实质性监管法规,保护消费者免受欺诈的重任都留给了各州的证券法律。堪萨斯州在1911年通过了第一项规范证券经纪人注册的"蓝天法",因为很多投资者投诉,抱怨金融掮客向不知情的投资者兜售神秘兮兮的矿业公司的股份。[22] 这些金融掮客虚张声势，招摇撞骗。随后在佛罗里达州出现了房地产泡沫，这使得其他各州也纷纷采取了类似的监管措施。

虽然这些"蓝天法"旨在对金融推销员提出最低要求，但外州的经纪人可以通过邮件兜售，轻易地规避这些法律。许多州的监管机构根本没有强制执法的能力，只有8个州为专门的证券交易委员会拨款。即便有这样的监管机构，工作人员也没有能力调查、起诉欺诈行为。1921年的《马丁法案》即为一例，当时的纽约州总检察长想打击金融诈骗，却无法取得成效。[23]

证券市场的从业人员积极鼓吹自我监管。纽约证券交易所表示会针对发行者执行比各州的"蓝天法"更高的信息披露要求，执法范围包括纽约州。交易所的上市委员会要求发行人提供资产负债表、利润和公司治理方面的信息。但是事实上公开的信息很有限。因为缺乏普遍接受的会计准则，发行人可以选择性地披露信息。有项研究考察了1929年纽约证券交易所上市的580家企业，结果发现只有一半的企业报告了总收入。[24] 如果一家公司觉得这些准则过于严格，它甚至可以在路边交易所（纽约场外证券交易所，即后来的美国证券交易所）上市，那里的信息披露要求更低。

自律不可能避免内幕交易和市场操纵。有些纽约交易所上市委员会的成员正是一个臭名昭著的小团体的成员，这个小团体在20世纪20年代操纵股价上下波动。这种做法让人想起布兰代斯大法官在其1914年的著作《别人的钱》中对金钱如何影响政治的讨论。布兰代斯法官不仅发现了问题，而且提供了解决方案：信息透明。他相信这是最好的解决方案。罗斯福总统非常喜欢引用布兰代斯的一句话："公开是社会和经济问题的解决措施。阳光是最好的消毒剂，灯光是最有效率的警察。"[25]

布兰代斯的追随者们，比如费利克斯·法兰克福特和他的同道，想要抓住机会，把这些原则转化为行动。1933年的《证券法》旨在规范证券的发行，1934年的《证券交易法》旨在规范证券的交易，这些都是布兰代斯式的消毒剂。

————

问题在于，政府部门的职能边界在哪里。比如，除了要求披露信息，监管机构是否有权评估这些信息，并根据所披露的信息采取行动。美国政府在送交国会的法案中建议设立一个联邦委员会，由该委员会负责评估股票的发行，如果提交的文件不够全面，该委员会应有权禁止其上市。[26]

在工商委员会主席、未来的众议院议长萨姆·雷本看来，这一步走得太远了。法兰克福特团体不得不重新修改提案。根据修改后的版本，利润、亏损和企业人员的薪酬信息不会由政府审查，而是通过标准化问责程序由独立审计师审查。这让会计行业成为大萧条中少数的受益者之一。

但在证券市场上还存在一些做法，比如在20世纪20年代出现的操纵股价的小团体。若是更多的披露信息被这些小团体获得，市场就难以得到有效的保护。因此，1934年的《证券法》还禁止市场操纵，为此建立了一家政府机构，即美国证券交易委员会，实施相关的监管。《证券交易法》的第10（B）条授权委员会解决诸如内幕交易和欺诈行为等其他条款没有涉及的不法行为。

这成了20世纪大部分时间里美国证券市场的监管思路。美国人虽然信奉投资者责任自负的原则，但也同时认识到有很多欺诈行为是投资者无法轻易识别的。如果不解决这些问题，可能会阻碍下一代进入股市，就像希望破灭的30年代的人一样。监管不只是为了保护投资者，还要让证券市场与经济蓬勃发展。新的思路不再依赖自我监管，最重要的是成立了美国证券交易委员会，这为监管提供了充足的人力和财力资源，以便调查市场操纵和欺诈行为。

这一模式持续了超过 50 年,但随着对 20 世纪 30 年代的记忆逐渐消失,对自我监管的盲目信心再度膨胀。即使有人承认市场可能出现失灵,他们也会怀疑那些报酬过低、负担过重的政府职员不可能真正履行监管职能。

这种怀疑最终会自我实现。在 20 世纪 90 年代,美国证券交易委员会的经费勉强跟上通货膨胀,却远远落后于股票发行的增长速度。2001 年 9 月 11 日之后,小布什政府认为必须为国家安全投入更多的预算资源,同时也对证券交易委员会的作用心有疑虑,于是证券交易委员会的预算被大幅度削减。正如当年的纽约州总检察长缺乏执行"蓝天法"的资源一样,美国证券交易委员会也缺乏确保金融市场监督的资源。其结果是出现了当代版本的庞氏骗局。这次的主角是伯纳德·麦道夫。

———

抵押债务减免是 20 世纪 30 年代另一个影响深远的政策,但在这件事情上,很难说是危机的严重程度促使了有效的应对措施的创立。2006 年之后,房价和新房建设量的急剧下跌,和 30 年代的情况同样严重,这也反映出在很大程度上,危机之前的繁荣由房地产市场推动。在两次危机中,销售价格从波峰到波谷都下降了 1/3。在大萧条最严重的时候,非农新屋开工量下降到 20 年代的 10%,而 2010 年的非农新屋开工量则下降到 2005 年水平的 25%。[27]

如果不是因为房价更加低迷,那为什么在 30 年代会采取更为积极的对策呢?答案就在于住房融资的结构。当时,借款人需支付的首付比例高达房屋购买价格的一半。结果,一些房主发现,即使房价下跌 1/3,自己的抵押贷款仍然超过房屋价值。这避免了大范围的资产减值,否则银行或者纳税人会遭受巨大损失。既保持住房金融流动性,又提供帮助利息支付的措施,能够逐渐解决危机。

最初，胡佛采取了一个典型的自愿方法解决问题，他任命了一个专家委员会研究住房市场，并在 1931 年 12 月召开会议讨论房屋建筑和产权问题。但他也考虑了参议院重建和生产委员会，即考尔德委员会（由纽约州参议员威廉·考尔德主持），该委员会先前提出建立联邦住房贷款银行，以解决战后住房短缺的问题。考尔德出身建筑世家，受过木匠训练，之前是布鲁克林区的建筑专员，所有这些都增加了他对房地产市场的兴趣。[28] 他认为联邦住房贷款银行系统会给建筑与贷款协会提供流动性并且实施监管，正如新创建的美联储负责监管商业银行一样。胡佛将这一提案重新提上议程。在 12 月召开的讨论会上，大家赞成这一方案。国会随后通过了 1932 年《联邦住房贷款银行法》。

但是，联邦住房贷款银行只给建筑公司和建筑与贷款协会发放贷款（这并不奇怪，因为美国的建筑与贷款协会参与了立法的起草），而忽略了其他住房借贷者。它们没有为借款人提供利率减免，更全面、更有效的措施还需要等到罗斯福总统上台之后。

罗斯福总统上台后成立了房主贷款公司——百日新政的另一个成果。房主贷款公司可以对抵押贷款展期，减免借款人的利率，但不改变本金。它的抵押贷款利息为 5%，低于传统商业贷款 6%~8% 的利率水平，贷款期限放宽至前所未有的 15 年。[29]

这里的巧妙之处在于将抵押贷款转移给房主贷款公司，而不影响银行的资产负债表，也不给公共财政增加负担。房主贷款公司以政府担保的无风险债券购买按揭贷款，这些债券的利率仅为 1%~3.5%，但没有违约风险。房主贷款公司发行的债券很快就有了一个流动性较高的二级市场，银行可以迅速将其换成现金。重要的是，银行可以自由地拒绝房主贷款公司的开价，这意味着抵押贷款的债权人可以从中获益。

房主贷款公司赚取的收益与其支付给债券持有人的收益之间存在一个差额，这是保证该公司运转的利润来源。房主贷款公司的贷款额度不能超过房屋价格的 80%，通过这一做法，可以减少该公司的风险暴露。[30]

这意味着，除非房价大幅下跌，否则不会触发大规模的违约。80%的贷款额度可以让一个首付比例为50%的购房者，即使在房价下跌1/3的情况时，仍然能够安心地保住自己的房子。[31]

当其存在之时，房主贷款公司购买了100多万份按揭合同。截至1936年，其持有了非农自有住宅抵押贷款的10%，以及家庭抵押贷款的20%。[32]通过将有毒的抵押贷款移出银行的资产负债表，它有助于缓解银行业危机，也有助于房地产市场的发展。查尔斯·摩特芒希和肯尼思·斯诺登发现，在20世纪30年代末，那些设有房主贷款公司办事处的县的房屋价格更高，自有住房拥有率也更高。普莱斯·费希拜克和他的合作者发现，房主贷款公司通过减少违约和取消抵押品赎回权，鼓励了房屋建设，尤其鼓励了小城市的住房供应。因为在小城市里，数家本地银行一旦出现问题，就会对建筑业乃至当地经济带来巨大的影响。[33]

实现这一切所花费的成本并不高，因为首付比例较高，因此不需要削减本金。这反过来又减少了银行承担损失的压力：如果银行削减本金，损失就会增加。如果房主贷款公司为贷款付出更多，最终会造成政府的损失。[34]

当然，总要有人承担房屋价格下降的损失。在这种情况下，最终的受损者是房主。房主贷款公司通过减少违约，能够间接地减轻房价的下行压力，但除此之外就无能为力了。[35]但是通过保持抵押贷款流动、降低利率，这一政策能够保证居民仍然住在自己家中，不被赶出去，这减少了一种主要的社会不稳定因素。

具有讽刺意味的是，房主贷款公司以及其他一些新政时期的住房改革措施，比如1934年创建的为长期抵押贷款提供保险的美国联邦住房管理局，改变了市场的形态，并为2008—2009年的危机埋下了伏笔。既然抵押贷款现在由联邦政府担保，金融机构就乐意接受更低的首付比例。房主贷款公司设立的20%比例成了首付的标准。大萧条时期的房地产市场国家鉴定、行业建筑标准政策，鼓励了资金流入蒸蒸日上的房地产市场。最有争议的是1938年建立的房利美，该公司从当地银行购买联邦住房管理局提供保险的住房抵押贷款，鼓励了房地产新增贷款。

认为20世纪30年代的这些变化直接导致了21世纪初的房地产市场泡沫以及随后的大衰退的观点，显然是不对的。但是，如果没有这些政策，房地产市场泡沫和次贷危机的情形会很不一样。

第 17 章　高桥是清的反击

　　大萧条不仅是美国的危机,也是世界的危机。这是人们记忆中最严重的全球经济危机。对大多数国家而言,这是在一战之后遇到的最严重的危机。

　　有人可能会认为,面临如此严重的危机,各国政府和央行会迅速采取行动。但官员们并不愿意采取战时的特殊措施。平衡预算仍然是各国政府的主要目标,或者说是它们最大的心愿,因为实现平衡预算的目标看起来仍然遥遥无期。这和1914年之后的政策反应截然不同。世界大战爆发之后,民族存亡成为头等大事,那些正统的观念都可以弃之不顾。

　　同样,金本位也许已经崩溃,但央行和各国政府并未很好地利用由此获得的行动自由。相反,它们希望尽快投降,让货币赶紧重新钉住贵重金属。要是没有办法实行金本位,那就钉住英镑或美元。1934年1月,罗斯福本能地以每盎司黄金35美元的价格恢复了金本位,他还尽己所能限制政府的各项开支,这既不是罗斯福主义,也不是美国人的独有思路。

　　各个国家的情况不同,因此应对政策各异,但我们仍然能够找到一些影响各国决策的共同因素,来解释为什么大多数政府都反应迟钝。当时的人们想当然地认为,治理国家和管理家庭是一样的。家庭应该勤俭持家，政府也应该量入为出，任何偏离这一传统的做法都会导致灾难性的后果。主张逆周期财政政策的凯恩斯主义理论还没发展起来（针对这一点也有不同的意见）。有些研究经济思想史的专家指出，当时的一些学者，比如瑞典的戈特哈德·贝蒂·俄林和法国的保罗·雷诺已经提出了在衰退时期增加赤字开支的想法。但是，即使我们能够从只言片语中发现所谓的凯恩斯主义思想的雏形，但这些思想在当时能有多大的影响力，还很成问题。真正起决定性作用的因素是重整军备的紧迫性，就像一战期间，由于遇到了生死存亡的压力，政府才敢容忍赤字，增加支出。20世纪30年代后半段，世界政治风云突变，各国又开始增加军备开支，而经济危机已经爆发多年了。

在一战期间，以及在20世纪20年代，预算赤字和央行的信贷创造与通货膨胀之间的关系引人注意。[1]德国和其他一些国家经历了恶性通货膨胀的肆虐。历史依然历历在目，官员们不愿考虑任何可能导致历史重演的政策，即使眼下的情形已经与历史相差甚远，形势已经出现了巨大的改变。更让人不解的是为什么英国这种只是间接经历过通货膨胀的国家，也会和别的国家一样有如此根深蒂固的担忧。

出于这些担心，各国普遍不愿放弃以汇率为锚的货币政策。多年以来，央行在制定政策的时候所考虑的最主要因素就是货币兑换黄金的汇率。在和平年代，唯一一个放弃金本位的时期就是20世纪20年代初，而那是一个通货膨胀高企、金融动荡不宁的年代。金本位已经运转失灵，但缺乏替代方案。多年之后，直到20世纪90年代，各国央行才找到一种被称为"灵活的通货膨胀目标"的货币政策框架。[2]在2007—2008年金融危机期间，央行愿意让汇率浮动，只要这种浮动是为了稳定价格和产出。但在20世纪30年代，央行找不到一个能够替代锚定汇率的货币政策框架，因此不愿意让汇率浮动，这反过来又限制了央行稳定价格、调节经济和金融体系的能力。

政府的不作为导致大萧条程度深重、持续时间久。危机的深度和持久度使很多原有的经济和金融制度声誉扫地。在某些国家，比如美国，危机激发了修复和重建市场体系的努力，促进了监管和社会政策方面的改革出台：旨在稳定金融市场的监管改革、旨在改善货币政策执行的机制改革，以及为了保护那些无法保护自己的弱势者的社会改革。在其他一些国家，比如在德国，大萧条的到来和政府的无能，导致了一场浩劫。政府干预替代了市场机制，这种试图修复破碎的市场经济的做法，带来了灾难性的后果。

————

政府若采取积极的应对政策，结局或许会有所不同。日本是个很好的例子。日本经济已经历了艰难的10年，在1919—1929年，年均经济增长率不足1%，银行挤兑和金融恐慌频频发生。位于大阪的益田比尔代理银行在1920年4月破产，引发了全日本范围内的恐慌。1922年2月，一家做投机商品生意的木材公司——石井公司破产，与之有业务联系的大阪、京都、高知县等地的银行遭到挤兑。1923年的关东大地震不仅带来了对实物资本的破坏，导致东京80%的银行被毁，而且带来了巨大的财务损失，从而加剧了对银行挤兑的担忧。银行不得不暂停债务偿还。日本政府鼓励日本央行为受灾地区的银行提供贴现商业票据和其他流动性支持，并通过紧急法令承诺承担银行的损失，这与美国财政部和美联储在2008年为贝尔斯登提供赔偿、承担损失的做法没什么不同。[3] 1927年，日本遇到新一轮的银行挤兑，当国会围绕赔偿条款争论不休的时候，官员们发现，一家位于神户的大型贸易公司——铃木公司存在严重的财务问题，铃木公司的金融合作伙伴是台湾银行。[4]

这一连串的悲叹，以及央行在每一次危机关口都不得不出手干预，导致日本推迟了重返金本位的计划。[5] 日本直到1930年1月才重返金本位，但这是最差的时机。日本和英国遇到了同样的问题，只不过糟糕的程度更甚。和英国一样，日本的物价水平在一战中大幅上升，但日本无法像英国在20世纪20年代所做的那样，在一个较短的时间内将物价水平迅速拉低。日本央行不得不向银行提供信贷，好让它们苟延残喘。因此，日本无法按照战前的水平恢复日元兑换英镑和黄金的汇率。

1930年，当日本恢复金本位的时候，日元汇率被显著高估，这导致日本出现贸易赤字和黄金外流。当英国在1931年9月放弃金本位时，市场普遍相信，日本必然步其后尘。

1928年日本全国大选期间，立宪民政党在竞选时承诺减少不必要的公共开支，恢复金本位。1929年上台的日本首相滨口雄幸任命井上准之助为大藏大臣（相当于财政部部长）。他相信井上作为一位金本位正统观念的信徒，能够成功执行政策。严肃而正直的井上兢兢业业地维持着既有的体制。当英国放弃金本位时，他迅速重申，日本将捍卫金本位。为了执行他的意愿，日本央行在10月、11月两度上调再贴现率。[6]

英国放弃金本位之后，美国也出现了外汇储备的流失，当时，美联储的反应和日本政府如出一辙。[7]但美国维持住了钉住黄金，日本却没有做到。日本刚刚经历金融动荡，人们担心银行系统的稳定性，以及央行能否从金融市场继续吸收流动性。日本国民城市银行、汇丰银行、住友商事、三井物产和三菱等机构纷纷抛售日元，购买美元。[8]黄金外流也在持续。因为无法及时推出应对方案，立宪民政党领导的政府在12月12日被迫下台。

反对派立宪政友会上台。高桥是清担任大藏大臣。年岁已长的高桥看起来并不像是激进的改革派。高桥是江户城一个宫廷画家的私生子。他出生于1854年，也就是美国海军准将马修·卡尔布莱斯·佩里的黑船到达日本一年之后。高桥在还是个婴儿的时候就被一个低级武士收养。年轻时，他曾先后在文部省（教育部）、农商务省（农业及商业部）做过基层官员，后来加入日本银行。他曾因帮助政府在日俄战争期间对外借款，在1905年被授予爵位。1913年，还不到40岁的高桥被任命为大藏大臣。1931年，他已经是第5次担任大藏大臣一职，绝非财政新手。

高桥面临的有利环境是，在1931年之前，有10多年的时间，日本并没有采取金本位。无论对高桥来说，还是对日本的公众来说，制定货币政策的时候不需要依据金本位，并不稀奇。1930年日本重返金本位是高桥的前任决定的。高桥纠正政治对手的措施，完全不需要纠结。[9] 井上和高桥之间存在微妙的瑜亮之争。井上不仅支持金本位，还支持财政紧缩。作为他的对手，高桥很自然地站在相对的立场上。

日本追随英国放弃金本位的做法并不独特，我们稍后会讲到，其他国家也是这么做的。高桥的独到之处在于采取了有效的政策组合促使经济复苏。他立即禁止黄金出口，让日元贬值，打击通缩预期，增强出口竞争力。1932年3月，他提议日本央行直接购买所有的新发行的国债，扩大货币供应量。与其说是提议，不如说是指示，因为日本的央行并不独立。事实上，根据《日本银行法》第16条，大藏大臣可以指示央行参与政府债券的交易。这一提议在央行没有遇到阻力，恰恰相反，高桥在理论上和政治上都获得了副行长深井英五的支持，后者是高桥的朋友，也会说英语。[10] 央行的一些低级官员对此持怀疑态度，但那个时候央行的地位不高，没有反对的资格。[11]

6月，高桥提交了追加预算的提案，增加用于日本农村救济和伪满洲国的军事开支。1931年9月18日，日军在那里发动了一场武装进攻，并嫁祸于中国的军队，以便为进一步发动军事行动提供借口。高桥本人反对日本在中国东北的军事干预，但他觉得扩大军费开支有助于推行自己的经济战略。[12]

高桥建议，所有这些项目都应该通过发行债券融资。日本央行可以购买的债券数量本来有一定的限制，但最近的一项法律把没有储备支持的货币发行数量从1.2亿日元提高到10亿日元，日本央行同时还加强了对资本外流的控制。因为高桥的一系列行动和表态，人们觉得日本央行会将资助政府赤字视为己任。政府和央行将通力合作，让通缩和萧条尽早结束。

这是一种非常激进的通货再膨胀货币政策,由于扩张性财政政策的配合,这一政策的效果大大增强。换言之,这就是人们通常认为的,罗斯福总统上台之后,美国采取的政策组合。[13] 但美国的财政扩张只是虚张声势,不像日本是来真的。

至少在日本,经济理论产生了影响。高桥对西方经济学文献有第一手的认识。他 11 岁时就被送到通商港口横滨,向美国传教士学到了一口流利的英语。(高桥被一位进步武士选中,去学习外国语言。这位进步武士认为,日本为了生存,必须向英美学习军事技术,为此,让下一代通晓英语是非常重要的。[14])高桥很熟悉凯恩斯在 1923 年的著作《货币改革论》,凯恩斯在书中区分了汇率稳定和价格稳定,并强调价格稳定更为重要。高桥对前沿经济理论了然于胸,他还是英国《泰晤士报》的忠实读者。[15]

高桥的这些政策立竿见影。短期信贷利率从 15% 下降到 1%。从 1931 年开始,货币供应量渐趋稳定。1933 年,货币供应量大增。1931 年 12 月之后的一年内,日元相对英镑贬值 40% 以上,相对美元贬值 60%。1932 年,批发价格上涨了 7%,1933 年上涨了 12%,工业生产回升得更快。实际 GDP 于 1932 年增长了 7%,1933 年增长了 8%。[16]

对日本经济而言,这是一个令人满意的结局,却给高桥带来了厄运。1935 年,日本恢复充分就业之后,他因削减国防开支,被心怀不满的军官暗杀了。

———

日本的经验证明,货币扩张政策和财政刺激配合,可以取得很好的效果。但是很难找到类似的成功案例。更为典型的是英格兰银行的回应。正如我们在第 10 章所讲过的,由于银行资本不断外逃,英格兰银行被迫在蒙塔古·诺曼缺席的时候暂停英镑的兑换。但即便如此,谁也不知

第 17 章 高桥是清的反击　　273

道接下来会发生什么。英镑在开始浮动之后的第一个星期下跌到 3.40 美元，下跌达 1/4，之后略有反弹，但在 12 月初又下降到 3.23 美元。

到这一刻，诺曼开始担心，任何进一步的贬值都会让人们彻底丧失信心。他还不得不回应其他央行行长和政治家的担心。诺曼不在的那段时间，人人都开始插手。诺曼从 1920 年起就开始担任英格兰银行行长，他把英格兰银行变成了自己的独立王国。但这个夏天，英格兰银行的政策令人失望，而诺曼居然在英国金融业最重要的时刻缺席了，这导致英格兰银行内部决策程序发生了变化。在诺曼缺席的时候，英格兰银行设立了委员会，顾问也开始磋商。诺曼回到银行时，他们仍然扮演着重要角色。货币政策现在变成了集体行动，大家集体面对希望和恐惧。

具体来说，有很多人担心如果英镑继续被恐慌性抛售，英国将经历法德在 20 世纪 20 年代经历过的一样的通货膨胀。事实上，当时的失业率高达 22%，通货紧缩才是真正的危险。英国人对通货膨胀的集体恐惧，只是因为被欧洲大陆的悲剧吓坏了。

因为担心英镑即将崩溃，诺曼和他的同事们在 1931 年年底和之后的 1932 年，一直将利率保持在 6%。英镑即将崩溃的想法有点杞人忧天。银行界、英国和英联邦国家的各国政府，以及与英国有广泛贸易关系的国家，都还是英镑的忠实追随者。但没有什么比对未知的恐惧更强大的保守冲动了，一个多世纪以来，金本位一直是政策试金石。

可以想见，诺曼会毫不犹豫地重回金本位，只不过会把英镑汇率定得更低。就算是曾在 1925 年批评丘吉尔重返金本位的凯恩斯，也支持各国政府签订国际协议以恢复黄金兑换和固定汇率，凯恩斯的建议无非是黄金价格要定得更高，支持比例要降低，以此稳定价格水平。但在当时的情况下，要想达成这样的国际协议遥遥无期。[17]

在这一背景下，不难理解政策转型何以如此缓慢。对历史的恐惧只能慢慢消退。直到 2 月 18 日，英国停止兑换过了 5 个月，英格兰银行才将利率从 6% 下调至 5%。既没有出现汇率崩盘，又没有出现通货膨胀，于是英格兰银行进一步将利率下调至4%，3月调至3.5%，最后在7月时调至2%。英国"廉价资金"政策时代姗姗来迟，旧制度已经结束将近10个月了。

和日本一样，关键的政策创新并不是来自一向保守的央行，而来自财政部。1931年大选中，工党惨败，议会由保守党主导，内维尔·张伯伦当选财政大臣。内维尔·张伯伦是约瑟夫·张伯伦的次子，其父曾是伯明翰市市长、议会议员，是他那个时代主张保护主义的政治家领袖。在历史上，内维尔·张伯伦后来因绥靖政策臭名昭著。如果说张伯伦作为一位首相和地缘政治战略家是个灾难的话，按照当时的标准，他至少算是一位高效率的财政大臣。

按照当时的标准，高效主要体现在平衡预算的努力上。得到了保守党多数派的支持，张伯伦雷厉风行，打算平衡财政预算。[18]他的传记作者威廉·罗克很好地把握了张伯伦的气质："税收，是不能减免的。好不容易才见到重振信心的政策刚刚见效，要是减税就前功尽弃了。在一般性的支出和收入能够平衡之前，经济可能还会很糟。那也没有关系，就让经济糟下去呗。"[19]这与戴维·卡梅伦领导的保守党和自由民主党联合政府从2010年开始推行的政策极其相似。

同样具有深远影响的政策还包括张伯伦在财政部设立的外汇平衡账户。该账户的目的是通过干预外汇市场平抑英镑的波动，然而在实践中，主要是用英镑大量购买外汇，防止英镑升值。正如一位研究外汇平衡账户的非官方历史学家苏珊·豪森所说："很显然，当局希望减少英镑汇率的波动，尤其是向上的波动。"[20]

张伯伦使用外汇平衡账户，把英镑汇率保持在了有竞争力的水平，同时保证了国内信贷供应充足。虽然他咨询了英格兰银行，但作为财政大臣，只有他才能最终做出决策。这方面和日本很相似，也是政治领袖推动犹豫不决的央行采取行动。另一个与之相似的案例发生在1933年10月，罗斯福总统对黄金市场实行干预，推高黄金价格，促使美元

第17章 高桥是清的反击　275

贬值。

英国和美国的情况更为相似，却不同于日本的。在实行扩张性货币政策的时候，英国没有大规模的预算赤字，央行也没有大规模购买债券。此外，英国保持着 2% 的央行再贴现率，无论是以默文·金还是伯南克的标准来看，资金都不廉价。货币和信贷供应的增加都来自被允许的资本流入，财政部的外汇平衡账户买入这些流入的外汇，同时向市场提供英镑。这样一来，市场的波动很大。1932 年 12 月，由于人们担心美国大选之后美元会贬值，流入英国的资本大量增加，但在其他时间，资本流入可能很小，甚至是负的。1932 年，英国的广义货币供应量增长了 10%，随后在 1933 年陷入停滞。[21] 英国并未试图进一步推动英镑贬值或扩大货币供应量。当罗斯福完成了他的黄金购买计划，美元兑英镑汇率基本恢复到 1931 年早期的水平，并且逐步稳定。

如果说以日本的标准看，这规模太小，但有总比没有强。以本币计算的黄金国内价格更高，意味着更高的国内价格水平。1932 年夏，由于货币政策出现转向，批发物价停止下跌。工业投资在第三季度止跌，到第四季度开始回升。经济复苏主要是来自对利率敏感的支出，尤其是住宅开工、机动车销售，以及从 1934 年开始增长的工业投资。利率下调、防止进一步价格下跌的政策，也有助于降低一战留下来的债务负担。英国因此能够维持债务的可持续性，不必削减更多的公共支出。[22] 英国的经济复苏不如日本那么强劲，但是效果还不错。

———

英国及英联邦国家以及英国的其他贸易伙伴不知所措。英国已经放弃了金本位，它们再坚持该制度的好处也明显减少。这些国家都希望让本国货币相对英镑贬值，以减少在英国市场的竞争力损失。但是，它们并没有和高桥一样采取更积极的行动，而是按照张伯伦的方法，和英镑重新挂钩。总体来说，汇率水平和 1931 年前的水平相差不大。事实上，英国的财政大臣和英格兰银行的技术官僚们决定了英镑区成员的物价水平。

令人吃惊的是，在汇率制度改变之后，这些国家的政策仍然基本上以汇率为中心。[23]瑞典通常被看作例外。瑞典提出了一种较为完整的替代方案，以物价水平为政策目标。瑞典央行明确提出了物价水平的政策目标，并据此调整政策。瑞典的政策受到了古斯塔夫·卡塞尔和伊莱·赫克歇尔这两位经济学家的影响，他们都对金本位持怀疑态度。这个国家在这方面有着悠久的思想传统，伟大的瑞典经济学家克努特·维克塞尔很早就提出要把物价水平作为央行政策的首要目标。[24]瑞典并没有经历过德国或法国式的恶性通货膨胀，官员们能够更坦然地选择替代方案。

但是，关于稳定物价水平的讨论多于行动。负责监督央行的瑞典议会银行委员会，成立了一个特别小组寻找替代方案。委员会认为迅速恢复黄金兑换有很大风险，并强调要同时避免通货膨胀和通货紧缩。瑞典央行的研究人员构建了衡量居民消费价格的新指标，以便央行可以更好地监控物价水平的趋势。

然而，即便有居民消费价格作为新指标，瑞典央行董事会仍然以稳定汇率为中心任务，汇率仍被视为判断通货膨胀和通货紧缩的最可靠指标。1933年，瑞典克朗出现了过度升值的迹象，瑞典央行随后决定将瑞典克朗与英镑挂钩，并且一直持续到二战爆发。由于在1932年克鲁格危机期间，瑞典克朗曾大幅贬值，所以其汇率水平始终较有竞争力。[25]然而，汇率低估并不是有意识的货币政策，而是危机导致的意外结果。所谓用物价水平替代以汇率为中心的政策，也不过如此。[26]

拉美国家的故事也很相似。许多中美和南美国家最重要的贸易伙伴是美国而非英国，因而它们将本国的货币钉住美元。[27]这些国家的政府已经在国外借了巨款，因此在调整汇率之前必须先解决债务问题，否则本币贬值将导致以美元计价的外债变得不可承受。拉美国家开始通过外

第17章 高桥是清的反击　　277

汇管制限制进口，并相继停止偿还债务，随后让本币贬值。尽管暂停利息支付会惹恼债主，但国际信贷市场已经崩溃，就算不能再在纽约和伦敦的债券市场发债，也已经不是最值得担忧的事情了。国际贸易也大幅萎缩，因此贸易报复也不再是最值得担心的事。[28]

由于放弃了和黄金挂钩，拉美国家的货币汇率和国际收支主要靠对制成品进口征收关税维持。在此之前，拉美国家并没有在工业化方面取得太多的进展。[29] 局势有所变化，货币贬值和关税保护导致本国家庭和企业减少购买外国工业制成品，转向本国产品。[30] 当然也有一些徒劳无益的政府干预措施，比如巴西成立的咖啡稳定委员会购买了1 400万袋咖啡，并将其焚烧，或倾倒在海里，希望以此避免全球市场价格下跌。

———

不过相比德国和其他一些中欧和东欧国家的干预程度，这都不算什么。德国、奥地利和匈牙利是20世纪20年代恶性通货膨胀的受害者，它们都不愿考虑任何可能会被理解为货币操纵的政策。即便在1931年金融危机后，这些国家都继续保持名义上的金本位，哪怕事实上不是如此。同时，它们实施外汇管制，限制资本外逃。因为受到旧帝国同胞奥地利的银行业危机的影响，匈牙利在1931年7月率先这样做。短短几个月内，捷克斯洛伐克、保加利亚、罗马尼亚和南斯拉夫都实施了同样的政策。

对威权政府而言，外汇管制的一个好处是，它提供了一种用来控制经济的额外手段。通过控制外汇额度的分配，它可以决定进口什么，从哪里进口。因此，外汇管制离市场社会主义，或中央计划经济只有一步之遥。这也是外交政策的工具，各国政府，尤其是德国政府，在和贸易伙伴的谈判中借此要求实施对自己更有利的双边协定。

和面临许多其他问题时一样，德国将这些干预措施发挥到了极致。希特勒本人对经济事务知之甚少。在1933年1月被总统保罗·冯·兴登堡任命为总理后,他向亚尔马·沙赫特寻求帮助。沙赫特是1924年德国经济稳定政策的设计者。沙赫特一向热衷权力,在希特勒当上总理前就支持他。当纳粹在1932年选举中大获全胜之后,他鼓动仍然犹豫不定的兴登堡提名希特勒为总理。因此,希特勒上任之后,马上就任命沙赫特取代汉斯·路德,担任德国央行行长。

虽然有很强的权力欲,但沙赫特在任职的前6个月并没有借助权势,采取扩张性的货币政策。德国人民对恶性通货膨胀记忆犹新,因此沙赫特在1933年纵容货币供应继续萎缩。[31]

没法实施宽松的货币政策,那就得采取其他不受欢迎的措施稳定经济。纳粹政府禁止工人罢工,并逮捕工会领导人,试图以此将工资保持在低位以促进就业。政府还任命专门官员负责监控价格。纳粹设立特别委员会垄断农产品收购,这样的措施先是用来支持农产品价格,在经济复苏时则转为抑制价格上涨。它们还以国有化相威胁,逼迫厂商签订以固定价格采购的长期合同。没过多久,纳粹还建立了赫尔曼·戈林国家工厂和其他国有企业。

沙赫特深知权力所在,1934年,他担任经济部部长,兼任央行行长。在新的位置上,他拥有央行行长无法比拟的权力。从9月开始,他宣布"新方案",对所有外汇买卖实施管制,而进口的产品也从消费品变成了军事所需的材料。从这点来讲,沙赫特已经全面掌控了德国的国际交易。

虽然这些措施让人厌恶,但政府达到了目的。1933—1935年,工业产值增长了25%,超过了1928年的峰值。增长主要得益于在军事-工业综合体的发展(钢铁、化工、飞机和汽车)。剑桥大学经济学家琼·罗宾逊说:"在凯恩斯提出解释的理论之前,希特勒已经解决了失业问题。"[32]

这么说有点夸张了。1932年德国的预算赤字还几乎为零,到1934年就已经占GDP的3%,一直到1937年都保持着这一水平。按当时的标准,这样的财政刺激规模不算小,但不足以让经济恢复到充分就业的

第17章 高桥是清的反击　279

水平，失业率仍然超过20%，产出缺口超过25%。[33] 预算赤字会导致通货膨胀，这一记忆犹在昨日，就算是希特勒，也不得不对激进的财政扩张有所顾忌。

而且就业增长也不会确保消费支出扩张。工资是被管制的，消费品选择也很有限。农民无法通过借款获得流动资金，购买现代化的设备。1935年，纳粹宣传部的著名口号"要大炮，不要黄油"，就是为了影响德国公众的选择。希特勒可以说自己恢复了充分就业，但事实上这是由于1935年引进了强制兵役制，义务劳动服务被改为强制性服役，年龄在18~25岁的男性都必须参加6个月的劳动改造；纳粹宣传还反对妇女参加劳动。这和琼·罗宾逊啧啧称道的凯恩斯主义刺激政策完全是两码事。

———

不只在德国，在危机深重的其他国家，由于主流政党应对无方，亦会出现反动政党，只不过纳粹的例子比较极端。即便结果不是政治极端主义，通货紧缩也会引起更广泛的政府干预。

最明显的是被金本位绑住手脚的法国、比利时、荷兰、瑞士和意大利等国，这些国家的通货紧缩和萧条尤其严重。由于对最终产品的需求疲弱，政府通过征收关税和进口配额限制进口。自16世纪起，荷兰一直忠于自由贸易，但现在也将进口关税提高了25%，并且对进出口都采取配额制，收取许可证费。[34] 20世纪20年代，法国曾在富有远见、支持泛欧主义的外交部部长阿里斯蒂德·白里安的领导下，和邻国签订贸易条约，现在却开始针对不同产品、不同国家实施贸易配额。比利时曾经是一个开放的经济体，因担心贸易报复，过去一直拒绝征收关税，但在1928—1935年，其关税税率相比1928年翻了一番，同时和邻居法国签订了特殊的双边贸易协定。为了捍卫墨索里尼在1927年建立的强势里拉，意大利上调关税税率的幅度超过了除德国之外的所有国家，并且和德国一样，通过全面实施外汇管制，将其作为和贸易伙伴谈判时的筹码，签订双边结算协定。[35]

各国政府之所以采取这些保护主义措施，是因为现有的体制和政策的效果令人失望。如果自由贸易没有带来好处，那就应该加强对贸易的管理；如果对外贷款带来了金融不稳定性，那就应该加强对对外贷款的控制。事实上，加重大萧条的不是商品贸易或者国家间的借款，而是在一个有缺陷的货币和财政制度下产生的有缺陷的货币和财政政策。但改变现有的制度很难，政府无法通过财政和货币手段应对危机。因此，唯一的途径是控制贸易和资本流动。

正如癌症患者接受化疗会有不可避免的副作用一样，替代方案也有副作用。提高关税并不是针对所有部门。相反，最慷慨的保护政策往往给予效率最低的农业和工业部门，这些部门最需要吸引消费，最有可能输给国外的竞争对手，因此它们也是游说得最积极，而且最可能游说成功的部门。这些保护措施培养了一批习惯于政府补贴和善于游说的行业。农业和其他行业在20世纪30年代在保护措施中受益最多，在二战期间亦是如此。[36]

这给国际关系带来了更为负面的影响。德国以贸易政策为筹码，提高了其东欧邻国对德国经济的依赖度。[37] 贸易政策方面的冲突随之又阻碍了盟国之间形成统一战线，共同遏制德国。

2008—2009年金融危机后，美联储将利率下调到零，不断扩大资产负债表，刺激经济。这些政策受到了批评，理由是这些政策扭曲了金融市场，有可能导致通货膨胀，还有其他一些毁灭性的副作用。20世纪30年代的历史表明，事实恰恰相反，如果美联储不采取行动，后果会更严重。

第18章　二次探底

一般认为，由金融危机导致的经济衰退要比普通的经济衰退持续时间更长。如果是这样的话，那么美国自 1933 年起的经验就是一个例外。从 1933 年上半年到 1937 年上半年，工业产值翻了一番，实际 GDP 增长了 50%。[1] 美国经济复苏的起点固然很低，但这样强劲的复苏速度令人瞩目。

但从 1937 年开始，产出掉头朝下。美国最不愿意看到的就是经济二次探底。1937 年的产出水平仍然远远低于 20 世纪 20 年代末的水平。失业率依然高达 14%。[2] 除非我们相信大萧条导致了潜在增长率大幅度下降，比如大萧条可能导致失业者丧失了就业能力，那么，复苏本应还有更大的空间。

罗斯福政府采取的各种政策，最终导致了第二次萧条。罗斯福总统对预算平衡念念不忘。他认为巨大的财政赤字正是经济不健康的标志，平衡预算能够表明，经济已经走出了紧急状态，这将是一剂提升信心的良药。

经济政策的制定要迁就政治因素，这不是历史上的最后一次。在 1932 年大选中，罗斯福总统许诺平衡预算，4 年后的大选，他坚持了同样的立场。他担忧的并不是来自共和党右派的批评，相反，他担心来自左派的攻击。这一攻击来自神父查尔斯·柯林。柯林神父批评罗斯福总统没有打击富人，对银行家太过宽容。在1932年的大选中，柯林神父曾支持罗斯福，如今却因为新政不够彻底而调转枪口。柯林说，新政是"投降的两年，弱小幼稚的理想主义与强大邪恶的商业金融力量对抗的两年，经济失败的两年"[3]。柯林神父自己的政策方案是保守主义和激进主义理念的混合，内容从精简政府和税务体系到重要工业的国有化，不一而足。柯林神父并不是一个严肃的候选人，但他领导下的新兴的联合党是政坛新贵，确实有分流选票的能力。[4]

因此，罗斯福总统可以同时推进预算平衡和民粹主义的税收政策。这一政策使罗斯福总统提出，要对收入超过10万美元的个人征收更高的税，而由民主党控制的国会并未反对。此外，还征收了一种针对公司未分配利润的新税收，因为总统认为，未分配利润是富人用来避税的工具。

这些高税收政策并未发挥作用，但它们也不是导致1937年二次探底的原因。提高收入税仅影响只占总人数1%的收入最高的人群。针对未分配利润的新税收或许压制了公司的投资需求，因为新税使公司更愿意分配红利，而不是用留存收益支持投资项目。但是，查尔斯·凯罗米里斯和格伦·哈伯德对税收政策进行了最为详尽的研究，他们发现，只要公司发现诱人的投资机会，它们几乎不会选择放弃。大萧条时期，无数预示着高回报的投资机会被推迟了。因此无论课税与否，很多公司愿意用留存收益来抓住这些机会。事实上，在1936年下半年，投资是GDP中增长最为强劲的部分，这意味着将未分配利润税作为大萧条的借口的说法很难解释得通。[5]

———

更为重要的原因是货币政策转向紧缩。随着经济复苏，原材料和初级产品价格开始走高。20世纪20年代的教训记忆犹新，美联储很快发出警告：价格走高有可能溢出到金融市场，导致另一波金融投机。话音刚落，道琼斯指数在 7 月就开始上涨。

马瑞纳·伊寇斯，这位来自犹他州的商人和银行家、美联储新任主席，并不像他的同事们那样忧虑。伊寇斯与雷克斯福德·特格韦尔在一次东部旅行中相识，并经后者引荐给罗斯福。伊寇斯曾参与 1935 年《银行法》的起草。[6] 该法案一劳永逸地将设定再贴现率和操作公开市场的权力从储备银行转移给了美联储委员会，委员会还拥有了改变联邦储备成员银行准备金率的权力。[7] 美联储集中设定再贴现率的权力，是为了避免重蹈 20 世纪 20 年代的悲剧，那时各家储备银行自行其是，缺乏协调。赋予委员会这一权力，是为了让美联储增加一个能够影响银行信贷的政策工具。

将美联储的权力集中到首都，这是对参议员格拉斯的背叛，格拉斯是央行分权机制的最初设计者。但罗斯福总统并不反对集权。原来的央行没能避免大萧条，也没能阻止银行业危机，这削弱了对格拉斯分权机制的支持。格拉斯和他的同盟，包括银行家欧文·D. 杨格，反对集权央行的改革。他们说，货币政策决策的集权将导致"政治控制"。但由于不受政治控制的决策如此无效，政治控制也不再像过去那样不得人心。

《银行法》在国会顺利通过。罗斯福总统迅速采取行动，任命其私人的货币改革者伊寇斯执掌重组后的美联储。[8] 伊寇斯声称与华尔街无任何瓜葛，这对他很有利。他的祖父是一个失明的坐大篷车的拓荒者。这种出身，加上率直的性格，使他深受信任。伊寇斯管理了 28 家银行，横跨三州，他几乎算是连锁银行的发明者。这种连锁银行模式曾带来巨大的风险，但现在被忽视了。人们也没有注意到，伊寇斯的建筑公司深度参与了很多公共工程，包括胡佛水坝的建造。伊寇斯有时被视作电影《生活多美好》中的主人公乔治·贝利的原型。在自传中，他描述了1931 年在面临挤兑的情形下，他如何爬上奥格登的第一国民银行的柜台，平息储户的恐慌，让他们相信银行有充裕的现金储备。[9]

但就任之后，伊寇斯却有些懊丧，因为他发现自己的权力并没有那么大。如今，黄金的美元价格高涨，欧洲仍在风雨飘摇之中，外国资金涌入美国，进入银行体系。由于现金充裕，银行不需要向美联储借款。结果，美联储发现赖以调控金融市场的再贴现率工具其实对银行没有什么影响。

伊寇斯领导的美联储连续提高存款准备金率，1936年8月将存款准备金率从13%提高至19.5%，1937年3月再调高至22.5%，5月调高至26%，此举是为了重建央行传统政策工具的有效性。美联储希望以此控制金融市场。[10]弗里德曼和施瓦茨认为，这一粗暴的政策是造成1937—1938年经济萧条的祸根。[11]据弗里德曼和施瓦茨观察，银行借贷在1937年上半年达到顶峰，这与第二次提高准备金率的时间一致，在此之后工业生产急转直下。存款准备金率的提高一定是原因所在。

后来的研究并不赞同这一结论。托马斯·卡吉尔和托马斯·梅耶比较了两类银行，一类是受美联储监管的会员银行，另一类是不受存款准备金率约束的非会员银行。他们发现，提高存款准备金率之后，这两类银行的借贷行为仅仅存在微小差别，并不足以造成1937—1938年的经济萧条。[12]查尔斯·凯罗米里斯、约瑟夫·梅森和戴维·惠洛克主要考察了美联储的会员银行，同样发现提高存款准备金率几乎对银行行为没有影响。[13]这些结论与伊寇斯本人的观点相符，他认为提高存款准备金率对经济几乎没有影响，只是为了长期保住美联储政策工具的有效性。[14]如果说银行借贷的放缓促成了萧条，那一定另有原因。

财政部部长摩根索坚信通货膨胀的幽灵仍然存在。摩根索没有受过正规的经济学教育，对商业也几乎没有经验，他的公共形象和在政府中的行为能够暴露这一真相。他之所以能够入阁，既是由于他与罗斯福总统有私交，他们曾在达奇斯县为邻，也与财政部前部长威廉·哈特曼·伍丁过早去世有关。无知者无畏，摩根索相信，通货膨胀是个通俗易懂的问题。本杰明·斯特朗在1924—1928年的政策释放出了过量的信贷，最终带来了金融体系的不稳定。至少，摩根索和他的圈子是这么解读历史的。

如果过量的货币和信贷是一个威胁，财政部正好处在解决这个问题的上风。1936年12月起，摩根索领导的财政部向通货膨胀这个假想的敌人宣战，它试图冲销黄金流入对信贷市场的影响。从国外流入美国的黄金可以每盎司35美元的价格卖给财政部，从理论上讲，这增加了货币和信贷供给，给通货膨胀火上浇油。为了消除通货膨胀的威胁，财政部开始卖出同等数量的债券，吸走过剩的资金，使其退出流通。[15]

有证据表明，这一操作对1937—1938年的经济萧条有重要影响。首先，从开始实施这些政策到出现经济萧条，相隔了9个月。一般而言，这正是货币冲击传导至实体经济所需要的时间。其次，财政部的操作使货币供给减少了大约10个百分点，这是个不小的数字。[16]最后，与提高存款准备金率不同，财政部的操作也能解释复苏的时机。由于经济萧条的迹象已经非常明显，财政部于1938年2月停止卖出债券，开始反向操作。[17]正如所预期的，反向操作给货币供给和银行信贷带来了正向冲击。

1938年6月，经济终于触底反弹，复苏接踵而至。1929年的危机持续了差不多4年，这一次衰退仅仅持续了1年。这个差别反映了及时放松货币的重要性，很难想象还会有一种更有力的方式可以证明货币政策的威力。

2009年之后，由于担心美联储可能过早放弃宽松货币政策，这一历史经验经常被提及。[18]这段插曲被用来警告人们，刚从金融危机中复苏的经济需要更长时期的货币支持。这个历史教训的启发是，当产出低于潜在水平15%时就转向紧缩的货币政策，铸成了大错。部分由于这一原因，伯南克领导的美联储将宽松的货币政策保持了6年之久。

———

另一个关于1937—1938年经济滑坡的原因的流行解释是，罗斯福总统对企业界充满敌意。共和党总统候选人、堪萨斯州州长艾尔弗·兰登在 1936 年总统大选时，就拿这一点大肆抨击罗斯福总统。罗斯福总统反将一军，把反对企业界作为争取选票的卖点。他把那些支持企业界的对手称为"经济保皇派"。[19]

在 2008—2009 年的危机之后，罗伯特·希格斯的一项研究受到广泛关注。他认为，政府对经济的干预以及监管政策的不确定性是造成 1937—1938 年二次探底的主要原因。[20]《社会保障法》《国家劳动关系法》《银行业法》都是不顾企业界的反对通过的。反垄断法、劳动法、社保法、税法等出现了迅速的改变，而迅速改变正是新政的标签，这让企业家惶惶不安。美国舆论研究所针对企业家所做的调查显示，绝大多数企业家认为，政策不确定性以及总统对企业界的敌意阻碍了复苏。[21]

希格斯的不确定性假说的主要证据是，1935—1936 年，私人投资中建筑行业部分的比重比 20 世纪 20 年代后半期的低。由于房屋建造需要耗费时间，所以建筑业是投资中最易受到不确定性影响的。但正如我们在第 1 章指出的，20 世纪 20 年代的建筑业大部分是住宅和商业地产，很难理解为什么 10 多年前的住宅和商业地产建筑能作为判断 30 年代工业厂房和设备投资是否充足的标准。20 年代的房地产泡沫遗留下了大批的空置商业地产。帝国大厦里，整层整层都空空荡荡的，被房地产专业人士戏称为"空国大厦"。还有供过于求的住宅房产，以及随之而来的房贷危机。房主贷款公司只是解决了部分问题。

希格斯的另一个证据是短期和长期公司债券的利率差别。短期公司债利率在 1934 年开始上升，但长期利率上升得更快。希格斯将长期利率上升更快的原因归结为未来经济形势不确定。他认为，"在 1934—1936 年，投资者对这个国家最安全的公司能否支付长期利息及本金的信心大幅下降"[22]。焦虑的债券持有人要求在持有这些公司的长期债券时，得到额外的回报。

但是相对于短期国债，长期国债的利率也在上升，不会有人真的怀疑美国政府还不起钱。要想解释这种共振反应并不难。罗斯福总统推高了黄金的价格，投资者预期会出现通货膨胀而非通货紧缩。当经济蓄势准备复苏时，投资者预期对信贷的需求会随之增加。对信贷的需求增加，意味着更高的利率。1934 年，更高的预期利率推高了长期国债的利率。这是经济复苏阶段利率的标准变化模式。[23] 这与经济萧条期间长期国债的利率与短期国债的利率的利差会收窄是一个道理，而这正是 1937 年的情况。

如果坚持要从供给侧解释 1937—1938 年的经济萧条，那就要看劳动力市场。为遏制通货紧缩，政府决定提高工资和价格水平。如前所述，政府过度推高了工资水平，增加了雇工成本。当失业率已经高达 25%，这一政策更不利于增加就业。1935 年，《国家劳动关系法》生效，该法律鼓励成立工会，禁止歧视加入工人组织的工人，要求雇主与工人指定的代表集体谈判。两年内，工会力量迅速加强，会员数翻番。[24]

工人很快开始尝试，他们能够在多大程度上将刚刚得到的权利发挥到极致。当时的三大汽车生产商建立了环环相扣的供应链，正适合工人们展示自己的能量。工人们只要扰乱某个零部件的唯一供货工厂的生产，就能使整个汽车生产线瘫痪。1936 年年初，在俄亥俄州阿克伦市的凡士通轮胎公司、固特异轮胎公司，相继出现了静坐示威。随着罗斯福压倒性的竞选胜利，罢工很快扩散到通用汽车公司位于密歇根州弗林特市的费希博德第一工厂，这是生产通用 1937 年型号汽车的两个钢模产地之一。这个工厂的前身正是第 1 章中提到的在佛罗里达房地产泡沫中登台亮相的卡尔·费雪成立的费希博德公司。通用的周产量大幅下降，1936 年 12 月尚能周产 5 万辆，两月后仅能周产 1 500 辆。公司别无他法，只能迅速与全美汽车工人联合会达成协议。克莱斯勒在数周后也不得不低头。亨利·福特与工会是死敌，坚持到了 1941 年，但即使是福特汽车公司，也不得不向工人保证大幅加薪，才将工会的影响关在门外。

从 1936 年 10 月到 1937 年 7 月,汽车行业的平均时薪涨幅超过 20%。虽然汽车公司没有提高售价,但所有人都知道随着成本的上升,提价是迟早的事。1937 年下半年新车型出现之日,就是提价之时。汽车公司的广告商也是这样预测的。正在考虑买车的消费者当然希望在提价之前买到。正如约书亚·豪斯曼证明的那样,1937 上半年的汽车销量远超预期,下半年则大大降低。这个时机几乎与大萧条完美重合。[25]

问题在于,罗斯福总统需要在多大程度上为工人罢工井喷、"战斗"精神高昂负责。事实上,罗斯福总统对《国家劳动关系法》不甚热心,法案真正的支持者是纽约州参议员罗伯特·瓦格纳,此人一直主张保障劳工权利。其实,发挥作用的并不单是法案。大危机以来,降薪幅度已达 50%,因此在产品销售回暖后,通用和其他汽车公司的工人寻求涨薪并不令人吃惊。

———

与 1929 年相似,二次探底的震荡也影响了国外。尽管自 20 世纪 20 年代以来,国际贸易与金融的联系不再那么紧密,但美国经济依然是世界经济中不能忽视的重要一环。随着美国经济的二次探底,其进口的成品和半成品数量也在下滑。本来伴随经济复苏,原材料价格已经开始回升,使长期受苦的拉美出口国受益,但原材料价格急转直下。于是,衰退走出了美国,蔓延到全球。

但和 1929—1931 年的状况相比,这次全球其他地方经历的经济下行很短暂,也没那么严重。对美国的出口萎缩之后,各国政府和央行不必被迫提高利率以维持本币坚挺。它们可以更自主地降息,刺激国内消费,以此替代已经失去的美国购买力。

但做到这一点并不容易。直到 1936 年,欧洲的核心国家依然在倔强地坚持金本位。对法国、比利时、意大利和波兰而言,取消金本位等于打开利益集团内讧的大门,或将导致 20 世纪 20 年代的赤字和通货膨胀再度上演。有人担忧，来自英美的投机者会带来汇率和货币的动荡，十多年前他们已经受到过同样的指控。对荷兰和瑞士来说，只有坚守金本位，才能维持阿姆斯特丹和苏黎世的国际金融中心地位；对波兰来说，和法国建立货币方面的联盟，是为了构筑针对德国的金融防线。

对通货紧缩的政治反应最终打破了残存的金本位的最后屏障。在20世纪20年代的大部分时间里，法国一直都有财政赤字。1931年，随着税收收入的减少，财政赤字卷土重来，有可能会带来通货膨胀和金融危机，或者至少法国的领导人是这样担心的。在他们看来，只有平衡预算才能维持信心、鼓励投资、重振增长。尽管某些时期的法国政府，例如皮埃尔·赖伐尔领导的右翼联盟乐于实行财政紧缩政策，但其他政府，比如爱德华·赫里欧领导的左翼联盟，对财政紧缩政策则不太热衷。赫里欧曾是1925年法兰西银行丑闻的受害者，他以心地善良闻名，这或许是1932年他选择再次出任总理的原因之一，但即使是他也会担心债券市场出现风潮。

当时的政治现实不允许人们考虑退出金本位。法国的经济专家明知道英美的货币走弱有助于稳定经济，但仍然担心这种形式的复苏不可持续。投机者或许已经忘记了大萧条带来的痛苦，他们可能很快会鲁莽行事，引发一场像1929年那样的灾难。

只有几个人质疑财政紧缩政策能带来经济繁荣，保罗·雷诺就是其中之一。雷诺是毕业于巴黎大学的律师、业余统计学家，曾在20世纪30年代早期担任财政部部长。他在国民议会中代表巴黎的一个选区，法兰西银行就在该选区之内。雷诺来自中右翼政治势力，因此他的"离经叛道"更令人震撼。但雷诺比他的议会同侪更清楚地懂得，要么通货紧缩，要么货币贬值，这是两个仅有的选择，没有其他办法能创造奇迹。这与社会党的纲领形成了鲜明对比。该党的纲领完全不切实际：不紧缩、不贬值。

雷诺来自中右翼，他原本倾向紧缩政策。1934年，他曾经攻击过皮埃尔-保罗-亨利-加斯东·杜梅格领导的保守党联合政府，以及爱德华·达拉第领导的激进政府，说它们没有厉行削减政府支出的政策，以压低工资和成本。[26]虽然雷诺的指责日渐激烈，但没有效果，继任的法国政府，不管政治主张多么不同，都不敢采取更有力的财政紧缩政策，因为这项政策将激起店主、公务员以及农民的反对。这让雷诺意识到，通过紧缩政策重获竞争力不具备可操作性。

雷诺的独特之处不在于他认识到实行财政紧缩政策的困难，而是他以独到的眼光看到，如果不能实行财政紧缩政策，该如何应对。如果不能实行财政紧缩政策，那么货币贬值和放弃金本位就是备选的方案。雷诺原本不是货币贬值的支持者，但正如凯恩斯所说的，现实变了，观点也要跟着变，雷诺思想活跃，他很快就能调整自己的立场。他是极少数能够分清20世纪20年代的货币贬值和如今的货币贬值之间的区别的人：20世纪20年代货币贬值的时候，需求超过了供给，并导致了通货膨胀，如今则是需求不足，货币贬值的影响大为不同。

但雷诺叛教者般的风格，使他不受众人欢迎。他在外交和军事问题上同样采取的是非传统的立场。他的风度也不佳。雷诺是议会里最聪明的人，他自己也知道这一点。他的议会同僚们越抵制，他就变得越尖锐、充满讽刺，他的政策也越来越无效。[27]

这段历史说起来犹如一幅讽刺漫画，能够让我们看到20世纪30年代法国的流行观点，和21世纪欧洲流行的观点是何其相似：捍卫金本位成了一个道德问题。1935年刚就任法兰西银行行长的让-克洛德·塔内里说，捍卫金本位不仅是"单纯的国家需要"，而且是"更广泛范围内的责任"。这是在"确定与错觉、节俭与投机、辛勤劳动与贪图小利"之间做出选择。[28] 2009年之后，当欧洲承诺财政紧缩时，又是一番道德说教，仿佛塔内里的声音穿过耳畔。

很难理解为什么法国会对金本位有如此盲目的迷信，比英国和美国更为严重。法国领导人本来可以激发法国经济中对危机的天然免疫能力。法国较晚稳定法郎汇率，而在此之前的混乱时期，法国积累了一批投资工程，由于工期较长，本来是有助于稳定增长的。低估的法郎支撑了法国工业，还帮助法国积累了大量黄金。这给予法兰西银行更大的回旋余地。1933年之后，当资本开始外流的时候，法国可以承受一定的黄金损失，不必被迫提高利率。[29]

即使在法国遭遇大危机的冲击之时，失业率的上升也很有限。法国比英国和德国更依赖农业。刚迁移到城市的工人仍与农村有着密切的联系，当制造业不景气时，他们自然就返回家乡。虽然生活不如经济繁荣时期，只能维持生计，但总比一无所有要强。[30]这一事实上的安全网减轻了对导致大危机的政策的政治反弹。这种现象和20世纪90年代的日本有些像，日本也经历了增长放缓和通货紧缩，但失业率不高，这主要是因为日本实行了提早退休、工作分担以及对大雇主施加政治压力等政策，日本的政治反弹也令人吃惊地更为温和。

这是对法国人民会在这么长时间内容忍皮埃尔·赖伐尔的唯一解释。赖伐尔于1935年第二次担任法国总理。他生于奥弗涅的一个普通家庭，是咖啡店店主和屠夫的小儿子，后来成为一名老练的政治家，并跻身富人阶层。赖伐尔以社会主义者的身份从政，以罢工者的辩护人、工会会员以及左翼鼓动者的身份闻名。1911年，他应邀以社会党候选人身份参选巴黎纳伊-布洛涅选区的国民议会议员，但未获成功。1914年，他第二次参选，并在议会里赢得了一个席位。赖伐尔在20世纪20年代的政坛进进出出，靠投资媒体发了财。他投资了两份省级报纸，即《多姆山忠告者》和《里昂共和报》，以及里昂电台，并在银行的帮助下开展了一些并购，投资了一家信托公司，该公司显然深谙政治与媒体的关系。

随着财富的增长，赖伐尔的观点逐渐转向中立，随后转向右翼。

1931年，安德烈·塔尔迪厄政府因乌斯特里克银行丑闻垮台，赖伐尔被要求领导一个中右翼政府。正是赖伐尔政府在奥地利信贷银行危机期间拒绝为奥地利提供紧急贷款，并在赔款问题上与胡佛政府吵得不可开交。赖伐尔政府的执政记录乏善可陈，1932年由于没有赢得信任投票而下台。1931年，《时代周刊》评选他为"年度先生"，更多是因为他在美国之行中表现出来的平易近人的风格，与他的政绩好坏没有关系。

赖伐尔身为政府首脑时最值得注意的片段是他与海因里希·布吕宁的私下谈话。赖伐尔于1931年9月访问柏林，这是半个世纪来法国国家领导人首次正式访问德国首都。该访问的主要收获或许是给赖伐尔提供了了解布吕宁的经济管理方法的机会。

1935年年初，法国正处于经济的水深火热之中。投资者越来越担忧法郎会重走英镑、美元和比利时法郎的老路。仅在1935年6月，法兰西银行就损失了超过10%的黄金储备。皮埃尔-埃蒂安·弗朗丹领导的保守政府因无力重建信心而垮台，赖伐尔重新掌权。

赖伐尔要求获得和布吕宁一样大的权力，降低公务员和退伍军人的薪水和养老金。但他至少曾尝试给这些政策披上更易于接受的外衣。受到罗斯福总统的启发，赖伐尔也在炉边闲聊时解释自己的政策。[31] 赖伐尔善于利用自己谦卑的农民形象，用通俗的语言和朴素的方式来传达简单的信息：尽管平衡预算会使各方做出痛苦的牺牲，但正如入不敷出的家庭一样，法国政府也需要勒紧裤腰带。赖伐尔削减了中央和地方政府10%的支出，并按同样的比例降低了公务员的薪水。虽然这些牺牲是令人难以忍受的，但政府别无他法。赖伐尔用拉家常的方式对大家说："你不需要成为专家或金融家，就能意识到如果不量入为出，迟早就会破产。"他的观点是典型的前凯恩斯时代的经济学思想："对个人适用的道理，对国家同样适用。"[32]

左翼抗议不断，他们认为赖伐尔的政策偏袒富人。共产党和社会党发布联合声明，谴责赖伐尔的"痛苦法令"。当年，英国水手由于薪饷被克扣而拒绝履行职责,这就是所谓的因弗戈登兵变,如今,法国的布雷斯特和土伦海军兵工厂的工人也和市政警察爆发了冲突。保守势力声称,左翼人士煽动的社会动荡,引发了亲纳粹的退伍军人组织——火十字团。

和布吕宁一样,赖伐尔的对策是不断加码。8月,他又出台了新的法令,一方面削减政府开支,另一方面公布了一些花架子式的公共工程项目,意在转移公众的注意力。这又是在效仿罗斯福总统,罗斯福总统也曾将预算平衡、限制生活成本上升和刺激经济增长的政策一锅烩。如果说赖伐尔的政策有内在的一致性,最多也不过如此。

在接下来的夏天里,法国议会休会,这使政府得以苟延残喘到秋季。赖伐尔在10月31日推出第三轮财政紧缩政策,这一天恰好是赖伐尔的法令失效之日。赖伐尔之所以还能留在台上,不过是因为温和、中间偏左的激进社会党不愿意支持社会党-共产党联盟,他们担心社会党-共产党上台之后会让货币贬值。

———

到1936年年初,法国人民已经不堪折磨。为了4月和5月的议会选举,激进社会党、社会党以及共产党联合在一起组成了人民阵线。[33] 结果,人民阵线得到了更多支持,但极右翼党派的支持率同样在上升。最终,左翼以微弱优势胜出,激进社会党、社会党,再加上共产党的支持,正式组成了以安德烈·莱昂·勃鲁姆为首的政府。

勃鲁姆是赖伐尔的对立面。在动荡时期,选民喜欢挑选在性情和施政方案上都和前任截然不同的候选人。勃鲁姆出生在巴黎,而非外省。他家境殷实,曾在著名的巴黎高等师范学院深造,而赖伐尔只在里昂上过一年学。赖伐尔最后倒向右翼,而勃鲁姆始终都是社会主义者。后来,赖伐尔和纳粹勾结,最终被审判并以叛国罪处以极刑,勃鲁姆则因反对贝当的傀儡政权,被捕入狱,被囚禁于布痕瓦尔德和达豪集中营。

勃鲁姆1936年的竞选纲领是停止削减公共支出，推出大规模的公共工程项目，并对法兰西银行进行重大改革。[34]但即使是勃鲁姆，也没将货币贬值作为一个可行的选项。和1932年的罗斯福总统一样，勃鲁姆也说，他会通过提高收入、鼓励支出来稳定经济，但就是不会让货币贬值。他安抚焦虑的国民议会，不会发生"货币政策的政变"。[35]

但新任总理怎样变不可能为可能仍不清楚。正如怀疑罗斯福总统那样，不少评论家怀疑，勃鲁姆在选举之前就决定要让法郎贬值了。其实，和罗斯福总统一样，勃鲁姆更有可能根本不知道该怎么办。新政府免去了让-克洛德·塔内里的法兰西银行行长职位，因为他的政策带来了通货紧缩，但继任者不是主张货币贬值的副行长皮埃尔·魁奈，而是摇摆不定的埃米尔·拉贝里。

经历了数年的收入下降，法国的汽车工人和1936年的美国同行一样，等待着大选中许诺他们的更高的薪水、更优渥的工作环境。当博利奥特汽车公司的工人以休假的方式庆祝国际劳动节时，他们却被解雇了，这引发了静坐罢工。罢工随后蔓延到勒阿弗尔，当地飞机制造业的金属加工工人于5月11日开始静坐。接着，巴黎的金属制造工厂罢工，然后是雷诺公司，最后是整个法国。罢工者们不仅成功关掉了工厂，还关掉了酒吧、面包店，事实上，除了警察和行政部门，整个法国经济都瘫痪了。

这就是新政府6月登台以后面临的形势。政府出台了《马提翁协议》，它是以总理官邸马提翁宫命名的。《马提翁协议》由工会和雇主联盟协商而成，政府居中调停。从形式上看，《马提翁协议》不像美国那样是正式的立法，实质上却与罗斯福的新政精神一脉相承。《马提翁协议》认可了工人罢工的权利，私营部门提供了15%的加薪，雇主保证工人每年有两个星期的年假以及每个星期工作40小时。

但和美国的《全国工业复兴法》一样，《马提翁协议》的主要影响不过是提高了生产成本。从6月起，工业生产开始下降，失业率立刻上升。急剧升高的成本和价格阻碍了出口，这导致8月出现黄金流失。

勃鲁姆并不想法郎贬值，但他无计可施。他的财政部部长樊尚·奥里奥尔，同时也是社会党关于金融事务的发言人，无法提供建设性的选择方案。奥里奥尔希望既能保住金本位，又能实现再通货膨胀。于是他一方面告诉市场，信心很快就会恢复，另一方面加大对资本流动的管制。这两项政策相互矛盾，而且根本无法稳定市场信心。

政府也无法实行进一步的财政紧缩政策。剩下的选择只能是贬值和外汇管制。拉贝里和其他人与奥里奥尔一起指责投机者，要求加强资本管制。最终，勃鲁姆选择追随美国而不是纳粹。社会党的经济政策主张占了上风。[36] 9月25日，法国退出金本位。为了挽回颜面，奥里奥尔宣称这不是贬值，而是"货币调整"。

这次调整的含义到底是什么，市场一清二楚。消息一出，法郎跌了25%。法国迅速建立了外汇平准基金，和英国财政部的外汇平准基金一样，这个基金用于管理浮动的法郎，使其停留在比金本位时期汇率低25%~35%的区间。

———

法国宣布贬值的那个星期六，仅仅在几个小时之后，瑞士国家银行就被要求将瑞士法郎换成黄金的要求给淹没了，瑞士联邦委员会不得不面对现实，退出金本位。《纽约时报》的报道标题是"懊悔的瑞士"。但投资者感受最深刻的不是后悔。那个周末之后的第一个交易日，瑞士政府债券价格就上升了7%，铁路债券上升了10%。

阿姆斯特丹紧接着感到压力。荷兰政府仅仅过了几个小时便宣告认输。此时，唯一以不变价格坚持金本位的国家是阿尔巴尼亚。阿尔巴尼亚从其政治保护人意大利那里得到了大笔的贷款。[37] 1939年，阿尔巴尼亚就为这一金融援助付出了代价——阿尔巴尼亚被意大利占领，被迫成为其政治同盟的一部分。

对于这些重新获得了货币自主权，或者说货币自主权主动降临的国家，公众将有何种反应呢？在荷兰，工人和雇主之间由于宗教和经济因素，一直保持着团结，因此可以协商达成一致，以降低工资为代价促进投资增长。货币贬值之后，价格水平上升，但生产成本并未上涨，企业盈利大幅增加。在接下来的一年中，股价飙升了60%。1937年前5个月工业生产同比上升了37%。贬值没有像固定汇率的鼓吹者所警告的那样，会削弱信心，引发资本外逃。恰恰相反，它鼓励了外逃资本的回流，使资本更能灵活用于工业，同时促进了投资。

瑞士的情况差不多。瑞士法郎的贬值导致出口竞争力大幅提升，出口型企业的盈利改善提振了股价和投资。在贬值的风潮中，瑞士的银行存款反而上升，这与有些人认为的放弃金本位将摧毁瑞士作为避险天堂和金融中心的地位的说法完全相反。

每个国家的例子都说明，货币对外贬值减轻了货币国内贬值的压力。对外贬值减轻了每个公司、每个行业下调工资和成本的压力。出口价格可能会突然被推高。作为小型经济体，荷兰和瑞士的社会凝聚力较强，可以抵制住提高工资和公共开支的压力，因而有可能阻止成本随之上升。

但是，法国是一个大国，而且曾遭受通货紧缩的肆虐长达五年之久。受苦最多的工人阶级自然会要求得到补偿，因此很难限制提高工资。早年政府维护财政纪律的失败经验导致政策信誉丧失殆尽，国家对限制公共支出的增长几乎无能为力。

还有，荷兰和瑞士政府可以将贬值的责任推出去，它们可以指责法国是始作俑者。但货币贬值是法国政府自己做出的选择。勃鲁姆最初承诺法郎不会贬值，这无助于顺利推行货币贬值政策，也无助于提高政府的可信度。货币贬值的最佳时机其实是在6月新政府刚成立的时候，就像高桥是清一上台就推行新政策一样。这样，新政府就能把黄金流失和竞争力丧失的问题推诿给上一任政府。

遗憾的是，勃鲁姆犹豫不决。结果，货币最终不得不贬值，也未能重振法国经济。最初，一些逃离法国的金融资本在夏天之后又回流国内，巴黎证券交易所也有了起色，但法郎的贬值不如1931年英镑的贬值及1933年美元的贬值有力度。如果法国做得太激进，美国和英国就会威胁进一步压低汇率，这就迫使勃鲁姆政府不得不同意有限贬值。再加上生产成本的上涨，这意味着法国的竞争力几乎毫无改善。

11月，资本流出加剧，工业生产掉头向下。勃鲁姆谴责过前总理赖伐尔滥用立法权，但现在他本人也不得不要求同样的权力。在参议院否决了这个请求之后，他辞职了。法国错失了货币贬值这一良机。

第 19 章 防止最坏的情况

2011 年，在接受《每日电讯报》采访的时候，时任英格兰银行行长默文·金简要总结了全球金融危机爆发之后危机应对政策的主要成就。金说："我们避免了一场大萧条。"读者或许会觉得，这种出自央行行长的言论，不过是自我标榜的夸夸其谈。但金说的基本符合事实。1929—1932 年，全球 GDP 大幅下跌 15%；2008—2009 年，全球 GDP 仅仅下跌了不到 1%，而且到 2010 年就出现了经济复苏。[1] 即使在受到冲击最为严重的发达国家，2009 年的增长下滑也不过 3.5%，而且到 2010 年就出现了正增长。当然，这不是什么值得骄傲的好成绩，但至少不是大萧条再现。

决策者们当然功劳最大，但他们也不能完全贪天之功。过去数十年内经济结构的变化也有助于减缓经济下滑程度，因为波动性最大的工业在发达经济体中的重要性下降，较为稳定的服务业占比不断提高。政府规模的壮大使经济中自动稳定器的效果更佳，主要是因为经济下行的时候所需要支付的税收自动减少。在 20 世纪 30 年代尚无这些机制，当时政府规模远比现在小，而且当时政府极力避免财政赤字。二战后世界贸易体系实现了制度化，尤其是 WTO（世界贸易组织）有了具备约束力的贸易争端解决机制，这避免了以邻为壑的贸易保护主义。[2] 国际清算银行的定期会议推动了各国央行间的合作。G20峰会上，国家元首和部长们定期会晤，巩固了政府间的合作。

这些制度是吸取了20世纪30年代的教训后逐渐建立的。政府规模的扩大，是因为在大萧条期间，人们认识到，如果对市场经济完全放任自流，或许将不可避免地出现波动。这还反映出人们的反思，即如果个人无法在不稳定的市场波动中保护自己，而资本主义制度还想继续存在，那么政府就应该保护他们。新政建立了工作救济、失业保险和社会保障制度，均是出于这一考虑。

财政稳定器的重要性，同样是凯恩斯在大萧条时期提出的理论的重要应用。凯恩斯指出，在经济衰退期间，利率接近零，财政政策的作用更为显著。大萧条的教训使经济学家认识到，在经济衰退期间，政府最糟糕的对策就是提高税收，削减政府支出。央行制度旨在避免重蹈20世纪30年代的覆辙。正如我们已经讨论过的，美联储的决策权集中到委员会，是为了避免各家储备银行各行其是、群龙无首。各国政府之所以要加强合作，也是因为人们看到，在大萧条期间的政府合作以惨败告终。

这些机制自建立以来一直未变，但启发这些制度建立的历史教训已不复存在。全球金融危机爆发以来，各国央行迅速采取了比在20世纪30年代更有力的对策，充分发挥了它们不断加强的权力。各国政府开始减税，增加公共开支，以抵消私人需求的下降。2009年4月召开的伦敦G20峰会是国际合作的亮点，各国政府同意在财政政策方面加强协调，并反对以邻为壑的保护主义政策。美国国会将失业救济的期限延长至99个星期，并且增加了食物券等福利，因为最弱势的群体在金融危机中的损失最大。

尽管各国政府采取的具体对策有所不同，但本质是一样的。由于金融海啸来势迅猛，除了借助对抗大萧条的智慧和制度，可能别无选择。关于危机的报道铺天盖地，舆论界对采取财政和货币刺激政策，加强金融监管和扩大社会安全网并无异议。人们感到，为了应对一场堪比 20 世纪 30 年代大萧条的金融危机，这样的对策无可指摘。

但在这些最初的政策反应之后，关于政策的讨论开始逐渐转向。保守主义者一直对政府规模的扩大、政府赤字的增加深感担忧。如今，他们开始反对财政刺激政策带来的预算赤字和政府支出项目。债务可持续性，而非高失业率，成为最受关注的问题。2010 年 2 月，七国集团的财政部部长和央行行长在加拿大北部的偏僻城市伊卡卢伊特开会，在绚烂的极光下，财政节俭成为会议的主题。财政稳固，而非财政刺激，成为政府关注的焦点，虽然全球经济还远未走出衰退的阴影。

在欧洲，医疗卫生项目和为退休者提供的养老金以加强财政纪律的名义被削减。在 2012 年的美国总统大选中，受关注的不是失业者的痛苦，而是共和党候选人米特·罗姆尼所说的"躺在政府身上的 47% 的美国人"。罗姆尼在竞选中失利，但他的一番言论却起到了一定作用。或许因此之故，美国国会开始削减食品券，北卡罗来纳州取消了对失业救济的延期，还削减了救济支出。

同样，货币积极主义者的反对派警告，央行资产负债表的膨胀会诱发通货膨胀，美联储购买抵押贷款为基础的证券，以及欧洲央行购买主权债券，会阻碍私人部门和政府部门必须完成的财政巩固。央行把利率保持在如此低的水平，减少了家庭和政府勒紧腰带的迫切压力。批评者在《华尔街日报》和其他媒体上向央行的政策猛烈开火。最为经典的例子是 2010 年 11 月 15 日，《华尔街日报》刊登了 23 位经济学家、投资者和政治战略家写给伯南克的一封公开信。信里写道："我们认为美联储的大规模资产购买计划，即所谓的'QE'，应予以重新考虑，立即终止。我们不认为在当前形势下，这一政策是有效的、必要的。资产购买计划将使货币贬值，并导致通货膨胀，而且我们不相信这一政策能够如美联储声称的那样促进就业。"[3] 在欧洲，批评者们所使用的语言或有不同，但弥漫的是同样的情绪。

第 19 章　防止最坏的情况

担心央行会导致货币贬值,这是一种古老的传统思想。在欧洲,这一担忧因20世纪20年代的沉痛教训而根深蒂固。如今,人们又增添了一种新的担忧,即央行的政策会干扰市场的运作,人为地刺激经济增长会减弱结构性改革的动力。

尽管这些观点所指出的风险大多是子虚乌有,但这些反对意见还是逐渐影响了政策决策。当时的经济现实是:只要经济没有复苏,资源大量闲置,利率几乎为零,就不会有通货膨胀的威胁。有观点认为,如果央行收紧货币政策,就能加快结构性改革,这种观点不过是一种假说。

不管是否虚幻,这些观点使央行不得不掂量货币政策可能会带来的负面效果。联邦公开市场委员会的成员有责任解释美联储将如何退出宽松的货币政策。尽管真正的退出还要留待未来,但仅仅谈论退出就会对市场带来影响。欧洲央行行长马里奥·德拉吉曾说,要不惜一切代价保护欧元,但他后来也不得不有所缓和,解释说欧洲央行购买政府债券的行为必须以推动结构性改革和预算改革为前提。[4] 但这样的解释实际上削弱了原有的政策声明的效果。对央行政策的批评最终到了听证会上:美国众议员罗恩·保罗提出了"审议美联储"的提议,德国宪法法院要求审查欧洲央行的"直接货币交易"政策是否违宪。这一切能够解释,为什么即使经济复苏尚且疲弱,央行仍不愿意采取更为积极的对策。

在2008—2009年,决策者想的是20世纪30年代大萧条的教训,他们的优先目标是不管代价多大,都要稳定经济。但时过境迁,政策的重心很快发生了偏移。现在,最重要的问题成了如何平衡预算。央行则需要防范通货膨胀,不管这种观点有多么离奇。尽管经济复苏乏力,政策还是发生了改变。决策者考虑的似乎不是如何避免20世纪30年代的错误,而是如何重复这些错误。

―――――

2008年11月4日,奥巴马赢得了总统竞选,这一胜利意义非凡。

他的对手是亚利桑那州参议员约翰·麦凯恩。麦凯恩沿袭的是威信扫地的小布什总统的政策,他对复杂的金融体系知之甚少。2008年9月26日,应麦凯恩团队的要求,双方举行了首场辩论,这次辩论被广泛报道。在这次辩论上,奥巴马展示了对金融危机的理解。民主党候选人奥巴马谈论了他对金融危机深思熟虑的分析,而共和党候选人麦凯恩则在旁边如木雕泥塑,除了空洞无物地重复要保护纳税人这样的陈词滥调,他几乎无话可说。

与会者对两位候选人的表现看得一清二楚,公众也并不含糊。奥巴马展示了一个危机管理者的潇洒风采。他知道金融危机是怎么一回事,也了解政府该如何应对。11月4日,奥巴马在选举团中赢得了365张选票,麦凯恩的得票只有173张。尽管奥巴马在2008年的胜利不能和罗斯福在1932年的胜利同日而语——当年,罗斯福得到了472张选票,胡佛只有59张,但和1932年一样,这一回民主党再次控制了参众两院。[5]

从大选结束到总统就职之间的时间比1932年时的要短很多。从胡佛到罗斯福的权力过渡持续了4个月,由此带来了各种经济困难,因此缩短权力过渡期的呼声很高。尽管总统就职仪式已经从3月提前到了1月,权力交接中间还是有令人尴尬的10个星期的时间。在这一时刻,最重要的任务是保持金融体系正常运转。

央行一如既往地肩负重任。2008年11月25日,证券化市场出现危机,美联储宣布,将从房利美、房地美和联邦住房贷款银行购买1 000亿美元贷款,以及5 000亿美元以抵押贷款为基础的证券,以防抵押贷款市场和房地产市场突然崩溃。但美联储缺乏购买以抵押贷款为基础的证券的经验,不得不雇用私人基金经理来操作这些交易。这开启了第一轮的QE。

美联储的第二步非常规政策是创建了TALF(定期资产支持证券贷款工具),通过贷款给对冲基金和其他私人投资者,使其能够购买已经实现了证券化的消费者贷款。消费者贷款的风险水平已经显著提高。更

第19章 防止最坏的情况

糟糕的是，这些贷款很难得到融资支持。银行已将其打包，卖给了对冲基金，对冲基金购买这些证券的资金大部分来自贷款。次贷危机爆发后，货币市场的流动性枯竭，银行拒绝贷款。谁能说得清，在以抵押贷款为基础的证券市场上爆发的问题会不会在已经实现证券化的消费者贷款市场上再度爆发？

一旦问题爆发，将一发而不可收。如果消费者无法获得消费信贷，他们就没钱花。支出减少将带来更多的失业、更多的违约，金融体系将爆发更多的问题。

美联储必须打破这个恶性循环。伯南克宣布，美联储已经准备好为对冲基金和其他金融机构提供1 800亿美元的贷款，资助其购买消费贷款证券。但准备好了贷款，并不意味着有人来借。消费贷款的违约率已经提高，投资者可能会踌躇再三，不敢借钱。美联储不得不表态，如果消费者大面积违约，借款人可以不用偿还美联储的贷款。美国财政部从TARP中拿出了200亿美元，专门帮助美联储应对潜在的损失。[6]

这一招巧妙地发挥了财政部有限资金的杠杆作用。保尔森在高盛工作期间，对金融工程了然于胸。这一政策的主要缺陷和其他金融工程计划一样，都在于太过复杂。哪些证券符合要求？怎样才能让对冲基金有积极参与的主动性？一个建议是，从美联储贷款的对冲基金和其他机构都要提交抵押品。其他技术问题最终也被政府的律师解决了。4个月之后，消费贷款计划终于启动，开始正式运转。

这是一个经典的案例，充分证明为什么美联储的信贷市场干预措施会引起如此巨大的争议。直接贷款给对冲基金，是因为在雷曼兄弟破产之后，决策者才后知后觉地意识到"影子银行"体系的重要性。亡羊补牢，犹未迟也。但这一贷款计划又引起了人们对道德风险问题的关注，也有人怀疑美联储又在借此暗中救援金融机构，这次是要救助对冲基金以及和它们打交道的银行。尽管财政部支持了200亿美元，也不能担保美联储不会遭受损失。最终可能还得由纳税人负担。为了帮助财政部发挥 TARP 资金的杠杆作用，美联储采取的这一复杂计划，已经和常规的货币政策相差甚远。特别时刻，需特别之策。但特别之策要是难以解释，自然会招致批评意见。

———

之所以采取这些非常规的政策，原因之一是金融市场出现了麻烦。现实情况是，只有美联储能够无限制地扩大资产负债表，而且能够迅速地采取应对措施。

另一个原因是常规的货币政策已经山穷水尽，美联储只好采取非常规的政策。2008 年 10 月 8 日，联邦公开市场委员会已经将联邦基金利率的目标下调至 1.5%；10 月 29 日继续下调至 1%。美联储源源不断地向金融市场提供流动性。12 月 16 日，联邦公开市场委员会决定将联邦基金利率的目标定在 0~0.25%。政策利率已经触底。美联储事实上是在承诺，将在零利率的水平上无限量地供应信贷支持。

这在美联储的历史上是史无前例的。在此之前，只有一次，那是在 2001 年"9·11"事件之后，美联储将联邦基金利率调至 1% 的低位。联邦基金利率此前从未低于 1%。即使在大萧条最严重的时候，美联储的再贴现率，即在 20 世纪 30 年代相当于联邦基金利率目标的政策利率，也没有低于 1.5%。只有纽约联邦储备银行在 1931 年将再贴现率调低至 1.5%。[7] 即使是在那个时候，其他储备银行由于担心黄金流失，都不愿意跟着纽约联邦储备银行降息。如今，在零利率水平上向市场敞开供应流动性的政策是不寻常的。这说明美联储的官员们吸取了 20 世纪 30 年代大萧条的教训，准备好了使用一切能使用的货币权力稳定金融市场，防止经济陷入通货紧缩。

伯南克深知，这一决策不能被视为他个人的决定或纽约联邦储备银行的决定，而应该是美联储的集体决定。这将保证美联储提振信心的能力不会受到内部意见分歧的干扰。大萧条期间，美联储的决策因存在内部矛盾，效果大打折扣。12月16日，在联邦公开市场委员会开会的时候，伯南克旨在达成美联储内部的共识。同意实行零利率，是集体决策的结果。

达成这样的共识之后，美联储官员才能对外口径一致，说服市场相信他们有信心避免出现最糟糕的情况。这样做对阻止金融体系的崩溃至关重要。但强调集体决策，也使美联储在遇到通货紧缩和复苏乏力的时候，未能采取更为激进的政策。有几位联邦储备银行的行长对大规模证券购买、无限制的承诺以及为政府设定数量目标持保留意见，而这些政策本来是能够支持经济更快复苏的。这些保留意见主要是担心最终美联储无法"收回"这些刺激政策，并导致通货膨胀和金融资产泡沫。在2008年夏天的危难时刻，如果是一个对集体决策关注更少的央行行长，一定会把这些反对意见搁在一边，但伯南克不是这样的性格。

————

向银行无限量地提供信贷，通过TALF支持购买商业票据，从房利美和房地美手中购买抵押贷款证券，所有这些政策都表明，在美联储官员看来，这是一场流动性危机。信任突然消失。出于担忧，银行要求债主追加抵押品。从这一诊断意见，能够开出治疗的药方——如果政府通过购买证券的方式介入，向市场提供流动性，金融市场就会趋于平静。

保尔森坚信这是一场流动性危机。如前所述，在9月底保尔森团队向国会提交的TARP中，资产购买是重中之重。[8]保尔森曾经在高盛工作过，和金融界的核心小圈子保持着紧密联系，他自然会相信问题在于流动性不足。这一诊断和对策是权宜之计，保尔森否定这是为了救助单个金融机构。在AIG救援方案之后，要想让国会通过TARP，不得不慎重行事。财政部和美联储还可以进一步解释，由于它们是在金融机构"火线销售"的时候用最低价买进的，或许以后还能从中盈利。

但有两个问题。首先，要想启动资产购买计划，至少需要数星期，甚至数月的准备工作。这些问题资产极其复杂多样，也正因如此，当初才有那么多投资者不明就里，深陷其中。如欲购买这些问题资产，政府需要委托私人基金经理，但其中可能会有人来自最初制造出这些问题资产的机构。如何监督这些基金经理？要不要给他们发奖金？这一切准备工作都需要时间，但时间已经变得比流动性更为稀缺。

其次，即使是保尔森自己，也不得不承认，问题可能不只是流动性不足。在房地产市场上投机的银行出现了巨额亏损。它们的准备金不足，难以冲抵可能出现的损失，这使它们很难借款，也不愿贷款。如果只是按照市场价格买进它们的资产，不会有很大的帮助。伯南克对大萧条研究甚深，他知道罗斯福总统曾经用银行歇业的方式恢复市场信心，短暂歇业之后重新开业的银行必须有足够的资本金。9月，在 TARP 最终通过之前，伯南克就已经建议保尔森，为了稳定市场信心，重启银行贷款市场，有必要向金融机构注资，补充其资本金。[9]

TARP 通过之后，大约用了 10 天时间，保尔森团队终于下定决心，拿出 2 500 亿美元向银行注资。10 月 13 日星期一，恰好是哥伦布日，保尔森、伯南克、纽约联邦储备银行行长盖特纳以及联邦存款保险公司主席希拉·拜尔，召集 9 家金融机构的 CEO 开会。这一会议已经被载入史册。政府官员们要求这几家金融机构接受公共资金注资。如果有的机构接受，有的机构不接受，接受公共资金的金融机构就会被市场认为是最脆弱的，可能出现复兴金融公司在 1932 年曾经遇到过的问题。金融机构的 CEO 们怨气冲天，捶胸顿足，至少记者们愿意这么描述当时的现场。[10] 盖特纳和保尔森威胁，如果这些机构不接受公共资金援助，就不要再指望以后给他们打电话。

政府开出的条件并不苛刻。接受公共资金的银行需要支付 5% 的红利，这一要求比让它们在金融市场上筹集资本金优惠得多，而且它们能不能在市场上筹到钱还是未知数。这几家金融机构中实力最为雄厚的是高盛，高盛刚刚从巴菲特那里筹到 50 亿美元，而且为此付出的代价远远超过政府的开价：高盛要支付巴菲特 10% 的红利，比政府开出的条件高出一倍。[11] 此外，政府不要求投票权：财政部只要求得到没有投票权的优先股，不愿意干预银行的日常运作。[12]

这些条款使 TARP 的注资饱受争议。廉价的注资看起来很像政府补贴。没有投票权的优先股使纳税人只能干坐冷板凳，管不了金融家们的胡作非为。政府虽然给了金融机构那么多钱，但是也没有办法让它们为那些急缺资金的公司和家庭提供贷款。

最后，TARP 突然中途转变方向，使人们质疑政策的一致性。人们不由得怀疑，保尔森是不是还在病急乱投医。耶鲁大学捐赠基金会首席投资官大卫·史文森说："政府的政策前后矛盾，他们肯定是东一榔头西一棒槌，最后才能搞出来这么多令人眼花缭乱的对策。"[13]

这些怀疑不是没有道理。保尔森和克林顿总统时期的财政部部长罗伯特·鲁宾迥异。鲁宾在任内也遇到了各种金融动荡，但他有宏大的全球视野，而这正是保尔森所欠缺的。在自传中，鲁宾谈到了他对市场动态变化的理解。基于这一理解，他提出了一套系统的政策制订方案。鲁宾更能自我克制、客观冷静，保尔森则更情绪化，从一个解决方案跳到另一个解决方案。保尔森的自传《峭壁边缘》更像是在刻画他自己的精神状态。

数日之后，保尔森和鲁宾相会。接下来发生的一切不仅影响了保尔森的声誉，也影响了鲁宾的声誉。

保尔森继续强调，从 TARP 中拨出 2 500 亿美元为银行注资是一次性的举措。TARP 的主要资金还是要用于购买问题资产。他在向国会申请 TARP 的时候，原本是许诺这样做的，如今再改弦更张已经很难。[14]

但不到一个月，保尔森就完全放弃了购买问题资产的主意。市场状况继续恶化，再来好整以暇地购买问题资产已经来不及了。注资是最有效的强心针。

不仅因为购买资产的金融交易太过复杂，而且因为金融动荡已经从证券市场转移到了银行部门这一金融体系的心脏。银行业的资本金严重不足。媒体对政府再一次变更计划困惑不解。关于保尔森在11月举行的12次记者见面会的报道，充满了揶揄和批评。财政部又变卦了，这也让市场更加恐慌，股市下跌了5%。

政府对银行注资如此上心，很可能说明政府掌握了一些敏感信息，其他人尚不知晓。投资者马上得出结论，美国尚存的最大的金融机构——花旗集团很可能就是最薄弱的环节。他们之所以担忧，是因为花旗集团几乎把21世纪银行业的错误全犯了。由于存款不足，花旗集团严重依赖批发融资。花旗银行从20世纪20年代就是银行国际化的先驱，其批发融资大量来自易于波动的外国投资者。花旗集团大量发放消费贷款，还有大量可疑的商业地产投资，以及和次贷相关的CDO。从2007年第二季度起，花旗集团就没有再赚到钱，但管理层仍慷慨地发放红利，好让投资者觉得万事大吉。

11月19日，花旗集团宣布将被迫关闭一个结构性投资公司，此大量投资与次贷相关的CDO。刚刚丛生的疑窦转眼就变成了草木皆兵的恐慌。花旗的股价在几个月内暴跌23%。

但即使已经是满目疮痍，包括其旗下的结构性投资工具在内，花旗集团仍然有超过3万亿美元的资产。如果有一家美国银行大到不能倒，或者说如果有一家美国银行故意把自己变得大到不能倒，那就是花旗集团。鲁宾当时是花旗集团董事会的主席，他曾在一系列秘密电话中提醒保尔森注意花旗集团的困难处境。[15]

伯南克、盖特纳和保尔森曾经放弃救助雷曼兄弟，但这一瓜田李下的顾忌现在已经被抛到了脑后。希拉·拜尔反对救助花旗集团。出于对其350亿美元银行存款保险资金的关心，拜尔提议，把花旗集团中的花

第19章 防止最坏的情况　　309

旗银行分出来，作为救助的对象。伯南克、盖特纳和保尔森都认为，花旗银行很难和其母公司干干净净地分开。花旗集团规模比雷曼兄弟更大，而且远比雷曼兄弟更加国际化。雷曼兄弟快要破产的时候，英国金融监管者曾经冻结其在英国的账户，但如果其他政府也这样对待花旗集团，后果不堪设想。11月22—23日，财政部和美联储的官员一致认为，只能整体救助，除此别无良方。

最终的救助方案是，政府再次以优先股的方式注资200亿美元。伯南克提议这次以普通股的方式注资，但遭到保尔森的反对。按照保尔森的话说，如果政府持有普通股，就会"拥有银行的大部分股份"，媒体一定会指责这是银行国有化。[16] 事实上，由于救助计划公布之后，花旗的市值已经缩水到200多亿美元，政府已经控股了花旗集团。唯一不同的是，政府尽管是最大的股东，却没有投票权。

政府接着把花旗集团高达3 000亿美元的有毒资产分离出去。花旗银行需要承担前290亿美元的损失，之后发生的亏损，政府将承担其中的90%。财政部按次序用TARP、联邦存款保险公司和美联储来承担这些亏损。这是发挥财政部有限资金的杠杆作用的又一案例。[17] 跟直接注资和直接购买这些资产相比，由政府承担相关损失，是一种更不透明的救助方式。这是为了避免公众再度攻击政府又在提供超级救援。[18]

对花旗集团的救助令人唏嘘。正是花旗集团，充当了废除《格拉斯–斯蒂格尔法案》的急先锋。鲁宾是花旗集团的顾问，而保尔森曾是鲁宾在高盛的同事。监管花旗集团的是纽约联邦储备银行，其行长盖特纳是鲁宾在克林顿政府时期担任财政部部长时的门徒，而奥巴马上台之后，又提名盖特纳为财政部部长。基于这些事实，阴谋论的流言蜚语难免广为传播。救助花旗集团，以及之后救助其竞争对手，充满了坎坷。[19]

在救助花旗银行的时候，采取了复杂的金融工程工具，因此即使是国会里的反对力量，也没有进一步要求政府采取更为严厉的措施，比如撤换高管，为纳税人保住投票权，这使人们对更有力的银行注资政策深感悲观。虽则如此,但木已成舟。1月,政府再度采取类似的办法,又一次救助了美国银行。

小布什总统曾希望把这个烂摊子交给下一届政府收拾。国会还没有批准 TARP 的第二笔拨款。小布什也不敢向国会要,他担心自己任上最重要的一项法案,到了国会那里,会因为国会拒绝拨款而被否决。这不仅会让总统颜面扫地,而且会让金融市场更加恐慌。但噩耗不断,美国银行很快宣布,其账上有 20 亿美元的亏损,而其刚收购的美林有 220 亿美元的亏损,这可能会引起又一轮金融动荡。跟胡佛相比,小布什在其任期的最后时间内,更积极地采取了应对措施。2009 年 1 月 12 日,他要求 TARP 再次拨款,国会万般无奈地同意了。三天之后,政府宣布动用 TARP 中的 200 亿美元向美国银行注资。美国银行和政府达成协议,最初的 100 亿美元由银行承担,其余的 1 180 亿美元的亏损,1/10 归银行,9/10 归政府,和花旗集团的救助方案相似。

得到政府援助的承诺后,美国银行松了一口气。次日,美国银行公布了新的季报。

第 20 章　压力与刺激

等待就任的奥巴马和他的团队，紧张地注视着正在发生的一切。奥巴马任命的国家经济委员会主任劳伦斯·亨利·萨默斯和白宫经济顾问委员会主任克里斯蒂娜·罗默，出于对公平和道德风险的考虑，反对再偷偷实施更多救助。[1] 他们希望政府能够抓住、注资、再放掉所谓大而不能倒的金融机构，也就是说，先对其实行国有化，再迅速地私有化，在此过程中将之拆分。其他一些身居高位的学术大佬，主张更为强力的国有化。[2] 对学者们来说，瑞典在 20 世纪 90 年代修复其银行体系的做法极具吸引力：政府接管了有问题的金融机构，将其有毒资产转移到政府设立的"坏银行"，之后再逐渐出售这些资产。这些改组后的银行将得到政府的注资，重新开门营业，原有的股东被置换掉，原有的高管被扫地出门。

但奥巴马的政治参谋，从幕僚长拉姆·伊曼纽尔以下，担心更棘手的是政府还必须回头去找国会要更多的钱，为银行注资。对很多美国人来说，银行国有化，哪怕是短期的国有化，都是不可接受的，更不用说还有一批一批的银行游说集团。支持银行国有化的学者们不像盖特纳那样经历过最近一轮的救助行动，他们的观点过于理想化，总觉得从国有化再到私有化，可以一帆风顺。白宫的顾问们考虑，能否拿一家银行做实验，试试看瑞典模式管不管用。花旗银行仍在风雨飘摇之中，或许能做个试点，但要是想这样做，工作量大得惊人。

盖特纳反对任何可能打断企业正常运转和复苏势头的政府干预。他焦虑的是，如果一家银行被国有化，人们将担心其他银行也会步其后尘，于是纷纷卖出股票，预言自我实现。他怀疑能否实现短期国有化，认为这些干预将破坏市场，使国有化的金融机构难以卖出股票。就这一点而言，盖特纳是对的。英国之后采取了国有化措施，在实施过程中才发现退出是何等艰难。

如果不实行银行国有化，那总要找到替代方案。但说起来容易，做起来难。尤其是在新政府刚刚成立之时，更是限制重重。罗斯福总统上台之后，他的左膀右臂——雷蒙德·莫利和威廉·哈特曼·伍丁就曾遇到过这一问题。保尔森的财政部混乱嘈杂，盖特纳的财政部人手不足。提名重要的官员需要花费时间，而且能不能得到国会批准尚且难说。在保尔森治下，财政部里的经济学家和金融专家本就不多，而盖特纳手下的更少。

当年，罗斯福总统的手下提不出方案，只得照搬胡佛政府的银行复兴计划。盖特纳的计划也不过是借助 TARP，利用杠杆作用扩大其效果，从银行手中购买有毒资产。从实质上讲，这是 TALF 的扩展。TALF 主要用于购买消费贷款，TARP 则用于购买以抵押贷款为基础的资产、房地产贷款和 CDO。这就是 2009 年 3 月 23 日出台的公私投资计划的实质。TARP 中有 220 亿美元专门用于支持公私投资计划。

在其他方面也能看出政策的连贯性。和保尔森的政策一样，盖特纳提出的购买证券的政策同样需要私人基金经理的介入。[3] 这就需要提供一种激励机制，让基金经理能够置身局中。换言之，如果私人基金经理为政府买入证券，他们自己需要以同样的价格买入证券，以此保证他们不会大手大脚地把政府的钱花掉。除了动用 TARP 的资金直接购买证券，财政部、联邦存款保险公司和美联储还为投资者购买的证券提供了

85%的托底担保，正如它们为花旗集团和美国银行可能出现的资产损失承担90%一样。[4]

和之前的政府对策一样，公私投资计划深受诟病。公私投资计划晦涩难懂。这一方案依靠抵押资产的证券化，还利用了杠杆，而这些金融工程工具恰恰是导致危机的祸根。这一方案包含了另一个大包大揽的担保，这可能会让纳税人遭受损失。看起来，这一方案是用高价买入有毒资产，因为银行不可能赔钱卖给政府。

但最严重的问题和当年困扰保尔森的证券购买计划一样，在于政府需要充足的时间才能实施这一方案。美联储花了4个月的时间才使得TALF正式运转。财政部缺乏有经验的工作人员。直到2009年9月，公私投资计划才开始运转。这一方案原计划从银行的资产负债表上转移出1万亿美元的坏资产，但实际上仅仅销掉了400亿美元，不过是九牛一毛。

———

由于国有化方案在政治上不可行，而公私投资计划又缺乏进展，财政部只好诉诸备选方案，即对银行进行压力测试。在2月10日的一次记者招待会上，盖特纳透露了这一方案，但宣传效果奇差，大家的关注仍然是资产购买计划。如今，压力测试成为战略重点。美联储和联邦存款保险公司的专家与财政部的工作人员一起，设计了不同的情景，测试银行的抵押贷款、信用卡贷款、汽车贷款和其他资产在不同情况下的表现。19位大银行的主管及其监管机构，需要预测在出现负面变化的情况下，可能出现的损失。所谓的负面变化，就是最糟糕的情况的委婉说法。如果银行的储备金太少，不够填补窟窿，就需要补充资本金。如果不能自己从市场上筹集资本金，它们就得接受政府的资金。如果只有确实有需求的金融机构来找政府，纳税人的负担就会减轻。如果每家银行都有了充足的资本金，投资者就能放心。如果银行有了充足的资源，能够准备应对潜在的损失，它们就可以更大胆地贷款，从而鼓励经济复苏。

但是，不管是投资者、大众，还是白宫，都对这一方案表示怀疑。监管者没有足够的经验，怎么能够评估复杂的证券？于是不得不倚重银行以及银行的内部评估模型。如果评估的结果太过乐观，银行需要补充的资本金太少，大家会觉得压力测试不过是一场秀；如果评估的结果过于悲观，需要补充的资本金太多，银行可能根本无法筹足，不得不求助政府，这就会使政府不得不实施银行国有化，而无论是投资者，还是政府，都不愿意看到这种结局。不管出现何种情况，市场信心都会受挫，根本无法得以提振。

压力测试将遇到"金发姑娘定律"①：粥不能太烫，也不能太凉。因为无法用当时的市场价格评估银行的资产，银行可能会调整模型里关于价格的预测，制造出正好合适的结果。或者，它们会调整模型关于未来收益的假设，以得到想要的结果。

压力测试的结果并不出人意料。最终估计的结果恰好是 750 亿美元，位于最低的预测值 350 亿美元和最高的预测值 1 250 亿美元之间。[5] 既不能太低，太低了看起来像是政府送的大礼；也不能太高，太高了银行筹不到那么多的钱。这一数字比数月前政府要求 9 家最大的金融机构所接受的 1 250 亿美元注资的规模要小，也比财政部的 TARP 所剩下的钱要少。

结果公布之后，银行股价开始上涨。[6] 事后来看，这意味着危机已经进入尾声。但直至今日，我们也不知道为何如此。和保尔森一样，盖特纳也不认为银行已经资不抵债。他相信假以时日，再加上投资者的帮助，银行将回到健康发展的轨道上。不少专家信誓旦旦地讲，银行体系

---

① 金发姑娘定律：出自童话《金发姑娘和三只熊》，金发女孩走进了三只熊的房子，尝了三碗粥，试了三把椅子、三张床，最后选了不烫不凉的粥、不大不小的椅子、不长不短的床。——译者注

第 20 章 压力与刺激

已经资不抵债，必须补充大量的公共资金，才能稳定局势。就此事而言，专家们错了，盖特纳是对的。银行没有迅速恢复信贷，它们还在小心翼翼地用脚趾头试探水温，但是它们已经补充了资本金，慢慢地恢复了业务。

这需要投资者的一点点信心。压力测试和之前救助贝尔斯登、花旗集团以及美国银行时的不同，不是在一个周末匆忙出台的，而是经历了一个较长的过程，这恰好有助于恢复市场信心。表象决定了事实，这就是银行的本质，市场信心在旁观者的眼中。

1933 年，罗斯福总统宣布银行暂停营业的决定，也起到了很好的保护作用。政府郑重宣告，只有资产大于负债的银行才能重新营业。事实上，在之后的两个星期之内，根本不可能对每一家银行进行全面审查，但政府随后还是允许大多数银行重新营业了。政府只是口头担保，声称这些银行的资本金都很充足，市场就相信了。

如今，压力测试和银行休业政策一样，看起来非常严肃郑重，于是市场又相信了。借助这一案例，回头去看 1933 年的银行休业政策，或许我们会有新的观察视角，或许我们必须承认，这些政策都有摆拍的成分在内。

然而，这种看上去是表彰成功的徽章，其实代表政府提供的巨大支持。19 家最大的金融机构得到了特殊待遇，财政部宣称它们的资产都大于负债。其中 9 家不需要资金支持，包括高盛、摩根大通等；花旗集团、美国银行以及一些较小的金融机构只要筹集 750 亿美元的资本金就能达标，至少按照财政部的说法是这样的。既然财政部已经出具了"健康证明"，如果它们出了问题，那么肯定不是它们自身的原因，所以就需要政府出面提供救助。

这一政策非常像 1933 年的《紧急银行法》。《紧急银行法》允许美联储通过给商业票据贴现的方式，为商业银行提供流动性，以便它们能够满足储户提现的要求。和 1933 年的政策一样，这一政策固然可以稳定金融体系，但同时带来了巨大的道德风险。

或许，和1933年一样，最后导致局势好转的，并不是救助银行体系的政策，而是其他政策。

———

更为重要的政策很可能是奥巴马政府推出的7 870亿美元的财政刺激政策，以及美联储连续三轮推出的QE。财政刺激政策引发了无休无止的争议，直到现在也没有停息。对有些人来说，看看20世纪30年代的历史，该怎么做其实非常清楚。胡佛和罗斯福都没有制定足够的政策以补充私人部门支出的减少。尽管新政推出了很多公共工程，比如大古力水电站和三区大桥，但这些工程增加的支出规模有限，不足以显著降低高达两位数的失业率，这确实令人遗憾。在利率几乎为零的情况下，增加公共开支，几乎不可能挤出相应规模的私人支出。白宫经济顾问委员会主任克里斯蒂娜·罗默的研究表明，大萧条时期财政刺激的规模太小，对当时经济复苏的贡献有限。[7]

这是奥巴马总统希望避免的失误。在短短三个多星期的时间内，奥巴马团队拿出了一份长达1 100多页的法案，这实属不易。就算与当年罗斯福的百日新政相比，这样的效率也不遑多让。罗斯福之后的各任总统都曾经认真地研究过百日新政，奥巴马比绝大多数的美国总统都学得好。众议院拨款委员会主席戴维·欧贝称赞这是"20世纪30年代之后国内政策的最大变化"。《华盛顿邮报》事实上在为国会政客、游说者和承包商说话，该报认为刺激法案代表"一个新意识形态的时代的到来。联邦政府将肩负起拉动经济复苏的主要责任"。[8]

期望如此之高，失望也就在所难免。在等待就任之前，罗默和副总统拜登未来的经济顾问贾里德·伯恩斯坦，利用一个简单的模型测算出了如要抵消私人支出的减少，需要增加多大规模的刺激政策。这首先需要测算出私人支出的下降，再估算需要填充的缺口。罗默和伯恩斯坦将估算结果除以经济学教科书中经常假设的财政乘数。[9]这有何难？

其实，存在不少难点。首先，出乎所有人的预料，产出已经开始急剧下跌，这意味着失业率很快将攀升，罗默和伯恩斯坦的估计太过乐观了。考虑到这次危机的与众不同之处，企业在无法得到贷款之后，以前所未有的速度压缩产量、出清存货，政府的预测根本没有考虑到产出会如此急剧下滑。此外，失业率并没有像之前预测的那样，到8%的水平就趋于稳定。这些问题给反对刺激政策，主张回归财政平衡的人提供了很好的"弹药"。

其次，最后出台的刺激政策的规模小于罗默和伯恩斯坦所建议的。他们的模型表明，要想弥补产出缺口，需要1.2万亿~1.8万亿美元的刺激规模。但只要超过1万亿美元，国会里的民主党议员就会心脏狂跳。共和党讽刺民主党只会收钱、花钱。他们利用美国大众对大政府本能的反感，大肆攻击国会。众议院少数党领袖约翰·博纳说："这个法案本应是为了就业、就业和就业，现在则不过是关于花钱、花钱和花钱。"

尽管奥巴马已经赢得了选举，但下一次中期选举两年之后就开始了。如果仍想要民主党控制国会，就不能让赤字扩张太快。1万亿美元是大多数国会议员心目中的刺激政策的上限。于是，很多人出来争辩，最多8 000亿美元就够用了：刺激规模太大会带来市场的恐慌；失业率仍居高不下，再刺激也没有用；不是所有的人都相信国有化。根据政治的目的，不同的经济理论轮番上阵。

少数白宫战略家寄希望于国会能解决他们的问题。参议院和众议院一定会争吵不休，都想把自己的东西塞进来，最后的法案会越来越长，比政府最早想要的还长。但这一幻想忽视了政坛上的新生力量——茶党。茶党是民粹主义者的松散联盟，主张要用一切手段缩小政府规模，众议院中的共和党茶党分子采取的对策是拒不合作。白宫的乐观看法忽视了危机爆发以来，尤其在救助方案上，内部逐渐积累的怨气。

如果总统和政府相信大规模刺激政策是对的，他们可以在选举中宣传这一政策。奥巴马可以借助他在这一次选举获胜中得到的政治支持说服大家。他可以试图拉拢共和党党内的中间派参议员，比如来自像缅因州和宾夕法尼亚州这样的"摇摆州"的参议员。他可以越过国会的大佬们，直接与美国民众沟通。但奥巴马并没有一往直前，而是在小心地计算各种选择的胜算概率。他没有直面挑战，而是寻求妥协。他的经济顾问本来可以帮忙说明情况，但他们相互之间存在不同意见。他的政治顾问认为，大张旗鼓地刺激经济，不是对总统政治资本的最佳利用方式。

最后，究竟该选择已经准备就位的短期工程，马上取得立竿见影的效果，还是选择长期工程，从根本上更新美国的基础设施、能源利用效率，并且为美国人民投资？这也存在分歧。如果集中于那些可以尽快开工的项目，就能够迅速地遏制危机。如果不能马上扩大支出，就无法打破私人部门去杠杆和金融部门损失增加的恶性循环。集中于短期项目，还可以传递出信号，即刺激政策是非常时期的非常之策，一旦渡过难关，政府就会回归原位。考虑到这些因素，整个刺激政策中有一半以上的项目都集中在 2009—2010 年。

但如果强调的重点是短期，那么美国的结构性改革就不可避免地被忽视了。盖特纳谈到，奥巴马非常想要一个能够鼓舞人心的项目，比如智能电网，却被他的政治顾问们否定了。[10] 奥巴马政府没有大古力水电站那样的项目来为其方案获得持续的支持。90 亿美元的高速铁路项目是个瘸腿的替代品。由于这些刺激政策没有带来任何看得到的建筑成果，反对者自然会诋毁其效果，并支持尽快取消这些政策。

美国经历的不是马上反弹的短暂的衰退，相反，美国进入了漫长的高失业时代。经济复苏如此缓慢，意味着如果投资于长期基础设施建设项目，经济可以受益更多。政府需要追加投资，制订一个全面的计划，不仅用于改善基础设施，还可以用于改善基础教育和研究，以便能让美国在 21 世纪的全球竞争中立于不败之地。

但这样做困难重重。如果对现有的 7 870 亿美元刺激政策进行调整，减少对州和地方政府的转移支付，把更多的钱花在长期的基础设施建设上，那么各州的失业率就会攀升，金融动荡会加剧，这是难以承受的代价。解决这一难题的办法本应是不减少对州和地方政府的转移支付，然后为基础设施建设再额外拨款。但在政治游戏中，既要求更大规模的刺激政策，又不在短期内相应压缩政府支出，还不知道这些钱到底花在哪些项目上，这是绝对不可能的事情。当决策者正为如何防范金融危机卷土重来而焦头烂额的时候，没有人能静下心来，思考长期的发展战略。

———

对刺激政策效果的评估见仁见智。但批评者若仅指出，失业率高达10.1%，比原来的政策目标整整高出两个百分点，是有失公允的。同时，若是像英格兰银行行长默文·金所说的，我们避免了一场大萧条，也会有偏颇之处。如果没有经济刺激政策，失业率会有多高？如果没有刺激政策，会不会真的出现和20世纪30年代大萧条一样的经济低谷？

想要回答这些问题，我们就要有相应的经济理论，能够比较在有经济刺激政策和没有经济刺激政策的不同情形下的经济体系的反应。如果是凯恩斯主义经济学模型，对财政乘数的估值会较高，对刺激政策的评价也会较高。如果是古典的充分就业模型，公共支出的提高会导致利率上升，于是，相当数额的私人支出会被公共支出挤出，这意味着刺激政策并无对产出的正向促进。在可以天马行空地创造模型的理论世界里，什么结论都有。

但模型的世界，尤其是世界本身，并不是天马行空的。理论依赖于证据的检验，来决定其是否符合外部的世界。随便举一个例子，古典模型认为，刺激政策会导致利率提高，而凯恩斯模型并不这样认为。在实践中，利率一直保持在低位，这对凯恩斯模型更为有利，对古典模型则不利。

政府机构，如国会预算办公室会为了政策决策，利用几种不同的模型预测经济前景。国会预算办公室主要选择那些结论和现实世界吻合程度较高的模型。根据国会预算办公室的几种模型测算，2010年第二季度，相较于没有刺激政策，有刺激政策能拉高美国的真实GDP 1.7%~4.5%。之后，刺激政策的效果逐渐减弱。[11] 2007—2009年，GDP实际下降了3.4%。国会预算办公室的预测中间值表明，如果没有刺激政策，产出的损失可能要高两倍。根据这一预测，相比于没有刺激政策的情况，刺激政策创造了200万~480万个就业岗位。[12]

其他国家的对策不一样，效果也各异，恰好可以作为对照，观察美国的情况。如果其他国家遇到的困难和美国的相似，但刺激支出相对较少，而如果其他国家的经济衰退持续时间更长、程度更深，就能说明刺激政策的效果。像IMF这样的国际组织经常做这种"反事实"的推理研究。曾任IMF首席经济学家的奥利维尔·布兰查德的研究表明财政乘数大于1（在他的研究中，对财政乘数估计的中间值是1.3）。这意味着，假设其他条件不变，2010年的4 000亿美元支出使GDP增加了5 200亿美元，或相当于13万亿美元经济总量的4%。[13] 这一估计和国会预算办公室的预测大体相似。

另一种策略是比较美国和其他国家在不同的联邦支出政策下就业和产值的差别。达特茅斯学院的詹姆斯·法伊雷德和布鲁斯·萨克多特就是采用了这种方法。他们发现对低收入个人的援助、基础设施投资的效果非常积极，总体来说，刺激政策的效果显著。按照他们的估计，刺激政策的效果比国会预算办公室和IMF的估计要低，但仍然相当可观。伯克利、斯坦福和MIT的一组经济学家采用了类似的方法。他们注意到，各州为公共医疗补助政策提供的配套资金差异很大（按人均标准，华盛顿特区居民得到的转移支付是犹他州居民的5倍）。他们的研究表明，配比基金每增加10万美元，能在一年内增加3.5个就业岗位；政府支出每增加10万美元，能拉动20万美元的最终支出。[14] 按照他们的研究，政府支出的效果比其他方式的效果更为显著。

最后，历史经验也有助于我们的思考。经济学家们花了80年的时间研究新政的效果，尽管没有达成一致意见，但在很大程度上，学者们弄清楚了哪些政策是有效的，哪些是无效的；哪些政策是重要的，哪些是无关紧要的；哪些政策本来是可以更好地施展身手的。学者们大多认为，如果实行了财政刺激政策，就能有积极的作用，反之则相反。如果货币政策能够把钱放进消费者的口袋里，比如1936年实施的老兵补偿金，或利用极低的利率增加对基础设施的支出，效果将更好。当利率几乎为零的时候，不管是用于扩军备战，还是其他目的，扩大公共支出都有利于经济。这些都说明，奥巴马政府的政策是有帮助的，但如果他们能够更加高瞻远瞩，效果可能会更好。

第 21 章　非常规政策

更非常规的是美联储的货币政策。有人指责美联储做得太多,有人指责美联储做得太少。指责美联储做得太多的学者认为,利率长期处于持续低迷的状态,最终会引发通货膨胀。但通货膨胀并没有出现。于是,这些批评者转而攻击美联储对信贷市场的干预,声称这会干扰市场,使美国金融体系无法得到必要的巩固。他们认为,美联储的所作所为增加了过多的市场资金,正如当初引发全球危机一样,这些过多的资金必然带来后患。

指责美联储做得太少的学者抱怨美联储已经忘记了要促进充分就业的使命。美联储过分关注信贷市场,而且遇到批评意见就裹足不前,不敢大胆采用非常规货币政策,实行的时候还要事先规定一个上限。这些做法破坏了政策原本能带来的效果,导致通货膨胀低于正常水平,名义收入陷于停滞。

雷曼兄弟破产之后,美联储开始向市场大量注入流动性。2008 年 12 月 16 日,美联储为联邦基金利率设定了 0~0.25% 的下限,开启了零利率时代。即使如此,这么低的利率也没有起到应有的效果。市场上避险情绪浓重,可以看得出来,不管是家庭还是企业,都不愿意贷款,也不愿意消费和投资。

接下来该怎么办？简言之，有三种选择（这是2008年12月15—16日在美联储的政策讨论会上谈到的话题）。第一种选择是由美联储发表关于未来政策走势的声明，引导市场预期，并由此影响支出。如果美联储通过发表声明，能够让公众产生未来通货膨胀将提高的预期，家庭和企业会觉得以后价格会更高，于是更愿意在当下花钱。[1] 1933年，罗斯福总统就用过这一招。他大声谴责"对所谓国际银行家的膜拜"，这一表态影响了对未来的价格和政策的预期。美联储或许可以用更平和的语言，表达同样坚定的信念。

美联储的官员遇到的挑战是在发布关于未来政策的声明时，如何才能让公众相信。如果通货膨胀超过了公众可以接受的水平，比如说2%，联邦公开市场委员会就会遇到压力，债券持有人和其他收入固定的人群就会表达他们的不满，美联储很快就能感受到政治压力。

货币政策决策者多年来相信通货膨胀就像怀孕，你不可能只怀一半孕。如果通货膨胀超过了合适的水平，央行可能就会失去控制力。央行将无法信守维护价格稳定的承诺，也就无法实现政策目标。有些经济学家经历过20世纪70年代的滞胀，有些没有经历过但学习过相关历史，那一段历史对官员的见识有很深的影响，也对政策抉择形成了制约。

基于这些原因，将通货膨胀率提高到2%以上，并保持在高位，诚非易事。发表这样的声明，会和央行维护物价稳定的宗旨发生冲突。在特殊的情况下，负责任的决策就是不负责任，比如在短期内允许通货膨胀率提高，这就是危机时决策的矛盾之处。这种观点过于曲折，和央行明白直接的风格格格不入。

联邦公开市场委员会试图找到一种既能被公众接受，又确实有效的方式。但问题在于，能够被公众接受的方式未必有效，有效的方式未必能被公众接受。从2008年12月开始，联邦公开市场委员会开始宣传，在当前的形势下可以"在一段时期内保持超低的联邦基金利率"。"在一段时期内"显然不如"直到失业率降至6.5%以下"，或是"直到经济增长率持续高于3%"给力。更为坚定的表态能够表明，央行关心的不仅是通货膨胀，它对其他政策目标予以同等的关注。当我们遇到一场前所未有的危机时，这样的表态是再合适不过的，这才是负责任的"不负责任的政策"。但美联储忍受不了这样的纠结。

第二种选择是采取明确的通货膨胀目标制。美联储可以选定一个通货膨胀目标，比如3%，并承诺是为了达成这个目标才采取所有可能的手段。在早期学术生涯中，伯南克是通货膨胀目标制的支持者。[2] 伯南克认为，采取一个正式的通货膨胀目标，更利于和市场沟通。央行可以更容易地解释为了达成这一目标而必须采取的措施。即使美联储为了应对经济衰退采取激进的货币政策，市场也不会认为美联储放弃了对价格稳定的承诺。这就加强了政策的有效性。

但这样的目标要想使人信服，就要经受经济的潮起潮落。这个目标要像一座灯塔，不管经济是繁荣还是衰退，都能照亮航程。但当经济低迷的时候，或许至少在短期内，通货膨胀目标应该设定得更高，这样才能充分刺激经济。然后，在经济复苏之后，通货膨胀目标也应相应调低。可是，如果人们知道，通货膨胀目标不像刻在石头上的那样不可动摇，那么，我们又怎么知道美联储是不是真的能信守承诺呢？[3]

也有人怀疑，当经济形势下行的时候，美联储有没有能力将通货膨胀率提高到3%以上。设定一个正式的通货膨胀目标，可能犯了政策决定者的一个大忌：不要设定一个自己根本无法控制的目标变量。数年之后，到了2012年，美联储部分地采取了通货膨胀目标制。美联储发表了"长期目标和政策战略声明"，提出与其宗旨最为契合的是2%的通货膨胀率。一年之后，联邦公开市场委员会提出，在失业率降至6.5%之前，将一直保持低利率。

2009年，不少人批评美联储的政策过于怯懦，他们主张央行采取数量指导。这一建议最终得到了实施。但在2009年，当经济正处于危机之中时，采取这种数量指导的共识并不存在。[4] 在过去数十年里所形成的货币政策制度框架一直强调的是如何保持较低的通货膨胀率,这一制度框架至今仍然影响政策的制定。当联邦公开市场委员会里的大部分联邦储备银行行长回顾历史的时候,他们能够想到的都是20世纪70年代通货膨胀的急剧攀升破坏了央行的信誉。像数量指导这样的在非常规的情况下适用的非常规政策工具还不在他们的考虑之内。

———

最后一种选择是购买资产。通过这一方式,美联储可以发出信号,表明防范通货紧缩的决心,并改变市场预期。美联储可以借此向某个特定市场,比如住房抵押贷款市场提供信贷。将联邦基金利率降至零,能够影响银行间相互借贷的短期利率,但对抵押贷款利率和公司债的作用就很间接。通过购买以资产为基础的证券,美联储可以直接影响长期利率。

2008年11月,美联储推出了QE1(第一轮QE)。美联储宣布,将从房利美、房地美和联邦住房贷款银行购买6 000亿美元的贷款和证券,并通过TALF购买1 800亿美元的消费贷款。2009年3月,美联储提高了购买与抵押贷款相关的资产的上限,并宣布将购买3 000亿美元的长期国债。要想有效地影响市场预期,美联储应该宣布,除非通货紧缩的风险消失,否则将不断地购买资产。但QE1的规模相当有限。投资者通过分析美联储的资产负债表,就能发现这一政策的终止时间。很显然,美联储购买的资产大部分到2009年下半年就到期了。

伯南克及其联邦公开市场委员会的同事们不愿做出无条件的承诺。他们急切地想要安抚每个人。他们想让大家相信,美国经济尽管遇到了麻烦,但不会陷入类似日本在20世纪90年代所经历的那种旷日持久的衰退;美联储也没有到走投无路的时候,不需要做出无条件的承诺。他们说,美联储的操作是有选择的,像外科手术一样精准。它要将金融系统的堵塞的血栓清除,让信贷的血液畅通无阻。伯南克坚持认为,美联储实行的"信贷宽松"政策,是为了让特定的信贷市场重新顺利运转,跟日本当年采取的"QE"是两码事。

"信贷宽松"和"QE"之间不过毫厘之差,强做区分,反而影响了这一政策的有效性。在 2009 年和 2010 年,通货膨胀预期仍然停留在几乎为零的危险区域。私人部门每月增加的就业人数低于 10 万,这远不能带动失业率下降。欧洲债务危机已经波及美国,很多人担心美国经济会出现二次探底。不管在美国国内,还是在国际上,人们普遍担心美国经济复苏步伐太慢。这些担心表明,美联储应该实施更多政策。2008 年,联邦公开市场委员会主要担心通货膨胀;到了 2010 年,他们开始担心类似日本当年那样的通货紧缩。一个明显的例子就是,圣路易斯联邦储备银行行长詹姆斯·布拉德,过去是反通货膨胀的急先锋,如今也转入反通货紧缩的阵营。[5]

这是一个不可思议的例子,一位联邦储备银行行长居然能够在观念上脱胎换骨。4 年多来发生的变化,以及央行管理部门对货币控制的批准,都要求政策进行巨大的转向。米尔顿·弗里德曼和安娜·J. 施瓦茨等学者对大萧条的研究很可能在这种思想转变中发挥了作用。

但直到 2010 年年底,美联储每月仅购买 300 亿美元的国债,仅避免了因为以前购买的证券到期而导致的资产负债表萎缩。[6] 美联储之所以不敢放开手脚,是因为外部的批评意见太多,指责美联储的政策将带来恶性通货膨胀的声音从未休止。尽管这些批评意见大多来自媒体的财经评论员,他们这么批评美联储不过是为了哗众取宠,但美联储的官员们还是不敢对此置之不理。这不禁让人回想到,1931 年,英国脱离了金本位,在清楚地看到德国式的通货膨胀根本不可能出现之前,英格兰银行同样举棋不定,迟迟不愿降息。

另一种批评意见质疑美联储购买资产政策的有效性。这种批评意见认为,美联储只不过制造了不确定性,并没有解决问题。他们担心,如果日后利率提高,美联储购买的长期债券会赔钱。他们预言会出现资产价格的泡沫。如果说QE会让消费者和企业把未来的消费转到今天消费，也就是说，QE就会减少未来的消费，于是，美联储就得不停地使用QE，永无止境。他们指责，美联储提供廉价流动性的做法，将影响国会和总统为那些资本金不足的金融机构继续注资的决心。他们声称，美联储应当意识到，美国经济遇到的更严重的问题是新房屋供给过剩、家庭部门负债沉重，应该将资源从房地产业转移到其他行业，而这都不是货币政策能够解决的。

批评者认为，由于QE1主要用于购买和住房抵押贷款相关的证券，所以阻碍了房地产市场不可避免的调整。这一结构性调整需要国会痛下决心。美联储的QE恰好让国会松了一口气，但也因此错失了良机。这些批评者认为美联储已经越位，不再仅仅是货币的忠实仆人。要是美联储再出格，国会就得好好管教一下了。

这些批评意见有没有道理，暂且不论；美联储的QE是利大于弊还是弊大于利，也不管它。可以肯定的是，这些批评意见导致联邦公开市场委员会不敢大胆行事。

————

在这一政治背景下，QE2（第二轮QE）的出台时间就不足为奇了。QE2的推出时间是在2010年11月3日，正好是国会中期选举的次日。QE2的主要内容是购买6 000亿美元8个月以上的国债。QE2购买国债的速度是一年前的2.5倍。和推出QE1时一样，市场的反应非常积极。2011年年初，通货膨胀预期从几乎接近通货紧缩区域的1.4%，上升到了更健康的3%。

QE2受到了共和党的攻击。共和党刚刚获得对众议院的控制。按照共和党的说法，QE2将引发严重的通货膨胀。QE2压低了国债利率，政府更容易借钱，因此减轻了国会和白宫解决美国债务和赤字问题的压力。QE2向金融市场注入了大量流动性，这些洪水不是今天泛滥，就是明天泛滥，这将带来更加棘手的危机。

与此同时，欧洲、亚洲和拉丁美洲的财政部部长一直抨击QE2，认为它导致美元贬值。他们把QE2描述成美国以他国利益为代价，解决自己的问题的决策。巴西财政部部长吉多·曼特加声称美联储制造了货币战争，德国财政部部长沃尔夫纲·朔伊布勒指责美联储"用印钱的方式人为地压低美元汇率"。[7]这些国际舆论背后的利益各有不同：欧洲的反对者担心，欧元相对美元更为坚挺，将损害欧洲边缘国家的利益，给正在危机中的欧洲雪上加霜；拉丁美洲国家也担心本币相对美元升值，会使其竞争力受损。美国的低利率导致资本从美国流向收益率更高的新兴市场，并酿成资产价格泡沫和过度借贷。尽管各国受到的影响不同，但各国的共同之处在于都对美国的货币政策不满。

历史将证明，这些批评都是片面的。和反对者们预期的恰恰相反，通货膨胀一直低于2%，不仅在QE实施期间，而且持续了数年时间。美国经济遇到的最大问题不是要在预算赤字、结构性问题与需求不足之间进行取舍，而是这些困难是同时存在的。美联储有足够的能力解决需求不足的问题，但这不影响决策者们解决其他问题。美联储实施QE2并没有阻挡美国政府解决预算赤字的问题，美国政府如果愿意，当然可以向富人征税，或通过自动减支限制可自由支配开支的增加。有一种观点认为QE鼓励家庭和企业提前预支支出，并使美联储无法停下实施QE的步伐。这种观点建立在一个错误的假设之上，即支出的总量是固定的，只能在不同的时间再分配。

外国官员没有去深思，如果美联储没有采取行动，他们的日子是否会更好过。如果美联储作壁上观，美国经济陷入衰退的泥潭，将对其他国家带来沉重的打击。不管有没有道理，他们的批评意见终归使美联储很难保持原有的政策，更不用说进一步加大政策力度。2010年11月，奥巴马总统到韩国首尔参加G20峰会的时候，受到了各国官员的批评。奥巴马本来想把自己装扮成国际经济金融合作的领袖，但美联储爆炸性的QE2使首尔G20峰会更像是失败的1933年世界经济会议。

由于不愿意加大政策力度，美联储的政策只是权宜之计。2011年年初，通货膨胀预期一度回升到3%，但到了初夏，当市场预期QE2将要结束的时候，又跌至1%。和QE1一样，美联储在实施QE2的时候不敢做出无限制的承诺，于是这一政策又变成了短暂的兴奋剂。

到了第三次，魔咒总该应验了。2011年9月，美联储宣布其持有的短期国债将要到期，所以会用这些资金购买10年期的长期国债。这一计划是为了压低10年期国债和抵押贷款的利率，以此刺激房地产市场和投资。这一政策并不需要扩张美联储的资产负债表，而是将其资产组合进行调整，更多地投资于长期票据，以压低长期利率的相对水平。或者说，这是为了扭转利率期限结构。

这一新政策被称为"扭转操作"。用这样一个标签，是为了表明这不是QE3，意在减少对这一政策的攻击。扭转操作曾经有过先例。1961年，美联储曾经使用过扭转操作，一方面，为了鼓励投资而压低长期利率；另一方面，为了维护国际收支平衡而保持较高的短期利率。2011年，美联储在正遭遇激烈的政治攻击时，搬出这样一个先例有助于抵挡炮火。之所以要维持美联储的资产负债表规模不变，也是因为要说服联邦公开市场委员会里担心QE会带来通货膨胀压力的成员。

最初的计划是从2011年10月到2012年6月，购买4 000亿美元的长期国债。到了2012年夏，就业增长率仍然很低，于是，美联储决定将项目延长到年底，但里士满联邦储备银行行长杰弗里·拉克尔持保留意见。9月，美国经济仍然疲弱，美联储拿出400亿美元购买抵押贷款证券，这自然是毫无疑义的QE3了。12月，失业率仍然高达7.7%，联邦公开市场委员会决定继续以每月450亿美元的速度购买国债，但到这个时候，美联储持有的短期债券已经告罄，无法再以出售短期债券的方式购买长期国债。同时，美联储还继续购买抵押贷款证券。杰弗里·拉克尔继续投反对票。

到这时候，政策已经与最初的设想大相径庭。美联储第一次发布无限制的承诺，声称将在经济复苏之前一直保持低利率并购买证券。只要失业率超过 6.5%，通货膨胀率低于 2.5%，美联储就一直保持宽松的货币政策。这一声明是为了影响预期，而且的确达到了效果。2012 年下半年，通货膨胀预期已经降至零，甚至进入负值，现在又回升到 1% 左右。

但通货膨胀预期并未进一步提高。这一水平距离美联储设定的 2% 的目标仍然存在差距。美联储仅承诺按照以前的速度购买证券，并没有进一步扩大购买规模，这可能是通货膨胀目标仍然无法达成的重要原因。

――――――

评估财政政策有效性的主要困难在于不同的模型有不同的结果。衡量 QE 的主要困难在于几乎没有可用的模型。各国央行所采用的宏观模型通常并不区分不同的金融市场。这些模型无法有效地捕捉金融市场的变化是如何影响经济体系的，这可能正是 2008 年之前的金融不平衡没有被发现的原因之一。

政策的评估和政策的制定一样，大多数时候都是凭感觉。需要观察的先是利率的变化。QE1 实施之前，10 年期国债收益率为 3.35%，到 2008 年年底已降为 2%。但问题在于，这一下降在多大程度上是实施 QE 所致，在多大程度上是其他因素所致。经济疲弱、对通货紧缩的担心、逃向安全资产，这些因素都会压低国债收益率。人们还想知道，这些效果能够持续多久。2009 年，国债收益率开始上升，这使有些批评者认为 QE 只能产生短期影响。人们还想知道 QE 对风险更高的资产的影响，因为这对私人投资决策的影响更大。最终，人们想要知道的是，QE 对就业和经济增长的影响。

政策分析者别无良方，只能通过搜集破碎的信息拼凑出一个答案，就像孩子用乐高拼出高楼大厦一样。为了测算美联储的资产购买计划对 10 年期国债和以抵押贷款为基础的证券的影响，学者们比较了这两类

第 21 章　非常规政策

资产在实施 QE 前后的收益率的变化，再比较国债收益率变化对公司债的影响。最后，为了测算 QE 对产出和就业的影响，他们把公司债收益率的变化代入一个更为复杂的经济模型。

这一测算方法的第一步是检查 QE 实施前后 10 年期国债收益率的变化。考察一个较短的时期，比如 QE 宣布前后的一天，如果在此期间国债收益率出现了变化，那么很可能是政策本身，而非其他因素发挥了作用。约瑟夫·加依和其他几位美联储的研究者用这一方法研究了 QE1 的影响，他们比较的就是政策宣布前后收益率的变化。[8] 他们发现 10 年期国债收益率下降了不到 100 个基点。[9] 如果联邦基金利率没有降至零，美联储至少需要将其下调 200 个基点，才能达到这一效果。

10 年期国债收益率比 2 年期国债收益率的下降速度更快。这意味着，声明之所以有效，主要是因为它表明了美联储将把市场上的长期证券抽干。投资者一开始对联邦公开市场委员会心存疑虑，以为资产购买计划不过是为了把政策利率继续保持在较低的水平。如果他们确信如此，声明应该同样对短期利率有影响。这说明，如果 QE1 规模有限，对未来美联储政策的预期只会有有限的影响。

在 4 位美联储研究人员的研究之后，阿尔温德·克里希纳穆尔蒂和安妮特·维辛-乔根森同时研究了 QE2 和 QE1 的作用。[10] 他们不仅考察了国债收益率，也考察了抵押贷款证券和公司债的利率，这两类利率对房地产市场和公司投资的影响更大。此外，他们观察了美联储声明发布前后几分钟内和几个小时之内的变化。选择如此短暂的观察期，是为了保证利率的变化不会受到其他因素的干扰。[11]

克里希纳穆尔蒂和维辛-乔根森发现 QE1 和 QE2 使 10 年期国债和其他相对安全的资产的利率下降了。更重要的是，在 QE1 中，美联储购买了超过 1 万亿美元的抵押贷款证券，这影响了风险更高的抵押贷款证券的收益，并对公司债产生了较小的负面影响。[12] 与之相反，QE2 仅包括对国债的购买，因此只对抵押贷款证券产生了较小的影响，对公司债没有影响。这可能说明了为什么在 QE3 中，美联储再次购买抵押贷款证券，房地产市场也随之在 2013 年出现了复苏。

当美联储购买安全资产的时候，安全资产的利率能够被成功地压低。有时候，美联储也会购买非安全资产，但只会偶尔这样做，因为这样做的政治争议很大。当美联储购买非安全资产的时候，非安全资产的收益将被压低。不管在哪一种情况下，资产购买计划都未能让市场相信，美联储将在很长时期内保持低利率，并提高通货膨胀预期。克里希纳穆尔蒂和维辛-乔根森确实发现，通货膨胀保值债券的价格出现了一些变化，表面 QE 对通货膨胀预期产生了温和的积极作用。他们还发现，QE 对短期国债利率有温和的负面影响，投资者似乎将这些声明视为美联储将进一步保持低利率的表态。很显然，美联储采用 QE 的次数越多，就越容易成功地说服投资者相信，政策将按既定方向行事。

尽管如此，通货膨胀预期还是始终低于美联储所设定的 2% 的目标。事后来看，如果购买规模更大，声明更为大胆，效果会更好。但在当时既定的政治压力下，这是难以做到的。

最后，我们也可以用经济学模型，模拟如果美联储没有采取资产购买计划，历史将何去何从。2011 年年初，时任美联储副主席珍妮特·耶伦用美联储内部的经济模型做了测算。[13] 结果表明，如果没有 QE1 和 QE2，失业率可能会提升 1%~1.5%，私人部门可能将减少大约 200 万个就业岗位。

如前所述，此类模型并不擅长处理金融市场和经济系统之间的关系。尽管如此，这可能是我们能够得到的最好的分析。如果配合对财政刺激政策效果的分析，可以大致看出，失业率能够从 2009 年 10 月的 10% 下跌到 2013 年年初的 7.5%，主要得益于宏观刺激政策。正如默文·金所言，决策者防止了一次大萧条。他们避免了失业率长期保持在 10% 以上。

但他们本应做得更好。由于他们未能做得更好，经济复苏迟迟未见起色。

第 21 章 非常规政策 333

Hall of Mirrors

Part IV: Avoiding the Next Time

第四部分
避免重演

第 22 章　华尔街和商业街[①]

奥巴马政府和罗斯福政府一样，在应对经济危机的时候，采用的政策并不只有财政和货币政策。奥巴马政府也采取了一系列针对特定行业的政策，包括房地产业、汽车业和金融业。[1] 但奥巴马政府的政策，无论从初衷还是成效而言，鲜有堪比新政政策的。

尤其是，奥巴马政府试图以抵押救济的方式帮助处于困境的住房所有者，但和 20 世纪 30 年代房主贷款公司的成就相比有霄壤之别。在过去的 70 多年里，住房金融发生了巨大的变化，重组抵押贷款不可避免地会带来巨大的损失。这些损失要么由银行承担，要么由纳税人承担，而无论如何处理，都将给政治和经济带来严峻的挑战。与此同时，2010 年通过的《多德-弗兰克法案》无法比肩 1933 年的《格拉斯-斯蒂格尔法案》及 1934 年的《证券交易法》。当然，决策者在这一次应对危机的时候更为成功地运用了财政和货币政策，因此得以避免一场经济浩劫。正是因为避免了一场浩劫，政府才疏忽大意，使在原有的金融体系中获益的既得利益集团重整旗鼓。政府放弃了根本性的改革。

---

① 商业街（Main Street），即主街，美国的城镇中多有以商业街为名的街道。华尔街和商业街，意指金融界的利益与普通民众的利益对比。——译者注

2005年，住宅建造占美国GDP的6%，这是历史上的峰值。如今，这一比例已经跌至2%。自然，在衰退时期，建筑业总是下滑得更严重，但令人担忧的是，在经济已经开始回暖之后，为什么住宅建造仍然疲弱，并拖累整体经济。

观察家们解释建筑业所面临的困境时指出，在2006年之前建筑业的规模过于膨胀，而且这场衰退程度深重，使潜在的住房购买者受到拖累。银行业和抵押贷款市场出了麻烦，使小区和单元楼的建设难以得到资金支持。过去，抵押贷款的发放者不受什么管制，如今，风向标已经转向。监管者加强了对住房贷款的审查。

最重要的是，2009年年初6 000万住房抵押贷款的借款人中已经有400万还不起贷款，面临着丧失抵押品赎回权的风险。房地产市场上库存积压如此严重，只有异常乐观的开发商才敢开发新的住宅。此外，还有1 000万~1 500万借款人的债务已经超过了其住房的价值。虽然他们现在还住在自己的房子里，但随时有可能被迫搬出，把房子甩给银行。不仅建筑业遭受重创，银行业也遍体鳞伤。不少小区人去楼空，整个小区的房价都受到影响。最为痛苦的是那些被迫搬家、失去住房的家庭。

在20世纪30年代，房主贷款公司的任务就是帮助缓解这些问题，[2]但这一次没有房主贷款公司了。奥巴马政府仅采取了一系列有限的措施，而且这些措施还没有达到预期效果。奥巴马政府采取的住房可偿付调整计划，主要是想为银行和抵押贷款服务商提供金融支持，让它们减少400万无法支付月供的业主的利息。符合条件的服务商能够得到每笔抵押贷款1 000美元的预付款，如果借款人能保住住房，服务商还能得到额外的支持。截至2013年年底，该计划仅仅支持了130万笔抵押贷款。政府为此付出的资金不过是TARP的1/4。

住房可偿付再融资计划是为了帮助500万尚未失去抵押品赎回权，但遇到资金困难的业主，让他们以较低的利率再融资。符合这个项目要求的抵押贷款必须是已经被房利美和房地美购买的抵押贷款。好处在于，房利美和房地美或直接拥有，或提供担保，已经覆盖了美国大部分住房贷款；不好的地方在于，房利美和房地美的独立管理者爱德华·德马科拒绝参与这一项目。德马科的使命是让这两家政府支持的企业重新获得生机。截至 2011 年年中，这一项目只帮助了大约 100 万房屋所有者。到 2013 年年底，危机已经过去整整 6 年了，只有不到 300 万房屋所有者得到了帮助。奥巴马政府还采取政策向失业的房屋所有者发放贷款，向州政府增加转移支付，让州政府帮助可能失去抵押品赎回权的房屋所有者。这些政府项目大约只帮助了 1/30 的房屋所有者，而在 20 世纪 30 年代，大约 1/10 的房屋所有者获得了援助。

决策者面临着道德和预算之间的两难选择。如果一项政策是专门援助无法偿还贷款的房屋所有者，那就是让那些也受到危机影响，但仍然坚持偿还贷款的人纳税，并用那些纳税人的钱去帮助借钱不还的人。如果政府一视同仁，给 2 000 万抵押贷款负担已经超过其房屋价值的住房所有者提供援助，那就要承担沉重的财政负担，这在政治上是不可接受的。

换一个思路来说，丧失抵押品赎回权的问题，原本是可以通过修改相关法规来解决的。可以授权法官在私人破产程序中对抵押债务进行重组，正如他们可以对其他债务进行重组一样。[3] 奥巴马在当参议员的时候推动过相关的立法，在成为总统候选人的时候支持过这一方案，但到了担任总统的时候，他犹豫了。这样做会让银行承担更多的损失，而银行希望，或幻想着一旦房地产市场好转，它们的问题就能迎刃而解。有些亏损必须被核销，但银行总希望拖一拖，认为到形势好转了再核销也不迟。

尽管银行已经到了要被政府救助的地步，但它们的游说能力仍然很强。社区银行四处游说，反对立法部门允许破产案审理法官干预银行的抵押贷款组合。这些银行在 20 世纪 30 年代曾四处游说，反对存款保险制度。[4]这增加了改革的难度，立法部门允许法官关于抵押贷款组合的提议或许无法在参议院获得绝大多数赞成票。若一项改革政策会让贷款人遭受损失，它也会和财政部打算振兴金融体系的计划冲突，因为振兴金融体系需要银行依靠自己的盈利逐渐回归健康状态。财政部部长盖特纳反对任何可能使银行遭受损失的政府干预。财政部偷偷地告诉参议院，破产法改革不是其政策重点。想要修改有关立法的提案无疾而终。

有人认为，这次和20世纪30年代最大的不同在于，当时采取了果断的措施解决银行业危机。罗斯福总统宣布实行银行歇业，关闭坏银行，只允许资本金充足的银行开业。据说，正是因为银行经过大刀阔斧的改革，所以才能承受抵押贷款债务重组带来的冲击。[5]但是正如我们已经讨论过的，这一观点是不正确的。罗斯福总统不过是提供了一个让大家都冷静一下的机会，说了一些安慰大家的话，并通过1933年的《紧急银行法》，增强了美联储充当最终贷款人的能力。无论当时还是现在，银行都过于衰弱，经不起政府强制它们去承受过多的损失。房主贷款公司当年只从那些愿意出售的金融机构购买抵押贷款。

事实上，房主贷款公司之所以能够帮助1/10的房屋所有者，而且没有带来沉重的财政压力，也没有给银行带来过重的损失，主要是因为它只负责减免利息。当时，大部分房屋所有者只需要减免利息。那时的首付比例高达50%，即使房价暴跌，对大部分房屋所有者来说，抵押贷款债务还没有超过房屋价值。2009年，买房的首付比例大大降低，这使很多房屋所有者的抵押贷款债务超过了房屋价值，因此失去抵押品赎回权的问题就变得更加棘手。[6]

最后，抵押贷款变得比过去复杂多了，这也使债务重组更为复杂。如果投资者把一套房子收回来，可能至少要损失40%，这里面包括将原有的房东迁出、重新装修房屋、上市卖掉等成本。正因为如此，投资者宁愿减免一些本金，好让原有的借款人仍然住在自己的房子里。但房屋所有者面对的不仅是贷款人，还要面对抵押贷款服务商。抵押贷款服务商的任务是，如果房屋所有者还得起钱，就每月收取月供；如果还不起钱，就把抵押品赎回权收回。抵押贷款服务商不知道该怎样重组债务。我们经常会听到它们丢了相关文件，或是失去了和借款人的联系，这都说明它们的专业性不够。住房可偿付调整计划只提供 1 000 美元的支持，这点小钱没有办法提供足够的激励。

从本质上讲，这个问题需要政府出面解决。20 世纪 30 年代，美国政府雇用了两万名专家来管理房主贷款公司，监督抵押贷款债务重组。如今，由于抵押贷款的复杂性大大增加，政府理应雇用更多的人手。由于民众对大政府有根深蒂固的怀疑，政府遇到了强大的政治阻力，难以效仿 30 年代的做法。

———

大萧条和银行业危机促进了《格拉斯-斯蒂格尔法案》的通过，推动创建了证券交易委员会和联邦存款保险公司，巩固了美联储最终贷款人的角色。这些改革并未彻底摧毁原有的银行和金融体系。美国仍然有数量繁多的银行，只不过相应地增加了监管者的数目。历史的影子拖得太长，现实无法完全变样。但监管者确实从危机中汲取了正确的教训，所以他们才会创造出存款保险制度，建立一个有效的最终贷款人制度，将银行和证券业置于更严格的监管之下。这些措施提振了银行和金融业的信心，减少了潜在的风险。事后看来，这些改革开启了一个独一无二的、横跨半个世纪的金融稳定时期。

这一次的金融改革相当有限。我们已经谈到了最重要的原因，即决策者避免了最坏的结局，却恰恰因此错失了最好的改革。由于吸取了30 年代的教训，他们避免了一场经济浩劫。大萧条使人们更容易放弃过去的金融制度。危机如此严重，因此即使采取激进的改革也没有什么太大的风险。毋庸置疑，救助贝尔斯登、AIG、花旗银行和美国银行都让人们感到震惊，但这些震惊和 1933 年的灾难相比，不过是小巫见大巫。当时，整个金融体系濒于崩溃，货币制度命悬一线，经济活动严重受挫。局势已经如此紧张，以至反对者也无法辩称，大刀阔斧的改革会让局势变得更糟。[7]

金融体系如今变得规模更大、更为复杂，这也妨碍了实施像20世纪30年代那样的根本性改革。花旗银行、美国银行和富国银行都变得大而无当，要把它们拆分，说起来容易，做起来难。大银行不仅仍然存在，而且，由于政府主导的"拉郎配"式的兼并，大银行变得更大了。需要被纳入监管体系的金融机构和产品太多了：对冲基金、保险公司、货币市场共同基金等。由于金融体系的齿轮相互咬合，对其中的一部分实行激进改革，可能会对另一部分产生难以预料的影响。比如，如果要求货币市场基金持有更多的资本金，那么它们的收益就会下降。投资者就会放弃货币市场基金，导致这些基金不得不减少对商业票据的购买。因而，加强对货币市场的监管，可能会给商业票据市场带来负面冲击，并影响整个金融体系的运转。

同样，金融市场上的衍生工具五花八门，很难将它们都纳入统一的清算体系或交易所里。比较简单的、可以标准化的证券或许能够满足这些要求，但更复杂的证券则很难。很难区分哪种衍生产品是干什么的。市场上那么多衍生产品，很难区分究竟哪些是农民用来对冲风险的，哪些是投机者用来操纵市场的。

金融衍生品并不仅在美国交易，也在国际市场上交易。在20世纪30年代，各国可以实施资本管制，监管当局可以根据本国情况行事。如今，如果其他国家没有跟随美国政策加强监管，那么相关的金融产品及交易它们的金融机构，都会跑到国外。比如，在危机爆发之前，AIG的金融产品部主要在离岸市场操作。2012年，J. P. 摩根投资办公室的交易亏了62亿美元，这也发生在离岸市场。前参议员泰德·考夫曼曾是拜登的幕僚长，他与金融界的关系并不好，考夫曼表示，人们把直接为此次巨亏负责的交易员布鲁诺·伊克西尔称为"伦敦鲸"，这是不对的，伊克西尔是在费城做交易的。[8]

监管制度本身也更加错综复杂。在美国，共有7家机构负责监管银行体系，它们各有各的地盘。这些监管机构以及被监管的银行到处游说，所以成立一家统一的银行监管机构几乎毫无可能。而且，美国还得遵守诸如《巴塞尔协议》这样的国际规则。和1933年相比，需要综合考虑的因素实在太多了。修修补补的改革还是有可能的，但激进的改革基本上是不可能的。

————

1933年，有两位值得尊敬的国会领袖，一位是卡特·格拉斯，一位是亨利·斯蒂格尔，他们共同推动了金融监管改革。如今，国会里同样有两位干练的领袖，一位是巴尼·弗兰克，一位是克里斯多夫·多德。弗兰克是众议院金融服务委员会的主席，即使按照国会的标准，他也可以称得上傲慢自大。他爱说惊人之语，爱讲蹩脚的笑话，认为自己有"国会最敏捷大脑"之誉，肆意诋毁对手。但他能够弄懂复杂的技术问题，也有办法在委员会里巧妙地通过富有争议的议案。多德时任参议院银行委员会主席，他在2008年竞选总统，以惨败告终。他曾以国家金融服务公司的老板安吉洛的朋友的关系，从这家公司贷款，在华盛顿特区和康涅狄格州买房。但他决心达成两党共识，而且已经于2010年宣布不再参加总统竞选，如今，他把推动金融监管改革立法视为可让自己青史留名的功业。

最终，在2010年出台了《多德-弗兰克法案》，该法旨在巩固金融体制，而非推倒重来。该法的核心内容是提高资本金和流动性要求，创立一个对金融系统稳定性负责的监管机构，并加强对消费者的保护。《多德-弗兰克法案》将对资本金的要求提高到银行控股公司的层次，并不是仅对商业银行子公司，以防银行控股公司瞒天过海。对于持有金融衍生品的银行，该法提出了更高的资本金要求。总体来说，对金融机构的资本金要求提高了。

冗长的讨论阶段过后，监管者提出了执行这些指示的细则。银行需要持有相当于其风险加权资产 7% 的资本金。[9] 为了防止银行在风险权重方面做手脚，或将资产转到资产负债表外，大型国际活跃银行需要遵照 5% 的杠杆率要求，包括表外的风险暴露。8 家最大的银行集团必须满足 6% 的杠杆率要求。大银行被告知，考虑到其重要性，以后可能会对其提出附加的资本金要求，具体规定以后通知。[10]

这是朝着正确方向迈进的一步，但很多专家认为，改革之后金融机构的资本金还是太少，杠杆率还是太高。要想提高资本金的要求，美联储、联邦存款保险公司和货币监理署会遇到社区银行的反对。社区银行声称，如果资本金比例太高，它们就会破产。如果监管机构想要对最大的银行提高资本金要求，这些大银行就会抱怨，这将影响美国的银行在国际上的竞争力。这些问题错综复杂，把人搅得头都大了，公众很难抵御游说集团的进攻。

同样，想要创立一家监管机构，不仅要对个别银行的健康负责，还要负责整个金融体系的稳定。这说起来容易，做起来难。虽然美联储最适合承担此项使命，但它可不是最招人待见的政府部门。2009 年 3 月，公众得知，刚刚被美联储救助的 AIG 金融产品公司居然给 73 名职员发放了总额高达 640 万美元的奖金。按照美联储的说法，它就算知道 AIG 滥发奖金，也无法制止。之后，公众又获知，AIG 得到了美联储的批准，用救助资金分毫不差地偿还欠高盛的债务。美联储不仅知情，还授意 AIG 的律师，不要向证券交易委员会透露实情。

在这种情况下，不管给美联储更多授权能有多少好处，都不可能在政治上获得支持。如果给财政部更多授权，同样会不得人心。受联邦存款保险公司主席希拉·拜尔的鼓励，弗兰克提议成立一个新的委员会，以使政治阻力最小化。这个新成立的金融稳定监督委员会包括美联储和其他 8 个监管者，而财政部部长任该委员会的主席。[11]

委员会的决策总是很迟缓,而且很难采取果断的行动。金融稳定监督委员会用了将近三年的时间,才确定两家非银行金融公司,即 AIG 和通用电气资本具有系统重要性,需要集中监管。[12] 从这一点来看,创立一个委员会,而非一家专门解决金融系统稳定性的监管机构,是一件憾事。这件事情再次说明,像 AIG 发放奖金这样的偶然事件,可能会对长期的制度演变产生影响。

克里斯多夫·多德很快意识到,成立消费者金融产品安全委员会是可以在政治上得分的好事。弗兰克和白宫也觉得这是为商业街大众做的一件好事,哪怕只是象征性的。最终成立的机构叫消费者金融保护局,这个主意是由精力充沛的伊丽莎白·沃伦提出来的。沃伦出生于俄克拉何马州,是一位专长个人破产法的哈佛大学法学教授。沃伦的游说活动太过成功,以至主张放松管制的共和党议员群起攻之,反对任命她为这个新机构的领导。这个挫折反而激发了沃伦在 2012 年竞选参议员,她成功了。进步的民主党参议员队伍又多了一员。

这个新机构的使命是消除一些掠夺性和滥用的做法,比如抵押贷款的文件晦涩难懂,即使未能享受债务减免服务也需预交费用等。社区银行再次提出抗议,理由是它们从来没有这么做过,消费者金融保护局的干预将扰乱它们的经营,但支持这一改革的呼声很高。为金融业效力的游说者很快就开始抱怨,消费者金融保护局雇用了律师审查它们的贷款条款,而且规定被监管的机构必须把所有的内部文件上报,甚至包括那些受律师–当事人特免权保护的文件。这些抱怨恰恰说明,消费者金融保护局雷厉风行地行动起来了。

加强对金融衍生品的监管是金融改革议程中的另外一项任务。政府不得不救助 AIG,就是因为其拥有 4 460 亿美元双边结算的 CDS,如果 AIG 违约,其交易对手就会破产。改革者呼吁将这些交易转入交易所,将它们集合起来,以电子方式结算,这就减少了交易者的敞口头寸。最有名的倡议者是加里·亨斯勒。他曾经是高盛最年轻的合伙人,后来推动了《商品期货交易法》，该法放宽了对 CDS 交易的监管。亨斯勒还在克林顿总统时期担任过主管国内金融的财政部副部长。全球金融危机使得他大彻大悟，作为奥巴马政府的商品期货交易委员会主席，他现在支持将衍生品交易转入电子交易所。

但在交易所里做买卖，会减少银行的收费。交易所会要求衍生品工具标准化，这就妨碍了那些按需定制的交易。妥协的结果是，不把衍生品交易的结算转入交易所，而是转入清算中心。清算中心由金融机构自我管理，银行主要在这里清算交易支付，出了问题也先在这里解决，解决不了才去找美联储。按照这一模式，所有通过清算中心买卖衍生证券的金融机构都要按照规定缴纳保证金。这些保证金汇集起来，可以防止单个成员出了问题之后给其他交易对手带来冲击。

问题在于，在这样的模式下，清算中心可以让大家分担风险，但与此同时也把风险集中了起来。如果几家成员同时出了问题，清算中心本身可能会破产，政府不得不出手救助。这样的改革只不过是创造了更多大而不能倒的机构。这是不是一种进步，只有时间才能告诉我们。

————

剩下的工作是填补危机暴露出的监管空白。《多德-弗兰克法案》在财政部内部创立了联邦保险办公室，主要为了监管保险行业，避免以后再出现 AIG 事件。该法还在证券交易委员会内部设立了信用评级办公室，负责监督信用评级机构。[13] 该法要求美联储每年都要对资产超过 500 亿美元的银行控股公司进行压力测试。[14]《多德-弗兰克法案》扩大了监管范围，该法规定对冲基金必须在证券交易委员会登记，还废除了对客户少于 15 人的投资顾问的豁免。[15] 这些举措都是有益的，但远远称不上一场革命。

在某些方面，《多德-弗兰克法案》未能有所作为。该法未能解决大而不能倒的问题，它既没有将大银行分拆，又没有像《格拉斯-斯蒂格尔法案》那样，阻止大银行从事风险过大的投资。[16]相反，2013年，美国最大的6家银行（J. P. 摩根、高盛、美国银行、花旗集团、富国银行和摩根士丹利）的规模和2008—2009年相比，扩张了37%。尽管《多德-弗兰克法案》给了联邦存款保险公司执行有序清算的权力，能够让失败的金融机构的股东和债权人承担损失，但授权不意味着就能实施，尤其是当实行有序清算制度可能会对市场带来冲击，传染其他机构的时候，监管者会更加投鼠忌器。大型金融机构往往跨国经营，这意味着如果实行有序清算制度，必须依靠各国的通力合作，否则就会出现像在雷曼兄弟破产之后的情况，大家争先恐后抢夺资产。仅授予美国的一家金融监管机构实施有序清算的权力，并不能解决现实中的复杂问题。

《多德-弗兰克法案》还要求100多家大型金融机构向监管部门提供"生前遗嘱"，讲明如果它们遇到麻烦，该如何处理"后事"。2012年，金融机构向监管部门呈交了第一批"生前遗嘱"，它们乐观地讲道，如果真出了问题，可以顺利地把各个分支机构的资产卖给竞争对手。但这些计划没有说明白，当一家超大型金融机构要在金融危机中沉没的时候，谁敢来买它的资产。考虑到后果具有如此的不确定性，人们无法相信，监管部门会放手让这些金融机构"安乐死"。官员们很自信地谈论如何解决大而不能倒的问题，但现实与他们谈论的不同。

解决大而不能倒问题的出路本应是让这些金融机构安全得不会倒。接受存款的银行应该成为"狭义银行"，即只能进行安全和流动性较好的投资。正如沃伦所建议的，应该恢复《格拉斯-斯蒂格尔法案》的严格版本。但激进改革并不现实。于是，奥巴马政府支持所谓的沃尔克规则。这是曾任美联储主席的保罗·沃尔克提出的，其实不过是禁止银行从事自营交易，只能为客户操作交易或为对冲风险操作交易。这不过是政府为了显示自己采取了严厉措施而做做样子。2010年，斯科特·布朗出人意料地在特别竞选中获胜，取代参议员爱德华·肯尼迪，成为40年来首位代表马萨诸塞州的共和党议员，这足以让奥巴马总统赶紧采取

第22章 华尔街和商业街

更加迎合平民，反对大银行的行动。[17] 沃尔克规则是为了达到这个目的而采取的手段。

和有序清算制度、"生前遗嘱"一样，沃尔克规则的效果值得怀疑。为了回应金融业的反对，同时也为了在国会获得斯科特·布朗参议员这一票，沃尔克规则又做了调整。[18] 不再坚持完全禁止银行从事自营交易，而是开了个口子，允许银行将其不超过3%的资本投资于各种基金。银行的交易究竟是合法的对冲风险或做市商行为，还是纯粹的投机，在很多情况下确实难以区分。J. P. 摩根的交易员"伦敦鲸"押宝押错，导致了62亿美元的亏损，这也能说明做出区分是多么不容易。J. P. 摩根认为这些交易是"合法的、出于对冲需要的投资组合"，因此符合沃尔克规则的要求，但颜面扫地的监管机构，即货币监理署派出的监察官，则将之称为"招摇撞骗的巫术般的'复合对冲'"。[19]

20世纪30年代的经验是，只有在非常时期，才能出台非常之策。没有危机，企业照常运转，可能破坏歌舞升平的激进改革就无从谈起。危机可能会中止正常的日常经营，因而也增加了改革的砝码。2009年以来金融改革的困境在于，决策者侥幸避免了一场旷日持久的危机。企业的日常运转看似正常。可能会干扰银行日常运转的激进改革会被指责其破坏经济复苏进程，于是，政府只能进一步巩固和加强原有的金融体制。《多德-弗兰克法案》通过之后，新的规则慢慢开始实施，这只是一场渐进性的改革。由于进展缓慢，既得利益集团，尤其是银行的游说团体，得以重整旗鼓，卷土重来。

从理论上讲，类似20世纪30年代的激进改革更为可取，但在实践中是不可能实现的。

第 23 章　非正常经济的正常化

　　1936 年，富兰克林·罗斯福对不断扩大的预算赤字越来越担心，预算赤字已经达到创纪录的 43 亿美元。在罗斯福政府的压力下，美国国会统一对收入超过 10 万美元的家庭提高税率，并对企业的未分配利润征税。2011 年，奥巴马对连续三年预算赤字一直高于 1.2 万亿美元忧心忡忡。于是，他和国会达成协议。2013 年年初，国会同意对收入最高的 1% 的家庭，即收入超过 40 万美元的家庭提高税率。与此同时，国会决定停止之前对薪资税的减免，工薪族纳税的税率从 4.2% 提高到 6.2%。一个年收入 5 万美元的家庭，实际收入会因此减少 1 000 美元。这些政策和自动减支政策同时推出，自动减支政策要求国防预算和非国防的自主性政府支出削减 8.5%。[1]

　　1937 年年末，美国的经济再次陷入衰退，但罗斯福总统的增税政策并非唯一的诱因，亦非最重要的诱因。正如我们在第 18 章所讨论过的，更重要的原因是美联储未采取有效的政策来缓解经济的下行压力。全球金融危机之后，美国陷入漫长的大衰退，奥巴马总统和美国国会的预算政策，以及 2009—2011 年刺激政策到期导致联邦政府支出下降的事实，都不是导致大衰退的主要原因。同样，更重要的原因是美联储未能采取足够有效的政策，且过早地讨论紧缩货币政策。

但在这两个案例中，美国政府在经济还未能回归正常状态的时候，急于让财政和货币政策回归常态，这是导致经济形势不尽如人意的主要原因。当二战在欧洲爆发的时候，美国的失业率仍然超过17%。要不是在1937—1938年出现了二次探底，美国的失业率本应再低5%。[2] 2013年的失业率为7.4%，比大萧条时期的水平低，这是因为在2009—2011年采取了相应的刺激政策。即使如此，无论从哪个角度来看，经济复苏情况都令人失望。2011—2013年，年均经济增长率仅为2%，比二战以来的年均经济增长速度低一半。失业率之所以相对较低，不是因为劳动力市场有所改善，更多的是因为劳动参与率下降——找不到工作的工人绝望地退出了劳动大军。

当然，和正常的衰退相比，由金融危机导致的衰退会更加旷日持久。[3] 金融危机爆发之前，经济形势繁花似锦，家庭部门往往过度负债。经济形势恶化之后，家庭部门不得不去杠杆。面对严峻的现实，家庭部门不得不节衣缩食，减少债务。与此同时，银行在危机之后仍然忙着增加资本金，修复资产负债表，这也会减少贷款规模。

但这并不意味着，在2008—2009年的危机之后出现的大衰退是不可避免的。如果私人部门出于去杠杆的考虑要减少支出，公共部门可以相应地增加支出。如果商业银行不愿贷款，央行可以增加放贷。政府部门可以持续这样做，直到私人部门逐渐复苏，准备利用闲置产能。金融危机之后，未被利用的产能规模庞大，这预示着和正常的衰退相比，危机之后的反弹可能会更加强劲。

罗斯福总统时期的经济复苏说明了这一点。1933—1937年，家庭部门的资产负债表和银行体系的状况仍然很糟糕，年均GDP增长率却达到8%以上。当然，这不是说美国在2009年之后也能实现如此高速的经济增长，但它本应做得更好。

罗斯福总统明白，私人支出下降之后，需要增加政府支出。他在1936年直截了当地讲道："没有人愿意为一国经济增加负担，但是这种导致国民收入不断下滑的恶性紧缩循环必须打破。如果其他人都不愿意增加支出，那么我们作为政府将承担最后的责任，我们会增加支出。"[4]

但是，罗斯福没有放弃对财政平衡的痴迷，他始终单纯地认为国家预算和家庭预算的逻辑是一样的。1936年，联邦政府的债务占GDP的比例为40%，还不到2010年的90%的一半，当时政府的规模更小，能够收得上来的税收也少，预算赤字正需要靠这些税收来偿还。在罗斯福总统及其顾问看来，如果不解决预算赤字的问题，会对市场信心带来较大的冲击。

此外，如何更公平地征税，也是当时讨论的话题。[5]在大萧条时期，富人并没有像穷人一样经历那种彻骨锥心的痛苦。罗斯福和他的民主党同事们相信，让富人为新政项目承担应尽的义务，纠正曾经做错的事情，是正义之举。

当然，还有政治上的考量。1932年，罗斯福在竞选的时候提出要平衡政府预算。下一次大选即将到来，罗斯福担心如果不能实现这一目标，会授人以柄，被其竞争对手攻击。[6]

奥巴马总统上台之后，遇到了同样的三重问题。道德方面的观点认为，在过去15年，直到金融危机爆发，收入最高的1%的人的收入在国民收入中的占比持续提高。在危机期间，富人们或许遭受了资产损失，但在2009—2011年，随着经济回暖，富人的收入增长快于普通大众的收入增长。在2011年之前的20年内，收入最高的1%的人的实际收入增长了57%，而其他99%的人的收入水平仅提高了不到6%。在所有的收入增长中，收入最高的1%的人抢占了其中的2/3。[7]他们当然应该多交税，这是正义而公平的。

奥巴马的顾问们也认为，预算赤字问题如果不解决，有可能会成为政治上的包袱。茶党在中期选举中大获全胜，已经预示了这一风险。奥巴马的幕僚长拉姆·伊曼纽尔和高级政治顾问戴维·阿克塞尔罗德坚持认为，必须让人们相信，总统在努力解决预算赤字的问题。奥巴马自己出于本能，一直对预算赤字感到不安，而且他也觉得政府过于臃肿低效。顾问们的意见坚定了他的看法。[8] 奥巴马坚定了信心，打算接受削减支出的议案，并打算以此换取共和党对增税的支持。遗憾的是，奥巴马没有想到，共和党很乐意接受他的报价，却拒绝做出任何让步。在推搡之间，美国经济掉下了悬崖。

最后，还有经济上的争论。预算赤字太高可能导致债务不可持续，而这会影响市场信心。2010年6月，无党派的国会预算办公室所公布的报告指出，由于福利支出不断增加，2014年之后美国的预算赤字将不断扩大。公共债务占GDP的比例会急剧飙升。在不久的将来，这会成为迫切的问题，所以最好现在就采取措施。协和联盟、尽责联邦预算委员会和《财政时报》都随声附和。这些机构都是彼得·彼得森一手创办的。彼得森在尼克松时期出任商务部部长，后任雷曼兄弟的CEO，还是著名的私募基金黑石基金的联合创始人之一。要想解决这一问题，需要两党合作。奥巴马的政治顾问们认为，为了让共和党支持中期的计划，需要回应他们对当前的预算赤字的关注。

但是，如果政府放弃了"如果其他人都不愿意增加支出，那么我们作为政府将承担最后的责任"的承诺，就有可能让经济复苏胎死腹中，再次坠入衰退。不过，医疗卫生和福利支出改革可能会另辟蹊径。如果从某一个时间点，比如2014年起，政府支出减少，预算赤字减少，那就意味着政府的借款减少，利率水平下降。如果利率在未来遇到下降的压力，也会对现在的利率带来下降的压力，只要投资者具有前瞻性。投资者考虑到未来国债价格会提高，就会现在增加购买数量，并使当前的收益率下降。于是，当前削减政府支出可能带来的负面影响，就有可能至少是部分地，被未来支出下降导致利率下降所带来的正面影响抵消。

在 1991—1992 年经济衰退时期，这一机制发挥了作用。1993 年，受其经济顾问、国家经济委员会主席鲁宾的影响，克林顿实施了财政巩固政策，最终因为利率下降，出现了经济复苏。财政巩固政策可能会使利率降低，而这将有利于投资和增长。曾经在克林顿政府任职的官员，如今又加入了奥巴马政府，他们非常怀念当时的政策。

但这种建议在逻辑上存在明显的漏洞，因为利率水平已经降到了不能再低的水平。2008—2009 年金融危机之后的经济衰退和 1993 年的经济衰退形势迥异，美国经济陷入了流动性陷阱。即使预算赤字下降，也不可能促使利率进一步下降。即使减少未来预算赤字的承诺是可信的，在当下削减赤字，仍然会阻碍复苏。[9]

这个缺陷本是昭然若揭的，奇怪的是，当时居然没有人发现。

———

早在 2009 年年初，当如何刺激经济增长，避免另一次大萧条还是当务之急的时候，在政府内部就有声音敦促总统表明立场，结束预算赤字。盖特纳还没有正式就任财政部部长的时候，就向总统建议，应在第一个任期内将赤字占 GDP 的比例降低到 3% 之内。这个 3% 的指标是欧洲在《马斯特里赫特条约》里规定的。

盖特纳很快就被救助银行和压力测试的事情搞得焦头烂额，主张财政巩固政策的带头人物换成了皮特·奥斯扎格。奥斯扎格先后在普林斯顿大学和伦敦政治经济学院接受经济学教育，在克林顿时期是鲁宾的助理。2004 年，奥斯扎格和鲁宾以及一位经济学家艾伦·西奈发表了一篇论文，讨论了财政赤字的负面影响，以及财政巩固政策将如何提振信心。换言之，即使当利率已经接近于零，承诺未来削减赤字虽然不会进一步压低利率，但仍然可以像克林顿总统时期一样，对投资带来积极影响，只要投资者有了更多的信心和安全。当奥斯扎格、鲁宾和西奈发表此文的时候，还没有出现零利率，但这篇文章的信息是非常明确的。

他们写道:

> 按照常规的观点,持续的预算赤字将减少国民储蓄,这将压制国内投资,并增加从国外的贷款。利率在很大程度上影响经济是如何调整的。国民储蓄的减少导致国内利率提高,这将影响投资,并导致国外贷款增加。持续的财政赤字可能带来的负面影响,或许会比人们想象中的来得更快、更猛烈。持续的财政赤字会影响未来,并导致市场预期的重大改变,国内外市场都会失去信心。在对预算赤字的常规分析中,这一动态的负面影响被严重忽视了。[10]

奥斯扎格身居白宫管理和预算办公室的高位,他强调必须提振市场信心才能刺激投资。提振市场信心的做法是先实施财政巩固的首批政策,要求每个政府部门都从运转成本中裁减1亿美元。

或许,罗斯福总统的财政部部长小亨利·摩根索会对这种子虚乌有的信心效应大加赞赏,但不是奥巴马的每位经济顾问都赞成。国家经济委员会主任劳伦斯·亨利·萨默斯和白宫经济顾问委员会主任克里斯蒂娜·罗默强烈反对。萨默斯指出,投资和增长并不仅仅取决于对未来的信心,也取决于当前的经济形势。罗默担心这种断崖式的财政巩固政策会触发像1937—1938年那样的二次探底。[11]

但奥斯扎格的无党派的、冷静的、鲁宾式的分析说服了奥巴马。2009年5月,奥巴马要求奥斯扎格制订一份中期财政调整方案。尽管这些政策建议不会马上生效,但白宫管理和预算办公室主任关于中期财政巩固政策的建议阻碍了第二轮刺激政策的推出。当年,失业率的上升超出预期,实施第二轮刺激政策显得更为迫切。奥斯扎格的中期财政巩固方案,也鼓励了总统和国会领导者一起谈判如何减少财政赤字,但这次谈判以惨败告终。

伊曼纽尔和阿克塞尔罗德在2009年春就意识到,财政赤字问题会变成政治包袱。2009年秋,民主党失去了在新泽西州和弗吉尼亚州的议员席位,这让民主党更为紧张。很显然,共和党反对大政府的言论打动了很多选民。人们只看到金融机构没有乖乖掏钱,就开始反对各种应对危机的政策,包括经济刺激政策。政府在救助大银行,大银行却还在发奖金,政府居然没有好好教训这些恶棍。

人们对刺激政策感到幻灭,刺激政策没有带来所有已经许诺的东西。罗默和贾里德·伯恩斯坦曾经预测失业率最高不会超过8%,现在却已经超过了这一水平。这可能是因为2008年美国经济的下滑速度超过了预期,并不是因为刺激政策本身无效。但普通公众很难理解这种区分,经济学家又解释不清。如果没有刺激政策,失业率可能会更高。但是,实施了刺激政策之后,失业率还是比奥巴马的经济顾问所预测的水平高。批评者们就会说,刺激政策不仅无效,而且带来负面影响。这是糟糕的经济学,却是精明的政治宣传。

2010年,经济已经有了好转的迹象。尽管失业率仍然超过9%,但经济增长开始复苏。2010年第一季度GDP增长率达到3.9%,大致是二战以后的正常水平。这也使人们相信,转向财政巩固政策的时机已经到来。当然,欧洲的经济形势却在恶化,一方面是因为欧洲在解决银行业危机方面做得不够,另一方面是因为在乔治·帕潘德里欧领导下的希腊新政府刚刚公布,希腊的财政和金融状况远比前任政府所公布的差。[12] 但出于结构性和政治原因,希腊掉进了一个深不见底的债务深渊。这一消息使人们更加坚信,最重要的问题是财政挥霍。2010年年初,欧美官员在加拿大伊卡卢伊特开会,他们一致认为财政问题最重要。

最后,我们也不能忽视,奥巴马在转向财政节俭政策的时候犯了战术上的失误。[13] 奥巴马本以为国会能给他个面子——他提出温和的预算削减,国会报之以温和的税收增加。在此基础上,双方可以进一步讨论中期的财政计划。但没有想到的是,茶党势力甚嚣尘上,共和党领袖约翰·博纳一心想讨好自己的选民。在2010年冬和2011年春,在漫长的谈判过程中,博纳拒绝任何形式的税收增加,甚至得寸进尺地要求削减支出,并威胁说要是不满足他的要求,就让政府关门。在这一局势下,白宫让国会里的共和党操纵了整个议题,唯一能够摆上桌面谈判的只有在多大程度上削减支出。

2011年4月,威斯康星州众议员、众议院预算委员会主席保罗·瑞恩提出了一个预算方案。瑞恩曾是众议员杰克·康普的发言撰稿人,现在成了众议院里的预算专家。他的方案名为"通向繁荣的道路",提出在未来10年额外裁减6.2万亿美元支出。至于如何裁减这些支出,并没有具体的方案。曾经有过的方案是削减奥巴马的医疗保险计划,让个人和州政府承担更多的费用,这一提议在政治上同样是绝无可能的。瑞恩的方案奠定了政治斗争的基调,现在大家比的是谁能砍掉更多支出。

———————

2011年夏,债务上限成为讨论的焦点。债务上限规定了财政部能够发行的国债的规模。在实践中,提高债务上限不过是允许财政部以发债的方式偿还政府已经支出的项目,但这成了共和党在谈判的时候穷追猛打的主要问题。如果不提高债务上限,政府将无法偿还部分债务。财政部将不得不决定,还谁的钱和不还谁的钱。比如说,财政部可能会觉得应该先还国债持有者的钱,那样的话,就不够还政府项目承包商的钱了。但这样的做法,就连国债持有者都会惶恐不安。如果说在某种情景中,确实会有奥斯扎格所说的信心效应,那就是这种情况了。

茶党成员不胜欣喜地看到政府不得不技术性地违约。违约了,自然就减少了公共支出,而减少公共支出对茶党来说是唯一重要的事情。这给了共和党议员更多讨价还价的筹码。共和党提出,要是提高债务上限,就必须同等规模地削减政府支出。

在巨大的压力下,白宫妥协了。白宫投降之后,参众两院商议出了一个协议,要求在未来10年削减1.2万亿美元的支出。[14] 为此成立了一个"超级委员会",正式的名称是债务减免联席委员会。该委员会由12名众议员组成,他们要拿出一个未来10年削减1.2万亿美元支出的方案,呈交参众两院批准。如果"超级委员会"到11月底未能达成协议,那么到2013年就自动全面削减支出,只有福利支出和军事人员的工资可以豁免。

这样做是为了让支出削减格外痛苦、格外无效,并以此逼迫"超级委员会"达成协议。这一招看似不可拒绝,其实是可以的。虽说这是要与美国经济玩俄罗斯轮盘赌,但共和党中的民粹一派就是想要玩这个游戏,因为他们觉得枪膛里没有子弹。这个"超级委员会"里面既包括马里兰州议员克里斯·范·霍伦,他是众议院多数党领袖南希·佩洛西的亲密盟友、社会项目的坚定支持者,也包括宾夕法尼亚州参议员帕特·图米,他曾是摩根建富公司的货币掉期交易经纪人,如今是茶党的发言人、提高债务上限的坚定反对者。可想而知,这样的委员会怎能达成协议。于是,到了2013年3月1日,自动减支开始生效,自主性的民用支出和军事预算同时砍掉了8.5%。

当然,白宫并非什么也没有学到。2012年年底,当小布什的税收减免政策即将到期的时候,白宫划清了界限,不许这些减免适用于收入最高的1%的人群。与此同时,白宫也做了让步,同意征收更高的薪酬税,因为有些人担心社会保障体系在长期内是否具有可持续性。

2012年,结构性预算赤字(扣除了经济周期影响之后的赤字)占GDP的比例下降了1.75%,这主要是因为刺激政策生效;到2013年下降了2.5%,这主要是因为税收增加和自动减支。IMF一般不对公共支出发表意见,但批评美国的赤字减免速度过快,可能会使2013年的经济增长速度下降约1.33~1.75个百分点。[15]如果金融危机之后的经济复苏令人失望,这并不是因为令人失望的经济复苏是不可避免的。如果我们认为政治失序、政策混乱并不必然是金融危机的后果,那么这至少是个结论。

第23章 非正常经济的正常化 357

人们可能会想，考虑到财政政策会对经济增长带来负面冲击，美联储应该采取措施冲销这些不利影响。美联储当然了解正在发生着什么。2013年7月，美联储在递交给国会的《货币政策报告》中对局势做了清晰的判断。[16]

但2013年并非正常时期。联邦基金利率已经降至0~0.25%，低到不能再低的地步了。联邦公开市场委员会明确表示，只要失业率不低于6.5%，未来一两年之后，通货膨胀不会比预定的2%的目标高出0.5%，那么美联储就将一直保持这一政策。联邦公开市场委员会也没有停止大规模的资产购买，每个月要买入400亿美元抵押贷款证券、450亿美元长期国债。美联储将本金重新投资于到期的抵押贷款证券的本金，并将到期的国债展期。美联储声明，在劳动力市场好转之前不会改弦更张。美联储已经做了很多事情，事实上，保守主义阵营已经在批评他们做得太多了。

当然，美联储还能做更多。比如说，美联储可以扩大对抵押贷款证券和国债的购买，也可以将对通货膨胀的容忍区间从0.5%扩大到2%。央行也可以直接提高通货膨胀的目标。这当然不合乎货币政策的正统，但在非常时期，当失业率居高不下，增长持续低迷，财政政策又将带来急剧的紧缩效应时，货币政策本来就应该另出奇招。与罗斯福当年放弃金本位，大规模购买黄金的做法相比，扩大资产购买规模，或将通货膨胀目标提高到3%，根本算不上激进。放弃金本位，要求居民将黄金兑换成纸币，才是货币政策中的革命性改变。

或许，决策机制的差异能够在一定程度上解释政策选择的差异。1933年，退出金本位的选择可以由总统一人拍板。总统只要一纸令下就能办到，因为总统所在的政党控制了参众两院，他们都等着批准总统的政策。罗斯福可以当机立断。从1933年10月开始，他可以利用复兴金融公司，想买多少黄金就买多少黄金，只在必要的时候咨询一下他最信任的顾问小亨利·摩根索和耶西·琼斯。摩根索可以根据他的判断，通过财政部的黄金冲销操作控制货币供给。国会里没有人抱怨政府抢占了原本赋予美联储的权力。相反，从埃尔默·托马斯以降，都在要求总统采取一切可以采取的刺激政策。美联储犯了大错，声誉扫地，公众不会支持美联储必须独立执行货币政策的观点。2013年，时移势易，反对美联储非常规货币政策的声音很多。很多人认为，美联储的政策，比如购买抵押贷款证券以支持房地产市场，早已越过了其维护物价稳定的职能范围。这些批评意见反过来又引发了对央行独立性的讨论。80年前的历史表明，央行如果不能实现充分就业的目标——不管这个目标是明示还是隐含的——也会遇到失去独立性的风险。

2013年和1933年不一样，如今货币政策是靠委员会决策，这个委员会包括7位美联储委员会成员、5位联邦储备银行行长。委员会的特点是决策缓慢，联邦公开市场委员会的决策似乎比一般的委员会更为缓慢。联邦公开市场委员会看重的是一致同意。委员会成员当然也有不同意见，但他们知道，如果不同的意见太多，就会影响政策的一致性。因此，妥协是常有的事情。货币政策的变化是渐进的，而不是激进的。这可能是好事，也可能是坏事。

2013年夏，货币政策渐进变化的方向是更加紧缩，而非更加宽松。美联储主席伯南克在5月的国会联合经济委员会上，以及在6月联邦公开市场委员会结束后的记者见面会上，都讲到央行将开始减少资产购买，并预计到2014年中期完全停止资产购买。当时，通货膨胀并未抬头，经济增长仍然黯淡无光。尽管还没有正式实施退出政策，但伯南克讲话中透露出未来的货币政策将收紧，这就足够产生收缩性的影响，市场马上就有了反应。[17] 在之后的两个月内，10年期国债收益率从2.3%跳至2.9%，将30年抵押贷款利率从4%推高到4.5%，拖延了房地产市场的复苏。

有几种因素导致了这种政策变化。有些观察家认为，国债收益率太低会鼓励投资者更加冒险。他们担心购买抵押贷款证券会引发新一轮的房地产市场泡沫。这些批评不仅来自那些长期批评美联储的人,而且来自美联储内部。一些联邦储备银行行长其实能更好地把握本地的房地产市场和银行体系的脉搏,但他们对货币政策带来的全国性影响不甚明了。2013年5月,在芝加哥联邦储备银行的一次会议上,连伯南克自己都表达了类似的顾虑。他说,央行正在"紧密观察'追逐收益'(指投资者转向风险更高的资产,以获得更高的收益),以及其他形式的过度风险行为"[18]。

联邦公开市场委员会的成员们也对货币政策的效果有所怀疑。里士满联邦储备银行行长杰弗里·拉克尔说,国债收益率或抵押贷款利率下降50个基点根本无济于事,经济无法复苏是因为老龄化和烦琐的监管程序。2013年5月,他讲道,尽管经济略有回暖,但"似乎被一些结构性的因素制约,而货币政策是无法消除这些结构性的制约因素的。在这一背景下,如果仔细权衡成本和收益,进一步的货币刺激似乎并不可取"。达拉斯联邦储备银行的理查德·费希尔并非联邦公开市场委员会的投票成员,但他用了大量的比喻,想说明没有一个可信的中期财政计划,信心不可能恢复。他说:"说得轻些,美联储不过是徒劳地想推动一条绳子;更糟糕的说法是,它在点燃投机的星星之火,到最后,很可能会引发通货膨胀的熊熊烈焰。"[19]他们的分析是值得怀疑的,但这些喧闹的反对意见使央行更难坚持立场。

总之,美联储和其他政府机构一起阻止了另一场大萧条,但它们也因此裹足不前。联邦公开市场委员会的成员以房地产市场回暖为托词,他们也因州和地方政府的财政有所改善而如释重负。他们会说,并没有出现像1929—1933年那样的经济下滑。这让他们更能听得进去对央行的批评,而且着急想要把货币政策拉回正常的轨道,不管经济是否已经恢复正常。2008—2009年,美国政府成功地避免了最糟糕的情况,但恰恰因为如此,政策偏离了正确的航线。

第24章　做到最糟

如果说美国国内的经济政策阻碍了美国经济复苏，那么世界其他地区，尤其是欧洲发生的事情，也于事无补。2010年，就在美国转向更为紧缩的财政和货币政策之前，欧洲的危机已经爆发。欧洲金融危机的后果是灾难性的，欧盟成员首当其冲。其他国家也不能置身事外。美国正在挣扎着走出80年以来最严重的衰退，却也不幸受到拖累。

一直以来，欧洲始终在尽可能地把问题变得复杂。它们忽视了银行体系的问题；它们忽视了南欧国家竞争力的恶化；它们自作聪明地让希腊在2002年加入了欧元区，却从不关心希腊长年的财政困难。

欧洲在创造了欧元之后，也放弃了解决这些问题的备选方法。由于不再使用主权货币，欧元区国家不可能再让本币贬值。一旦加入欧元区，就不能再退出。货币联盟建立起来了，却没有配套的银行联盟。由于缺乏一个统一的银行监管机构，没有办法淘汰差银行，也没有办法强制成员国的金融监管者对资不抵债的银行注资，或让它们破产清算。由于没有政府破产机制，因此没有办法让出了问题的政府实施债务重组。没有为出了问题的政府提供紧急援助的机制，甚至连如何制定相关政策的共识都没有。就连关于欧洲央行应充当最终贷款人都没有相应的协议，因此，谁也不清楚，欧洲央行怎样才能提供流动性，稳定金融市场。

谁也不知道欧洲央行应怎么帮忙，但这并没有影响欧洲央行添乱。2008年7月，危机正在发酵时，欧洲央行不识时务地将政策利率提高了25个基点，升至4.25%。这一政策是毁灭性的。从2007年年底，美国已经陷入经济衰退，欧洲不可能毫发无损。欧洲的大银行，比如德国工业银行和法国巴黎银行因为投资美国的次贷市场遭受重创，这些坏消息已经浮出水面。[1] 爱尔兰和西班牙的房价已经是"高处不胜寒"，很容易猜到，这两个国家的银行会遇到麻烦，但欧洲央行毫无觉察。欧元区的货币和信贷增长明显地放缓了。以M3（广义货币供应量）衡量的货币供给速度在2008年年初达到峰值，然后掉头下行，这预示着对私人部门的银行贷款很快就会萎缩，经济增长将减速。

这不是收紧货币政策的时机。当然，很容易理解欧洲央行为什么这么做。标题通货膨胀率高于3%，这超过了欧洲央行设定的2%的通货膨胀目标。欧洲央行的失误在于仅盯着标题通货膨胀率。2008年上半年，欧洲的通货膨胀率之所以急剧上升，主要是因为中国和其他增长快速、急需能源的国家的强劲需求拉动了大宗商品和能源的价格。但大宗商品和能源价格的波动性极大，它们涨得快，跌得也快。世界经济增长正在放缓，大宗商品和能源价格最终也会下跌。如果扣除波动性较大的大宗商品和能源价格，剩下的核心通货膨胀率在2007—2008年从未超过欧洲央行设定的2%的目标。

和美联储不一样，欧洲央行总是更关注标题通货膨胀率。2005年，欧洲央行行长让-克洛德·特里谢质疑，为什么要这么重视标题通货膨胀率。美国的劳动力市场更为灵活、更加分散，所以石油价格的起落不会对工资造成太大的冲击。特里谢解释说，欧洲的情况就不一样，由于欧洲国家有更加强大、统一的工会，食品和能源价格上涨会很快地通过每年一度的谈判机制传导到工资水平。所以，标题通货膨胀率能够较好地预测未来的价格压力。特里谢谈道："至少从过去的经验来看，核心通货膨胀率没有领先，反而落后于标题通货膨胀率。"他还讲道:"如果把能源价格从价格指数中剔除,却保留了其他项目,这似乎是不妥当的……"[2]

不管在2005年这一判断是否正确,至少在2008年已非如此。经济增长已放缓,失业率将节节攀升。在这种情况下,若说工人们还会要求大幅涨薪,令人难以相信。

如果说决策者未能区分标题通货膨胀率和核心通货膨胀率的微妙差异,那大众也难以区分。大众认为,欧元问世之后,像面包和咖啡这样的生活必需品的价格攀升了。当法郎和里拉兑换成欧元的时候,人们指责面包师和咖啡师哄抬物价。人们的结论是,欧元是一种会带来通货膨胀的货币。当特里谢为标题通货膨胀率辩护的时候,他正在被《巴黎竞赛画报》的记者追问:"欧洲人看到面包从5法郎变成了1欧元,一杯浓缩咖啡从5法郎变成了1.20欧元,或刮奖彩票从10法郎变成了2欧元,他们怎能不把欧元视为导致通货膨胀的因素呢?"特里谢坚持说,这一观察过于夸张,但他也承认:"把欧元视为导致通货膨胀的因素是一种集体意识,因为当欧洲各国货币兑换成欧元的时候,有少数几种商品的价格不成比例地大幅度上涨。"[3] 由于存在这样的集体意识,这些少数产品的价格变得非常敏感,不能不小心对待。

德国人素来对通货膨胀深恶痛绝,他们根本不会在意还有标题通货膨胀率和核心通货膨胀率的区分。特里谢是第一个当上欧洲央行行长的法国人,他是一位职业金融外交官,所以下定决心表现得像德国人那样严格执行货币政策。他甚至还开始学习德语。更重要的是,他下决心接受标题通货膨胀率的概念,并确定了要让标题通货膨胀率低于2%的目标,不管经济和银行体系发生什么新的变化。

雷曼兄弟事件之后,欧洲央行的立场发生了变化。尽管欧洲央行从内心里不愿意采取积极政策,但局势变化迫使它不得不改变。在金融危机的压力下,标题通货膨胀率一路下跌,很快就要降到2%的目标水平。2008年10月、11月和12月,欧洲央行将关键利率连续降至3.75%、3.25%

和 2.5%。欧洲央行还扩大了在信贷操作中能够用作抵押品的资产种类名单。它还表示，如果金融机构需要，将敞开供应流动性。[4] 当然，和美国不一样，欧洲的利率水平还显著高于零。和美联储在 11 月实施的 QE1 相比，欧洲央行的政策是非常温和的，但做总比不做要好。

———

然而，欧洲央行在之前犯的错误已经很难补救。经济学家很难精确地估计货币增长和产出增长之间相隔的时滞，但大多数经济学家都相信，数个季度之后，货币冲击的影响就会完全展现。[5] 因此，尽管到了 2008 年下半年，欧元区的 GDP 仅仅略低于零增长，到 2009 年上半年，就已经显著下滑，降为-2.2%。这就是一年前实施紧缩货币政策的后果。欧洲的经济衰退悄然来临，这使银行、房地产开发商和政府的日子更加难过。首先影响的是欧洲，但也对其他国家，比如美国，带来了冲击。

由于欧洲央行失误，稳定产出的责任就落在了政府的肩上。如果央行没有竭尽全力，政府就不得不挺身而出。政府应该采取扩张性的财政政策，但实施扩张性的财政政策并不可行。由于增加的收入既可以被用来消费本国产品，也可以用来消费进口品，所以一国减税的经济效果会影响其他国家。如果一国实施财政刺激政策，它将自己承担所有的成本，比如债务负担更高，需要支付的利息更多，却只能得到一部分收益。这在哪里都是个问题，但在欧洲是个更加麻烦的问题，因为欧洲的国家大多是小国，而且由于欧洲的统一，相互依存程度非常高。

2009 年，英国担任 G20 主席国。英国时任首相戈登·布朗决定在伦敦的 G20 峰会上推动各国协调一致，采取扩张性的财政政策。布朗是一位成功的政治家，尽管他缺乏个人魅力，但就连他的反对者也不得不承认，他头脑清晰、思路敏捷。他曾经在爱丁堡大学学过历史。他研究过失败的 1933 年伦敦世界经济会议，渴望能够创造自己的历史丰碑。或许，更准确地说，他想弥补以前的过错，包括用《英国反恐怖主义、犯罪及国家安全法案》对付冰岛，以及在北岩银行事件中的失职。

或许因为他的历史学背景，或许因为其他原因，布朗是唯一一个能够洞察全局，深知应对金融危机需要全球协调行动的领导人。从这点来看，2009年恰好是他主持G20峰会，就像恰好是研究大萧条的经济学家伯南克当了美联储主席，都纯属偶然。为了准备2009年4月的伦敦峰会，布朗马不停蹄地走访了欧洲、美国和拉丁美洲。在唐宁街的晚宴上，他提醒G20的领导人注意1933年伦敦世界经济会议的失败。布朗讲道："这一失败引发了那个10年，以及之后的10年发生的其他恶性事件。"他这么说肯定是为了打消对财政刺激政策的反对，尤其是来自德国总理安格拉·默克尔的。[6]

1933年的会议是在地质博物馆召开的，据说没有发生什么干扰化石的事情。这一次的会议是在伦敦码头区的ExCel国际会展中心召开的。伦敦的金融区向东扩展后，这一带日渐繁华。但会展中心刚被阿布扎比国家展览公司买下，各国领导人聚集在这个象征着荣光褪色的会场，很难达成一致意见。和默克尔一样，法国总统尼古拉·萨科齐也不支持财政刺激政策，他认为加强金融监管和打击"避税天堂"是稳定经济的首要步骤。美国和中国都不愿意听自己的问题一大堆的欧洲人教育它们该怎么应对危机。

最后，领导人至少在表面上要表现得同心协力。他们一致同意要为IMF增加资金，以便为有需求的国家提供更多贷款。这一次，需要IMF支持的是欧洲国家。它们谨慎处理法国提出的反对"避税天堂"这一争议很大的议题，在联合公报中没有列出"避税天堂"，而是把这一工作交给了经济合作与发展组织。这一组织的总部恰好在巴黎。

影响更大的是，各国领导人重申了已经决定要采取的财政刺激政策，并许诺加大刺激力度。他们也承诺支持IMF和世界银行。最后的刺激政策总规模达到了惊人的1万亿美元。布朗称之为"1万亿美元计划"，并声称这是打破世界经济进一步下滑局势的重要一步。[7]在G20伦敦峰会一周年之后,科林·布莱德福特和林恩再次重提这一评价,并将伦敦峰会誉为"历史上最成功的一次峰会"。[8]

但如果未来的历史学家从更远的距离观察伦敦峰会,他们还会不会如此欢欣鼓舞,就很难讲了。2009年的财政政策并未考虑到各国的差异——债务负担较轻的国家提出了增加政府支出的计划,而缺乏财政空间的国家同样也要扩大公共支出,全然不顾可能要为此承担沉重的代价。使用主权货币的国家,比如英国,实施财政刺激政策的时候,央行可以助一臂之力,为国债市场提供后盾,并压低利率水平。欧元区那些没有自己的主权货币,也没有央行的国家,也要实施刺激政策,但它们就不得不唯欧洲央行马首是瞻了。2009年,按照占GDP的比例来算,欧元区内实施财政刺激政策规模最大的国家是西班牙。西班牙当时正为大银行和房地产业的困难所困扰。很快,投资者就开始担心,西班牙政府能不能还得起钱,会不会为财政刺激政策后悔。希腊并未提出新的刺激政策,但由于税收下降,已经批准的公共支出项目需要花钱,其债务赤字占GDP的比例又提高了5%。葡萄牙的情况与此相似。[9]一个更好的选择是,像德国那样财政空间更大的国家可以采取更多财政刺激,而财政空间较小的国家要更谨慎地量力而行。当然,这都是后知之明了。

但德国人根本不买账,他们不相信额外增加支出能够拯救世界经济。如果默克尔提出规模庞大的刺激计划,在德国议会很难通过。南欧国家却莽撞地想要多花钱,它们的公共支出项目本来就已经很多了。西班牙拒不承认其银行体系存在问题,丝毫不顾及这将对财政带来压力。但由于G20和欧盟都缺乏强而有力的协调机制,否认现状的人反而更能获得支持。这不是在发挥欧盟的优势,而是暴露了欧洲的劣势。

尽管领导人们不愿意承认,但G20伦敦峰会更像1933年伦敦世界经济会议。当年,法国坚持自己不需要承担国际货币金融体系崩溃的责任,也就没有义务为世界经济复苏多承担义务。如今,德国一样可以坚持自己和2008—2009年的全球金融危机毫无干系,也不愿意为解决世界经济问题让自己债台高筑。布朗首相尽管看到了全局，却难以纤毫入微地描摹准确的图景。

———

采取鸵鸟政策的不仅仅是政府。投资者同样麻痹大意，任政府自行其是。2009年9月，除了爱尔兰和希腊之外，欧洲的各个国家的10年期国债收益率都比全球金融危机爆发之前低。即使是爱尔兰和希腊，在2009年下半年，10年期国债的收益率仅比2008年年初的水平略高。最初，当欧元问世的时候，分析家们指出，市场纪律会监督各个国家遵守财政纪律，那些草率行事的国家国债收益率会因此提高。[10] 如今，欧元区第一次迎来了严重的债务和赤字问题，但说好的市场纪律踪影全无。南欧国家被宠得更加鲁莽大胆。

尤其是，市场仍然沉浸在货币联盟内部不会出现主权债权问题的幻想中。欧元是一种硬货币，南欧国家不能再随意印钞，这不仅消除了货币贬值的风险，而且消除了主权违约的风险，至少投资者们是这样相信的。如果有些国家出现了债务问题，无论是德国，还是欧元区内数个国家的联合，都不可能替它们还债。事后来看，令人惊讶的是，投资者会对即将把他们吞噬的债务危机毫无察觉。

希腊敲响了警钟。这个国家的财政出了麻烦，这早已不是新闻。2009年3月，欧盟理事会已经点名批评希腊财政恶化。欧盟指出，希腊2008年的财政赤字占GDP的比例就已经超过了3%这一安全上限，2009年的财政赤字可能占GDP的3.7%，这违反了欧盟的财政监督机制，即所谓的《稳定与增长公约》。希腊可能得上欧盟的"超额赤字程序"的名单，并屈辱地接受欧盟委员会的监督。

其实3.7%的赤字率是一场骗局。希腊统计局一直有弄虚作假的传统。早在2004年，欧盟的统计机构——欧洲统计局就曾经表达过对希腊统计数据质量的怀疑。在那之后，希腊的统计数据质量不仅没有改进,反而更加退步。2009年是希腊的选举年,在争取选票的激烈竞争中,希腊的议员们利用加入欧元区后利率下降的机会,争先恐后地许诺财政恩惠,拉拢选民。

2009年10月,泛希腊社会主义运动赢得了大选。乔治·帕潘德里欧上台。帕潘德里欧家族在希腊政坛上就像肯尼迪家族在美国政坛上一样根深叶茂。乔治·帕潘德里欧的爷爷曾三次担任希腊总理,他的父亲安德烈亚斯在1974年希腊民主制度恢复之后组建了泛希腊社会主义运动。看上去,乔治·帕潘德里欧完全能够掌控局势。

遗憾的是,在这样一个节骨眼上,帕潘德里欧处在一个非常尴尬的境地。他并不是出生在希腊,而是在明尼苏达州的圣保罗,父亲是大学经济学教授。他在加利福尼亚州的伯克利长大,因为父亲当时是加州大学伯克利分校的系主任。乔治讲起英语完全像讲母语,讲起希腊语就像讲外语,这可不会给希腊小酒馆里的顾客们带来好印象。他在阿默斯特学院和伦敦政治经济学院先后获得本科和硕士学位,一直是一位研究人员。在人们眼里,他不像朝气蓬勃的肯尼迪总统,倒像古板学究吉米·卡特(卡特的专业是核工程,帕潘德里欧的专业是社会学)。帕潘德里欧和一般的政客走的道路完全不一样,他搞的是美国式的平权行动及根除腐败和财政浪费行动,这和希腊的传统风格不同,也有些人认为与泛希腊社会主义运动的风格大相径庭。作为政治家,乔治·帕潘德里欧的优点是平易近人、和蔼可亲,而行事果断、临危不乱并非他的长项。

2009年9月,就在10月大选结果揭晓之前,希腊央行行长乔治·普罗沃普洛斯拜访了帕潘德里欧和他的主要竞争对手——时任总理科斯塔斯·卡拉曼利斯。普罗沃普洛斯告诫两位政治家,央行以现金为基础的财政数据显示,财政赤字正以每月1%的速度膨胀,这样下来一年就是12%。大选甫定,普罗沃普洛斯拜访了帕潘德里欧和新任命的财政部部长、伦敦政治经济学院经济学家乔治·帕帕康斯坦丁努,并警告他们,按照央行追踪政府账上进出的资金,2009年前9个月的赤字占GDP的比例已经超过了10%，到2009年年底，财政赤字占GDP的比例将腾跃至13%。第二天，普罗沃普洛斯又会见了帕帕康斯坦丁努，再次强调形势的严峻。旧政府或许要对这一前所未有的选举前的过度开销负责，但新政府也不是没有收到警告。

如果帕潘德里欧能够更加果敢，他应该在10月就任总理的时候公布真相。这样他就能够谴责其前任卡拉曼利斯保守政府，把自己撇清。但他不情愿洁身自好，这或许是因为早期希腊政府尝试粉饰太平。泛希腊社会主义运动在竞选的时候也做出了许诺，现在应该兑现诺言了。只有意志坚强、勇于担当的总理，才敢告诉他的选民，局势已经大变，为选民自身的利益着想，当初的承诺不得不作废。帕潘德里欧却并非这样的政治家。从性情和智慧来看，帕潘德里欧都很像当年的法国总理爱德华·赫里欧。1924年，赫里欧就任的时候，也从前任那里继承了一场财政"骗局"。和赫里欧一样，帕潘德里欧优柔寡断，不敢当即决裂，这带来了灾难性的后果。

结果是，泛希腊社会主义运动领导的政府未能有效、及时地调整财政政策。几乎每个星期，希腊统计局都会发布新公告，每一次都会告诉大家，财政赤字比原来预想的还要高。10月初，希腊政府宣布，财政赤字占GDP的真实比例是7.8%，比前任政府公布的3.7%要高出两倍多。之后，希腊政府不断修正这一数字，财政赤字占GDP的比例一再提高，从9.8%到11%，再到12.7%，几乎和央行在数月之前的警告完全一致。每次发布公告之后，帕潘德里欧总理都要出来声明，政府将如何应对这一问题。他的每一次表态都太迟，答应做的事情也太少。

投资者自然完全明白真相。如果把希腊统计局公布的新增的财政赤字，加上原有的财政赤字，希腊的债务占GDP的比例就已经超过了110%。突然之间，原本不可能发生的事情变得有可能——欧元区有可能会崩溃。[11] 12月初，惠誉将希腊的政府债券评级降为BBB+。希腊政府债券之前一直被评为AAA级，直到12月，才被降级，这说明了像

第24章　做到最糟　369

评级机构这种所谓的私人部门专家是何等后知后觉。

随后,希腊的10年期国债收益率从4.99%跃至5.3%。帕潘德里欧和他的内阁成员仍然坚持局势可控。财政部部长帕帕康斯坦丁努说:"我们已经降低了财政赤字。我们将控制债务水平。没有必要申请救助。"他告诉大家:"我们不是冰岛。"在随后爆发的危机中,像这样把不同国家拿来比较,变得越来越流行。[12]

圣诞前夕,希腊议会通过了一个所谓的节俭预算。泛希腊社会主义运动和强大的工会联系紧密,作为对工会的屈服,这个方案没有削减公共部门的工资。新的预算方案仅仅应允,要将财政赤字占GDP的比例降至9.4%。这比欧盟规定的警戒水平的三倍还高,投资者如梦初醒,突然觉得达到欧盟警戒线才是审慎的。就算是有限地削减赤字,帕帕康斯坦丁努部长也没能告诉大家,怎么才能实现这一目标。

直到这个时候,欧盟委员会才反应过来,要采取对策为时已晚。新年刚过,欧盟委员会发布了一份关于希腊政府赤字和债务统计的报告,声称其对希腊的瞒报谎报感到震惊。欧盟委员会认为,希腊就连达到政府声明的有限目标都困难重重,因此需要一笔过桥贷款。但是,谁给希腊贷款呢?像德国这样财政状况良好的国家能挺身而出吗?还是让希腊自作自受?围绕该谁来救助希腊和之后出了问题的其他欧洲国家的争吵,严重地腐蚀了欧洲政治。多年之后,这种恶臭还在飘散。

欧洲的领导人迟疑不定,反映出他们对希腊政府能否推进改革持怀疑态度。这种怀疑并非无中生有。"没有控制权,就无法保证。"这是默克尔的话。[13]不清楚的是,由谁来负责决定贷款条件,又由谁来保证控制权?欧盟委员会里有每个国家的代表,不可能不受政治的影响。在这种敏感的情况下,也不能让债权国承担如此复杂的政治职能。在二战期间,德国曾经占领过希腊,如果德国对希腊的贷款提出条件,会被视为对希腊的第二次侵略。2010年年初,在雅典的大街上,还没有出现默克尔身穿突击队(德国一战时的步兵精锐部队)军服的海报。很快会有的。

于是，欧洲国家低下了高傲的头颅，不得不低声下气地向 IMF 求助。IMF 在商讨贷款条件方面很有经验。IMF 派到雅典的代表保尔·汤姆森在欧洲的其他地方干过同样的事情。[14] IMF 总裁多米尼克·斯特劳斯-卡恩雄心勃勃，正打算竞选法国总统，满心希望让大家觉得自己正在帮助欧洲同胞。更有利的是，IMF 的钱柜刚被 G20 装满，正好可以方便地帮助阮囊羞涩的欧洲人。

2010 年 3 月，欧盟决定把商论贷款条件的任务外包给 IMF。至少从表面上看是这样，实际则有所不同。欧洲国家毫不犹豫地反对 IMF 提出的条件，而斯特劳斯-卡恩急于讨好欧洲。IMF 将承担 1/3 的救助资金，其余 2/3 来自一个刚刚成立的欧盟救助基金——欧洲金融稳定基金。这个基金后来被重新命名为"欧洲稳定机制"。欧盟各国按照其规模和实力分担救援基金，这意味着德国占了绝大多数。IMF、欧盟委员会和欧洲央行共同监督希腊执行贷款条件，这被称为"三驾马车"。

2010 年 4 月 21 日，"三驾马车"的第一个使团来到了雅典。投资者不相信希腊政府能还钱，10 年期国债收益率持续攀升。5 月 9 日，大约有 90 亿欧元债务到期，市场担心希腊政府能否发放足够的新债偿还旧债。如果无法发新债还旧债，希腊政府就会出现资金短缺。希腊央行如今已经成为欧洲各国央行体系中的一员，要听从欧洲央行的指挥，已经没有能力印钞票还债。政府可能不得不违约，国债市场将彻底崩盘。帕帕康斯坦丁努部长说，危机会"在我们面前爆发"[15]。

如此一来，影响不会止于希腊。谁贷款给希腊了？首先是德国的银行。以德国商业银行为首，德国的银行持有 170 亿欧元希腊债务。[16] 德国的私人部门，包括养老金、保险公司，以及寻找高收益资产的节俭的市民们，一共持有 250 亿欧元希腊债务，在希腊总债务中占相当大的比重。[17] 不仅仅是希腊政府，德国的金融体系也岌岌可危。

5 月 9 日，希腊的 90 亿欧元国债到期，这一天恰好是德国的地区竞选日。默克尔自然能够掂量孰重孰轻，她只用了数天就提出要向希腊提供救助，当然是在希腊"满足适宜的条件"的前提下。"三驾马车"的一份报告谈到，这些条件不仅包括财政政策，还包括"劳动力市场改革、产品市场改革、金融体系改革和统计改革"。欧元区各国的财政部部长齐心协力，制订出了一个总额达 1 100 亿欧元的欧元区/IMF 救援方案，5 月发放总额为 200 亿欧元的第一批援助。

这是夹杂着自利和恐慌的非常迅速的反应，但其实于事无补。2010 年 5 月和希腊政府达成的协议集中于取消在大选之前增加的公共支出，没有讨论如何解决希腊长期形成的过度负债。砍掉的政府支出大部分是公共投资，减去的不是脂肪，而是肌肉。该方案过度依赖以增税的方式为福利支出和衙门里的闲差融资，这使希腊的公司雪上加霜——外部需求已经萎缩，税收负担又在加重。

讨论结构性改革时，5 月只讨论了该采取什么措施，忽视了如何执行和操作。从 20 世纪 90 年代中期开始，希腊议会先后出台了 5 项餐厅和咖啡厅禁烟的法规，但人们仍然在这些地方吞云吐雾。所谓的结构性改革也有一样的下场。"三驾马车"仅仅关注制定严苛的法律，却不讨论如何执行，这只能激发希腊人"上有政策，下有对策"的本能。希腊政府在应对危机的时候或许做得不够，同样，他们得到的援助也远远不够。

更有甚者，在分析调整政策的影响时，"三驾马车"忽略了财政乘数。这回轮到希腊提醒"三驾马车"，希腊是个相对封闭的经济体，进口和出口都很少，因此削减政府支出对国内制造商的冲击会异常大。2012 年年初，希腊央行行长普罗沃普洛斯在《金融时报》上发表了一篇文章，就强调了这一点。[18] 同理，由于希腊没有货币政策自主权，当公共支出减少对总需求带来负面冲击时，央行无法通过减息对冲。从 2011 年起，希腊就不断地提醒"三驾马车"。但欧洲其他国家对自己的见解颇为自负，对这一警告充耳不闻。

"三驾马车"低估了削减预算可能对希腊经济带来的负面影响、对投资者信心的影响以及外部环境可能因此产生的恶化。IMF 预测希腊经济将在 2010 年萎缩 4%，2011 年继续萎缩 2.6%，然后在 2012 年会止跌回升。事实上，2010 年希腊经济增长为-4.9%，2011 年为-7.1%，2012 年为-6.4%，2013 年为-4.2%。希腊经济下滑的速度远远超过了 IMF 的预测值，这样的大幅下滑堪比 20 世纪 30 年代美国的大萧条。失业率高达 27%，比美国在 30 年代的失业率还高，这已经引发了社会动荡。

"三驾马车"的药很苦，却没有效果。当它接下来要求希腊改革的时候，已经无法再赢得希腊的支持。这进一步动摇了投资者的信心，危机越来越深重。"三驾马车"的报告谈到了政策执行的风险。报告写道："对这些政策的政治支持是雄心勃勃的，可能会有严重的社会成本。"[19] 但他们其实一无所知。

由此出现的灾难并非儿戏。具有讽刺意味的是，按照"三驾马车"的预测，希腊的债务占 GDP 的比例最高会达到 150%，然后就会逐渐下降。这一预测没有考虑到增长目标可能无法实现，税收收入可能低于预期，养老金改革可能举步维艰。IMF 做的这一关于债务可持续性的简单分析，没有充分认识到希腊危机的严重程度。IMF 在危机之前的报告中也谈到了改革不力、政策失据，却预测，受到全球金融危机影响，2009 年将出现 1%~2% 的负增长，到 2010 年就会复苏。[20]

"三驾马车"对希腊经济增长的预测，与其说是对其债务可持续性分析的投入，不如说是其产出。按照 IMF 的规定，除非一国的债务"在中期内"是可持续的，否则就不能给予它大规模贷款。[21] 之所以会有较高的经济增长预测，正是因为如果像决策者许诺的那样，希腊的债务占 GDP 的比例会在达到 150% 的峰值之后下落，那么就得有这么高的经济增速。否则，就要考虑免去希腊的部分债务，债券持有人就得接受"理发"式的砍价。如果想让希腊从头开始，就要把原来的债务一笔勾销。

但没有人做好了这样的准备，债务重组将带来各种混乱和干扰。由于债务重组可能会带来不确定性，IMF此前一直不鼓励遇到危机的国家尝试债务重组。欧洲人更不愿意接受债务重组，因为德国和法国持有希腊国债的银行一定会因此遭受损失。法国财政部部长克里斯蒂娜·拉加德尤其反对债务重组。[22] 拉加德知道，法国的银行所持有的希腊债券几乎和德国银行不相上下。

不仅仅是德国和法国的银行，欧洲央行自己也持有250亿欧元希腊国债，这是在希腊救助方案宣布之时，从法国和其他商业银行手中买来的，这使得特里谢成了债务减免坚定的反对者。欧洲的官员一而再再而三地发表声明，宣称债务重组是不可逾越的红线。星期五，当希腊救助方案宣布之时，奥地利财政部部长约瑟夫·普勒尔匆忙出面重申这一立场。当被问及希腊的债务是否需要重组的时候，他断言："当然不会，我们已经提供了1 000亿欧元贷款，希腊要自己渡过难关。"[23]

最终，2012年，私人部门持有的希腊政府债务被注销了75%，显然，之前关于债务可持续性的预测不过是天方夜谭。2013年，IMF看到希腊的局势不断恶化，也不得不感叹："对希腊而言，债务重组是一个更好的选择，当然，欧洲其他国家肯定不会同意。"[24] 人总是不缺后知之明。

第 25 章　黑衣人

就这样,"三驾马车"成功地将希腊债务危机变成了欧元区和欧盟不得不面对的生死存亡危机。一错百错,覆水难收。希腊除了原本背负的对私人部门的债务,如今又增加了对"三驾马车"的债务,这些债务会把希腊压垮。苛刻的贷款条件没有带来复苏,而是招致了怨恨。改革失去了动力,"三驾马车"打开了关住恶魔的瓶盖。希腊政府放弃欧元,自行印钞,已经不是不可想象的结局了。这是一系列错误带来的后果。这一损毁要经过多年才能修复。

第二个后果是欧洲的危机处理能力受到质疑。看到欧盟委员会和欧洲央行在 IMF 的协助下,推行了一系列莫名其妙的政策,投资者不由得要怀疑它们的能力。公众很快就对在布鲁塞尔和法兰克福的官员失去了信任。

此外,回避债务重组问题,让希腊的债务人能够全身而退,这让纳税人非常愤怒。银行体系摇摇欲坠,纳税人可能还要承担沉重的银行救助成本。如果选民不满了,政客们也要适当地表达一下自己的愤慨。2010 年 10 月,在法国海边胜地多维尔,默克尔和萨科齐一致认为,投资者应该承担危机的成本,而不应该让纳税人全部承担。如果再遇到危机,政府应该拿出一个债务重组方案,债券投资人要么接受,要么放弃。他们要把自己的旧债券换成打折的新债券，比如1欧元的旧债券换0.5欧元的新债券，这将是政府提供资金支持的前提条件。由于背后有欧盟撑腰，债权人没有其他选择，只能乖乖就范。

希腊救援中没有让私人投资者承担任何责任，这引起了普遍的不满。[1] 默克尔和萨科齐的声明是对此的反应。但这一声明矫枉过正，他们似乎在暗示，以后不管发生了什么样的危机，都得进行债务重组，这为投资者敲响了警钟。爱尔兰、西班牙和葡萄牙的债券收益率飙升。默克尔和萨科齐海滩散步的结果是，希腊债务危机扩散为欧洲债务危机。一个又一个问题缠身的国家无法再进入金融市场融资。特里谢气得发抖。据说，在一次和各国财政部部长及其他欧盟高官开会的时候，特里谢得知了法国和德国的协议，他大声咆哮："你们这是要毁了欧元！"（尽管特里谢总是自吹在学习德语，情急之下他说的还是法语。）

假如说，欧盟的领导有意要制造一场财政和金融危机，那么他们真是做得太成功了。默克尔和萨科齐看到大事不妙，赶紧收回他们在多维尔发表的声明。他们改口说，债务是神圣不可侵犯的，不应该债务重组。但一言既出，驷马难追，债务重组的禁忌已经被打破。

现实的情况是，不管默克尔和萨科齐是不是改口了，某种程度的债务重组当然是不可避免的。不是所有的债务都是可持续的，希腊就是明显的例证。到底是不是需要债务重组，应该因地制宜，个案分析。断言债务不会重组和声称债务必须重组，都是毫无道理的。欧盟的官员一再出尔反尔，这反映出他们的政策缺乏连续性，同时表明了他们有多么脱离现实。

———

这些失误带来了一系列更为糟糕的后果。首先，欧洲比美国更早急转弯，从财政刺激转向财政紧缩。这一转向早于奥巴马的刺激政策在2012年到期和2013年开始自动减支。如果债务不能重组，那就得到期还钱。如果想要还钱，除非一边增税，一边减少公共支出。希腊的案例尽管有其特殊性，但突出地说明了这一点。希腊的公务员能够一年拿14个月的工资，这实在太过慷慨了。希腊医生申报的应纳税收入有时只有1 000欧元，逃税漏税甚为猖獗，公共项目无米下炊。希腊理应增加税收，减少公共支出。当然，"三驾马车"要求的财政节俭是否过于苛刻，是另外一个问题。

其他有财政赤字的国家也要服用同样的药。尤其是在多维尔海边会议之后，这些国家无法在金融市场融资，面临着严峻的挑战。它们和希腊的问题或许并不完全一样，但这已不重要了。这些国家的财政危机是金融危机的后果，西班牙和爱尔兰直到2008年还有财政盈余。但如果这些国家无法在金融市场融资，而唯一能够贷款给它们的欧洲央行又无意救助，那它们就只能裁减支出。希腊的问题暴露后，人们认为南欧国家全都一样挥霍无度。这坚定了德国人的信念：不管在什么情况下，勒紧腰带才是美德。凯恩斯主义，不管是严格的理论，还是像罗斯福那样的"别人都不花钱，政府就得花钱"的朴素理解，在德国都无法得到共鸣。德国在20世纪20年代的赤字支出导致了恶性通货膨胀。德国在30年代推行的唯一一次和凯恩斯主义有相似之处的财政政策，在德国人的记忆中和希特勒的罪行混杂在一起。德国的纳税人对这一点深信不疑：如果没有预算裁减，就不得不紧急融资，而他们将不得不承受大部分负担。

部分由于政治上的自私，部分由于根深蒂固的意识形态，政策开始向财政节减转向。2011年，由于增税和削减支出，欧元区的公共支出缩减规模约相当于GDP的1.5%，2012年的公共支出缩减规模相当于GDP的2%。欧盟经济和货币专员奥利·雷恩谈到，预算裁减能够"提振信心"，鼓励投资。然而，投资毫无增长。[2]

还有人盼望由于国内支出减少而释放出来的产能会用于出口，但这一观点忽视了整个欧元区都在削减公共支出的事实。连德国都在削减财政支出，西班牙和意大利该往哪里出口？这一观点没有考虑到全球金融危机之后，发达国家陷入了长期的衰退。这一观点也没有考虑到欧元正在升值，因为欧洲央行不肯降息，也不肯像美联储那样激进地扩张其资产负债表。

IMF的奥利维尔·布兰查德的研究指出，欧元区的支出裁减将使其2011年的经济增长拉低两个百分点，2012年的经济增长拉低三个百分点。[3] 欧元区的经济增长从2010年的2%下降至2011年的1.5%，再降至2012年的-0.6%，纯属咎由自取。罪责主要归于欧盟的总部布鲁塞尔。20世纪30年代，欧洲和美国不同，并未经历像1937—1938年那样的二次探底。1929—1932年，欧洲的工业生产急剧下跌，但随后就迅速提高，到1935年已经和历史峰值仅差10%。这一次，经济的急剧下跌仅持续了一年，2010年就出现了迅速回升。但在实行财政紧缩政策后，工业产出急剧下降，到2013年，已经比2008年的水平低了10%还多。换言之，欧洲的表现比大萧条时期更差。

对于那些还能从泪水中看到可笑之处的人，这一结果极具讽刺意味。讽刺之处在于，IMF过去并不是扩大财政支出的热心倡导者，这次却建议欧洲国家不要急于削减财政支出。讽刺之处还在于，即使削减了支出，提高了税收，却并没有增加财政的可持续性。欧洲经济继续萎缩，到了2013年第二季度，欧洲的债务占GDP的比例已经上升至93.4%。如果说财政紧缩的目的是恢复财政收支平衡，那么看来并无效果。

第二个影响是欧洲开始离心离德。50多年来，欧盟一直致力于增加成员国之间的信任。欧盟提供了一个机制，以便让欧洲各国和平合作，让德国可以施展经济手脚，又不用担心邻国会害怕。欧洲各国人民语言各异，各有自己的国民传统，但他们能够得到一个新的欧洲公民的身份认同。欧元作为欧洲的共同货币，是这一过程的顶峰。

从2009年开始，欧洲处理欧元危机的做法破坏了这一机制。欧盟理事会和欧洲央行的做法不仅没有鼓励大家同舟共济，反而制造了北欧国家和南欧国家之间的心理鸿沟。德国发行量最大的《图片报》写道，

"自负、狡诈和挥霍无度"的希腊人想要剥削勤勉本分的德国纳税人，欧盟应该制止这种行为。希腊的报纸反唇相讥，刊登了一张巨大的纳粹标志碾压柏林胜利纪念柱的合成照片，还挖出了德国没有支付二战赔偿的陈年旧事。

　　按照欧洲的传统，应对此类危机的对策向来是进一步抱团。如果单一货币和单一金融市场需要在欧盟的层面上有一个单一的银行监管者，那就创造一个好了。如果解决债务问题需要财政联盟，如果财政联盟意味着政治联盟，那么出路就是迈向财政和政治联盟。50多年来，欧洲一直是这样走过来的。

　　如今，人们已经失去了对欧洲领导人和制度的信心。2013年在欧盟委员会的要求下举行的一次民意调查显示，60%的受访者不信任欧盟。这一比例是2007年的两倍。[4] 这一变化的背后，是对欧盟持负面印象，对欧盟未来悲观，对单一货币怀疑的人数的急剧增加。从理论上讲，用银行联盟、财政联盟和政治联盟巩固货币联盟是有充分理由的，但处理金融危机的失误使这些改革目标难以实现。

　　如果走回头路，退回到各国独立发行的货币，将带来一片混乱。如果有一个国家，比如希腊，要退出欧元区，人们马上就会想到别的国家也会退出，投资者就会外逃。如果储户挤兑银行，政府只能被迫冻结存款，实行资本管制。欧洲的金融市场，乃至欧盟自身，恐怕都难逃此劫。前进不行，后退也不行。欧洲陷入了进退两难的困境。

―――――

　　欧洲的危机首先是一场银行业危机。欧洲银行体系的杠杆率太高，资本金太少，对房地产市场的贷款太多。这些问题已经发酵多年，但由于欧洲领导人的"妙计"，一场银行业危机成功地变成了金融危机、增长危机和政治危机。

　　爱尔兰是个很好的例子。如果说希腊缺乏竞争力，注定会出现财政赤字，爱尔兰则恰好相反。爱尔兰已经实现了20多年的高速增长，成功摆脱了"欧洲病夫"的形象，成为欧洲最具竞争力的经济体。爱尔兰拥有高素质的劳动力、有效的商业环境、对企业友善的公司税收，像一块磁石，吸引了外国投资者。从2003年开始，爱尔兰一直有财政盈余。2006年，爱尔兰的财政盈余达到GDP的3%。2000年，爱尔兰国民政府的债务水平就不高，债务占GDP的比例仅为34%，到2007年已经下降至25%。

唯一表现不佳的是爱尔兰的银行部门。尽管和冰岛无法比拟，但爱尔兰也经历了一场空前的银行和金融扩张。后来，有人问："爱尔兰（Ireland）和冰岛（Iceland）有何不同？"答案是：国名相差一个字母，危机爆发相差6个月。从21世纪初开始，爱尔兰银行体系的资产以年均25%的速度扩张，这是经济增长率的5倍，比欧洲的平均水平高两倍。对非金融私人部门的国内信贷占GDP的比例从2002年的80%，提高到2008年9月的180%。

爱尔兰银行从国外融资，吸引追求高收益的德国家庭在爱尔兰银行存款，并从外国银行和债券投资者那里大量借款。2002—2008年，爱尔兰银行体系的国外借款扩张了三倍。在金融危机爆发前夕，爱尔兰银行体系的贷款是其存款规模的两倍，这说明银行严重依赖所谓的批发金融。大量的资金贷给了房地产商和购房者。2001年，房地产抵押贷款和对开发商的贷款占银行贷款总量的1/3，到2005年已经上升到60%。

爱尔兰的银行大量贷款给房地产开发商，房地产行业出现了过热。到2006年和2007年，爱尔兰的建筑业总增加值已经占到GDP的9%。房价急剧攀升，在2005年之前的10年内房价涨了三倍。[5]银行肆意贷款，标准设得很低。2006年，大约有1/3的房地产抵押贷款贷给了第一次购房者，贷款价值比为100%。银行针对收入仅够交月供的低收入购房者，推出了只需付利息的贷款。

即使如此，也不是所有的人都有偿付能力。房地产价格不可能永远都按每年 15% 的速度上涨，这是收入增长速度的三倍。[6] 也有人担心房价的上涨会最终停止，甚至会出现下跌。但正如美国的决策者认为房价下跌的影响是可控的一样，爱尔兰政府也没有对可能出现的房价下跌未雨绸缪。2006 年 8 月，IMF 在一个绝佳的时间点发布了一份报告。报告讲道："爱尔兰金融体系总体健康，能够吸收房价下跌或增长放缓带来的冲击。"[7] 白纸黑字，无可抵赖。

这种忽视到底是因为过于天真，比如 IMF 发布的这篇报告，还是因为银行家和房地产开发商隐瞒了真相，这仍然是个有争议的问题。银行鼓励自己的管理人员从本银行借款，很多银行的经理人员都买了好几套房。[8] 后来给纳税人带来损失最严重的盎格鲁爱尔兰银行，"只服务于少数客户，其中大部分是在房地产行业"[9]。银行经理二话不说就给他们在房地产行业的朋友贷款，这些贷款申请到了银行的信贷委员会那里，未经核查就得到了认可。直到房地产泡沫的最后阶段，盎格鲁爱尔兰银行的信贷委员会开会都不做记录。很多贷款的发放既没有现金流的支持，又没有抵押品，完全靠个人的口头保证。[10] 这些做法说明，盎格鲁爱尔兰银行是一家靠关系贷款的银行。该银行 CEO、时任董事会主席肖恩·菲茨帕特里克自然清楚明了，但他认为这是银行的优势。他自豪地讲："当你和盎格鲁爱尔兰银行做生意的时候，你不是在跟银行做生意，你是在和人打交道，和最终的决策者打交道。"[11] 事后来看，这根本就不是优点。

盎格鲁爱尔兰银行的第二大客户是它自己的经理人员。菲茨帕特里克自己总共借了 1.5 亿欧元，其中仅 2007 年一年就借了 1.21 亿欧元。他以自己的股票份额为抵押，但把贷款转移到了全国建筑协会，这是一家看似无关的机构。他以此逃避盎格鲁爱尔兰银行的审计方——安永会计师事务所的审查，也向该银行年报的读者隐瞒了真相。[12] 菲茨帕特里克看起来很有投资天赋，他居然把借来的钱大部分用来买本银行的股票。2010 年，就在盎格鲁爱尔兰银行出事之前，他宣布个人破产。之后,他被捕接受审讯。此外,盎格鲁爱尔兰银行还贷款给爱尔兰富豪肖恩·奎恩,让他用保证金购买本银行的股票。贷给奎恩的钱太多了。贝尔斯登出事之后,盎格鲁爱尔兰银行的股价开始下跌,奎恩被迫支付更多的保证金,这时候人们才发现大事不妙。[13]

人们不由得要问,在这些问题暴露之前,监管者和政府领导人都去哪里了?答案不难发现:银行不仅和房地产商过往甚密,和政治家们的关系也不错。或许在一个小国里,这是不可避免的。就在危机爆发之前,菲茨帕特里克还和爱尔兰政府首脑布赖恩·考恩一起打了8个小时的高尔夫球,打完球还一起在高尔夫度假村的酒店吃饭。危机爆发之后,政府官员经常向接替菲茨帕特里克担任CEO的戴维·德拉姆通报政府的政策进展。爱尔兰的监管部门一向高效廉洁,但这种银行家—开发商—政客之间的纽带却是一个例外。

———

雷曼兄弟破产之后,人们开始质疑,像盎格鲁爱尔兰银行这样的银行能否偿还债务。这种担心导致银行股票暴跌,储户更加焦虑。爱尔兰政府浑然不觉,它们在欧盟和欧洲央行的帮助下,成功地将银行业危机变成了国家灾难。

灾难的导火索是银行履行保函。爱尔兰已经将银行履行保函的上限提高到了10万欧元,这和美国将存款保险的上限提高到25万美元一样,都是前所未有地对大额储户的保护。但没有人能够想到,考恩政府给银行的负债,不仅包括存款,连从债券投资者等那里得来的批发借款都严加保护。

9月29日,考恩政府开了一整夜的会,最后出台了这一匪夷所思的政策。[14] 在出现银行业危机的情况下,如果有存款保险制度的话,一般会保护小额储户。其他债权人将承担损失,或如果银行尚有残余价值,债权人可以将债权置换成股份。2013年,塞浦路斯大众银行出了问题后,欧盟就是这样处置的。但在爱尔兰的案例中，那些本来知道自己投资的风险较高的债券投资者也毫发无损。所有的负担都由纳税人承担。

由于爱尔兰银行的负债是其国民收入的数倍，哪怕贷款损失率略有上升，都会把整个国家拖下水。政客们说，他们被盎格鲁爱尔兰银行的高管们误导了，他们不知道需要给债权人付那么多的钱，但他们本应知道的。最初盎格鲁爱尔兰银行要求提供 70 亿欧元的临时援助，到最后要求变成了 300 亿欧元。为了给爱尔兰的 6 家零售银行的债权人埋单，纳税人的负担是 640 亿欧元，相当于每个爱尔兰人，男女老少无一例外，要支付 1.4 万欧元。爱尔兰的居民怎么能够负担如此沉重的压力？这一解决方案给爱尔兰经济带来了长久而沉重的打击。

2009 年，爱尔兰开始偿还债务，到 2010 年，需要偿还的债务急剧增加。爱尔兰的财政赤字占 GDP 的比例达到了 30%（是的，这一数据没有错）。[15] 三年前，公共债务占 GDP 的比例还低得令人羡慕，如今已经超过了 100%。欧洲央行不停地给爱尔兰提供流动性支持，现在，它要求爱尔兰政府立刻为银行注资。为银行注资当然是件好事，但如果这样做会让国家破产，就另当别论了。爱尔兰摊上的不只是为银行注资的成本。由于房地产市场繁荣的终结，爱尔兰政府猛踩财政紧缩的刹车，爱尔兰的经济增长剧降，成为第一个走进衰退的欧洲国家。[16] 2009 年，爱尔兰的经济增长竟然是 -9.8%，2010 年为 -3.2%。这制约了爱尔兰清偿债务的能力。

就这样，爱尔兰的银行业危机变成了财政危机，因为投资者担心爱尔兰政府还不起钱，最后不得不进行债务重组。多维尔声明之后，南欧国家的国债收益率急剧攀升，但都不如爱尔兰严重。爱尔兰就这样被划到了南欧国家的阵营中。2010 年 11 月，爱尔兰和德国的 10 年期国债收益率相差 6.65%。

这样高的利率是爱尔兰根本无法承受的。于是，爱尔兰被迫向"三驾马车"求助。"三驾马车"要求爱尔兰让渡财政主权。爱尔兰经历过漫长而血腥的战争,直到 1922 年才独立,这一要求对爱尔兰来说代价高昂。中右翼反对党统一党领袖恩达·肯尼指责考恩政府将爱尔兰带入了财政保护的境地。他大声疾呼:"这是一个民主政体,人们陈尸街头,才换来了今天。我们不能因为政府的无能失去共和国。"

———

当然,这样的激愤和怨怒解决不了任何问题,考恩和肯尼都不可能从空气中变出资源。爱尔兰急需资金,只有"三驾马车"才能提供支持。但没有承诺,IMF 和欧盟都不会贷款。自然,IMF 和欧盟还是采用了已经成为标准套路的贷款条件,只不过有一些额外的修改,要求爱尔兰降低银行体系的规模。2010 年 12 月,爱尔兰和"三驾马车"达成协议,共得到 675 亿欧元贷款,这些贷款大部分用于为银行注资,修复其融资结构,以及支持国有资产管理署。国有资产管理署专门收购出了问题的房地产开发贷款,并等到时机好转再把它们卖掉。[17]

非常重要的是,"三驾马车"没有救助银行债权人的方案。2008 年 9 月提出的两年期保护,到 2010 年就到期了。这时,本应注销部分债务的价值,降低银行修复资产负债表的成本。但是,欧盟的官员还担心其他欧洲国家的银行的安全。如果修改爱尔兰政府的担保,可能会引发对其国债的担心。这一担心使"三驾马车"不愿意重新谈判。考恩政府自己铺了床,现在就得自己睡下去。

在 2011 年 2 月的大选中,肯尼领导的统一党——工党联盟获胜。或许他们能够另辟蹊径。刚一上台,新任财政部部长迈克尔·努南就向"三驾马车"提出了新的方案,建议注销盎格鲁爱尔兰银行和全国建筑协会的高级债券持有者的债权。菲茨帕特里克的合作伙伴全国建筑协会亦是房地产贷款人,同样遭受了巨大的损失。但欧洲央行行长让-克洛德·特里谢坚持认为,任何让银行债券持有者受损的做法都会动摇信心,并使银行无法在市场上融资。不管怎么说,这些对银行债券持有者的负债已经从爱尔兰的国家资产负债表上转移为爱尔兰对"三驾马车"的负债了。如果连债券持有者都不能避免损失,谁又能说官方债权人不会遭受损失呢?换言之,任何计划的调整都可能预示,政府对银行的担保是个错误的点子,这就会最终影响欧盟的钱袋子。[18] 由于爱尔兰完全依赖"三驾马车"的贷款,新政府不得不听命于欧洲央行。[19]

由于"三驾马车"的救援资金都拿来修复银行,偿付其债权人了,爱尔兰政府别无选择,只能削减其他支出。爱尔兰政府的希望是,随着经济企稳回升,支出的裁减不会太大。和布鲁塞尔、法兰克福以及华盛顿一样,都柏林也错误地估计,到2011年经济就会复苏。欧盟和IMF的协议备忘录中写道:"经过两年的经济急剧下滑,爱尔兰经济将在2010年总体趋稳,并在2011—2014年实现增长。""三驾马车"继续详细介绍了其逻辑:"经济繁荣时期出现的国内经济失衡将被修复,至少在一开始,经济复苏将由出口带动。我们预计,出口拉动的经济增长将逐渐过渡为投资和消费拉动的经济增长,消费者信心会恢复,劳动力市场将改善,经济也将持续扩张。"

但是,政府转向财政节俭之后,并未出现出口增长。由于欧洲决策者的失误,其他出现危机的欧洲国家也出现了国债利差的迅速扩大,几乎不能在市场上融资,它们只能求助于"三驾马车"。[20]

经过了三年,而不是三个月,经济才出现复苏。与此同时,失业率腾跃至15.1%。爱尔兰人纷纷移民,就像当年他们经历大饥荒时一样。2008—2013年年中,约有40万人离开了爱尔兰,有的人去了其他英语国家,有的人是爱尔兰的新移民,如今又回到了他们自己的故乡。很多移民是最优秀、最聪明的。这一损失很难挽回。[21]

———

不幸的欧洲国家各有各的不幸。葡萄牙不像希腊那样有极高的公共债务,也不像爱尔兰那样有严重的银行业问题,但无论是若泽·曼努埃尔·杜朗·巴罗佐（离职之后当选欧盟委员会主席）领导的社会民主党，还是若泽·苏格拉底领导的社会党，都没有准备好应对21世纪葡萄牙遇到的挑战。葡萄牙的制造业，比如服装和运动鞋业，长久以来一直受到中国的挑战。有些葡萄牙企业通过贷款扩大了业务，但这些借款者主要是服务业领域的劳动生产率较低的小企业，它们无法提高葡萄牙的国际竞争力。2000—2008年，葡萄牙的人均GDP增速只有区区5%。到了2010年，经济衰退到来，葡萄牙的人均收入一夜回到10年前的水平。

加入欧元区之后，葡萄牙的利率水平也大幅度下降，但里斯本没有利用这一优势来投资技能和加强培训，而是大兴土木，修建公路和交通环岛。到了衰退时期，公路上空空荡荡。葡萄牙政府为了支付退休者的养老金而增税。增税有助于防止公共债务膨胀，却阻碍了葡萄牙企业的革新。

于是，当危机到来的时候，葡萄牙措手不及。政府的应对策略就是赶紧躲起来，不让市场的雷达发现。葡萄牙是个小国，又没有犯像希腊和爱尔兰那样醒目的错误，市场或许不会发现葡萄牙的弱点。但市场早已是草木皆兵，投资者高度警觉。葡萄牙很快就无法从市场上融资，在2011年春不得不和"三驾马车"协商一笔780亿欧元的贷款。紧接着是削减支出、增税、冻结公务员的薪酬，随后就是严重的经济衰退。失业率高达18%，年轻人的失业率为36%。

西班牙政府赶忙告诉大家：西班牙不是葡萄牙。西班牙的大银行，比如西班牙对外银行和西班牙国际银行有限公司的主要收益来自其在拉丁美洲的投资项目。中央政府的债务占GDP的比例只有36%。[22]西班牙有一批在国际上出名的企业，比如通信行业的西班牙电信、风力发电行业的歌美飒、拥有连锁时装品牌Zara的Inditex集团。加入欧元区之后，西班牙的大企业竞争力提高，出口份额不仅没有下降，反而稳步提高。[23]西班牙的国内市场足够广阔，在西班牙的跨国公司，比如福特和大众，还可以在这里生产供应出口的产品。

西班牙尽管使出了浑身解数，但仍然无法打消投资者的顾虑。西班牙的房地产市场正在崩盘，难保不会触发金融体系的崩盘。问题最大的是西班牙的储蓄银行，这是半公共性质的储蓄银行，它们大量贷款给购房者和房地产公司。20世纪60年代，储蓄银行在西班牙金融体系的总资产中所占的份额不过10%。之后出现了金融放松管制，加之人们普遍相信储蓄银行的背后有政府支持，于是，它们开始四处扩张。如今，储蓄银行占西班牙金融体系总资产的份额接近一半。

投资者从爱尔兰的案例看到，像储蓄银行这种在金融体系中已经举足轻重的金融机构出了问题之后，政府不可能袖手旁观。他们也非常清楚，救助这些金融机构的后果是政府面临破产。在所有金融危机中，银行到底亏损了多少，都极难查清。由于这种不确定性，西班牙的主权信用蒙上了阴影，欧元的未来吉凶未卜。

一开始，西班牙首相何塞·路易斯·罗德里格斯·萨帕特罗采取了有限的措施应对危机。西班牙政府成立了一个银行重组基金，名为"银行有序重组基金"，旨在为银行注资。但成立之后，政府却不敢动用这笔基金，主要因为担心会影响公共财政。"银行有序重组基金"得到授权，可以放贷990亿欧元。2012年，当危机达到顶点的时候，实际上仅放贷了140亿欧元。

政府试图通过兼并重组化解西班牙储蓄银行危机，认为或许只要减少过剩能力，裁减冗员，就能渡过难关，但这不过是把导致危机的房地产不良贷款集中到了几家更大的金融机构的账上。最大的兼并是重量级的马德里储蓄银行和其他6家较小的储蓄银行的合并。合并之后成立的班基亚银行成为房地产贷款的最大持有者，并于2011年7月在西班牙股票交易所上市。不到10个月，由于班基亚银行负债累累，政府不得不介入，提供235亿欧元注资，这使西班牙的财政负担进一步加重。[24]这个消息传出之后，西班牙10年期国债的利率跳高到7%，西班牙显然无法承担这一利率水平。

接下来就是西班牙政府和欧洲同伴的"探戈"。西班牙的银行需要救助，西班牙政府没有钱。如果"三驾马车"贷款给西班牙政府，让它去救银行，这又会像在爱尔兰的情况一样，给政府带来债务压力。从理论上讲，"欧洲稳定机制"可以直接给银行贷款，这和 IMF 贷款很不一样，因为受其章程所限，IMF 只能贷款给主权国家。但若是这样做，西班牙政府就无事一身轻，而"欧洲稳定机制"的股东们，从德国政府开始，最后可能不得不付账单。2011 年年底刚刚组阁的以马里亚诺·拉霍伊·布雷为首的中右翼政府，不愿意受到欧盟与 IMF 援助项目的羞辱。在竞选的时候，拉霍伊口口声声辩称西班牙和希腊、爱尔兰及葡萄牙都不同。可以理解，他非常不愿意看到"三驾马车"派来的"黑衣人"。

最后的妥协带来了极大的模糊性。2012 年 6 月 9 日，欧盟的财政部部长们同意提供 1 000 亿欧元贷款为银行注资。该贷款不是给西班牙政府，而是给"银行有序重组基金"，但协议里又说，如果"银行有序重组基金"无法偿还贷款，西班牙政府需要负责。这将为西班牙银行立即需要的注资提供足够的资金，同时又保留了足够的模糊性，这笔债究竟算到西班牙政府头上还是"银行有序重组基金"头上并未讲明，或许，如果出现了最糟糕的情况，西班牙政府不必罄尽国库。这笔贷款完全由"欧洲稳定机制"提供，这和希腊、爱尔兰及葡萄牙的情况也不同，在其他三国，援助资金的 1/3 来自 IMF。这一安排使西班牙不必向 IMF 汇报，避免了该国政府的难堪。IMF 的职责仅限于帮助西班牙监测银行部门的改革，而欧盟则通过包括所有成员国在内的常规程序决定西班牙是否遵守了协定。"黑衣人"没有出现，但来的是"灰衣人"。

尽管存在多重模糊，但"欧洲稳定机制"的救援方案至少清楚地告诉了大家，将有 1 000 亿欧元贷款用来为银行注资。下一步只需要说服市场，让市场相信这些钱足够了。为此，拉霍伊向盖特纳学习，也对西班牙的主要金融机构进行了压力测试。和美国一样，这样的压力测试号称是严格的、非政治化的。西班牙政府将压力测试工作外包给奥纬咨询公司。就是这家奥纬，在其《2007年金融业报告》中将盎格鲁爱尔兰银行评为"全世界最佳银行"。拉霍伊显然是在赌市场的记忆相当短暂。当然，这样总比西班牙政府自己来干好一些。

和美国在2009年所进行的压力测试一样，负责西班牙压力测试的顾问也遇到了"金发女孩定律"。测算的资本金短缺既不能太少，太少市场会觉得不可信，又不能太多，太多市场会恐慌，担心西班牙政府和银行体系已经资不抵债。幸运的是，有一个叫"超额资本缓冲"的项目，这一项目评估的是银行现存的资本中有多少是能够被出售的。通过调整这一项目，可以影响最终的评估结果。[25] 2012年，奥纬公布了评估结果——西班牙银行体系的资本金亏损约为600亿欧元。这比西班牙金融监管者之前预估的要高，但又低于"欧洲稳定机制"已经许诺的1 000亿欧元的贷款。这一评估结果当然不可能是精准的，但和事实亦无太大冲突。西班牙的欧洲同伴们感到，它们不是在往无底洞里扔钱；投资者也放心了，有1 000亿欧元撑腰，足够用了。

欧洲危机和美国在1933年、2009年的危机有相似之处。这三次危机都表明，银行业危机到底是流动性问题还是资不抵债问题，界限很难划清。在恐慌中爆发的流动性危机，会把一些确实存在问题，但问题实际可控的银行逼到资不抵债的悬崖边缘。尤其是，如果关于银行状况的信息不够清晰透明，恐慌将愈演愈烈。相反，如果及时提供了信息，哪怕信息不完全准确，再辅以可信的最终贷款人的支持，足以安抚恐慌情绪。这将有效制止夺路而逃的疯狂行为，避免金融市场出现踩踏事件。

1933年，美国政府采取了银行假日措施，随后通过了《紧急银行法》。2009年，美国财政部实施了压力测试，而美联储随时准备提供援助，这避免了出现更糟糕的危机。2012年，西班牙聘请奥纬调查银行状况，同时从"欧洲稳定机制"得到了1 000亿欧元贷款，也成功地避免了一场全面危机的爆发。[26]这并不意味着西班牙的衰退和欧洲的衰退已经结束，但是决策者得到了喘息的机会，能够筹划下一步该怎样做。

第 26 章　欧元生与死

和美国、爱尔兰及西班牙一样，英国也经历了房地产市场从繁荣转向萧条。[1]英国的金融业同样发展迅猛，已经占到总价值附加的 10%、公司所得税收入的 1/4。英国的金融业如今也不得不收缩。国家经济出现这些特征，陷入衰退是迟早的事。

但英国的衰退如此持续且势态严重，出乎人们的预料。直到 2014 年，英国的 GDP 才恢复到 2008 年的水平，在 G7（七国集团）中，英国的状况仅好于意大利，落后于其他国家。[2]英国之所以会如此，全是因为政策失误。从 2010 年起，英国的财政政策急剧收缩。2010 年 5 月的大选中，戈登·布朗领导的工党下台，取而代之的是戴维·卡梅伦领导的保守党和自由党联盟。新政府决心用一切办法消除财政赤字。为了达到这一目的，卡梅伦的财政大臣乔治·奥斯本在 2010 年提出了自己的紧急预算，其主要内容是全面削减支出，加征增值税。

英国采取的财政紧缩政策是所有发达经济体中最为严厉的。2009—2012 年，英国裁减的支出占 GDP 的 5% 以上。效果极其迅速且显著。2009 年年底，英国经济已经停止下跌；2010 年上半年，出现了 0.5% 的正增长；2010 年第三季度的增长率为 1%。随后，奥斯本的紧缩政策开始生效。2010 年第四季度，英国经济增速为 -0.2%。2011 年，英国经济反复探底，第一季度和第三季度有微弱的增长，而第二季度和第四季度是负增长。英国的独立无党派顾问机构——预算责任办公室估计，由于采取了财政紧缩政策，经济增长额外下跌了1%。2011—2012年，经济继续下跌0.7%；2012—2013年，经济继续下跌0.3%。这显示政策带来的冲击逐渐缓解。[3]

卡梅伦政府决定继续紧缩财政。这使IMF少有地建议英国政府，应增加能够在短期内刺激需求的公共支出。稍后，IMF又建议英国政府，应考虑到经济尚未复苏的现实，放缓财政紧缩的步伐。[4]

英国的财政紧缩政策格外奇特，因为它并没有遇到其他欧洲国家面临的约束。当联合政府在2010年执政的时候，虽说公共债务比较高，但也不到GDP的70%，尚在可控范围内。借用一句套话，英国不是希腊。英国几家大银行，包括苏格兰皇家银行、劳埃德银行和北岩银行需要补充的资本金和贷款成本占GDP的8%，而且这一支出数额已经开始下降。[5]换言之，英国也不是爱尔兰。

最重要的是，英国不是欧元区成员国。英国有自己的央行，可以自行印钞，也能支持政府债券市场。这使英国比那些负债累累的欧元区国家有更多的腾挪空间。财政紧缩本来是可以往后放放的，等到英国经济有了起色，再来巩固财政也不迟。

所有这些现象，让人对联合政府何以会如此痴迷于财政紧缩政策很是费解。卡梅伦的财政大臣奥斯本和布莱尔的财政大臣布朗同样是历史专业的，奥斯本是在牛津大学读的历史专业。但这一背景好像没有让他更重视20世纪30年代的教训，反而重蹈了当年关于财政政策的"财政部观点"的覆辙。1929年，当有人提出要增加赤字的时候，时任财政大臣丘吉尔说："政府支出增加必然会挤出同等数额的私人支出或投资，因此对经济活动毫无作用。"[6]奥斯本和他的财政部同事们不会完全否定财政支出毫无作用，但他们坚持认为作用是有限的。他们进一步指出，如果不紧缩财政，会带来负面影响；如果不减少赤字，会让英国像希腊、

第26章 欧元生与死

爱尔兰与西班牙一样遭受信任危机，并影响投资和经济增长。

这一观点错误地把英国和希腊混为一谈。英国的债务占GDP的比例只有70%，而希腊的已经高达170%。这一观点也错误地把英国和其他欧元区国家混为一谈。英国有自己的央行，而欧元区国家没有独立的央行，无法支持其国债市场。英国本已很明智地退出了存在缺陷的货币联盟，如今却糊里糊涂地把自己看作货币联盟的成员。

卡梅伦和奥斯本是主张小政府的保守教条的忠实信徒。如果不限制政府的规模，万一遇到了财政不可持续的问题，债务占GDP的比例一下子突破了90%的红线，那该如何是好？[7]2010年10月，作为财政紧缩方案的一部分，英国政府拿出了一个清单，列明需要裁撤的公共机构，其中包括基础设施规划委员会、健康保护局（该局负责就新的医疗卫生风险为医疗卫生行业和普通大众提供咨询）、英国教育传播与技术署（该署负责协调和推广信息技术在教育界的应用）等。这些机构大多负责基础设施、教育和研究领域的资源调配。[8]按照保守派的观点，最好让市场自己解决，政府尽快出局。裁撤另外一些公共机构，比如英国电影委员会和农场动物福利协会，是为了标榜联合政府的气魄和雄心。如果裁撤这些浪费支出、四处干预的公共机构会带来一场短暂的衰退，联合政府真心认为最多是一场短暂的衰退，并把它当作改革带来的阵痛。站在保守派立场的《每日电讯报》的杰里米·华纳毫不隐讳地讲："最后，你要么支持大政府，要么支持小政府。支持大政府的人痛恨财政紧缩，因为这将会使政府支出的规模缩小。底线在于，只有在经济危机的时候，才能真正缩小政府规模。这可能是顺周期性的，但是在经济形势好的时候，不会有人愿意缩小政府规模，只有在经济形势不好的时候才有机会。"[9]

最后，也要考虑到政治上的斟酌权衡。和奥巴马的经济刺激政策一样，工党的紧急预算并未实现所有的预期目标。于是，当保守党和自由党选择不同于工党的竞选纲领时，它们集中抨击工党的赤字政策。和在美国一样，这一立场迎合了很多选民，这些选民朴素地认为政府预算和家庭预算一样，都要量入为出，同时，他们也对危机时期政府救助金融机构表示不满。联合政府主张财政巩固政策，并把工党抹黑为"赤字党"。美国政治分化严重，因此花了数年时间才达成对最富有的1%的人口征税及自动减支的妥协。英国没有这一问题，因此转向财政节俭的动作非常迅捷。

————

英国实行了严厉的财政紧缩，其规模相当于GDP的5%，但这和"三驾马车"要求希腊完成的财政紧缩相比，不过是小巫见大巫。按照"三驾马车"提出的方案，希腊在三年之内既要减少支出，又要增加税收，总规模相当于GDP的11%。不单是希腊，任何一个国家，都不可能承受如此严苛的财政紧缩。尽管有些学者声称财政紧缩会带来扩张性效应，但急剧的公共支出削减不可避免地带来了急剧的经济下滑。正如我们已经讲到的，经济下滑的幅度远远超出了"三驾马车"的预测。希腊经济越下滑，财政收入越减少，债务占GDP的比例越高。

IMF总裁多米尼克·斯特劳斯-卡恩一心想要支持欧洲国家的计划，但2011年5月，他因被指控在纽约的索菲特酒店性侵一位女服务员而被迫下台。[10] IMF规定，只有在预期能收回贷款的情况下，才能对外放贷。IMF可以给借款国家开通"特别通道"，即允许这些国家获得相当于其在IMF的份额6倍的贷款，但条件是该国的债务必须是可持续的。2010年5月，IMF已经发现希腊的债务无法实现"在较大概率下可持续"，这使IMF董事会不得不法外开恩，理由是不给希腊贷款就会使危机波及其他欧洲国家。但随着希腊危机的持续恶化，IMF越来越发现无法再这么贷款下去。拉丁美洲国家的代表不干了，当年它们在出现危机的时候，并未享受过这样的特权。期望希腊在2012年就能回到金融市场，向私人投资者出售国债，不过是痴人说梦。

第 26 章 欧元生与死

总要找条出路。一种选择是，欧洲各国向希腊提供更多资金。但到了这个时候，提出救助希腊的方案已经成为政治自杀行为，不仅德国人反对，在荷兰、芬兰和其他北欧国家，也是一片反对的声音。删掉了其他选项之后，各国官员不得不考虑原本不可考虑的选择——债务不得不重组。

除了在多维尔海滨散步，在一年半的时间内，欧洲的领导人一直拒绝接受债务重组。债务重组会给债券持有人带来巨大损失，并引发金融市场混乱：机构投资者可能会破产，会抛售其他欧洲国家的债券，希腊会陷入长达数年的诉讼陷阱。尤尔根·斯塔克是欧洲央行执委会里的德国代表，他警告大家，希腊债务重组的后果将是"灾难性的"。同在欧洲央行执委会的洛伦佐·比尼·斯马吉曾是意大利财政部的司长，他告诫希腊政府，债务重组是"政治自杀"，朝这一方向迈出的任何一步都会"毁掉欧洲"。[11]

现实恰恰相反。之后发生的事情会告诉我们，希腊完全可以实施债务重组，使其债务负担大幅下降，使不确定性最小化，并让投资者能够最大限度地参与。希腊可以腾出钱来为银行注资，而别国的银行则要准备好接受不可避免的损失。在欧盟的支持下，其他欧洲国家不会陷入崩溃。但改弦更张会损害像斯塔克和斯马吉这样的欧盟官员的信用，他们把债务重组描绘得跟世界末日一样。不久，他们就将离开欧盟官员的位置。

结果是又一年的唠叨和拖延。起初，德国财政部部长沃尔夫冈·朔伊布勒建议，由IMF和欧洲央行组织一个"自愿的"债务交换，投资者可以得到期限更长的债券，而政府承诺不会减免债务。这会给希腊带来什么好处，谁也说不清楚。接着，一个由法国银行家组成的委员会提交了方案，也提出不需要名义上的债务减免。国际金融协会是一家由大型投资机构组成的组织，它们建议将现有的债券置换为4种，有不同的期限和折扣的新债券。这些新的债券能够为急需资金的希腊政府提供流动性支持。但这一方案只要求投资者略微让步，而希腊政府的债务负担将显著提高。[12]

这毫不奇怪，银行家们当然希望能够使自己的利益最大化，但这不会帮助希腊政府解决经济和金融难题。这是 IMF 和欧盟缺乏领导力的表现，所以金融机构才会出来奏乐，让希腊政府按照它们的节拍起舞。如果政府官员们想的是如何刺激市场，那么这真是一个好的选择。

又经过了三个月的慌张迟疑，欧盟的领导人终于意识到等得越久，问题越大。在 2011 年 10 月 26 日的峰会上，他们终于"邀请"各方提出债券交换方案，以便将希腊政府欠私人投资者的债务裁减掉 50%。又过了 4 个月，希腊政府拿出了一套要么接受、要么离开的方案。投资者别无选择。2012 年 4 月，超过 97% 的私人投资者接受了这一方案。他们的债券面值被砍掉了超过 50%，新的债券利息低于原来的债券。超过 1 000 亿欧元的希腊债务人间蒸发了。

———

这就是被欧洲官员视为洪水猛兽的有序债务重组。这是二战之后欧洲出现的第一次重大的债务交换，也是历史上规模最大的债务交换。

为什么会这样呢？

首先，希腊债务的 60% 是由易受政府左右的银行和投资者持有的。这些国家的政府看到债务重组进展顺利，就认为这是符合公众利益的，而且暗示银行和投资者如果不就范，可能会出现非常负面的结果。

其次，86% 的希腊国债是遵从希腊法律的，所以只要希腊国会修改法令，就能实现债务重组。其余的希腊国债是按照英国法发行的，所以只能通过英国法庭才能实现债务重组。希腊国会利用这一点，通过了相关法令，规定只要大多数债券持有者同意，就能进行债务重组。[13] 反对者很快就会发现自己居于少数，而且没有法律追索权。对于投资者来说，稍可欣慰的是，新的国债是按照英国法发行的，所以比过去的按照

第 26 章 欧元生与死　　395

希腊法发行的债券多了一分对投资者的保护。

这是最终出现的进步。不幸的是，欧洲已经耽搁了两年半。在这两年半里，希腊民众背负着沉重的负担，各方都失去了信誉。而且，希腊得到的债务减免显然是不够的。欧洲央行持有420亿欧元希腊债券，其他欧洲国家的央行共持有130亿欧元希腊债券，这些债券不在重组之列。希腊的债务占GDP的比例仍然高达150%。

雅典没有庆功宴。经济衰退愈演愈烈。慢慢地，人们开始讨论，什么时候应该进行第二次债务重组。这一次，官方持有的希腊债券也要包括在内。

———

欧洲央行仍然顽固地反对任何形式的债务重组。让-克洛德·特里谢及其下属的理事会成员都反对债务重组。这些衮衮诸公心里非常清楚，欧洲央行持有太多南欧国家的债券。他们知道，如果允许对欧洲央行持有的希腊债券进行重组，欧洲央行的资产负债表就会恶化。他们担心，欧洲央行未来可能还要继续购买债券，以免更多欧洲国家或银行出现破产。

欧洲央行的职能是确保金融市场和整体经济的稳定，它却对盈亏如此锱铢必较，着实令人费解。欧洲央行的官员们担心，如果承担了证券投资组合的损失，德国的政客们肯定会大为光火。但他们是央行官员，本应由他们来引导舆论，把人们的注意力转移到央行的更高职责上。而这等到欧洲央行换届之后才开始出现。新任行长是意大利前财政部高官、曾担任高盛经济学家的马里奥·德拉吉。德拉吉在2012年夏发誓，欧洲央行将尽一切可能保卫欧元区。亡羊补牢，犹未迟也。

欧洲央行还犯了别的错，加剧了欧洲的悲痛。2010年，欧洲央行错误地预测经济已经复苏，过早地退出了非常规货币政策。[14]欧洲央行仍然紧盯着标题通货膨胀率，2011年春夏之际，欧洲出现了短暂的食品和燃料价格上涨,欧洲央行提高了利率。当时,德国经济仍保持着增长态势,人们不得不怀疑,这一决策更多是出于德国人的担忧,而非顾虑整个欧元区。在这个时候加息,使本已沉疴不起的银行和企业更加痛苦,让政府的日子更加艰难。西班牙和意大利的债券利息急剧攀升,触发了欧洲危机的下一个阶段,也是最为严重的阶段。

欧洲央行迟迟不肯采取措施刺激经济增长,是因为其担心这样会减轻南欧国家厉行结构性改革的压力。低利率,以及购买更多国债,会使财政紧缩的压力减小。南欧国家就会更没有意愿推行面临重重政治阻力的改革。

后果尽在意料之中。每当形势变得极其严峻的时候,欧洲央行就会稍微放松一下政策。欧洲央行会启动SMP(证券市场计划),购买那些融资成本飙升的南欧国家的国债,同时也帮助了那些想要把这些国债脱手的欧洲银行。[15]欧洲央行还会放松LTROs(更长期限再融资操作)的条件,并以此向银行提供更多的流动性。[16]但只要病人病情稳定,药就会停用。SMP会暂时中止,[17]LTROs的贷款条件会再度收紧。于是,经济形势再度恶化,人们又会担心欧元区是否会解体。于是,欧洲央行再度启动SMP,放宽LTROs的贷款条件。

在特里谢和德拉吉时期,欧洲央行采取的这种走走停停的政策,无法为欧洲经济提供足够的支持。2010年,M3的增长率仅为0.6%,2011年为1.5%。欧洲经济原本可以维持1%~2%的增长率,欧洲央行的通货膨胀目标为2%,因此,M3的增长率至少应为4%以上。2011年年底,由于欧洲央行"主动地"两次加息,银行向私人部门的贷款开始下滑,2012年全年都在不断下滑。[18]欧洲央行的政策来回变化,一会儿打开水龙头,防止旅人因口渴而脱水,但又马上关上水龙头,驱赶旅人赶紧自己去寻找沙漠绿洲,这种政策不连续性使欧洲经济局势更加艰难复杂。

和20世纪20年代的美联储一样,欧洲央行误解了自己的职责。在20世纪20年代,美联储最应该做的不是帮助英国回归金本位,或是让华尔街的泡沫消退,而是应该根据美国经济的需要,调整货币供给和信贷供给。如今,欧洲央行的首要职责不是强化财政和结构性改革的压力,而是要保持适度的 M3 增长速度,维持金融稳定和经济增长。在大萧条时期,美联储的教训是惨痛的。1926 年,当佛罗里达州出现房地产泡沫的时候,美联储刚好度过十二载春秋。2012 年,欧洲央行也正好只有 12 年的历史。当然,这不能成为犯错误的借口。

2012 年夏,局势更加严峻,欧洲再度陷入衰退。信用评级机构再次下调欧洲的国债评级。西班牙和意大利 10 年期国债的利率比德国 10 年期国债的利率高出 500 个基点。储户纷纷从南欧银行撤资。德国和芬兰政府揭竿而起,反对继续提供金融救援。5—6 月的立法竞选之后,新一届希腊政府诞生了。新政府到底有何打算,无人知晓。市场上纷传希腊可能会退出欧元区。[19] 如果真是这样,欧元也就分崩离析了。如果欧洲央行官员的目的是给南欧国家施加更多压力,看他们做得多么成功。

但他们做得太过了,几乎将欧元带到了崩溃的边缘。意识到问题的严重性之后,德拉吉于 2012 年 7 月 26 日在伦敦的一场投资者研讨会上讲道:"欧洲央行准备好了尽一切可能保卫欧元。请相信我,我们会竭尽全力。"[20]

在德拉吉发表讲话之后,欧洲央行决定推出 OMT。OMT 主要用来购买出了问题的欧洲国家的债券。OMT 和之前的 SMP 很相似,但有两点不同。首先,OMT 没有规定购买的上限和终止的日期;其次,欧洲央行可以在二级市场买入国债,但需要相关国家和"欧洲稳定机制"这一欧盟的救援基金达成调整计划。有了 OMT,不管政府或银行需要多少资金支持,欧洲央行都可以敞开供应。欧洲央行可以想做什么就做什么。[21]

———

金融危机为美国敲响了警钟,让美国意识到金融监管存在的不足。

当然，吸取教训，知易行难。金融危机让欧洲认识到了货币联盟存在的缺陷。欧盟缺乏有效的财政纪律。欧盟的监测经常忽视可能影响货币联盟稳定的因素，比如资本外逃损害了南欧国家的竞争力。银行是国际资本流动的通道，但欧洲没有一个统一的银行监管者。在失业率较高的地区和失业率较低的地区之间，缺乏财政转移支付制度。由于欧洲的货币联盟缺乏银行联盟和财政联盟的支持，欧洲为此吃了极大的苦头。

在美国，若想让行政和立法机构赞同改革，难如登天。但欧洲的境况更糟。如何说服 17 个欧元区国家一致同意？如何说服 27 个欧盟成员国一起改革？在任何一个时点，欧洲的某个地区都会有竞选正在进行，这使改革过程很容易受到政治羁绊。德国联邦宪法法院可能会裁定欧盟的某项法令或欧洲央行的某项政策违背了德国宪法。[22] 要想把改革进行到底，就得修改欧洲条约。但这就会打开潘多拉的盒子，把那些对欧洲基本规则和认识的反对意见释放出来。有的国家按照规定需要通过公投的方式修改欧洲条约，这样一来结果如何，就很不确定。欧洲的领导人或许最能了解的一点就是，当存在不确定性的时候，市场不会总是很好地做出反应。

此外，那种标签化的描述，比如说，节制的德国和挥霍的希腊、节俭的北欧人和大手大脚的南欧人，强化了危机中遇到的分配问题。这一争论显示出了各方对待改革问题的意见分歧，这使改革更难推进下去。

改革举步维艰。最初的努力是试图强化对预算政策的监督，这样才能安抚德国民众。欧盟通过了 6 项新的法规，被称为"半打"，或许是为了让爱好啤酒的德国人觉得更亲切。[23] 出台这些新规是为了强化《稳定与增长公约》。按照该公约，政府应将预算赤字占 GDP 的比例控制在 3% 以内，公共债务占 GDP 的比例控制在 60% 之内，或至少是朝着这一目标努力。6 项新规明确定义了什么叫"显著偏离"这一目标。不只预算赤字占 GDP 超过 3% 的国家，就连那些公共债务占 GDP 的比例超过 60% 的国家，如果没有充分实行整改措施，也将被处以制裁和罚款。

新规还规定，扣除周期性因素之后，一国的结构性赤字不得超过GDP的0.5%。[24]

为了使新规更为可信、更有执行力，推翻制裁措施必须得到多数欧盟成员国的同意，而不是得到多数欧盟成员国的同意才能实施制裁。[25]新规必须被视为成员国的国内法，每个成员国都要通过立法或修改宪法保证其实施。设立一个类似于美国国会预算办公室的独立的国家机构，负责监督新规是否符合各国宪法及国内法。如果各国没有完成国内的立法和修宪，或是没有设立新的独立监督机构，那么欧洲法院将有权对它们实施制裁和罚款。过去10年，欧盟国家经常对《稳定与增长公约》熟视无睹。如今，欧洲各国希望通过束缚自我，防止各行其是。这些巩固之后的约束是否能做得更好，需留待时间检验。

改革日程上的第二项是银行联盟。理论上讲，是指建立一个统一的监管者，负责监督整个欧元区或欧盟的银行运转。银行的跨国经营不仅对其母国有影响，也会对其他国家产生影响。这也意味着建立一个统一的存款保险制度，以避免像爱尔兰那样在2008年实行那种以邻为壑的存款保险政策。这还意味着建立一个处理资不抵债的银行的机制，就像美国的联邦存款保险公司一样，欧洲也需要自己的共同基金。

诚然，说时容易做时难。各国的监管者不愿意放弃自己的特权。没有任何一个欧盟机构有能力监管遍布17个国家的6 000多家银行，而且何时能够掌握这种能力尚不清楚。这个独立的监管者应该位于何处？是设置在欧洲央行内部，以方便监管者和最终贷款人共享信息，还是另外单独设立一家机构，以减少和欧洲央行价格稳定目标可能产生的冲突？德国反对成立一个共同的存款保险机制和统一的破产清算机制，它担心最后德国的银行和纳税人将不得不为别的国家制造的麻烦埋单。这种担心其实是站不住脚的。德国的银行和其他国家的银行一样，也存在杠杆率很高、管理不善的问题，出了问题的德国银行亦不在少数，但流行的说法，即节俭的德国人要被迫救助花天酒地的希腊人和西班牙人，继续影响人们的观念，阻碍了改革进程。

拖延了一年之后，出台的方案是由欧洲央行担任统一的监管者，但要在其货币职能和监管职能之间设立防火墙。由两个不同的理事会监督这两种职能。欧洲央行负责监督 130 家有大量跨境业务的大型金融机构，其他金融机构在服从欧洲央行权威的条件下，仍然由各国监管者负责。这到底是什么意思，谁也不清楚。经过长达 6 个多月的谈判，达成了一项关于共同的破产清算机制的方案，但在这一方案中，资金主要来自各国政府，而非欧元区。这个协议还是无法打破银行业危机和债务危机之间的"恶魔循环"。[26]

最难解决的难题是在繁荣地区和萧条地区之间的财政转移支付。2012 年年中的法国大选中，社会党领袖弗朗索瓦·奥朗德脱颖而出，这主要是因为选民对萨科齐处理危机的表现彻底失望。奥朗德提出了一个由欧盟各国共同建立失业保险基金的提议。这一提议在德国遭到强烈反对。关于在欧元区范围内发行欧元债券的建议也未逃脱同样的命运。对德国和其他北欧国家来说，这些建议简直是天方夜谭。

于是，建成欧洲的货币联盟大厦的任务，变成了一项永不停工的室内装修工程。

———

在美国和欧洲，应对危机的政策都勉强避免了货币体系和金融体系的崩溃，也勉强避免了一场旷日持久的大萧条。在受灾最严重的地方，比如雅典和美国加州的斯托克顿，人们可能没有这样的感受，但事实确实如此。正如德拉吉所言，央行准备好了竭尽所能。政府的对策在很大程度上受到 20 世纪 30 年代的历史经验的影响，各国政府也做好了准备，采取财政政策以稳定需求，避免出现像大萧条那样的经济紧缩。

但它们的成功也带来了反思。不可避免地，政府和央行提供的一部分援助会给予银行以及非银行金融机构，因为信贷是市场经济的血液。

但由于人们对金融机构日生怨怼，很多人反对央行和财政部门帮助金融业。政客们许诺得太多，当然，他们一贯如此。尽管经济衰退的程度不及大萧条，人们还是认为政客们失败了。巨额的财政赤字和中央银行资产负债表前所未有的扩张，引起了人们对通货膨胀的恐惧，而政客们不知道该如何回应。公众只能听进去只言片语，若要详细地阐述家庭预算和政府预算之间的微妙差异，或当经济处于流动性陷阱中时货币扩张的影响，恐怕公众很难听进去。

于是，在危机后的第一轮竞选中，谁要是提赤字财政或更积极的货币政策，就会在政治上丢分。官员们关心的是保住官帽，他们知道风向已变，于是转为支持财政紧缩。央行减少了干预，因为担心再干预下去会引起更多的不满，最终影响央行的独立性。如果说最初的反应避免了一场如20世纪30年代的大萧条，那么随之而来的财政紧缩政策和货币政策转向，使经济复苏不如30年代的来得迅猛。

金融改革亦是如此。和大萧条后的改革相比，试图加强监管的改革并不成功。毫无疑问，金融危机的爆发显示出原监管体制出现了巨大的缺陷，因此需要全面深入修补。但这一次，金融危机的经济后果在很大程度上得到了遏制。金融危机对金融市场的冲击也大为缓和。1929年9月，标准普尔股票价格指数达到巅峰；1930年7月跌至谷底，从峰顶到谷底，共下跌了85%。2007年10月9日，标准普尔股价指数达到峰顶，在随后的17个月里，该股价指数"仅仅"下跌了57%，随后出现了反弹。[27] 结果是，改革显得不是那么迫切。金融体系在危机中自然威信扫地，但远远没有达到像在20世纪30年代那样的程度。所以，它们尚能全身而退，成为危机后的改革设计师。

在美国和欧洲皆是如此。欧洲更为麻烦的是有一个"半成品"的货币联盟，既不能弃之不用，又无法如期完工。20世纪30年代，通过国际协调共同采取再通货膨胀政策已被证明是不可行的，于是各国自行其是。这种自行其是的政策是要付出代价的——国际贸易急剧萎缩，但这一政策至少为各国政府提供了一定的喘息空间，能够帮助它们更好地应对危机。

受此经验的启发，很多专家很快想到，希腊和其他受到危机打击的欧洲国家或许会选择退出欧元区，但欧元比金本位更为牢靠。再引入已经被取消的本国货币，远比让依然存在的本国货币贬值更难。与 20 世纪 30 年代实施金本位的国家相比，如今，欧元区各国为此投入得更多。50 多年来，它们不仅创造了共同的货币联盟，还建立了统一市场，进行了相关的政治安排。如果退出欧元区，这些已有的丰碑也会岌岌可危，这就限制了哪怕是单独一个国家退出欧元区的可能性。

可以理解的是，希腊总是受到"三驾马车"的审查，自然会感到受辱，经济衰退看起来一望无涯，难免令人沮丧。德国总是被要求为肆意挥霍的邻国提供援助，给了钱还被视为残忍的老板，这也令德国人满腹怨言。但到了关键时刻，双方都会克制，勉力维持欧元区。德国和欧盟的其他成员国不止一次地提供了紧急贷款，希腊不止一次地大幅裁减公共部门薪酬及社会项目。两国的反欧元的选民都没有达到像在 20 世纪 30 年代那么多的数量。希腊不想做欧洲的"弃儿"，放弃欧元和欧盟。德国其实是欧元和欧盟的受益者。它们知道，为了维护这些制度就不得不做出牺牲。

20 世纪 30 年代的历史对政策结果仅有部分指导意义。当年的危机导致了金本位的解体，这一次的危机并没有导致欧元的解体，至少到现在还没有。

结　论

历史是一个宝库，决策者可以从中获得启示。在危机时，历史上的相似之处对决策最有启发。局势紧迫，容不得深思熟虑。所谓的专家们对分析框架莫衷一是，借鉴历史经验就更加可贵。若是历史经验和当下的事件相似之处甚多，决策者会更为重视。在一个国家和社会面临转折点的时候，最可镜鉴的就是历史经验。

当哈里·杜鲁门决定是否要介入朝鲜战争的时候，他想到的历史时刻是慕尼黑会议。当决策者们面对2008—2009年的那场80年来最严重的金融危机时，他们想到的是20世纪30年代的大萧条。大萧条和全球金融危机有诸多相似之处，因此那段历史经验，或更准确地讲，由经济学家和历史学家总结出来的那段历史经验，对如何理解和应对这次金融危机，起到了重要的作用。

按照大萧条的历史经验，决策者们应该在危机爆发之初就采取更为迅速而有力的对策。他们应该向金融市场注入流动性，以防危机蔓延。他们应该区分流动性不足的银行和资不抵债的银行，对前者要不断提供紧急的流动性支持，对后者则要关门整顿、增加注资。这样才能恢复市场信心，确保金融体系能够再度顺利运转。

但即使这种货币和金融的战地疗法能够制止金融危机进一步恶化，

也无法完全消除已经造成的损失。考虑到金融市场所受到的冲击，经济衰退在所难免。市场变得更倾向于规避风险，不愿意借贷，经济很难回归增长的轨道。在这种情况下，应该增加公共支出，以抵消私人支出的下降。这一应急政策必须足够强大，同时也应是临时性的。在私人部门的支出复苏之后，政府支出就要尽快离场，以免债务规模失控。

对危机时期的失业者应施以援手，应延长失业救济的期限，增加食品券的发放，扩大社会服务的范围。帮助社会中更为不幸的人群是公平和正义之举，因为导致他们遭遇不幸的根源是整个经济体系的失灵，某些人群获得了过多的收益。只有这样做，才能让现有的经济和政治体制仍然能够得到广泛的支持。

最后，那些导致危机爆发的财政、金融和社会政策应得到纠正。一旦最艰难的时刻过去，就要实施全面的改革。

这就是经济学家和历史学家从大萧条中总结出的历史经验。米尔顿·弗里德曼和安娜·J.施瓦茨的《美国货币史（1867—1960）》是研究20世纪经济史的最重要的著作。他们在书中提出，中央银行必须更加果断，才能避免银行业危机、通货紧缩和经济萧条。凯恩斯在《货币通论》中提出要用公共支出对付经济萧条。《货币通论》被誉为最有影响力的经济学著作之一。卡尔·波兰尼在1944年的《大转型：我们时代的政治与经济起源》一书中强调了社会和管制改革的重要性。[1] 面对2007—2008年金融危机的决策者并非都读过这些书，但他们知道这些观点。这些重要的观点已经在经济学界世代相传，成为对经济史的标准描述。

美国和其他国家的决策者吸取了这些观点，迅速而有力地采取了对策。央行迅速降息，并向金融市场提供了充足的流动性。政府展开了大规模的财政刺激。向银行注资的政策显得更加迟疑，但也卓有成效。一场货币和金融体系的全面崩溃被遏制了。对民主制度和市场经济的支持并未丧失。至少，没有出现第二次大萧条。

我们本应做得更好。发达国家的失业率仍然高达两位数，尽管不如大萧条时期的失业率高，但远高于正常的经济衰退，也比那些相信经济学已经战胜了经济萧条的人预期的要高。金融市场的局势也不容乐观，比那些相信央行和金融监管者完全知道如何应对类似20世纪30年代的危机的人所预期的更为悲惨。增长低迷，失业率居高不下，劳动参与率不断下降，经济复苏迟迟难以出现。企业和家庭部门当然需要时间减少过度负债，银行需要时间修复其资产负债表，但衰退持续的时间超过了调整需要的时间。

当然，人们可以说，不管政策是否适宜，遇到一场金融危机，一定会出现更为严重的经济衰退，失业率也会更高。即使这一观点是正确的，也不过是提出了另一个问题：我们为什么没有预测到，更没有准备好应对这样一场严重的危机呢？

具有讽刺意味的是，失败的根源恰恰在于对大萧条的乐观解释。按照这种解释，当时的集体决策制度中存在缺陷，这些缺陷本是可以改正的，但由于这种缺陷，当时的决策者无法理解20世纪20年代经济不稳定的风险，也无法有效地应对20世纪30年代的危机。当代的决策者已经从前人的错误中吸取了教训。央行有严格的经济学模型，实行了有效的通货膨胀目标制，这种科学决策减少了经济和金融系统的波动，避免了严重失衡。金融监管更为发达，减少了金融业的失误。存款保险制度遏止了银行挤兑和金融恐慌。对大萧条的主流解释均称，这场灾难是由可以避免的政策失误造成的，这一解释使人们相信，这些失误是可以被纠正的，而且已经被纠正了，因而我们在今天不会再遇到金融危机了。

当然，我们已经知道，这种观点完全错误。20世纪二三十年代的经济和金融不稳定当然和通货膨胀、通货紧缩有关，弗里德曼和施瓦茨曾经提出过稳定货币增长规则，而通货膨胀目标制正是他们所倡议的21世纪版本，这一制度创新在很大程度上有助于缓解通货膨胀和通货紧缩压力。但这并不意味着其他风险也被消除了。恰恰相反，在大缓和时期，经济长期处于稳定状态，这鼓励了投资者去追逐新的风险。发达经济体已经有80多年都没有经历严重的危机了，这使它们忽视了危机的可能后果。随着时间的推移，人们对金融体系的内在不稳定性逐渐淡忘。金融市场上的主体不断创新，有时候是为了更好地服务其客户，有时候是为了逃避管制。金融监管的"警犬"追不上剽悍的私人部门的"灰狗"。金融监管的现实和最优的金融监管安排之间的差距越来越大。这一切都说明，歌舞升平的日子越长，滋生的风险也就越大。但是，当夜夜笙歌的时候，没人会想到这些。

而且，不管是由于好的政策也好，还是仅仅由于运气也好，稳定的时间长了，就会有人抱怨管制过于严厉。大萧条之后，金融监管体制塑造了一个被百般呵护的金融体系，带来了较长时期的稳定，但也种下了自我毁灭的种子。金融从业人员会说，因为他们已经学会了控制风险，所以对金融机构的资本和流动性要求应该放得宽松一些；对交叉出售金融产品的限制应该被取消；20世纪30年代之后紧紧攥住金融体系的手，应该改为和缓的轻抚。金融体系的内在不稳定性，以及过于和缓的监管可能会带来的风险，本应成为经济学家和历史学家为大萧条总结出来的另一个教训。当然，有学者曾指出这一点，但他们都处于经济学界的边缘地带。

为什么这些观点会落在经济学的主流之外？这一点值得深思。如果那些如何用宏观政策应对危机的观点能够被经济学家们牢牢记住，为什么这些同样深刻的观点却被忘记了呢？部分原因在于，大部分历史学家感兴趣的是，由于致命的决策错误，1929年的衰退如何演变成了30年代的大萧条，而他们对衰退本身是如何产生的研究较少。在对这段历史的研究中，对危机起源的解释是最不系统、最不令人满意的部分。从危机起源中如何得出启示，以及如何才能避免危机，无法有深远的影响，因为对这段历史的解读本就不是很清晰。

而且，最近的经验告诉我们，危机的起因往往并不简单，危机本身可能很难界定，更不用说提前防范了。错误的概念框架和误导的政策比比皆是，但大萧条中更多。如今，我们理解了20世纪二三十年代的决策者是如何在对经济形势一知半解的情况下不得不做出决定的。2007年年底，美联储同样不知道局势将如何迅速地恶化。2009年，奥巴马总统的经济学家也不知道经济会急剧下滑。这里的问题不是说，他们不知道该对某种特定的情况做出何种反应。问题的核心是，他们根本不知道发生了什么。危机时期，一切变化都来得突然，而信息却支离破碎。我们在经历了2008—2009年的变化之后，才能更好地理解决策者在1929年面临的挑战。

这个例子说明，大衰退能够帮助我们更好地理解大萧条。我们现在能够更好地理解，我们倾向于将较长时间的稳定归功于己，根据过去的稳定推断未来也会稳定，这导致我们难于避免疏忽。我们更好地理解了，人们总是到了事后才会知道贷款规模过于巨大，已经不可持续。我们更好地理解了，人们总是倾向于把经济政策制定的艺术简化为一个简单的规则，不管是按照通货膨胀目标制规定的，央行必须紧盯2%的通货膨胀率目标，还是按照真实票据理论声称的，央行只能按照工商业的实际需要提供信贷量。我们更好地理解了，人们对救助脑满肠肥的银行家的愤怒会如野火蔓延，而这会影响公众对进一步救助问题银行的支持。我们更好地理解了，从历史的透镜观察未来，既能看到光亮，也会导致扭曲。比如，从2010年开始，欧洲过度关注类似20世纪20年代的通货膨胀风险，但眼下真正的风险却是通货紧缩。美国的决策者总是担心会有过度的风险，却不知道危机之后人们变得回避风险，而这影响了经济复苏。我们更好地理解了，为什么政府会在危机的过程中过早地削减支出。

最后，我们更好地理解了，仅有经济分析和建议是不够的，重要的是政策的执行。根深蒂固的意识形态会影响政策的执行。这在大萧条的历史中并非新的发现,但最近发生的事件使我们更深刻地理解了这些因素。

对大萧条的乐观解释,即认为风险管理和监管体制的进步已经消除了类似20世纪30年代的危机,也是基于一种特殊的、受历史影响的对风险的认识。按照标准的解释,20世纪30年代的危机主要是银行业危机,政府和央行没有采取足够的措施去制止银行业危机,也没有遏制危机后果的扩散。这一次,政府和央行对银行格外重视,却忽视了不断增长的非银行金融机构,包括对冲基金、货币市场基金、特殊投资工具等。它们也忽视了金融衍生品。这在美国尤其突出。到了21世纪早期,非银行金融机构已经提供了私人部门非金融信贷的2/3。

这一转变带来了深刻的影响。存款保险制度无法稳定货币市场共同基金的信心。危机爆发之后,这些基金的投资人像20世纪30年代的银行储户一样纷纷撤资。对银行的资本金要求无法遏制过度风险,也无法为损失提供缓冲,因为很多高风险资产是由保险公司的离岸市场分支机构所持有的,正如在AIG金融产品公司案例中发生的那样。但20世纪30年代爆发的银行业危机以及由此得到的历史启示,使决策者们只重视银行,而忽视了风险的变化。

在欧洲,非银行金融机构仅提供了对家庭和企业信贷的30%。欧洲的故事有所不同,最大的问题还是银行体系。很久以来,和美国相比,欧洲的金融体系更依赖于银行。随着对20世纪30年代银行业危机的记忆的淡忘,以及放松管制的力量占据上风,银行从中获得的收益最大。当年,奥地利的一家银行倒闭,就导致了整个中欧的金融体系崩溃,只因为这家银行占奥地利贷款总额的一半左右。这本应成为时刻铭记的警示。但不是所有的欧洲国家都发生了这样的故事。而且,如今关于银行的政策是在欧盟的层面决定的。即使在曾经有过类似经历的国家,对过去的记忆也已经淡漠,人们更多地在讨论超大型银行带来的效率优势,以及科学的风险管理方法的进步。

此外，有些国家，比如英国，很幸运地不曾在 20 世纪 30 年代经历过银行业危机。这些国家对央行的最终贷款人职能反应更为迟钝。英国在 150 年来都没有经历过银行业危机，因此只有限的存款保险。结果，英国迎来了 150 年来的第一次银行业危机。

在总结早期历史的经验时，最大的疏漏就是决定采用欧元这一决策。20 世纪二三十年代的历史已经清楚地显示了，若是让一群情况殊异的国家绑定在一个货币政策上，会带来怎样的危害。在两次世界大战期间的金本位，揭示出大规模的资本会从低利率的国家流入高利率的国家，而一旦这种资本流动突然停止，会带来毁灭性的后果。历史经验也证明了，当唯一的政策选择是财政节俭时，将带来经济上的痛苦和政治上的动荡。当欧洲的领导人决定采用欧元的时候，他们本来应该三思而后行。

这些失误提醒我们，对历史的描述从来都不是唯一的。对历史的解读也是充满竞争的。一种解读会强调，20 世纪 20 年代的固定汇率制度是问题的根源；另一种解读则会指出，20 世纪 30 年代不稳定的汇率制度是毁灭性的以邻为壑的政策。[2] 第二种解读似乎和欧洲在 1992—1993 年的经历较为吻合，当时汇率急剧波动，给欧洲的联合造成了冲击。如今，或许会有不少人认为，这是一种对 20 世纪 30 年代历史经验的误读。正是由于这种误读，欧洲做出了推出欧元的决定，其结果是灾难性的。

最后，欧洲勉强保住了其货币体系。和美国一样，欧洲也勉强避免了一场大萧条。但是，这些成绩阻止了欧洲做得更多。由于货币和金融体系不像在 20 世纪 30 年代时那样彻底崩溃，经济也未出现像当年那样的危机，所以推行激进改革显得没有那么紧迫。金融业不像在 20 世纪 30 年代时那样几乎被摧毁，因此它们还能调动资源，反对激进的改革。债权国能够动员起来，反对将货币联盟成员国的债务集合起来，也反对建立银行联盟。由于社会受到的冲击相对较小，社会改革也更为有限。

由于取得了一些成功，政府和央行等紧急势头一过，就匆匆忙忙地回归常规政策。但是，政府在经济进入新的常态之前，就已经回归常规政策。在常态下，如果央行的资产负债表扩张，会引起通货膨胀。美国和英国的大规模财政赤字本应引起利率上升，但并未出现这种情况。这说明经济形势尚未转入常态，但这丝毫没有阻止政府迫切地想要尽快平衡财政预算。

如果政府削减了公共支出，央行考虑到经济仍然较为疲软，感到有责任做得更多。但如果未经选举产生的技术官僚只有非常有限的授权，或许还好，而未经选举产生的技术官僚若是拥有广泛的权力，那就另当别论了。央行官员自己都为前所未有的干预政策感到焦虑。货币政策是非常规的，而央行官员的思想却非常常规。对通货膨胀的恐惧占了上风，考虑到在经济下滑的非常时期，通过提高通货膨胀目标的方式将借贷成本降低的建议则无人喝彩。联邦公共市场委员会的大部分成员对20世纪70年代通货膨胀的失控记忆犹新，而对更为遥远的30年代已经茫然。即使在通货紧缩的压力已经到来的时候，央行官员也不愿意实行非常规货币政策。

非常规政策持续的时间越长，对它们的政治批评就越多。央行官员担心中央银行会失去独立性，于是更加着急地要回归常规政策。其实，大萧条的历史经验告诉我们，如果央行不能有效地支持经济增长，其独立性也会受到影响，权力可能会被剥夺。尽管最近的事态发展再次证明了这一点，但在此之前，人们并没有意识到这种风险。

此外，人们还担心，低利率会鼓励投资者投资高风险资产。按照这种观点，货币政策会导致另一个泡沫、另一次崩溃。在20世纪30年代，也正是出于这种担心，政府没有更积极地采取对策。从历史的镜子里看现实世界，这些官员没有认出来，30年代的问题是通货紧缩，而非通货膨胀。追逐风险的行为不是太多了，而是太少了。雷曼兄弟事件已经过去5年了，但人们还在照哈哈镜。

很多官员非常担心道德风险。他们担心救助政策会让大家觉得，最后每一个人都会被政府救助。这种担心也有政治上的原因：救助政策在政治上是不得民心的。批评者希望看到一家银行真的倒闭，以儆效尤。于是，在1933年联合守望者信托倒闭，在2008年雷曼兄弟破产。

欧洲版本的道德风险论认为，如果央行为国债价格和经济增长提供太多支持，那么成员国政府就会觉得没有压力了。政客们和他们的选民们就是要吃点苦头，这样才能感受到结构性改革和财政巩固政策的压力。他们认为这是道德风险的问题，不是道德批判的问题。在欧洲央行和德国看来，欧元危机是鲁莽的南欧国家制造出来的，动摇了欧洲金融市场的次贷危机是鲁莽的美国人制造出来的。这些胡作非为的家伙应该受点苦，才能痛改前非。当年，美国财政部部长安德鲁·威廉·梅隆提出的清算主义已经遭到很多历史学家的批评。我们自己的经历证明，这其实是一种普遍存在的人类本性。这种本性是难以克服的。

站在道德批判的立场上看待这场危机，会使遭遇危机的国家更难协调合作。在20世纪30年代，各国政府和央行各自为政，导致局势更加恶化，这使各国在2008—2009年的危机之后，试图协调货币和财政政策，避免出现贸易保护主义。而一旦警报解除，再想维持合作就变得困难了。危机旷日持久，各国身心疲惫，政策协调变成了互相指责。德国财政部部长沃尔夫冈·朔伊布勒指责美联储压低美元汇率，他称这一政策是"无能的"。奥巴马总统几乎毫不掩饰地指责欧洲没有尽快修复其银行体系。看到此情此景，我们就可以很容易理解，当1931年欧洲出现金融危机的时候，各国没有通力合作；当1933年出现全球经济危机的时候，各国也没有齐心协力。

欧洲国家内部的相互指责最为激烈。北欧国家认为，德国勤俭，希腊挥霍；南欧国家则认为，希腊不幸，德国无情。这种相互指责使对外救助计划难以通过，甚至连接受对外救助都很难。债务多边化和债务减免都难以通过。若是公允地讲，有一个草率的借款人，就有一个草率的

结　论　413

贷款人。若只有一个国家，或许还能通过出口解决困难，但不要期望所有的南欧国家一起出口来解决问题。21世纪初，德国出口确实非常强劲，但不要忘记，那是因为有扩张性的货币政策和欧元走弱为之助威。南欧国家如今遇到的情况与之恰恰相反。这不禁让人想到20世纪20年代，当时法国货币贬值，出口强劲；而到了30年代，整个欧洲都经历了经济低迷，无法通过出口走出困境。但如今法国政府已经忘记了历史的教训，德国政府更是毫无觉察。

更为客观的分析应该承认，如果没有贷款条件，如果没有一个机制确保贷款能够最终偿还，那么就不会有国家愿意救助出了问题的邻国。但从道德评判的角度去看危机，同情有美德的国家，谴责无纪律的国家，无助于得出客观的观点。这种道德评判会使贷款国难以提出合理的条件，而借款国难以平心静气地接受这些条件。成功的国家会自然而然地认为成功来自自身的美德，不成功的国家会认为成功的国家是靠盘剥它们而成功的。

最后，由于决策者勉强避免了另一场大萧条，他们不会有积极性去深入反省危机的起因。既然没有出现金融崩溃，那么，或许美国的银行和金融体系，以及欧洲的货币联盟，是除了人们已经尝试过的其他制度之外的最差的一种制度（套用丘吉尔关于民主制度的名言）。结果，人们没有讨论对金融高管的补偿问题，更没有关注这一问题和金融稳定性之间的关系。在危机刚刚爆发的时候，出现了短暂的"占领华尔街"运动，人们走上街头，质疑经济的过度金融化，警告收入不平等问题已日益严重。但对这些问题的深层次根源及其后果，都缺乏持续的讨论。[3]之所以会出现贫富分化，是因为一个社会没有为其大多数社会成员提供足够的教育和培训，以应对全球化带来的竞争压力。贫富分化也反映出技术进步导致机器人替代了劳动力。人们不愿意面对这些问题，也不愿意承认危机之后令人失望的复苏并不仅仅是因为去杠杆化带来的负面影响，而且是因为长期以来对基础设施、基础研究和教育的投资严重不足。

要想解决这些问题，不仅需要政府采取快速的临时刺激政策，而且需要出台关于对基础设施、教育和研究的长期可持续的国家战略和国际战略。这些投资需要投入大量的资源，需要深入的研究，以确保这些资金投入能促进劳动生产率的提高。我们需要反思，究竟需要什么样的金融部门，以便使其更好地服务于非金融的实体经济，以及我们需要什么样的监管模式。

在很多情况下，要想解决这些问题，需要政府发挥更多的作用，而非相反。大萧条之后，政府确实是如此反应的，如今则不然。具有讽刺意味的是，决策者避免了一场大萧条，因此他们也就不会像新政时期一样，去考虑政府应发挥什么作用。

最后，决策者勉强避免了另一场大萧条，这也说明各国政府没有尽力把这个世界上的金融体系变得更加安全。尽管银行要遵守更高的资本金和流动性要求，但这一改革远远不够。大银行需要签订"生前遗嘱"，美国的《多德-弗兰克法案》也规定了适用于大型金融机构的有序破产清算程序。不清楚的是，如果监管者担心市场会恐慌的话，还会不会启用这些"生前遗嘱"和破产清算程序。大而不能倒的问题究竟如何解决，仍然没有深入的探讨。由于避免了另一场大萧条，政府不愿意实行更激进的改革，银行业重新集结起来。

同样地，由于没有爆发全面危机，货币市场共同基金和保险公司也开始动用大批游说者。除了保德信金融和臭名昭著的AIG，其他保险公司都没有被金融稳定监督委员会列为有系统重要性的金融机构。信用评级机构成了漏网之鱼，逃避了严格的管制和改革。

同样，尽管有所谓的沃尔克规则限制商业银行的房地产交易，但漏洞处处都是。银行躲过了类似20世纪30年代那样的浩劫，也不觉得应该将其证券业务分散化。衍生品交易被转移到了清算中心，但这只是集中了风险，而没有消除风险。欧洲国家避免了自己的大萧条，却发现难以克服政治障碍，创造一个有意义的银行联盟。它们没有办法达成一致：在何种情况下它们的紧急救助基金可以贷款，在何种情况下央行可以支持金融市场。危机能够带来紧迫感，但仍然没有紧迫到足以克服这些问题的程度。

于是，正是由于决策者成功地减少了80年来最严重的一次金融危机带来的损失，这预示着我们将在不到80年内，遭遇另一场严重的金融危机。

出场人物表（按姓氏首字母排序）

康拉德·阿登纳：1949—1963 年任联邦德国总理，在二战后的欧洲一体化进程中发挥关键作用。

戴维·阿克塞尔罗德：《芝加哥论坛报》专栏作家，2009—2011 年任奥巴马总统的高级政治顾问。

谢赫·穆罕默德·本·哈马德·本·哈利法·阿勒萨尼：卡塔尔前埃米尔的第 6 个儿子。卡塔尔耐力赛马队队长。2008 年，因与冰岛克伊普辛银行转让私人股份而引起争议。

亚当·阿普尔加思：2001—2007 年任英国建屋互助会银行北岩银行的 CEO，在银行业危机和国有化进程中去职。

德怀特·艾森豪威尔：1932 年在道格拉斯·麦克阿瑟将军麾下服役，当时美军镇压了阿纳卡斯蒂亚的失业退伍军人。1953—1961 年任美国第 34 任总统。

詹姆斯·R. 安东尼：银行家，20 世纪 20 年代他的曼利-安东尼连锁银行卷入了佛罗里达州土地市场的投机。他资助了乔治·梅里克的科勒尔盖布尔斯项目。

菲尔·安吉利德斯：房地产开发商，1999—2007 年任加利福尼亚州司库长，2009—2010 年任金融危机调查委员会主席。

贝拉克·奥巴马：2009—2016 年任美国第 44 任总统。

戴维·奥德森：冰岛政治家（独立党）。自由主义思想家。1991—2004 年长期担任冰岛总理。2005—2009 年担任冰岛央行行长。

尼尔森·W. 奥尔德里奇：1881—1911 年任美国参议员（共和党，罗得岛州），1909—1912 年领导国家货币委员会。起草议案，奠定了《联邦储备法》的基础。

温斯洛普·奥尔德里奇：银行家和音乐家，尼尔森·W. 奥尔德里奇之子。1930—1953 年任大通国民银行董事长。

樊尚·奥里奥尔：法国政治家。20 世纪二三十年代任社会党金融事务发言人。1944 年，代表法国出席布雷顿森林会议。

阿尔伯特·奥佩蒂特：1920 年通货膨胀期间，任法兰西银行秘书长，与银行违反法定货币发行事件有牵连。

乔治·奥斯本：英国政治家（保守党）。牛津大学现代历史学研究生毕业。2010—2016 年在卡梅伦联合政府担任财政大臣。

皮特·奥斯扎格：1995—1996 年（克林顿时期）任国家经济顾问委员会资深经济学家和委员。2009—2010 年（奥巴马时期）任美国国家管理和预算办公室主任。主张财政整顿。后来离开白宫到花旗银行就职。

罗杰·巴布森：金融理论家、艾萨克·牛顿爵士的拥趸，以对 20 世纪 20 年代后期股市崩盘的预测而闻名。

乔治·巴顿：1932 年，当美国军队受命清除阿纳卡斯蒂亚的"补偿金大军"时，他正在道格拉斯·麦克阿瑟将军麾下服役。二战期间率领美国第三和第七集团军。

沃伦·巴菲特：美国商人、投资者。旗下公司有伯克希尔·哈撒韦公司。在 2008 年金融危机最高点给高盛提供了 50 亿美元的战略投资。

阿瑟·巴兰坦：美国律师和政府官员。1931—1933 年在胡佛总统任内担任财政部副部长。

若泽·曼努埃尔·杜朗·巴罗佐：葡萄牙政治家（社会民主党），2002—2004 年任葡萄牙总理，2004—2014 年任欧盟委员会主席。

阿里斯蒂德·白里安：1909—1929 年 11 次出任法国总理。他试图用调解的方式与德国达成赔偿安排，但未成功。

希拉·拜尔：2005—2011 年任美国联邦存款保险公司主席，以倡导监管改革应对大而不能倒而闻名。

亨利·保尔森：美国金融家和政府官员。从 1974 年开始在高盛工作，1999—2006 年任高盛 CEO。2006—2009 年在乔治·W. 布什任内担任第 74 任财政部部长。

约翰·保尔森：贝尔斯登并购专家。他创办了一只专门从事不良债务交易的对冲基金。以 2006 年开始做空美国住房市场而闻名。

罗恩·保罗：美国政治家。1997—2013 任美国众议员（共和党，得克萨斯州）。自由意志论的代言人和创作者。对美联储持批评态度。

杰拉德·李·贝文：金融家和诗人。20 世纪 20 年代与克拉伦斯·哈特立有业务往来。因签发欺诈性的资产负债表而被定罪入狱。

布鲁斯·本特：1971 年美国第一只货币市场基金——储备基金创始人之一。储备基金又名主要储备基金，在 2008 年跌破面值。

彼得·彼得森：1972—1973 年理查德·尼克松总统任内的商务部部长。1973—1984 年任雷曼兄弟 CEO。黑石集团共同创始人。为达到预算平衡的目的担任活动家和政治捐款者。

滨口雄幸：日本政治家（民主党）。1929—1931 年任日本首相。在其任内，日本重返金本位。他奉行正统的经济政策。

卡尔·波兰尼：匈牙利经济学家和经济史学家。在英国和美国执教。他 1944 年出版的《大转型：我们时代的政治与经济起源》反映了资本主义发展过程中的社会和文化价值。

亨利·波利特：英国地主、士兵和运动员。第 16 代温彻斯特侯爵。1929 年卷入哈特立丑闻，1930 年破产，之后终身生活在蒙特卡洛市。

威廉·波特：纽约担保信托公司总裁。在 1929 年大萧条时期试图动员民众和财政支持股市。

布鲁克斯利·伯恩：美国律师和政府官员。1996—1999 年任美国商品期货交易委员会主席，在克林顿执政期间倡议监管金融衍生品交易。

贾里德·伯恩斯坦：奥巴马—拜登换届过渡政府的成员，2009—2011 年任副总统拜登的经济顾问。

阿道夫·伯利：哥伦比亚大学公司法教授。罗斯福总统智囊团的创始人之一，他强调政府要有干预市场的能力。

本·伯南克：美国经济学家，斯坦福大学助理教授、副教授，普林斯顿大学教授。熟知大萧条历史，曾任美联储理事（2002—2005 年）和主席（2006—2014 年）。

维利·勃兰特：德国政治家。社会民主党领袖，1969—1974 年任联邦德国总理，欧洲一体化的倡导者。

约翰·博纳：1991 年起任美国众议员（共和党，俄亥俄州）。2006—2007 年任众议院多数党领袖，2007—2011 年任众议院少数党领袖。2011—2015 年任众议院议长。

托尼·布莱尔：指安东尼·查尔斯·林顿·布莱尔，英国政治家（工党）。1997—2007 年任英国首相，主要成就包括授予英国央行独立操作权限和创立金融服务管理局。

雨果·布莱克：1927—1937 年任美国参议员（民主党，亚拉巴马州）。新政支持者。以倡导工作共享和国家最低工资而闻名。在 1937 年被任命为美国最高法院大法官，一直任职到 1971 年。

威廉·詹宁斯·布赖恩：1891—1895 年任美国众议员（民主党，内布拉斯加州）。反对金本位。于 1896 年、1900 年和 1908 年当选民主党总统候选人，1913—1915 年任美国国务卿。佛罗里达州房地产业推广者。

路易斯·布兰代斯：1916—1939 年美国最高法院大法官。宣传对抗垄断和商业影响力。他的追随者在 1933 年进入罗斯福政府。

戈登·布朗：英国政治家。1997—2007 年托尼·布莱尔任内的英国财政大臣。2007—2010 年任英国首相，组织了 2009 年的伦敦 G20 峰会。

哈里·布朗：1971 年，作为共同创始人创办了美国第一只货币市场基金——储备基金，又名主要储备基金，其在 2008 年跌破面值。

斯科特·布朗：马萨诸塞州参议员，2010 年爱德华·肯尼迪逝世后，赢得了参议院特别选举，成为 1972 年以来第一位来自马萨诸塞州的共和党籍参议员。

卡尔·布雷施：奥地利政治家（基督教社会党），1931—1932 年任奥地利总理。

安德烈·莱昂·勃鲁姆：法国政治家。巴黎高等师范学院毕业，法国社会党成员，1929 年起任国民议会议员。在 1936 年法郎贬值期间任总理。

海因里希·布吕宁：德国中央党（保守派）政治家。1924 年始，服务于魏玛共和国国民议会。1930 年，领导总统制政府并通过法令实行财政紧缩政策。

约瑟夫·A. 布罗德里克：美国银行家和银行监察员。1930 年美国银行倒闭时，任纽约州银行监察官。1936—1937 年就职于美联储。

乔治·H. W. 布什： 1989—1993 年任美国第 41 任总统。

乔治·W. 布什： 2001—2009 年任美国第 43 任总统。

罗伊·蔡平： 汽车工业的先驱（哈德逊汽车公司创始人之一）。1932—1933 年在胡佛任内的最后几个月任商务部部长。

爱德华·达拉第： 法国政治家，激进党（中偏右翼）成员。三次当选法国总理，包括大萧条时期（1933 年 1—10 月、1934 年 1—2 月、1934 年斯塔维斯基事件发生时）。

阿利斯泰尔·达林： 英国政治家（工党）。2007—2010 年在戈登·布朗任内担任英国财政大臣。

杰米·戴蒙： 美国银行家。毕业于塔夫茨大学和哈佛大学。21 世纪中叶摩根大通 CEO、董事长、总裁。2008 年救助贝尔斯登的关键人物。

刘易斯·道格拉斯： 美国政治家。1927—1933 年任美国众议员（民主党，亚利桑那州）。在罗斯福政府任预算局局长。倡导金本位和财政责任。

查尔斯·盖茨·道威斯： 芝加哥商人、银行家和音乐家。主导了 1924 年的美德赔款谈判。1925 年赢得了诺贝尔和平奖。1925—1929 年任美国副总统。1932 年任复兴金融公司总裁。1932 年参与紧急救助中央共和信托（道威斯银行）行动。

让-吕克·德阿纳： 比利时政治家（基督教民主党）。他的家人为了躲避德国军队逃往法国蒙彼利特，他于 1940 年在那里出生。欧洲一体化的倡导者。1992—1999 年任比利时首相，创建欧元时是他人生的顶峰。

马里奥·德拉吉： 意大利经济学家、政府官员。曾在高盛和意大利财政部任职。2006 年任意大利央行行长。从 2011 年起，任欧洲央行行长。

戴维·德拉姆： 在救援盎格鲁爱尔兰银行期间任该行 CEO，2008 年 12 月离任。2010 年申请破产。

爱德华·德马科： 美国经济学家和政府官员。2009—2014 年房利美和房地美的破产监管者。他反对降低屋主的房贷本金。

比利·杜兰特： 汽车行业先驱。1916—1920 年通用汽车公司总裁。20 世纪 20 年代的股票投机者和投资资金归集的组织者。

哈里·S. 杜鲁门： 1945—1953 年任美国第 33 任总统。

皮埃尔-保罗-亨利-加斯东·杜梅格： 法国政治家。激进党成员（自由主义中间派），1913—1914 年和 1934 年任法国总理，他的保守党联合政府未在大萧条中取得进展。

克里斯多夫·多德： 1981—2011 年任美国参议员（民主党，康涅狄格州）。在危机后的金融改革立法时期，担任参议院银行委员会主席，他从美国国家金融服务公司取得了优惠利率的抵押贷款。

威廉·J. 多诺万： 律师、情报官员。二战期间任美国战略情报局局长，并与 AIG 的科尼利厄斯·范德·施德合作。

拉乌尔·多特里： 法国商人、工程师、政治家。法国国营铁路公司总裁。1935 年皮埃尔·赖伐尔重新掌权时的智囊团成员。

戈特哈德·贝蒂·俄林： 瑞典经济学家，1929—1965 年任斯德哥尔摩经济学院教授。以和凯恩斯就德国赔偿的辩论而闻名。在国际贸易理论领域颇有贡献，支持经济萧条时期应该增加赤字开支。

奥托·恩得： 奥地利政治家（基督教社会党）。在 1930—1931 年信贷银行危机期间任奥地利总理。

费利克斯·法兰克福特： 美国最高法院大法官路易斯·布兰代斯的弟子，哈佛大学法学院自由进步教授。1939—1962 年任美国最高法院助理法官。他的学生们参与指导了罗斯福新政。

尤金·法玛： 经济学家、诺贝尔经济学奖得主（2013 年）、芝加哥大学教授。"有效市场假说"之父。

弗兰克·A. 范德利普： 美国银行家和政府官员。1897—1901 年，在任财政部助理部长期间协助联邦政府从国民城市银行获得两亿美元贷款。1909—1919 年历任花旗银行的前身——国民城市银行的副总裁和总裁。参与起草奥尔德里奇计划，该计划塑造了美联储。

阿瑟·范登堡： 1928—1951 年任美国参议员（共和党，密歇根州）。坚决反对新政。

肖恩·菲茨帕特里克： 爱尔兰银行家、商人。1996—2008 年先后担任盎格鲁爱尔兰银行 CEO 和主席。2008 年年底，因被指控秘密给自己贷款而辞职。

约施卡·菲舍尔： 德国政治家（绿党），活跃于 20 世纪 60 年代的学生运动中。1998—2005 年任德国副总理兼外交部部长。倡导欧洲一体化，批评德国总理默克尔的危机处理方式。

理查德·费希尔：美国金融家、顾问和政府官员。2005 年任达拉斯联邦储备银行行长，以直言不讳的反通货膨胀观点著称。

欧文·费雪：经济学家、耶鲁大学教授、罗斯福总统的非正式顾问。以债务紧缩理论和 1929 年股市"永久的高峰"言论而闻名。

安德鲁·芬威克：英国某百货公司家族的后代。2008 年任北岩银行非执行总董事。

亨利·弗拉格勒：美国实业家、房地产开发商和标准石油公司创始人。开发了佛罗里达州东海岸铁路，在 20 世纪初促进了迈阿密和棕榈滩等城市的发展。

A. P. 弗赖尔森：美国银行家，1930 年金融危机之时任诺克斯维尔清算协会主席。

巴尼·弗兰克：1981—2013 年任美国众议员（民主党，马萨诸塞州）。性格直率，是《多德-弗兰克法案》的共同提案人。

皮埃尔-埃蒂安·弗朗丹：保守的法国政治家（民主共和联盟）。1934—1935 年任总理期间未能有效地应对大萧条。

米尔顿·弗里德曼：美国经济学家、芝加哥大学教授、诺贝尔经济学奖得主（1976 年）。以稳定的货币增长理论和《美国货币史（1867—1960）》一书著称（与安娜·J. 施瓦茨合著）。

埃德赛尔·福特：亨利·福特的儿子。1919—1943 年任福特汽车公司总裁。守望者集团的总裁和主要投资人。1933 年守望者集团因拒绝复兴金融公司的援手而倒闭。

亨利·福特：汽车行业先驱，与 1933 年破产的底特律地区的金融机构有关联。

理查德·富尔德：美国商人、银行家。1994 年起担任雷曼兄弟 CEO、董事长，直到 2008 年雷曼兄弟破产。

蒂莫西·弗朗兹·盖特纳：公务员。在克林顿政府历任财政部副助理部长、高级副助理部长、负责国际事务的副部长。与罗伯特·鲁宾和劳伦斯·亨利·萨默斯共事。2003—2009 年任纽约联邦储备银行行长。2009—2013 年任美国财政第 75 任部长。

高桥是清：日本官员。他安排融资贷款以支持 1904—1905 年日本对俄罗斯的战争。五度担任大藏大臣，在日本摆脱金本位后，1931 年他追求积极的财政扩张政策。

卡特·格拉斯：1918—1920 年伍德罗·威尔逊总统任内的财政部部长。1920—1946 年美国参议员（民主党，弗吉尼亚州）。1933—1946年任拨款委员会主席。共同起草了《格拉斯-斯蒂格尔法案》，废除了金本位（1932年），该法案让商业银行和投行分业经营（1933年）。

菲尔·格雷姆：美国经济学家和政治家。1982—2002年任美国参议员（共和党，得克萨斯州）。参议院银行、住房和城市事务委员会主席，1999年共同起草《格雷姆-里奇-比利雷法案》，消除了《格拉斯-斯蒂格尔法案》的影响。

奥拉维尔·拉格纳·格里姆松：冰岛政治家（人民联盟）。1996—2016年任冰岛总统。

莫里斯·格林伯格：1962—2005年任AIG负责人。2005年，因面临欺诈性商业行为的指控而辞职。之后该案撤销。2008年，他就AIG救助条款和对利益相关人的处理方式而反诉美国政府。

艾伦·格林斯潘：美国经济学家、政府官员。1987—2005年任美联储主席。

李嘉图·瓜利诺：意大利实业家和金融家。一战后依靠人造丝产业获得巨额财富。与法国银行家艾伯特·乌斯特里克有关联。企业于1930年破产。

盖尔·哈尔德：冰岛政治家（独立党）。2006—2009年任冰岛总理。因为在2008年危机期间没有召开内阁会议而被质疑，公众认为他应该承担玩忽职守的主要责任。

鲁道夫·哈芬施泰因：德国律师和政府官员。1922—1923年恶性通货膨胀期间，任德国德意志帝国银行行长。

乔治·哈里森：1928—1941年任纽约联邦储备银行第二任行长。本杰明·斯特朗的继任者。

克拉伦斯·哈特立：英国商人、投资者。1929年破产。

拉尔夫·乔治·霍特里：英国经济学家、贸易周期理论家和政府官员。1904—1945年就职于英国财政部。

科德尔·赫尔：美国政治家和政府官员（民主党）。1933—1944年罗斯福政府时期，任国务卿。自由贸易和金本位的倡导者。1933年担任世界经济会议美国代表团团长。

伊莱·赫克歇尔：瑞典经济学家和经济史学家。1909—1945年担任斯德哥尔摩经济学院教授。以国际贸易理论方面的贡献而闻名。

爱德华·赫里欧：法国政治家、激进社会党（自由中间派）成员。领导左翼联盟。1924—

1925 年、1926 年、1932—1933 年三次出任法国总理。

彼得·黑格-托马斯：英国金融投机家。杰拉德·李·贝文和克拉伦斯·哈特立的合作伙伴。1902 年为剑桥参赛，之后成为剑桥大学和牛津大学的赛艇教练。

加里·亨斯勒：美国银行家、政府官员、高盛的合作伙伴。1999—2001 年在克林顿政府历任财政部副部长、助理部长。2009—2014 年任美国商品期货交易委员会第 11 任主席。

赫伯特·克拉克·胡佛：1929—1933 年任美国第 31 任总统。

亨利·A. 华莱士：美国农学家、杂交种子的开发者。1933—1940 年担任罗斯福总统的第一任农业部部长。1941—1945 年担任副总统，1945—1946 年担任商务部部长。1948 年代表进步党参加总统选举。

亨利·霍利斯·霍顿：美国政治家（民主党）。1927—1933 年任田纳西州州长。与 1930 年考德威尔公司破产和田纳西银行倒闭的丑闻有牵连，1932 年没有继续竞选连任。

威利斯·霍利：1907—1933 年任美国众议员（共和党，俄勒冈州），1929—1930 年《斯姆特-霍利关税法》共同提案人。

克里斯·范·霍伦：2003 年任美国众议员（民主党，马里兰州）。从 2010 年起任众议院预算委员会民主党成员。2011 年被任命为削减赤字的"超级委员会"12 名成员之一。

S. 帕克·吉尔伯特：美国律师、银行家和政治家。接替欧文·D. 杨格被委任为总代理，处理 1924 年的赔偿事宜。1930 年被取消代理职务之后，和约翰·P. 摩根共事。

克洛德-约瑟夫·吉纽：法国经济学家、报纸编辑。皮埃尔·赖伐尔在 1935 年重新掌权时任赖伐尔智囊团的成员。

汉斯·赫慕斯坦·吉瑟罗森：政治学家、冰岛大学教授、朝圣山学社成员、渔业专家。他提议将冰岛转变成一个金融中心。

默文·金：英国经济学家。曾任各种学术职位，历任英格兰银行首席经济学家、董事、副行长和行长（2003—2013 年）。

井上准之助：日本商人、银行家。1919—1923 年和 1927—1928 年担任日本银行总裁。1932 年，在"血盟团"事件中被暗杀。

詹姆斯·卡曾斯：1922—1936 年任美国参议员（共和党，密歇根州）。先是与亨利·福特合作，后来成为其竞争对手。

多米尼克·斯特劳斯-卡恩：法国经济学家、律师和政治家（社会党）。科学院经济学教授。1997—1999年在利昂内尔·若斯潘任内担任经济和财政部部长。2007—2011年任IMF总裁，直到因被指控性侵而辞职。

科斯塔斯·卡拉曼利斯：希腊政治家（新民主党）。2004—2009年任希腊总理。在其任内出现了巨额的预算赤字，最后导致希腊债务危机。

戴维·卡梅伦：英国政治家（保守党）。2010—2016年任英国首相。

约瑟夫·卡萨诺：AIG首席财务官和金融产品公司负责人，他的CDS投资在2008年几乎拖垮了AIG这个保险巨头。

古斯塔夫·卡塞尔：瑞典经济学家，1903—1936年任斯德哥尔摩大学教授，主张利用货币政策来稳定价格水平。

布朗森·卡廷：1927—1928年及1929—1935年任美国参议员（共和党，新墨西哥州）。1933年支持银行国有化。主张严格监管银行部分准备金制度。

吉米·凯恩：1993—2008年任贝尔斯登CEO。当该公司的两只与次贷挂钩的对冲基金在2007年崩盘时，他正在纳什维尔参加桥牌锦标赛。

约翰·梅纳德·凯恩斯：英国经济学家、公众人物，曾在政府任职。他主张用财政政策来稳定经济。

威廉·康斯托克：美国政客（民主党）。1933—1935年任密歇根州第33任州长。他宣布了1933年的银行假日。

罗杰斯·考德威尔：田纳西州商人、银行家，他的公司和银行处于1930年金融危机的中心。

布赖恩·考恩：爱尔兰政治家（共和党）。2008—2011年金融危机期间任爱尔兰总理（政府首脑）。

威廉·考尔德：1917—1923年任美国参议员（共和党，纽约州）。主持考尔德委员会，调查一战后住房短缺问题。

泰德·考夫曼：美国参议员（民主党，特拉华州）。2009年被任命接替副总统拜登的议会席位。他批评大而不能倒和对金融市场的操纵行为。2010年没有竞选连任。

詹姆斯·考克斯：美国报纸出版商和政治家（民主党）。1913—1915年以及1917—1921

年分别担任俄亥俄州第 46 任和第 48 任州长。作为美国代表团成员参加 1933 年世界经济会议。

克里斯托夫·考克斯：2005—2008 年任美国证券交易委员会第 28 任主席。

约翰·卡尔文·柯立芝：1923—1929 年任美国第 30 任总统。

查尔斯·柯林：天主教神父，通过广播传道。他先是美联储的支持者，后来又成为反对者。

唐纳德·科恩：美国经济学家。长期在美联储工作。2002 年起任执行委员，2006—2010 年任副主席。

赫尔穆特·科尔：德国政治家（德意志民主联盟）。1982—1998 年接连出任联邦德国总理和德国总理。欧洲一体化的支持者，并把欧元作为德国统一的交换条件。

戴维·科曼斯基：1996—2002 年任美林银行 CEO。20 世纪 90 年代，为取消《格拉斯-斯蒂格尔法案》进行游说。

沃尔特·克莱斯勒：汽车工业的高管，参与了比利·杜兰特 20 世纪 20 年代的投资。

丹尼尔·克里斯辛格：美国律师和银行家。1921—1923 年监管货币。1923—1927 年任美联储主席。

威廉·杰斐逊·克林顿：又称比尔·克林顿，1993—2001 年任美国第 42 任总统。

伊瓦尔·克鲁格：瑞典商业大亨。他通过给政府提供贷款换取安全火柴销售的垄断地位。1931 年，他的商业帝国的崩溃甚至威胁到了瑞典银行系统的稳定。1932 年，神秘死亡。

保罗·克鲁格曼：美国经济学家，诺贝尔奖得主（2008 年）。金融危机期间任普林斯顿大学教授，2009 年提议银行国有化。

恩达·肯尼：爱尔兰政治家（爱尔兰统一党）。2011—2017 年任爱尔兰总理（政府首脑）。

小罗伯特·拉福莱特：1925—1946 年任美国参议员（进步党，威斯康星州）。1933 年银行国有化的倡导者。力撑新政立法。

马里亚诺·拉霍伊·布雷：西班牙政治家（人民党）。2011—2018 年任西班牙首相。

克里斯蒂娜·拉加德：法国反垄断律师、商业顾问、公职人员。2007—2011 年在萨科齐政府担任财政部长。2011 年，接替多米尼克·斯特劳斯-卡恩任 IMF 总裁。

杰弗里·拉克尔：2004—2017 年任里士满联邦储备银行行长，以反通货膨胀观点而闻名。

托马斯·拉蒙特：美国银行家。1911 年任 J. P. 摩根合伙人。1919 年巴黎和会的美国代表团成员。20世纪20—30年代，在任威尔逊、胡佛和罗斯福总统顾问期间影响了国际金融外交政策。

J. 巴泽·拉姆齐： 诺克斯维尔的豪斯顿联合国民银行和豪斯顿信托公司总裁，与1930年的银行业危机有牵连。被控挪用州际高速公路的资金来偿还其他债务。

卡尔·莱文： 1979—2021年任美国参议员（民主党，密歇根州）。莱文是美国参议院小组委员会联席主席，负责调查2008—2009年金融危机。

皮埃尔·赖伐尔： 法国政治家（独立）和报业大亨。分别于1931—1932年、1935—1936年、1940年、1942—1944年4次担任总理。在大萧条期间颁布紧缩法令，并寻求二战以后协同执行。

艾尔弗·兰登： 美国政治家（共和党）。1933—1937年任堪萨斯州第26任州长。1936年成为共和党的总统候选人，输给了罗斯福。

休伊·皮尔斯·朗： 美国政治家。1928—1932年任路易斯安那州第40任州长，1932年起开始担任美国参议员（民主党，路易斯安那州），直到1935年被暗杀。民粹主义煽动者，他批评银行，推崇财富再分配，并威胁要在1936年和罗斯福竞选总统。

萨姆·雷本： 美国政治家。1913—1961年任美国众议员（民主党，得克萨斯州）。于1940—1947年、1949—1953年、1955—1961年三次任众议院发言人。

奥利·雷恩： 芬兰政治家（中间党）。2010—2014年欧盟经济与货币事务委员会委员。

富兰克林·德拉诺·雷恩斯： 美国银行家、金融家和政府官员。曾于尼克松和卡特任内在白宫工作。1980—1991年在拉扎德公司任合伙人。于1996—1998年领导白宫管理和预算办公室。1999—2004年任房利美CEO。2004年，因涉嫌会计违规行为辞职。

赫伯特·雷曼： 美国银行家和政治家（民主党）。1908—1929年担任雷曼兄弟的合伙人。1933—1942年任纽约州第45任州长，并宣布1933年纽约州的银行假日。

保罗·雷诺： 法国律师、统计学家、财政部部长和众议员。1934年，他建议让货币贬值和通货再膨胀。

卢克·李： 美国政客和报纸出版商。1911—1917年任美国参议员（民主党，田纳西州）。《纳什维尔田纳西人报》的创始人和编辑。因1930年考德威尔公司的倒闭和关联银行的破产而被判有罪。

爱德华·李迪：1994—1999 年任好事达保险公司 CEO，之后任总裁直至 2005 年。高盛的董事会成员。2008—2009 年任 AIG 主席兼 CEO。

大卫·李嘉图：英国政治经济学家。金融投机者、经济理论家和国会议员。

约翰·里德：1984—2000 年任花旗集团董事长兼 CEO，当时正处于 1998 年该集团与旅行者集团合并时期。

马特·里德利：英国记者、自由主义哲学家和科普作家。2008 年北岩银行董事会主席。

罗纳德·威尔逊·里根：1981—1989 年任美国第 40 任总统。

莫里斯·利本斯：1990—2008 年任富通银行比利时总部的主席。在他的任期内，银行过度追求扩张和兼并，投资次贷产品。

夏尔·利斯特：法国经济学家。蒙彼利埃大学与巴黎大学的经济学和法学教授，因关于黄金和通货紧缩的著作而闻名。1926 年起任法兰西银行副行长，参加了 1927 年长岛央行行长会议。

肯尼斯·刘易斯：2001—2009 年担任美国银行 CEO、总裁兼董事长。任职期间，美国银行收购了美国国家金融公司和美林证券，并寻求政府紧急援助。

努里埃尔·鲁比尼：美国经济学家、纽约大学教授。他在次贷危机和大衰退前预测美元有急剧下挫的可能性。

罗伯特·鲁宾：高盛的合作伙伴。1993—1995 年主导美国国家经济委员会，1995—1999 年克林顿政府财政部部长。1999 年离开政府加入花旗集团董事会。

汉斯·路德：德国政治家。1922—1925 年任食品和农业部部长。1925—1926 年短暂地担任魏玛共和国总理。1930—1933 年担任德国国家银行行长。他的前任和继任都是亚尔马·沙赫特。

雅克·吕夫：法国经济学家。法国银行官员。自由市场的倡导者和朝圣山学社成员。支持金本位和欧洲一体化。

乔治·罗比诺：法国律师、记者、银行监察员。雷蒙·普恩加莱童年时期的朋友。1920—1926 年法兰西银行行长。

詹姆斯·哈维·罗杰斯：美国经济学家、耶鲁大学教授和美联储货币政策顾问。批判金本位，倡导有控制的通货膨胀。

威尔·罗杰斯： 美国幽默作家和社会评论员。在全国范围内巡回演讲，在 20 世纪 20 年代经常乘飞机旅行。

克里斯蒂娜·罗默： 美国经济学家、加州大学伯克利分校教授。对大萧条颇有研究。2009—2010 年任白宫经济顾问委员会主任。

米特·罗姆尼： 美国商人、政治家（共和党）。2012 年，被提名为总统候选人，竞选中输给了奥巴马。

富兰克林·德拉诺·罗斯福： 1933—1945 年任美国第 32 任总统。

戴维·洛布： 房地产开发商和保险专家。共同创办美国国家金融服务公司，1969—2000 年一直担任该公司的总裁和 CEO。

奥尔尼·马蒂森： 冰岛政治家（独立党）。有兽医学和鱼类病理学的研究背景。1999—2005 年任冰岛渔业部部长，2005—2009 年金融危机期间担任冰岛总理。

约翰·韦尔伯恩·马丁： 美国政治家（民主党）。1917—1923 年任杰克逊维尔市市长，1925—1929 年任佛罗里达州州长。精力充沛的房地产开发商和推广者。

伯纳德·马库斯： 约瑟夫·马库斯的儿子。1928 年继任合众国银行行长，是当时美国最年轻的银行行长之一。

约瑟夫·马库斯： 美国商人、银行家。17 岁移民美国，并在服装行业工作。1906 年创立大众银行，1913 年创立合众国银行。

尤金·迈耶： 美国商人、金融家。一战期间战时金融公司负责人。美联储主席。1930—1933 年出任复兴银行公司总裁。购买《华盛顿邮报》并担任世界银行的第一任行长。

伯纳德·麦道夫： 美国商业金融家。在大萧条来临前的经济繁荣时期欺骗了他的投资者。2008 年 12 月被捕，2009 年 3 月他承认违反了 11 条联邦重罪，最后被判处 150 年监禁。

威廉·麦金莱： 1897—1901 年任美国第 25 任总统。

约翰·麦凯恩： 1987 年起任美国参议员（共和党，亚利桑那州）。被提名为 2008 年的总统候选人，在竞选中输给了奥巴马。

道格拉斯·麦克阿瑟： 美国军人、政治家。1932 年在阿纳卡斯蒂亚清除"补偿金大军"时，越权行动。

詹姆斯·麦克道格尔： 芝加哥联邦储备银行的创始人和管理者。他担任该职务直到 1934

年。在此之前是银行家和银行监察员。在利率和黄金政策方面与纽约联邦储备银行发生过冲突。

拉姆齐·麦克唐纳：英国政治家（工党）。在第一届工党政府（1929年）、第二届工党政府（1929—1931年）和国民政府（1931—1935年）期间担任首相。他在第二届工党政府任期内应对大萧条不力，导致在随后的1931年大选中工党被保守党夺走了大部分的议会席位。

阿迪森·麦兹那：社会建筑师。率先在20世纪20年代推出了地中海和西班牙殖民地复兴风格。1926年，他在伯克莱屯、佛罗里达的项目破产。

卫斯理·D. 曼利：管理亚特兰大美国信孚银行以及位于佛罗里达州和佐治亚州的超过60家曼利-安东尼连锁银行。深陷20世纪20年代中期佛罗里达州的土地热潮，资助了乔治·梅里克的科勒尔盖布尔斯项目。

吉多·曼特加：巴西经济学家和政治家（工人党）。2006年起任财政部长。从2011年开始抱怨美联储的QE和零利率政策对巴西的溢出效应。

乔治·梅：英国商人和公务员。英国保诚保险公司的终身员工，1931年退休。1931年，应财政经济的需要主持国家经费特别委员会。

乔治·梅里克：公理会牧师和种植园主的儿子。20世纪20年代推广佛罗里达州的房地产业。科勒尔盖布尔斯社区的开发商。

安德鲁·威廉·梅隆：银行家、商人、实业家。20世纪20年代初美国最富有的人之一。1921—1932年哈丁、柯立芝和胡佛总统任内的财政部部长。以紧缩政策和取消主义哲学而闻名。

波比·蒙森斯：冰岛流行歌手。在2008年危机中因在格利特尼尔银行投资而损失惨重。

奥格登·米尔斯：美国金融家和政府官员。1927—1932年柯立芝和胡佛总统任内的财政部副部长、1932—1933年胡佛总统任内的财政部部长。热切的新政批评家。

阿道夫·米勒：经济学家，康奈尔大学、芝加哥大学和加州大学伯克利分校教授。美联储的创始人之一，他在美联储一直工作到1936年。

查尔斯·米勒：美国律师和银行家。1932年任复兴金融公司总裁。当时正值给中央共和信托发放贷款。

查尔斯·米切尔：美国的银行家。1921年任国民城市银行总裁和主席，直到1933年因逃税指控而辞职。

杰克·摩根：美国银行家。约翰·P. 摩根的儿子。1913年，在他父亲去世后接管J. P. 摩根。

约翰·P. 摩根：美国金融家，实业家。他从1895年开始设立J. P. 摩根。在设立银行家联盟中起了重要的作用，该联盟在1907年金融危机中解散。

小亨利·摩根索：美国律师和商人。富兰克林·罗斯福的朋友，也是他在哈德逊河谷的邻居。1934—1945年任第52任财政部部长。

罗伯特·默顿：美国经济学家，麻省理工学院和哈佛大学教授，1997年诺贝尔经济学奖得主，期权和衍生品定价方面的先驱。

克莱门特·莫雷：法国经济学家、公务员。法兰西银行副行长（1929—1930年）和行长（1930—1935年），奉行正统的金本位政策。

雷蒙德·莫利：学者、哥伦比亚大学法学教授、美联储顾问。自称新政的许多想法源于他。

埃米尔·莫罗：1926—1930年法兰西银行行长。人们批评他吸引黄金流入，给大战期间的世界经济赋予通货紧缩倾向。

安吉洛·莫兹罗：美国银行家、商人。从中产人士成长为美国国家金融服务公司CEO，该公司是美国抵押贷款银行的领头羊。2008年，他因次贷相关损失而辞职。他被美国证券交易委员会指责进行内幕交易。2010年，以6 750万美元达成和解。

贝尼托·墨索里尼：意大利记者、法西斯独裁者。1922—1943年任意大利总理。

安格拉·默克尔：德国政治家（基督教民主联盟）。2005—2021年任德国总理，任职初期正处于欧元危机的顶峰。

迈克尔·努南：爱尔兰政治家（统一党）。2011年任爱尔兰财政部部长，他试图就政府对银行债务的担保义务进行商榷。

乔治·诺里斯：1920—1936年任费城联邦储备银行行长。曾任该银行的董事和联邦农业贷款委员会委员。

蒙塔古·诺曼：英国银行家。1920—1944年任英格兰银行行长。

戴维·欧贝：美国政治家。1969—2011年任美国众议员（民主党，威斯康星州）。在他担任众议院拨款委员会主席期间，奥巴马的经济刺激计划获得通过。

斯特凡·欧塞芬：2004—2007 年任德国工业银行 CEO。2007 年 7 月，次贷对银行造成重大损失，他被解雇。2009 年被起诉，2010 年因蓄意操纵市场而获罪，成为德国因次贷相关问题被定罪的第一人。

乔治·帕帕康斯坦丁努：希腊经济学家。纽约大学和伦敦政治经济学院毕业。2009—2011 年在乔治·帕潘德里欧任内担任财政部部长。

乔治·帕潘德里欧：希腊政治家（泛希腊社会主义运动）。2009—2011 年任希腊总理。任内继承了希腊债务危机。

查尔斯·庞兹：意大利裔美国金融家，佛罗里达房地产业的鼓吹者。20 世纪 20 年代，因庞氏骗局而臭名昭著。

费迪南德·佩科拉：美国律师和法学家。1922—1929 年纽约检察官首席助理。美国参议院银行货币委员会首席法律顾问。参与调查华尔街 1933 年的行为。

哈维·皮特：2001—2003 年担任美国证券交易委员会第 26 任主席。在他的任期内爆发了安然丑闻。

凯·皮特曼：1913—1940 年美国参议员（民主党，内华达州）。作为外交关系委员会主席，他是 1933 年的世界经济会议美国代表团成员。

雷蒙·普恩加莱：法国政治家（民主共和联盟）。1912—1913 年、1922—1924 年、1926—1929 年三次担任法国总理。主要成就是在 1926 年维持了法郎的稳定。

查尔斯·普林斯：2003 年起任花旗集团 CEO 和主席（2006 年）。桑迪·威尔的继任者。2007 年，因公司在次贷危机中的损失而辞职。

罗马诺·普罗迪：意大利院士、经济学家和政治家。1996—1998 年、2006—2008 年任意大利总理。1999—2004 年任欧盟委员会主席。

约瑟夫·普勒尔：奥地利政治家（奥地利人民党）。2008—2011 年任副总理兼财政部部长。

斯沃德·普罗塞尔：美国信孚银行总裁兼主席。在 1929 年大萧条时期为股市寻求信心和资金支持。

戴维·劳合·乔治：英国政治家（自由党）。1918—1922 年任首相。代表英国出席 1919 年凡尔赛和平会议。抵制法国的过度赔偿要求，他的反德立场受到凯恩斯的批评。

博杜安·普罗特：法国银行家和公务员。2003 年起任法国巴黎银行 CEO。2009 年，该行公布旗下两只与次贷高度相关的对冲基金造成的巨额损失。

乔治·普罗沃普洛斯：希腊经济学家。雅典大学教授。2008—2014年任希腊银行行长。

耶西·琼斯：田纳西州烟农的儿子。从管理贮木场开始，最后创建了一个集银行、报纸、房地产开发为一体的商业帝国。先后被任命为复兴金融公司董事会成员（1932年）和主席（1933年）。罗斯福总统的顾问。

犬养毅：日本政治家（立宪政友会）。1931—1932年任日本首相。他任命高桥是清为大藏大臣。在1932年5月15日被"血盟团"的残余势力——一群低级海军官员暗杀。

温斯顿·丘吉尔：英国政治家（保守党）。1924—1929年任英国财政大臣，1925年他决定按战前平价重返金本位。

保罗·瑞恩：美国政客。俄亥俄州迈阿密大学经济学和政治学专业毕业。1999年任美国众议员（共和党，威斯康星州）。2007年任众议院预算委员会高级代表，2011年任主席。

玛格丽特·希尔达·撒切尔：英国政治家（保守党）。1979—1990年担任英国首相。她以自由市场导向和放松金融管制政策闻名。

尼古拉·萨科齐：法国政治家。法国人民运动联盟主席。2007—2012年任法国总统。

弗雷德里克·萨克特：美国律师和商人。1925—1930年任美国参议员（共和党，肯塔基州）。1930—1933年任美国驻德国大使。

劳伦斯·亨利·萨默斯：经济学家。哈佛大学教授和校长。历任克林顿政府财政部副部长（1995—1999年）和部长（1999—2001年）。2009—2010年在奥巴马政府担任国家经济委员会主任。

保罗·萨缪尔森：经济学家，麻省理工学院教授，诺贝尔经济学奖得主（1970年），经济和金融理论家。

安东·瑟马克：美国政治家（民主党），1931—1933年任第44任芝加哥市市长。1933年2月15日，在一场针对总统罗斯福的暗杀行动中被误伤，不治身亡。

深井英五：日本商人、银行家。1904—1905年高桥是清安排日本战争贷款时任其助手。1928—1935年任日本央行副行长，1935—1937年任日本央行行长，代表日本出席1933年的世界经济会议。

科尼利厄斯·范德·施德：美国美亚保险公司创始人，该公司是AIG的前身。

格哈德·施罗德： 德国政治家（社会民主党）。1998—2005 年任德国总理。以青年时期丰富的人生经历和劳动力市场改革而闻名。

罗伯特·施密特： 德国政治家（社会民主党）、记者、钢琴制造商。1921—1922 年担任经济部部长。

埃里克·施奈德曼： 美国律师和政府官员。2011 年任纽约州总检察长（第 65 任）。他起诉摩根大通旗下的贝尔斯登以欺诈手段向投资者出售有价证券。

艾伦·施瓦茨： 贝尔斯登末任主席兼 CEO，自 1976 年以来一直在贝尔斯登工作。

安娜·J. 施瓦茨： 经济学家。与米尔顿·弗里德曼合著《美国货币史（1867—1960）》，该书有力地塑造了大萧条的现代史观。

亨利·史汀生： 美国律师和政府官员。1929—1933 年在胡佛任内担任国务卿。一战和二战期间任战争部部长。

大卫·史文森： 经济学家，毕业于耶鲁大学，耶鲁大学捐赠基金会首席投资官。另类投资策略先锋。

亨利·斯蒂格尔： 1915—1943 年任美国众议员（民主党，亚拉巴马州）。众议院银行和货币委员会主席。两项《格拉斯-斯蒂格尔法案》的共同提案人，这两项提案主张让美元与黄金脱钩（1932 年），并让投行和商业银行分业经营（1933 年）。

约瑟夫·斯蒂格利茨： 美国经济学家、哥伦比亚大学教授、诺贝尔经济学奖得主（2001 年）。2009 年银行国有化的倡导者。

阿尔弗雷德·斯隆： 电气工程师和业务主管。他从 1923 年起领导通用集团直至 1956 年以主席身份退休。

洛伦佐·比尼·斯马吉： 经济学家，拥有鲁汶天主教大学和芝加哥大学学位。意大利政府官员。2005—2011 年欧洲央行执委会成员。

里德·斯姆特： 1903—1933 年任美国参议员（共和党，犹他州）。1930 年成为《斯姆特-霍利关税法》的共同起草人。在 1932 年竞选连任中失败。

艾略特·斯皮策： 律师、政府官员和政治评论员。1999—2006 年任纽约州总检察长。他根据 1921 年的《马丁法案》对金融业进行调查。

吉尼·斯珀林： 律师、民主党成员和公务员。在 1996—2001 年克林顿总统和 2011—

出场人物表　435

2014年奥巴马总统任内担任国家经济委员会主任。1999年，协助商讨启用《格雷姆-里奇-比利雷法案》，废除《格拉斯-斯蒂格尔法案》事项。

尤尔根·斯塔克：德国经济学家。2006—2011年欧洲央行执委会成员。因反对欧洲央行的危机管理政策而辞职。

本杰明·斯特朗：1907年金融危机时担任美国信孚银行副总裁。参与起草奥尔德里奇计划，该计划塑造了美联储。他是纽约联邦储备银行的创始人，掌管该行直到1928年逝世。

胡戈·斯廷内斯：德国商人与实业家，在莱茵兰和威斯特伐利亚地区有利益往来。报纸出版商和政治家。1920年当选国民议会成员，并为德国工业发声。

安德烈·塔尔迪厄：法国报纸编辑和政治家（中右翼民主共和联盟）。1929—1930年、1930年、1932年三次担任法国总理。他于1930年领导的政府因乌斯特里克银行丑闻而倒台。

让-克洛德·塔内里：1935—1936年法兰西银行行长。因支持通缩政策，1936年安德烈·莱昂·勃鲁姆上任后被撤职。

弗雷德里克·温斯洛·泰勒：美国机械工程师，率先在19世纪末、20世纪初使用科学管理法。

约翰·泰勒：经济学家、斯坦福大学教授。2001—2005年为乔治·W.布什政府服务。他以提出央行确定短期利率的调整规则"泰勒规则"而闻名。

威廉·唐纳森：2003—2005年任第27任美国证券交易委员会主席，在他的关注下开始了对金融衍生品市场的监管。

雷克斯福德·特格韦尔：农业经济学家，哥伦比亚大学教授，罗斯福总统的智囊团创始成员。经济规划的倡导者。参与诸如农业调整署等新政举措。

梅文·特雷勒：芝加哥第一国民银行总裁和芝加哥联邦储备银行的行长。当时正值1932年中央共和信托发生危机之时。关于1930年建立国际清算银行会议的美国代表团代表。

让-克洛德·特里谢：法国公务员和欧盟官员。法国央行行长（1993—2003年）和欧洲央行行长（2003—2011年）。

帕特·图米：美国政治家。化学银行和摩根建富公司的外汇交易员。1999—2005年任美国众议员（共和党，宾夕法尼亚州），2011年任美国参议员。2011年被任命为削减赤字的"超级委员会"的12位成员之一。

法布里斯·托尔雷：高盛副总裁。参与 Abacus 交易。2010 年证券交易委员会起诉他的证券存在欺诈行为。

埃尔默·托马斯：1927—1951 年任美国参议员（民主党，俄克拉何马州）。倡导在大萧条时期使用白银制度和通货再膨胀。他的托马斯修正案最终成为 1933 年《农业调整法》，授权总统减少美元含金量最多达 50%。

罗伯特·瓦格纳：1927—1949 年任美国参议员（民主党，纽约州）。支持新政和倡导劳工权益。

M. L. 威尔逊：农业经济学家、蒙大拿州立大学教授。1937—1940 年任农业部助理部长和副部长。以 20 世纪 20 年代限制农业生产的国内配给计划而闻名。

伍德罗·威尔逊：1913—1921 年任美国第 28 任总统。

阿尔伯特·威金：美国银行家。1911 年任大通国民银行行长，1918 年任该行主席。佩科拉听证会揭露他于 1929 年卖空了自己在银行的股份。

桑福德·韦尔：美国的银行金融家。1995—2003 年分别担任旅行者集团和花旗集团 CEO。协助操作花旗集团和旅行者集团的合并，孜孜不倦地倡议清除《格拉斯-斯蒂格尔法案》的任何影响。

赫尔曼·维埃威斯特：比利时经济学家、银行家和政治家。2008 年任比利时金融集团富通银行副董事长。

罗伯特·维尔伦斯坦德：花旗集团 CEO。1998 年与桑福德·韦尔共同运作了花旗集团和旅行者集团的合并。2006 年和 2008 年 6 月分别任美国国际集团主席和 CEO。AIG 救助条件之一就是他必须辞职。

克努特·维克塞尔：瑞典经济学家，1889—1926 年隆德大学法律和经济学教授。瑞典政府顾问。他认为价格稳定应该优先于汇率稳定。

杰拉德·卫斯林：荷兰银行家。1912—1931 年任荷兰央行行长。因为英镑贬值造成的损失而饱受责难，最后引咎辞职。

弗朗索瓦·德·文德尔：法国企业家、法兰西银行行长（董事会成员）。1925 年因银行资产负债表伪证案威胁辞职。

保罗·沃伯格：德裔美国金融家。参与起草奥尔德里奇计划，该计划塑造了美联储。1914—

1918 年先后担任美联储委员会成员和副主席。

詹姆斯·沃伯格： 美国银行家。保罗·沃伯格的儿子。罗斯福总统的财务顾问。1933 年世界经济会议美国代表团成员。最终，他却成为新政的反对者。

保罗·沃尔克： 美国公务员。1979—1987 年任美联储主席，他反对削弱《格拉斯-斯蒂格尔法案》。他建议银行限制自营交易。2008—2009 年金融危机后，该建议被奥巴马总统采纳。

乔治·沃伦： 农业经济学家、康奈尔大学教授、纽约州州长富兰克林·罗斯福的顾问。在罗斯福政府上台之初，主张通过抬高黄金价格来提高商品价格水平。

伊丽莎白·沃伦： 美国哈佛大学法律教授，金融消费者权利的斗士，2013 年起任美国参议员（民主党，马萨诸塞州）。

艾伯特·乌斯特里克： 法国商人、金融家。20 世纪 20 年代从股票发行、企业兼并和收购中赚了大钱。他在亚当银行的失败不仅拖垮了法国政府，他本人也因欺诈贪污被定罪。

威廉·哈特曼·伍丁： 商人、实业家、音乐家、钱币收藏家。1927—1932 年任纽约联邦储备银行董事。他与共和党有关联，却为富兰克林·罗斯福 1932 年的总统选举捐款。1933 年任财政部部长。

约翰·西奥迪尼： 克拉伦斯·哈特立的同事，卷入了哈特立 1929 年企图收购美国钢铁公司的诈骗活动，他被逮捕、审判并在意大利被判有罪。

艾伦·西奈： 1971—1983 年在美国数据资源公司任经济学家，1983—1996 年任职于雷曼兄弟，1996 年起设立决策经济学公司。

阿道夫·希特勒： 1933—1945 年任德国总理。

罗伯特·席勒： 经济学家，耶鲁大学教授，诺贝尔经济学奖得主（2013 年），房地产和金融市场史学家。以在 2007 年指出房地产市场可能存在泡沫而闻名。

索尔·辛格： 俄罗斯裔美国服装工人，斗篷、西装和衬衫制造商保护协会主席，企业家和房地产开发商。合众国银行副总裁，该银行在 1930 年银行业危机中倒闭。

保罗·冯·兴登堡： 德国军人政治家。1925—1934 年任德国总统。他于 1933 年任命希特勒为总理。

欧文·D. 杨格： 美国律师、商人。通用电气公司主席。1924 年和 1929 年参与了道威斯计划和杨格计划，重构德国的战争赔款。1923—1940 年分别担任纽约联邦储备银行董事和行长。

珍妮特·耶伦：美国经济学家、加州大学伯克利分校教授。2010—2014 年担任美联储副主席，2014—2018 年担任主席。2021 年出任财政部部长。

布鲁诺·伊克西尔：摩根大通驻伦敦办事处的交易员，因持有巨额的衍生品头寸而被称为"伦敦鲸"。2012 年，该交易导致 20 亿美元的损失。

马瑞纳·伊寇斯：美国商人、银行家，参与起草《1935 年银行法》。1934—1948 年担任美联储主席。

拉姆·伊曼纽尔：美国政治家（民主党）、政治顾问。2009—2010 年在奥巴马总统任内担任白宫幕僚长。2011 年起任芝加哥市市长。

塞缪尔·英萨尔：英裔商人。托马斯·爱迪生的私人助理，后来发展成为控制大芝加哥地区的电力供应商。1932 年，他的公司破产导致了中央共和信托（道威斯银行）的崩溃。

内维尔·张伯伦：英国政治家（保守党）。1923—1924 年和 1931—1937 年任英国财政大臣，1937—1940 年任首相。作为财政大臣，以精明著称；作为首相，最知名的是他的绥靖政策。

致　谢

1987年10月19日，我第一次在加利福尼亚大学伯克利分校教授关于大萧条的课程。上了年纪的人或许还记得，那时候还没有出现互联网。那是我在加州大学的第一节课，整个早上我都在备课，更准确地说是在调整投影仪。课程是关于1929年股市大崩盘的。当我们离开教室时，我的新同事兼共同教员让·德弗里斯评论道："讲得好。你知道今天道琼斯指数下跌了508点吗？"以1987年的标准来衡量，那相当于暴跌23%，这也是美国股市历史上下跌最严重的一天，这个纪录保持至今（这样说不禁让人有些忐忑）。1929年10月28日，我课程中的一个主题——股市曾单日下跌13%——成了被远远甩下的第二名。

接下来，美联储继任主席艾伦·格林斯潘迅速地提供了充足的流动性，成功避免了一场严重的萧条，连轻微的经济滑坡都没有出现。这似乎证实了我课程中的一个中心原则，即大萧条不可能再被复制，因为类似格林斯潘主席这些人已经从历史中吸取了足够的教训。同时，大萧条不会再出现，也归功于20世纪经济中的其他变化，例如，从波动性相对较高的制造业向较为平稳的服务业的经济转型，政府部门的扩张以及政府的财政自动调节器功能，当然，还有金融管理的进步。

2008—2009年的大衰退则是个迟到的提醒：这种教授给一代代学

生的传统观点,既正确又错误。正确的是,央行行长们的确从历史中吸取了教训,他们能更好地应对金融困境,他们有能力阻止经济在发生1987年那样的股灾后陷入萧条。但错误的是,经济中的其他变化事实上并没有消除类似大萧条事件的风险,这些风险可不仅仅蕴藏在股市的浮沉中。金融市场和金融机构对金融监管变革的应对被忽略了。投资者将如何应对由艾伦·格林斯潘们掌舵所带来的长期经济稳定,这也未引起注意。此外,尽管决策者能给金融市场注入紧急流动性,但是他们仍可能采取其他措施,加剧产生灾难性经济与金融事件的风险,这一可能性也被忽视了。最重要的是,政治因素的主导作用也被遗忘了,人们没有注意到很多政治决定并不是出于经济上的逻辑——这也是大萧条的教训,毫无疑问,人们以后对此会记得更清晰。两次危机的经历使得我们所有人以为,大萧条已成为历史。最近的经历则告诉我们,这段历史依然很鲜活。

无论好坏,这段历史一直是我写作的主题。但这次的不同之处在于,美国和欧洲平分了篇幅,我没有像1992年的那本书那样,主要集中在欧洲。美国和欧洲都是发达经济体,也是大萧条和最近这次危机的主要爆发地。本书的不同之处还在于,突出个人和机构一样,都是思想的载体和政策的实践者。最明显的不同之处在于,本书强调了1929—1933年和2008—2009年两段时期的异同,并解释了由20世纪30年代大萧条浓缩来的智慧怎样影响对大衰退的理解和应对,以及我们从大衰退得到的经验怎样让我们重新思考大萧条。

任何一位作家都知道,写作离不开集体的努力,我向在成书过程中对我有帮助的人们表示深深的谢意。我的思考很大程度上要归功于我在伯克利的同事:让·德弗里斯、克里斯蒂娜·罗默,以及布拉德·德隆,很多年来我和他们一起教授经济史课程。本书同样得益于那些和我一起研究、写作大萧条的同事:奥利维尔·阿考密诺蒂、穆吉·阿戴勒特、密古尔·阿穆纳、迈克尔·博多、阿莱克·卡恩克劳斯、马克·弗朗德罗、理查德·格罗斯曼、蒂姆·海顿、道格拉斯·欧文、克里斯·米切纳、凯文·奥莱克、理查德·波特斯、吉瑟拉·卢阿、杰弗里·萨克斯、彼得·特明以及查尔斯·伊普洛斯。一些研究超过35年了，另一些则是最近的，还未公开发表。上述的一些作者已经转向其他更宏大、更好的领域，另一些还在危机领域坚持，正如我。这些人都深刻地影响了我的想法。

鉴于对本书手稿的评论以及素材上的帮助，我衷心感谢艾伦·布林德、保罗·布卢斯坦、赛哥伦·戴维奥斯多特、塞巴斯蒂安·爱德华兹、普莱斯·费希拜克、Mariko Hatase、赫尔玛·赫尔玛森、菲利普·雷恩、阿肖卡·莫迪、肯尼斯·莫雷、凯文·奥罗克、乔纳森·波特斯、理查德·波特斯、约翰逊·罗斯、肯尼斯·斯诺登、Shinji Takagi 以及尤金·怀特。如果说大萧条和2008—2009年的危机有什么积极意义的话，那就是成就了这批专注于危机研究的学者以及他们所提出的问题。在伯克利，艾瑞克·约翰逊提供了不可或缺的帮助，校对姓名、日期、事实以及图表，最重要的是，挑战我的观点。当然，所有的问题都由我文责自负，与他人无关。我的编辑们承诺给我一位出色的文字编辑，托马斯·芬尼根的确如此。在伯克利，切瑞尔·爱坡伍德提供了宝贵的工作，既协助了编辑工作，又将我的办公室打理得井井有条，让我能够清醒地思考。

无论是在本书的内容还是形式上，我都从牛津大学出版社的编辑戴维·麦克伯德那里获益良多，他是位无与伦比的编辑。我的经纪人安德鲁·怀利也是如此。这不是第一次我们三人在一起工作，希望也不会是最后一次。

本书仍旧献给米切尔。

于伯克利
2014年4月

注 释

前言

1. 《巴塞尔协议》是由巴塞尔银行监管委员会制定的。巴塞尔银行监管委员会是国际清算银行的机构之一,由各主要发达国家的央行和金融监管当局的代表组成,秘书处设在瑞士巴塞尔。1988年制定了《巴塞尔协议Ⅰ》,2004年制定了《巴塞尔协议Ⅱ》。
2. 这一术语本身极其容易引起误解,会让人们关注其道德或是伦理含义。但正如Dembe 和Boden(2000)所指出的,18世纪的数学家们在提出这一术语时,他们所说的"道德"强调的是主观或直觉,与美德或正直毫无关系。
3. 这一番著名结论来自Reinhart和Rogoff(2009a)。
4. 这一削减原定于10年内完成。
5. 如果赤字永久性增加,家庭将相应地减少其消费支出。这一观点被称为"李嘉图等价"(意指政府赤字和盈余与私人部门的盈余和赤字大小相等,且会相互抵消)。据说这一思想是由18世纪末、19世纪初的著名经济学家大卫·李嘉图提出的。
6. 如上所述,在李嘉图模型中,如果政府永久性增加支出,预示着其在将来必然增加征收同等数量的税收,于是家庭会相应地减少同等数量的消费支出。但如果政府是暂时性增加支出,则为了偿还债务,需要增加的税收相应较少。因此,当政府实施刺激政策的时候,家庭减少的消费支出也相应较少。
7. 这一观点被称为"奥度自由主义学派",发源于二战之后(Dullien和Guérot 2012)。
8. See Reinhart and Rogoff (2009b)。后续的一些研究质疑该阈值的存在性,比如IMF的相关报告(见Pescatori、Sandri和Simon 2014)。

9. See Alesina and Ardagna (2010). IMF 对这一结论的普遍性提出了质疑（IMF 2010）。
10. 2013 年 12 月，欧盟各国达成协议，要创造一个统一的清算机制，但这仍只完成了一半任务：在过渡期，各国仍将保有本国的破产清算机构，而这一过渡期为期 10 年。

第1章

1. 关于这一案件的背景介绍，见 Harris（2010）。
2. 这一次，庞兹通过伪装自杀逃出了监禁，随后登上了一艘意大利渡轮，在船上当服务生兼洗碗工，但他忍不住吹嘘自己的经历，最后被人发现，当船在新奥尔良靠岸的时候，他再次被捕。尽管美国总统柯立芝和意大利总理墨索里尼对庞兹都有好感，但庞兹还是被带回马萨诸塞州，服完他的刑期。1934 年刑期结束后，他被遣返意大利。庞兹最后死于巴西，他在当地的一家航空公司上班，据说混迹于某走私团伙。
3. Klein (2001), p.89.
4. 罗杰斯（1925, p.88）的结论是："如今挖泥机成了佛罗里达州的象征。"
5. 每家联邦储备银行经过美联储委员会的批准，可以自行决定其再贴现率水平（稍后将有更详细的介绍）。
6. 斯特朗于1926年在美国众议院银行和货币委员会的做证。U.S. House of Representatives, Committee on Banking and Currency, "Stabilization," Hearings, 69th Congress, 1st Session, on H.R. 7895(Washington, D.C., 1927), p.507.
7. Annual Report of the Federal Reserve Board for 1925, pp. 288-89. 哈丁总统的国务卿休斯说："美国的繁荣在很大程度上取决于欧洲的经济安排。" Cited in Pusey (1951), p.579.
8. 引自斯特朗在 1925 年年初写的备忘录，引用于 Clarke（1967），p.74。
9. Wells (1933), pp.85-86. 威尔斯还成功预言了维基百科（感兴趣者可参阅维基百科中《未来事件》词条）。
10. 斯特朗还组织了一个以 J. P. 摩根为首的银团，一共向英格兰银行和英国政府发放 3 亿美元贷款：美联储向英格兰银行提供了 2 亿美元贷款，以 J. P. 摩根为首的银团向英国政府提供了 1 亿美元贷款。
11. See Moggridge (1969), pp.71-75.
12. Clarke (1967), pp.76-77.
13. Norris (1937), pp.202-3.
14. 关于米勒和真实票据理论，见 Timberlake（2005, 2008）和 Wells（2004）。

15. Wueschner (1999), p.xiv.
16. Ibid., p.27.
17. Parks (2006), p.23.
18. 这一修正案还豁免了州银行缴纳公司利润税的义务，这也有助于解释为什么其在投票中能大获全胜（Vickers 1994）。
19. 在房地产泡沫膨胀的过程中，焦急的房地产商或许有所预知，纷纷接受不断降低的首付比例。
20. 像卡尔·费雪这样直接给购房者提供贷款的开发商有时候会接受较低比例的首付，比如25%。随着时间的推移，出现了越来越多的例外。可见稍后关于建筑与贷款协会的讨论。
21. Redford (1970), p.151.
22. Simpson (1933), p.164.
23. 建筑与贷款协会与互助储蓄银行之间的差别在于，建筑与贷款协会成员所做的是购买股份，而非提供存款。建筑与贷款协会成员每周或每月提供分批付款，以此获得股份，其数额相当于他们为了购买住房而需要的贷款数额，至少从理论上说应该如此，尽管实际并非总是如此（Rose and Snowden 2013）。
24. 20世纪20年代，受监管的抵押贷款部门规模并不大。主要包括：互助储蓄银行、州银行、国民银行（在1913年之后才获准对房地产业发放贷款）。
25. 因此，尽管建筑与贷款协会不会出现挤兑现象，但还是会在分批付款合同出现大规模违约的情况下变得资不抵债。20世纪30年代确实出现了这一情况。
26. 正如Snowden和James（2001, p.5）所言："很多建筑与贷款协会其实不过是房地产或保险公司的第二职业。"
27. 随着房地产泡沫日益膨胀，银行越来越担心，建筑与贷款协会挺身而出，开始提供首级和次级抵押品。这种成对的抵押被称为"分离组合贷款"，这一术语和做法在80年后再度侵扰房地产市场。
28. 按照纽约州法律的规定，项目和抵押担保公司（大部分此类公司的总部在纽约）需要准备一笔储备基金，以防备此种风险。但最低的储备基金数量是根据资本金或盈利的比例而定的，而非根据债务水平的比例而定。
29. 这源自Goetzmann和Newman（2010）对市场的研究的总结。
30. 底特律的泡沫反映出其在汽车时代的重要性。佛罗里达州的泡沫更加显著。在流行的杂志，比如《大西洋月刊》上，时常会看到像 Filer-Cleveland 这样的债券公司的广告，它们声称能够给个人投资者提供 8% 的回报，这一回报率在当时是相当可观的。这种高收益的债券的收入来源就是在迈阿密的商业房地产。

31. 该引文引自 George（1986），p.34。弗拉格勒大街的名字源于亨利·弗拉格勒，他是标准石油公司的主要人物，致力于推动佛罗里达州铁路的修建，当然，这些铁路路线都延伸到了迈阿密。

32. 大批居民是新来的，未能及时做好充分准备，这也是伤亡率如此高的一个原因。

33. 这一法律能否得到有效的实施是另一个问题。关于在这一时期"蓝天法"的实施情况，见第 16 章。

34. Sessa (1961), pp.41-43.

35. 这一时期是指 1926 年 3—12 月。

36. 连锁银行是指一个或一组所有者控制了多家银行，其目的是回避不许开设分支银行的法律限制。这一做法在 20 世纪 30 年代的银行业危机中发挥了重要作用，我们在第 8 章会有更详细的讨论。Vickers（1994）指出，曼利-安东尼连锁银行不仅对梅里克的珊瑚墙项目有大量贷款，还给更加具有庞氏骗局色彩的阿迪森·麦兹那的野心勃勃的伯克莱屯项目发放了大量贷款。有证据表明，由于对曼利-安东尼的汽车销售公司及其他公司有大量内部贷款，早在房地产泡沫破灭之前，曼利-安东尼连锁银行就已经资不抵债了。它们之所以还能存活，有赖于监管部门的姑息纵容，但到房地产泡沫破灭之后，再想挽救它们已经不可能了。房地产泡沫破灭之后，麦兹那的地产公司被芝加哥的 Central Equities 集团兼并，这一公司的所有人是副总统查尔斯·盖茨·道威斯及其兄弟。Central Equities 集团在麦兹那及其主要贷款银行——棕榈滩国民银行被送到破产法庭之前，就已经拿走了其主要资产。同样是这个道威斯，在 1924 年欧洲战争赔款谈判、1932 年的芝加哥银行业危机中都出现了，见第 3 章和第 10 章。

37. 关于直接压力政策，见第 3 章。

第 2 章

1. Brooks (1969), pp.65-66.

2. Allen（1931）和 Galbraith（1954）也持这一观点。他们都将泡沫的起点定在 1928 年 3 月。

3. 确切说，通用汽车的控制权归皮埃尔·杜邦。杜邦也毕业于 MIT，他很快就任命斯隆为其副手。

4. Marchand（1991）介绍了斯隆的公共关系攻势。

5. 第 3 章会更详细地介绍道威斯计划。

6. 关于战争赔款的最终条款是在 1921 年签署的。此处提及的数字以及相关的数字基于 Webb（1988）的研究。

7. 这就是所谓的"转移问题"。围绕这一问题，凯恩斯和俄林在 20 世纪 20 年代进行了激烈的辩论（Keynes 1929, Ohlin 1929）。

8. Lloyd George (1932), p.67.

9. Wright（1942, p.24）也说普恩加莱"冷漠，拒人于千里之外，喜怒不形于色"，但认为其政策并非一味反德。有一则故事说明，劳合·乔治要怪只能怪自己。正是因为他，普恩加莱才在 1922 年 1 月上台，这可以解释为什么劳合·乔治如此耿耿于怀。劳合·乔治曾邀请时任法国总理阿里斯蒂德·白里安一起打高尔夫。而法国人觉得白里安居然和一个在战争赔款问题上持妥协态度的英国首相关系这么好，对他不满，将白里安召回巴黎，由普恩加莱取而代之（Keiger 1997）。

10. 具体地说，德意志帝国银行宣布不再接受"紧急状态币"，这是大企业因为货币短缺，但又需要支付工人工资而发行的特别货币。这是在恶性通货膨胀时期发生的怪事，由于通货膨胀率太高，央行印钞票的速度赶不上货币需求的增长，居然迫使大企业不得不以私人货币支付给工人。德意志帝国银行拒绝接受的就是这种私人货币。

11. Hawtrey (1962), p.3.

12. 这是按年率折算的通货膨胀率。批发价格指数因为受到法郎汇率大幅度贬值的影响，一度飙升到 80% 以上。

13. 法国运用国外的贷款"挤压恶熊"，即买入法郎，提高法郎的汇率，以便使得在外汇市场上卖出远期法郎的投机者受损。这样的操作有没有让投机者受损或是仅仅在心理上起到了震慑作用，尚不得而知。

14. 两次大战期间的政治家以熟悉音乐为时尚，为了迎合这一潮流，赫里欧还是一名贝多芬的传记作者。见第 3 章关于道威斯的介绍，以及第 15 章关于威廉·哈特曼·伍丁的介绍。

15. 这是 Blancheton（2012）基于他对档案的仔细阅读而得出的答案。

16. Mouré (2002), p.106.

17. 这方面的经典文献参考 Sargent 和 Wallace（1981）。

18. 见第 26 章。
19. Moreau (1991), p.225.
20. Smith (1916), pp.197, 201.
21. Miller (1935), p. 449.

第 3 章

1. Lewis (1938), p.336.
2. 根据 Mullaly（2009）的描述，尽管当时英国不承认，但这艘船上确实载有军火。
3. 道威斯兄弟公司的银行已经深陷佛罗里达房地产泡沫，见第 1 章。
4. Timmons (1953), p.218.
5. 美国人担心的另一件事情是，如果美国提出减少德国的战争赔款，欧洲各国马上就会找到美国，要求相应减少战争期间对美国的债务。
6. 在 20 世纪八九十年代拉丁美洲出现债务危机的时候，美国的首席谈判代表威廉·罗兹在债务重组的谈判中采取的也是这样的策略。See Rhodes (2011).
7. Costigliola (1976), p.595.
8. 在道威斯计划中，对德国的私人贷款享受了比战争赔款支付更高的待遇。它们能够享受所谓的"转移保护"，即对德意志联邦银行有限的外汇储备有优先索取权。这一做法鼓励了投资者更有信心购买德国债券，而德国政府也鼓励德国的公司和地方政府多发债券，这样就能减少需要支付的战争赔款，同时还能在谈判中处于更有利的地位。See Ritschl (2013).
9. 需要注意的是，1926 年在美国发行外国债券非常困难，当时法国经济仍然动荡不安，而英国遇到了煤矿工人大罢工（见第 2 章）。
10. Flandreau、Gaillard 和 Panizza（2010）的研究表明，一笔贷款的风险以及其违约的概率，与其说取决于是不是由投资银行或商业银行发放的，不如说取决于这一机构的声誉，即发行机构在多大程度上在意其名声，这可以由其在行业内的存在时间以及其资本金的规模反映出来。
11. Winkler (1933), p.87.
12. Lewis (1938), p.377.
13. Cited in ibid., p.380.
14. 经美国参议院佩科拉委员会的调查，很多类似的虚假手段浮出水面，见第 16 章。

15. White (1990b), p.147.
16. 在 2008 年全球金融危机爆发之前，担保债务权证也被打包成新的担保债务权证出售，见第 5 章。
17. Einzig (1931), p.53.
18. Costigliola (1976), p.495.
19. 这也是沙赫特要将其储备中的英镑兑换成黄金的原因之一。沙赫特希望以此迫使英国提高利率，从而逆转国际资本流动的方向。
20. 吉尔伯特的备忘录保存在听证记录第 25 页。
21. 这使得开业的办公室的数量扩张了一半。
22. Klein (2001), p.147.
23. 1927 年银行贷款的增速是 8%，增速最快的就是对股票和债券市场的贷款。Meltzer (2003), p.228.
24. 这被称为"杠杆周期"。这是 John Geanakoplos（2010）受本次危机启发所提出的概念。
25. 6 个月之后他确实这样做了，见第 7 章。
26. Miller (1935), p.453.
27. 纽约联邦储备银行的选择可能也受到人事变动的影响。1928 年，乔治·哈里森代替了斯特朗，成为纽约联邦储备银行行长。斯特朗多次反对以加息的方式遏制股市泡沫，他认为这将对经济带来较大损伤（Friedman and Schwartz 1963, p.254 et seq.）。但在 1929 年，斯特朗已经不在人世，他无法再利用他的威望影响纽约联邦储备银行。
28. 比如，2013 年晚些时候，新西兰储备银行就曾对贷款价值比设定上限，以遏制股票市场泡沫。新西兰储备银行既是该国央行，也是该国的金融监管者。但新西兰储备银行遇到的最大问题是非银行金融机构在多大程度上会替代银行的贷款。See Reserve Bank of New Zealand (2013).
29. Friedman and Schwartz (1963), p.266. 弗里德曼和施瓦茨同样认为直接压力政策是错误的，但他们也没有弄明白美联储该怎么做，因为他们也批评了美联储在 1929 年夏提高利率的做法。

第 4 章

1. 洛布最初在纽约为这家合伙企业提供承销服务，但公司发展起来之后，他也搬到了南加州。

2. 这一决定是在 1970 年《紧急住房金融法案》中规定的。
3. 第 15 章更详细地讨论了 20 世纪 30 年代大萧条时期金融监管部门的应对措施。
4. 当时的主流观点是，商业银行之间的揽储竞争导致活期存款利率提高，迫使商业银行不得不介入风险更高的投资，最终导致金融危机爆发。此外，人们还相信，Q 条例能帮助社区银行更好地吸收存款，并为本社区提供贷款服务（Gilbert 1986）。
5. 之后我们还会进一步介绍这两位人物。
6. Weber (2008), p.B5.
7. 始于 1966 年。
8. See Reagan's "Remarks on Signing the Garn–St. Germain Depository Institutions Act of 1982" (October 15), http://www.reagan.utexas.edu/archives/ speeches/1982/101582b.htm.
9. 当时，储蓄和贷款协会已经因利率提高、房价疲软而陷入困境，但这并没有让商业银行感到轻松。储蓄和贷款协会的对策是更加激进地介入商业银行业务，期冀一旦出了问题会得到政府的救助。
10. Wilmarth（2002）描述了这些趋势。
11. Weill and Kraushaar (2006), p.364.
12. Weill and Kraushaar (2006), pp.265–66.
13. 关于韦尔的木匾，见 Brooker(2010)。韦尔的悔过见《华尔街日报》的"华尔街偶闻"栏目（July 26, 2012, p.C12）。并不是说，《格拉斯-斯蒂格尔法案》的废除导致了全球金融危机，但这也并非全无干系，Sorkin (2012) 试图洗白这一点是不够公道的。《格拉斯-斯蒂格尔法案》不断被削弱，直至被完全废止，这是一场更为波澜壮阔的金融自由化进程的缩影，离开了这个背景，很难解释全球金融危机的起因。
14. 爱尔兰的银行体系部分是离岸银行。外国银行利用其在爱尔兰的分支机构，为其他国家的客户贷款，从而能够享受爱尔兰的税收优惠。爱尔兰或许有其独特之处，但在比利时、荷兰及其他几个欧洲国家，银行债务占 GDP 的比例和爱尔兰的不相上下。
15. 塞浦路斯的情况有其特殊性。塞浦路斯的主要债主不是北欧的银行，而是欧盟之外的储户，尤其是一些俄罗斯寡头。但塞浦路斯的情况仍可视作欧洲过度杠杆化、资本金严重不足的金融危机的征兆。
16. 是否存在充足的证据表明规模较大、业务较为多元化的银行效率更高，能够为顾客提供成本更低的服务，是另一个议题。有些研究者对此提出了质疑，见 Rhodes（1994）、Pilloff（1996）、Peristiani（1997）和 DeLong（1998）。

17. 想了解更多关于这个观点的信息，见 Barth、Brumbaugh 和 Wilcox（2000）。
18. Suarez and Kolodny (2011), p.79.
19. Philippon（2008）对此进行了记录。
20. 2001 年之后尤其如此。Kalemli-Ozcan、Sorensen 和 Wilcox（2000）运用了各自独立的银行的数据。
21. Ibid.,figure 4. 金融监管放松如何使得这一现象成为可能，见稍后的讨论。
22. 逐日盯市制度对此有直接的影响。2001 年，安然丑闻爆发，2002 年颁布的《萨班斯-奥克斯利法案》要求金融企业和非金融企业都采取逐日盯市制度做账。
23. 根据 Gorton 和 Souleles（2007）的研究，这就是为什么当市场形势不好的时候，母公司会将 SPV 纳入其资产负债表。
24. 安然严重依赖 SPV，而且正是因为这一机制，才导致安然在问题暴露之后迅速覆灭。尽管已经有前车之鉴，这仍然没有阻止 SPV 迅速流行。
25. Morgenson 和 Rosner（2001）的解释是"俘房理论"：银行要求这么做，而美联储则被银行"俘房"，满足了它们的要求。另一种解释是无知。
26. See ISDA (2010).
27. 更多细节见 Ranciere and Tornell (2009), figure 1。他们更详细地对比了美国国内私人非金融机构所发放的抵押贷款和无抵押贷款。
28. 数据来源于 Shiller（2006）。更新的详细数据可登录 http: //www.econ.yale.edu/~shiller/data.htm。
29. 房屋新开工数量也相应变化。美国国内单一家庭住房的新开工数量从历年的 120 万套跃升到 2005 年的 170 多万套。

第 5 章

1. Details in this paragraph are from Mian and Sufi (2009).
2. 穆迪首席运营官布雷恩·克拉克森负责全球结构金融和美国公共财政，他在 2004 年的一封公司内部电子邮件中承认："坦白地讲，如果信用评级机构不给更高的评级，发行者就会找到别的公司做业务。"引自 Tabbi (2013)。Becker 和 Milbourn（2011）构想了一个"自然试验"：引入第三家信用评级公司惠誉，和穆迪、标准普尔竞争。根据他们的研究，这会导致有效信息减少，评级虚高。
3. 恶搞的歌词是："注意啊 / 房地产市场疲软啦 / 冷静吧 / 强劲的市场虚弱啦 / 次贷燃烧

啦 / 房地产市场倒台啦。"就算是乔治·梅里克（见第 1 章）也能做得更好。

4. US Department of Justice (2013), pp.73-74, 78.
5. 更多关于这一点的讨论，见 Bolton、Freixas 和 Shapiro (2012)。
6. 这些非银行贷款机构是次贷的主要提供者，因此在危机中大批非银行贷款机构陷入破产。This is documented by Dagher and Fu (2012)。
7. 国家金融服务公司最终因次贷遭受巨大损失并被美国银行兼并，但这并不妨碍莫兹罗本人赚得盆满钵满。2009 年，美国证券交易委员会以涉嫌内幕交易和金融欺诈对莫兹罗提出诉讼。他掩盖公司所面临的困难，发表言论推高公司股价，却在同时悄悄减持。2010 年，他与美国证券交易委员会达成和解，支付 6 750 万美元罚金，其中的 2 000 万美元，根据莫兹罗的劳动合同约定，由国家金融服务公司代为支付。
8. 2008 年 2 月，责任贷款中心发布了这一报告（Center for Responsible Lending 2008）。
9. See Jacobson (2009)。雅各布森在 2012 年指控富国银行对其进行报复：富国银行要撤销其贷款，收回其住房赎回权。
10. 雅各布森的证词表明富国银行的雇员也有类似行为。这一做法在 2006 年稍晚时候有所改变，当时对住房和抵押市场的监督更加严格（Morgenson, 2007）。
11. Morgenson (2007) 指出，这些利润在公司的内部文件中有所描述。华盛顿共同基金公司是次贷市场上的另一个主要贷款者，其内部报告也指出，次贷和 ARM（可调支付利率抵押贷款）的利润是传统抵押贷款产品的 6~10 倍（Bair 2012, p.76）。
12. See Federal Reserve Board (2009).
13. 房地美的最初宗旨是创造住房二级市场。换言之，就是从加利福尼亚州购买抵押贷款，为其提供担保，然后出售给其他州的金融机构。这是为了规避跨州的银行监管，并支持加利福尼亚州经济的快速增长。
14. In Angelides (2011).
15. 除了购买抵押贷款证券，房利美和房地美也可以直接购买抵押贷款。它们一直这样做，但即使如此，也没有办法扭转 2003 年之后其在抵押贷款市场上的重要性不断下降的趋势。
16. 2006 年，美国联邦房地产企业监督办公室针对雷恩斯提起诉讼，他被指控由于谎报公司收入而多拿了一部分奖金。同时，该办公室也对其他两位房利美的前任高管提起了民事诉讼。2008 年此案和解，雷恩斯及两位高管答应上缴各自部分收入。
17. 2000 年 12 月，月度平均联邦基金利率大约为 6.4%，2001 年 12 月时已下跌到 1.8%。

18. 参见 Bernanke (2000)。

19. 引自 Bernanke (2002a)。

20. FOMC Meeting Transcript (November 2002), p. 83, http：//www.federalreserve.gov/monetary-policy/files/FOMC20021106meeting.pdf.

21. 伯南克对此有清醒的认识。自 2000 年年中起，他就是美国国家经济研究局的商业周期数据委员会的成员，直至 2002 年被任命为美联储委员会成员。

22. Dokko et al. (2011), figure 3.

23. See Taylor (2007). 有多种泰勒法则算法，因为对通货膨胀和产出缺口的测算各有不同。泰勒自己的计算显示实际政策利率和应采取的利率之间有巨大的差距，其他研究则认为差距没有那么大。伯南克在 2010 年估算出了一个更小的差距。

24. 前文所引的泰勒的研究即可得出此结论。

25. 此处谈到的研究见 Dokko 等人（2011）。

26. 对这一观点较好的陈述，见 Kohn (2009)。

27. 一个总的结论是，好的政策成功地带来了通货膨胀率的稳定，但好的运气是造成产出波动稳定的主要原因。See Stock and Watson (2003).

28. 数据来自圣路易斯联邦储备银行（Federal Reserve Economic Data website）。

29. 常规的抵押贷款利率从 6.3% 下降至 5.6%。Http://research.stlouisfed.org/fred2/data/GS10.txt.

30. 此语出自格林斯潘（2009）对泰勒的反驳。泰勒认为 2003—2005 年的宽松货币政策导致了房地产泡沫。

31. 将全球国际收支失衡主要归咎于东亚是有偏颇的。如前所述，像沙特阿拉伯这样的石油出口国，虽然受中国经济繁荣的利好刺激，油价不断攀升，但也存在巨额的贸易顺差，并把储蓄投资在美国的国债市场。德国在这一时期也保持着巨大的贸易顺差。

32. 这是基于努里埃尔·鲁比尼和布拉德·赛斯特在 2004 年下半年做的一系列报告。之后的其他研究认为效果较小，但方向是一致的。伯南克在某次演讲中提到"全球储蓄过剩"，使该说法众所周知。

第 6 章

1. 房价指数差异极大是因为编制的方式不同。此处引用的数据来自 S&P/Case Shiller National Composite Index（US）和欧洲央行指数（爱尔兰和西班牙的现存居民数）。

2. 西班牙房价上涨较晚开始，但在 2005 年之后很快就奋起直追。

3. 欧洲一体化进程中出现的第一个机构是欧洲煤钢共同体，成立于1951年，主要用于联合监管德国的煤炭和钢铁行业，之后发展出了欧洲经济共同体。

4. Both cited in Szaz (1999), p. 216.

5. Peter Kenen（1969）最早指出财政转移支付对货币联盟顺利运转的重要意义。货币联盟也意味着银行联盟这一观点不为人们重视，因为直到20世纪90年代，欧洲银行的跨国界经营尚不普遍。但不为人们重视并不意味着没有人提出这一观点，见Eichengreen（1993）。

6. Cited in the Guardian (January 12), http://www.theguardian.com/world/1999/jan/13/martin-walker.

7. 对于政治学中的此类观点，见McKay（1996）和Jones（2002）。

8. 这发生在1994—1998年，当时正在讨论创始国的问题。

9. 除了欧盟的决策必须全体一致这一因素，1997年和1998年，货币联盟最重要的成员——德国轻微地违反了《马斯特里赫特条约》所规定的债务占GDP不能超过60%的标准。如果连德国都违规了，哪怕只是轻微地违规，那么再要说服其他国家遵守规定就很困难了。

10. See Story, Thomas, and Schwartz (2010) for details.

11. 爱尔兰国债的收益率也略高于德国国债，似乎表明了"欧洲小虎"的礼貌。

12. 这些观点居然被市场广为接受，欧元区各国的利率居然在如此短的时间内趋同，这和经济学家的预测大为不同。经济学家本来以为市场参与者不会如此反应。Bishop（1992）预测市场参与者将按照债务水平和信用水平区别对待潜在的借款人。Buiter、Corsetti和Roubini（1993）同样预测欧洲各国间的违约风险贴水会很高，市场会对高债务的国家更小心。

13. 欧洲央行进一步鼓励了这种利率趋同的趋势。欧洲央行按照同样的再贴现率"回购"欧元区国家的政府债券。也就是说，当欧洲央行和商业银行做回购操作时，会用这些国债做抵押品，而欧洲央行会对这些国债采用同样的再贴现率。这就鼓励了银行有同等的热情投资希腊和德国的国债，因为反正可以用同样的价格让欧洲央行"回购"。这就将原本很便宜的希腊国债抬高到了与德国国债相当的水平。Buiter和Sibert（2005）较早地指出了这样做可能带来的风险。当然，在实践操作中，欧洲央行一般只回购很短期的国债或回购快要到期的10年期国债。所以这一因素不足以说明，为何不同期限的国债利率会出现趋同。

14. 从数量上讲,爱尔兰的情况并不严重,但在爱尔兰发生的事情和其他几个国家大体一样。

15. 这些改革增加了工人的工作积极性,工会在劳资谈判的时候会要求较小幅度的工资上涨,同时配合失业救助和福利支出,并同意这两项支出要有上限。

16. Lane 和 Pels(2012)对此进行了记录。

17. 这些压力其实异曲同工。德国可能并不会直接和南欧国家的消费品生产商竞争,但其大幅增加了对中国的出口。这些设备增加了中国的企业向欧洲出口消费品的能力,南欧的制造商就受到挤压。

18. Obstfeld 和 Rogoff(2010)指出,资本流入越多,房地产的实际价格就越高,建筑业也就越兴旺。

19. 这里说的资本金是指一级资本(股东的股权)和二级资本(其他的类股权资本,比如非公开储备、资产重估储备、普通准备金、混合资本工具和次级债券等)。

20. 这发生在危机前夕。

21. 卖方融资是指一个公司贷款给借款人,以便让借款人购买该公司的产品或资产。

22. "银行过剩"由 Shin(2012)提出。

23. 参见 Saurina (2009).

第 7 章

1. Curcio (2000), p.452.

2. Klein (2001), p.181.

3. *New York Times* (October 6, 1929, p.NII).

4. *New York Times* (October 28, 1929, p.I).

5. In a letter published on October 26 in the *New York Times*.

6. *Wall Street Journal* (November 23, 1929, p.2).

7. Klein (2001), p.209.

8. 在 1926 年和 1928 年,8 月都是汽车生产的高峰。1927 年有所不同,主要是因为亨利·福特推迟生产,以便为 A 型车改造做准备,见第 1 章。

9. 他们认为,纺织业的高峰在 7 月,造纸业的高峰在 9 月。按照他们的计算,汽车和交通工具的高峰早在 2 月就已经出现。Burns and Mitchell (1946), p.69.

10. Cited in Friedman and Schwartz (1963), p.264.

11. 1930 年 3 月，诺曼在麦克米伦委员会面前做证，虽然他不愿意承认，但在讲话中能听出他的动机。1931 年，诺曼的讲话正式发表，但已经被修改得面目全非（Committee on Finance and Industry 1931）。

12. 贝文和黑格-托马斯都是从剑桥大学毕业的。黑格-托马斯出身于富裕的煤矿主家庭，他最有名的经历是代表剑桥大学参加了 1902 年的划船比赛。之后，他先后担任剑桥和牛津的划船教练，名气很大，争议也不小。

13. 1928 年贝文出狱，为了避开英国媒体的追踪，他移民到哈瓦那。他与乔治·梅里克（见第 1 章）一样，都是诗歌爱好者。1929 年，他自费出版了自己的诗集。关于贝文的最新传记，见 Vander Weyer（2011）。

14. Quoted in *The Economist* (April 5, 1924, p.733). 这家黄麻企业之后未能支付红利，而且股价一直未涨，但其确实熬到了二战结束。英国玻璃工业公司的命运则更惨。哈特立为了组建这家公司，整合了很多家企业，有的生产灯泡，有的生产科学实验用的玻璃器皿，有的生产玻璃餐具。他出资支持两家大的玻璃工厂扩建，以此威逼小的玻璃公司加盟。不到两年，英国玻璃工业公司就出现财务困难。1926 年，公司难以支撑，其资产被出售给第三方。《经济学人》(September 28, 1929, p.576) 在有关其 1929 年丑闻的报道中写道：哈特立 "是把合理化方案发展到最不合理的极致的先驱"。

15. 这或许也可视为一种 "李嘉图等价"，详见前言注释 5。

16. Manley (1976), p.56.

17. 第 8 章介绍了合众国银行。第 9 章介绍了亚当银行的失败。第 14 章介绍了冰岛的银行业危机。

18. 服了两年的苦役后，哈特立被转送到肯特郡的梅德斯通监狱，成为监狱的图书管理员。哈特立在狱中表现得比其他人更好，包括贝文。1939 年，哈特立出狱，他在舰队街租了一间办公室，销售商业成功学书籍，生意兴隆。在二战期间，哈特立收购了书店、印刷厂、出版社和两家杂志，又开始张罗着要收购当时英国最大的连锁书店之一的 Wyman & Sons。当然，他又失败了。到了 20 世纪 50 年代，哈特立主要经营伦敦一家非常有名的叫哈查兹的书店以及伦敦西区连锁咖啡店。至于温彻斯特侯爵，他最终宣布破产，在蒙特卡洛度过余生。

19. 最终的亏损是这一数额的数倍。这是因为哈特立的商业帝国内部存在严重的内部关联交易。

20. *Wall Street Journal* (January 15, 1930), p.15.

21. Chandler (1990), p.329.
22. Quoted in Friedman and Schwartz (1963), p.339. Data on security purchases are from *the Federal Reserve Bulletin*.
23. *New York Times* (October 26, 1929), p.16.
24. Meltzer (2003), p.288.

第8章

1. 这些数据来自美联储公报，经过了季度调整。Balke 和 Gordon（1986）试图重新编制当时的季度国民收入账户，他们的研究表明，在 1929 年第四季度，按年率计，GDP 下跌速度达 20%。
2. 2008—2009 年的危机同样对国际贸易造成较大冲击，原因可能在于预期最终消费需求下降，也可能在于金融市场的冲击。
3. 玉米价格下跌不仅是因为需求下跌，而且和出现了一次前所未见的大丰收有关。
4. 这种临床医生诊断的表述，见 *The Economist* (May 31, 1930, p.1205)。
5. 美联储还授权纽约联邦储备银行购买 5 000 万美元政府债券。
6. "The State of Trade at Home and Abroad," *Economist Monthly Supplement* (May 31, 1930, p.33)。
7. 其他国家的下滑趋势更平缓，但方向是一样的。12 月，按同比计算，加拿大工业产值下跌 11%，瑞典下跌 8%，法国下跌 7%。英国国际贸易局编制了季度工业产出数据，按照该数据，英国在 1929 年第四季度到 1930 年第一季度工业产出下跌了 13%。
8. 这里主要是指德国发生的变化，稍后有更详细的讨论。
9. 若按年率计算，这意味着批发价格的下跌幅度是 14%。当然，批发价格受到大宗商品市场的影响，可能不是衡量一般价格水平的最好指标。但最终商品价格也以 10% 的年率下跌。
10. Hamilton (1992), table 7. Cecchetti（1992）利用价格和利率的时间序列构造一个预测模型，当时的投资者预测在 3~6 个月内会出现通货紧缩。尽管如此，美联储委员会的成员并不擅长区分实际利率和名义利率。即使未来价格可能走跌，他们也不会改变观点，仍认为信贷成本不高。实际上，美联储委员会成员几乎只盯着名义利率。Meltzer (2003), p.295.
11. 信用评级较高的债券的收益率仍然为 4.5%。AAA 和 Baa 级债券之间的价差不断扩大，这表明信用评级较差的公司已经很难在金融市场融资。

12. 米勒是在美国众议院银行和货币委员会（1928）发表上述讲话的。http://www.scribd.com/doc/175280593/housta28.

13. Friedman and Schwartz (1963), p.368.

14. 霍利推动的高进口关税并没有改善农业状况，而且到了禁酒令的最后关口，霍利的立场是支持禁酒，而其竞争对手的立场是反对禁酒，这使得霍利更加不得人心。

15. 1922年的《福德尼-麦坎伯关税法》将这一税率提高了13%。Irwin (2011), pp.105–7.

16. Ibid., p.140.

17. *New York Times* (November 11, 1929, p.2).

18. See Archibald and Feldman (1998).

19. As described in Carey (1999).

20. Quoted in Burner (2005), p.298.

21. *New York Times* (November 22, 1929, p.I).

22. All this is described by Hamilton (1985).

23. This is the conclusion of Temin (1976) and Wicker (1996), for example.

24. McFerrin（1969）谈到，考德威尔在其债券销售合同中另加了一个存款协议，把钱都存入田纳西银行，直到需要支付建筑成本为止。

25. 见第1章。

26. 李的曾祖父曾经当过两任众议员。他本人在1911—1917年是美国的参议员。霍顿此前曾想提名年轻的李竞选参议员，但被他拒绝了。李觉得房地产业更赚钱。

27. This point is documented further by Richardson and Troost (2009) and Jalil (2012).

28. 美联储专门做了调查，调查报告表明，亚特兰大联邦储备银行的4位员工，包括一位副行长在内，在船上喝得酩酊大醉。亚特兰大联邦储备银行自己的调查结论则恰恰相反：所有的员工表现都很出色。最后美联储报告的结论占了上风，亚特兰大联邦储备银行的副行长提交了辞呈。See Gamble (1989), Richardson and Toorst (2009), and Jalil (2012).

29. *New York Times* (November 14, 1930, p.19).

30. *Washington Post* (November 14, 1930, p.2).

31. 这是弗里德曼和施瓦茨观点的一个有趣的例外。弗里德曼和施瓦茨曾经谈到，美联储成立之后，就不会再像以前那样必须暂停现金支付以遏制金融危机。阿肯色州的银行纯属背运，因为它们受圣路易斯联邦储备银行监管，而圣路易斯联邦储备银行没有打算帮助阿肯色州的银行。See Richardson and Troost (2009).

32. *New York Times* (December 20, 1930, p.1).
33. 这是约瑟夫·H. 茨威斯的说法，他是在 1929 年夏审查过合众国银行的州银行监察官。*New York Times* (June 5, 1932, p.3).
34. Trescott (1992), pp. 391–92. 不管布罗德里克有没有进行早期干预，他后来还是被大陪审团认定未能采取有效措施制止合众国银行危机。但他后来被宣判无罪。
35. 见第 12 章。
36. This is suggested by Friedman and Schwartz (1963). 但 O'Brien（1992）认为这种说法证据不足。
37. 合众国银行的真实经营状况其实没有想象的那么糟糕。破产之后，债主的每 1 美元债权能够收回 84 美分，这对一家金融机构来说并不差。这种情况可能和该银行持有的房地产资产后来涨价了有关。雷曼兄弟的情况应该和合众国银行的相近。
38. 见第 14 章。

第 9 章

1. Details are from Bonin (1996).
2. 皇家国际事务研究所（1931）的一份报告概括了英国方面的代表性观点。
3. *New York Times* (July 10, 1931, p.21).
4. 欧洲央行只能在二级市场购买国债，不能购买一级市场上新发行的国债。在欧洲央行购买成员国国债的时候，成员国必须和欧盟的紧急援助基金达成协议。
5. 这里指的是 1929 年的资本和储备金，据 Adalet（2009），p.8. 本段的其他数据也来自这篇论文。资本金比例没有恢复到通货膨胀之前的水平，使得人们不得不追问，为什么银行不增加资本金。其中一个解释是这样做成本太高，而且在储蓄银行、抵押贷款银行、全能银行之间的竞争，迫使各个金融机构都尽可能节约成本，包括增加资本金的成本。
6. 1929 年，大银行的现金加上存在央行的储备金，占存款的比例只有 3.8%，只有一战之前水平的一半。
7. 1930 年有一笔放给德国的特别贷款，这笔贷款是通过波士顿的 Lee, Higginson & Co. 投资银行发放的，并得到了后来臭名昭著的伊瓦尔·克鲁格的帮助。但仅此一例。克鲁格最早是工程师，曾任 Kreuger & Toll Byggnads AB 建筑公司联合经理，这个建筑公司以其在房屋建造技术方面的创新闻名。建筑生意将克鲁格引到了金融行业，克鲁格随后借助瑞典的木材资源，开始生产安全火柴。他从政府那里买到特许权，垄断了安全火柴的生产和销售。他曾经将安全火柴未来的销售特许权收入证券化。克鲁格的金融帝国也没能抵御大萧条的冲击。1932 年 3 月，他在其巴黎的寓所里猝然身亡，这一消息触发了斯堪的纳维亚银行破产。关于克鲁格最新的传记，见 Partnoy（2009）。1932 年克鲁格的公司倒闭后，Lee, Higginson & Co. 受其牵连，从此一蹶不振。

8. See Ferguson and Temin (2003).
9. This is the argument of Borchardt (1991).
10. 更准确地讲，是占股份制银行总资产的 50% 以上。奥地利还有很多小银行，但在此计算中被忽略不计了。
11. 德国的情况更甚。按照 Teichova（1994）的计算，1925 年奥地利信贷银行的自有资本只有其 1913 年水平的 1/5。
12. 这种期待并非没有根据。在 1931 年春天危机爆发之前，奥地利国民银行就和在伦敦的罗斯柴尔德以及其他若干外国银行一起，秘密地为奥地利信贷银行提供廉价贷款，以帮助其减轻收购波登信贷银行带来的压力（Aguado 2001）。
13. Schubert (1991), p.12.
14. 德国银行是奥地利信贷银行和其他奥地利银行的重要债主。一战之后，奥匈帝国分崩离析，奥地利的决策者一直担心，弱小的奥地利难以经历经济震荡。他们以为和德国结成关税同盟或许有助于解决这一问题。他们希望，关税同盟建成之后，更强大的德国会愿意向奥地利提供外援。德国人则害怕，要是德国的出价不够优厚，奥地利会和其他原本是奥匈帝国一部分的南欧国家建立关税同盟。有关这方面的动机，见 Mommsen and Forster（1998）和 Orde（1980）。
15. 奥地利政府、奥地利国民银行、邮政储蓄银行以及其他公共机构，一共持有该银行 50% 的股份（Schubert 1991, p.10）。
16. 对央行的冲击比公布的还要糟糕。奥地利国民银行篡改了账目，掩盖了其从信贷银行为外资撤离进行融资的事实。Aguado (2001), p.212.
17. Schubert (1991), p.15.
18. Hodson (1932), p.211.
19. Schacht (1955), p.173. 沙赫特曾经和哥德施密特在达姆施塔特银行董事会共事，两人在一战期间和之后，先后加入了德意志国民银行的董事会。
20. This is the argument of Ferguson and Temin (2003) and Pontzen (2009).
21. 布吕宁在接见美国驻法大使弗雷德里克·萨基特时也曾鼓励过这一想法。在杨格计划中，对其他国家的战争赔款的重要性远超过对个人债权的偿还（这和道威斯计划中对个人债权格外重视的立场截然不同）。一批银行家，比如 J. P. 摩根的拉蒙特早就开始游说胡佛总统了。
22. 关于迈耶和复兴金融公司，见第 10 章。
23. Pusey (1974), p.209.
24. 赖伐尔的抗议，见 Warner(1968), p.32；胡佛的反应，见 Burner(2005), p.302。法国政府抗议了三个星期之后，不情愿地接受了美国的方案。
25. 布吕宁能够做出的最大让步就是，他可以以个人名义担保，不会再要求拨款建造第三艘装甲巡洋舰。
26. 该银行为了能够有序地清算其资产，被置于信托管理。沙赫特曾是该银行的合伙人，他被邀请出任托委员会的主席，但他拒绝了这一邀请。
27. 7 月 17 日，银行重新开业之后，拉胡森兄弟被捕。诺德维尔很快宣布破产。7 月 20 日，各国官员在伦敦开会，正式同意德国冻结对国际债权人的付款，这一协议于 9 月正式签署生效。

第 10 章

1. 据说在回程中，诺曼不得不等车从利物浦开到伦敦后，才听到完整的汇报。等他回到伦敦的时候已经是 9 月 28 日了，这时英镑已经贬值了一个星期。
2. 在 7 月 30 日之后，再贴现率一次也没有提高。之前，再贴现率曾两度被提高，一次是在 7 月 23 日，另一次是在这一星期之后，都提高了一个百分点。
3. Hawtrey (1938), p.143.
4. 一个不幸的巧合是，麦克米伦委员会的报告正好在 7 月中旬发布。See Committee on Finance and Industry (1931), especially appendices I and IV.
5. Accominotti (2012), p.17. 这是否会导致银行资不抵债，取决于银行最终能够收回多少应收款项。
6. 英格兰银行一共买入了 3 000 万英镑的票据，以便向市场注入流动性。
7. 采用这一策略的投资者在两个月内就获益 20%。如果他们还加了杠杆，收益率会更高。

8. Sullivan (1936), p.1.
9. Federal Reserve Bank of New York (1932), p.13.
10. 亚特兰大和明尼阿波利斯联邦储备银行除外，这两家银行的利率本来就比其他储备银行高。
11. 对此的综合性论述见 Wicker (1996)。
12. Friedman and Schwartz (1963), p.382.
13. 关于克鲁格，见第 9 章注释 7。
14. 这些票据之所以被称为"清算证明"，是因为所有清算中心的成员都接受它们。关于其作用，以及关于 1907 年危机的故事，见 Bruner 和 Carr（2007）。
15. Barber (1985), p.227.
16. 实力较强的银行坚持，国家信贷公司应按照市场价值，在此情况下，也就是贱售价格，为抵押品定价。它们还认为，国家信贷公司只能发放不超过抵押品市场价值 30% 的贷款，而且抵押品中不应包括房地产。Olson (1977), p.29.
17. 见第 19 章。
18. 胡佛总统还想更快一些，但他没有考虑到其间有圣诞节假期。
19. 这里的《格拉斯-斯蒂格尔法案》不是与之同名的 1933 年的法案。1933 年的《格拉斯-斯蒂格尔法案》将商业银行和投资银行业务分开了（后有详述）。
20. 1931 年，英萨尔还从欧文·D. 杨格所领导的通用公司贷了 2 万美元。Vickers（2011）认为道威斯、杨格和英萨尔有所合谋。但不管有没有阴谋，他们之间的紧密联系是无法抵赖的。
21. 更准确地讲，是股本和"剩余"（未分配资金）的 15%。
22. Vickers (2011), pp.56-57.
23. 10 月，英萨尔被库克县的大陪审团判定挪用公款，他借道巴黎去米兰，然后租了一架小飞机，打算飞往希腊，因为希腊没有和美国签署引渡条约。最后，他从希腊乘船前往伊斯坦布尔。虽然土耳其和美国之间也没有引渡条约，但土耳其警方还是逮捕了英萨尔，并将其交给美国国务院。美国国务院将英萨尔送回美国本土。英萨尔没有受到刑事指控，但直到 1938 年去世，一直身陷民事纠纷。
24. 关于对贝尔斯登的救助，见第 12 章。
25. 1932 年 8 月 23 日，复兴金融公司公布了一批受助银行名称，尽管这一名单仅公示了 10 天。所有人都知道，接下来还会有更多的名字被公布。参见 Butkiewicz (1995)。

26. Kennedy (1973), pp.84−85.
27. 货币监理官弗朗西斯·格洛伊德·埃瓦尔特证实了这一威胁（Awalt 1969, p.352）。
28. 大陪审团随后审理了联合守望者信托公司的案件，卡曾斯被指控在银行歇业之前撤走了资金，他肯定是听到了内幕消息，这一撤资加剧了银行挤兑。但他的传记作家认为这一指控不成立。Barnard (1958), pp.277−78.
29. Lumley (2009), p.85.

第11章

1. 美国全国房地产经纪人协会对149个主要市场的调查数据显示，房价在2005年第四季度达到峰值。其他房地产价格指数，比如Case-Shiller指数和Zillow指数，显示房价在此之后的一两个季度内达到峰值，但总的趋势是一样的。
2. Their tales are told by Zuckerman (2009) and Lewis (2010).
3. MacDonald and Robinson (2009), pp.268−69.
4. 高盛卖出的CDO是以在以前的交易中已经列入其资产负债表的抵押贷款为基础的，这使得其可以进一步减少当房价下跌时直接面对的风险。美国参议院的调查委员会认为，高盛误导了投资者。高盛出售这些证券时，声称自己的利益和客户的利益是一致的，其实并非如此。美国司法部不同意这种指控，或者说司法部没有找到足够的证据。2012年8月，司法部决定取消对高盛及其雇员的指控。但美国证监会对高盛提出了民事诉讼，高盛不得不支付5.5亿美元的赔偿金。
5. 文中数据是同比数据。虽然不同的房地产价格指数略有差异，但规模大体相当。
6. 见第4章。
7. Bernanke (2007), p.1.
8. Reuters (2007).
9. 联邦公开市场委员会在2007年1月30—31日发布的经济形势内部分析报告预测："房价的下跌将趋缓，到明年，房地产对经济增长的贡献将转为正。"（Board of Governors 2013, January 30−31, 2007, transcript p.13.）在联邦公开市场委员会的3月的会议上，数位联邦储备银行行长在谈到未来房地产市场疲软的态势时也认为影响是有限的。当然，费城联邦储备银行的查尔斯·普罗索指出，这一预测具有很大的不确定性。
10. CNBC Squawk Box (July 1, 2005).

注释 465

11. See the secretary's remarks to this effect on April 20, 2007, as reported in Zhou (2007).
12. Minutes of the Federal Open Market Committee (March 20-21, 2007), http：//www.federalreserve.gov/fomc/minutes/20070321.htm.
13. Bernanke (2002b).
14. See Greenspan (2005).
15. 6年之后，贝尔斯登这两只基金的清算人向纽约州法庭起诉信用评级公司，指控它们为了获利，在知情的情况下误导投资者。
16. 事实证明，哄抢抵押品的后果是灾难性的。包括花旗集团、摩根大通、高盛和美国银行在内的债权人最终发现，自己已经无法以任何价格卖出这些资产。
17. 贝尔斯登主要支持了高级结构信贷基金，没有支持另一只——高级结构信贷策略增强杠杆基金。
18. 1974年IKB兼并了德国工业银行，新银行沿用德国工业银行这一名称。
19. 关于Abacus交易的最权威论述来自Zuckerman (2009)。
20. 这一交易中的另一桩荒唐事是，ACA的主要投资人是贝尔斯登。贝尔斯登曾在2004年为这家出了问题的公司注资，并在其董事会里占据了三个席位。
21. 负责这笔交易的ACA经理事后做证，辩称自己不知道保尔森是为了卖空。Financial Crisis Inquiry Commission (2011), p.193. 信用评级公司也不知情。负责为Abacus评级的穆迪的分析师说，他不知道保尔森也牵涉其中，他不知道这个产品的设计是为了使失败的概率最大化。穆迪和标准普尔都给Abacus的优先级评了AAA。
22. Quoted in Financial Crisis Inquiry Commission (2011), p.247.
23. US District Court, Southern District of New York (2010), para. 58 et seq. 这就是本章注释4里提到的美国证券交易委员会所采取的行动。有些投资者（比如华盛顿州的金县）投资了德国工业银行的第二个特殊投资工具Rhinebridge，它们主要购买的是以评级为AAA的资产为基础的商业票据，但结果没有更好。McLean and Nocera (2010), pp.280-81. ACA为Abacus提供担保的时候承担了相应的风险，但通过和另一家欧洲银行（荷兰银行）的交易，转移了部分风险。而到了2007年12月，ACA的信用评级被下调至CCC级，ACA不得不增加抵押品以支持其CDS，但最终也没有逃过破产之劫。后来，该公司在马里兰州保险局的监督下重组。荷兰银行也损失惨重，并在2007年年底被以苏格兰皇家银行为首的银团兼并。
24. *New York Times* (July 31, 2007, p.B2).

25. 需要提醒的是，在法国巴黎银行发布消息的数天前，贝尔斯登的两只基金正式申请破产。
26. 尽管如此，借款者一般更希望能从银行间市场融资，而非从央行那里借钱。向央行借钱会被视为一种羞耻的行为，外界会怀疑公司出现了财务困难。
27. 欧洲央行以再融资利率提供这笔流动性。再融资利率是欧洲央行向商业银行提供贷款的通常利率。
28. 如果把各种商业票据都算进来，整个市场规模将达到 2 万亿美元，这是国债市场的两倍。
29. 如果说这还不够令人焦虑的话，投资者现在必须面对一个残酷的事实：如果借抵押贷款的客户还不起月供，他们很可能也还不起信用卡贷款、汽车贷款和学生贷款。
30. 更多细节参见 Covitz, Liang, and Suarez (2009) and Kacperczyk and Schnabl (2010)。
31. 存款保险制度甚至会加剧危机，因为投资者会放弃商业票据市场，涌入受存款保险保护的商业银行。
32. 一般来说，这有两年的期限。两年之后借款者会根据更为常规的抵押贷款规则再融资。但在 21 世纪初的那几年里，两年可能就是金融市场的一生。
33. 北岩银行的最后一笔证券化业务是在 5 月，此后在 9 月之前都没有再安排。
34. 当时大家都觉得劳埃德银行是最合适的。
35. 9 月初，劳埃德银行宣布，英格兰银行必须提供 300 亿欧元的支持，它们才能完成交易。这 300 亿欧元相当于北岩银行到 2009 年应该到期的资金规模。问题在于，没有政府的批准，英格兰银行不可能提供规模如此巨大的贷款，而没有欧盟的认可，政府没有办法给英格兰银行授权。
36. Irwin (2013), pp. 6-7; House of Commons Treasury Committee (2008), p.39. 以下引文来自 House of Commons Treasury Committee (2008), p.39。

第 12 章

1. Gorton and Metrick (2012), p.14. 第 4 章讨论了储备基金的起源。我们还将在后文中继续讨论其带来的麻烦。
2. 必须有至少两家全国性的信用评级机构都认定 AAA 或 AA 级才行。基金在其资产组合中持有由一个发行者发行的此类资产的比例不能超过 5%。
3. See Gorton and Metrick (2012), p. 13, and McCabe (2010), pp.28-29.

4. 见第 9 章。
5. See, for example, Clarke (1967).
6. 最初，这些货币互换还有一个 240 亿美元的上限，但很快就取消了上限，其他央行也参与其中。
7. 这一批评后来才出现，见 Paul（2008）。
8. See Bullard (2013). 请注意，直到 4 月贝尔斯登危机出现之后，美联储的预测才变得负面，承认了衰退的出现。
9. Transcript of FOMC Meeting of August 5, 2008, p.67. Board of Governors of the Federal Reserve System (2014), p.67.
10. 这话还是圣路易斯联邦储备银行的詹姆斯·布拉德提出的（Board of Governors of the Federal Reserve System 2014, p.35），当然不止他一个人这样认为。
11. See the account of New York Fed president Timothy Geithner (2014), pp.143–44.
12. These quotes and citations are from the transcripts of the FOMC's April 29–30 meeting.
13. 有的专家（e.g., Sahm, Shapiro, and Slemrod 2009）认为最多只有一半的居民在退税之后增加了消费。
14. 见第 8 章。
15. 史蒂芬斯是加州大学伯克利分校的历史学教授、文理学院院长。See Stephens (1916).
16. 引用的数据经过了季节调整。
17. 这是在贝尔斯登出事之前的行情，即发生在 3 月初的下滑。
18. Wessel (2009), p.159.
19. Paulson (2010), pp.95–96; Financial Crisis Inquiry Commission (2011), p.283.
20. 这被称为"三方回购市场"。回购协议是指一方在向另一方卖出证券的时候，附加一个协议，规定之后还会从对方手中买回来。买家向卖家提供流动性，并从中赚取最初的买价和更高的回购价格之间的差价。在三方回购协议中，买方和卖方中间多了一个监护人，充当交易的中介方。这就是摩根大通在贝尔斯登事件中所扮演的角色。
21. See Fettig (2002).
22. Paulson (2010), pp.100–104.
23. 事后，保尔森发现如果没有经过国会批准，他是无法补偿美联储的。于是，他写了一封私人信件，并在信里写明补偿条款。
24. 既然承诺了收购贝尔斯登，J. P. 摩根就希望速战速决，它不愿意陷入和愤怒的股东的持久战。

25. 此外，摩根大通还大量持有针对贝尔斯登破产的保单。兼并贝尔斯登之后，摩根大通就不需要再赔付这些保单了。

26. JP Morgan Chase (2009), p.9.

27. The quote is from Reuters (2012).

28. 见第 10 章。

29. The quotation is from Bernanke (2008).

30. 这同样能够说明，为什么富尔德不愿意增加新的资本金。增加新的资本金会稀释原有的股份，而他自己还持有不少公司股份。

31. Plath is quoted in the *Wall Street Journal*, July 1, 2012, online.wsj.com, updated3: 52 p.m.

32. Farrell（2010）详细介绍了美国银行收购美林案。收购之后，美国银行立刻损失了 220 亿美元，这也导致了本章介绍的第二次对美国银行的救助。

33. Suskind (2011), p.43, emphasis in original.

34. 其实，保尔森本可以再展示一下他一贯的务实作风。尽管他可能很想促成美国银行的收购，但他作为一个有经验的谈判老手，自然会尽量考虑减少开销。可他的手下对媒体吹风的时候，把他描述成了一个坚定的反对派，这把他被逼到了墙角。Wessel (2009), p.15. 保尔森自然心思活泛、讲求实际，但他不愿给人留下出尔反尔的印象。在危机中，这些话究竟是他的原话，还是他的手下传错了话，已并不重要。

35. One indication is the transcript of the FOMC meeting in June (Board of Governors 2014, p.4).

36. Financial Crisis Inquiry Commission (2011), pp.325–30.

37. 在和巴尼·弗兰克的一次会面时，伯南克和保尔森提出要强化破产清算机构，但国会无意考虑这一提议（Geithner 2014, p. 164）。

38. 雷曼兄弟破产之后，巴克莱银行仅花费 2.5 亿美元就收购了其在北美的投资银行业务，而且不必再接受有毒资产。

39. 日本、韩国和中国香港的股市因节假日停市。

40. 为防止资产流失国外，在英国处理雷曼兄弟破产的官员冻结了该银行在英国的资产。最终，和雷曼兄弟英国分行有联系的对冲基金和其他金融机构拿回了它们的钱。但在当时，它们为了增加流动性，不得不出售其他资产，这又给其他投资者带来了额外压力。

第 13 章

1. 截至 20 世纪 60 年代，施德一直经营着公司。此外，他还筹建了加州大学伯克利分校的施德东亚图书馆。关于施德的一生，见 Shelpand Ehrbar（2006）。See also Stafford (1999) and Waller (2011).
2. This history is recounted by Tett (2009).
3. See Morgenson (2008), on which this section draws.
4. Boyd (2011), p.16.
5. US House of Representatives (2009), p.32.
6. AIG 在法国有个分支机构叫 AIG 银行，AIG 旗下只有这个机构受到欧洲金融机构的监管。欧洲将 AIG 其他业务的监管都甩给了美国储蓄机构管理局。
7. 见第 12 章。
8. 2009 年，美国证券交易委员会起诉本特父子，指控其没有充分告知基金所遇到的困难，误导了投资者、监管者和信托人，使他们相信基金还会注入更多的资金。2012 年，布鲁斯二世在一个案子里被认定为疏忽，但在指控本特父子诈骗的案子里，美国证券交易委员会败诉了。
9. Quoted in Shifrin (2008).
10. This was reported by McCabe, Ciriani, Holscher, and Martin (2012) on the basis of confidential data.
11. 第 4 章讲述了 Q 条例的起源。
12. 这不是美国财政部第一次在紧急情况下动用紧急条款。1994—1995 年，在墨西哥遭遇金融危机的时候，财政部启动紧急条款，用紧急货币互换支持墨西哥（Schwartz 1997）。事后，美国国会限制了紧急条款的适用条件，以阻止财政部用此条款再提供其他对外金融援助。财政部启动紧急条款稳定货币市场，居然不需要征得国会的批准，这让国会很不舒服，国会很可能会再次限制紧急条款的适用条件。
13. 彭博社最后不得不动用《信息自由法》得到 AMLF 的借款数据，并和道富银行所公布的收入进行比较。See Condon (2011).
14. US House of Representatives (2009), pp. 51, 62.
15. 这和救助贝尔斯登之前的剧情几乎一模一样。我们在第 12 章中讲过，贝尔斯登恰好是在救助长期资本管理公司时拒绝出资的金融机构。
16. 后来，政府再次提供资金援助，其所占股份提高至 92%。

17. 这一救助受到很多诟病,批评者指责 AIG 把政府的钱拿去全额偿还与其有贸易往来的银行。也有人指责说这一救助过于严苛,原来的公司股东仅仅能保留其股权的 20%。格林伯格在美国地区法院起诉政府,认为其行为是违宪的,政府剥削了像他这样的股东,且没有给予股东应有的补偿。2012 年,他的起诉被驳回。
18. 政府后来卖掉了 AIG 的股份,净赚 230 亿美元。但与此同时,政府减少了 180 亿美元的收入,这主要因为政府允许 AIG 用运营亏损抵扣未来的税款。
19. Paulson (2010), p.323.
20. 如果其他 4 位委员不在,那么就需得到在场委员的一致同意。

第 14 章

1. 见第 6 章。
2. 更准确地讲,如果美联储不支持它们,它们就无法提供美元。
3. 严格地讲,富通仅仅收购了荷兰银行在荷兰、比利时和卢森堡的零售业务。苏格兰皇家银行收购了荷兰银行的批发业务和亚洲分部,西班牙国际银行收购了荷兰银行在巴西和意大利的业务。
4. 格雷沃夫起诉富通,最后遭到反起诉。这起诉讼揭露了富通在交易中损失了 4 亿美元。
5. 第 25 章更为详细地介绍了爱尔兰的银行业危机。
6. 顾客可以在以下国家开设克伊普辛端账户:英国、比利时、挪威、德国、芬兰、瑞典、奥地利和瑞士。
7. 很多评论家都这么认为,比如 Lewis(2009)、Boyes(2009)和 Jónsson(2009)。
8. Grímsson (2005), pp.1, 4.
9. See Dwyer (2011) for details.
10. 见第 14 章。
11. 这发生在 2007 年 9 月至 2008 年 3 月。
12. 本节讨论的交易详情可见 Baldursson 和 Portes(2013)。他们两位认为,直到全球金融危机波及冰岛,冰岛的银行才出现问题。这种观点过于乐观,忽视了之前出现的一些征兆。
13. Baldursson and Portes (2013), p.10.
14. 已有的股权被核销了 85%,这使政府的股权提高到 75%。
15. 惠誉也下调了冰岛第四大金融机构 Straumur Burduras 投资银行的信用评级。

16. 后来，欧洲央行推迟了冰岛国民银行和格利特尼尔银行提供额外担保品的期限。
17. 会后，奥德森和总理盖尔·哈尔德在通过电话后决定向克伊普辛银行提供 5 亿欧元贷款。政府曾经讨论过向给格利特尔银行提供 6 亿欧元贷款，却没有兑现，却给克伊普辛银行发放了贷款。此举令人百思不得其解。See Sigrún Davíðsdóttir, The only secret from October 6 2008：a CBI loan of €500m to Kaupthing——updated (again) http：//uti.is/2013/03/the-only-secret-from-october-6-2008-a-cbi-loan-of-e500m-to-kaupthing/.
18. 这一存款保险的最高限额为 5 万英镑，英国的存款保险覆盖剩余部分。冰岛国民银行破产之后，超过存款保险上限的存款负债已经高达 8 亿英镑。英国政府很快意识到，为了防止出现信心崩溃，这部分存款也要得到保护。英国政府和荷兰政府在补偿了本国储户之后，想从冰岛那里要回钱来。冰岛议会通过了两项法案，授权国家按照欧盟的最高额度给予补偿，但总统把这两个法案拿出来进行全民公投，两次都被否决了。2009 年 1 月，欧盟自由贸易区法院判定，冰岛政府没有义务赔偿英国政府和荷兰政府。但英国政府和荷兰政府并不死心，随后又把冰岛存款保险基金告上了法庭，要求其赔偿它们的损失。这一要求匪夷所思。荷兰和英国提出的索赔金额连本带息为 90 亿美元，相当于冰岛 GDP 的 60%，而冰岛的存款保险基金只有 3 亿美元的资产。
19. Quoted in an interview in the *Wall Street Journal* (2008).
20. 每个抗议者牌子上的内容有所不同，但表达的都是同一个意思。

第 15 章

1. Oliver and Marion (2010), p.95.
2. 芝加哥的危机是由房地产交税人协会的一次罢工引起的，这次罢工影响了房地产税的征收。这个协会听上去是由苦难的工人阶级购房者组成的，实际上是大开发商组织的。受罢工影响，芝加哥市政府无法支付市政债券的利息。很多银行持有大量的市政债券，因此又出现了我们在第 10 章讲到的银行业危机。瑟马克的对策是说服银行，包括查尔斯·盖茨·道威斯的中央共和信托在内，购买更多债券，然后说服复兴金融公司接受以这些债券为抵押品，发放更多贷款。
3. 具体的数字有所出入，因为有的州不止一次实行银行假日，有的银行自己宣布歇业，有的由政府公布银行假日，有的州只有部分地区实行银行假日。
4. 2 月 18 日，在纽约阿斯特酒店的一次宴会上，胡佛通过特工把一封亲笔信送给罗斯福，上面写的就是这个内容。胡佛本想找到罗斯福本人，却被告知罗斯福在阿斯特先生的游艇上钓鱼。后来，罗斯福解释，他之所以没有在 3 月 1 日之前回复，是因为秘书办事不力。

5. 一个较好的概括是 Best（1991），但请注意他在政治上的过激言辞。另一个更细致的解释来自 Moley（1966）。

6. 见第 1 章。大萧条时期的反垄断主要针对大型制造业企业，而非银行。这是因为在 1933 年，尽管银行的规模可能较大，但受到不能设立分行的限制。针对银行的布兰代斯式反垄断法是后来的《格拉斯-斯蒂格尔法案》。

7. 令人吃惊的是，两年之后，在布兰代斯的领导下，最高法院裁定《全国工业复兴法》违宪。

8. *New York Times* (December 31, 1933, p.2). 用凯恩斯的话说，"全国复兴总署在本质上是为了改革，而且可能会阻碍复苏。全国复兴总署被视为复苏策略的一部分，过去草率地出台了"。罗斯福在 1935 年 1 月对国会的讲话中谈道："一定要区分改革策略和复苏策略，是简单地把事实的表象当作了事实本身。当一个人要从疾病中康复的时候，大家都知道，不仅需要对症下药，而且需要消除病根。" Franklin D. Roosevelt, "Annual Message to Congress," January 4, 1935, online in Gerhard Peters and John T. Woolley, The American Presidency Project, http://www.presidency.ucsb.edu/ws/index.php?pid=14890. http://www.presidency.ucsb.edu/ws/index.php?pid=14890.

9. 这个思想类似于加尔布雷斯后来在其著作中谈到的"抗衡力量"，见 Galbraith（1952）。

10. 与奥巴马时期的财政部部长盖特纳一样，伍丁先前在纽约联邦储备银行工作。参议院银行委员会的一份调查显示伍丁的名字曾出现在 J. P. 摩根的优惠客户名单上，而且他还拿了优先级股权。为此，伍丁遭到休伊·皮尔斯·朗的攻击，这可能是他辞职的原因。罗斯福总统放弃金本位或许也受此影响。伍丁和道威斯一样，是音乐爱好者（见第 3 章）。在罗斯福总统的就职典礼上，演出了他谱写的《罗斯福总统的三月》。1933 年春，政府内部关于是否放弃金本位争执不下，伍丁诗兴大发，谱写了一首十四行诗：《白银摇篮曲》。

11. 著名的债务通缩文章见 Fisher（1933）。为了解决这个问题，费雪提出了补偿美元计划，即价格水平下跌 1%，政府就把黄金的美元价格提高 1%。这为政府在 10 月启动的黄金购买计划提供了学术外衣。补偿美元计划受到了威廉·詹宁斯·布赖恩的总统竞选启发，费雪曾经介绍过这一过程（Fisher 1911）。费雪并未直接向罗斯福总统献计献策，但他与国家委员会有合作。国家委员会是一个由银行家和企业家组成的组织，主席是国民城市银行前行长弗兰克·A.范德利普。国家委员会的主要任务是游说国会，要求稳定物价水平（Bratter，1941）。沃伦是国家委员会的顾问，因此他了解费雪的观点。

12. 当时有一批来自芝加哥大学的经济学家提出了"芝加哥计划"，并在3月递交给了农业部部长亨利·A.华莱士。该计划建议，实行银行假日之后，在美联储的监督之下，银行可以重新开业，但必须实行全额准备金制度，而且只能投资安全资产。关于全球金融危机之后的相似建议，见Kotlikoff（2010）。Alter（2010）描述了2009年4月在白宫的一次私人午宴，在这次午宴上，克鲁格曼和斯蒂格利茨都支持国有化。

13. 引自罗斯福总统的首届就职演说，http://www.inaugural.senate.gov/swearing-in/address/address-by-franklin-d-roosevelt-1933。

14. 莫利是共和党人，但他是罗斯福在哈佛大学时的同学。第10章讲到的阿瑟·巴兰坦也是罗斯福在哈佛大学时的同学。

15. 这是众议院银行和货币委员会的顾问雷内·莱昂向罗斯福总统提出的建议。罗斯福派特格韦尔到华盛顿，特格韦尔在财政部的会计与存款部发现了这一法案的仅有的抄本。他发现，在相关的条款下已经有红笔标注，显然，胡佛总统已经考虑过这一方案（Hitzik 2011, p. 29）。

16. 这份提案有7页，而非3页。众议院银行和货币委员会主席亨利·斯蒂格尔宣读了这份提案。卡特·格拉斯随后在参议院宣读了该提案的简缩版。到投票的时候，政府印刷局终于打印出了几份。

17. See Moley (1966), p.144; Henry (1960), pp.347–48.

18. 财政部希望由美联储来批准哪些银行可以重新营业，美联储认为这是财政部的责任。最后的妥协结果是：美联储和其他监管机构提出建议，拿出一份资产大于负债的银行的名单，然后由财政部认证，允许它们重新营业。

19. *New York Times* (March 14, 1933, p. I).

20. Moley (1939), p.155.

21. 银行仍然不愿意向政府求助，它们还记得复兴金融公司在1月公布了一份受助银行的名单，名单上的银行深感屈辱。琼斯的对策是，要求所有银行向复兴金融公司申请救助。他在芝加哥的美国银行家协会的会议上警告银行家们，要么提出申请，要么就不要来找政府。这和这次全球金融危机发生的情况很像——一开始各个金融机构都不愿意接受政府援助，但财政部部长保尔森和纽约联邦储备银行行长盖特纳的态度是，要么求救，要么不要找政府。从制造商信托公司开始，金融机构一个个上门救助。截至1935 年年中，复兴金融公司从 7 000 多家银行手中购买了 13 亿美元股票和资本票据。

22. Beard and Smith (1940), p.78.
23. Norris (1937), pp.232–33.
24. Nadler and Bogen (1933), p.174; Silber (2009), p.25.
25. 保罗·德·格劳威认为 2011—2012 年欧洲主权债务差价扩大是市场恐慌所致，和 1933 年美国的银行挤兑异曲同工。See De Grauwe and Ji (2013). OMT 见第 26 章。
26. This is the view of Eggertsson (2008).
27. Franklin D. Roosevelt, "Message to Congress on Economies in Government," March 10, 1933, online in Gerhard Peters and John T. Woolley, The American Presidency Project, http：//www.presidency.ucsb.edu/ws/index.php?pid=14496.
28. 见第 23 章。
29. 关于道格拉斯的引言，援引自对他的就职报道，见 New York Times of March 19, 1933, p.SM3。一个月之后，当罗斯福总统宣布放弃金本位之后，还是这个道格拉斯，说这标志着西方文明的终结。
30. 唯一增加的收入是刚刚出台的对啤酒和红酒征税的政策，税款大约有 1.5 亿美元。把这些钱收上来需要一些时间。
31. 这和 2013 年在所谓的自动减支政策下削减 8.5% 的国防开支极其相似。
32. 麦克阿瑟擅自行事。胡佛总统只让他把老兵从华盛顿的中心商业区赶出去，没有让他动武。事后，胡佛总统只在私下训斥了麦克阿瑟，但媒体纷纷要求总统为这一悲剧负责。
33. 罗斯福在 1934 年和 1936 年财政年度的财政赤字，比胡佛总统在 1932 年和 1933 年财政年度的要高，但只高一点点。随着经济回升，税收收入有所提高，而且，废除了禁酒令之后，酒类税收收入使得总体税收收入增加了 15%。
34. Franklin D. Roosevelt, "Annual Message to Congress," January 4, 1935, online in Gerhard Peters and John T. Woolley, The American Presidency Project, http：//www.presidency.ucsb.edu/ws/index.php?pid=14890.
35. 罗斯福已经否决了发放补贴的法案。国会在 1936 年 1 月否决了他的第二次否决。
36. 各个不同学派的经济学家都得出了大致一样的结论（Brown1956, Peppers 1973, Romer 1992）。罗默教授在奥巴马政府里当顾问，她的意见可能对 2009 年的刺激政策的出台

注释　475

产生了一定影响（见第 20 章）。

37. *New York Times* (March 6, 1933, p.I). 伍丁是金币收藏家。一个月之后，当他需要批准一个行政命令，规定所有的金币、金块和黄金凭证都要上交国家的时候，他豁免了珍稀金币。

38. McKenney (1939), quoted in Leuchtenburg (1968), p.21.

39. This according to the Federal Reserve Board's index.

40. 见第 10 章。

41. *New York Times* (April 20, 1933, p. I). 与此同时，美元相对于仍然采用金本位的国家的货币贬值 11.5%，这说明市场预期美国的物价水平会上涨。

42. Barnard (1958), pp.272-73.

43. Warburg (1964), p.128. 詹姆斯·沃伯格是德裔美籍金融家保罗·沃伯格的儿子。保罗·沃伯格被称为"美联储之父"。保罗·沃伯格常驻伦敦，是美国代表团的金融顾问。

44. 见第 10 章。

45. See, for example, coverage by BBC News in Schifferes (2009). 英国首相戈登·布朗在其回忆录里写道，当他组织一个共同应对大衰退的国际会议（指英国主办的那次 G20 峰会）时，他想到的就是 1933 年那场会议的失败（Brown 2010）。第 24 章有更详细的介绍。著名作家赫伯特·乔治·威尔斯不仅喜欢嘲笑诺曼行长，也喜欢嘲笑这场伦敦会议。他在《未来事件》中写道："被委派的各国代表们怎样才会接受各国共同的利益？的确，他们已经准备好了给这个世界带来一场革命，把人间的悲惨变成希望、丰盛和秩序，但这都要建立在一个不可能的前提下，即不可改变他们自己，不可对他们的重要性有丝毫改变。"（第 131 页）

46. 当赫里欧访问华盛顿的时候，罗斯福提议，可以签订一个国际协定，各国应保持汇率稳定，但同时逐步让物价回升。赫里欧拒绝了这一提议，他认为这将带来通货膨胀，而且会导致信心的丧失（Nichols 1951）。

47. 这一举动使其他领域内的合作更为棘手，但这是不可避免的，也是很不幸的。大卫·肯尼迪和胡佛总统一样，认为希特勒从伦敦会议破产得出的结论是美国不愿意在欧洲发挥作用，"西方大国在遇到危险的时候不愿意协同合作"，因此他可以想做什么就做什么，不必担心美国的报复。（Kennedy 1999, p.155）

48. Jones (1951), p.249.

49. 凯恩斯还提出了第三种方案：各国可以签订一个稳定汇率的协议，同时也要采取共同的政策稳定物价。但这一方案并不可行。像法国这样的重要国家仍然采用的是金本位，而且伦敦会议的失败已经败坏了国际合作的胃口。

50. 1月15日，美国政府请求国会授予总统权力，将美元的黄金含量减至原有水平的50%~60%。1月16日，美联储接替复兴金融公司，执行黄金购买计划。1月30日，国会批准了政府的请求。第二天，罗斯福总统宣布，以每盎司黄金35美元的价格重新钉住黄金。

51. 一些观察者不仅批评罗斯福的战术，也批评其战略，他们怀疑让美元贬值，推高黄金价格是否能稳定物价水平（在大衰退时期，也有不少人怀疑QE的效果）。这些批评者指出，在黄金购买价格和商品价格之间并没有一对一的关系。商品价格在4月上升，但在1933年年底又下跌了。但标准模型认为，价格的变化受到未来政策变化预期的影响，而非受政策执行的影响。标准模型还认为，如果商品价格是灵活的，而劳动力价格有黏性，更灵活的价格会先出现超调，然后再回调（Frankel 1986）。美国在1933年的证据和这一观点更为吻合（Temin and Wigmore 1990）。

52. 这是法国总统戴高乐，或更准确地说，是曾任其财政部部长的吉斯卡尔·德斯坦在20世纪60年代提出的。他们用"嚣张的特权"批评美元在二战后的布雷顿森林体系中享有不对称优势。

第16章

1. 华莱士并不将此视为替代方案。除了提高农业技术和减产，他还主张用货币政策解决农民问题（Shapsmeier and Shapsmeier, 1968）。减产方案的具体细节来自蒙大拿州立学院威尔逊教授的配额计划。在20世纪20年代，威尔逊教授支持提高农业效率的政策，但当看到这些政策没有什么成效时，他转而支持配额计划（Rowley, 1969）。在1932年大选中，雷克斯福德·特格韦尔"发现"了威尔逊教授。当时，他们一起参加了詹尼尼农业经济学基金会举办的会议。

2. 见第1章。在20世纪30年代依然如此。See Field (2011).

3. "Message to Congress Recommending Enactment of the National Industrial Recovery Act"(May 17, 1933), online in Gerhard Peters and John T. Woolley, The American Presidency Project, www.presidency.ucsb.edu/ws/index.php?pid=14646.

4. The work in question was Berle and Means (1933).

5. 有些历史学家以亨利·福特和"一天5美元"措施为例，认为工资提高或许有助于刺激消费者支出,但很难建立一个模型,保证《全国工业复兴法》的这一积极效应总是能够超过其负面效应。福特本人坚决反对《全国工业复兴法》。

6. All this is described in more detail in Sumner (1990).
7. See Weinstein (1980); Friedman and Schwartz (1963), p. 495, citing Roose (1954); and Cole and Ohanian (2004).
8. On this, see Wecter (1948).
9. The reference is to Anderson (2000).
10. *Chicago Tribune* (May 29, 1935, p.12).
11. 该法案将各铁路公司的养老金纳入一个统一的基金。最高法院认为这是不合理的,因为有的铁路公司之前缴纳的养老金比别的铁路公司要多。
12. 在美国诉达比木材公司案中,最高法院坚持了《公平劳动标准法》。最高法院也支持了华盛顿州的最低工资法,并修正了之前对纽约州的最低工资法的判定。
13. 这一新设机构的名字最初是联邦银行存款保险公司,后来很快被缩短为联邦存款保险公司。《格拉斯-斯蒂格尔法案》允许银行在全州范围内设立分支机构,除非当地政府明文禁止。之前,只有12个州允许在全州范围内设立分支机构,其中4个州是预期《格拉斯-斯蒂格尔法案》会通过才允许的。另有十几个州规定在一定限制条件下可以设立分支机构。格拉斯的个人意见受到20世纪20年代经验的影响,他认为单一银行和金融稳定性是不匹配的。值得关注的是,在1933年,对金融稳定性带来冲击的原因是金融业太分散,而在2010年最大的威胁是太集中。大而不能倒,以及过于复杂而不能管理成为最致命的问题。
14. *New York Times* (June 16, 1933, p.14). 直至法律通过,游说活动仍未结束。6月27日,纽约州银行家协会在乔治湖开会,各位代表在会上谴责《格拉斯-斯蒂格尔法案》允许在全州范围内设立分支机构,并一致决定推翻或修改该法。
15. 从1932年4月起,该委员会就开始调查股灾和相关事项,但当时管事的是两任办事不力的主席,佩科拉于1933年1月接手。
16. 关于保尔森,见第11章;关于"安吉洛的朋友们",见US House of Representatives(2009)。
17. 奥尔德里奇是罗得岛州参议员(1881—1911年)尼尔森·W. 奥尔德里奇的儿子。尼尔森·W. 奥尔德里奇帮助创办了美联储。
18. 游说建立联邦存款保险制度的大银行知道,如果被保险的存款是用来支持风险更高的投资银行业务的,那么存款保险制度能够建立的可能性就会减少。因此,将金融体系分为"高风险的"投资银行业务和"安全"的商业银行业务,是为了进一步加强对存款保险制度的游说。

19. Katznelson (2013), p.124.
20. 有一种说法是《格拉斯-斯蒂格尔法案》是大银行和小银行之间的秘密交易。大银行获准建立分支机构,小银行因为资产在地域和业务上过于单一,长期面临信誉不高的问题,因此需要存款保险制度的支持。但这一观点忽视了小银行对待存款保险制度的不同态度,很多代表小银行的行业协会是反对存款保险制度的。Keeton(1990)也分析了小银行观点的异质性。
21. 这是 Calomiris 和 White(1994)对存款保险制度顺利通过的解释。
22. 之所以称之为"蓝天法",是因为公众抱怨不诚实的掮客所兜售的证券"除了干干净净的蓝天,没有任何资产支持"。
23. 在全球金融危机之后,《马丁法案》得到了加强。这是因为纽约州总检察长艾略特·斯皮策想要罢黜 AIG 的 CEO 莫里斯·格林伯格,后来,斯皮策的继任者埃里克·施奈德曼想要起诉 J. P. 摩根对购买贝尔斯登所发行的以抵押为基础的证券的投资者存在欺诈行为。这正是让 J. P. 摩根 CEO 戴蒙后悔不已的那桩诉讼,见第 12 章。
24. Seligman (1982), p.49.
25. Brandeis (1914), p.62.
26. 最初,承担这一职能的机构是联邦贸易委员会,因为不法分子通过邮件跨州交易回避"蓝天法"的管制。更早一些,在一战之前,有一个佩科拉委员会,它的前身为普若委员会,该委员会的理事塞缪尔·安特迈耶甚至主张将这一权力交给邮局(也是因为不法分子通过邮件交易回避"蓝天法"管制)。直到 1934 年,各方才达成共识,建立一个自主的机构,这就是证券交易委员会。
27. 2005—2010 年的数字是指单家庭住宅,数据来自美国全国住宅建筑商协会。
28. 考尔德主张联邦政府应对住房给予补贴,这和八十多年之后美国提出的"买得起的房"的主张非常相似,但是,他在 1922 年再次竞选的时候却失败了。
29. 由于形势艰难,商业银行进一步提供优惠,借款者可以选择在头三年仅付利息。在 20 世纪 20 年代,住房贷款的期限一般都是 5 年。如果借款者最初只付利息,那么到最后要偿还的本金就会非常多。在有些情况下,建筑与贷款协会会提供份额递增合同,借款者可以在 10~12 年内分期付款,但这种案例很少(Fishback, Rose and

Snowden 2013）。房主贷款公司的抵押贷款与之不同，在整个贷款期间，借款者可以分批付款，到最后不会有突然大量增加的应付本金。

30. 如果评估价值大大低于应偿还的负担，那么可以减免本金，但贷款者必须同意在接受房主贷款公司的付款时承受相应损失。Rose（2011）谈道，只有在少数情况下才会减免本金，而且本金减免的额度平均只有8%。在实践中，往往会把市场评估价值提高，以鼓励贷款者积极参与。

31. 为了得到房主贷款公司的贷款，贷款者首先要证明其能够满足条件，其次必须证明自己无法从私人贷款者那里得到再融资。有些借款人最终还是还不起钱，这使房主贷款公司对20%的贷款取消了抵押品赎回权。但在20世纪30年代后期，美国的房价仅有小幅下跌，房主贷款公司的贷款实际上拥有过多的抵押品，这抵消了损失。不过，最终还是有损失的。Fishback 等（2011）发现出售取消抵押品赎回权的房屋时，平均会有33%的亏损。

32. 该公司抵押债务的比例比其在抵押市场的比例高，说明该公司主要为中产阶级和高收入阶级的购房者提供福利。

33. See Courtmanche and Snowden (2011) and Fishback, Flores-Lagunes, Horrace, Kantor, and Treber (2011). 在20世纪30年代，美国大部分州对丧失抵押品赎回权的贷款者实行了延期支付，但这种延期支付只是临时性的，因此这一做法不大可能鼓励更多的建设。

34. Fishback 等人（2011）考察了房主贷款公司支付给美国财政部的收入、财政部为房主贷款公司提供资金的成本、房主贷款公司的资产负债表扩张。他们得出结论，认为成本大约为1亿美元。房主贷款公司在1951年关闭，按照当年的美元价格，1亿美元大致相当于如今的10亿美元。作为对比，2009年联邦预算是3.1万亿美元。

35. Fishback、Rose 和 Snowden（2013）认为，如果得到了房主贷款公司的支持，一个典型的小社区的房价会比其他社区的房价高出16%。

第17章

1. 见第2章。
2. Bernanke、Laubach、Mishkin 和 Posen (1999) 很好地阐述了这一新的货币政策框架。
3. 见第12章。
4. 在当时，台湾银行是一家日本人开设的银行，主要负责管理当时是日本殖民地的台湾。
5. 日本的官员在1923年和1927年都曾经讨论过重返金本位，但由于其他事情拖累，都不了了之。

6. 井上准之助曾任日本银行总裁。

7. 见第 10 章。

8. 这张投机日元的金融机构的名单来自高桥是清的传记作家 Smethurst（2007），第 251 页。

9. 高桥是清在上任第一天就改变政策。三天之后，新任首相犬养毅的枢密院才批准他的提议。

10. For details see Shima (1983).

11. 日本央行中的另一些官员认为，到最后，日本银行可以通过公开市场操作，在市场上卖出政府债券，把增加的货币供给收回来。最后，日本银行的确这样做了，但卖的速度赶不上买的速度。See Ide (2003).

12. Smethurst (2007), p.250.

13. 见第 15 章。

14. 高桥是清因反对日本的海外扩张，最终被一名军官暗杀了。高桥是清年轻时想继续到美国求学，一位美国商人答应资助他到加利福尼亚，但到了那里，他才发现自己变成了契约劳工，不得不在别人家里当男仆，挣钱偿还旅费。这段生活或许对他提高英语口语水平很有帮助。

15. Nanto and Takagi (1985), p.372.

16. 经历了 1934 年的衰退之后，日本恢复了快速经济增长，并在 20 世纪 30 年代后期一直保持这一趋势。此处的数据来自 Maddison 数据库（http://www.ggdc.net/maddison/maddison-project/home.htm）。

17. 凯恩斯在看到这样的国际协议不可能达成后，转而建议成立一个货币区，英国和英联邦国家的汇率需保持固定水平，但对黄金是可调整的。Howson (1975), pp.84–85; Morrison (2013), pp.33–34. 最后确实成立了一个英镑区，英联邦国家跟随英国，让英镑对美元贬值，然后在一个新的更低的水平重新钉住英镑。

18. 张伯伦还对进口征收了 33% 的关税。

19. Rock (1969), p.86.

20. Howson (1980), p.48.

21. M3 货币供给增长率的数据来自 Capie 和 Weber（1985）。

22. 1932 年，英国进一步对大规模的战争债券进行了置换，原本发行的高利率债券被转换为新的利率只有 2% 的债券。除了英国，很多英联邦国家也如法炮制。Crafts（2013）估计，这些国家的国债实际利率在 20 世纪 20 年代大约为 5%，到 30 年代早期已经下降到 2%。与之形成鲜明对比的是，从 2010 年起，卡梅伦政府和欧洲国家政府所采取的政策，以及欧洲央行的力度不够的支持政策。

23. 这是 Urban（2009）提出的观点。Ragnar Nurkse（1944）关于两次世界大战期间的货币史的研究也指出，英镑区各国政府宁可放弃货币政策自主性，也要追求它们心目中的更高目标，即维持汇率稳定性。

24. 维克塞尔最早在 1898 年瑞典经济学会的一次会议上做报告时，谈到了这一效应。见 Berg 和 Jonung（1998），他谈到了这些经济学家的影响。

25. 关于克鲁格危机，见第 9 章。瑞典克朗相对于英镑的贬值较为有限，大概为 6%。

26. Straumann 和 Woitek（2009）更加深入。同样，现代学者也不大认同瑞典官员在凯恩斯之前就已经采用了凯恩斯式财政政策的说法。Thomas（1937）也提出了这一观点。

27. 委内瑞拉是在这一时期唯一一个采用浮动汇率制度的国家。由于强劲的石油出口，该国经济增长迅猛，货币保持强势（McBeth 1983）。

28. 阿根廷是个例外，该国仍然高度依赖英国市场，主要出口牛肉。阿根廷继续偿还债务，比索钉住英镑，并和英国谈判进入英国市场的贸易协议。这个贸易协议被称作《罗加-朗西曼条约》，根据时任阿根廷副总统和英国贸易局主席的名字命名。See Diaz-Alejandro（1970）.

29. 这能够部分地解释为什么拉美国家在 1932—1933 年就恢复到了 1929 年的产出水平（在大萧条时期，农业生产仍然比较稳定）。当然我们在这里讲到的政策选择也发挥了一定作用（见 Campa 1990）。

30. Fishlow（1972）研究了在这一时期拉美国家的进口替代。

31. 对其他那些经历过恶性通货膨胀，如今实施资本管制的中东欧国家来说，情况与此相似。它们也不愿意利用刚刚获得的货币政策空间，扩大货币供给，消除通货紧缩（Mitchener and Wandschneider 2013）。

32. Cited in Ritschl (2000), p.1. 由于军事-工业复合体是资本密集型产业，能够创造的就业机会并不多。高速公路的建设是相对劳动力密集型的工程，但直到 1935 年才发挥重要作用。

33. 在奥巴马时期，联邦政府的财政赤字占 GDP 的比例从 2008 年的 3% 提高到 2009 年的 10%。

34. Kindleberger (1989), p.179.
35. 即使是那些已经脱离了金本位的国家，在看到复苏效果不明显的时候，也诉诸关税保护。英国不仅实行了货币贬值，而且在 1932 年 2 月提高了关税，并与英联邦国家一同签订了《渥太华条约》。英格兰银行未能快速降低利率，英国经济也没能迅速反应，这在很大程度上能够解释英国独特的政策选择。
36. Broadberry and Crafts（2010）对长时期的关税与经济绩效的关系做了简要介绍。有些研究者认为，欧盟的起源是德国在 20 世纪 30 年代建立的贸易区，这一贸易区在二战期间得到了加强。持这种富有争议的观点的是 Wolfand Ritschl（2011）。
37. 后来，第三帝国利用一个加强版贸易管理体制，从其战时控制的中欧和西欧国家攫取初级产品和工业资源。

第 18 章

1. 此处的数据是指 1933 年第二季度到 1937 年第二季度的实际 GDP 的变化，根据 Balke 和 Gordon（1986），p.804。工业产值数据来自 Miron 和 Romer（1990）。
2. 如果将依靠公共工程救济的工人算作就业，那么失业率为 9%。
3. Cited in Warren (1996), p.66.
4. 参议员休伊·皮尔斯·朗本是一个更有挑战性的民粹主义者，但他在 1935 年 9 月遇刺身亡。柯林的联合党提名来自北卡罗来纳的国会议员威廉·莱姆克，后者是总统候选人。莱姆克不为公众熟知，最后仅获得了极少的选票。For more on Coughlin, see Chapter 10.
5. 关于企业的行为，见 Calomiris 和 Hubbard（1995）。Field（2011）认为当时存在很多高收益的投资项目。亦可见第 1 章。
6. 伊寇斯也曾参与这一历史时期的多项政策决策。比如，他在给密西西比州参议员巴顿·哈里森的信中，提出了对未分配利润征税的建议。
7. 之前，美联储委员会只有在紧急情况下，并征得总统同意，才能改变准备金率。
8. 罗斯福总统在 1934 年 11 月，即在 1935 年《银行法》通过之前就已经提名伊寇斯为美联储主席。伊寇斯提出，罗斯福总统支持该法案，他才会同意就职（Hyman 1976, p.159）。1936 年 2 月，该法案正式生效之后，罗斯福总统再度提名伊寇斯为重组后的美联储主席。
9. Eccles (1951), pp.56-61. 伊寇斯写的这段插曲以及他对危机的其他回忆都在电影问世之前。

10. 罗斯福总统在稳定了黄金价格之后，又推动通过了 1934 年《黄金储备法》。该法利用美元贬值之后获得的利润，建立了一个 20 亿美元的汇率稳定基金。该法规定，经过总统的批准，财政部部长可以使用这笔基金在市场上买卖政府证券。这是对美联储权力的削弱，所以美联储才打算扳回一局。2008 年 9 月，美国财政部部长保尔森也正是动用这一基金，为货币市场基金提供援助的（见第 13 章）。

11. Friedman and Schwartz (1963), p.526.

12. See Cargill and Mayer (2006). Park 和 Van Horn（2013）利用分类数据进行详细研究，得出了相似的结论。

13. See Calomiris, Mason, and Wheelock (2011).

14. Hyman (1976), p.216. 伊寇斯在 1951 年写道："这一决定是一种预防性措施。这一政策并未改变美联储委员会的宽松货币和信贷政策。17.9 亿美元的超额储备反映了工商业和农业不需要多余的资金。这在后面的局势发展中可以看得非常清楚。当我们在 8 月 15 日提高准备金率之后，只有少数银行需要动用其在美联储的超额储备，或从我们的代理行抽走资金，以满足新的储备金要求。这一政策对信贷状况几乎没有影响。" Eccles (1951), p.290.

15. 过去的常规操作是，买入黄金的时候，财政部将发行同等价值的黄金凭证，并将之存入美联储账户，然后这笔存款可被用作银行储备。如今，财政部将黄金凭证冻结在一个账户里，使其无法支持信贷的扩张。

16. 他指出如果没有财政部的操作，1937 年的货币基数将至少增加 10%。本讨论内容见 Irwin（2012）。

17. 为此，美国财政部动用上一年购买的黄金，支持货币和信贷的增加。

18. 这两个案例见 Romer（2009b）与 Crafts 和 Fearon（2010）。

19. 罗斯福总统曾经公开宣称，他欢迎来自工商界的憎恶。这一表态是 10 月 31 日他在麦迪逊广场花园宣布第二轮新政的演讲中提到的（http://docs.fdrlibrary.marist.edu/od2ndst.html）。他在 1937 年的就职演讲中提到了"经济保皇派"的说法。

20. See Higgs (1997), as channeled by Boudreaux (2011).

21. Higgs (1997), p.577. 这是在 1939 年春进行的调查。

22. 希格斯（1997, p. 584）重复了当时的观点，比如奥格登·米尔斯在 1936 年抱怨，"美国政府想把美国变成一个集体主义的国家，我们永远不可能实现真正的复苏"（Mills

1936, p.65）。

23. 经济学家称之为利率的期限结构会在复苏的时候陡峭（长期利率相对于短期利率高），而在衰退到来的时候"倒挂"（长期利率比短期利率低）。

24. 尽管就业人数仍在增加，但与新增就业占就业人数的比例相比，增幅较小（8.5%：15.1%）。See Mayer (2004), appendix table AI.

25. 1938 年销量再度下滑。Hausman（2012）还发现：制造业就业率下降最为严重的是中西部的北部地区，其中以密歇根州最甚。

26. 正如 Moure（1991）所描述的，雷诺日后声称他在 1933 年就转变了观念，但没有证据证明这一点。Moure 还谈到，雷诺声称自己是主张法郎贬值的第一人，这也夸大了。

27. 雷诺一直是一个政坛异端。直到 1938 年，他才担任达拉第政府的财政部长一职。那时，正如他曾倡议的那样，法郎终于贬值了。1940 年，雷诺拒绝在维希伪政权任职，因此被逮捕，并被押解到德国，并和他的同胞安德烈·莱昂·勃鲁姆一起，一直被关押到二战结束。

28. 引自该银行 1935 年的年报。

29. 法兰西银行仅兑换金块，不兑换金币。一块金块价值 21.6 万法郎。这阻止了小储户纷纷提取存款的行为。但也有报道说，人们把钱凑在一起，兑换成金块，再把金块切成小块。

30. 由于有这种乡村的安全网，法国没有像英国那样提供失业保险和公共救济。法国甚至懒得统计详细的失业人数。

31. 这是在 1933 年 7 月 17 日。和罗斯福总统一样，赖伐尔也组织了自己的经济"智囊团"，包括法国国营铁路公司总裁拉乌尔·多特里、《工业日报》的总编克洛德–约瑟夫·吉纽以及赫赫有名的经济学家雅克·鲁夫，他是从庞加勒到戴高乐的每一任法国总理的顾问。反对政府的共产党将这一智囊团称为"受托大脑"（Jackson 1985, p. 105）。

32. As translated by Warner (1968), p. 90.

33. 起初，为了对抗 1934 年起声势大涨的极右的反议会势力，他们签署了《联合行动协定》。

34. 此外，和罗斯福总统一样，勃鲁姆也提议减少工作时长，以提高农产品价格支持农民，以及实施累进税制。

35. Cited in Lacouture (1982), p. 362.

36. Shamir (1989), pp.219–22. 法国驻伦敦专员埃马纽埃尔·莫尼克成功地说服了勃鲁姆，使他相信采用资本管制会沦落到"德国道路",与其他民主国家将更难合作。

37. Details are in Roselli (2006).

第19章

1. 1929—1932年,发达国家以及整个世界经济的下滑程度大体一样。数据来自麦迪逊的数据库(http://www.ggdc.net/maddison/maddison-project/home.htm)。1929—1932年,发达国家比全球GDP的下跌速度多了一个百分点。2008—2009年,全球GDP下跌了0.4%。数据来自IMF在2014年4月公布的《世界经济展望》数据库(http://www.imf.org/external/pubs/ft/weo/2014/01/weodata/index.aspx)。

2. WTO于1995年正式更名。其影响力的提高亦得益于跨国公司和全球供应链的发展,企业界对开放的自由贸易越来越有兴趣。

3. http://blogs.wsj.com/economics/2010/11/15/open-letter-to-ben-bernanke。

4. 见第26章。

5. 在2006年的中期选举中,民主党控制了参众两院,但政府仍由共和党控制。如今,民主党不仅控制了白宫,还进一步巩固了在参众两院的优势地位。

6. 这200亿美元被称为"最先损失级"。如果贷款者亏损了,政府将承担头200亿美元的损失。

7. 从1937年起,直到二战,纽约联邦储备银行一直将利率保持在1%。

8. 见第13章。

9. Paulson (2010), p.323.

10. Wessel (2009), pp.237–40; Suskind (2011), pp.122–23; Irwin (2013), p.157.

11. 巴菲特还得到保证,能够以115美元一股的价格购买高盛总价值50亿美元的普通股。当这一保证在2013年年底到期的时候,高盛的股价为每股150美元。

12. 有了巴菲特的先例,财政部也要求得到保证,购买相当于15%的优先股注资额的普通股。购买普通股是为了在银行体系好转之后,为纳税人多赚取一些收益,并不代表财政部要行使投票权。

13. Quoted in Zingales (2009), p.73. 保尔森的首席经济学家菲利普·斯瓦格尔也谈到财政部"长期缺乏组织性","内部决策随意性极大"(Swagel 2009, p.5)。

14. 财政部非常看重这一计划,因为这意味着银行持有的以抵押为基础的证券,将大部分转入政府手中,如果需要对这些抵押贷款重整,就会更加容易。

15. Paulson (2010), pp.406-8.
16. Ibid., p.413.
17. 政府提供担保，并获得 70 亿美元的优先股，同时，和之前的注资一样，也获得了可以购买普通股的保证。
18. Swagel (2009), p.3.
19. 最后，政府实际上赚了钱（Congressional Budget Office 2009）。但 Barofsky（2012）质疑 TARP 账户及据此得出的国会预算办公室报告，真实地反映出政府救助的成本。

第 20 章

1. Suskind (2011), p. 212.
2. 见第 15 章。
3. 在银行贷款的案例中，该计划考虑到了联邦存款保险公司。联邦存款保险公司将监督银行把抵押品卖给出价最高者。
4. 唯一的区别在于这次的担保是隐形的：尽管财政部可以按照不超过 85% 的购买价格贷款，这一贷款将是无追索权的，也就是说，如果借款人违约，政府只能得到抵押品的残存价值。
5. 另外还需判断，比如，怎么确定在银行必须持有的最低限度的资本金之外，应该要求银行增加多少资本金。对此的批判性分析见 Bair（2012），p.160。
6. 或者更准确地说，在结果公布之前，已经开始上涨。主要的测试结果已经传到了市场上。
7. 克里斯蒂娜·罗默在奥巴马上台之后的第二个月，曾在布鲁金斯学会发表演讲。她说："20 世纪 30 年代的一个重要教训就是小规模财政扩张的效果有限。"The research in question is Romer (1992), while the March 2009 speech is Romer (2009a).
8. This in the words of Murray and Kane (2009).
9. 事实上，在估计的乘数取值范围内，他们取了较高的估值。因为他们假设美联储会采取措施避免利率提高，如果利率提高才会导致挤出私人投资。这使他们在估算需要的刺激方案支出时，低估了可能需要的最少的资金。
10. Geithner (2014), p.259.
11. 国会预算办公室利用了不同的预测模型，其中包括美联储的模型，也包括两家经济咨询公司，即宏观经济顾问和环球透视的模型。国会预算办公室谈到，它们修改了这些模型中的假设，即调低了利率会因产出增加而变化的程度，因为在现实中利率并未提高。根据修改之后的模型，国会预算办公室得出了比其他模型更乐观的预测（Congressional Budget Office 2010, p.10）。

12. 在就任总统的 10 天之前，奥巴马在一次电台讲话中谈到，刺激政策能够"拯救或创造 300 万~400 万个就业岗位"（http://www.presidency.ucsd.edu/ws/index.php?pid=8539I&st=job&stI=#axzzIOPNVsvHl）。当时，就业人口大约为 1.4 亿，300 万~400 万个就业岗位听起来是个不错的数字。按照国会预算办公室的估计，刺激政策使失业率减少了 0.7%~1.8%。

13. See Blanchard and Leigh (2013). 他们的估计依赖于不同的经济增长前景，也考虑到了对欧洲的财政政策变化的预测。

14. 此处提到的第一个研究来自 Feyrer 和 Sacerdote（2011），第二个研究来自 Chodorow-Reich、Feiveson、Liscow 和 Woolston（2012）。跨州比较研究可能遇到的问题是，遭到衰退打击最严重的州可能会得到更多的联邦资金支持。如果它们的复苏更快，简单的相关分析就会错误地把经济反弹更多地归功于刺激政策。Feyrer 和 Sacerdote 的处理办法仅考虑了根据该州参议员在国会的资历，能够与之匹配的资金支持（这是由政治因素，而非同期的经济因素决定的）。Chodorow-Reich、Feiveson、Liscow 和 Woolston 则仅考虑了公共医疗补助的增加，这是能够由衰退之前的医疗补助支出格局决定的。

第 21 章

1. 这种讲话被称作"预期引导"或"公告操作"，以区别于常规的公开市场操作。
2. In Bernanke and Mishkin (1997) and Bernanke, Laubach, Mishkin, and Posen (1999).
3. 也有学者建议，美联储应设定 5% 的名义 GDP 增长率目标。当经济增长疲软时，美联储的货币政策应适当宽松；而当经济强劲时，美联储的货币政策应适当紧缩。但名义 GDP 增长率目标也很难向公众解释，这会给美联储的市场沟通能力带来挑战。
4. 即使在 2012 年之后，仍有人质疑美联储是否真的重视这些数量承诺。美联储经常无法达成 2% 的通货膨胀率目标。2013 年 6 月，伯南克说到美联储会"退出"证券购买，导致了抵押贷款利率急剧上升，而且使市场怀疑，美联储是否真的会信守承诺，在经济明显好转之前保持现有的宽松政策。
5. As reported in the *New York Times* (July 29, 2010). Bullard（2010）描述了他对通货紧缩的担心。

6. 对美联储的这一评价和当时的很多评论不同（see, e.g.,Wessel 2009 and Irwin 2013），当时的评论受到美联储官员表态的影响，美联储官员们信誓旦旦地说，要不惜一切代价防止通货紧缩，促进强劲的经济复苏。经济学家，如 Krippner（2012）用利率"结构"评估了这一时期的货币政策到底有多么宽松。尽管美联储无法将短期利率压低至零以下，其资产购买仍可以影响中期和长期的利率，这主要是通过预期渠道。Krippner 也考察了其他可观察到的经济变量的"结构"，并得出结论认为，在 2009 年年初，经过资产购买调整之后，"影子"联邦基金利率大约为-1%。按照简单的泰勒规则，即考察联邦基金利率与产出缺口和通货膨胀率的关系，该利率本应更低。Wu 和 Xia（2013）利用另一种模型得出了类似的结论。这些更为系统的经济分析发现，美联储的政策并非足够宽松。

7. 曼特加在一个星期之前，就曾对一群巴西工商界人士的演讲中提到货币战争，他很快又重申了这一观点。

8. See Gagnon, Raskin, Remache, and Sack (2010).

9. 根据他们的估计，10 年期机构债的收益率下跌 156 个基点，机构以抵押贷款为基础的证券收益率下跌 113 个基点。Li 和 Wei（2012）用 1985 年 1 月到 2008 年 6 月的月度数据做时间序列分析，得出了类似的结论，尽管在后者的研究结果中效果稍差一些。

10. See Krishnamurthy and Vissing-Jorgensen (2011).

11. QE1 和 QE2 都是非常复杂的政策，因此在政策公布前后的几分钟或几个小时，尚不足以让投资者评估政策，政策的效果也不会完全显现。

12. 在此项目下，美联储并未直接购买公司债，但这是与以抵押贷款为基础的证券最接近的替代品。

13. See Yellen (2011).

第 22 章

1. 谈论对汽车业的救助会把我们的话题带到更远。这有点像在讲大萧条的时候谈到田纳西河流域管理局。2008—2009 年，克莱斯勒和通用汽车遇到了资金困难，有可能出现运转资金链断裂。如果这样的话，这两家公司就要被迫破产清算，这将带来不必要的冲击，造成很多工人失业。事实上，这两家公司很快就从破产重组中焕发精神，实现了盈利。政府提供的 800 亿美元援助中，损失了 100 亿美元，因为当政府卖出其持有的通用汽车的股票时出现了亏损。如果企业能更早地完成破产重组程序，本来是可以减少损失的，但当时处于小布什和奥巴马政府的权力交接空当。当年，就是在胡佛和罗斯福政府的权力交接空当出现了银行业危机。如果政府对通用汽车的贷款能再少一些，并迫使企业进行更为全面的负债重组，或许也能减少损失。See Rattner (2010).

2. 见第 16 章。

3. 这也包括购买第二套房的抵押贷款。在 1979 年新破产法生效之前，一些州允许法官对第一套房的抵押进行重组。有些情况下，法官也能对第二套房的抵押进行重组。

4. Kaiser (2013), pp.109–10.

5. See, for example, Kuttner (2013), p.224.

6. 在住房可偿付调整计划下，也能减免本金，尽管并非必须，只有不到 5% 的抵押调整涉及本金的减免。德马科在担任联邦住房金融局代理局长、房利美和房地美监察官时，反对这一做法。于是，尽管很多房屋所有者的贷款利息得到了减免，但他们还是想放弃房屋，这增加了贷款违约和最终止赎的风险。

7. 读者可以回忆我们曾经讲过的，《格拉斯-斯蒂格尔法案》之所以能够通过，是因为大银行发现它们的证券市场业务已经被摧毁，且无法再恢复。

8. In Kaufman (2013).

9. 其中包括 4.5% 的一级资本，以及 2.5% 的资本留存缓冲。

10. 《多德-弗兰克法案》第 165 条规定，监管者要对具有系统重要性的金融机构实施更加严格的监管。巴塞尔银行监管委员会提出了一个计算具有系统重要性的银行额外资本金的框架。

11. 更准确地讲，第 10 名成员不是监管者，而是一位独立的保险业专业人士。过去，对保险的监管主要下放给各州政府，这已经带来了巨大的负面影响。

12. 2013 年 9 月又补充了保诚集团。但对这些具有系统重要性的金融机构应如何提出额外的资本金要求，始终语焉不详。

13. 新的监管机构要求每个评级机构将自己的评级方法上报，如果哪一家的方法不合适，就可以将其注销，但在短期内监管者没有展现出这样的勇气。

14. 此外，该法还要求小一点的金融机构报告其进行压力测试的结果。

15. 这导致很多大的对冲基金还掉外部投资者的钱，将自己变成"家庭办公室"，以此避开监管的注册要求。

16. 参议员泰德·考夫曼还曾在 2010 年提出一项法案，规定单个银行的非存款负债不得超过美国 GDP 的 2%。考夫曼参议员已经放弃了竞选总统。但这一提案被否决了。

Kaiser（2013）总结道："和众议院一样，参议院更愿意改进现状，而非颠覆现状。"英国经历了多家大银行倒闭，后来，由约翰·维克斯爵士领导的专家委员会呼吁将金融机构的投资银行业务加以隔离，最终将金融机构分成零售银行和投资银行两部分。

17. Kaiser (2013), pp.238-39.
18. Geithner (2014), p.421. 布朗参议员并非局外人，他坚持要求 3% 的豁免，是为了保护富达和道富，这是他所在州的两家大型金融机构。布朗从万通、道富和其他金融机构得到了竞选资金支持，见 Slack（2010）。这一消息披露之后，他后来在 2012 年的竞选中败给了沃伦。
19. US Senate (2013), p.4.

第 23 章

1. 数月之后，从 2013 年 4 月开始自动减支。
2. 这是基于对 1934—1937 年趋势的推断。在这一时期，失业率年均下降 2.5%。此后，1937—1938 年，失业率提高了 5%。
3. 这一点，以及随后的具体细节，已由 Reinhart 和 Rogoff（2009b）提出，并进行了更为详细的阐述。
4. The passage is from FDR's campaign address, Pittsburgh, October 1, 1936, available at http://www.presidency.ucsb.edu/ws/?pid=15149.
5. These are emphasized by Thorndike (2008).
6. 见第 18 章。
7. 这些估计是由研究收入分配的权威 Emmanuel Saez（2013）做出的。
8. See Alter (2013), p.160 and passim.
9. 还有一个问题是，当立法机构承诺未来会削减赤字时，这一承诺是否可信。因为未来的国会很可能会推翻原来的议案，这样一来，当前政策对利率的影响就会更小。
10. See Sinai, Orszag, and Rubin (2004).
11. Scheiber (2011), p.150; Romer (2009b).
12. 见第 24 章。
13. This position is argued most powerfully by Alter (2013); see his p.166 and passim.
14. 之前，在时任副总统拜登主导的谈判中，众议院的共和党提出了 1.7 万亿美元的削减计划。白宫的反应成了其最后的妥协结果。

15. 这一结果来自 IMF 在 2013 年年中发布的对美国的第四条款审议（IMF 2013a）。两个月之前，国会预算办公室发布了一份分析报告，估计的影响在这一区间内，他们认为财政紧缩将导致美国经济在 2013 年下降 1.5%（CBO 2013）。
16. 这是在该报告第 10 页的专栏"联邦政府的财政政策的经济效果"中谈到的（Federal Reserve Board 2013）。
17. 真正的退出直到 2013 年 12 月才开始。
18. See Bernanke (2013).
19. 第一处来自 Lacker（2013），第二处来自 Robb（2013）。

第 24 章

1. 见第 11 章。在这些机构公开消息的数个星期前，监管者就已知道真相或应该知道真相了。
2. The quotes are from the introductory statement by Trichet following the ECB board meeting on December 1, 2005 (ECB 2005).
3. The Match interview is available on the ECB's website: http://www.ecb.europa.eu/press/key/date/2005/html/sp051215.en.html.
4. 欧洲央行还将采用固定利率，这是以固定利率敞开供应流动性。
5. 最经典的研究是 Friedman 和 Schwartz（1982）。后续的研究很多。
6. Remarks quoted in Brown (2010), p.121.
7. 这一评论最初来自时任世界银行行长佐利克，但布朗再次引用了这一说法。Brown（2010）一书的第 4 章标题就叫"1 万亿美元计划"。
8. See Bradford and Linn (2010).
9. 数据来自 van Riet（2010）。他的书中第 25 页表 4 列出了欧元区各个国家的财政刺激计划，同时也列出了其他财政指标（比如财政收入的减少、公共支出的内在机制等）。
10. Goldstein 和 Woglom（1992）曾经乐观地提出这一观点。他们谈道，当美国各个州要借钱的时候，那些负债较多的州，发债的利率也较高。他们的乐观预测落空了。
11. "一个欧元的成员国会违约吗？投资者一般相信没有这种可能性……很难想象欧盟的重要人物或法兰克福的欧洲央行会让一个成员国危害整个欧元区。但希腊的信用评级被下调，这在全球市场上敲响了警钟。" *New York Times* (December 9, 2009, p.B2). 11 月，迪拜环球港务集团宣布因财政困难将对债务重组，这加剧了市场的恐慌。

12. *New York Times* (December 12, 2009, p.A4).
13. 这句话来自基督民主联盟网站上播出的一次采访。http://www.telegraph.co.uk/finance/financialcrisis/9408349/Angela-Merkel-unsure-European-project-will-work.html.
14. 汤姆森之前曾参与对塞尔维亚和罗马尼亚的救援。他也参与了 IMF 援助冰岛的计划。他的这些经验让 IMF 很放心，但让希腊政府很不放心。
15. Quoted in Thomas and Castle (2011).
16. 就在雷曼兄弟出事的几天之前，德国商业银行刚刚兼并了德累斯顿银行，德国第二大银行和第三大银行合并了，再也没有比这更糟糕的时机了。为了减少损失，合并后的德国商业银行大量投资高收益的希腊债券，期待能够翻身，最后却等到了希腊债务危机的消息。
17. 来自国际清算银行的估计。法国的银行也持有大量希腊债券。
18. The reference is to Provopoulos (2012).
19. European Commission (2010), p.29.
20. 这一报告发布于 2009 年年中。后来，IMF 声称工作人员已经注意到希腊处于资不抵债的困境，但为了缓和希腊政府的抗议才小心避免这一说法。See again Thomas and Castle (2011). 但这一结论和 IMF 报告中对增长的乐观预测并不一致。
21. 更具体地讲，大规模贷款是指贷款额度超过了受援国在 IMF 的配额的 6 倍。对希腊的贷款远远超过了这一限度。IMF 的工作人员对希腊债务可持续性持保留态度，因此才修改了对大规模贷款条件的规定，补充了可能出现"国际溢出效应"高风险时，也能提供贷款的内容。
22. This according to Olli Rehn, EU commissioner for economic and monetaryaffairs, quoted in Taylor (2013).
23. Quoted in Erlanger and Saltmarsh (2010）.
24. IMF (2013b), p.28. 从雷恩到特里谢，参与决策的欧洲官员不认同 IMF 的看法，他们说在债务重组问题上，阻力并非主要来自欧洲国家。指责别人总是很容易的，可指责的地方多了。

第 25 章

1. 德国民众的意见尤其大。具有讽刺意味的是，恰恰是德国政府和法国政府一起，不愿意实施债务重组。他们考虑到本国银行体系的脆弱性，选择了最初的让债权人毫发无损的方案。多维尔声明称,要进行债务重组,但到2013年才开始。这是典型的奥古斯丁派的祷告:拯救我吧,上帝,但不是现在。市场也未能够对其中的差异加以区别。

2. 比如,雷恩于2012年发表在《金融时报》的文章《欧洲必须信守节俭》(Rehn 2012)。

3. 这是综合考虑了支出削减和增税的效果,财政乘数估计为1.7(Blanchard and Leigh 2013, op. cit.)。

4. European Commission (2013), p.9.

5. 更准确地说,存量房屋的价格增长了4倍,新建房屋的价格增长了13倍。这意味着在城市郊区和乡下的新建房屋并不是已有房屋存量的完美替代品。

6. 2000—2007年,实际GDP的年均增速为5.7%。这一数据可能被高估,因为跨国公司喜欢虚报利润,从爱尔兰的重商税收制度中得到好处。但如果以去掉了国际转移支付的国民生产总值数据来计算,年均经济增长速度仍然达到5%。

7. IMF (2006), p.5. 爱尔兰央行在2007年做过压力测试,结论是,即使出现房价急剧下跌和失业率大幅提高,每一个爱尔兰银行的资本金都仍然充足。

8. Donovan and Murphy (2013), p.70.

9. This according to the Commission of Investigation into the Banking Sector in Ireland (2011), p.22. 这个委员会又称Nyberg委员会,该委员会发现,该银行最大的20个客户都是房地产开发商,它们的借款占该银行贷款总额的50%。

10. This again is according to the Nyberg Committee, op. cit. (2011), p.32.

11. Lyons and Carey (2011), p.25.

12. Ibid., p.98.

13. Donovan and Murphy (2013), p. 87. 2011年,奎恩被要求还贷,这才被发现。之后他被起诉,最终被关进Mountjoy监狱。

14. 根据Donovan和Murphy note (ibid.)所说,由于没有正式的书面记录,监察官必须依靠当事人的回忆和口头证词。11月,欧洲央行要求继续为爱尔兰提供担保,但在欧洲央行给爱尔兰财政部部长的信件中并未公布。2013年年中,爱尔兰国会对这一决定进行了公开调查,或许真相不久将大白于世。

15. 更准确地讲,赤字率为31.2%。扣除对银行注资的成本,赤字占GDP的比例为11%。

16. 爱尔兰在2008年就进入了衰退。2008—2010年,财政紧缩的规模为146亿欧元,占2010年GDP的9.3%。应"三驾马车"的要求,2010年11月公布的2011—2014年的4年计划规定,将再进行150亿欧元的财政紧缩。

17. "三驾马车"提供的贷款和政府救助银行的成本大体一致,这并非巧合。爱尔兰政府自己也提供了 175 亿欧元,主要来自爱尔兰财政部和国家养老金储备。
18. 但 IMF 总会尽快地、全额地收回贷款。所以,据说努南的建议得到了 IMF 的支持。
19. 最终对有些银行次级债务实行了"理发"。有些次级债券被削减的程度很大。而持有高级债券的投资者全身而退,把包袱甩给了爱尔兰的纳税人。
20. 这段话接着说:"我们注意到,短期内风险会继续恶化,尤其是,财政紧缩会对国内需求带来负面冲击,其影响可能超出预期。从长期来看,私人部门和公共部门需要调整资产负债表,再加上脆弱的银行体系,这都可能会导致复苏推迟。"See European Commission (2009), para.3.
21. 净对外移民的数量略低,但这依然显示了调整的代价是沉重的。
22. 这是 2008 年年底的数据。
23. 强调这些因素的分析资料来自 Antras、Segura-Caytuela 和 Rodriguez-Rodriguez(2010)。
24. 最初的一笔 43 亿欧元贷款,后来转成了股票,这说明银行根本无法还款。班基亚银行最后声明,其在 2012 年的损失超过了 210 亿欧元。其主席罗德里戈·拉托是在斯特劳斯-卡恩之前的 IMF 总裁,如今,他也被指控虚假做账、操控股价。
25. See Oliver Wyman Group (2012), p.58 et seq.
26. 马里奥·德拉吉在不到两个月之前指出,欧洲央行将"不惜一切代价"保卫欧元,这一表态隐含着会对西班牙国债提供支持的意思,这也有助于缓解局势。见第 26 章。

第 26 章

1. 英国的房价在 2000—2007 年增长了一倍多。
2. 根据英国统计局在 2014 年 3 月公布的数据。
3. See Office for Budget Responsibility (2013), p.55.
4. 这是 IMF 关于英国的第四条款报告中提到的。数据亦来自该报告(IMF 2012)。
5. Laeven 和 Valencia(2012)估计总成本占 GDP 的 8.8%,扣除政府出售资产后可能得到的收益,总成本占 GDP 的 7.8%。之后可能会有额外增加的成本(比如政府购买的资产),但也可能会因复苏而减少成本,这不影响总体的判断。
6. Cited in Winch (1969), p.118.
7. 奥斯本在大选前夕的演讲中谈到了 Reinhart 和 Rogoff(2009b)的研究,他说当债务水平占 GDP 的比例超过 90% 时,会对长期增长带来显著的负面影响(Osborne 2010)。

8. 通过这些措施以及一些相关的其他措施,联合政府把公共部门的净投资大幅削减,从上一年工党政府时期占 GDP3.5% 的水平,削减到 2010—2011 年的 2.5%、2011—2012 年的 1.75%,以及 2012—2013 年的 1.5%。在这一时期,利率水平极其低,政府本来可以多融资,为未来投资。

9. Warner (2013), at http://blogs.telegraph.co.uk/finance/jeremywarner/100025496/oh-god-i-cannot-take-any-more-of-the-austerity-debate/.

10. 这一刑事案件最后败诉,对斯特劳斯-卡恩的起诉被撤回。之后是民事起诉和反诉,最终在 2012 年年底达成经济和解(具体条款是保密的)。

11. Quoted in Sirletti (2011).

12. 国际金融协会用了非常慷慨的 9% 的利率贴现未来的本息支付,造成投资者的净现值损失了 21%。如果采用更合理的利率,比如 IMF 采用的 5%,计算结果将大为不同。For details see Zettelmeyer, Trebesch, and Gulati (2013).

13. 重组需要达到代表 50% 债券面值的法定投票,同时代表私人持有的债权的 2/3 的债券投资者需要参与投票。这适用于所有的债券,而非个案。

14. See, for example, the bank's annual report for 2010 (European Central Bank 2011, pp.20, 92). 欧洲央行还全年保持利率不变。

15. 最终,在 2013 年,欧洲央行公布了在 SMP 下购买债券的细节。主要的获益者是意大利,欧洲央行购买的国债中有一半是意大利的国债,其次是西班牙和希腊的国债。

16. 比如,在该项目下能够延长贷款期限,并为 LTROs 提供资金支持,即可向银行按照其规定的抵押品条件提供无限量的贷款。问题在于,银行并不愿意向欧洲央行借款,因为它们不愿意向私人部门贷款。

17. 比如,在 2011 年 3 月,在欧洲央行提高利率之前,曾有过暂时的中止。

18. 随后,欧洲央行在 2011 年年底下调利率 50 个基点,但错已铸成。

19. 7 月 24 日,自由民主党(该党是默克尔联合政府的一部分)秘书长帕特里克·多林建议:"如果希腊不在欧元区,或许有助于提振信心。" Deutsche Börse Group (2012).

20. As widely reported, in inter alia *Daily Telegraph* (June 26, 2012), http://www.telegraph.co.uk/finance/financialcrisis/9428894/Debt-crisis-Mario-Draghi-pledges-to-do-whatever-it-takes-to-save-euro.html.

21. 欧洲央行暂时还不需要做任何事情。在 2012 年下半年和 2013 年,OMT 并未启动。只要有承诺就足够了。读者或许还记得,仅仅是赋予美联储贴现商业票据等的权力,就足以在1933年的危机中稳定储户的情绪（见第15章）。

22. 2014年2月，宪法法院发布了一项模糊的判决，对OMT的有些做法提出疑问，并将此案提交给欧洲法庭，且不排除继续质疑欧洲央行的政策。这让人们更加困惑。

23. 另有两项进一步的监管，旨在加强对欧元区成员国对预算草案的监督，并采取了"欧洲学期"机制，以便统一各国预算制定的时间。

24. 如果一国的债务占GDP的比例低于60%，结构性赤字可以提高到占GDP的1%。

25. 这使德国和法国在2003—2004年违反了货币联盟的预算指导意见之后能够逃脱责任。这一事件损害了《稳定与增长公约》的合法性。

26. 按照这一计划，将在2016—2026年，通过对银行征税，建立一个550亿欧元的基金。同时，清算成本将由从银行征收的税收、民族国家的出资，以及"欧洲稳定机制"对这些国家的贷款来分担。这一机制可能会把一家银行的问题传递到整个银行业，乃至一国政府。此外，破产清算基金并未像美国的联邦存款保险公司那样，规定信贷的最高额度，这更使人们质疑基金是否有效。总的来说，这不是人们期待中的银行联盟，这一妥协反映了政治现实，尤其是德国的反对意见。

27. 从1929年起发布的是标准普尔90指数，从2007年起发布的是标准普尔500指数。2013年8月，标准普尔500指数已经超过了2007年的峰值。标准普尔90指数用大约10年时间才超过1929年的峰值。Eichengreen和O'Rourke（2010）比较了全球股市，结论与此相近。2010年年初，全球股市已经离2008年4月（贝尔斯登出事的时候）的水平不到25%。1929年之后，全球股市持续走低，1932年7月的水平仅有1929年6月水平的33%。

结论

1. The references are of course to Friedman and Schwartz (1963), Keynes (1936), and Polanyi (1944).

2. 最有影响的观点是Nurkse（1944）。我们在第17章引用过。

3. 危机过去6年之后，出现了Thomas Piketty（2014）的研究，但Piketty认为危机对收入不平等的影响不大。他只用了一页（第297页），提出不平等导致中低收入停滞，这鼓励了美国的家庭多借债，以维持生活水平的提高，而债务的提高增加了金融系统的脆弱性。关于收入不平等和金融危机之间的系统分析尚留待后人进行。

参考文献

Accominotti, Olivier. (2012). "London Merchant Banks, the Central European Panic, and the Sterling Crisis of 1931." *Journal of Economic History* 72, 1–43.

Adalet, Muge. (2009). "Were Universal Banks More Vulnerable to Banking Failures? Evidence from the 1931 German Banking Crisis." Working Paper 0911, Economics Research Forum, Tusiad-Koc University (November).

Aguado, Iago Gil. (2001). "The Creditanstalt Crisis of 1931 and the Failure of the Austro-German Customs Union Project." *Historical Journal* 44, 199–221.

Alesina, Alberto, and Silvia Ardagna. (2010). "Large Changes in Fiscal Policy: Taxes Versus Spending." In Jeffrey Brown (ed.), *Tax Policy and the Economy* 24, 35–68.

Allen, Frederick Lewis. (1931). *Only Yesterday: An Informal History of the Nineteen-Twenties.* New York: Harper & Bros.

Alter, Jonathan. (2010). *The Promise: President Obama, Year One.* New York: Simon & Schuster.

Alter, Jonathan. (2013). *The Center Holds: Obama and His Enemies.* New York: Simon & Schuster.

Anderson, William. (2000). "Risk and the National Industrial Recovery Act: An Empirical Evaluation." *Public Choice* 103, 139–61.

Angelides, Phil. (2011). "Fannie, Freddie and the Financial Crisis." *Bloomberg View* (August 3), http://www.bloomberg.com/news/2011-08-04/fannie-freddie-role-in-the-financial-crisis-commentary-by-phil-angelides.html.

Antràs, Pol, Rubén Segura-Cayuela, and Diego Rodriguez-Rodriguez. (2010). "Firms in International Trade (with an Application to Spain)." Unpublished manuscript, Harvard University, Bank of Spain, and University Complutense (December).

Archibald, Robert, and David Feldman. (1998). "Investment During the Great Depression: Uncertainty and the Role of the Smoot Hawley Tariff." *Southern Economic Journal* 64, 857–79.

Awalt, Francis Gloyd. (1969). "Recollections of the Banking Crisis in 1933." *Business History Review* 43, 347–71.

Bair, Sheila. (2012). *Bull by the Horns: Fighting to Save Main Street from Wall Street and Wall Street from Itself.* New York: Free Press.

Baldursson, Fridrik Mar, and Richard Portes. (2013). "Gambling for Resurrection in Iceland: The Rise and Fall of the Banks." CEPR Discussion Paper no. 9664 (September).

Balke, Nathan, and Robert Gordon. (1986). "Historical Data." In Robert Gordon (ed.), *The American Business Cycle: Continuity and Change.* Chicago: University of Chicago Press, 781–850.

Barber, William. (1985). *From New Era to New Deal: Herbert Hoover, the Economists, and American Economic Policy, 1921–1933.* New York: Cambridge University Press.

Barnard, Harry. (1958). *Independent Man: The Life of Senator James Couzens.* New York: Scribner.

Barofsky, Neil. (2012). *Bailout: An Inside Account of How Washington Abandoned Main Street While Rescuing Wall Street.* New York: Free Press.

Barth, James, R. Dan Brumbaugh, Jr., and James Wilcox. (2000). "The Repeal of Glass-Steagall and the Advent of Broad Banking." *Journal of Economic Perspectives* 14, 191–204.

Beard, Charles, and George Smith. (1940). *The Old Deal and the New.* New York: Macmillan.

Becker, Bo, and Todd Milbourn. (2011). "How Did Increased Competition Affect Credit Ratings?" *Journal of Finance and Economics* 101, 493–514.

Berg, Claes, and Lars Jonung. (1998). "Pioneering Price Level Targeting: The Swedish Experience 1931–1937." Seminar Paper no. 642, Institute for International Economic Studies, Stockholm University (July).

Berle, Adolf, and Gardiner Means. (1933). *The Modern Corporation and Private Property.* New York: Macmillan.

Bernanke, Ben. (1983). "Nonmonetary Effects of the Financial Crisis in the Propagation of the Great Depression." *American Economic Review* 73, 257–76.

Bernanke, Ben. (2000). *Essays on the Great Depression.* Princeton: Princeton University Press.

Bernanke, Ben. (2002a). "Deflation: Making Sure 'It' Doesn't Happen Here." Remarks before the National Economists Club, Washington, DC (November 21), http://www.federalreserve.gov/boarddocs/speeches/2002/20021121/default.htm.

Bernanke, Ben. (2002b). "Remarks by Governor Ben S. Bernanke on the occasion of Milton Friedman's Ninetieth Birthday." University of Chicago, Chicago (November 8), http://www.federalreserve.gov/boarddocs/speeches/2002/20021108/default.htm.

Bernanke, Ben. (2005). "The Global Savings Glut and the U.S. Current Account Deficit." Remarks delivered on the occasion of the Homer Jones Lecture, St. Louis (April 14), http://www.federalreserve.gov/boarddocs/speeches/2005/20050414/.

Bernanke, Ben. (2007). "The Economic Outlook." Testimony before the Joint Economic Committee, U.S. Congress, Board of Governors of the Federal Reserve System (March 28), http://www.federalreserve.gov/newsevents/testimony/bernanke20070328a.htm.

Bernanke, Ben. (2008). "U.S. Financial Markets." Testimony of Chairman Ben S. Bernanke before the Committee on Financial Services, U.S. House of Representatives (September 24), http://www.federalreserve.gov/newsevents/testimony/bernanke20080923a1.htm.

Bernanke, Ben. (2013). "Monitoring the Financial System." Speech at the 49th Annual Conference on Bank Structure and Competition, sponsored by Federal Reserve Bank of Chicago, Chicago (May 10), http://www.federalreserve.gov/newsevents/speech/bernanke20130510a.htm.

Bernanke, Ben, Thomas Laubach, Frederic Mishkin, and Adam Posen. (1999). *Inflation Targeting: Lessons from the International Experience.* Princeton: Princeton University Press.

Bernanke, Ben, and Frederic Mishkin. (1997). "Inflation Targeting: A New Framework for Monetary Policy?" *Journal of Economic Perspectives* 11, 97–116.

Best, Gary Dean. (1991). *Pride, Prejudice and Politics: Roosevelt vs. Recovery 1933–1938.* Westport, CT: Praeger.

Bishop, Graham. (1992). "The EC's Public Debt Disease: Discipline with Credit Spreads and Cure with Price Stability." In D. E. Fair and Christian Boissieu (eds.), *Fiscal Policy, Taxation and the Financial System in an Increasingly Integrated Europe.* Dordrecht: Kluwer, 207–34.

Blanchard, Olivier, and Daniel Leigh. (2013). "Growth Forecast Errors and Fiscal Multipliers." *American Economic Review* 103, 117–20.

Blancheton, Bertrand. (2012). "The False Balance Sheets of the Bank of France and the Origins of the Franc Crisis, 1924–26." *Accounting History Review* 22, 1–22.

Board of Governors of the Federal Reserve System. (2013). "FOMC: Transcripts and Other Historical Materials, 2007." Washington, DC: Board of Governors of the Federal Reserve System, http://www.federalreserve.gov/monetarypolicy/fomchistorical2007.htm.

Board of Governors of the Federal Reserve System. (2014). "FOMC: Transcripts and Other Historical Materials, 2008." Washington, DC: Board of Governors of the Federal Reserve System, http://www.federalreserve.gov/monetarypolicy/fomchistorical2008.htm.

Bolton, Patrick, Xavier Freixas, and Joel Shapiro. (2012). "The Credit Ratings Game." *Journal of Finance* 67, 85–112.

Bonin, Hubert. (1996). "Oustric, un financier prédateur (1914–1930)." *Revue historique* 295, 429–48.

Borchardt, Knut. (1991). *Perspectives on Modern German Economic History and Policy.* Cambridge: Cambridge University Press.

Boudreaux, Donald. (2011). "Becoming More Certain About the Role of Regime Uncertainty." *CATO Unbound* (December 20), http://www.

cato-unbound.org/2011/12/20/donald-j-boudreaux/becoming-more-certain-about-the-role-of-regime-uncertainty/.

Boyd, Roddy. (2011). *Fatal Risk: A Cautionary Tale of AIG's Corporate Suicide.* New York: Wiley.

Boyes, Roger. (2009). *Meltdown Iceland: Lessons on the World Financial Crisis from a Small Bankrupt Island.* New York: Bloomsbury USA.

Bradford, Colin, and Johannes Linn. (2010). "The April 2009 London G-20 Summit in Retrospect." *Brookings Institution Opinion* (April 5), http://www.brookings.edu/research/opinions/2010/04/05-g20-summit-linn.

Brandeis, Louis. (1914). *Other People's Money—and How the Bankers Use It.* New York: Frederick A. Stokes.

Bratter, Herbert. (1941). "The Committee for the Nation: A Case History in Monetary Propaganda." *Journal of Political Economy* 49, 531–53.

Broadberry, Stephen, and Nicholas Crafts. (2010). "Openness, Protectionism and Britain's Productivity Performance over the Long Run." Working Paper no. 36, Centre for Competitive Advantage in the Global Economy, University of Warwick (December).

Brooker, Katrina. (2010). "Citi's Founder, Alone with His Regrets." *New York Times* (January 2), http://www.nytimes.com/2010/01/03/business/economy/03weill.html?pagewanted=all.

Brooks, John. (1969). *Once in Golconda: A True Drama of Wall Street, 1920–1938.* New York: Allworth Press.

Brown, E. Cary. (1956). "Fiscal Policy in the 'Thirties: A Reappraisal." *American Economic Review* 46, 857–79.

Brown, Gordon. (2010). *Beyond the Crash: Overcoming the First Crisis of Globalization.* New York: Free Press.

Bruner, Robert, and Sean Carr. (2007). *The Panic of 1907: Lessons Learned from the Market's Perfect Storm.* New York: Wiley.

Buiter, Willem, Giancarlo Corsetti, and Nouriel Roubini. (1993). "Excessive Deficits: Sense and Nonsense in the Treaty of Maastricht." *Economic Policy* 8, 57–100.

Buiter, Willem, and Anne Sibert. (2005). "How the Eurosystem's Treatment of Collateral in Its Open Market Operations Weakens Fiscal Discipline in the Eurozone (and What to Do About It)." CEPR Discussion Paper no. 5387. London: Center for Economic Policy Research.

Bullard, James. (2010). "Seven Faces of 'The Peril'." *Federal Reserve Bank of St. Louis Review* (September–October), 339–52.

Bullard, James. (2013). "The Notorious Summer of 2008." Presentation to the University of Arkansas Quarterly Business Analysis Luncheon, Rogers, (November 21), http://research.stlouisfed.org/econ/bullard/pdf/Bullard_NWArkansas_2013November21_Final.pdf.

Burner, David. (2005). *Herbert Hoover: A Public Life.* Newtown, CT: American Political Biography Press.

Burns, Arthur, and Wesley Mitchell. (1946). *Measuring Business Cycles*. Cambridge, MA: National Bureau of Economic Research.

Butkiewicz, James. (1995). "The Impact of a Lender of Last Resort During the Great Depression: The Case of the Reconstruction Finance Corporation." *Explorations in Economic History* 32, 197–216.

Calomiris, Charles, and R. Glenn Hubbard. (1995). "Internal Finance and Investment: Evidence from the Undistributed Profits Tax of 1936–1937." *Journal of Business* 68, 443–82.

Calomiris, Charles, Joseph Mason, and David Wheelock. (2011). "Did Doubling Reserve Requirements Cause the Recession of 1937–1938? A Microeconomic Approach." Working Paper 2011-002. St. Louis: Federal Reserve Bank of St. Louis (January).

Calomiris, Charles, and Eugene White. (1994). "The Origins of Federal Deposit Insurance." In Claudia Goldin and Gary Libecap (eds.), *The Regulated Economy: A Historical Approach to Political Economy*. Chicago: University of Chicago Press, 145–88.

Campa, José. (1990). "Exchange Rates and Economic Recovery in the 1930s: An Extension to Latin America." *Journal of Economic History* 50, 667–82.

Canlin, Li, and Min Wei. (2012). "Term Structure Modeling with Supply Factors and the Federal Reserve's Large Scale Asset Purchase Programs." Finance and Economics Discussion Series 2012-37. Washington, DC: Board of Governors of the Federal Reserve System (May), http://www.federalreserve.gov/pubs/feds/2012/201237/201237abs.html.

Capie, Forrest, and Alan Weber. (1985). *A Monetary History of the United Kingdom 1870–1982*. London: Allen & Unwin.

Carey, Kevin. (1999). "Investigating a Debt Channel for the Smoot-Hawley Tariff: Evidence from the Sovereign Bond Market." *Journal of Economic History* 59, 748–61.

Cargill, Thomas, and Thomas Mayer. (2006). "The Effect of Changes in Reserve Requirements During the 1930s: The Evidence from Nonmember Banks." *Journal of Economic History* 66, 417–32.

Cecchetti, Stephen. (1992). "Prices During the Great Depression: Was the Deflation of 1930–1932 Really Unanticipated?" *American Economic Review* 82, 141–56.

Center for Responsible Lending. (2008). "Unfair and Unsafe: How Countrywide's Irresponsible Practices Have Harmed Borrowers and Shareholders." CRL Issue Paper. Durham, NC: Center for Responsible Lending (February 7), http://www.responsiblelending.org/mortgage-lending/research-analysis/unfair-and-unsafe-countrywide-white-paper.pdf.

Chandler, Alfred. (1990). *Scale and Scope: The Dynamics of Industrial Capitalism*. Cambridge: Belknap Press for Harvard University Press.

Chodorow-Reich, Gabriel, Laura Feiveson, Zachary Liscow, and William Gui Woolston. (2012). "Does State Fiscal Relief During Recessions Increase Employment? Evidence from the American Recovery and Reinvestment Act." *American Economic Journal: Economic Policy* 4, 118–45.

Clarke, Stephen O. (1967). *Central Bank Cooperation, 1924–1931*. New York: Federal Reserve Bank of New York.

Cole, Harold, and Lee Ohanian. (2004). "New Deal Policies and the Persistence of the Great Depression: A General Equilibrium Analysis." *Journal of Political Economy* 112, 779–816.

Commission of Investigation into the Banking Sector in Ireland. (2011). "Misjudging Risk: Causes of the Systemic Banking Crisis in Ireland." Dublin: Commission of Investigation into the Banking Sector in Ireland, Dept. of Finance (March).

Committee on Finance and Industry (Macmillan Committee). (1931). *Report of Committee on Finance and Industry (Cmd. 3897)*. London: Her Majesty's Stationery Office.

Condon, Christopher. (2011). "Fed Made State Street Profitable as Money-Fund Middleman in '08." *Bloomberg News* (August 23), http://www.bloomberg.com/news/2011-08-23/fed-made-state-street-profitable-as-money-fund-middleman-in-08.html.

Congressional Budget Office. (2010). "Estimated Impact of the American Recovery and Reinvestment Act on Employment and Economic Output from April 2010 Through June 2010." Publication no. 21671. Washington, DC: Congressional Budget Office (August 24), http://www.cbo.gov/publication/21671.

Congressional Budget Office. (2013). "The Budget and Economic Outlook: Fiscal Years 2013 to 2023." Washington, DC: CBO (February 5), http://www.cbo.gov/publication/43907.

Costigliola, Frank. (1976). "The United States and the Reconstruction of Germany in the 1920s." *Business History Review* 50, 477–502.

Courtemanche, Charles, and Kenneth Snowden. (2011). "Repairing a Mortgage Crisis: HOLC Lending and Its Impact on Local Housing Markets." *Journal of Economic History* 71, 307–37.

Covitz, Daniel, Nellie Liang, and Gustavo Suarez. (2009). "The Anatomy of a Financial Crisis: The Evolution of Panic-Driven Runs in the Asset-Backed Commercial Paper Market." *Proceedings*, Federal Reserve Bank of San Francisco (January).

Crafts, Nicholas. (2013). "The Eurozone: If Only It Were the 1930s." *Vox* (December 13), http://www.voxeu.org/article/eurozone-if-only-it-were-1930s.

Crafts, Nicholas, and Peter Fearon. (2010). "A Recession to Remember: Lessons from the US, 1937–1938." *Vox* (November 23), http://www.voxeu.org/article/recession-remember-lessons-us-1937-1938.

Curcio, Vincent. (2000). *Chrysler: The Life and Times of an Automotive Genius*. New York: Oxford University Press.

Dagher, Jihad, and Ning Fu. (2012). "What Fuels the Booms Drives the Busts: Regulation and the Mortgage Crisis." Working Paper no. 11/215. Washington, DC: IMF (September).

De Grauwe, Paul, and Yuemei Ji. (2013). "Panic-Driven Austerity in the Eurozone and Its Implications." *Vox* (February 21), http://www.voxeu.org/article/panic-driven-austerity-eurozone-and-its-implications.

DeLong, Gayle. (1998). "Domestic and International Bank Mergers: The Gains from Focusing Versus Diversifying." Unpublished manuscript, Stern School of Business, New York University.

Dembe, Allard, and Leslie Boden. (2000). "Moral Hazard: A Question of Morality?" *New Solutions* 10, 257–79.

Deutsche Börse Group. (2012). "Germany: Senior Coalition Member Argues for Greek Euro Exit" (July 24), https://mninews.marketnews.com/content/update-germanysenior-coal-member-argues-greek-euro-exit.

Diaz-Alejandro, Carlos. (1970). *Essays on the Economic History of the Argentine Republic.* New Haven: Yale University Press.

Dokko, Jane, Brian Doyle, Michael Kiley, Jinill Kim, Shane Sherlund, Jae Sim, and Skander van den Heuvel. (2011). "Monetary Policy and the Housing Bubble." *Economic Policy* 26, 237–87.

Donovan, Donal, and Antoin Murphy. (2013). *The Fall of the Celtic Tiger.* Oxford: Oxford University Press.

Dullien, Sebastian, and Ulrike Guérot. (2012). "The Long Shadow of Ordoliberalism: Germany's Approach to the Euro Crisis." European Council on Foreign Relations Policy Brief 49 (February).

Dwyer, Gerald. (2011). "Economic Effects of Banking Crises: A Bit of Evidence from Iceland and Ireland." Center for Financial Innovation and Stability, Federal Reserve Bank of Atlanta (March).

Eccles, Marriner. (1951). *Beckoning Frontiers.* New York: Knopf.

Eggertsson, Gauti. (2008). "Great Expectations and the End of the Depression." *American Economic Review* 98, 1476–1516.

Eichengreen, Barry. (1993). "European Monetary Unification." *Journal of Economic Literature* 31, 1321–57.

Eichengreen, Barry, and Kevin O'Rourke. (2010). "A Tale of Two Depressions: What Do the New Data Tell Us?" *Vox* (March 8), http://www.voxeu.org/article/tale-two-depressions-what-do-new-data-tell-us-february-2010-update.

Einzig, Paul. (1931). *The Fight for Financial Supremacy.* London: Kegan Paul, Trench, Trüber.

Erlanger, Steven, and Matthew Saltmarsh. (2010). "Greek Debt Crisis Raises Doubts About the European Union." *New York Times* (March 7), http://www.nytimes.com/2010/05/08/world/europe/08europe.html.

European Central Bank. (2005). "Introductory Statement with Q&A" (December 1), http://www.ecb.europa.eu/press/pressconf/2005/html/is051201.en.html.

European Central Bank. (Various years). *Annual Report.* Frankfurt: European Central Bank.

European Commission. (2009). "Memorandum of Understanding Between the European Commission and Ireland." Brussels: European Commission (December 16).

European Commission. (2010). "The Economic Adjustment Programme for Greece." Occasional Paper 61. Brussels: Directorate-General for Economic and Financial Affairs (May).

European Commission. (2013). "Public Opinion in the European Union: First Results." *Standard Eurobarometer* 79 (spring 2013). Brussels: European Commission, http://ec.europa.eu/public_opinion/archives/eb/eb79/eb79_first_en.pdf.

Farrell, Greg. (2010). *Crash of the Titans: Greed, Hubris, the Fall of Merrill Lynch, and the Near-Collapse of Bank of America*. New York: Crown Business.

Federal Reserve Bank of New York. (1932). *Seventeenth Annual Report of the Federal Reserve Bank of New York for the Year Ended December 31, 1931*. New York: Federal Reserve Bank of New York.

Federal Reserve Board. (2002). "FOMC Meeting Transcript," http://www.federalreserve.gov/monetarypolicy/fomchistorical2002.htm.

Federal Reserve Board. (2009). "Press Release: Release Date July 23, 2009," http://www.federalreserve.gov/newsevents/press/bcreg/20090723a.htm.

Federal Reserve Board. (2013). *Monetary Policy Report*. Washington, DC: Board of Governors of the Federal Reserve System (July 17), http://www.federalreserve.gov/monetarypolicy/files/20130717_mprfullreport.pdf.

Ferguson, Thomas, and Peter Temin. (2003). "Made in Germany: The German Currency Crisis of 1931." *Research in Economic History* 21, 1–53.

Fettig, David. (2002). "Lender of More Than Last Resort: Recalling Section 13(b) and the Years When the Federal Reserve Opened Its Discount Window to Businesses." *The Region*. Federal Reserve Bank of Minneapolis (December), 15–47.

Feyrer, James, and Bruce Sacerdote. (2011). "Did the Stimulus Stimulate? Real Time Estimates of the Effects of the American Recovery and Reinvestment Act." NBER Working Paper no. 16759 (February).

Field, Alexander. (2011). *A Great Leap Forward: 1930s Depression and U.S. Economic Growth*. New Haven: Yale University Press.

Financial Crisis Inquiry Commission. (2011). *The Financial Crisis Inquiry Report*. Washington, DC: Government Printing Office (January).

Fishback, Price, Alfonso Flores-Lagunes, William Horrace, Shawn Kantor, and Jaret Treber. (2011). "The Influence of the Home Owners' Loan Corporation on Housing Markets During the 1930s." *Review of Financial Studies* 24, 1782–1813.

Fishback, Price, Jonathan Rose, and Kenneth Snowden. (2013). *Well Worth Saving: How the New Deal Safeguarded Homeownership*. Chicago: University of Chicago Press.

Fisher, Irving. (1911). *The Purchasing Power of Money: Its Determination and Relation to Credit, Interest and Crises*. New York: Macmillan.

Fisher, Irving. (1933). "The Debt-Deflation Theory of Great Depressions." *Econometrica* 1, 337–57.

Fishlow, Albert. (1972). "Origins and Consequences of Import Substitution in Brazil." In Luis Eugenio di Marco (ed.), *International Economics and Development, Essays in Honor of Raúl Prebisch*. New York: Academic Press, 311–65.

Flandreau, Marc, Norbert Gaillard, and Ugo Panizza. (2010). "Conflicts of Interest, Reputation, and the Interwar Debt Crisis: Banksters or Bad Luck?" CEPR Working Paper no. 7705 (February).

Frankel, Jeffrey. (1986). "Expectations and Commodity Price Dynamics: The Overshooting Model." *American Journal of Agricultural Economics* 68, 344–48.

Friedman, Milton, and Anna J. Schwartz. (1963). *A Monetary History of the United States, 1867–1960*. Princeton: Princeton University Press for the National Bureau of Economic Research.

Friedman, Milton, and Anna J. Schwartz. (1982). *Monetary Trends in the United States and United Kingdom: Their Relation to Income, Prices, and Interest Rates, 1867–1975*. Chicago: University of Chicago Press for the National Bureau of Economic Research.

Gagnon, Joseph, Matthew Raskin, Julie Remache, and Brian Sack. (2010). "Large-Scale Asset Purchases by the Federal Reserve: Did They Work?" Staff Report no. 441. New York: Federal Reserve Bank of New York (March).

Galbraith, John Kenneth. (1952). *American Capitalism: The Concept of Countervailing Power*. Boston: Houghton Mifflin.

Galbraith, John Kenneth. (1954). *The Great Crash, 1929*. New York: Penguin.

Gamble, Richard. (1989). A History of the Federal Reserve Bank of Atlanta, 1914–1989. Atlanta: Federal Reserve Bank of Atlanta, http://www.frbatlanta.org/pubs/atlantafedhistory/.

Geanakoplos, John. (2010). "The Leverage Cycle." *NBER Macroeconomics Annual* 24, 1–65.

Geithner, Timothy. (2014). *Stress Test: Reflections on Financial Crises*. New York: Crown.

George, Paul. (1986). "Brokers, Binders and Builders: Greater Miami's Boom of the Mid-1920s." *Florida Historical Quarterly* 65, 27–51.

Gilbert, R. Alton. (1986). "Requiem for Regulation Q: What It Did and Why It Passed Away." *Federal Reserve Bank of St. Louis Review* (February), 22–37.

Goetzmann, William, and Frank Newman. (2010). "Securitization in the 1920s." NBER Working Paper no. 15650 (January).

Goldstein, Morris, and Geoffrey Woglom. (1992). "Market-Based Fiscal Discipline in Monetary Unions: Evidence from the U.S. Municipal Bond Market." In Matthew Canzoneri, Vittorio Grilli, and Paul Masson (eds.), *Establishing a Central Bank: Issues in Europe and Lessons from the US*. New York: Cambridge University Press, 228–70.

Gorton, Gary, and Andrew Metrick. (2012). "Getting Up to Speed on the Financial Crisis: A One-Weekend Reader's Guide." NBER Working Paper no. 17778 (January).

Gorton, Gary, and Nicholas Souleles. (2007). "Special Purpose Vehicles and Securitization." In Mark Carey and Rene Stulz (eds.), *The Risks of Financial Institutions*. Chicago: University of Chicago Press, 549–97.

Greenspan, Alan. (2005). "Economic Flexibility." Remarks by Chairman Alan Greenspan before the National Italian American Foundation, Washington, DC (October 12), http://www.federalreserve.gov/boarddocs/speeches/2005/20051012/.

Greenspan, Alan. (2009). "The Fed Didn't Cause the Housing Bubble." *Wall Street Journal* (March 11), http://online.wsj.com/article/SB123672965066989281.html.

Grímsson, Ólafur Ragnar. (2005). "How to Succeed in Modern Business: Lessons from the Icelandic Voyage." Speech by the President of Iceland at the Walbrook Club, London (May 3).

Hamilton, David. (1985). "The Causes of the Banking Panic of 1930: Another View." *Journal of Southern History* 51, 581–608.

Hamilton, James. (1992). "Was the Deflation During the Great Depression Anticipated? Evidence from the Commodity Futures Market." *American Economic Review* 82, 157–78.

Harris, Roy. (2010). *Pulitzer's Gold: Behind the Prize for Public Service Journalism.* Columbia: University of Missouri Press.

Hausman, Joshua. (2012). "What Was Bad for GM Was Bad for America: The Automobile Industry and the 1937–38 Recession." Unpublished manuscript, University of California, Berkeley.

Hawtrey, Ralph. (1938). *A Century of Bank Rate.* London: Longmans, Green.

Hawtrey, Ralph. (1962). *The Art of Central Banking.* London: Cass.

Henry, Laurin. (1960). *Presidential Transitions.* Washington, DC: Brookings Institution.

Higgs, Robert. (1997). "Regime Uncertainty: Why the Great Depression Lasted So Long and Why Prosperity Resumed After the War." *Independent Review* 1, 561–90.

Hitzik, Michael. (2011). *The New Deal.* New York: Simon & Schuster.

Hodson, H. V. (1932). "Nemesis: the Financial Outcome of the Postwar Years." In Arnold Toynbee (ed.), *Survey of International Affairs, 1931.* London: Oxford University Press, 161–242.

House of Commons Treasury Committee. (2008). "The Run on the Rock." Fifth Report of Session 2007–8, Vol. 1, HC56–1 (January 26).

Howson, Susan. (1975). *Domestic Monetary Management in Britain, 1919–38.* Cambridge: Cambridge University Press.

Howson, Susan. (1980). "Sterling's Managed Float: The Operations of the Exchange Equalisation Account, 1932–39." *Princeton Studies in International Finance* no. 46, International Finance Section, Department of Economics, Princeton University (November).

Hyman, Sidney. (1976). *Marriner S. Eccles: Private Entrepreneur and Public Servant.* Stanford: Stanford University Graduate School of Business Press.

Ide, Eisaku. (2003). "Policy Debates on Public Finance Between the Ministry of Finance and the Bank of Japan from 1930 to 1936." *Monetary and Economic Studies.* Tokyo: Bank of Japan (December), 87–104.

International Monetary Fund. (2006). "Ireland: Financial System Stability Assessment Update." IMF Country Report no. 06/292 (August).

International Monetary Fund. (2010). "Will It Hurt? Macroeconomic Effects of Fiscal Consolidation." *World Economic Outlook* (October), 93–124.

International Monetary Fund. (2012). "United Kingdom: 2012 Article IV Consultation." IMF Country Report no. 12/190. Washington, DC: IMF (July).

International Monetary Fund. (2013a). "United States: 2013 Article IV Consultation." IMF Country Report no. 13/236. Washington, DC: IMF (July).

International Monetary Fund. (2013b). "Greece: Ex Post Evaluation of Exceptional Access Under the 2010 Stand-By Arrangement." IMF Country Report no. 13/156 (June).

International Swaps and Derivatives Association. (2010). "ISDA Market Survey." New York: ISDA, http://www.ISDA.org/statistics/pdf/ISDA-Market-Survey-annual-data.pdf.

Irwin, Douglas. (2011). *Peddling Protectionism: Smoot-Hawley and the Great Depression.* Princeton: Princeton University Press.

Irwin, Douglas. (2012). "Gold Sterilization and the Recession of 1937–38." *Financial History Review* 19, 249–67.

Irwin, Neil. (2013). *The Alchemists: Three Central Bankers and a World on Fire.* New York: Penguin Press.

Jacobson, Elizabeth. (2009). "I Have a Dream House." *Harper's Magazine* (September), 21–24.

Jackson, Julian. (1985). *The Politics of Depression in France 1932–1936.* Cambridge: Cambridge University Press.

Jalil, Andrew. (2012). "Monetary Intervention Really Did Mitigate Banking Panics During the Great Depression: Evidence Along the Atlanta Federal Reserve District Border." Unpublished manuscript, Occidental College (July).

Jones, Erik. (2002). *The Politics of Economic and Monetary Union: Integration and Idiosyncrasy.* New York: Rowman and Littlefield.

Jones, Jesse. (1951). *Fifty Billion Dollars: My Thirteen Years with the RFC (1932–1945).* New York: Macmillan.

Jónsson, Asgeir. (2009). *Why Iceland? How One of the World's Smallest Countries Became the Meltdown's Biggest Casualty.* New York: McGraw-Hill.

JPMorgan Chase. (2009). "Letter to Shareholders." New York: JPMorgan Chase (March 23), http://files.shareholder.com/downloads/ONE/3173954532x0x362440/1ce6e503-25c6-4b7b-8c2e-8cb1df167411/2009AR_Letter_to_shareholders.pdf.

Kacperczyk, Marcin, and Philipp Schnabl. (2010). "When Safe Proved Risky: Commercial Paper During the Financial Crisis of 2007–2009." *Journal of Economic Perspectives* 24, 29–50.

Kaiser, Robert. (2013). *Act of Congress: How America's Essential Institution Works, and How It Doesn't.* New York: Knopf.

Kalemli-Ozcan, Sebnem, Bent Sorensen, and Sevcan Yesiltas. (2012). "Leverage Across Firms, Banks and Countries." *Journal of International Economics* 88, 284–98.

Katznelson, Ira. (2013). *Fear Itself: The New Deal and the Origins of Our Time.* New York: Liveright.

Kaufman, Ted. (2013). "Happy Birthday to Dodd-Frank, a Law That Isn't Working." *Wilmington News Journal* (July 20), http://www.delawareonline.com/article/20130721/OPINION1805/307210017/Ted-Kaufman-Happy-birthday-Dodd-Frank-law-isn-t-working.

Keeton, William. (1990). "Small and Large Bank Views of Deposit Insurance: Today vs. the 1930s." *Federal Reserve Bank of Kansas City Economic Review* 75 (September–October), 23–35.

Keiger, J.F.V. (1997). *Raymond Poincaré.* New York: Cambridge University Press.

Kenen, Peter. (1969). "The Theory of Optimum Currency Areas: An Eclectic View." In Robert Mundell and Alexander Swoboda (eds.), *Monetary Problems of the International Economy*. Chicago: University of Chicago Press, 41–60.

Kennedy, David. (1999). *Freedom from Fear: The American People in Depression and War, 1929–1945*. New York: Oxford University Press.

Kennedy, Susan Eastabrook. (1973). *The Banking Crisis of 1933*. Lexington: University Press of Kentucky.

Keynes, John Maynard. (1919). *The Economic Consequences of the Peace*. London: Macmillan.

Keynes, John Maynard. (1923). *A Tract on Monetary Reform*. London: Macmillan.

Keynes, John Maynard. (1929). "The German Transfer Problem." *Economic Journal* 39, 1–7.

Keynes, John Maynard. (1936). *The General Theory of Employment, Interest and Money*. London: Macmillan.

Kindleberger, Charles. (1989). "Commercial Policy Between the Wars." In Peter Matthias and Sydney Pollard (eds.), *The Cambridge Economic History of Europe VIII: The Industrial Economies: The Development of Economic and Social Policies*. Cambridge: Cambridge University Press, 161–196.

Klein, Maury. (2001). *Rainbow's End: The Crash of 1929*. New York: Oxford University Press.

Kohn, Donald. (2009). "Monetary Policy and Asset Prices Revisited." *Cato Journal* 29, 31–44.

Kotlikoff, Laurence. (2010). *Jimmy Stewart Is Dead: Ending the World's Ongoing Financial Plague with Limited Purpose Banking*. New York: Wiley.

Krippner, Leo. (2012). "Yield Curve Modeling and Monetary Policy in Zero Lower Bound Environments." Unpublished manuscript, Reserve Bank of New Zealand (October).

Krishnamurthy, Arvind, and Annette Vissing-Jorgensen. (2011). "The Effects of Quantitative Easing on Interest Rates: Channels and Implications for Policy." *Brookings Papers on Economic Activity* (Fall), 215–65.

Kuttner, Robert. (2013). *Debtor's Prison: The Politics of Austerity Versus Possibility*. New York: Knopf.

Lacker, Jeffrey. (2013). "Economic Outlook, May 2013." Speech to the Risk Management Association, Richmond Chapter, Richmond, VA (May 3), http://www.richmondfed.org/press_room/speeches/president_jeff_lacker/2013/lacker_speech_20130503.cfm.

Lacouture, Jean. (1982). *Léon Blum*. Teaneck, NJ: Holmes & Meier.

Laeven, Luc, and Fabian Valencia. (2012). "Resolution of Banking Crises: The Good, the Bad, and the Ugly." Unpublished manuscript, IMF (August), http://www.imf.org/external/np/seminars/eng/2012/fincrises/pdf/ch13.pdf.

Lane, Philip, and Barbara Pels. (2012). "Current Account Imbalances in Europe." CEPR Discussion Paper 8958 (May).

Leuchtenburg, William (ed.). (1968). *The New Deal: A Documentary History*. Columbia: University of South Carolina Press.

Lewis, Cleona. (1938). *America's Stake in Foreign Investments*. Washington, DC: Brookings Institution.

Lewis, Michael. (2009). "Wall Street on the Tundra." *Vanity Fair* (April), Issue 584, 140–77.

Lewis, Michael. (2010). *The Big Short: Inside the Doomsday Machine*. New York: Norton.

Lloyd George, David. (1932). *The Truth About Reparations and War Debts*. London: William Heinemann.

Lumley, Darwyn. (2009). *Breaking the Banks in Motor City: The Auto Industry, the 1933 Detroit Banking Crisis and the Start of the New Deal*. Jefferson, NC: McFarland.

Lyons, Tom, and Brian Carey. (2011). *The FitzPatrick Tapes: The Rise and Fall of One Man, One Bank and One Country*. Dublin: Penguin Ireland.

Manley, P. S. (1976). "Clarence Hatry." *Abacus* 12, 49–60.

Marchand, David. (1991). "The Corporation Nobody Knew: Bruce Barton, Alfred Sloan, and the Founding of the General Motors 'Family.'" *Business History Review* 65, 825–75.

Mayer, Gerald. (2004). "Union Membership Trends in the United States." Congressional Research Service Federal Publication no. 8-31-2004. Washington, DC: Congressional Research Service (August).

McBeth, Brian. (1983). *Juan Vicente Gómez and the Oil Companies in Venezuela, 1908–1935*. Cambridge: Cambridge University Press.

McCabe, Patrick. (2010). "The Cross Section of Money Market Fund Risks and Financial Crises." Finance and Economics Discussion Series no. 2010–51. Washington, DC: Board of Governors of the Federal Reserve System (September).

McCabe, Patrick, Marco Piriani, Michael Holscher, and Antoine Martin. (2012). "The Minimum Balance at Risk: A Proposal to Mitigate the Systemic Risks Posed by Money Market Funds." Staff Report no. 564. New York: Federal Reserve Bank of New York (July).

McFerrin, John. (1969). *Caldwell and Company: A Southern Financial Empire*. Nashville: Vanderbilt University Press.

MacDonald, Lawrence, and Patrick Robinson. (2009). *A Colossal Failure of Common Sense: The Inside Story of the Collapse of Lehman Brothers*. New York: Crown Business.

McKay, David. (1996). *Rush to Union: Understanding the European Federal Bargain*. Oxford: Clarendon Press.

McKenney, Ruth. (1939). *Industrial Valley*. New York: Harcourt, Brace.

McLean, Bethany, and Joe Nocera. (2010). *All the Devils Are Here: The Hidden History of the Financial Crisis*. New York: Portfolio.

Meltzer, Allan. (2003). *A History of the Federal Reserve, Volume 1: 1913–1951*. Chicago: University of Chicago Press.

Merrick, George. (1920). *Song of the Wind on a Southern Shore and Other Poems of Florida*. Boston: Four Seas.

Mian, Atif, and Amir Sufi. (2009). "The Consequences of Mortgage Credit Expansion: Evidence from the U.S. Mortgage Default Crisis." *Quarterly Journal of Economics* 124, 1449–96.

Miller, A. C. (1935). "Responsibility for Federal Reserve Policies 1927–29." *American Economic Review* 25, 442–57.

Mills, Ogden. (1936). *Liberalism Fights On*. New York: Macmillan.

Miron, Jeffrey, and Christina Romer. (1990). "A New Monthly Index of Industrial Production, 1884–1940." *Journal of Economic History* 50, 321–37.

Mitchener, Kris, and Kirsten Wandschneider. (2013). "Capital Controls and Recovery from the Financial Crisis of the 1930s." CAGE Working Paper no. 132, Department of Economics, University of Warwick (June).

Moggridge, Donald. (1969). *The Return to Gold, 1925: The Formulation of Economic Policy and Its Critics*. Cambridge: Cambridge University Press.

Moley, Raymond. (1939). *After Seven Years*. New York: Harper & Brothers.

Moley, Raymond. (1966). *The First New Deal*. New York: Harcourt, Brace & World.

Mommsen, Hans, and Elborg Forster. (1998). *The Rise and Fall of Weimar Democracy*. Chapel Hill: University of North Carolina Press.

Moreau, Emile. (1991). *The Golden Franc: Memoirs of a Governor of the Bank of France: The Stabilization of the Franc, 1926–1928*. Translated by Stephen D. Stoller and Trevor C. Roberts. Boulder: Westview Press.

Morgenson, Gretchen. (2007). "Inside the Countrywide Lending Spree." *New York Times* (August 26), Section 3, p. 1.

Morgenson, Gretchen. (2008). "Behind Insurer's Crisis, Blind Eye to a Web of Risk." *New York Times* (September 28), A1.

Morgenson, Gretchen, and Joshua Rosner. (2011). *Reckless Endangerment: How Outsized Ambition, Greed and Corruption Led to Economic Armageddon*. New York: Times Books.

Morrison, James. (2013). "Shocking Intellectual Austerity: The Role of Ideas in the Demise of the Gold Standard in Britain." Unpublished manuscript, Politics Department, Princeton University (March).

Mouré, Kenneth. (1991). *Managing the Franc Poincaré: Economic Understanding and Political Constraint in French Monetary Policy, 1928–1938*. Cambridge: Cambridge University Press.

Mouré, Kenneth. (2002). "The Bank of France and the Gold Standard." In Marc Flandreau, Carl-Ludwig Holtfrerich, and Harold James (eds.), *International Financial History in the Twentieth Century: System and Anarchy*. Cambridge: Cambridge University Press, pp. 98–124.

Mullaly, Erin. (2009). "Lusitania's Secret Cargo." *Archaeology* 62 (January/February), http://archive.archaeology.org/0901/trenches/lusitania.html.

Murray, Shailagh, and Paul Kane. (2009). "Congress Passes Stimulus Package." *Washington Post* (February 14), http://www.washingtonpost.com/wp-dyn/content/article/2009/02/13/AR2009021301596.html?sid=ST2009021302017.

Nadler, Marcus, and Jules Bogen. (1933). *The Banking Crisis: The End of an Epoch.* New York: Dodd, Mead.

Nanto, Dick, and Shinji Takagi. (1985). "Korekiyo Takahashi and Japan's Recovery from the Great Depression." *American Economic Association Papers and Proceedings* 75, 369–74.

Nichols, Jeanette. (1951). "Roosevelt's Monetary Diplomacy in 1933." *American Historical Review* 56, 295–317.

Norris, George. (1937). *Ended Episodes.* Philadelphia: Winston.

Nurkse, Ragnar. (1944). *International Currency Experience.* Geneva: League of Nations.

O'Brien, Anthony Patrick. (1992). "The Failure of the Bank of United States: A Defense of Joseph Lucia." *Journal of Money, Credit and Banking* 24, 374–84.

Obstfeld, Maurice, and Kenneth Rogoff. (2010). "Global Imbalances and the Financial Crisis: Products of Common Causes." In Reuven Glick and Mark Spiegel (eds.), *Asia and the Global Financial Crisis.* San Francisco: Federal Reserve Bank of San Francisco, 131–72.

Office for Budget Responsibility. (2013). *Forecast Evaluation Report.* London: Stationery Office.

Ohlin, Bertil. (1929). "The Reparation Problem: A Discussion." *Economic Journal* 39, 172–82.

Oliver, Willard, and Nancy Marion. (2010). *Killing the President: Assassinations, Attempts and Rumored Attempts on U.S. Commanders-in-Chief.* Santa Barbara, CA: ABC-Clio LLC.

Oliver Wyman Group. (2012). "Asset Quality Review and Bottom-Up Stress Test Exercise." (28 September). Madrid: Oliver Wyman.

Olson, James Stuart. (1977). *Herbert Hoover and the Reconstruction Finance Corporation, 1931–1933.* Ames: Iowa State University Press.

Orde, Anne. (1980). "The Origins of the German-Austrian Customs Union Affair of 1931." *Central European History* 13, 34–59.

Osborne, George. (2010). "A New Economic Model." In Forrest Capie and Geoffrey Wood (eds.), *Policy Makers on Policy: The Mais Lectures.* Oxon, UK: Routledge, 209–20.

Park, Haelim, and Patrick Van Horn. (2013). "Did the Reserve Requirement Increases of 1936–1937 Reduce Bank Lending? Evidence from a Natural Experiment." Unpublished manuscript, U.S. Department of Treasury and Southwestern University (September).

Parks, Arva Moore. (2006). *George Merrick's Coral Gables.* Miami: Ponce Circle Development.

Partnoy, Frank. (2009). *The Match King.* New York: Public Affairs Books.

Paul, Ron. (2012). "A Fistful of Euros." *Texas Straight Talk,* http://paul.house.gov/index.php?option=com_content&task=view&id=1957&Itemid=69, accessed April 2, 2013.

Paulson, Henry. (2010). *On the Brink: Inside the Race to Stop the Collapse of the Global Financial System.* New York: Business Plus.

Peppers, Larry. (1973). "Full Employment Surplus Analysis and Structural Change: The 1930s." *Explorations in Economic History* 10, 197–210.

Peristiani, Stavros. (1997). "Do Mergers Improve the X-Efficiency and Scale Efficiency of U.S. Banks? Evidence from the 1980s." *Journal of Money, Credit and Banking* 29, 326–37.

Pescatori, Andrea, Damiano Sandri, and John Simon. (2014). "Debt and Growth: Is There a Magic Threshold?" IMF Working Paper no. WP14/34 (February).

Philippon, Thomas. (2008). "The Evolution of the Financial Industry from 1860 to the Present: Theory and Evidence." Unpublished manuscript, New York University (November).

Piketty, Thomas. (2014). *Capital in the Twenty-First Century*. Cambridge: Belknap Press.

Pilloff, Steven. (1996). "Performance Changes and Shareholder Wealth Creation Associated with Mergers of Publicly Traded Banking Institutions." *Journal of Money, Credit and Banking* 28, 294–310.

Polanyi, Karl. (1944). *The Great Transformation*. New York: Farrar & Rinehart.

Pontzen, Martin. (2009). "Banking Crisis in Germany and the First Step Towards Recovery." Paper presented to Fourth Conference of the Southeast Europe Monetary History Network, Belgrade (March 27).

Provopoulos, George. (2012). "Timely Greek Lessons on the Eurozone Crisis." *Financial Times* (January 23), http://www.ft.com/intl/cms/s/0/1930489c-45c2-11e1-93f1-00144feabdc0.html#axzz31u5JbE5H.

Pusey, Merlo. (1951). *Charles Evans Hughes*. New York: Macmillan.

Pusey, Merlo. (1974). *Eugene Meyer*. New York: Knopf.

Ranciere, Romain, and Aaron Tornell. (2009). "Systemic Risk Taking and the U.S. Financial Crisis." Unpublished manuscript, International Monetary Fund and UCLA (September).

Rattner, Steven. (2010). *Overhaul: An Insider's Account of the Obama Administration's Emergency Rescue of the Auto Industry*. New York: Houghton Mifflin Harcourt.

Redford, Polly. (1970). *Billion-Dollar Sandbar*. New York: Dutton.

Rehn, Olli. (2012). "Europe Must Stay the Austerity Course." *Financial Times* (December 10), http://www.ft.com/intl/cms/s/0/35b77c12-42d6-11e2-a3d2-00144feabdc0.html#axzz31u5JbE5H.

Reinhart, Carmen, and Kenneth Rogoff. (2009a). *This Time Is Different: Eight Centuries of Financial Folly*. Princeton: Princeton University Press.

Reinhart, Carmen, and Kenneth Rogoff. (2009b). "The Aftermath of Financial Crises." *American Economic Association Papers and Proceedings* 99, 466–72.

Reinhart, Carmen, and Kenneth Rogoff. (2014). "Recovery from Financial Crises: Evidence from 100 Episodes." NBER Working Paper no. 19823 (January).

Reserve Bank of New Zealand. (2013). *Financial Stability Report*. Wellington: Reserve Bank of New Zealand (November).

Reuters. (2007). "Treasury's Paulson—Subprime Woes Likely Contained." Reuters (April 20), http://uk.reuters.com/article/2007/04/20/usa-subprime-paulson-idUKWBT00686520070420.

Reuters. (2012). "JPMorgan Chase's Bear Stearns Buy Lost Bank $10 Billion, CEO Jamie Dimon Says." Reuters (October 10), http://www.huffingtonpost.com/2012/10/10/jpmorgan-chase-bear-stearns-buy_n_1955285.html.

Rhodes, Stephen. (1994). "A Summary of Merger Performance Studies in Banking, 1980–1993." *Staff Studies* 167. Washington, DC: Federal Reserve Board (July).

Rhodes, William. (2011). *Banker to the World: Leadership Lessons from the Front Lines of Global Finance.* New York: McGraw-Hill.

Richardson, Gary, and William Troost. (2009). "Monetary Intervention Mitigated Banking Panics During the Great Depression: Quasi-Experimental Evidence from the Federal Reserve District Border in Mississippi, 1929 to 1933." *Journal of Political Economy* 117, 1031–73.

Ridley, Matt. (1993). *The Red Queen: Sex and the Evolution of Human Nature.* New York: Harper Perennial.

Ritschl, Albrecht. (2000). "Deficit Spending in the Nazi Recovery, 1933–1938: A Critical Reassessment." Working Paper no. 68, Institute for Empirical Research in Economics, University of Zurich (December).

Ritschl, Albrecht. (2013). "Reparations, Deficits and Debt Default: The Great Depression in Germany." In Nicholas Crafts and Peter Fearon (eds.), *The Great Depression of the 1930s: Lessons for Today.* Oxford: Oxford University Press, 110–39.

Robb, Greg. (2013). "Fed's Fisher Sharpens Attack on QE: Central Bank May Be 'Pushing on a String.'" *MarketWatch* (June 4), http://www.marketwatch.com/story/feds-fisher-sharpens-attack-on-qe-2013-06-04.

Rock, William. (1969). *Neville Chamberlain.* New York: Twayne.

Rogers, Will. (1925). "Carl Took Florida from the Alligators and Gave It to the Indianians." In James Smallwood and Steven Graegert (eds.), *Will Rogers' Weekly Letters, Vol. 2: The Coolidge Years 1925–1927.* Stillwater: Oklahoma State University Press, 86–89, http://www.willrogers.com/papers/weekly/WA-Vol-2.pdf.

Romer, Christina. (1992). "What Ended the Great Depression?" *Journal of Economic History* 52, 757–84.

Romer, Christina. (2009a). "Lessons from the Great Depression for Economic Recovery in 2009." Presented at the Brookings Institution, Washington, DC (March 9), http://www.brookings.edu/~/media/events/2009/3/09%20lessons/0309_lessons_romer.pdf.

Romer, Christina. (2009b). "The Lessons of 1937." *The Economist* (June 18), http://www.economist.com/node/13856176.

Roose, Kenneth. (1954). *The Economics of Recession and Revival.* New Haven: Yale University Press.

Rose, Jonathan. (2011). "The Incredible HOLC? Mortgage Relief During the Great Depression." *Journal of Money, Credit and Banking* 43, 1073–1107.

Rose, Jonathan, and Kenneth Snowden. (2013). "The New Deal and the Origins of the Modern American Real Estate Loan Contract." *Explorations in Economic History* 50, 548–66.

Roselli, Alessandro. (2006). *Italy and Albania: Financial Relations in the Fascist Period.* London: Tauris.

Rowley, William. (1969). "M. L. Wilson: 'Believer' in the Domestic Allotment." *Agricultural History* 43, 277–88.

Royal Institute of International Affairs. (1931). *The International Gold Problem.* London: Royal Institute of International Affairs.

Saez, Emmanuel. (2013). "Striking It Richer: The Evolution of Top Incomes in the United States (Updated with 2012 Estimates)." Unpublished manuscript, University of California, Berkeley (September 3), http://elsa.berkeley.edu/~saez/saez-UStopincomes-2012.pdf.

Sahm, Claudia, Matthew Shapiro, and Joel Slemrod. (2009). "Household Response to the 2008 Tax Rebate: Survey Evidence and Aggregate Implications." NBER Working Paper no. 15421 (October).

Sargent, Thomas, and Neil Wallace. (1981). "Some Unpleasant Monetarist Arithmetic." *Federal Reserve Bank of Minneapolis Quarterly Review* 5 (Fall), 1–17.

Saurina, Jesus. (2009). "Dynamic Provisioning: The Experience of Spain," Note no. 7, Financial and Private Sector Development Vice Presidency. Washington, DC: World Bank (July).

Schacht, Hjalmar. (1955). *My First Seventy-Six Years: The Autobiography of Hjalmar Schacht.* Translated by Diana Pyke. London: Allan Wingate.

Scheiber, Noam. (2011). *The Escape Artists: How Obama's Team Fumbled the Recovery.* New York: Simon & Schuster.

Schifferes, Steve. (2009). "Lesson for G20 from 1933 London Summit." *BBC News* (March 23), http://news.bbc.co.uk/2/hi/business/7954532.stm.

Schubert, Aurel. (1991). *The Credit-Anstalt Crisis of 1931.* Cambridge: Cambridge University Press.

Schwartz, Anna. (1997). "From Obscurity to Notoriety: A Biography of the Exchange Stabilization Fund." *Journal of Money, Credit and Banking* 29, 135–53.

Seligman, Joel. (1982). *The Transformation of Wall Street: A History of the Securities and Exchange Commission and Modern Corporate Finance.* Boston: Houghton Mifflin.

Sessa, Frank. (1961). "Anti-Florida Propaganda and Counter Measures During the 1920s." *Tequesta* 21, 41–51.

Shamir, Haim. (1989). *Economic Crisis and French Foreign Policy, 1930–1946.* Leiden and New York: Brill Academic.

Shapsmeier, Edward, and Frederick Shapsmeier. (1968). *Henry A. Wallace of Iowa: The Agrarian Years 1910–1940.* Ames: Iowa State University Press.

Shelp, Ronald, and Al Ehrbar. (2006). *Fallen Giant: The Amazing Story of Hank Greenberg and the History of AIG.* Hoboken, NJ: Wiley.

Shifrin, Matt. (2008). "Hell Bent Innovator." *Forbes* (September 22), http://www.forbes.com/2008/09/22/reserve-primary-bent-pf-ii-in_ms_0922money_inl.html.

Shiller, Robert. (2006). *Irrational Exuberance*, 2nd ed. Princeton: Princeton University Press.

Shima, Kinzo. (1983). "Iwayuru Takagashi Zaisei Nitsuite." *Kinyu Kenkyo* 2, 83–194 [in Japanese].

Shin, Hyun Song. (2012). "Global Banking Glut and Loan Risk Premium." Unpublished manuscript, Princeton University (January).

Silber, William. (2009). "Why Did FDR's Bank Holiday Succeed?" *Economic Policy Review* 15, Federal Reserve Bank of New York, 19–30.

Simpson, Herbert. (1933). "Real Estate Speculation and the Depression." *American Economic Review* 23, 163–71.

Sinai, Allen, Peter Orszag, and Robert Rubin. (2004). "Sustained Budget Deficits: Longer-Run U.S. Economic Performance and the Risk of Financial and Fiscal Disarray." Paper presented to an AEA-NAEFA Joint Session, Allied Social Science Associations Annual Meetings (January 5), http://www.brookings.edu/research/papers/2004/01/05budgetdeficit-orszag.

Sirletti, Sonia. (2011). "Greek Debt Restructuring Would Jeopardize Rest of Europe, Bini Smaghi Says." *Bloomberg News* (May 18), http://www.bloomberg.com/news/2011-05-18/greek-debt-restructuring-would-jeopardize-rest-of-europe-bini-smaghi-says.html.

Slack, Donovan. (2010). "Donations Poured in as Brown's Role Grew." *Boston Globe* (December 12), http://www.boston.com/news/nation/articles/2010/12/12/banks_donations_soared_as_brown_negotiated/?page=full.

Smethurst, Richard. (2007). *From Foot Soldier to Finance Minister: Takahashi Korekiyo, Japan's Keynes*. Cambridge, MA: Harvard University Press for the Harvard University Asia Center.

Smith, H. D. (1916). "Recent Domestic Architecture from the Designs of John Russell Pope." *The Brickbuilder* 25, 189–201.

Snowden, Kenneth, and Joshua James. (2001). "The Federalization of Building & Loans, 1927–1940: The North Carolina Experience." Unpublished manuscript, University of North Carolina, Greensboro.

Sorkin, Andrew Ross. (2012). "Reinstating an Old Rule Is Not a Cure for Crisis." *Deal Book, New York Times* (May 21), http://dealbook.nytimes.com/2012/05/21/reinstating-an-old-rule-is-not-a-cure-for-crisis/.

Stafford, David. (1999). *Roosevelt and Churchill: Men of Secrets*. Woodstock and New York: Overlook Press.

Stephens, H. Morse. (1916). "Nationality and History." *American Historical Review* 21, 225–36.

Stock, James, and Mark Watson. (2003). "Has the Business Cycle Changed? Evidence and Explanations." In Federal Reserve Bank of Kansas City, *Monetary Policy and Uncertainty*. Kansas City: Federal Reserve Bank of Kansas City, 9–56.

Story, Louise, Landon Thomas, and Nelson Schwartz. (2010). "Wall St. Helped to Mask Debt Fueling Europe's Crisis." *New York Times* (February 13), http://www.nytimes.com/2010/02/14/business/global/14debt.html?pagewanted=1&_r=0&sq=greece&st=cse&scp=2.

Straumann, Tobias, and Ulrich Woitek. (2009). "A Pioneer in Monetary Policy? Sweden's Price Level Targeting of the 1930s Revisited." *European Review of Economic History* 13, 251–81.

Suarez, Sandra, and Robin Kolodny. (2011). "Paving the Road to 'Too Big to Fail': Business Interests and the Politics of Financial Deregulation in the U.S." *Politics & Society* 39, 74–102.

Sullivan, Lawrence. (1936). *Prelude to Panic: The Story of the Bank Holiday*. Washington, DC: Statesman Press.

Sumner, Scott. (1990). "Price-Level Stability, Price Flexibility, and Fisher's Business Cycle Model." *Cato Journal* 9, 719–27.

Suskind, Ron. (2011). *Confidence Men: Wall Street, Washington, and the Education of a President*. New York: Harper.

Swagel, Phillip. (2009). "The Financial Crisis: An Inside View." *Brookings Papers on Economic Activity* (Spring), 1–63.

Szász, André. (1999). *The Road to European Monetary Union*. London: Macmillan.

Tabbi, Matt. (2013). "The Last Mystery of the Financial Crisis." *Rolling Stone* (June 19), http://www.rollingstone.com/politics/news/the-last-mystery-of-the-financial-crisis-20130619.

Taylor, John. (2007). "Housing and Monetary Policy." In *Proceedings: Housing, Housing Finance and Monetary Policy*. Kansas City: Federal Reserve Bank of Kansas City, 463–76.

Taylor, Paul. (2013). "Troika Has a Patchy Record on Bailouts." *New York Times* (June 10), http://www.nytimes.com/2013/06/11/business/global/troika-has-a-patchy-record-on-bailouts.html?_r=0.

Teichova, Alice. (1994). "Austria." In Manfred Pohl (ed.), *Handbook on the History of European Banks*. Cheltenham: Edward Elgar, 3–46.

Temin, Peter. (1976). *Did Monetary Forces Cause the Great Depression?* New York: Norton.

Temin, Peter, and Barrie Wigmore. (1990). "The End of One Big Deflation." *Explorations in Economic History* 27, 483–502.

Tett, Gillian. (2009). *Fool's Gold: How the Bold Dream of a Small Tribe at J.P. Morgan Was Corrupted by Wall Street Greed and Unleashed a Catastrophe*. New York: Free Press.

Thomas, Brinley. (1937). *Monetary Policy and Crises: A Study of Swedish Experience*. London: George Routledge and Sons.

Thomas, Landon, and Stephen Castle. (2011). "The Denials That Trapped Greece." *New York Times* (November 5), http://www.nytimes.com/2011/11/06/business/global/europes-two-years-of-denials-trapped-greece.html?pagewanted=all.

Thorndike, Joseph. (2008). "FDR's Unlikely Prescription: Tax Hikes for Recovery." *Tax History Project* (December 4), http://www.taxhistory.org/thp/readings.nsf/Art Web/13F0B2FC36593DC28525751A004A3EDC?OpenDocument.

Timberlake, Richard. (2005). "Gold Standards and the Real Bills Doctrine in U.S. Monetary Policy." *Economic Journal Watch* 2, 196–233.

Timberlake, Richard. (2008). "The Federal Reserve's Role in the Great Contraction and the Subprime Crisis." *Cato Journal* 28, 303–12.

Timmons, Bascom. (1953). *Portrait of an American: Charles G. Dawes*. New York: Henry Holt.

Trescott, Paul. (1992). "The Failure of the Bank of United States, 1930: A Rejoinder to Anthony Patrick O'Brien." *Journal of Money, Credit and Banking* 24, 384–99.

U.S. Department of Justice. (2013). "Complaint for Civil Money Penalties: United States of America, Plaintiff v. McGraw-Hill Companies, Inc., and Standard & Poor's Financial Services LLC" (February 4), http://www.justice.gov/iso/opa/resources/8492013251049242507960.PDF.

U.S. District Court, Southern District of New York. (2010). "Securities and Exchange Commission, Plaintiff, v. Goldman Sachs & Co. and Fabrice Tourre, Defendants," April 16, http://www.sec.gov/litigation/complaints/2010/comp21489.pdf.

U.S. House of Representatives. (1928). "Stabilization." Hearings before the Committee on Banking and Currency, House of Representatives, Seventieth Congress, First Session on H.R. 11806, http://www.scribd.com/doc/175280593/housta28.

U.S. House of Representatives. (2009). "Friends of Angelo: Countrywide's Systematic and Successful Effort to Buy Influence and Block Reform." Staff Report, 111th Congress, Committee on Oversight and Government Reform (March 19), http://oversight.house.gov/wp-content/uploads/2012/02/20090319FriendsofAngelo.pdf.

U.S. Senate, Permanent Subcommittee on Investigations. (2013). "JPMorgan Chase Whale Trades: A Case History of Derivatives Risks and Abuses." Washington, DC: Permanent Subcommittee on Investigations (March 15).

Urban, Scott. (2009). "The Name of the Rose: Classifying 1930s Exchange-Rate Regimes." Discussion Paper in Economic and Social History no. 76, University of Oxford (April).

Vander Weyer, Martin. (2011). *Fortune's Spear: The Story of the Blue-Blooded Rogue Behind the Most Notorious City Scandal of the 1920s*. London: Elliot and Thompson.

Van Riet, Ad, ed. (2010). "Euro Area Fiscal Policies and the Crisis." Occasional Paper no. 109. Frankfurt: European Central Bank (April).

Vickers, Raymond. (1994). *Panic in Paradise: Florida's Banking Crash of 1926*. Tuscaloosa and London: University of Alabama Press.

Vickers, Raymond. (2011). *Panic in the Loop: Chicago's Banking Crisis of 1932*. New York: Lexington Books.

Wall Street Journal. (2008). "Excerpts: Iceland's Oddsson: 'We Do Not Intend to Pay the Debts of Banks That Have Been a Little Heedless.'" *Wall Street Journal Online* (October 17), http://online.wsj.com/article/SB122418335729241577.html.

Waller, Douglas. (2011). *Wild Bill Donovan: The Spymaster Who Created the OSS and Modern American Espionage*. New York: Free Press.

Warburg, James. (1964). *The Long Road Home: The Autobiography of a Maverick*. New York: Doubleday.

Warner, Geoffrey. (1968). *Pierre Laval and the Eclipse of France 1931–1945*. London: Eyre & Spottiswoode.

Warner, Jeremy. (2013). "Oh God—I Cannot Take Any More of the Austerity Debate." *Daily Telegraph* (September 11), http://blogs.telegraph.co.uk/finance/jeremywarner/100025496/oh-god-i-cannot-take-any-more-of-the-austerity-debate/.

Warren, Donald. (1996). *Radio Priest: Charles Coughlin, the Father of Hate Radio.* New York: Free Press.

Webb, Steven. (1988). "Latin American Debt Today and German Reparations After World War I—A Comparison." *Weltwirtschaftliches Archiv* 124, 745–74.

Weber, Bruce. (2008). "Harry B. R. Brown, Who Opened Money Markets to Masses, Dies at 82." *New York Times* (August 15), B5.

Wecter, Dixon. (1948). *The Age of the Great Depression, 1929–1941.* New York: Macmillan.

Weill, Sandy, and Judah Kraushaar. (2006). *The Real Deal: My Life in Business and Philanthropy.* New York: Warner Business Books.

Weinstein, Michael. (1980). *Recovery and Redistribution Under the NIRA.* Amsterdam: North Holland.

Wells, Donald. (2004). *The Federal Reserve System: A History.* New York: McFarland.

Wells, H. G. (1933). *The Shape of Things to Come.* New York: Macmillan.

Wessel, David. (2009). *In Fed We Trust: Ben Bernanke's War on the Great Panic.* New York: Crown Business.

White, Eugene, ed. (1990a). *Crashes and Panics: The Lessons from History.* New York: Dow Jones Irwin.

White, Eugene. (1990b). "When the Ticker Ran Late: The Stock Market Boom and Crash of 1929." In Eugene White (ed.), *Crashes and Panics: The Lessons from History.* New York: Dow Jones Irwin, 143–87.

White, Eugene. (2013). "Lessons from the Great American Real Estate Boom of the 1920s." Unpublished manuscript, Rutgers University.

Wicker, Elmus. (1966). *Federal Reserve Monetary Policy 1917–1933.* New York: Random House.

Wicker, Elmus. (1996). *The Banking Panics of the Great Depression.* Cambridge: Cambridge University Press.

Wilmarth, Arthur. (2002). "The Transformation of the U.S. Financial Services Industry, 1975–2000: Competition, Consolidation and Increased Risks." *University of Illinois Law Review* 2002, 215–476.

Winch, Donald. (1969). *Economics and Policy: A Historical Study.* New York: Walker.

Winkler, Max. (1933). *Foreign Bonds: An Autopsy.* Philadelphia: Roland Swain.

Wolf, Nikolaus, and Albrecht Ritschl. (2011). "Endogeneity of Currency Areas and Trade Blocs: Evidence from a Natural Experiment." *Kyklos* 64, 291–312.

Wright, Gordon. (1942). *Raymond Poincaré and the French Presidency.* Stanford, CA: Stanford University Press.

Wu, Jing, and Fan Xia. (2013). "Measuring the Macroeconomic Impact of Monetary Policy at the Zero Lower Bound." Unpublished manuscript, Booth School, University of Chicago and University of California, San Diego (November).

Wueschner, Silvano. (1999). *Charting Twentieth-Century Monetary Policy: Herbert Hoover and Benjamin Strong, 1917–1927*. Westport, CT: Greenwood Press.

Yellen, Janet. (2011). "Unconventional Monetary Policy and Central Bank Communications." Speech at the University of Chicago Booth School of Business U.S. Monetary Policy Forum, New York (February 25).

Zettelmeyer, Jeromin, Christoph Trebesch, and Mitu Gulati. (2013). "The Greek Debt Restructuring: An Autopsy." Peterson Institute Working Paper no. 13–8. Washington, DC: Peterson Institute for International Economics (August).

Zhou, Wanfeng. (2007). "Paulson Urges China to Make Yuan More Flexible." *MarketWatch* (April 20), http://www.marketwatch.com/story/treasurys-paulson-urges-china-to-make-yuan-more-flexible.

Zingales, Luigi. (2009). "Comments on Swagel, 'The Financial Crisis: An Inside View'." *Brookings Papers on Economic Activity* (Spring), 68–75.

Zuckerman, Gregory. (2009). *The Greatest Trade Ever: The Behind-the-Scenes Story of How John Paulson Defied Wall Street and Made Financial History*. New York: Broadway Books.

译后记

应中信出版社的邀请,我和我的学生们承担了这本书的翻译。参加这本书初译的同学有:王芳(负责翻译第1至第3章、第10至第11章、第25至第26章、结论及全书的翻译组织工作)、郑联盛(负责翻译第4至第6章、第12至第14章、第19至第21章)、王韬(负责翻译第7至第9章、第15至第17章、第22至第24章)、王乾筝(负责翻译前言、第18章、出场人物表和致谢)。初稿完成之后,我和漆畅青对全书进行校译,漆畅青负责第13至第19章和出场人物表,我负责其余部分。整个翻译工作历时一年,由于工作繁忙,数次推迟交稿日期,深表歉意。

在翻译过程中,巴里·埃森格林教授多次和我沟通,字斟句酌。埃森格林教授还应出版社邀请,回答了我提出的若干问题,作为中译本的序言。我们考虑到中国读者对世界历史相对生疏,曾考虑将中译本的书名改为"历史的影子",但反复权衡之后,还是决定采用直译的英文原名——"镜厅",希望读者能够用心体会这个隐喻的多层含义。

尽管我对巴里·埃森格林教授的主要著作都曾一一拜读,对其学术思想较为熟悉,但水平所限,难免会有舛误之处,恳请各位读者不吝指正。

何帆
2016年6月11日于纽约